"十二五"国家重点图书出版规划项目

国家出版基金资助项目

民国乡村建设

晏阳初

华西实验区档案编目提要

陈廷湘 吕毅 李瑞 编著

西南师范大学出版社
国家一级出版社 全国百佳图书出版单位

图书在版编目(CIP)数据

民国乡村建设晏阳初华西实验区档案编目提要/陈廷湘,吕毅,李瑞编著.— 重庆:西南师范大学出版社,2018.12
　ISBN 978-7-5621-8528-4

Ⅰ.①民… Ⅱ.①陈…②吕…③李… Ⅲ.①乡村建设–档案编目–提要–璧山区–民国 Ⅳ.①G275.9

中国版本图书馆CIP数据核字(2017)第040027号

## 民国乡村建设
## 晏阳初华西实验区档案编目提要

MINGUO XIANGCUN JIANSHE
YAN YANGCHU　HUAXI SHIYANQU　DANG'AN　BIANMU TIYAO

陈廷湘　吕毅　李瑞　编著

| | |
|---|---|
| 责任编辑 | 卢渝宁　黄璜　黄丽玉　杨萍　畅洁　段小佳 |
| 装帧设计 | 王玉菊 |
| 排　　版 | 吴秀琴 |
| 出版发行 | 西南师范大学出版社 |
| 地　　址 | 重庆市北碚区天生路1号 |
| 网　　址 | www.xscbs.com |
| 经　　销 | 全国新华书店 |
| 印　　刷 | 重庆荟文印务有限公司 |
| 幅面尺寸 | 185mm×260mm |
| 印　　张 | 34.75 |
| 字　　数 | 658千字 |
| 版　　次 | 2018年12月 第1版 |
| 印　　次 | 2018年12月 第1次 印刷 |
| 书　　号 | ISBN 978-7-5621-8528-4 |
| 定　　价 | 298.00元 |

天猫旗舰店

## 民国乡村建设晏阳初华西实验区档案编目提要

## 编纂委员会

**顾 问**

罗中枢　姚乐野

**主 任**

陈廷湘　吕　毅

**副主任**

成功伟　李　瑞

**编纂者**

刘云昊　王丽敏　周忆霖　闫　茹
杜大鑫　刘明琴　张　杨　车人杰
石峰波　郑子律　胡彦双

# 《民国乡村建设晏阳初华西实验区档案编目提要》工作委员会

## 主　任
傅应明（截至二〇一四年）　陈启江（二〇一四年至二〇一八年）
周成伟　龙泽会

## 副主任
苟映平（截至二〇一七年）　曾健

## 文史专家组
胡正好　傅应明　陈启江　黄文斌
张显鸿　蒋志鸿

## 编　务
刘　静　赵德奎　张德福　印　林　张福洪
胡光明　徐明生　傅　涛　刘大川　朱泽江
周　平　丁华蓉　王福忠　罗　杨　胡　萍
赖　燕　陈　昕　薛莎蓉　范朝梅　徐显梅
鲁　力　冉隆昌

# 序

■ 陈廷湘

传统乡村向现代社会转型是全世界都必然经历的发展过程。欧洲各国传统社会转型从16世纪开始,至19世纪中期工业化完成得以全面实现。在此过程中,各国的传统乡村社会也相应实现了向现代性乡村社会的转变。1920年代,在西方国家乡村改造理论的影响下,中国兴起了颇受国内外关注的乡村建设运动。[①] 乡建运动尽管派别众多,但总体上大致都是以转化传统乡村为现代乡村为目标的社会"改造"运动。晏阳初的中华平民教育促进会(简称"平教会")开展定县实验,梁漱溟领导山东乡建运动,中华职业教育社在江南进行农村改进工作,华洋义赈会在河北乡村推行合作运动,河南村治学院在河南推进乡村建设等旨在乡村"改造"的活动皆创生于此阶段。[②] 30年代,国民政府也"组织农村复兴委员会",倡导和实施"救济农村"。[③] 其中,梁漱溟倡导的乡建运动具有一套完整的理论和实践方案。

在梁漱溟的理论中,中国乡村建设即乡村救济,乡村需要救济的原因在"近几十年来的乡村破坏"。而中国乡村之所以不能免于各种因素造成的破坏,[④] "顶要紧的"原因是农民"缺乏组织""缺乏团体生活"。[⑤] 人尽皆知,梁氏认为中国传统社会是"伦理本位""职业分立"的社会,生活在传统中国社会的人"只有身家观念,读书中状元,经营工商业,辛勤种庄稼,都不过为身家打算","人与人在生活上不发生连带关系,很可以关门过日子",有"反团体的习惯"。[⑥] 因此,在传统中国社会,"为政之道:以不扰为安,以不取为与,以不害为利,以行所无事为兴废除弊"。[⑦] 梁漱溟的论定无疑说出了中国传统农业社会的真相。这一认知与辩证唯物主义史家所谓中国传统社会是极具分散性的小农经济社会的论定基本一致。

按照上述理解,在传统中国乡村,维持家庭生活稳定存在与兴旺的社会环境是农民的根本利益所在,任何打破以小家庭为基本生产单元的社会关系的社会改造,或者说任何不能给农民家庭带来现实利益的社会改造运动都必然与农民形成对立关系,而这一对立关系蕴含着"改造者"与整个传统习惯的冲突。梁漱溟领导的乡村改造运动遭遇了这一冲突,晏阳初领导的乡村建设实践也受到上述历史逻辑的支配。

晏阳初平民教育的初衷是教会平民识字,[⑧]到1920年代末的定县平教实验区阶段,他的平民教育运动也转化为乡村建设运动,以全面改造农民的"愚、穷、弱、私"四大积弊为目标。[⑨]由于针对四大积弊的"四大教育"(也就是"四大改造")不可能给农民带来眼前的实惠,显然亦不可能取得重大实际成就。时人评论说,平教会"在一个小县(定县)之内每年化上了20万元左右巨款","小小的成绩是不难得到的",但"必须指出的是:在定县社会经济的根本组织上,或者更浅近的说,在定县最大多数民众的经济生活(狭义的)上,并不会因平教会之工作而引起根本的变革"。[⑩]晏阳初在定县的实验不久就因全面抗战爆发而中断。但其实验内容不能给农家带来现实利益,即使不中断也不可能实现其预设的改变乡村落后状态的目标。

抗战胜利后,晏阳初领导的平教会在当时的四川省第三专署辖区开启了新一期乡村改造实验。1946年建"巴璧实验区"(当时的巴县和璧山),11月正式开始实验,[⑪]1947年11月扩大为覆盖整个第三专区的"华西实验区",[⑫]仍为政教合作的乡村改造实验。华西实验区乡村建设的组织者称此次乡建实践为"新一期"乡村改造实验。按主导者的解释,这一改变是因为此期实验明确提出了以经济建设为重心的方针。[⑬]具体而言是把针对"愚、穷、弱、私"实施的文艺、生计、卫生、公民四大教育中之"生计教育"置于中心地位。[⑭]实验方式则是将实验区划分为"社学区"。[⑮]社学区内建一所国民学校作为"建设活动的领导中心",分为小学和民教两部。小学部负责社学区内全部学龄儿童教育,民教部由专任主任选用辅导生以经济建设技艺为主的知识教授成年农民,并辅导农民组织农业生产合作社和各种专业合作社,[⑯]逐步改造农民"愚、穷、弱、私"的生存样态,实现乡村社会的现代转型。从这些设计看,华西实验区尽管确立了以经济建设为中心的乡建理念,但实践进程须经过传授生产知识和引导农民结成组织以促进经济发展,不是直接给农民带来现实利益,因此实验工作总体上仍难于形成乡村改造的内在动力。

按上述路径进行乡村建设,首要目标在组织农民走出落后的生产和生活境地,实现这一目标的第一步是做人口、财产状况调查。这看起来十分简单的一步就极难进行。直至1949年6月还有不少民教主任报告调查困难重重:上门调查时,农民"有的关门闭户,有的外出不理",有的当面"置之不理"。即使有农家愿接受调查,所得数据亦大半"不正确"。因怕抽丁,被调查人口者只报老人小孩,壮丁皆"隐匿不报";调查财产时,被调查者因"怕清算",往往"以多报少",唯负债数报告准确。乡内一个社学区的调查即费时四个多月才勉强告成。[17]调查后开办成人教育传习处更是难上加难。农民们说白天必须下田"做工才有饭吃",晚上读书耗不起灯油,且劳作一天已很疲劳,"需要早睡觉",完全没有工夫读书。[18]有的社学区在乡保长强制下办起来也无法持久,"头两天还勉强来应付场面,继续下去,就是一些儿童,有些传习处连儿(童)都莫有"。[19]"开办传习处困难,比户口调查难多了。"[20]至于办合作社,情况亦相差无几。正如民教主任李廷荣所说:"要改进农村,普遍的成立各种合作社,这诚然是一个良策,但是十个多月来的创办合作社,仍不过徒具虚名而已。"[21]在华西实验区档案中,这类报告连篇累牍,且绝大多数是1949年上任的民教主任的经验之谈。足见自1947年创建后,华西实验区以"改造"乡村为目标的乡建工作在两年间推进效果甚微。

众多民教主任反映的情况表明,华西实验区乡村建设实验推而不动的根本原因仍在于他们的"乡村改造"路径选择并不完全符合乡村实际。由于要通过全面改造乡村实现农民生存样态的彻底改观,平教会未首先考虑给农民带来现实利益,其众多举措对终年劳作以谋家庭生计的乡民而言仍属于看不见的长远利益,不可能得到他们的热烈响应。史实显示,平教会华西实验区乡村建设中成功之处均为一些能给农家带来现实利益的选项,其中最有成效的事业是在璧山县举办机织生产合作社。

璧山县农民素有以家庭织布为副业的传统。抗战时期因军品需求孔急,当地农家机织副业兴旺一时。战后军布停收,周转资金断链,农家机织相继停产。[22]平教会抓住此机会,以贷给周转资金为条件创办机织生产合作社,几乎毫不费力即取得了成功。1947年初,平教会宣布拨出贷款5400万元在城南乡组织玉皇庙和蓝家湾两个机织生产合作社,款到之前半月,合作社即告建成。[23]同年7月,平教会协调四联总处发放原料贷款10亿元,抵押贷款12亿元,同时商同农民银行璧山办事处加入贷款行列,大规模创社扩产。[24]在1947年内创办成功13个铁机社、3个木机社,[25]至1949年8月底共成立42社。[26]在现实利益号召下,农民争相入社,接受改造,"乡村改造"似乎一夜之间便进入佳境。但事情的逻辑关系决定了这种繁荣必须有不间断的利益输入方能维持。一旦收益不济,情况就将急转直下。在当时的社会条件下,平教会显然不可能带给一个县的机织生产合作社长期维持再生产乃至扩大再生产的市场环境。在合作社生产规模扩大后,重庆的市场很快即无法容纳其产品。平教会华西实验区合作社物品供销处璧山分处开始向宜宾地区开拓市场,但因合作社布匹规格不合宜宾市场需要,销路无法打开,经济循环立即受阻。至1949年11月,兴旺一时的机织生产合作社的发展实际已走到尽头。[27]

晏阳初是国际知名的乡村改造领导者,他对中国农村社会的美好未来怀有满腔热望,对改变农民的贫穷落后状态具有锲而不舍、奋斗不息的精神,但无奈当时中国社会的发展水平尚不能为他实现崇高理想提供起码的物质基础,华西实验区改造中国乡村社会的实践最终未给他的呕心沥血带来应有的回报。与梁漱溟及其他乡建者们领导的乡建实验一样,晏阳初指导的最后一次乡村建设实验仍然没有成功。平教会华西实验区的结束是因国共政权更替戛然而止,但即使没有这一事变的影响,结果亦只能是大同小异,是历史发展的进程注定了"实验"没有喜剧性的落幕。

  成功可以留下恢宏的历史,不成功也可能留下历史的恢宏。晏阳初领导的乡村建设没有获得成功,但他的事业仍然恢宏地写在史册之上。他之所以能够因置身乡村建设而成为世界名人,根本的原因就在于他所从事的是全人类都希望,而且也必须走过的历史进程——把传统农村转化为现代性乡村,这是人类历史长河中一个巨大的转折,是人类发展史上一座恢宏的里程碑。因此,他留下的历史遗迹不仅可以帮助当代人去反思一个彻底改变人类生存样态的历史过程,而且可以为当代人创造未来的历史提供不可或缺的既存历史参照。

  研究晏阳初指导的华西实验区乡村改造的成败得失,意义至为重大。任何研究都只能建基于丰富的史料。重庆市璧山区档案馆收藏的300多卷华西实验区历史档案,几乎是华西实验区档案的全部,为研究华西实验区历史提供了极其完整且颇为珍贵的历史资料。为了让这一历史文献遗产更充分地发挥作用,更全面地展示价值,四川大学中国西南文献中心与重庆市璧山区档案馆、西南师范大学出版社密切合作,经过五年多艰苦努力,在国家出版基金资助下推出了这套华西实验区档案丛书。丛书分为两个部分:第一部分《民国乡村建设晏阳初华西实验区档案编目提要》一册。因民国档案本身没有现代性的文件题目,本册在整理华西实验区档案后,给每份文件重新编写目录,同时尽量对每份文件的主要内容加以概括,一份或若干份表达相近或相关联意思的文件写出内容提要,供研究者通过提要了解文件主要内容及文件完整程度,便于直接提取所需档案。第二部分为《民国乡村建设晏阳初华西实验区档案选编》。本部分精选华西实验区档案约1.2万面,包含了华西实验区档案的主要内容,已全部转化为数字档案,能清晰呈现档案原貌,以方便研究者使用。

  本丛书编著出版的目的在于进一步展示中华平民教育促进会华西实验区档案的价值,初步地,但也是更完整地呈明华西实验区的历史面貌,为学术界研究华西实验区历史提供更多的便利,推进华西实验区历史研究的深入发展。这是编者的初衷,丛书出版后如能在上述方面发挥一定作用,就是编著者、出版者的最大幸事!

  是为序。

# 注 释

① 梁漱溟说:"乡村运动如不追溯很远,大概是发动于民国十四五年间。"见梁漱溟《乡村建设理论》,载《梁漱溟全集》第二卷,山东人民出版社1990年版,第469页。

② 梁漱溟:《乡村建设理论》,《梁漱溟全集》第二卷,山东人民出版社1990年版,第469页。

③ 梁漱溟:《乡村建设理论》,《梁漱溟全集》第二卷,山东人民出版社1990年版,第149页。

④ 梁漱溟:《乡村建设大意》,《梁漱溟全集》第一卷,山东人民出版社1989年版,第604页。

⑤ 梁漱溟:《乡村建设大意》,《梁漱溟全集》第一卷,山东人民出版社1989年版,第627页。

⑥ 梁漱溟:《中国之地方自治问题》,《梁漱溟全集》第五卷,山东人民出版社1992年版,第318页、第319页、第312页。

⑦ 梁漱溟:《乡村建设理论》,《梁漱溟全集》第二卷,山东人民出版社1990年版,第177页。

⑧ 晏阳初:《"平民"的公民教育之我见》(1926年4月),宋恩荣编:《晏阳初全集》(一),湖南教育出版社1992年版,第64页。

⑨ 晏阳初:《中华平民教育促进会定县工作大概》(1933年7月),宋恩荣编:《晏阳初全集》(一),湖南教育出版社1992年版,第246页至第247页。

⑩ 《定县的实验运动能解决中国农村问题吗?》,《中国农村经济论文集》,中华书局1936年版,第27页、第28页。

⑪ 孙则让:《华西实验区工作述要》(1949年2月11日),四川大学中国西南文献中心藏璧山区档案,9-1-5,原件藏重庆市璧山区档案馆。以下同。

⑫ 华西实验区总办事处公函稿,四川大学中国西南文献中心藏璧山区档案,9-1-199。

⑬ 孙则让:《华西实验区工作述要》(1949年2月11日),四川大学中国西南文献中心藏璧山区档案,9-1-5。

⑭ 田慰农:《平教会华西实验区北碚辅导区工作期报》,四川省档案馆藏民国档案,全宗号108,目录号1,卷号9。

⑮ 《华西实验区工作答客问》,四川大学中国西南文献中心藏璧山区档案,9-1-57。

⑯ 《给民教主任的信——什么叫社学区》,《乡建工作通讯》第二卷第九期,1949年10月14日。

⑰ 江北县三圣乡第二社学区民教主任刘成禄(在职时间1949年6月):《乡村工作经验谈》,四川大学中国西南文献中心藏璧山区档案,9-1-115。

⑱ 合川县第一辅导区沙溪乡第十一社学区民教主任秦文甫(到职日期1949年6月15日):《乡建工作经验谈》,四川大学中国西南文献中心藏璧山区档案,9-1-122。

⑲ 合川县第二辅导区白沙乡第一社学区民教主任梁宗肃:《我对于乡建工作的意见》(1949年11月9日),四川大学中国西南文献中心藏璧山区档案,9-1-122。

⑳ 江北县龙王乡第七社学区民教主任萧启禄:《乡建工作经验谈》(1949年11月12日),四川大学中国西南文献中心藏璧山区档案,9-1-115。

㉑ 巴县鱼洞镇第十一社学区民教主任李廷荣:《三周年纪念杂感》,四川大学中国西南文献中心藏璧山区档案,9-1-138。

㉒《中华平民教育促进会华西实验区工作总报告》(1947年8月至1948年3月),四川大学中国西南文献中心藏璧山区档案,9-1-68。

㉓《中华平民教育促进会华西实验区工作总报告》(1947年8月至1948年3月),四川大学中国西南文献中心藏璧山区档案,9-1-68。

㉔《中华平民教育促进会华西实验区推进璧山县机织生产合作事业概况书》(1948年4月1日编),四川大学中国西南文献中心藏璧山区档案,9-1-77。

㉕《璧山县机织生产合作社各月份产量统计表》《璧山县机织生产合作社概况表》,四川大学中国西南文献中心藏璧山区档案,9-1-71。

㉖《三十八年六月底机织生产合作社概况》《三十八年七月底机织生产合作社概况表》,四川大学中国西南文献中心藏璧山区档案,9-1-172,9-1-54。

㉗《华西实验区合作社物品供销处宜宾办事处简要报告》,四川大学中国西南文献中心藏璧山区档案,9-1-157。

# 凡例

1."中华平民教育促进会华西实验区档案"(以下简称"华西实验区档案")原件藏于重庆市璧山区档案馆。抗战爆发后,晏阳初在重庆巴县歇马场主持创办中华平民教育促进会私立乡村建设育才院(后改名为私立乡村建设学院),并划定巴县和璧山为教学实验基地,命名为"巴璧实验区"。后来,当时的四川省政府决定与晏阳初合作,在更大范围内继续按照晏阳初乡村建设理论开展乡村建设实验,并将"巴璧实验区"更名为"华西实验区"。尽管档案中晏阳初本人的活动记载较少,但作为丛书出版时仍在题名中冠以晏阳初之名。

2. 2012年,四川大学中国西南文献中心对华西实验区档案原件进行数字化处理。为保持档案原件原貌,在制作华西实验区数字化档案时,依据档案原卷顺序及卷内档案原顺序依次扫描、编号,使其与华西实验区档案原件一一对应。制作完成的数字化档案分别保存于重庆市璧山区档案馆和四川大学中国西南文献中心。

3. 华西实验区数字化档案编号包括全宗号、目录号、卷号、页码四个部分。如:9-1-38(34)表示该件档案为全宗9、目录1、第38卷中的第34页。个别卷有分册的,则以【】标示。如:9-1-32【2】(26)的"【2】"表示该件档案在第32卷的第2册中。

4. 四川大学中国西南文献中心根据其所保存的华西实验区数字化档案内容编写编目提要,不同于档案学专业中的文件级著录或案卷级著录。文件级著录能较为细致、准确地反映每份文件的内容,成书后篇幅较长,对读者全面了解华西实验区不甚方便。而案卷级著录对于每卷内容不能悉数概括,读者在利用时或有遗漏。有鉴于上述原因,四川大学中国西南文献中心课题组根据自身在研究过程中的体会而编写了编目提要。在编写过程中,按照数字化档案案卷顺序及案卷内文件顺序依次编写,以保持档案原貌。

5. 我们将华西实验区每份档案界定为:不论页数多少,能够独立表达一个完整的内容即为一份档案。一份或若干份表达相近或相关联意思的档案编写一条编目提要。在内容体例上,先标明案卷号,如9-1-38,之下为具体提要内容。每一条提要格式一般以时间、责任者、内容、文体以及其他的顺序呈现,字数没有固定要求。如有附件则以"附"加文件名的方式进行表述。在原档案中有内容及格式完整的文件、会议记录、报告、简述等,其题目已能概略反映档案内容,则不再写编写提要。编目提要以案卷为单位编写,所涉及相近或相关联的内容仅在每一案卷的范围内进行整理。

6. 民国时期,重庆璧山县是一个农业、手工业较为发达的重庆近郊县份,华西实验区开展工作也依托璧山县原有的农业、手工业基础。在华西实验区档案中保存着一部分与华西实验区工作非直接相关的农业、手工业档案,是为当时华西实验区开展工作的基础资料。我们在编著过程中保留了这部分背景资料,以便读者更好地理解华西实验区档案。

# 目录

| | |
|---|---|
| 9-1-1 | 1 |
| 9-1-2 | 3 |
| 9-1-3 | 7 |
| 9-1-5 | 10 |
| 9-1-6 | 11 |
| 9-1-7 | 12 |
| 9-1-8 | 12 |
| 9-1-9 | 15 |
| 9-1-10 | 15 |
| 9-1-11 | 16 |
| 9-1-12 | 19 |
| 9-1-13 | 19 |
| 9-1-14 | 20 |
| 9-1-15 | 21 |
| 9-1-16 | 21 |
| 9-1-19 | 22 |
| 9-1-20 | 23 |
| 9-1-21 | 23 |
| 9-1-22 | 24 |
| 9-1-23 | 24 |
| 9-1-24 | 24 |
| 9-1-25 | 26 |

| | |
|---|---|
| 9-1-26 | 26 |
| 9-1-27 | 26 |
| 9-1-28 | 26 |
| 9-1-29 | 27 |
| 9-1-30 | 27 |
| 9-1-31 | 28 |
| 9-1-32 | 28 |
| 9-1-33 | 29 |
| 9-1-34 | 30 |
| 9-1-35 | 31 |
| 9-1-36 | 31 |
| 9-1-37 | 31 |
| 9-1-38 | 32 |
| 9-1-39 | 32 |
| 9-1-40 | 33 |
| 9-1-41 | 33 |
| 9-1-42 | 34 |
| 9-1-43 | 34 |
| 9-1-44 | 35 |
| 9-1-45 | 36 |
| 9-1-46 | 38 |
| 9-1-47 | 38 |
| 9-1-48 | 39 |
| 9-1-49 | 40 |
| 9-1-50 | 40 |
| 9-1-51 | 41 |
| 9-1-52 | 41 |
| 9-1-53 | 42 |
| 9-1-54 | 42 |

| | |
|---|---|
| 9-1-55 | 44 |
| 9-1-56 | 45 |
| 9-1-57 | 47 |
| 9-1-58 | 49 |
| 9-1-59 | 51 |
| 9-1-60 | 52 |
| 9-1-61 | 53 |
| 9-1-62 | 54 |
| 9-1-63 | 56 |
| 9-1-64 | 62 |
| 9-1-65 | 63 |
| 9-1-66 | 65 |
| 9-1-67 | 65 |
| 9-1-68 | 66 |
| 9-1-69 | 66 |
| 9-1-70 | 67 |
| 9-1-71 | 70 |
| 9-1-72 | 72 |
| 9-1-73 | 79 |
| 9-1-74 | 80 |
| 9-1-75 | 80 |
| 9-1-76 | 81 |
| 9-1-77 | 82 |
| 9-1-78 | 87 |
| 9-1-79 | 93 |
| 9-1-80 | 94 |
| 9-1-81 | 95 |
| 9-1-82 | 100 |
| 9-1-83 | 104 |

| | |
|---|---|
| 9-1-84 | 105 |
| 9-1-85 | 107 |
| 9-1-86 | 108 |
| 9-1-87 | 109 |
| 9-1-89 | 111 |
| 9-1-90 | 117 |
| 9-1-91 | 120 |
| 9-1-92 | 124 |
| 9-1-93 | 127 |
| 9-1-94 | 129 |
| 9-1-95 | 132 |
| 9-1-96 | 136 |
| 9-1-97 | 144 |
| 9-1-98 | 147 |
| 9-1-99 | 152 |
| 9-1-100 | 155 |
| 9-1-101 | 161 |
| 9-1-102 | 164 |
| 9-1-103 | 170 |
| 9-1-104 | 172 |
| 9-1-105 | 174 |
| 9-1-106 | 178 |
| 9-1-107 | 183 |
| 9-1-108 | 184 |
| 9-1-109 | 186 |
| 9-1-110 | 187 |
| 9-1-111 | 189 |
| 9-1-112 | 190 |
| 9-1-113 | 191 |

9-1-114 ·················································································································192
9-1-115 ·················································································································192
9-1-116 ·················································································································193
9-1-117 ·················································································································198
9-1-119 ·················································································································200
9-1-120 ·················································································································204
9-1-121 ·················································································································209
9-1-122 ·················································································································213
9-1-123 ·················································································································214
9-1-124 ·················································································································218
9-1-125 ·················································································································223
9-1-126 ·················································································································229
9-1-127 ·················································································································231
9-1-128 ·················································································································231
9-1-129 ·················································································································237
9-1-130 ·················································································································241
9-1-131 ·················································································································245
9-1-132 ·················································································································250
9-1-133 ·················································································································251
9-1-134 ·················································································································255
9-1-135 ·················································································································256
9-1-136 ·················································································································257
9-1-137 ·················································································································259
9-1-138 ·················································································································262
9-1-139 ·················································································································266
9-1-140 ·················································································································268
9-1-141 ·················································································································269
9-1-142 ·················································································································270
9-1-143 ·················································································································271

| | |
|---|---|
| 9-1-144 | 272 |
| 9-1-145 | 274 |
| 9-1-146 | 275 |
| 9-1-147 | 276 |
| 9-1-148 | 277 |
| 9-1-149 | 278 |
| 9-1-150 | 279 |
| 9-1-151 | 280 |
| 9-1-152 | 281 |
| 9-1-153 | 282 |
| 9-1-154 | 284 |
| 9-1-155 | 285 |
| 9-1-156 | 285 |
| 9-1-157 | 286 |
| 9-1-158 | 289 |
| 9-1-159 | 290 |
| 9-1-160 | 290 |
| 9-1-161 | 292 |
| 9-1-162 | 296 |
| 9-1-163 | 296 |
| 9-1-164 | 297 |
| 9-1-165 | 298 |
| 9-1-166 | 299 |
| 9-1-167 | 301 |
| 9-1-168 | 302 |
| 9-1-169 | 302 |
| 9-1-170 | 303 |
| 9-1-171 | 304 |
| 9-1-172 | 306 |

| | |
|---|---|
| 9-1-173 | 307 |
| 9-1-174 | 308 |
| 9-1-175 | 309 |
| 9-1-176 | 309 |
| 9-1-177 | 310 |
| 9-1-178 | 312 |
| 9-1-179 | 313 |
| 9-1-180 | 313 |
| 9-1-181 | 316 |
| 9-1-182 | 317 |
| 9-1-183 | 318 |
| 9-1-184 | 319 |
| 9-1-185 | 320 |
| 9-1-186 | 321 |
| 9-1-187 | 321 |
| 9-1-188 | 322 |
| 9-1-189 | 324 |
| 9-1-190 | 324 |
| 9-1-191 | 327 |
| 9-1-192 | 331 |
| 9-1-193 | 338 |
| 9-1-194 | 341 |
| 9-1-195 | 344 |
| 9-1-196 | 350 |
| 9-1-197 | 352 |
| 9-1-198 | 356 |
| 9-1-199 | 360 |
| 9-1-200 | 366 |
| 9-1-201 | 368 |

| | |
|---|---|
| 9-1-202 | 372 |
| 9-1-203 | 376 |
| 9-1-204 | 380 |
| 9-1-205 | 382 |
| 9-1-206 | 382 |
| 9-1-207 | 383 |
| 9-1-208 | 384 |
| 9-1-209 | 384 |
| 9-1-210 | 386 |
| 9-1-211 | 392 |
| 9-1-212 | 395 |
| 9-1-213 | 399 |
| 9-1-214 | 405 |
| 9-1-215 | 406 |
| 9-1-216 | 409 |
| 9-1-217 | 411 |
| 9-1-218 | 415 |
| 9-1-219 | 422 |
| 9-1-220 | 424 |
| 9-1-221 | 425 |
| 9-1-222 | 426 |
| 9-1-223 | 427 |
| 9-1-224 | 428 |
| 9-1-225 | 429 |
| 9-1-226 | 431 |
| 9-1-227 | 432 |
| 9-1-228 | 433 |
| 9-1-229 | 434 |
| 9-1-230 | 436 |

9-1-231 ·······················································································436

9-1-232 ·······················································································437

9-1-233 ·······················································································437

9-1-234 ·······················································································438

9-1-235 ·······················································································438

9-1-236 ·······················································································438

9-1-237 ·······················································································438

9-1-238 ·······················································································438

9-1-239 ·······················································································439

9-1-240 ·······················································································439

9-1-241 ·······················································································439

9-1-243 ·······················································································440

9-1-244 ·······················································································440

9-1-245 ·······················································································440

9-1-246 ·······················································································440

9-1-247 ·······················································································441

9-1-248 ·······················································································441

9-1-249 ·······················································································441

9-1-250 ·······················································································441

9-1-251 ·······················································································442

9-1-252 ·······················································································443

9-1-253 ·······················································································443

9-1-254 ·······················································································443

9-1-255 ·······················································································446

9-1-256 ·······················································································446

9-1-257 ·······················································································446

9-1-258 ·······················································································447

9-1-259 ·······················································································447

9-1-260 ·······················································································448

| | |
|---|---|
| 9-1-261 | 448 |
| 9-1-262 | 448 |
| 9-1-263 | 449 |
| 9-1-264 | 450 |
| 9-1-265 | 454 |
| 9-1-266 | 454 |
| 9-1-267 | 457 |
| 9-1-268 | 458 |
| 9-1-269 | 459 |
| 9-1-270 | 459 |
| 9-1-271 | 464 |
| 9-1-272 | 464 |
| 9-1-273 | 466 |
| 9-1-274 | 466 |
| 9-1-275 | 469 |
| 9-1-276 | 469 |
| 9-1-277 | 469 |
| 9-1-278 | 469 |
| 9-1-279 | 473 |
| 9-1-280 | 474 |
| 9-1-281 | 485 |
| 13-1-1 | 485 |
| 13-1-2 | 486 |
| 13-1-3 | 491 |
| 13-1-4 | 492 |
| 13-1-5 | 496 |
| 13-1-6 | 498 |
| 13-1-7 | 502 |
| 13-1-8 | 502 |

| | |
|---|---|
| 13-1-9 | 505 |
| 13-1-10 | 505 |
| 13-1-11 | 506 |
| 13-1-12 | 507 |
| 13-1-13 | 507 |
| 13-1-14 | 509 |
| 13-1-15 | 509 |
| 13-1-16 | 510 |
| 13-1-17 | 510 |
| 13-1-18 | 511 |
| 13-1-19 | 511 |
| 13-1-20 | 512 |
| 13-1-21 | 514 |
| 13-1-22 | 514 |
| 13-1-23 | 515 |
| 13-1-24 | 515 |
| 13-1-25 | 515 |
| 13-1-26 | 516 |
| 13-1-27 | 517 |
| 13-1-28 | 517 |
| 13-1-30 | 517 |
| 13-1-31 | 517 |
| 13-1-32 | 518 |
| 13-1-33 | 518 |
| 13-1-34 | 519 |
| 13-1-35 | 519 |
| 13-1-36 | 519 |
| 13-1-37 | 521 |
| 13-1-38 | 521 |

| | |
|---|---|
| 13-1-39 | 521 |
| 13-1-40 | 521 |
| 13-1-41 | 522 |
| 13-1-42 | 523 |
| 13-1-43 | 523 |
| 13-1-44 | 526 |
| 13-1-45 | 527 |
| 13-1-46 | 527 |
| 13-1-47 | 527 |
| 13-1-48 | 527 |
| 13-1-49 | 527 |
| 13-1-50 | 527 |
| 13-1-51 | 528 |
| 13-1-52 | 528 |
| 13-1-53 | 528 |
| 13-1-54 | 528 |
| 后记 | 529 |

## 9-1-1

**华西实验区成立三周年纪念活动农业组展览节目**

华西实验区成立三周年纪念活动农业组展览节目,内容包括活动展览节目、图表、小册子、预算四部分。

**华西实验区农业辅导手册**

华西实验区农业辅导手册,内容包括前言、地理环境、农业概况、农业工作参考资料选集、附录等六部分。

**华西实验区农业组工作进度表**

华西实验区农业组(年份不详)5月到12月关于种植稻、枣、橘,饲养猪、牛、鸡等工作的进度统计表。

**华西实验区农业组账目明细表**

**华西实验区1949年春季良种推广一览表**

**华西实验区农业组1949年春季第一次良种推广预算表**

1949年春季,华西实验区农业组关于中农4号稻、胜利籼、小米桐等良种推广的预算表。

**华西实验区1949年春季第一次良种推广追加预算表**

1949年4月7日,华西实验区1949年春季关于稻谷、油桐良种推广追加预算表。

**华西实验区农业组良种繁殖预算表**

**预领牧草试验用费收据**

**华西实验区总办事处聘李焕章为辅导委员兼农业组组长的通知**

1949年2月1日,华西实验区总办事处为聘李焕章为辅导委员兼农业组组长致李焕章通知。附李焕章聘书。

**乡村建设学院职员胡兴宗为推广农业工作申请拨款呈华西实验区农业组组长李焕章函**

乡村建设学院职员胡兴宗为推广农业工作呈函华西实验区农业组组长李焕章,申请拨款二三十万元,用来购买种子和土地等。

**万县柑橘概况调查报告**

万县柑橘概况调查报告,内容包括前言、柑橘的分布、红橘的产销情况、橘树的栽植管理与品种、橘树的病虫灾害问题、结论六部分。

**乡村建设学院院长晏阳初演讲记录稿**

　　此稿为乡村建设学院院长晏阳初在为赴江津工作学生举行的动员大会上所做的演讲的内容记录。晏院长对学生们强调了学院的自强奋斗精神和切实为老百姓服务的目标，希望同学们把学院精神运用到实际工作中去。

**华西实验区甜橙果实蝇防治队工作人员名册**

**华西实验区甜橙果实蝇防治队工作进行须知**

　　华西实验区甜橙果实蝇防治队工作进行须知，内容包括认识地方环境、联络地方领袖、果园位置、工作区域划分、宣传工作、组织农民、选定示范果园等九部分。

**华西实验区甜橙果实蝇防治队编队须知**

　　华西实验区甜橙果实蝇防治队编队须知，内容包括本队组织、编队须知、分队以下职务之分配、初步活动计划等六部分。

**华西实验区柑橘产区农业、果园概况调查表**

　　华西实验区柑橘产区农业、果园概况调查表分为农业概况、果园概况及受害果实之识别等。附柑橘产区分布图。

**华西实验区甜橙果实蝇防治队柑橘区概况调查表说明及填写法**

　　华西实验区甜橙果实蝇防治队柑橘区概况调查表说明及填写法，内容包括目的、调查进行步骤、表格说明及填写法。

**华西实验区甜橙栽培与管理**

　　华西实验区甜橙栽培与管理资料分为栽培所需的环境、栽培实际方法两节，内容包括气候、土地、整枝与修剪、中耕与除草等。

**华西实验区甜橙果实蝇防治队果园位置调查表**

**华西实验区甜橙果实蝇防治队甜橙受害果实采摘记录表**

**四川江津县甜橙果实蝇（蛆柑）初步防治示范计划**

　　四川江津县甜橙果实蝇（蛆柑）初步防治示范计划，内容包括四川甜橙质量概况、果实蝇毁害情形、果实蝇生活史、成虫习性和果实蝇防治方法等。

**受害果实识别方法**

　　受害果实分三期进行识别的方法为：第一期流胶，第二期伤口凸起，第三期现红。

**果树常识——四川栽培的果树**

　　《果树常识——四川栽培的果树》，内容包括重要的种类、重要的品种、繁殖法、栽植及形式等六项内容。

## 9-1-2

**璧山县大豆产量统计表**

**璧山县林场、苗圃统计表**

璧山县中山纪念林、林业苗圃、义瑞林场等调查统计,内容包括性质、面积、概况、年度经费和计划纲要等九项。

**璧山县特用作物调查表**

璧山县特用作物调查表,内容包括黄花、烟草、花生、油菜、蓝靛、油麻、苎麻、棉花等作物的种植面积、产量等。

**璧山县主要果品调查表**

璧山县主要果品调查表,内容包括桃、梨、橘、橙、葡萄等果品的种植面积、产量等。

**璧山县普通作物调查表**

璧山县普通作物调查表,内容包括豌豆、蚕虫、大麻、稻、大麦、小麦、高粱、玉米等作物的种植面积、产量等。

**璧山县农作物虫害损失情形调查表**

璧山县农作物虫害损失情形调查表,内容包括害虫种类、受害作物、受害状况和损失面积等五项。

**四川省政府为调查统计各县人口、特产数量、产物运销各镇数量等事宜给璧山县政府的训令**

1936年4月1日,四川省政府为调查统计各县人口、特产数量、产物运销各镇数量、运输方式及运价里程等项给璧山县政府训令。

**四川省政府为限期查填呈报璧山县1935年农作物产量及病虫害损失情形给璧山县政府的训令**

1936年4月7日,四川省政府为限期查填呈报璧山县1935年农作物产量及病虫害损失情形给璧山县政府训令。附实业部举办1935年全国各项农作物产量及病虫害损失调查办法纲要,省普通作物产量调查表、县普通作物产量调查表,省特用作物产量调查表、县特用作物产量调查表,省主要果品调查表、县主要果品调查表,省农作物虫害损失情形调查表、县农作物虫害损失情形调查表,省农作物病害损失情形调查表、县农作物病害损失情形调查表。

### 璧山县政府为遵令查填县属1935年农作物产量及病虫害损失情形给四川省政府的呈

1936年4月17日,璧山县政府为遵令查填县属1935年农作物产量及病虫害损失情形,印制调查办法、普通作物调查表、特用作物调查表、果品调查表、病害损失情形调查表、虫害损失情形调查表各一份,交以查核存档,呈文四川省政府。

### 四川省政府为填报人口及特产调查表给璧山县政府的指令

1936年4月22日,四川省政府为已核收璧山县填报之人口及特产调查表给璧山县政府指令。

### 四川省政府为填报农产及病害各表给璧山县政府的指令

1936年5月7日,四川省政府为已核收璧山县填报农产及病害各表给璧山县政府指令。

### 四川省政府为查填璧山县1934年农作物产量及病虫害损失情形与璧山县政府的往来公文

1936年7月24日,四川省政府为督促各县查填农作物产量及病虫害损失情形给璧山县政府训令。7月30日,璧山县政府为已遵照要求查填县属1934年农作物产量及病虫害损失情形呈文四川省政府,请予查核。8月20日,四川省政府为璧山县已查填县属1934年农作物产量及病虫害损失情形给璧山县政府指令,准予转存查核。

### 四川省政府为饬农林技士于秋收时节进行农作物调查事宜给璧山县政府的训令

1936年9月9日,四川省政府为振兴农业,举办全川农业调查给璧山县政府训令。强调秋收时节,农作物调查工作尤其重要,应由各县政府转饬农林技士提前办理农作物调查。

### 四川省政府为饬农林技士依限完成农业调查工作给璧山县政府的训令

1936年9月17日,四川省政府为办理农业调查,邮寄分发各县农业调查表式15种及调查须知等,给璧山县政府训令,要求各县安排农林技士遵照办理。

### 璧山县政府为呈复办理农业调查情形给四川省政府的呈

1936年9月24日,璧山县政府为已遵照规定办理农业调查,上交调查表15种以审核备查呈文四川省政府。

### 璧山县政府为办理农业调查给联保主任、保长的训令

1936年9月28日,璧山县政府为办理农业调查给联保主任、保长训令,规定各区调查员由省府建设厅确定担任人选,于10月1日前往该地做实际调查,联

保主任和保长协助办理,等等。

### 四川省政府为办理农业调查给璧山县政府的训令

1936年10月5日,四川省政府为举办全川农业调查,印制调查表及调查须知,通令各县遵照办理,给璧山县政府训令。规定调查由农林技士全程负责,调查人在每区选定一保进行全面调查,所需经费归省府开支等。附农业生产调查表解说。

### 四川省政府为督促执行内地各省市荒地实施垦殖督促办法给璧山县政府的训令

1936年10月6日,四川省政府为强调本年度把农业调查列入建设中心工作,督促执行内地各省市荒地实施垦殖督促办法给璧山县政府训令。附内地各省市荒地实施垦殖督促办法。

### 四川省政府为璧山县呈复办理农业调查情形一事给璧山县政府的指令

1936年10月7日,四川省政府为璧山县呈复办理农业调查情形一事给璧山县政府指令。

### 四川省政府为农业调查员旅费一事给璧山县政府的指令

1936年10月7日,四川省政府为规定各县农业调查员性质为义务职,且负责调查100家,其津贴旅费为20元等事宜给璧山县政府指令。

### 璧山县政府为呈明办理农业调查情形给四川省政府的呈

1936年10月11日,璧山县政府为已选定三区农业调查员于该月1日开展农业调查工作,其填表方法、单位、计算等由农林技士当面解说,并拟订填表注意事项交调查员办理等,呈文四川省政府,以资鉴核。

### 四川省政府为检发农业调查经费分预算书式样给璧山县政府的训令

1936年10月13日,四川省政府为举办全国农业调查,拟订农业调查经费分预算书式样以资办理给璧山县政府训令。附填报详细说明及农业调查经费分预算书式样。

### 璧山县政府为遵式造具农业调查经费预算一事给四川省政府的呈

1936年10月19日,璧山县政府为已按照省政府规定拟订农业调查经费预算交以审核呈文四川省政府。附璧山县1936年度农业调查经费分预算书,内容包括额定旅费、技士抽查及普通调查津贴等。

### 四川省政府为已核查璧山县呈报农业调查表给璧山县政府的指令

1936年12月11日,四川省政府为已核查璧山县所呈报之第一至第十一号农业调查表,准予备案,给璧山县政府指令。

### 四川省政府为填报农业捐税调查表给璧山县政府的训令

1936年10月22日,四川省政府为填报农业捐税调查表给璧山县政府训令。调查表分田、地、山、塘四个类别统计每亩省税、纳税面积、税收等情况。

### 璧山县政府为遵令填报农业捐税调查表给四川省政府的呈

1936年10月26日,璧山县政府为已按照要求填写农业捐税调查表交以核查备案呈文四川省政府。

### 四川省第三区行政督察专员公署为办理农事试验场所调查给璧山县政府的训令

1935年12月25日,四川省第三区行政督察专员公署为了解农事试验场所办理现状,印制农事、林业、蚕丝畜牧机关调查表三件和填报说明书一件,令璧山县遵照办理。附调查表、填报说明书。

### 四川省政府为催促办理川省各农事试验场所现状调查给璧山县政府的训令

1936年2月13日,四川省政府为了解川省各农事试验场所现状,令各县遵照表式办理调查,限文到半月内查填两份调查表并予以呈报,给璧山县政府训令。

### 璧山县政府为填报农林业调查表给四川省第三区行政督察专员公署的呈

1936年3月2日,璧山县政府为已按照要求完成农林调查表,交以备案鉴核呈文四川省第三区行政督察专员公署。附农事机关调查表、林业机关调查表。

### 四川省第三区行政督察专员公署为已查收农事试验场调查表一事给璧山县政府的指令

1936年3月10日,四川省第三区行政督察专员公署为已查收璧山县政府呈送农事试验场调查表一事给璧山县政府指令。

### 璧山县政府为呈明农事机关调查表业经填表给四川省政府的呈

1936年3月21日,璧山县政府为已遵照办理农事机关调查,查填农事机关调查表,交以鉴核备查,呈文四川省政府。

### 四川省政府为填报农事、林业机关调查表给璧山县政府的指令

1936年4月3日,四川省政府为尚未收到璧山县已填报农事、林业机关调查表,令另具填呈府,给璧山县政府指令。

### 四川省政府为调查璧山马骡情况与璧山县政府的往来公文

1935年4月15日,四川省政府为调查马骡情况,令璧山县政府遵照表式办理该县马骡调查。附马骡调查表。

1936年3月21日,四川省政府为调查马骡情况,催促璧山县政府遵照表式

办理该县马骡调查给璧山县政府训令。附马骡调查表。

1936年3月30日,璧山县政府为呈报该县境地无马骡,故无从填报马骡调查表呈文四川省政府。

1936年4月12日,四川省政府为已查收璧山县申明该县境地无马骡无从填报一事给璧山县政府指令。

## 9-1-3

**璧山县农业推广所为编送1946年度工作总报告给璧山县政府的呈**

1947年2月1日,璧山县农业推广所为已编就本所1946年度工作总报告呈文璧山县政府。附璧山县农业推广所1946年度工作总报告。

**璧山县政府为据呈函送本县农业推广所1946年度工作总报告致四川省农业改进所函**

1947年2月15日,璧山县政府为据呈函送本县农业推广所1946年度工作总报告致函四川省农业改进所。

**璧山县农业推广所为呈报1947年度工作月报表及工作人员分配表给四川省农业改进所的呈**

1947年3月到1948年2月,璧山县农业推广所分别为已编就本所1947年1月到12月工作月报表,合并1月到12月工作人员分配表交四川省农业改进所鉴核呈文四川省农业改进所。附1947年度1月到12月工作月报表及工作人员分配表。

**璧山县政府为函送璧山县农业推广所1947年度工作月报表致四川省农业改进所函**

1947年3月到1948年2月,璧山县政府分别为函送璧山县农业推广所1947年度1月到12月工作月报表致函四川省农业改进所。

**四川省农业改进所为准函送璧山县农推所1947年度工作月报表致璧山县政府函**

1947年3月到1948年3月,四川省农业改进所分别为准函送璧山县农推所1947年1月到12月工作月报表,请以查照转知,致函璧山县政府。

**璧山县政府为拟呈县农推所1947年度工作月报表给璧山县农业推广所的训令**

1947年4月到1948年4月,璧山县政府分别为已查收县农推所所呈1947年1月到12月工作月报表,准予备查,给璧山县农业推广所训令。

### 璧山县农业推广所为编呈1947年度本所工作总报告给四川省农业改进所的呈

1948年2月2日,璧山县农业推广所为编呈1947年度本所工作总报告呈文四川省农业改进所。附璧山县农业推广所1947年度工作总报告。

### 璧山县政府为拟呈璧山县农业推广所1947年度工作总报告给璧山县农业推广所的训令

1948年3月13日,璧山县政府为拟呈璧山县农业推广所1947年度工作总报告,请以查照核办,给璧山县农业推广所训令。

### 璧山县农业推广所为呈送1948年度工作计划书给四川省农业改进所的呈

1947年11月19日,璧山县农业推广所为呈送本所1948年度工作计划书呈文四川省农业改进所。

### 璧山县政府为拟呈县农业推广所1948年度工作计划书给璧山县农业推广所的训令

1947年12月13日,璧山县政府为拟呈县农业推广所1948年度工作计划书给璧山县农业推广所训令。附璧山县农业推广所1948年度工作计划。

### 四川省农业改进所为准许璧山县农业推广所1948年度工作计划致璧山县政府函

1948年1月14日,四川省农业改进所为准许璧山县农业推广所1948年度工作计划关于水土保持、粮食增产、病虫防治、肥效试验、土壤调查等五项,准予查照办理致函璧山县政府。

### 璧山县政府为准函送县农业推广所1948年度工作计划给璧山县农业推广所的训令

1948年2月19日,璧山县政府为准函送县农业推广所1948年度工作计划给璧山县农业推广所训令。

### 璧山县政府为准函送县农业推广所1946年度工作月报表给璧山县农业推广所的训令

1946年10月至1947年3月,璧山县政府分别为准函送县农业推广所1946年度7月、10月至12月工作月报表给璧山县农业推广所训令。

### 璧山县农业推广所为呈报1946年度工作月报表及工作人员分配表给四川省农业改进所的呈

1946年8月到1947年1月,璧山县农业推广所分别为已编就本所1946年7月、9月至12月工作月报表及工作人员分配表交四川省农业改进所鉴核呈文四川省农业改进所。附璧山县农推所1946年度7月、9月至12月工作月报表及工作人员分配表。

### 璧山县政府为函送县农业推广所1946年度工作月报表致四川省农业改进所函

1946年8月到1947年2月,璧山县政府分别为拟呈县农推所1946年度7月、10月到12月工作月报表,请以查照,致函四川省农业改进所。

### 四川省农业改进所为准函送璧山县农业推广所1946年工作月报表致璧山县政府函

1946年10月至1947年3月,四川省农业改进所分别为准函送璧山县农业推广所1946年7月、9月至12月工作月报表致函璧山县政府。

### 四川省农业改进所为准函送璧山县农业推广所1946年度工作总报告致璧山县政府函

1947年3月9日,四川省农业改进所为准函送璧山县农业推广所1946年度工作总报告致函璧山县政府。

### 璧山县政府为前拟璧山县农业推广所1946年度工作总报告给璧山县农业推广所的训令

1947年3月18日,璧山县政府为前拟璧山县农业推广所1946年度工作总报告给璧山县农业推广所训令。

### 璧山县农业推广所为呈请蔡君儒为本所听课员一事给璧山县政府的呈

1946年10月8日,璧山县农业推广所为遴选蔡君儒为本所听课员呈请鉴核呈文璧山县政府。附听课员蔡君儒资历表。

### 璧山县农会为青木乡农会呈邓缘洁与彭方全等过水纠纷一事请予鉴核给璧山县政府的呈

1946年7月23日,璧山县农会因青木乡呈邓缘洁与彭方全等过水纠纷一事,经青木和接龙两乡农会召集调解未获合理解决办法,转请鉴核并依法处理呈文璧山县政府。

### 璧山县政府为县农会所呈青木乡邓缘洁与彭方全等过水纠纷一事传原告、被告传票

1946年7月25日,璧山县政府为县农会所呈青木乡邓缘洁与彭方全等过水纠纷一事传原告邓缘洁、被告彭方全等传票。

璧山县政府建科审讯庭单

1946年7月25日,璧山县政府关于邓缘洁与彭方全等过水纠纷一事的审讯庭单及审讯笔录。

璧山县青木乡第四保办公处为报阻扰水利经过情形一事给璧山县政府的呈

1946年8月11日,璧山县青木乡第四保办公处为报邓缘洁与彭方全等过水,纠纷阻扰水利经过情形呈文璧山县政府,呈请鉴核备查并解决,以免后生阻扰,以利本保农田及人民。

璧山县农会为转青木乡农会呈会员邓缘洁与彭方全等过水纠纷请予鉴核给璧山县政府的呈

1947年3月3日,璧山县农会为转青木乡农会所呈会员邓缘洁与彭方全等过水纠纷请予鉴核,呈文璧山县政府。

璧山县接龙乡农民为谋夺水利受害,恳予查勘,辨别真相,以维护权益,给璧山县政府的呈

1946年8月6日,璧山县接龙乡农民彭汉卿等为谋夺水利受害,恳予查勘,辨别真相,以维护权益而彰公道,呈文璧山县政府。

## 9-1-5

华西实验区1950年农村经济建设工作计划纲要草案及计划要略

华西实验区教育、经济、卫生简释

华西实验区工作述要

社学区教育经济卫生工作简释

乡村卫生建设工作概要

华西实验区工作座谈会记录

(乡镇不详)第十保访问报告(罗建伟、李世芬、彭士有等)

黄桷镇第八保访问报告(邹沧萍、唐孝恩等)

(乡镇不详)第十一保农家访问报告(王义君、陈华昭、万继金等,1949年7月9日)

黄桷镇第七保农家访问报告(黄先锋、向宗彦、杨家珍等,1949年7月9日)

黄桷镇第十八保农家访问报告（谭其翔、杨奉瑞、张嘉航等，1949年7月9日）

黄桷镇第十二保访问报告（程德芳、胡兴邦等）

黄桷镇各业概况调查表（1949年5月）

工作股检发每日调查内容、农村访问须知及黄桷镇概况

工作座谈会记录

关于甜橙运销合作社相关事宜

华西实验区编辑组印《怎样做导生》残本

## 9-1-6

华西实验区各区及区本部各组负责人座谈会议纪要（1948年12月30日）

华西实验区区本部编辑组工作人员周报表

华西实验区辅导会议提案（1948年10月3日）

（单位不详）成人教育之教材教具项目列表、所需补助经费预算书及乡镇自筹部分预算书

《乡建院刊》第二卷第二、第四期

《乡建院刊》第一卷第九、第十、第二十期

**华西实验区总办事处为知照《传习报》相关事宜及工作人员请假办法给教育组的通知**

　　1949年9月，华西实验区总办事处两次通知教育组，知照实验区《传习报》创办旨趣、发行和使用办法以及实验区工作人员请假办法。

**华西实验区工作人员代表为示范国民学校相关实际问题呈华西实验区签呈**

　　1949年1月17日，华西实验区工作人员代表罗炳淮、朱治中等联名呈华西实验区总办事处签呈，请改善示范国民学校教师、辅导员及校长所支薪金标准，并请增派工友一名以开展业务。

**华西实验区工作丛刊——《狮子乡社会调查工作纪实》**

## 9-1-7

**璧山县农业推广所、农林场人事任免等相关事宜的文件**

  1930年10月至1945年7月,四川省政府、四川省农业改进所、璧山县政府、璧山县农业推广所往来函、训令、通知、报告等,内容包括璧山县农业推广所主任、指导员(包括一、二、三级)、助理指导员、办事员、技术员、练习生、会计员及农林场场长等职务的委任、免职、改派、委任审查、请假、请辞、到职日期呈报、工作证发放、职员调查、各职位遴选标准及支薪标准,1942年度、1943年度、1944年度、1945年度人事概况表的编呈事宜,以及县农推所管辖范围调整及办公地点迁移情形。附张农颐、余永盛、康书珍、刘金鼎、廖志泽、丁绍兰、刘安、陈鹏举、龙国梁、王绍康、李西庚、于孝思、尚必达、谢隆礼、汪俊贤履历表,璧山县1942年度新任人员履历表,璧山县政府委任余永盛、李西庚、张代澄、康书珍、刘金鼎、王绍康任指导员、助理指导员、办事员等职的委派令,璧山县农林场1942年度额设人员履历表,璧山县农推所1942年度、1943年度、1944年度、1945年度人事概况表,璧山县政府呈四川省政府公文回单,璧山县农推所补设指导员履历表,璧山县农推所工作人员名单,1943年璧山县农推所新委任人员履历表,1942年璧山县农推所职员调查表。

**璧山县石踏坡信用合作社章程**

## 9-1-8

**华西实验区合作社物品供销处璧山分处分支机机构管理办法、人事考核奖惩办法、人事考核表**

**华西实验区机织生产合作事业报告书**

**合川县政府自治辅导员设置及服务办法**

**(单位不详)所需固定设备及流动资金预算书**

**华西实验区1947年度推进璧山县机织生产合作事业概况书**

**华西实验区总办事处为行库区配贷棉纱运送事宜致中国农民银行重庆分行、中央合作金库四川分库函**

  1949年4月30日,华西实验区总办事处分别致函中国农民银行重庆分行、中央合作金库四川分库,请行方、库方按协议运送双方配贷棉纱。附华西实验区、中国农民银行贷纱收布合约,机织社社员保证书样张。

**华西实验区总办事处、西南军政长官公署、重庆市社会局、农复会重庆办事处关于解封重庆社会局封存华西实验区璧山、北碚两地棉纱的往来函**

1949年5月,四川省第三行政督察区专员兼华西实验区总办事处主任孙则让,西南军政长官公署办公厅主任周君亮,重庆市社会局、农复会重庆办事处主任陈开泗往来信函,内容主要为请求重庆市社会局解封华西实验区璧山、北碚两地机织社棉纱,并由区方自行办理解封手续。附陈开泗致重庆市社会局代电抄件。

**华西实验区农会贷款办法残件及农会贷款还款明细表**

**华西实验区机织生产合作社联合社设置整染厂计划**

**华西实验区设置推广繁殖站计划**

**华西实验区机织生产合作社贷款计划,璧山、北碚织布机原有台数表、机织贷款第一期预算表**

**华西实验区总办事处、铜梁合作纸厂、乡建学院等为乡建学院十周年庆请收集展品事宜的往来函**

1950年10月13日至23日,华西实验区总办事处、铜梁合作纸厂、合作社供销处及合作整染厂、乡建学院往来函,内容主要是为乡建学院十周年庆收集展品相关事宜。

**巴县县政府为建议区方同时开展民教工作及合作事业事宜与华西实验区总办事处的往来函**

1949年5月30日,巴县县政府致函华西实验区总办事处,建议民教工作与合作事业同时开展。6月16日,华西实验区总办事处回函巴县县政府,知照待调查工作完竣后即开展合作事业。

**璧山县第二辅导区办事处为请暂缓本区三乡设置农业生产合作社事宜与华西实验区总办事处的往来公文**

1949年7月5日、7月9日,璧山县第二辅导区办事处与华西实验区总办事处往来公文,内容主要为璧山第二辅导区梓潼、太和、三教三乡辅导员请暂缓在该乡设置农业生产合作社事宜。

**华西实验区总办事处为检发相关文件给各辅导区办事处的通知**

1949年7月24日、9月7日,华西实验区总办事处两次通知各辅导区办事处,检发合作工作座谈会会议纪要、合作社组织程序。附合作工作座谈会会议纪要。

**巴县县政府为申请防旱作物种子放贷事宜与华西实验区总办事处的往来函**

1949年8月31日，巴县县政府致函华西实验区总办事处，因受旱灾，申请贷放防旱作物。9月7日，华西实验区总办事处回函，知照因栽植耐旱作物时间已过，暂不放贷。附巴县各区受灾乡镇名称表、栽植防旱作物贷款计划书。

**华西实验区总办事处、璧山县政府、巴县县政府与各辅导区办事处等关于传习教材及传习书表等洽领事宜的往来公文**

1949年1月23日至11月10日，华西实验区总办事处，璧山县政府，巴县县政府，璧山各辅导区办事处(第一至第六区)，巴县各辅导区办事处(第一至第十二区)，綦江第一、第二区办事处，綦江古南镇辅导员许昌谦，北碚办事处，江北第一、第二区办事处，合川第一、第二区办事处，民间印刷出版社等往来函、报告、通知数份，内容包括植桐活动教材传习办法、怎样做导生、怎样做导生教学指南、农民读本辅导传习参考、传习连环画、防治蛆柑连环画、农民读本传习指引、组织柑橘产销合作社、农民千字课、农业合作社章程、传习学生点名册、导生传习教育应用表册、传习概况表、社学区户口经济调查表、民教主任登记表、传习处标牌、传习改善办法、传习课程进度表、农地减租教材、民众歌曲、民众应用文写作办法等传习教材、传习相关书表及其他传习用品的洽领事宜。附华西实验区各社学区传习民众基本教育课程进度表，植桐活动教材传习办法及各区分配表，孙则让派员前往民生公司印刷厂领取农民千字课、传习连环画、社学区户口经济调查表领条，巴县各区调查表，巴县文星乡1949年上期传习教育改善办法，巴四区请领各项表册清单，巴三区各乡镇学生传习概况表，成人教育所需之教材教具列表。

**华西实验区总办事处与璧山、北碚、巴县各办事处关于华西实验区传习处延缓复学日期及呈报开学日期等事宜的往来公文**

1949年5月24日至9月19日，华西实验区总办事处，璧山第一、第二区办事处，北碚管理处，巴六区驻长生乡辅导员办事处，巴八区办事处往来函、报告数份，内容主要涉及各区传习处延期开学、农忙放假及呈报复课日期等相关事宜。

**綦江第二辅导区办事处与华西实验区总办事处为拨发传习处相关费用的往来公文**

1949年9月1日与9月19日，綦江第二辅导区办事处与华西实验区总办事处往来公文，内容主要为传习处设备费及经常费的拨发事宜。附传习处经费自筹便签。

**华西实验区合作社物品供销处璧山分处同仁福利委员会简则、分支机构管理办法、人事考核奖惩办法及考核表**

### 华西实验区秘书室为检发会议记录致编辑组函

1949年9月12日,华西实验区秘书室致函编辑组,检发1949年第三次工作检讨月会记录,希查照办理。附会议记录。

### 关于新的农场、新的乡村工作总结

### 华西实验区合作社物品供销处璧山分处为聘任工作人员事宜致宜宾办事处函

华西实验区合作社物品供销处璧山分处致函宜宾办事处,准许聘任李光勋为该处业务员。

### 华西实验区合作社物品供销处璧山分处为安排遣散事宜致宜宾办事处函

华西实验区合作社物品供销处璧山分处致函宜宾办事处,知照该处遣散人员及遣散费用发放事宜。附李国桢安排遣散事宜便条。

### 华西实验区机织生产合作事业报告书(1949年12月制)

### 华西实验区合作社物品供销处璧山分处组织规程及1949年度编制表

### 华西实验区验收军布修正加纱扣纱办法

### 合川县政府自治辅导员设置及服务办法

### 成人教育所需教材与教具

## 9-1-9

### 璧山县石河、立山寺、茅莱山、祝家桥等信用合作社成立登记相关书表

1938年至1940年,璧山县石河、立山寺、茅莱山、祝家桥等信用合作社成立登记相关书表,内容包括各社印鉴、借款申请书、章程、调查表、变更登记表、创立决议录、年度业务计划书表等。

### 巴璧青木乡乡村建设联合会简章、联合会第一次筹备会议记录、新青木乡计划书、青木乡低度教育计划

## 9-1-10

### 四川省各县(局)田赋粮食管理处办理1946年度征借田赋划归中央粮食集中运输办法

内容为四川省各县(局)田赋粮食管理处办理1946年度征借田赋划归中央粮食集中运输办法。附接粮报告存根样表、各县集中里程图、运输旅费预算书样表、运输折耗样表、集中粮船失谷证明书。

**璧山县政府、璧山县农业推广所及其所属办事处关于璧山县农业推广所公文移交及工作交接情形的往来公文**

1949年4月19日至9月7日,璧山县政府,璧山县农业推广所,璧山县农推所第二、第四、第五办事处往来训令、函数份,内容包括各单位案卷、会议记录、公文移交及农推所会计员郭钧贤与简师校会计陈希圣对调服务交接事宜。附璧山县农业推广所历年收发文簿、会议记录、档卷移交清册。

**璧山县依凤乡治蝗工作统报一览表及竹蝗防治队奖纱登记表**

## 9-1-11

**四川省政府、璧山县政府关于修正璧山县农业推广所组织规程一事的训令**

1949年2月16日、3月7日,四川省政府给璧山县政府训令及璧山县政府给璧山县农业推广所训令,知照修正县农业推广所组织规程第三条,并抄发该条原文。

**四川省农业改进所甘蔗改良场、璧山县政府、璧山县农业推广所为推广优良蔗种的往来公文**

1948年10月至11月成文,内容为四川省农业改进所甘蔗场为检送甘蔗改良场1948年度优良蔗种推广办法致璧山县政府函,璧山县政府为函送优良蔗种推广办法给县农推所训令。附甘蔗改良场1948年度优良蔗种推广办法。

**四川省农业改进所家畜保育场、璧山县政府、璧山县农业推广所为归还领用血清菌苗款项一事的往来公文**

1948年8月至12月成文,内容为四川省农业改进所家畜保育场与璧山县政府、璧山县农业推广所为农推所归还所领用的四川省农业改进所家畜保育场血清欠款一事的往来公文。

**中国农民银行璧山分理处为收购改良稻种一事致璧山县政府函**

1948年10月15日,中国农民银行璧山分理处致函璧山县政府,拨款并函请该府协助办理改良稻种收购事宜。

**四川省政府为各县农推所发展农业基本建设提案通过饬令璧山县查核办理给璧山县政府的训令**

1948年9月21日,四川省政府给璧山县政府训令,知照各县农推所发展农业基本建设提案已通过,饬令璧山县查核办理,并抄发四川省参议会提案。附四川省参议会第一届第六次大会提案。

**璧山县农业推广所为填报烟业产制销概况调查表一事与四川省政府、璧山县政府的往来公文**

1948年8月至9月成文,内容为璧山县农业推广所奉四川省政府、璧山县政府令填报烟业产制销概况调查表,以期推进烟业生产与省府、县府的往来公文。附烟业产制销概况调查表。

**四川省政府、璧山县政府为解释行文程式一事给璧山县农推所、县农会及各乡镇农会、合作社的训令**

1948年8月至10月成文,内容为璧山县政府转发四川省政府训令,向璧山县农推所、县农会及各乡镇农会、合作社解释行文程式。

**四川省农业改进所,璧山县政府,璧山县狮子乡、青木乡、接龙乡为发给农情报告员奖章一事的往来公文**

1948年7月至9月成文,内容为四川省农业改进所请璧山县政府代为转发其所颁之璧山县成绩优良农情报告员奖章,璧山县政府为此给狮子乡、青木乡、接龙乡训令。

**璧山县农业推广所、璧山县政府财政科科员为监收县农推所农林场水稻一事的往来公文**

1948年8月至10月成文,内容为璧山县农业推广所请求璧山县政府财政科派员前往该所农林场监收水稻和该所呈报收货数量以便核查的呈文,以及财政科科员监收情况报告。

**璧山县农业推广所、璧山县政府职员为整修农林场房屋一事呈璧山县政府报告**

1949年8月4日至8月12日成文,内容为璧山县农业推广所因农林场房屋遭白蚁蛀蚀,请派员勘察情况、核定经费、予以整修呈璧山县政府的报告,以及县府职员的勘察报告。

**璧山县政府、璧山县参议会、璧山县农业推广所为农林场呈报历年生产主副产物收获及解库情形的往来公文**

1948年7月15日至8月12日成文,内容为璧山县政府转璧山县参议会训令,知照璧山县农业推广所呈报农林场历年生产主副产物收获及解库情形,以及农业推广所就此事之呈复。附璧山县农业推广所农林场1946年至1947年农产品收益缴解表。

**璧山县农业推广所为呈缴推广稻种所得款项一事与璧山县政府的往来公文**

1948年3月13日至6月3日成文,内容为璧山县农业推广所为向璧山县政府呈缴1947年度推广稻种所得款项一事与县府往来公文。

**中国农民银行璧山办事处、四川省合作事业管理处、四川省政府、璧山县参议会、璧山县政府、璧山县合作金库等为璧山县合作金库创设、管理及停止业务等事宜的往来公文**

1946年1月18日至1949年1月21日成文,内容为筹设璧山县合作金库,加强合作金库管理,以及办理合作金库资产清算及停止业务等事宜。附中国农民银行辅设合作金库办理清算步骤及注意事项。

**四川省政府、璧山县政府为加强合作贷款业务管理的若干训令**

1945年10月至1948年9月成文,内容为四川省政府、璧山县政府关于加强合作贷款业务管理,严禁营私舞弊行为的训令若干。

**四川省政府关于合作社登记及缴税事宜给璧山县政府的训令**

1946年3月,四川省政府给璧山县政府训令,知照依法组织合作社之登记及缴税事宜。

**璧山县政府工作人员为延期参加合作人员训练所受训一事呈璧山县政府报告**

1944年9月19日,璧山县政府工作人员郝某报告璧山县政府,因病呈请缓期前往南泉全国合作人员训练所受训。

**四川省政府、璧山县政府、中央合作金库四川省分库、中国农民银行璧山办事处关于农业贷款的训令、函、代电等**

1948年6月至11月成文,内容涉及通知参加农民团体之军人眷属申请农贷应从宽核贷、规定农业贷款业务范围与标准、检发1948年有关农贷之书表、增发农业贷款、规定贷款利率、饬令呈报各种农贷分配额度等事宜。附中国农民银行中央合作金库农业合作贷款业务范围与标准、各县市局办理贷款注意事项、县市1948年度合作贷款工作报告书等。

**璧山县政府为饬令呈报农会名称、会员人数及业务状况给璧山县农业推广所的训令**

璧山县政府给璧山县农业推广所训令,饬令该所迅速呈报农会名称、会员数量及业务状况。

**璧山县接龙乡消费合作社为成立登记事宜给璧山县政府的呈**

1948年5月6日至6月2日成文,内容为璧山县接龙乡消费合作社为呈报该社启用图记日期、图模以及职员印鉴呈文璧山县政府。附璧山县接龙乡消费合作社章程。

## 9-1-12

**璧山县坿城乡信用合作社联合社为成立登记及加入合作金库事宜与璧山县政府的往来公文**

1949年9月成文,内容涉及坿城乡信用合作社成立登记及申请加入合作金库的相关事宜。附璧山县坿城乡信用合作社章程、第八次社员大会会议记录、加入合作金库申请书、存款业务详细办法准则、1949年度支付预算。

**璧山县丁家乡乡公所、丁家乡公民数人、璧山县政府、财政部花纱布管制局璧山办事处为办理李子溪贩卖平价布匹和纸烟一案的往来呈文、训令、报告等**

1942年10月5日至1944年3月13日成文,内容为璧山县丁家乡乡公所呈报璧山县政府关于该乡李子溪售卖平价货物一案,璧山县政府处分李子溪贩卖平价布匹和纸烟一案之没收及诉讼情形,对丁家乡公民数人关于此案的调查和保状,以及财政部花纱布管制局璧山办事处派员收购该案没收之平价布匹和纸烟情形等。附李子溪呈璧山县政府之领状、璧山县政府交财政部花纱布管制局璧山办事处之平价布收购明细表、璧山县民政科呈璧山县政府调查报告。

**国家资源委员会、军政部第一纺织厂、璧山县政府、来凤乡乡公所、城东乡乡公所等关于控告刘崇高、王璞园等人囤积生丝、布匹及纸烟一案的往来训令、代电、报告、公函等**

1942年7月至1943年12月成文,内容为关于调查、证明或澄清因控告刘崇高、王璞园等囤积生丝、布匹、纸烟所引起之案件纠纷。

**璧山县狮子镇毛巾生产合作社章程(1949年6月28日)**

## 9-1-13

**华西实验区导生参考资料(1948年11月)**

**璧山县农业生产合作社承佃田土房屋文约**

**《乡建院刊》第一卷第七、第八期**

**华西实验区总办事处为举行水稻施用硫酸铔示范一事给该区各级辅导人员的通知**

华西实验区总办事处通知该区各级辅导人员,知照选择农家举行水稻施用硫酸铔示范,请予协助。

**华西实验区总办事处为未能报送巴、璧、合三县稻麦及甘薯推广繁殖工作月报一事致广州农复会第一组函**

  1949年8月19日，华西实验区总办事处致函广州农复会第一组，告知该区因何未能报送巴、璧、合三县稻麦及甘薯推广繁殖工作月报。

**华西实验区家畜保育工作站1949年8月工作报告**

**私立乡村建设学院农场为函送8月份繁殖良种工作报告致华西实验区总办事处函**

  1949年9月2日，私立乡村建设学院农场致函华西实验区总办事处，报送8月份合作繁殖良种工作报告。附私立乡村建设学院农场合作繁殖良种8月份工作报告。

**农林部中央农业实验所北碚农事试验场为函送合作繁殖良种7月份工作简报等致华西实验区总办事处函**

  1949年8月21日，农林部中央农业实验所北碚农事试验场致函华西试验区总办事处，函送农复会补助该场良种繁殖经费实施报告及1949年7月份工作简报。附合作繁殖良种7月份工作简报、农林部中央农业实验所北碚农事试验场接受中国农村复兴联合委员会补助良种繁殖计划工作实施报告。

**璧山县会兴乡1944年度教育经费收支清册表**

## 9-1-14

**璧山县农业推广所、璧山县农业推广所第一至第四中心推广区、青木乡乡村建设实验区等为洋芋推广事宜的往来公文**

  1942年3月29日至1943年11月5日成文，内容关于璧山县农业推广所贷放、收回各农会洋芋，以及其生长、腐烂之详细情形。附璧山县农业推广所实物推广细数表，璧山县农业推广所第一、第二、第三、第四推广区收回洋芋贷种清册，青木乡乡村建设实验区收回推广洋芋贷种明细表，璧山县狮子乡农会会员还种洋芋细数表。

**四川省政府、璧山县政府、璧山县政府土地推收处、璧山县田赋管理处、璧山县各乡关于土地管理事宜的往来训令、公函、报告**

  1940年7月至1944年11月成文，内容关于检发土地推收通则等各项文书，土地推收处设立、人员任命、工作移交等事宜，以及土地推收工作实施情形。附田赋推收通则，修正田赋推收通则，璧山县政府土地推收处经费支出预算书，四川省各县县政府土地推收处登记表，四川省各县县政府土地推收处设置及开支表,四川省各县县政府土地推收处人员执掌分配表,璧山县政府土地推收处移交公物、文卷、经费清册,修正四川省田赋推收规则,四川省各县市经办田赋推收人员考核实施细则,田赋推收申请书,田赋管理处收据存根,财政部四川省田赋管理处办理推收转移月报表,中国农民银行土地债券法、土地行政与土地金融联系办法、土地金融业务计划大纲,四川省土地推收暂行章程,等等。

## 9–1–15

**四川省政府、四川省农业改进所、璧山县政府、璧山县农业推广所等关于璧山县农业推广工作等事宜的往来公文**

1940年8月27日至1942年4月15日,四川省政府、四川省农业改进所、璧山县政府、中国国民党璧山县执行委员会、璧山县农业推广所、璧山县农业推广所第三中心推广区、依凤乡农会、青木关实验民众教育馆、璧山县军民合作站、四川省第三区璧山县地方行政干部训练所、璧山县动员委员会、璧山导报社社务委员会、农产促进委员会驻蓉办事处、金陵大学农学院、中国西南实业协会四川分会、璧山县合作金库等,就调派畜牧兽医人员来县工作,造送、分发农会会员名册,转请暂缓兵役,遗失证章制发,所借农事展览品损坏修补及请发修补费单据,迁移县农推所办公地址,兴办水利事业,检发总裁训示实施四川粮食管理,元旦纪念筹备及办法,县农推所主任委派及人员调派,军民合作站成立,干部训练所举行开学典礼,举行国民月会,举行社务委员会议,关于扩大冬作栽培宣传,函送工作月报表,赠予农事展览品,参加粮食会议,新县制编整,印发农业生产宣传资料,参加县编制预算会议,征募寒衣代金,国庆日纪念大会筹备,筹组农事服务团及秋收代割队,资金备放,工作人员出差证,筹组县农业推广协进会等事的往来指令、训令、代电、公函、通知等。

## 9–1–16

**华西实验区总办事处关于编拟本区推进农地减租简明报告请各辅导区办事处撰述资料的公函(草稿)**

**华西实验区三周年纪念大会书刊展览资料纂集办法**

**巴县县政府与华西实验区总办事处为巴县乡村建设相关事宜的往来函**

1949年4月23日至7月3日,巴县县政府、华西实验区总办事处就检送乡村建设实验工作检讨会议记录、工作月报表,编印、寄发巴县乡建工作每周通讯等事的往来函。附乡村建设实验工作检讨会议记录、巴县乡建工作通讯第一期。

**大足县政府、合川县政府、华西实验区总办事处为筹备乡建工作相关事宜的往来函**

  1948年9月3日至11月19日，大足政府、合川县政府、华西实验区总办事处就呈报政务概况、乡村建设计划、各种行政统计资料等事的往来函。

**种痘的法则(农业组编)**

**华西实验区总办事处为印发油桐育苗须知给各县辅导区办事处的通知(草稿)**

**华西实验区编辑组寄发农业概况调查表的通知(草稿)**

**华西实验区合作实务人员调查表**

**璧山县各乡民教工作日程表**

**华西实验区秘书室关于统计室改名为社会调查室等事的通知**

  1948年12月20日至1949年3月24日，华西实验区秘书室为统计室改名为社会调查室、派员来社会调查室工作等事给华西实验区社会调查室通知。

**关于户口调查表的便条**

  1948年12月19日至1949年4月8日，巴县第一辅导区办事处主任喻纯垫、辅导员邹培木等为领到和请发户口调查表给华西实验区社会调查室的便条。

**华西实验区工作人员到职报告表**

**关于收到华西实验区所辖各县(局)工作报告等资料的条据**

## 9-1-19

**四川省蚕业推广委员会、四川丝业股份有限公司、川东推广区办事处、璧山县政府、璧山县农业推广所、璧山县农业推广所第三中心推广区为发展本区蚕桑业的往来公文**

  1941年至1942年，四川省蚕业推广委员会、四川丝业股份有限公司、川东推广区办事处、璧山县政府、璧山县农业推广所、璧山县农业推广所第三中心推广区就确定1941年、1942年春季蚕种价格，发放蚕种桑苗，推广改良蚕种，保障蚕农合法利益，提价收购蚕种，推广函报秋蚕种缴销价钱，派员对桑苗种植进行指导，寄发加工蚕种，确定桑苗培育数量等事宜的往来公文。附四川省农业改进所1942年桑苗推广暂行办法大纲、四川省蚕业推广委员会各蚕业推广区所地点一览表、四川省蚕业推广委员会1941年秋期各推广区所经售蚕种办法、苗圖供给桑苗登记表、1941年桑苗推广或移植概况表、四川省农业改进所1941年度桑苗推广暂行办法大纲。

**璧山县政府就是否需用畜牧兽医人才给璧山县农业推广所的通知**

**璧山县农业推广所补拟1944年度事业计划及事业费分配预算书**

璧山县农业推广所补拟1944年度事业计划及事业费分配预算书。除说明1944年度本所除原定中心工作仍需继续办理外,补拟其他五项工作。

**璧山县立初级中学提交本校1943年下学期工作报告**

## 9–1–20

**璧山县政府自治辅导员设置及服务办法**

**璧山县乡农会章程**

**四川省农业改进所,璧山县政府,璧山县农业推广所,璧山县各乡镇公所、农会等就本区猪牛疫病防治相关事宜的往来公文**

1941年,四川省农业改进所,璧山县政府,璧山县农业推广所,璧山县各乡镇公所、农会就猪丹毒、牛瘟防治,派员指导疫情防治工作,推广荣昌纯种猪养殖,报告猪牛防治疫情经费等相关事宜的往来公文。附三民主义青年团成都青年劳动服务营、四川省农业改进所合办畜牧兽医讲习班学员资历表,拟请分发各县推广所县名表,璧山县农业推广所1942年度猪牛疫病防治暂行办法,璧山县农业推广所1942年度猪牛卫生指导实施细则,璧山县农业推广所1942年度猪牛疫防治注射实施细则,璧山县农业推广所1942年度猪牛疾患治疗实施细则,四川省农业改进所第三农业推广辅导区畜疫防治队门诊部实施简则,县乡兽疫发生情况报告表。

**璧山县政府就本区推广桑蚕业困难情形及派员指导推广两季谷及其他粮食增产工作致四川省粮食增产总督导团陪都专员办事处公函**

## 9–1–21

**璧山县沙坡信用合作社、温汤驿信用合作社创设成立各项事宜**

璧山县沙坡信用合作社、温汤驿信用合作社创设成立各项事宜,内容包括璧山县沙坡信用合作社章程、社员名册、创立会决议录、合作社调查表、登记事项,璧山县温汤驿信用合作社社员名册、创立会决议录、调查表、合作社借款申请书、合作社社员借款表等。

## 9-1-22

华西实验区农村建设计划

中华平民教育促进会华西实验区组织大纲

推广小麦良种须知

华西实验区1951年小麦良种繁殖推广计划

## 9-1-23

华西实验区铜梁县太平乡治蝗工作总报告表、防治竹蝗奖纱登记表

## 9-1-24

华西实验区工作人员出差旅费领用及报销规则

华西实验区总办事处关于本区工作人员因公出差旅费、财物支取报销相关办法的通知

华西实验区总办事处修正旅费支销办法的通知及所附旅费支销办法

华西实验区所属各单位领支经费物资及报销办法

北碚管理局黄桷镇绸布业同业公会会议记录

教育组影音施教队摄影部工作办法

华西实验区总办事处为颁发示范国民学校工作说明纲要给秘书室的通知及所附纲要草案

华西实验区总办事处关于公务人员领支经费、旅费报销及发放出差工作日记格式等事宜给秘书室的通知

  1950年1月21日，华西实验区总办事处为公务人员领支经费、旅费报销及发放出差工作日记格式等事宜致秘书室通知。附华西实验区工作人员出差旅费领用及报销规则、华西实验区所属各单位领支经费物资及报销办法、华西实验区工作人员因公出差旅费支用报销办法、华西实验区出差工作日记样本等。

璧山县马坊乡大堰保农业生产合作社章程

## 华西实验区总办事为编写《工作经验谈》及为三周年纪念大会搜集书刊资料展览给秘书室的通知

1949年10月28日,华西实验区总办事为纪念实验区成立三周年给秘书室通知,要求各区民教主任撰写乡建工作文稿,编成《工作经验谈》一书,并为三周年纪念大会搜集书刊展览资料。附华西实验区成立三周年纪念大会书刊展览资料纂集办法。

## 华西实验区总办事处为颁发教育组影音施教队摄影部工作办法、示范国民学校工作说明纲要给秘书室的通知

1949年10月23日,华西实验区总办事处为颁发教育组影音施教队摄影部工作办法、示范国民学校工作说明纲要通知秘书室办理。附华西实验区总办事处教育组影音施教队摄影部工作办法、华西实验区示范国民学校工作说明纲要草案。

## 华西实验区总办事处关于创办《传习报》给各辅导区办事处的通知

1949年9月,华西实验区总办事处为创办《传习报》,就创办目的、发行日期、地区、使用办法、内容通知各县辅导区办事处。

## 华西实验区、璧山县政府、中国农民银行四川分行关于璧山县贷收稻种事宜的往来函、通知

## 华西实验区总办事处就璧山县马坊乡大堰塘农业生产合作社成立各项事宜致璧山县政府函

华西实验区总办事处就璧山县马坊乡大堰塘农业生产合作社成立状况,使用图记、图模、职员印鉴,提交成立登记表等事宜致函璧山县政府予以办理。附璧山县马坊乡大堰塘农业生产合作社章程。

## 北碚管理局黄桷镇绸布业、滑竿业、屠宰业、旅食业、挑挽业、米粮业等同业公会成立等相关事宜的文件

## 北碚滑竿业、米粮业、绸布业、屠宰业等各公会工作检讨会报告

## 北碚黄桷镇树清碗厂、邮局、叫化院、北碚卫生院分院、天府公司编拖房及江南肥皂厂、自强煤矿公司访问记

## 北碚同业公会联合会经费收支表

## 9-1-25

华西实验区1946年调查助理员登记表

## 9-1-26

华西实验区工作人员登记表

## 9-1-27

璧山县河边乡第十三保合作社社员名册、合作社创立会决议录、合作社章程草案、合作社及其职员印鉴

## 9-1-28

璧山县政府、四川省农业改进所、四川省粮食增产委员会总督导团陪都专员办事处、四川省节约建国储蓄团璧山支团等为财政收入支出等相关事宜与璧山县农业推广所的往来公文

　　1940年至1945年,璧山县政府、四川省农业改进所、四川省粮食增产委员会总督导团陪都专员办事处、四川省节约建国储蓄团璧山支团等为璧山县农业推广所关于民教薪金食米,生活补助发放、变动,往返旅费报销,认购节约建国储蓄券,年度工作经费预算,发放职员家属生活补助,会计办公,举行为抗战捐献的"百元献金"运动,停发津贴补助,报销农作物补助费用等事宜与璧山县农业推广所之间的往来训令、函等。附璧山县农业推广所会计状况调查表,璧山县农业推广所购买节约建国储蓄券姓名册,璧山县各机关学校拟购储蓄券数额表,璧山县农业推广所现任职员工役名册,璧山县政府暨县属机关职员购买公谷暂行办法,四川农业改进所辅设各县区农业推广所中心推广区暂行办法,四川省各县区农业推广所改善办法,四川省农业改进所直属机关及工作单位驻有会议以外各市县5月份粮管局米价平均总表,璧山县农业推广所中心推广区概况表,璧山县财政科回单,1942年四川省粮食增产委员会总督导团经领陪都专员办事处经费收支对照表,璧山县政府分期召集县属各机关学校会计人员实习时间表,璧山县农业推广所现有职雇员年龄表、职员年龄籍贯名册,四川省县市各机关员工食米领发及报销办法,璧山县非常时期捐献款项承购国债及劝募捐款国债奖励条例等。

## 9-1-29

**华西实验区农业组张石城编著《农业辅导手册》《农业研辅教材》合订本**

华西实验区农业组张石城编著《农业辅导手册》《农业研辅教材》合订本,内容包括目录、前言、本区地理环境、本区之农业概况、本区之农业工作、甜橙栽培、栽培美烟、推广小米桐、推广南瑞苜、改良稻种、种猪饲养、稻田养鱼、兽疫防治、病虫害防治、栽种蔬菜、小型水利、农业气象月历等。附度量衡折合表。

**《农业辅导手册》**

张石城于1949年编著的《农业辅导手册》,内容包括本区之地理环境、农业概况、农业工作、农业参考资料选集、附录、各辅导区农业工作推进办法、农业推广繁殖站设置办法。

**华西实验区工作丛刊——《怎样做户口调查》**

**关于民众教育教材问题**

**吴乾纪所编著的农业研辅教材《柑橘园中的主要害虫》《甜橙果实蝇防治法》**

## 9-1-30

**璧山县依凤乡农会为呈报农会各项事宜与璧山县政府的往来公文**

1939年至1943年,璧山县依凤乡农为遵令改组附呈职员履历表及简章、迁移办公地址、新领图记启用日期及印模、缴销旧有图记及组织证书、1942年度经费收支报销表、换届职员名单、简章、1941年度工作报告和1942年度事业计划书等事宜与璧山县政府的往来公函、通知等。附璧山县依凤乡农会章程、依凤乡农会人民团体组织许可证书、依凤乡农会1942年度经费收支报销表册、依凤乡农会1940年度工作报告表、依凤乡农会1941年度工作报告表、依凤乡乡农会职员履历表、依凤农会会员花名册。

**璧山县巫家漕房信用合作社章程**

**璧山县农业推广所就猪牛繁殖贷款协议书及贷款办法纲要、办理会员贷款登记等事宜给璧山县政府的呈**

1941年6月18日,璧山县农业推广所就猪牛繁殖贷款协议书及贷款办法纲要、办理会员贷款登记等事宜呈文璧山县政府。附璧山县农业推广所猪牛繁殖贷款登记表、中国农民银行青木关办事处与璧山县农业推广所猪牛繁殖贷款协议书、璧山县各乡农会办理猪牛繁殖贷款办法纲要。

#### 四川省政府为非常时期取缔日用重要物品囤积居奇给璧山县政府的训令

1941年4月24日，四川省政府为非常时期取缔日用重要物品囤积居奇给璧山县政府的训令。

## 9-1-31

### 璧山县农业推广所第四中心推广区办事处为本区各项农事与璧山县农业推广所的往来公文

1941年至1942年，璧山县农业推广第四中心推广区为推广种植双季稻、大豆、番茄，改良小麦、荞麦、洋芋、油菜，扩大冬耕面积，使用骨粉肥料、绿肥，推广猪牛鱼养殖，预防猪丹毒、牛瘟、螟虫等动植物疾病，召开各时段农事会议等各项事宜与璧山县农业推广所往来训令、公函和通知等。附璧山县农推所第四办事处1942年度推广肥料效果调查表、璧山县农业推广所猪丹毒预防注射巡回日程表、实物推广细数表、璧山县农业推广所猪丹毒预防注射第二次巡回日程表、璧山县农业推广所1942年度猪牛疫病防治暂行办法、璧山县农业推广所第四中心推广区1941年度麦病防治效果检查表、璧山县1942年除治螟虫暂行办法。

#### 璧山县各乡镇为举办儿童健康竞赛活动给璧山县政府的呈

1941年6月，璧山县城中镇中心学校号召全县在该校举办儿童健康竞赛活动，特邀各校教师、学生参加，得到璧山县政府大力支持。璧山县城南乡、接龙乡、福禄乡、梓潼乡、正兴乡等各乡中心学校分别就参加竞赛的老师、学生代表名单，参赛项目呈文璧山县政府，请求其予以审核。附璧山县儿童健康竞赛简则。

## 9-1-32

### 四川省政府、四川省粮食增产总督导团、璧山县政府、璧山县农业推广所、璧山县各乡为璧山地区粮食种植等相关农事的往来公文

1941年至1946年，四川省政府、四川省粮食增产总督导团、璧山县政府、璧山县农业推广所、璧山县各乡为璧山地区粮食生产，推广冬耕种植面积，推广种植改良小麦、番茄、洋芋、晚稻，试验水稻，保育再生稻，引水灌溉，积蓄冬水，防止春旱，根除稗害，发放农耕津贴补助，收购晚稻、晚稻种子，设立推广农业基金，汇报农产品收入情况等事宜的往来训令、公函和通知等。附璧山县农业推广所农林场1943年度产品收入概况表、璧山县农业推广所1944年度推广改良小麦实施办法、番茄栽培说明书、璧山县农业推广所1944年度水稻推广一览

表、璧山县农业推广所1945年度水稻良种推广售种价款表、预防秋季绵雨指导抢割稻谷办法、李祖卫的根除稗害建议书、璧山县农业推广所1944年度水稻推广收款总表、璧山县农业推广所1945年度良种推广数量表、各省推广冬耕办法、璧山县健龙乡种植秋荞麦秋小麦汇报存根、璧山县关于春秋粮食种植电报、璧山县城北乡乡公所呈报1942年度增种冬季粮食作物情形存根、璧山县农业推广所1943年度水稻推广收款总表、璧山县农业推广所1942年度推广改良小麦概况表。

**四川省第三区行政督察专员兼保安司令公署为指导璧山地区农事生产给璧山县政府的指令、训令**

1942年,四川省第三区行政督察专员兼保安司令公署为指导璧山地区水稻良种推广、土地翻耕、利用干田播种豆麦、储蓄冬水以备春耕、勘查各区灾情、预防春旱、栽种晚稻等农事令璧山县政府遵照执行,以利生产。

**璧山县政府为追讨各乡农会会员所欠粮食作物种子事宜给相关乡公所的训令**

1942年,璧山县政府令龙溪乡、河边乡、城南乡乡公所迅速追收本乡农会会员所欠洋芋、荞麦、苕等种子。附龙溪乡农会会员未还各项欠种名册、河边乡农会会员欠种清册、1942年度城南乡农会欠种会员名册。

## 9-1-33

**四川省政府、璧山县政府、璧山县农业推广所、璧山县农推所各推广区、四川省粮食增产总督导团、乡村建设委员会等为璧山地区改良小麦推广种植等相关事宜的往来公文**

1941年至1944年,四川省政府、璧山县政府、璧山县农业推广所、璧山县农业推广所第一至第五中心推广区、四川省粮食增产总督导团、乡村建设委员会等为璧山县各区推广、收购、种植莫字101号、中农6号改良小麦,调查推广改良小麦莫字101号、中农6号效果细数表、估价表、清册、与本区原种小麦对比表,催促欠贷种农户归还贷种,积极收集纯种改良小麦等农事的往来公函、训令和通知等。附四川省粮食增产总督导团陪都专员办事处收购良种小麦办法、1943年璧山县农业推广所实物推广检查指导表、四川省粮食增产总督导团与中国农民银行成都分行1943年度合作收购四川省改良小麦种子办法细则、璧山县农业推广所第二办事处实测本地小麦与中农28号小麦效果调查比较表、璧山县农业推广所第四办事处收购改良小麦总表、四川省粮食增产总督导团陪都专员办事处1943年度小麦收购旅费报支办法、璧山县农业推广所第二办事处收购改良小麦总表、中华邮政挂号邮件凭单等。

### 璧山县农业推广所为制造速成堆肥、绿肥等事宜与璧山县政府的往来公文

1941年，璧山县农业推广所因依凤乡、龙溪乡等地山地贫瘠而肥料缺乏，为提高农作物收成，呈请璧山县政府通令各乡乡公所、乡农会依照办理堆肥、绿肥，发放制造堆肥的菌种，并派员指导。璧山县政府给县农推广指令，通令各乡乡公所、农会依限办理免费制造堆肥登记。

### 璧山县六塘乡为本乡成立农会各项事宜给璧山县政府的呈

1943年，璧山县六塘乡为本乡农会成立经过、制定章程、呈送本会讲习人员名册、职员名册、会员名册、职员资历表、代表名册、立案证书、图记工本费、启用图记日期、发放印模等事宜呈文璧山县政府。附1943年璧山县六塘乡农会章程、璧山县六塘乡农会讲习人员名册、璧山县六塘乡选举县参议员代表名册、璧山县六塘乡农会初选人名册、璧山县六塘乡农会职员资历册。

### 璧山县农业推广所第一至第五办事处1942年度、1943年度工作报告

璧山县农业推广所第一办事处1942年度、1943年度工作报告，第二办事处1943年度工作年报书，第三办事处1943年度工作年报书，第四办事处1943年度工作报告书，第五办事处1943年度工作报告书。

### 青木乡乡村建设实验区为呈送本区1942年9月至12月工作总报告致璧山县政府函

### 璧山县临时参议会为函送1943年工作检讨报表致璧山县政府函

### 璧山县农业推广所为提交1943年度工作检讨报告表给各乡乡公所的训令

### 允利实业股份有限公司、四川省农业改进所川东粮食增产专员办事处、四川省农业改进所合川实验区分场、璧山县农业推广所及相关推广区为在川东地区推广种植试验优良大麦、小麦事宜的往来公文

允利实业股份有限公司、四川省农业改进所川东粮食增产专员办事处、四川省农业改进所合川实验区分场、璧山县农业推广所及相关推广区为在川东大竹、渠县、武胜、铜梁、璧山、潼南、江北各县推广种植试验莫字101号小麦、金大1号大麦、2419小麦等事宜的往来公文。附小麦试验管理注意事项、小麦试验记载项目及方法。

## 9-1-34

### 璧山县狮子乡农会职员履历表、章程、会员名册（1942年3月至10月）

### 璧山县观音阁信用合作社借款申请书及社员借款申请书

璧山县双龙桥信用合作社社员名册及合作社变更登记表

## 9-1-35

**四川省粮食增产总督导团陪都专员办事处、璧山县农业推广所及其办事处关于改良小麦种子推广相关事宜的往来公文**

　　1943年7月29日至11月9日，四川省粮食增产总督导团陪都专员办事处，璧山县农业推广所，璧山县农业推广所第一、第三、第四、第五办事处就改良小麦种子拨发、贷放、折款、收回、储存、推广情形等事的往来训令、指令、呈、函等。附璧山县农业推广所第一办事处小麦贷种会员名册。

**农林部农产促进委员会、璧山县农业推广所为农推所实验补助费开支及报销事宜的往来公函**

　　1942年2月4日至1944年12月1日，农林部农产促进委员会、璧山县农业推广所就农推所实验补助费开支情形、月支单据报销及报销审核等事的往来公函。附农林部农产促进委员会各单位报销审核清单、实验补助经费收支对照表、实验补助经费报销清单等表。

## 9-1-36

**四川省农业改进所、璧山县农业推广所及其各办事处等关于荣昌种猪推广事宜的往来公文**

　　1941年7月22日至1943年7月27日，四川省农业改进所，璧山县农业推广所，璧山县农业推广所第一、第二、第三办事处，内江种猪场，大生合作农场，就荣昌种猪贷领、检查、更换、病亡、繁育、调查、收回、转发、售卖以及荣昌种猪推广管理注意事项、领户登记等事的往来训令、指令、函、呈等。附璧山县农业推广所实物推广细数表、检查指导表，璧山县农业推广所推广荣昌种猪调查表、抽回登记表（狮子乡、河边乡）等。

## 9-1-37

**璧山县农业推广所及其各办事处等关于荣昌种猪推广事宜的往来公文**

　　1944年7月20日至1945年11月19日，璧山县农业推广所，璧山县农业推广所第一、第二、第三、第四、第五办事处，四川省农业改进所畜牧改良场内江分场,江津祖辉农场,就荣昌仔猪转贷、领取、代购、供应、检查、死亡、繁育、清查、抽回、折收价款、缴赔、转发、售卖等事的往来函、训令、指令等。附璧山县农业推广所实物推广细数表、检查指导表、推广荣昌种猪调查表等。

## 9-1-38

华西实验区总办事处为检发合作组织辅导监督办法给璧山县第三辅导区办事处的通知

华西实验区合作组织辅导监督办法

璧山县龙凤乡凤凰场机织生产合作社章程、调查表

璧山县城东乡严家石堡机织生产合作社章程、创立会决议录

璧山县城东乡芋河沟机织生产合作社创立会决议录

应用文课程讲义

家事课程讲义

产科常识课程讲义、图解及说明

家庭护理课程讲义及图解

个人卫生课程讲义

公共卫生课程讲义

园艺课程讲义

传染病课程讲义

育儿技术课程讲义

简易治疗及急救课程讲义及图解

## 9-1-39

华西实验区总办事处关于检发合作组织辅导监督办法给璧山县第三辅导区办事处的通知

1949年11月10日,华西实验区总办事处为检发合作组织辅导监督办法致璧山县第三辅导区办事处通知。附华西实验区合作组织辅导监督办法。

## 9-1-40

**璧山县农业推广所及其各办事处、各乡农会等为呈报年度工作报告、事业计划、畜禽疫病防治等相关事宜的往来公文**

　　1943年12月30日至1945年4月25日,璧山县农业推广所,璧山县依凤乡农会、河边乡农会、青木乡农会、城北乡农会、接龙乡农会,璧山县农业推广所第二、第四、第五办事处,就呈报1943年度工作报告,1944年度事业计划,理监事名册,列报各乡农会会员人数组数表,牛瘟、鸡瘟调查防治等事的往来训令、函、呈等。附事业计划书、工作报告、理监事名册、农会职员履历表、农会组数会员人数清单等表册。

　　1941年12月15日至1941年12月25日,农林部农产促进委员会,璧山县农业推广所,璧山县城南乡农会、狮子乡农会,璧山县农业推广所第二办事处,就呈报1941年度工作报告、1942年度事业计划等事的往来训令、公函、呈等。附璧山县城南乡农会1942年度事业计划书、1941年度工作报告册,璧山县狮子乡农会1942年度事业计划书。

**璧山县农会组织一览表**

## 9-1-41

**华西实验区各县社学区划分图**

**华西实验区建设计划大纲**

**华西实验区社学区户口、经济调查及调查前后应注意事项**

**华西实验区总办事处与巴县各辅导区办事处关于工作报告呈报事宜的往来公文**

　　1949年7月31日至10月26日,华西实验区总办事处,巴县第一、第二、第三、第六辅导区办事处,就呈送1949年1月份至6月份工作报告和7月份、8月份、9月份、10月份月报表等事的往来公文。附工作报告、月报表等。

**巴县第六辅导区社学区传习处设置概况表**

**华西实验区各辅导区农业推广繁殖站工作报告(1949年4月至7月)**

**华西实验区总办事处、中国农民银行璧山办事处、璧山各辅导区办事处等为机织生产合作社相关事宜的往来公文**

　　1949年6月6日至11月18日,华西实验区总办事处,中国农民银行璧山办事处,璧山第一、第二、第三、第五辅导区办事处,铜梁第一辅导区办事处,璧山县福禄乡文风桥机织生产合作社,就机织生产合作社成立、申请借纱(贷纱)、复查核贷、发还借纱细数表、借款、换纱支布、社员登记、报告核示等事的往来函、报告、通知等。

华西实验区工作述要(1949年2月11日)

## 9-1-42

璧山县八塘乡农会章程

璧山县八塘乡农会会员申请登记名册

璧山县八塘乡农会为呈报选定出席县参议会初选代表一事呈璧山县政府报告

　　1945年9月28日,璧山县八塘乡农会报告璧山县政府,呈报该会选定出席参议会初选代表名单。

璧山县八塘乡农会为呈报该会理监事改选情形及出席县农会代表、职业团体初选代表选举情形呈璧山县政府报告

　　1945年9月14日,璧山县八塘乡农会报告璧山县政府,呈报该会理监事改选情形,以及出席县农会代表、职业团体初选代表选举情形。附八塘乡农会造报职业团体初选代表简历册、出席县农会代表简历册、各级职员简历表。

璧山县八塘乡农会为呈报该会启用图记及会址所在地呈璧山县政府报告

　　1943年6月,璧山县八塘乡农会报告璧山县政府,呈报该会启用图记及会址所在地,以凭核查。

璧山县八塘乡农会为呈报该会成立事宜呈璧山县政府报告

　　1943年4月30日,璧山县八塘乡农会报告璧山县政府,呈报该会成立经过,并呈送该会章程及职员略历表。附璧山县八塘乡农会造报各职员略历表。

璧山县八塘乡农会为呈报职员履历表及会员名册呈璧山县政府报告

　　1946年5月11日,璧山县八塘乡农会报告璧山县政府,呈报该会职员履历表及会员名册。附璧山县八塘乡农会造呈各级职员简历表、会员名册。

## 9-1-43

农林部农产促进委员会为知照各农业推广机构编造工作报表应注意事项致璧山县农业推广所公函

　　农林部农产促进委员会致函璧山县农业推广所,知照各农业推广机构编造

工作报表应注意事项。附农林部农产促进委员会各省区县农业推广机构编造工作报表应行注意事项。

### 璧山县政府、农林部农产促进委员会为审核璧山县农业推广所各种报表等与璧山县农业推广所的往来训令、指令、函

1943年7月8日至7月29日成文,内容为璧山县政府、农林部农产促进委员会审核璧山县农业推广所所呈之各项报表及详细情形。附璧山县农业推广所1944年度各月份工作进度检讨报告、工作月报、工作人员分配表。

### 璧山县农业推广所为规定填报工作月报方法一事给该所各办事处的训令

1944年2月1日,璧山县农业推广所给该所各办事处训令,规定填报工作月报之各项方法。附工作月报表表式。

## 9-1-44

### 璧山县接龙乡乡公所为该乡新增合作社一事给璧山县政府的呈

1948年6月4至7月12日,璧山县接龙乡乡公所为该乡新增合作社一事呈文璧山县政府,内容为新增合作社之成立登记事宜,以及原有合作社之废止问题。附璧山县接龙乡合作社调查表、合作社社员名册、合作社1948年度业务计划、合作社章程、合作社组织大纲、合作社创立会决议录、合作社成立登记申请书。

### 璧山县河边乡新店子机织生产合作社职员印鉴

### 璧山县七塘乡第五保国民学校拟聘教职员表（1945年度上学期）

### 璧山县政府关于取缔黑市棉纱交易给璧山县城区警察所的训令

璧山县政府给璧山县城区警察所训令,内容为严禁、取缔黑市棉纱交易。

### 四川省第三区行政督察专员公署为推荐失学、失业青年前往璧山工作一事致璧山县政府函

四川省第三区行政督察专员公署致函璧山县政府,受江苏省救济旅外失学、失业青年委员会之托,推荐该会失学、失业青年前往璧山工作。

### 璧山县狮子乡第二保、第五保各户户籍登记申请书

### 璧山县中兴乡、梓潼乡、接龙乡、七塘乡概况调查表（1941年3月26日至3月27日）

## 9-1-45

### 四川省政府建设厅为检发土地信用合作社章程准则与合作社土地信用部组织及业务细则准则给璧山县政府的训令

1943年8月11日,四川省政府建设厅给璧山县政府训令,检发中国农民银行土地信用合作社章程准则与合作社土地信用部组织及业务细则。附土地信用合作社章程准则、合作社土地信用部组织及业务细则准则。

### 四川省政府为单营合作社改组为专营合作社事宜给璧山县政府的训令

1942年3月,四川省政府给璧山县政府训令,知照依照合作社法组织之七种单营合作社改组为专营合作社时的登记手续及更换登记证事宜。

### 四川省政府建设厅为抄发合作指导与生产技术密切配合以利工作之推进办法给璧山县政府的训令

1941年9月,四川省政府建设厅给璧山县政府训令,抄发合作指导与生产技术密切配合以利工作之推进办法。附合作指导与生产技术配合推进办法、璧山县政府为抄发合作指导与生产技术配合推进办法给璧山县农业推广所的训令。

### 四川省政府为抄发农业生产合作推进办法给璧山县政府的训令

1942年2月,四川省政府给璧山县政府训令,抄发农业生产合作推进办法,以利农业生产。附璧山县农业生产合作推进办法。

### 四川省合作事业管理处为检送四川省各级合作社业务推进纲要致璧山县政府代电

1944年,四川省合作事业管理处致璧山县政府代电,检送四川省各级合作社业务推进纲要,并知照切实办理。附四川省各级合作社业务推进纲要。

### 四川省政府为加强合作社组织建设及物价管制等事宜致璧山县政府代电

1944年9月18日,四川省政府致璧山县政府代电,知照加强合作社组织建设,并检送加强管制物价方案紧要措施实施办法、合作事宜办法实施程序及期限。附加强管制物价方案紧要措施实施办法、合作事宜办法实施程序及期限。

### 四川省合作事业管理处为知照合作社服务人员营私舞弊情形之惩治办法致璧山县政府函

1943年6月30日,四川省合作事业管理处致函璧山县政府,知照各级合作社服务人员如有营私舞弊情形,当依惩治贪污暂行条例办理。

### 四川省合作事业管理处为检送1944年度四川省合作贷款改进意见致璧山县政府函

1943年5月17日,四川省合作事业管理处致函璧山县政府,检送1944年度四川省合作贷款改进意见。附1944年度四川省合作贷款改进意见。

### 四川省合作事业管理处为函送公教消费合作社推进业务注意事项及会计规则致璧山县政府函

四川省合作事业管理处致函璧山县政府,检送四川省各县市公教消费合作社推进业务注意事项及会计规则。

### 四川省政府为检送信用合作社推进办法给璧山县政府的训令

1943年,四川省政府给璧山县政府训令,检送信用合作社推进办法,以改善组织与经营。附信用合作社推进办法。

### 四川省政府为检发收复地区合作社假登记及假登记合作社贷款办法给璧山县政府的训令

1947年6月,四川省政府给璧山县政府训令,检发收复地区合作社假登记及假登记合作社贷款办法。附收复地区合作社假登记及假登记合作社贷款办法。

### 璧山县铁机织布业职业工会、产业工会,四川省政府,璧山县政府,璧山县商会,军政部军需署第一织布厂,财政部花纱布管制局璧山办事处为铁机织布业职业工会成立、管理及改组等事宜的往来报告、指令、公函

1941年4月至1944年7月成文,内容涉及铁机织布业职业工会成立登记,改组该会为铁机织布业产业工会,修改新入会员入会费,补呈章程、名册、职员表,呈报经费收支情形,处理社务纠纷,改选理监事,办理会员登记及征收会费,发售会员平价布,组织职工福利委员会等事宜。附璧山县铁机织布业职业工会章程、职员履历表,璧山县铁机织布业产业工会章程,璧山县铁机织布业产业工会会议记录,璧山县铁机织布业产业工会办理会员入会登记、征收会费的通告及办法摘要等。

### 璧山县马嘶、三合两乡商民为申请成立织布同业公会给璧山县政府的呈

1942年6月14日,璧山县马嘶、三合两乡商民呈文璧山县政府,要求成立织布同业公会,以维团结而利建设。附马嘶、三合两乡织布业人员名单。

### 璧山南区木机窄布业职业工会为该会成立事宜给璧山县政府的呈

1942年8月至9月,璧山南区木机窄布业职业工会为该会成立登记、报送简章及职员名册等呈文璧山县政府,并请派员指导。

### 璧山县政府给各职业工会及铁机织布产业工会的训令

## 9–1–46

**璧山县政府关于兽疫防治工作给青木乡乡公所的训令**

　　1943年3月至1944年4月,璧山县政府给青木乡乡公所训令,知照办理兽疫防疫工作,严禁售卖瘟猪瘟牛,增收家畜卫生费。

**璧山县农业推广所、璧山县青木乡农会为母猪注射后死亡补助一事的往来公文**

　　1943年12月20日至1944年2月3日成文,内容为该农会会员王南宣之母猪因注射猪丹毒疫苗导致死亡后之补助损失问题。

**青木乡农会为猪牛瘟防疫注射事宜给该会各组的通知**

　　1943年3月28日,青木乡农会通知该会各组,知照猪牛瘟防疫注射及交纳卫生费事宜。

**璧山县青木乡农会为函送家畜瘟疫防治效果调查表给璧山县农业推广所的呈**

　　1943年1月19日,青木乡农会呈文璧山县农业推广所,报送家畜瘟疫防治效果调查表。

**璧山、铜梁两县竹蝗防治报告**

**璧山、铜梁两县竹蝗防治工作计划**

**华西实验区治蝗实施办法**

**华西实验区农业组治蝗工作简报**

**农业推广通讯(第七卷第十一期)**

**社会调查室在黄桷镇调查经济等情况**

## 9–1–47

**璧山县政府关于推进农业生产等的训令**

　　1943年3月至1944年4月成文,内容为璧山县政府关于农业贷款、推广优良作物、修订农会规程、保护家畜办法、病虫害防治工作、兽疫防治工作等事宜的训令。附中国农民银行璧山分理处、璧山县农业推广所1944年度办理农业生产贷款合约、四川省保护耕牛办法施行细则、中国农民银行办理小型水利工程贷款办法等。

## 9—1—48

华西实验区农业组编写之《农业辅导手册》

猪舍修建设计

华西实验区农业组捕蝗换纱初步统计

璧山、铜梁两县竹蝗防治工作计划、工作座谈会记录、工作报告

华西实验区总办事处为搜集小麦良种标本致中央农业实验所北碚试验场、四川农业改进所稻麦场合川分场函

  1949年5月4日，华西实验区总办事处致函中央农业实验所北碚试验场、四川农业改进所稻麦场合川分场，请代为搜集小麦良种标本，以便良种繁殖。

江北县第一辅导区为呈送土壤标本一事呈华西实验区总办事处报告

  江北县第一辅导区呈华西实验区总办事处报告，函送该区采集之土壤标本一包。

璧山县第五辅导区河边乡为发给害虫标本、防治器械一事与华西实验区总办事处的往来报告、通知

  1949年6月10日至6月15日成文，内容为河边乡向华西实验区总办事处呈送报告，请发给害虫标本及防治器械，以便日后防治使用，以及总办事处通知标本、器械均在定制中。

华西实验区总办事处为函询牧草情形致四川省农改所繁殖站函

  1949年5月21日，华西实验区总办事处致函四川省农改所繁殖站，请发给现有牧草之品种名称、栽培情形及可供推广之材料，以便推广之用。

巴县第二辅导区与华西实验区总办事处为制作标本经费事的往来报告、通知

  1949年5月16日至5月21日成文，内容为巴县第二辅导区办事处为制作标本，向华西实验区总办事处呈送报告申请经费，总办事处通知准允发给。

华西实验区总办事处、农业部中央农业实验所北碚试验场、华西实验区辅导员为代收麦穗标本一事的往来通知、函

  1949年5月10日至5月13日成文，内容为华西实验区总办事处通知该区辅导员前往农业部中央农业实验所北碚试验场代领麦穗标本。

各辅导区农业工作推进办法

农业推广繁殖站设置办法

蔬菜害虫的习性及其防治

华西实验区傅家坝灌溉工程测量队为呈报工作及生活情况呈华西实验区总办事处报告

1950年11月19日,华西实验区傅家坝灌溉工程测量队呈华西实验区总办事处报告,呈报半月来该队工作及生活情况,并请予以鉴核备查。

## 9-1-49

**四川省政府、璧山县政府、璧山县临时参议会、璧山县农业推广所、璧山县各乡农会为璧山县各乡农会办理农业生产贷款的往来公文**

1942年11月28日至1944年12月28日,四川省政府、璧山县政府、璧山县临时参议会、璧山县农业推广所、璧山县各乡农会,就呈报1942年度璧山县各乡农会猪牛贷款暂行通则、1943年度璧山县各乡农会生产贷款实施细则,办理农业生产贷款合约、匡计表,办理、发放、收回农业生产贷款,发放农田水利贷款及整修塘堰等事的往来训令、指令、函、报告。附1943年度生产贷款实施细则,1943年、1944年办理农业生产贷款合约及匡计表,各乡农会生产贷款概况表,各乡农会水利贷款名册。

**四川省政府、璧山县政府关于检发、印发农林机关、学校协助乡镇造产办法的训令**

1944年4月19日,四川省政府、璧山县政府关于检发、印发农林机关、学校协助乡镇造产办法的训令。附农林机关、学校协助乡镇造产办法。

## 9-1-50

璧山县狮子乡农会职员履历表（1942年3月）

璧山县狮子乡农会会员名册（1942年3月）

**璧山县政府、璧山县农业推广所、狮子乡农会关于狮子乡农会相关事宜的公文**

1941年8月10日至12月19日,璧山县政府、璧山县农业推广所、狮子乡农会,就补助狮子乡农会购置办公室经费、呈报狮子乡农会职员印鉴册及猪牛繁殖费贷款等事的往来公函、指令。附职员名册。

璧山县狮子乡农会会员名册（1941年8月）

璧山县狮子乡农会职员名册（1941年1月）

## 9-1-51

**璧山县狮子乡社会调查的相关书表**

璧山县狮子乡社会调查的相关书表,内容包括狮子乡各保概况及地图、狮子乡公教人员姓名表、社学区户口经济调查表、社学区经济卫生调查表、社学区概况调查表、社学区概况调查办法等书表样表及其填写说明、整理说明。

**北碚管理局黄桷镇社会调查的相关书表**

北碚管理局黄桷镇社会调查相关书表,内容包括第十六、第十七、第十九保耕地面积、土地分类、土地所有权及其农家与非农家饲养家畜情况等统计表,农民人口统计表,年龄对照表及实足年龄换算表。

**生育概况调查提纲**

## 9-1-52

**四川省政府、璧山县政府、璧山县铁机织布业产业工会等为该工会相关事宜的往来公文**

1944年7月13日至1945年10月30日,四川省政府、璧山县政府、中国国民党四川省璧山县执行委员会、财政部花纱布管制局、财政部花纱布管制局璧山办事处、璧山县铁机织布业产业工会,就将5月份应补工价拨交工会作为福利社基金、停止摊派劳军献金、增加工价、工会改组改选、呈报工会布纱检验组组织简章、征收会员月费、召开工会会议、拟请拨给工会职工福利社社址、呈请核发织机登记证明、派员调查检验纺织厂工作、呈报工会联席会议记录、扩大布匹供应、调整织布工缴办法、购买织布机、配销民用布匹清册、调查机纱黑市交易、呈送管制机纱座谈会记录、彻查滥收工捐等事的往来指令、训令、通告、代电、函等。附璧山县铁机织布业产业工会联席会议记录、配销民用布匹清册、管制机纱座谈会记录、璧山县铁机织布业产业工会会员代表大会会场规则概要(草稿)。

**四川省政府、璧山县政府、璧山县承织军布特约厂联谊社为该社相关事宜的往来公文**

1945年7月16日至9月5日,四川省政府、璧山县政府、璧山县承织军布特约厂联谊社,就推举临时社长、筹募社务基金、成立登记、救济承织军布有功织户等事的往来训令、代电、函。

**财政部花纱布管制局璧山办事处召集县境有关机关法团商讨原料问题会议记录**

**军政部军训署、璧山县政府、璧山县无底纱织户代表关于璧山县无底纱织户呈请与有底纱织户享受同等待遇一事的往来公文**

1945年10月25日至11月1日,军政部军训署、璧山县政府、璧山县无底纱织户代表侯吉发等人,就无底纱织户呈请与有底纱织户享受同等待遇一事的往来函、代电等。

## 9-1-53

**璧山县依凤乡第六社学区户口经济调查统计表**

1949年5月7日至6月25日,璧山县依凤乡第六社学区户口经济调查统计表,内容包括人口统计表、婚姻状况表、教育程度表、职业分配表、家庭统计表、田地面积统计表、养殖家畜户数统计表等书表。

**璧山县依凤乡第七社学区户口经济调查统计表**

1949年5月24日,璧山县依凤乡第七社学区户口经济调查统计表,内容包括人口统计表、婚姻状况表、教育程度表、职业分配表、家庭统计表、田地面积统计表、养殖家畜户数统计表等书表。

**璧山县依凤乡第八社学区户口经济调查统计表**

1949年6月,璧山县依凤乡第八社学区户口经济调查统计表,内容包括人口统计表、婚姻状况表、教育程度表、职业分配表、家庭统计表、田地面积统计表、养殖家畜户数统计表等书表。

## 9-1-54

**华西实验区工作人员1949年度核考表**

**华西实验区1949年度7月份、8月份工作报告**

**西南区冬服筹制委员会、华西实验区合作物品供销处璧山分处换布合约**

**华西实验区各项乡村经济工作计划、贷款计划等相关书表**

1949年,华西实验区各项乡村经济工作计划、贷款计划等相关书表,内容包括举办建立农仓贷款、扶植自耕农贷款数及偿还明细表,兴建塘堰计划,增加养猪数量并推广本地优良猪种计划,增加猪只贷款预算,耕牛贷款计划,设置农业推广繁殖站计划,繁殖站购买土地贷款及偿还细数表,机织生产合作社贷款计划,璧山、北碚织布机台情况表,机织生产合作社贷纱还纱分期明细表,机织生产合作社联合社设置整染厂计划,合作事业干部人员训练计划,合作事业干部人员训练经费预算表。

### 华西实验区乡村教育工作计划等相关书表

1949年,华西实验区各项乡村教育工作计划等相关书表,内容包括教育组工作计划大纲、教育工作计划、民教主任薪谷预算书。

### 华西实验区乡村卫生工作计划等相关书表

1949年,华西实验区各项乡村卫生工作计划等相关书表,内容包括卫生工作计划、卫生工作进度表。

### 华西实验区卫生工作计划摘要

### 华西实验区编辑组工作计划等相关书表

1949年,华西实验区编辑组工作计划等相关书表,内容包括编辑组工作计划、1949年1月至12月工作进度表。

### 华西实验区农业组工作计划等相关书表

1949年,华西实验区农业组工作计划等相关书表,内容包括农业组工作计划及进行概况、农业组工作计划进行步骤及工作现况、农业组预算书、农业合作推进计划、农业合作社贷款分配表、农业组良种推广数量表。

### 璧山、铜梁两县竹蝗防治工作计划

### 四川省第三区行政督察专员兼保安司令公署关于核示农村建设计划致华西实验区函

1949年11月9日,四川省第三区行政督察专员兼保安司令公署为核示农村建设计划事致函华西实验区。

### 华西实验区支付表

### 华西实验区关于本区乡村工业计划及合作事宜致行政院善后事业委员会乡村工业示范处函

1949年1月22日,华西实验区为实验区乡村工业计划及合作事宜致函行政院善后事业委员会乡村工业示范处。附铜梁区改进造纸计划。

### 江津第一辅导区为拟具本区业务计划书给华西实验区总办事处的呈

1949年11月15日,江津第一辅导区办事处为拟具该区业务计划书呈文华西实验区总办事处。附业务计划书。

### 四川省水利局李镇南为梁滩河灌溉工程复工及进行办法致孙则让函

1949年1月30日,四川省水利局李镇南为梁滩河灌溉工程复工及进行办法事致函四川省第三区行政督察专员兼保安司令公署专员兼司令孙则让。附梁滩河灌溉工程复工及进行办法。

## 9-1-55

**四川省政府、四川省农业改进所、璧山县政府、璧山县农业推广所及其各中心推广区等有关璧山县农业推广所工作的往来公文**

　　1941年7月26日至1943年4月14日，四川省政府、四川省农业改进所、璧山县政府、璧山县农业推广所、璧山县农业推广所第三办事处关于璧山县农业推广所组织大纲暨县农林场组织章程、合作辅导与生产技术配合推进办法、优待出征军人家属、农民节纪念暂行办法及推行工作、农林建设一般中心工作要点、呈报农作物耕种工作竞赛情形、推进乡农业推广工作、印发农业展览会比赛办法等事的往来训令、代电、呈等。附县农业推广所组织大纲、县农林场组织章程、合作辅导与生产技术配合推进办法、农林建设事业一般中心工作说明表、农林建设事业计划纲要项目表等。

　　1941年9月17日至12月12日，璧山县农业推广所，璧山县农业推广所第一、第二、第三中心推广区，河边乡农会、大路乡农会、狮子乡农会、城南乡农会，为乡农会遴选会员，农业见习员保送、训练、请假等事的往来训令、公函、呈等。

　　1944年12月31日至1945年8月9日，璧山县政府、璧山县农业推广所为防治旱荒布置粮食调查、核示农林行政会议记录、农民节纪念中心工作推行要点、抄发农林建设事业中心工作说明表等事的往来训令、呈。附农林建设事业一般中心工作说明表。

**四川省政府、四川省第三区行政督察专员公署、璧山县政府、国立社会教育学院为有关特别师范学校和简易师范学校工作的往来公文**

　　1940年5月25日至1942年3月17日，四川省政府、四川省第三区行政督察专员公署、璧山县政府、国立社会教育学院为抄发特别师范科及简易师范科暂行办法及教学科目时数表、转发特别师范学校及简易师范学校教学科目及各学期各科学时表、师范生待遇、筹设简易师范学校师资训练准备费等事的往来训令、呈等。附特别师范科及简易师范科暂行办法。

**四川省政府、璧山县政府有关会计统计工作的往来公文**

　　1942年9月至1943年3月，四川省政府、璧山县政府为会计、统计人员考核，会计、统计审核，会计室人员改派，抄发四川省各级机关会计室主办及佐理人员请假补充办法，呈报县统计室主任印章，抄发县统计室员额编制表，办理主计人员任免、调派、考绩、训练等事的往来训令、呈等。附四川省各级机关会计室主办及佐理人员请假补充办法。

### 璧山县政府、璧山县农业推广所、青木乡乡村建设实验区、青木乡农会有关青木乡乡村建设实验区的往来公文

1941年12月13日至1944年2月3日,璧山县政府、璧山县农业推广所、青木乡乡村建设实验区、青木乡农会为抄发各省辅导示范乡农会目的事业暂行办法,检送年度工作报告,呈报工作月报表、公费支出单据等事的往来训令、公函、呈等。附各省辅导示范乡农会目的事业暂行办法。

## 9-1-56

### 刘顺贵主任为督促各乡农会组织农民参加组训致各乡农会函

1945年12月24日,刘顺贵主任为督促各乡农会组织农民利用冬季农闲时间参加组训致函各乡农会。

### 璧山县农业推广所为检发农民组训巡回辅导实施办法给第四办事处的训令

1945年12月4日,璧山县农业推广所为检发农民组训巡回辅导实施办法,提出实施具体事务五条,给第四办事处训令。附四川省璧山县农民组训巡回辅导实施办法。

### 璧山县农业推广所为检发农民组训巡回辅导实施办法细则给各乡农会的训令

1945年12月21日,璧山县农业推广所为更好地实施农民组训巡回辅导办法,以第三办事处为榜样,令各乡农会及早筹备。附四川省璧山县农民组训巡回辅导实施办法细则。

### 璧山县农业推广所为填报农会组织概况调查表等给各乡农会的训令

1945年10月,璧山县农业推广所令各乡农会速来领取农会组织概况调查表,在一周内统计上交;领取会员证及会员名册,并缴纳工本费。

### 璧山县农业推广所为解决频发租佃纠纷问题给第四办事处的训令

1945年9月21日,璧山县农业推广所为各乡频发租佃纠纷,威胁乡里稳定,印制租佃契约转发各乡农会,以宣传订立规则,解决纠纷,各乡农会需缴纳工本费以备核查。

### 璧山县农业推广所为检发核示扶持佃农办法给各乡农会的训令

1945年8月10日,璧山县农业推广所为检发核示扶持佃农办法给各乡农会训令,要求如遇业佃纠纷,则按照土地法规定办理,但须依实际情形扶持佃农。附行政院原训令。

### 璧山县农业推广所为编印各项业务统计手册给第四办事处辅导员的训令

1945年6月，璧山县农业推广所为5月份所务会议决定编印各项业务统计手册，令各办事处辅导员限期填报完成。附璧山县农业推广所第×办事处各乡农会组织概况调查表、经费收支概况表、农事纠纷调处一览表、农民福利社组织业务调查表。

### 璧山县农业推广所为呈报各乡农会会员人数等给各乡农会的指令

1945年4月29日，璧山县农业推广所为呈报各乡农会会员人数及组数并加紧督导工作给各乡农会指令。

### 璧山县农业推广所为选送接龙乡农会三名会员入班受训给本所第四办事处的指令

1945年4月13日，璧山县农业推广所为选送接龙乡农会张大宗、何清章、刘顺熏三人入兽医班受训，通知此三人受训时间及训前准备给本所第四办事处指令。

### 璧山县农业推广所为领发畜牧兽医训练班实施办法等给本所各办事处的训令

1945年4月6日，璧山县农业推广所为领发第三区畜牧兽医训练班实施办法及招收学员受训给各办事处训令。附四川省农业改进所第三农业推广辅导区畜牧兽医训练班实施办法。

### 璧山县城南乡合作社造具1944年度各项账目清册

### 璧山县中兴乡合作社筹备委员会分队征求社员社股竞赛规则

璧山县中兴乡合作社筹备委员会分队征求社员社股竞赛规则，内容包括目标、征募、标准等七项。

### 璧山县中兴乡合作社筹备委员会组织大纲

### 璧山县城南乡合作社为呈报1944年度业务账项清查给璧山县政府的呈

1945年5月24日，璧山县城南乡合作社因1944年度业务已终结，呈报账据及清册呈文璧山县政府。附批复：呈悉，准予备查。

### 璧山县政府为派员指导合作社工作给合作指导员文崇荣的训令

璧山县政府为派员作为第二合作辅导区指导员，切实辅导合作社事业，给合作指导员文崇荣训令。

### 璧山县政府为选派人员指导合作社工作给各乡镇专业合作社的训令

璧山县政府为选派文崇荣担任合作社事务指导工作，令各乡镇专业合作社切实遵照指导完成业务。

### 璧山县中兴乡为报合作社筹备委员会组织大纲等给璧山县政府的呈

1945年5月,璧山县中兴乡为报合作社筹备委员会组织大纲、征求社员社股竞赛办法呈文璧山县政府鉴核备查。附批复:准予备查,仰即切实执行,从速筹组为要。

### 璧山县临江乡为合作社成立给璧山县政府的呈

1945年5月11日,璧山县临江乡为其合作社成立,将合作社章程、组织经过情形呈文璧山县政府鉴核备案。

### 四川省政府为派刘维礼为合作指导员给璧山县政府的指令

1945年5月4日,四川省政府因前派合作指导员李山谷久未到任,另派刘维礼作为璧山县合作指导员给璧山县政府指令。

### 四川省政府为举办年度社员训练、发布注意事项等给璧山县政府的训令

1945年5月15日,四川省政府为举办1945年度合作讲习会及社员训练,发布两项四条注意事项给璧山县政府,令遵照办理。

### 四川省政府为加紧推进合作社事业等给璧山县政府的训令

1945年5月28日,四川省政府为加紧推进合作社事业,并组织合作事业巡回辅导团分区辅导,给璧山县政府训令。

### 四川省各区合作事业巡回辅导团兼团长姓名表

### 四川省政府为造具第五期合作事业竞赛表给璧山县政府的训令

1945年5月10日,四川省政府为第五期合作事业竞赛已举行完毕,各县乡应交报表多未及时,且与新订合作事业工作竞赛办法不符,给璧山县政府训令,希按照新订办法按月办理具报。

### 四川省政府为成立合作金库给璧山县政府的训令

1945年5月25日,四川省政府因金融为合作事业之主要动脉给璧山县政府训令,令将合作金库筹备情形随时呈报备查。

## 9-1-57

### 华西实验区工作答客问

华西实验区工作答客问,内容包括实验工作的合作社、乡村教育、社学区、传习处等各方面。

### 关于什么是社学区的报告

**新的乡村、新的农场**

**华西实验区社会调查室为调查表一事致编辑组信函**

　　华西实验区社会调查室为急需在渝印制社学区人口经济调查表及编户册特致函编辑组李纪生组长。附户口调查表、社学区概况调查表、户口调查编户册估价单。

**华西实验区工作图解**

**有关教学实践的几点意见**

　　关于学校更名、调整教学时间及教学计划的意见。

**华西实验区清洁县干净乡健康保生活公约**

　　华西实验区清洁县干净乡健康保生活公约共10条，对于改善乡村环境卫生有显著作用。附华西实验区宣传环境卫生歌谣。

**民众教育初步谈话要点**

　　民众教育初步谈话要点，内容包括教材、传习教学、继续教育实验、教学座谈会等十点。

**关于合作社的结算、合作社联合社联合办法**

**华西实验区传习连环画（经济类）**

　　华西实验区传习连环画《王家湾广柑大赚钱》共7幅，内容包括运销组织合作社、王经理银行去借钱、买车马大批运广柑等。

**华西实验区合作常识连环画**

　　华西实验区合作常识连环画共14幅，内容包括大家合作、征求社员、开创立会、缴纳社股、申请登记、开会等。

**晏阳初在华西实验区工作会议上的讲话**

**《乡建工作通讯》征稿启事**

　　为使华西实验区各县各区工作人员可以有交流经验和意见的平台，《乡建工作通讯》于第十二期开始征集在乡工作人员稿件，关于稿件要求共7点。

**华西实验区会议纪要**

**华西实验区璧山办事处主任傅志纯为移交公物事呈总办事处主任孙则让报告**

　　1949年12月24日，华西实验区璧山办事处主任傅志纯因办公室宿舍为军队驻扎需将公物移交总办事处呈孙则让报告。附华西实验区文卷目录。

**华西实验区璧山办事处主任傅志纯为借出公物呈总办事处主任孙则让报告**

1949年12月28日,华西实验区璧山办事处主任傅志纯为驻扎军队借用餐椅、洗脸架、美孚油灯等公物呈总办事处主任孙则让报告。

**璧山县政府令从事铁机织布人员限期加入铁机织布业产业工会的布告**

1944年,璧山县政府令从事铁机织布业务人员遵照布告限期加入铁机织布业产业工会。

## 9-1-58

**璧山县参议会、璧山县政府、璧山县农业推广所关于农林场专设人员管理提案的往来公文**

1946年1月10日,璧山县参议会第一届第一次大会为参议员郑九恩提案璧山县农林场专设人员管理已通过致函璧山县农业推广所查照办理。附原提案。1月12日,璧山县政府致函参议会,已根据提案编拟预算,复请通过。

**璧山县农业推广所为收购苦楝树给该所第四办事处的训令**

1945年9月17日,璧山县农业推广所为该年度大量收购苦楝树给该所第四办事处训令。

**农林部中央林业实验所为调查四川林木分布致璧山县农业推广所函**

1945年7月1日,农林部中央林业实验所为调查四川全省主要林木树种分布以备发展育苗造林致函璧山县农业推广所,希通知有关机关及热心农林人士广泛参与。

**璧山县农业推广所为邮寄种苗推广目录等致四川省农业改进所园艺改良场函**

1945年7月6日,璧山县农业推广所致函四川省农业改进所园艺改良场购买蔬菜种子,并请邮寄该年度种苗推广目录以便查询。

**龙一灵场长为改善作物种子致璧山县农业推广所信函**

龙一灵场长多年从事种植工作,希望利用自身经验改善作物种子,故致信璧山县农业推广所,希邮寄一些作物种子用以实验。璧山县农业推广所回函致歉,说明所列种子现无库存。

**四川省农业改进所为公学产一事给璧山县农业推广所的训令**

1945年3月9日,四川省农业改进所为前函准各县政府出公学产以便农业推广所开展工作,因各县具体情况不一实施稍有出入,令各乡用集约方式划出接近农业推广所土地开始经营。

### 农林部四川东西山屯垦实验区管理局为征集优良种子致璧山县农业推广所函

1945年3月15日,农林部四川东西山屯垦实验区管理局因春播期间需征集各种优良种子推广种植致函璧山县农业推广所,请求赠予优良种子。附批复:酌赠番茄种一包、嘉陵杀雄水稻一升、金大1386旱稻一升。3月23日,农林部四川东西山屯垦实验区管理局收到优良种子后回函,向璧山县农业推广所致谢。

### 璧山县农业推广所农林场长工保证书

### 青年远征军第201师政治部为树苗供给与璧山县农业推广所的往来函

1945年1月16日、30日,青年远征军第201师政治部为在师部周围空地培植林木以改善风景、增加林木产量致函璧山县农业推广所,希供给树苗。1月21日,璧山县农业推广所回函派人员去现场勘查测量。附庭园布置略图。2月5日,璧山县农业推广所回函,因每年树苗都不敷分配,所赠树苗数量不足,敬请谅解。2月7日,青年远征军第201师政治部树苗收据。

### 国立中央大学农学院为请求赠予芝麻种子一事与璧山县农业推广所的往来函

1944年12月,国立中央大学农学院为研究芝麻品种改良致函璧山县农业推广所,请求赠予芝麻种子以便学术研究之用。1945年1月11日,璧山县农业推广所回函,赠芝麻种子一小包,以期列入实验,对学术研究有助。

### 璧山县政府为公学产照规纳租一事给璧山县农业推广所的训令

1944年11月,璧山县政府给璧山县农业推广所训令,转饬四川省临时参议会公告,内容为各县公学产拨出土地交各县农业推广所开展种植,所得收益照规纳租后作为辅助开支。

### 璧山县农业推广所农场为收获作物呈璧山县农业推广所签呈

1944年9月7日,璧山县农业推广所农场徐效韩场长为春季收获作物呈璧山县农业推广所签呈。附农场收获清册。

### 璧山县政府为借用旱地作为体育场一事与璧山县农业推广所的往来公文

1944年7月2日,璧山县政府为县中心学校搬迁后一直没有训练场地给璧山县农业推广所训令,令其将临近校舍一处旱地作为女生部体育场。7月5日,县农推所呈文表示旱地借出可行,希将女生部厕所粪尿作为推广所肥料。7月17日,县政府指令县农推广,准予照办。

### 璧山县农业推广所为苗木有价推广与璧山县政府的往来公文

1944年1月12日,璧山县农业推广所因该年度农林场经费减少,不敷使用,申请苗木有价推广呈文璧山县政府。并附苗木售价一览表。2月3日,璧山县政府给县农推所指令,答复需向四川省政府申请。3月26日,璧山县政府向县农推所转饬四川省政府训令,内容为苗木有价推广一事不予批准,若经费不足可按规定造具预算表申请追加拨款。

### 璧山县农业推广所为修剪森林苗木致国立复旦大学农场、北碚管理局农业推广所函

1943年12月4日,璧山县农业推广所为培植法国梧桐、美国白杨、夹竹桃等森林苗木,派员工赴国立复旦大学农场、北碚管理局农业推广所修剪枝条,致函复旦大学农场和北碚农推所,期以协助。

### 璧山县政府与璧山县农业推广所为编拟农林场经费概算的往来公文

1943年11月3日,璧山县政府就编拟农林场经费概算给璧山县农业推广所训令,转饬四川省政府关于农林场重新规定之办法。11月13日,璧山县农业推广所呈文璧山县政府,简述目前农林场栽培植物及在编人员情况,呈报编拟1944年度农林场经费概算。附璧山县农林场1944年度经费概算一览表。11月25日,璧山县政府给县农推所指令,准予编拟经费概算,并饬请省府核准。

### 璧山县农业推广所为订购厕所粪尿致璧山县中心学校函

1943年10月2日,璧山县农业推广所因培植苗木所需肥料甚多,为就近订购厕所粪尿作为肥料致函璧山县中心学校。

### 璧山县农业推广所农林场稻作区田丘产谷数量表

### 璧山县农业推广所农林场1943年夏季作物分布图

### 四川省农业改进所为抄发农具厂出品价目表给璧山县农业推广所的训令

1943年7月3日,四川省农业改进所为抄发四川农业特种股份有限公司农具厂第一期出品价目表给璧山县农业推广所训令。附农具厂出品价目表。

### 大生合作农林场为获得种猪、鱼苗及各类种子给璧山县农业推广所的呈

1943年4月4日,大生合作农林场因创办伊始,呈文璧山县农业推广所,希赠予所需种猪、鱼苗及西瓜、番茄、冬瓜等种子,用以农业生产。

## 9-1-59

### 华西实验区巴县第五辅导区办事处为核交工作报告呈总办事处报告

1949年8月2日,华西实验区巴县第五辅导区办事处主任蒋融为核交2月下旬至7月下旬工作报告呈总办事处报告。附1949年2月下旬至7月下旬工作综合报告。

1949年10月25日，华西实验区巴县第五辅导区办事处主任蒋融为核交9月21日至10月20日工作报告呈总办事处报告。附1949年9月21日至10月20日工作报告。

**华西实验区巴县第六辅导区办事处为核交工作报告呈总办事处报告**

　　1949年8月9日，华西实验区巴县第六辅导区办事处主任王宗耀为核交7月份工作报告呈总办事处报告。附1949年7月份工作报告。

　　1949年8月23日至10月21日，华西实验区巴县第六辅导区办事处主任王宗耀为核交1949年8月至10月工作报告呈总办事处报告。附1949年8月至10月工作报告。

## 9-1-60

**华西实验区总办事处为检发社学区经济调查表致巴县第二辅导区函**

　　1949年5月7日，华西实验区总办事处为检发社学区经济调查表及几点待办事项致函巴县第二辅导区。

**华西实验区巴县第二辅导区为核发社学区概况调查表呈总办事处报告**

　　1949年4月6日，华西实验区巴县第二辅导区因新派往各社学区的辅导员须对该区有详尽了解，呈总办事处报告，申请核发社学区概况调查表。

**华西实验区巴县第五辅导区为报人口、经济调查统计表呈总办事处报告**

　　1949年9月26日，华西实验区巴县第五辅导区除鹿角一地遗漏统计外，已将该区各乡人口、经济调查统计表完成，呈总办事处备查。10月11日，第五区申请退回统计表以便核查校对。

**华西实验区巴县第五辅导区为下发社学区调查表、千字课本与总办事处往来公文**

　　1949年4月12日，华西实验区巴县第五辅导区民教主任训练课程结束，向总办事处呈请下发社学区概况调查表，以利民教主任开展工作，并申请下发千字课本至南泉传习处。4月20日，总办事处回复：调查表及千字课本凭凭条领取即可。

**华西实验区巴县第七辅导区为了解调查表格整理方法与总办事处的往来公文**

　　1949年4月30日，华西实验区巴县第七辅导区社学区为调查统计已完成，呈总办事处报告，请下发整理方法及表式。5月7日，总办事处回复：印就即刻寄发。

### 华西实验区巴县第三辅导区为社学区调查工作与总办事处的往来公文

1949年3月7日至10月18日,华西实验区巴县第三辅导区与总办事处往来公文,内容为统一下发社学区概况调查表、补充传习处学生千字课本、核对数据等问题。

### 华西实验区巴县第七辅导区为社学区概况调查表等呈总办事处报告

1949年5月7日至6月3日,华西实验区巴县第七辅导区为补发社学区概况调查表、编户册及传习教材呈总办事处报告,并呈函秘书室主任郭准堂,请补发社学区概况调查表、发给搬迁费用及生活费用。附补发调查表暨编户册数量表。

### 华西实验区巴县第六辅导区为该区户口经济统计表呈总办事处报告

1949年4月17日至9月27日,华西实验区巴县第六辅导区为补发社学区概况调查表、编户册呈总办事处报告,并请示调查表填写问题。

### 华西实验区巴县第八、第十一、第十二辅导区为社学区概况调查表不足与总办事处的往来公文

1949年4月10日至10月18日,华西实验区巴县第八、第十一、第十二辅导区为社学区概况调查表不足请补发及下发统计办法与总办事处往来公文。

### 璧山县政府自治辅导员设置及服务办法

### 组织机织合作社之各项问题

### 关于组织机织合作社之各项待决问题

### 华西实验区工作座谈会会议记录簿

### 华西实验区组社须知

### 华西实验区1948年度组社注意事项

### 组织机织合作社第一次座谈会决定事项

### 华西实验区社会调查室工作简报(1949年12月)

## 9-1-61

### 璧山县城南乡明德堂机织生产合作社章程及职员印鉴

### 华西实验区总办事处为明德堂机织生产合作社变更登记申请文件致璧山县政府函

1949年5月12日,华西实验区总办事处为检送璧山县城南乡明德堂机织生

产合作社变更登记申请文件致函璧山县政府。附合作社变更登记申请书。

**璧山县城南乡明德堂机织生产合作社社员大会决议录**

**璧山县城南乡明德堂机织生产合作社社员名册及入社人员名册**

**璧山县城南乡明德堂机织生产合作社创立会决议录、成立登记名册、个人社员名册**

**璧山县城南乡第九保为申请成立机织合作社给璧山县政府的呈**

　　1947年3月7日，璧山县城南乡第九保申请成立机织合作社呈文璧山县政府。附铁机数目清册。

**璧山县大路乡教育会指导人民团体整理总报告表**

**巴璧实验区办事处为贷款申请书备查致璧山县政府函**

　　1947年8月3日，巴璧实验区办事处因中国农民银行已准城南乡蓝家湾及玉皇庙两处合作社贷款申请，将贷款申请书函送璧山县政府备查。附申请书。

**璧山县城南乡机织生产合作社为改选理监事给璧山县政府的呈**

　　1948年9月26日，璧山县城南乡机织生产合作社因理监事任职到期决定召开社员大会改选呈文璧山县政府，希县府到期派员指导。

**璧山县城南乡机织生产合作社为递补理监事给璧山县政府的呈**

　　1948年3月31日，璧山县城南乡机织生产合作社原理监事兼司库退出业务区域，由候补理事递补，呈文璧山县政府备查。

**璧山县城南乡机织生产合作社为启用图记开办业务给璧山县政府的呈**

　　1948年8月18日，璧山县城南乡机织生产合作社为启用图记开始业务，并同印模呈文璧山县政府备查。附图模及印鉴纸。

**璧山县河边乡治蝗工作总报告表**

**璧山县来凤驿大青杠树织布生产合作社成立登记申请书**

## 9-1-62

**璧山县来凤乡桂泉庄窄布机织生产合作社章程**

**璧山县来凤乡桂泉庄窄布机织生产合作社成立登记申请书**

**璧山县大路乡教育会改选理监事会议记录**

**华西实验区璧山、巴县、北碚民教工作按期比较表、各辅导区所属传习处学生结**

业人数统计表、各辅导区所属传习处第四期学生结业人数统计表

华西实验区三周年纪念展览教育组预计参加项目

华西实验区璧山、巴县、北碚各辅导区各示范校学生数及未入学儿童数统计表

华西实验区璧山、巴县、北碚各辅导区社学区、传习处概况表

华西实验区总办事处以外各组织统计表

乡村建设学院院长晏阳初为请孙则让答允受聘为平讯出版委员会委员致孙则让函

1947年4月19日,乡村建设学院院长晏阳初为请孙则让答允受聘为平讯出版委员会委员致函孙则让。

华西实验区1948年度合作贷款额度表

璧山县城南办事处结束移交清册

璧山县河边乡应发导生证章数目

璧山县河边乡办理成人教育之优良导生应发奖状者名单

暂存璧山县河边乡乡公所物品清单、青木乡办事处物品清单、来凤乡办事处文件公物清单

璧山县来凤乡中心保校收到来凤乡办事处存放各物清单

璧山县河边乡乡公所代为保管巴璧实验区河边乡办事处物品清单、河边乡办事处至1947年9月结束所有公物清单

璧山县青木乡办事处所存物品清单、青木乡办事处发给各保校教育用具清单

重庆市第十三区山洞中心国民学校为开展民众教育与巴璧实验区的往来函

1947年10月,重庆市第十三区山洞中心国民学校校长徐惠鲜为开展民众教育教材缺失致函巴璧实验区,请予赠送民众教本。10月23日,实验区回函:教本已发至各传习处,剩余正在改编。

巴璧实验区办事处为检送合作训练计划及人员训练实施办法致中国农民银行璧山分理处函

1947年10月17日,巴璧实验区办事处因合作训练工作配合民教人员训练调配工作业已开展,特检送计划及实施办法致函中国农民银行璧山分理处。附1947年度推进璧山合作训练实施办法、华西实验区合作训练计划。

### 巴县参议会、江津县政府请求将所辖乡镇纳入华西实验区与四川省第三行政区督察专员兼保安司令公署、华西实验区办事处的往来函

1947年11月8日至11月22日,巴县参议会、江津县政府呈函四川省第三行政区督察专员兼保安司令公署、华西实验区办事处,请将所辖各乡镇纳入华西实验区,并拨经费以扩大民教事业。孙则让回函:本年度贷款及民教计划早已拟定,经费问题再议。

### 璧山县大路乡教育会为选举理监事、整理职员名册等给璧山县政府的呈

1947年7月至1949年8月,璧山县大路乡教育会为选举理监事、选举出席县教育会代表、整理职员及会员名册、指导人民团体整理报告呈文璧山县政府。附大路乡教育会选举出席县教育会代表名册、指导人民团体整理总报告表。

### 导生传习处设置费

### 巴璧实验区各乡临时办公处经费预算表

### 巴璧实验区各乡拨发教具条据

### 巴璧实验区璧山县各乡传习工作物品分发一览表

### 巴璧实验区各组室收文清单

### 璧山县狮子乡、接龙乡、城北乡等为领取配发南瑞苜种子呈华西实验区报告

1948年12月7日至12月31日,璧山县狮子乡、接龙乡、城北乡等为领取配发南瑞苜种子并报送分配名册呈华西实验区报告。

### 璧山县河边乡第九学区领取南瑞苜种子名册、河边乡第一学区南瑞苜分配统计表、河边乡第十一学区领取南瑞苜姓名及斤数册

### 璧山县六塘乡推广南瑞苜调查表

### 北碚管理局白庙乡第十一保合作农场章程

### 北碚管理局金刚乡第十二保合作农场章程

### 北碚管理局金刚乡第十二保合作农场1948年度业务计划

## 9-1-63

### 乡村建设学院农场为甜橙砧苗与华西实验区办事处的往来函

1947年12月16日,乡村建设学院农场为新培育甜橙砧苗质量上乘致函华西实验区办事处,说明若有需要,可以购买。12月19日,办事处回函暂未

列入计划。

### 华西实验区办事处为合作社贷款银行核准一事致璧山县政府函

1947年12月25日至28日,华西实验区办事处为城南乡、河边乡共八个合作社抵押贷款经中国农民银行璧山分理处核准一事致函璧山县政府以备核查。附核准发放贷款通知书。

### 璧山县河边乡金鼓滩机织生产合作社为新入社成员增加贷款给巴璧实验区办事处的呈

1947年10月,璧山县河边乡金鼓滩机织生产合作社因何元清等人申请加入合作社提交追加贷款呈文巴璧实验区办事处,并转中国农民银行璧山分理处。附璧山县河边乡金鼓滩机织生产合作社社员借款用途及细数表、新增个人社员名册、个人社员名册。

### 中国农民银行璧山分理处为核查各社购纱情形与华西实验区办事处的往来函

1947年12月17日,中国农民银行璧山分理处为玉皇庙等合作社储押贷款核发已久,请核查各社购纱情形,致函华西实验区总办事处。12月28日,华西实验区办事处回函已核查。附华西实验区办事处璧山各机织合作社抵押贷款购运情形调查表。

### 华西实验区办事处为转呈青木乡机织生产合作社贷款申请书致中国农民银行璧山分理处函

1947年12月,华西实验区办事处因青木乡机织生产合作社创办已久,符合条件,致函中国农民银行璧山分理处,转呈青木乡机织生产合作社贷款申请书。

### 璧山县城南乡玉皇庙机织生产合作社为改选理监事给华西实验区办事处、中国农民银行璧山分理处的呈

1948年1月9日,璧山县城南乡玉皇庙机织生产合作社为改选理监事呈文华西实验区办事处备查。11日,华西实验区致函转呈中国农民银行璧山分理处。附璧山县城南乡玉皇庙机织生产合作社职员履历表、简易农仓职员印鉴。

### 璧山县狮子乡蜘蛛蚊机织生产合作社筹备会为定期召开合作社创立会与华西实验区办事处的往来公文

1948年1月14日,璧山县狮子乡蜘蛛蚊机织生产合作社筹备会代表为定期召开合作社创立会呈文华西实验区办事处,请派员指导。15日,孙则让批复:华西实验区合作社计划已拟定,宜循序渐进,成立合作社缓议。

### 璧山县城南乡皂桷坡机织生产合作社为申请抵押贷款给华西实验区的呈

1948年1月23日,璧山县城南乡皂桷坡机织生产合作社为申请抵押贷款

以维持周转一事呈文华西实验区并转中国农民银行璧山分理处。附抵押贷款申请书、璧山县城南乡皂桷坡机织生产合作社社员押品细数表。

## 璧山县城南乡第九保明德堂机织生产合作社为召开创立会呈巴璧实验区申请书

1947年6月21日，璧山县城南乡第九保明德堂机织生产合作社为本月26日召开创立大会呈巴璧实验区办事处申请书，请届时派员指导。

## 璧山县城南乡蓝家湾机织生产合作社为织布抵押贷款一事给华西实验区的呈

1948年1月23日，璧山县城南乡蓝家湾机织生产合作社为所织之布滞销积压甚多，申请以织布抵押贷款以维持周转呈文华西实验区，并转中国农民银行璧山分理处备查。

## 璧山县城南乡养鱼池机织生产合作社为启用图记开始业务一事给巴璧实验区办事处的呈

1947年9月5日至15日，璧山县城南乡养鱼池机织生产合作社为启用图记开始办理业务一事呈文巴璧实验区办事处，并转中国农民银行璧山分理处备查。

## 巴璧实验区办事处为璧山县城南乡、城东乡等申请成立机织合作社与璧山县政府的往来函

1947年5月21日，巴璧实验区办事处为璧山县城南乡、城东乡等申请成立机织合作社致函璧山县政府。29日，璧山县政府回函：办事处应允办理即可。

## 巴璧实验区办事处为催促城南乡两社办理未完成手续与璧山县政府的往来函

1947年8月28日，巴璧实验区办事处为派员监督城南乡蓝家湾及玉皇庙两机织生产合作社办理未完成手续致函璧山县政府。9月17日，璧山县政府回函准予督饬办理。

## 璧山县城南乡皂桷坡机织生产合作社为新增社员呈巴璧实验区办事处等函

1947年9月3日，璧山县城南乡皂桷坡机织生产合作社为新增社员各项报表呈巴璧实验区办事处函，并转呈璧山县政府、中国农民银行璧山分理处备查。附璧山县城南乡皂桷坡机织生产合作社社员名册、社员借款用途及细数表。

## 璧山县城南乡马家院机织生产合作社为启用图记开始办理业务给巴璧实验区办事处等的呈

1947年9月14日，璧山县城南乡马家院机织生产合作社为启用图记开始办理业务一事呈文巴璧实验区办事处，并转呈璧山县政府、中国农民银行璧山分理处备查。附璧山县城南乡马家院机织生产合作社图模及印鉴。

### 巴璧实验区办事处为来凤乡成立窄布机织生产合作社致中国农民银行璧山分理处函

1947年9月17日，巴璧实验区办事处因来凤乡民教工作成果突出，乡里青年女性大都有织布技能，且生产之布畅销云贵川边，申请来凤乡成立窄布机织生产合作社，致函中国农民银行璧山分理处批准，并请给予资金及技术支持。

### 璧山县城中镇、城西乡为申请成立机织生产合作社与巴璧实验区办事处的往来公文

1947年7月4日至9月25日，璧山县城中镇、城西乡因条件具备，申请成立机织生产合作社帮助农民从事副业生产呈文巴璧实验区办事处。巴璧实验区办事处回函：本年度贷款早已进行分配，实难办理，请列入明年计划内申请。

### 中国农民银行璧山分理处为催交社股金致巴璧实验区函

1947年9月19日，中国农民银行璧山分理处因缴纳社股金作为贷款条件致函巴璧实验区，要求城南乡蓝家湾、刘家沟、玉皇庙、皂桷坡四社尽快缴纳。10月18日，分理处再次函告实验区只余蓝家湾一社还未办理。

### 璧山县河边乡机织生产合作社为派员监督发放纱支给巴璧实验区办事处的呈

1947年9月10日，璧山县河边乡机织生产合作社为购置纱支已到，申请派员监督发放纱支呈文巴璧实验区办事处。

### 巴璧实验区办事处为农业贷款业务各项事宜与中国农民银行璧山分理处的往来函

1947年8月7日至9月24日，巴璧实验区办事处为1948年度农业贷款业务推进计划、更正贷款实施办法、贷款加息等事宜与中国农民银行璧山分理处往来函。

### 巴璧实验区办事处为成立原料供应部致中国农民银行璧山分理处函

1947年9月28、29日，巴璧实验区为城南乡、河边乡等12个机织合作社因原料收集、抵押及购买运输皆需时间导致原料周转不济，希拨出一部分贷款成立原料供应部致函中国农民银行璧山分理处。

### 巴璧实验区办事处为响水滩机织生产合作社社员变更登记等事致璧山县政府、中国农民银行璧山分理处函

1947年10月5日至10月13日，巴璧实验区办事处为河边乡响水滩机织生产合作社报送退社社员、社员借款用途及贷款购纱等变更情况登记表致函璧山县政府、中国农民银行璧山分理处查核。附璧山县河边乡响水滩机织生产合作社变更事项登记表、个人社员名册、退社社员名册。

### 璧山县农业推广所为检送1948年度工作计划致华西实验区办事处函

1947年11月17日，璧山县农业推广所为合作单位之间相互配合致力于乡村建设工作，特检送1948年度工作计划致函华西实验区办事处。附璧山县农业推广所1948年度工作计划。

### 华西实验区办事处为贷款成立总合作社一事致四川省银行函

1947年11月22日，华西实验区办事处因服务农民、改善农民生活之宗旨，希贷款成立璧山县联合社，以组织各乡合作社原料采集、制作、销售等整个过程，更好地开展工作，致函四川省银行，请求核查准予贷款。

### 中国农民银行璧山分理处为处理退汇一事致巴璧西实验区函

1947年8月22日，中国农民银行璧山分理处为汇款已于前日退还原汇款人，黄开文申请退款碍难办理一事致函巴璧实验区。

### 中国农民银行璧山分理处为催促上交仓库移物详情与华西实验区的往来函

1947年12月17日，中国农民银行璧山分理处为催促上交仓库移物详情，以便绘图呈报保险公司，致函华西实验区。18日，华西实验区回函，告知已迁址城内仁爱街，希银行按照签订合约负责仓库安全事务。

### 璧山县城南乡马家院机织生产合作社为申请贷款购纱给华西实验区的呈

1947年12月22日，璧山县城南乡马家院机织生产合作社为前申请贷款不足，又有新社员入社，申请补足购纱资金，呈文华西实验区。附璧山县城南乡马家院机织生产合作社借款申请书、借款细数表。

### 璧山县福禄乡织户代表为申请成立机织生产合作社给华西实验区办事处的呈

1947年12月22日，璧山县福禄乡织户代表李耀群等因市场萧条、生计难为，申请成立机织生产合作社以救济织户呈文华西实验区办事处。

### 中国农民银行璧山分理处为减低押款保险金致华西实验区办事处、璧山县机织生产合作社联合社函

1947年12月17日至18日，中国农民银行璧山分理处为减低押款保险金下发通知，致函华西实验区办事处、璧山县机织生产合作社联合社，要求携带负责人印章前来办理相关领取手续。

### 巴璧实验区办事处为检送机织生产合作社社员名册、印鉴及借款申请书等致璧山县政府、中国农民银行璧山分理处函

1947年8月3日至9月6日，巴璧实验区办事处为检送璧山县城南乡白鹤林、明德堂、养鱼池机织生产合作社社员名册、印鉴及借款申请书等致函璧山县

政府、中国农民银行璧山分理处。附璧山县城南乡白鹤林机织生产合作社个人社员名册及借款申请书、明德堂机织生产合作社图模及职员印鉴、养鱼池机织生产合作社职员略历表、城南乡简易农仓职员印鉴。

### 璧山县城南乡明德堂、白鹤林机织生产合作社，来凤乡大青杠树机织生产合作社为使用图记开始业务给巴璧实验区办事处的呈

1947年9月11日，璧山县城南乡明德堂、白鹤林机织生产合作社，来凤乡大青杠树机织生产合作社为启用图记开始业务办理日期呈文巴璧实验区办事处及城南办事处备查。

### 璧山县河边乡马鞍山机织生产合作社为检送变更登记申请书等给巴璧实验区的呈

1947年9月18日，璧山县河边乡马鞍山机织生产合作社为检送退社社员名册、社员名册及变更登记申请书呈文巴璧实验区。附璧山县河边乡马鞍山机织生产合作社造具退社社员名册、1947年9月造报社员名册、变更登记申请书。

### 璧山县城南乡玉皇庙机织生产合作社为抵押贷款造具表册与巴璧实验区办事处、中国农民银行璧山分理处的往来公文

1947年11月，璧山县城南乡玉皇庙机织生产合作社为开办以来周转不济，申请抵押贷款造具表册与巴璧实验区办事处、中国农民银行璧山分理处往来公文。附抵押贷款申请书、社员押品种类细数表。

### 璧山县福禄乡倒石桥机织生产合作社为贷款一事给华西实验区办事处的呈

1947年11月17日，璧山县福禄乡倒石桥机织生产合作社为救济织户生活并申请贷款一事呈文华西实验区办事处。

### 璧山县城中镇为筹备组织机织生产合作社召开会议与巴璧实验区办事处的往来公文

1947年11月4日，璧山县城中镇为筹备组织机织生产合作社召开会议，申请派员指导，呈文华西实验区办事处。7日，巴璧实验区办事处回函，要求先将织户情况调查完毕，暂缓召开成立大会。

### 璧山县罗家新房子为组织机织生产合作社、召开成人班与巴璧实验区办事处的往来公文

1947年10月28日，璧山县罗家新房子为组织机织生产合作社、召开成人班呈文巴璧实验区办事处，希派员指导。11月7日，巴璧实验区办事处回函答复并未列入年度计划，贷款方案碍难办理。

### 璧山县中兴乡乡公所为申请成立机织生产合作社与巴璧实验区办事处的往来公文

1947年10月31日，璧山县中兴乡乡公所因本乡人民仰赖窄布生产存活，遭受市场打击后，生活困难，呈文巴璧实验区办事处，申请成立机织生产合作社，以维生计。11月7日，巴璧实验区办事处回函答复年度计划已在洽商中，缓后办理。

### 璧山县城西乡第五保为加强成人教育与巴璧实验区办事处的往来公文

1947年11月4日，璧山县城西乡第五保因成立机织生产合作社需与加强成人教育同时并进呈文巴璧实验区办事处，要求开办成人教育，希派员指导，并向农民银行申请贷款支持。11月10日，巴璧实验区办事处回函答复稍后酌情办理。

### 巴璧实验区办事处为检送城南乡明德堂、来凤乡大青杠树等机织生产合作社申请贷款造具表报与中国农民银行璧山分理处的往来公文

1947年7月3日至8月20日，巴璧实验区办事处为检送城南乡明德堂、马家院、皂桷坡、蓝家湾、刘家沟、玉皇庙、第十一保、第十三保、养鱼池机织生产合作社，来凤乡大青杠树、帅家黄桷树机织生产合作社，河边乡新店子、响水滩、金鼓滩机织生产合作社开展工作、申请贷款、造具社员名册等各类表报与中国农民银行璧山分理处往来公文。

### 中国农民银行璧山分理处为补充原料贷款与巴璧实验区办事处的往来函

1947年8月13日，中国农民银行璧山分理处因补充原料贷款棉纱已由重庆运至，尚未知照购运详情及监放日期，致函巴璧实验区办事处。同日，办事处回函说明意外延误，确定日期后函知银行，派员监察。附贷款通知书。

### 巴璧实验区办事处为检送社员印鉴致中国农民银行璧山分理处函

1947年9月11日，巴璧实验区办事处为贷款实施办法已开始实践，就检送社员印鉴致函中国农民银行璧山分理处查核办理。

## 9-1-64

### 璧山县中兴乡农会为申请副业贷款等与璧山县农业推广所的往来函

1946年7月5日至12月14日，璧山县中兴乡农会为申请副业贷款、纺织副业贷款、生产贷款及办理所需手续与璧山县农业推广所往来函。附中兴乡简易农会社员印鉴、借款申请书。

**璧山县广普乡迎晖机织生产合作社为办理剩余手续给璧山县政府的呈**

1949年1月26日,璧山县广普乡迎晖机织生产合作社为办理图记日期、印模、职员印鉴及股金等剩余手续呈文璧山县政府。附印模、社员印鉴表。

**华西实验区总办事处为检送璧山县正兴乡老水井农业社成立书表给璧山县政府的呈**

1949年8月22日,华西实验区总办事处为检送璧山县正兴乡老水井农业社登记成立书表呈文璧山县政府查核办理。

**璧山县农业推广所为检送1948年度、1949年度工作计划给璧山县政府的呈**

1947年11月11日至1949年2月3日,璧山县农业推广所为检送1948年度、1949年度工作计划详情呈文璧山县政府。附璧山县农业推广所1948年度工作计划。

**四川省农业改进所为催交1948年度事业计划等致璧山县农业推广所代电**

1947年12月2日,四川省农业改进所致璧山县农业推广所代电,催交1948年度事业计划及经费概算。

**璧山县农业推广所为检送1947年度冬季训练计划致中国农民银行璧山分理处函**

1947年10月17日,璧山县农业推广所为加强农会组织及业务,特制定1947年度冬季训练计划,致函中国农民银行璧山分理处查核办理。附四川省璧山县农民组训巡回辅导实施办法计划。

**璧山县农业推广所1946年度9月份至12月份业务计划书**

**璧山县农业推广所1946年度8月份至12月份追加经费分配预算书**

**璧山县农业推广所为检送1946年度农林建设概况及1947年度计划要点简表与璧山县政府的往来公文**

1946年6月,璧山县农业推广所为检送1946年度农林建设概况及1947年度计划要点简表等与璧山县政府往来公文。附璧山县农业推广所1946年度农林建设概况及1947年度计划要点简表。

## 9-1-65

**璧山县来凤乡1947年3月22日乡务会议记录**

### 璧山县农业推广所为检送推广改良小麦应缴价款表、推广水稻良种售种价款表等各类工作表报与璧山县政府、璧山县政府经收处的往来公文

璧山县农业推广所为检送推广改良小麦应缴价款表、推广水稻良种售种价款表、1942年至1945年度产品收入概况表、1941年至1942年度孳生物品售价收入缴款书、整修房屋及修建仓房追缴预算书、1940年至1942年度大小麦结存数量表、苗木种子有偿推广等各类工作书表与璧山县政府、璧山县政府经收处往来呈、指令、函等。

### 金陵大学农学院森林系为调查四川省油桐概况与璧山县政府的往来公文

金陵大学农学院森林系为调查四川省油桐概况呈文璧山县政府,请寄送一斤当年所产油桐果实,并注明油桐种类。12月27日,璧山县政府回函查照办理。

### 璧山县鹿鸣乡乡公所为改选乡民代表给璧山县政府的呈

1943年5月8日,璧山县鹿鸣乡乡公所为改选方炳舟为乡民代表呈文璧山县政府。附璧山县乡民代表名册。

### 璧山县农业推广所第六办事处为检送梓潼乡推广小麦售价款给璧山县农业推广所的呈

1945年12月9日,璧山县农业推广所第六办事处为检送梓潼乡农会推广中农28号小麦三市斗售价款呈文璧山县农业推广所备查。

### 璧山县农业推广所第二办事处为检送狮子乡、中兴乡朱紫衣等五人切结书给璧山县农业推广所的呈

1945年9月24日,璧山县农业推广所第二办事处为检送狮子乡、中兴乡朱紫衣等五人贷小麦种子切结书呈文璧山县农业推广所,希转呈法院依法办理。10月11日,农业推广所回函再行查办。附切结书。

### 璧山县农业推广所为推广小麦、收购良种小麦等事务与各办事处的往来公文

1945年1月7日至10月11日,璧山县农业推广所为推广改良小麦办法、贷出小麦种子收回情形、收购中农28号小麦、出售小麦价款、中农小麦实测效果比较及拟收数量、准备收购良种小麦应注意要点、推广中农小麦田间检查指导等事务与各办事处往来指令、训令、呈、函等。

### 璧山县农业推广所为标售璧山所存小麦、汇运小麦翻晒赍结余款等与农林部派驻巴县农场经营指导员办事处的往来函

1945年3月,璧山县农业推广所为派员与中国农业银行璧山分理处标售璧山所存小麦及汇运小麦翻晒赍结余款及支出单据与农林部派驻巴县农场经营指导员办事处往来函。

## 9-1-66

**璧山县七塘乡第四保胡家老房子农业生产合作社创立会决议录、1949年度业务计划、个人社员名册、农业生产合作社调查表**

**华西实验区总办事处为检送合作社申请登记书给璧山县政府的呈**

1949年7月9日,华西实验区总办事处为检送璧山县七塘乡第四保胡家老房子农业生产合作社申请登记书呈文璧山县政府。附合作社成立申请登记书。

**璧山县政府经收处为造具经征纳库数目月报表困难一事给璧山县政府的呈**

1946年4月18日,璧山县政府经收处为本年度造具经费已全数分配完毕,目前物价高涨,再造具经征纳库数目月报表困难一事呈文璧山县政府。

**璧山县七塘乡第四保胡家老房子农业生产合作社章程**

1949年,璧山县七塘乡第四保胡家老房子农业生产合作社章程共6章31条。

**四川省第三区行政督察专员公署为农林实验学校日常经费拨发与璧山县政府、璧山县财委会的往来公文**

1939年3月10至5月14日,四川省第三区行政督察专员公署为农林实验学校发展增加实习科目、训练学生优良技术、设置合理实习设备等日常经费拨发与璧山县政府、璧山县财委会往来函、训令、呈、代电等。

## 9-1-67

**社会部核定合作事业五年计划(1947年至1951年)**

**璧山县政府为补报1944年度推行合作事业实施计划给四川省政府的呈**

1944年6月19日,璧山县政府为补报1944年度推行合作事业实施计划呈文四川省政府。附璧山县政府1944年度推行合作事业实施计划。

**四川省政府为补发各县市政府1944年度推行合作事业工作要点给璧山县政府的指令**

1944年5月23日,四川省政府为补发各县市政府1944年度推行合作事业工作要点给璧山县政府指令。附四川省各县市政府1944年度推行合作事业工作要点。

四川省政府、四川省合作事业管理处为转饬下发全国合作事业五年计划给璧山县政府的训令

1944年4月16日、1947年,四川省政府、四川省合作事业管理处为转饬下发全国合作事业五年计划给璧山县政府训令,要求查照办理本县实施计划。

## 9–1–68

江北第二辅导区主任晏昇东工作总结《从此处透视江北第二辅导区》

华西实验区工作人员一览表(1949年5月编印)

华西实验区所属各辅导区职员及工作地点一览表

璧山县第一期民教数字统计表

璧山办事处工作报告(1948年3月10日)

军政部第一织布厂军布检验记录日报表

璧山县第二辅导区推行第一期失学成人补习教育报告书(1948年3月10日)

璧山县第三辅导区施行民众教育工作报告(1948年3月10日)

璧山县第四辅导区1948年3月工作报告

璧山县第五辅导区办事处1947年11月11日至1948年3月10日工作报告

璧山县第二、第三、第四、第五辅导区导生及传习处学生概况统计表与教育概况统计表等

巴璧(华西)实验区1947年8月至1948年3月工作报告

## 9–1–69

华西实验区总办事处为河边乡大堰塘农业生产合作社成立一事与璧山县政府往来函

1949年8月3日,华西实验区总办事处为报送河边乡大堰塘农业生产合作社成立登记书表及办理相关成立手续致函璧山县政府。8月8日,璧山县政府回复:登记书无不妥,检发登记证明、原社章一份,自行按照规定刊刻图章条戳。

璧山县河边乡大堰塘农业生产合作社章程

1949年,璧山县河边乡大堰塘农业生产合作社章程共8章35条。附全体社员签名盖章或手印表。

璧山县河边乡大堰塘农业生产合作社成立登记申请书

璧山县河边乡大堰塘农业生产合作社创立会决议录

璧山县河边乡大堰塘农业生产合作社社员名册

璧山县河边乡大堰塘农业生产合作社1949年度业务计划

璧山县河边乡大堰塘农业生产合作社调查表

## 9-1-70

璧山县三教乡五里冲机织生产合作社创立会决议录

璧山县三教乡五里冲机织生产合作社1948年度业务计划

璧山县三教乡五里冲机织生产合作社为启用图记、条戳给华西实验区总办事处的呈

  1948年12月,璧山县三教乡五里冲机织生产合作社为成立筹备完成,需利用图记、条戳开始业务呈文华西实验区总办事处。

**璧山县政府第四科造呈移交、接收刘任、陆任、徐任(县长)文件卷宗目录清册**

**璧山县徐中晟县长为前任县长挪用积谷价款订购抽水机一事致新任县长咨文**

  (年份不详)10月31日,璧山县徐中晟县长为前任县长挪用积谷价款订购抽水机两台,现由县参议会进行标卖一事致新任县长咨文。

**璧山县县长为卸任交接一事致新任县长咨文**

  璧山县县长为检送第四科文卷清册、本任建设部分已收未办各项文件清单、收音机一台等交接事宜致新任县长咨文。附刘任第四科卷宗目录、陆任第四科卷宗目录。

**璧山县农业推广所为该所业务办理各项事务给各办事处的训令**

  1948年1月17日至4月20日,璧山县农业推广所为查核1948年度农业贷款及商定贷放办法、检发治螟实施办法、乡农会设置改良示范秧田农户名册、改订农业贷款利率等给各办事处训令。

**璧山县农会理事长姜荣基严禁捕杀青蛙的呈文及璧山县政府严禁捕杀青蛙的布告**

  璧山县农会理事长姜荣基为农业发展严禁捕杀青蛙及益虫一事呈文璧山县政府,希发布告,令下属机构一体遵照。璧山县政府为严禁捕杀青蛙及益虫

发布布告并给各乡乡公所、乡农会训令，令查照办理。

### 商民刘仲镛为申请商业保护给璧山县政府的呈

1947年5月26日，商民刘仲镛为果园遭偷、强摘申请对果园予以保护一事呈文璧山县政府。

### 四川省政府为检送农种一事给璧山县政府的训令

1947年11月，四川省政府为尽快检送优良玉米、豌豆及油菜种子以供国立四川大学实验研究一事给璧山县政府训令。

### 重庆警备司令部、四川省保安司令部为转饬国防部参谋总长电文致璧山县政府代电

1948年4月，重庆警备司令部、四川省保安司令部转饬国防部参谋总长电令，令各级官兵协助农民春耕，并不得接收报酬。

### 四川省政府为改进畜牧方案及畜牧产品标准给璧山县政府的训令

1947年2月，四川省政府因各县状况不一，为改进畜牧方案及畜牧产品标准，急需参考各县畜牧经济状况的各项资料，给璧山县政府训令。

### 四川省政府为促进棉花增产一事给璧山县政府的训令

1947年3月，四川省政府转饬行政院训令，为促进棉花增产，派员赴各省洽商，以期达到本年度生产皮棉数量，并造具各省应行栽植棉花亩数表事宜，给璧山县政府训令。附1947年度四川省各棉产县预期植棉亩数表。

### 四川省政府为保护粮仓所存粮食检发杀虫剂给璧山县政府的训令

1947年7月，四川省政府转饬粮食部训令，为保护全国粮仓所存粮食，检发氰化钙杀虫剂进行仓库熏蒸给璧山县政府训令。附熏蒸剂使用法。

### 四川省政府为征集优良农产品参加全国国货展览会给璧山县政府的训令

1947年9月，四川省政府转饬建设厅训令，为全国国货展览会即将开幕，特征集优良农产品以供挑选参加展览给璧山县政府训令。附全国国货展览会农林部分展览品征集办法。

### 四川省政府为征选优良农产品参加首都农产品展览会给璧山县政府的训令

1947年9月，四川省政府转饬农林部训令，为1947年度首都农产展览会即将开幕，要求征集优良农产品以供挑选参加展览，给璧山县政府训令。附农林部举办1947年度首都农产展览会征集办法。

### 四川省政府为改善蜂种增进农村副业给璧山县政府的训令

1947年9月，四川省政府转饬农林部修订蜂种制造取缔规则，以改善蜂种，

增进农村副业,给璧山县政府训令。附蜂种制造取缔规则。

### 四川省农业改进所棉业改良场为检发棉花生产调查表致璧山县政府代电

1947年5月28日,四川省农业改进所棉业改良场为配合全省棉作推广及改良工作,特检发棉花生产调查表致璧山县政府代电,希派员调查后填报。

### 璧山县参议会为申请减赋及赈济与四川省政府、璧山县政府的往来公文

1948年7月至1948年10月,璧山县参议会因本年正逢农时却久雨成灾,稻苗枯萎,秋收无望,致璧山县政府代电,希转呈四川省政府,请求减轻农赋并予以赈济。10月9日,四川省政府回复由县政府发动社会力量自筹救济。

### 四川省第三区行政督察专员兼保安司令公署为狩猎罚款改为金圆一事给璧山县政府的训令

1948年12月25日,四川省第三区行政督察专员兼保安司令公署为转饬农林部训令,将狩猎原罚金罚锾提高标准,原定金额改为金圆处罚一事令璧山县政府查照办理。

### 璧山县政府为遵照四川省政府训令普遍种植棉花一事给各县农会、乡农会、农业推广所的训令

1949年3月7日,璧山县政府检发四川省参议会提案、四川省政府训令,自1949年起严令普遍种植棉花以裕民衣,令各县农会、乡农会、农业推广所查照办理。附四川省政府1949年2月16日训令、四川省参议会参议员刘仲良等提案原稿。

### 璧山县政府为补报丢失文件给城南乡农会的训令

1949年3月21日,璧山县政府为不慎丢失城南乡1948年7月增加会员名册给城南乡农会训令,希尽快补呈归档。

### 璧山县狮子乡合作社为启用图记并赍印模给璧山县政府的呈

1945年1月10日,璧山县狮子乡合作社为成立后启用图记并赍印模一事呈文璧山县政府备查,并报更换理事会主席事宜。

### 璧山县狮子乡合作社创立申请书、璧山县狮子乡合作社创立会决议录

### 四川省政府为各县设置地政科一事给璧山县政府的训令

1947年3月,四川省政府为已办理地籍整理或地权调整县份需设置地政科并填报地政科设置员额标准表给璧山县政府训令。

### 璧山县福禄乡治蝗工作总报告表

### 华西实验区防治竹蝗奖纱登记表

## 9-1-71

江津甜橙产销概况(1950年6月22日)

华西实验区办理保校成人班实施要点

《乡建院刊》第二卷第八期(1949年6月20日出版)

华西实验区甜橙果实蝇防治总队部第二次会议记录

华西实验区甜橙果实蝇防治队总队须知

华西实验区工作规约

华西实验区甜橙果实蝇防治队工作进行须知

华西实验区甜橙果实蝇防治队果园位置调查表

果树常识——四川栽培的果树

《果树常识——四川栽培的果树》，内容包括重要的种类、重要的品种、繁殖法、栽植及形式等六项内容。

华西实验区甜橙果实蝇防治总队柑橘区农业、果园概况调查表说明及填写法

受害果实之识别

华西实验区总办事处为函送推进璧山县机织生产合作事业报告书致中国农民银行璧山分理处函

1948年1月7日，华西实验区总办事处为开展合作事业已有一年时间，特将办理经过情形编拟成推进璧山县机织生产合作事业报告书函送中国农民银行璧山分理处核查。附华西实验区1947年度推进璧山县机织生产合作事业报告书。

华西实验区总办事处为函送1947年合作社社员考绩办法及社员年终考绩扣纱一览表致璧山县政府函

1948年3月15日，华西实验区总办事处为函送1947年合作社社员考绩办法及社员年终考绩扣纱一览表致函璧山县政府。

华西实验区总办事处为补呈1947年度社员年终考绩办法致中国农民银行璧山分理处函

1948年4月11日，华西实验区总办事处为各合作社工作概况不一，特补呈1947年度社员年终考绩办法致函中国农民银行璧山分理处核查。附璧山县机织生产合作社1947年度社员年终考绩办法。

**中国农民银行璧山分理处为办理农民团体整顿工作及经过情形与华西实验区总办事处的往来函**

1948年1月29日至2月26日，中国农民银行璧山分理处为办理农民团体整顿工作及经过情形致函华西实验区总办事处，希将1948年度合作社组训及整理情形抄示，以便转报。2月29日，华西实验区总办事处回函已造具表册，请核查。附华西实验区1947年度调训合作社成员概况表。

**华西实验区总办事处为申请机织生产合作社供销资金致中央合作金库四川分库函**

1948年3月15日，华西实验区总办事处因璧山织布业基础良好，该区所办机织生产合作社已粗具规模并得到中国农民银行璧山分理处推广信用资金支持，故致函中央合作金库四川分库，申请协助供销资金，以发展合作事业。

**华西实验区总办事处为函送1948年度璧山县机织生产合作补充推进计划并批准贷款致中央、中国、农民、交通四银行联合办事处函**

1948年7月6日，华西实验区总办事处因物价上涨，工作开展困难，特函送璧山县机织生产合作补充推进计划致函中央、中国、农民、交通四银行联合办事处查核，并请准予贷款。附华西实验区1948年度璧山县机织生产合作补充推进计划。

**华西实验区总办事处为函送1948年度璧山县机织生产合作补充推进计划并批准贷款致中国农民银行璧山分理处函**

1948年7月15日，华西实验区总办事处因物价上涨，前拟合作事业计划各项数据已失时效，特函送1948年度璧山县机织生产合作补充推进计划致函中国农民银行璧山分理处查核。

**中国农民银行璧山分理处为逾期或自筹资金等款项更改利率一事致中华平民教育促进会函**

1948年7月10日，中国农民银行璧山分理处因四行联合办事处发来电文，规定各部往来利率按月息计算，农业贷款按规定转押逾期或自筹资金等款项更改利率事宜，致函中华平民教育促进会。附中华平民教育促进会因贷款利率更改一事致璧山县机织生产合作社联合社通知稿。

**璧山县城南乡蓝家湾机织生产合作社社员陈昌平为转社至皂桷坡合作社给华西实验区办事处的呈**

1948年2月5日，璧山县城南乡蓝家湾机织生产合作社社员陈昌平因原住城南乡第十四保，现迁入第一保，特此申请转社至皂桷坡合作社并发给织机继续工作一事呈文华西实验区办事处。

### 璧山县城东乡璧泉村为报合作社成立日期及社员名册给巴璧实验区办事处的呈

1947年9月，璧山县城东乡璧泉村为报机织生产合作社成立日期及社员名册呈文巴璧实验区办事处。附璧山县城东乡璧泉村机织生产合作社创立会决议录及办事处关于此事的批复。批复内容为：合作社成立依法应请主管级辅导机关派员出席，创立会无相关部门列席，所呈决议录不合规定。

### 中国农民银行璧山分理处为合作事业推进计划中两项重要建议与华西实验区办事处的往来公文

1948年1月4日，中国农民银行璧山分理处为合作事业推进计划中关于加强合作社组织及谋求合作社自力更生两项建议致函华西实验区办事处。2月5日，办事处回函准以备查。附华西实验区分区设置指导人员辅导璧山机织生产合作事业办法。

### 华西实验区总办事处为加强督导各合作社业务致璧山县联合社的通知

1948年3月6日，华西实验区总办事处因机织合作社处于各乡，区域广大，致督导不周，特下发通知至璧山县联合社，要求设置常驻辅导人员及填具各类调查表，以加强督导。附辅导人员视导月报表、合作社社员产销概况表、合作社人员分配表。

### 璧山县政府为遵照四川省政府电令拟订具体办法改善县级人员待遇给四川省政府的呈

1949年11月，璧山县政府为遵照四川省政府电令，改善县级人员待遇，经与璧山县参议会议定后，拟订增加待遇由璧山县田赋粮食管理处移用黄谷为县级公教人员、小学教员、乡镇干部等发放，并拟具补助具体办法呈文四川省政府核示。

### 改良稻种栽培须知

## 9–1–72

### 璧山县农业推广所第三办事处为造具公物清册等事务与璧山县农业推广所的往来公文

1947年11月14日至1949年1月7日，璧山县农业推广所第三办事处为造具公物清册及清册漏报公物事与璧山县农业推广所往来公文。附璧山县农推所第三办事处公物清查登记表。

### 璧山县农业推广所第三办事处为提高推广改良租佃契约印制单价一事给璧山县农业推广所的呈

1947年12月21日，璧山县农业推广所第三办事处因印制困难，申请提高推广改良租佃契约印制单价，呈文璧山县农业推广所核示。附璧山县农业推广所第三办事处推广改良租佃契约名册。

### 璧山县政府为测候站及雨量站机构经费人员改由教育科主管一事与璧山县农业推广所的往来公文

1947年2月4日，璧山县政府为转饬四川省政府关于测候站及雨量站机构经费人员改由教育科主管给璧山县农业推广所训令，令造具财产、文卷清册等，呈送教育科主管办理。2月15日，璧山县农业推广所第三办事处已造具清册，呈请璧山县政府核查。附璧山县四等测候站公物移交清册。

### 璧山县农业推广所为所内耕牛被盗案件与璧山县政府、璧山县警察局、接龙乡第七保办事处的往来公文

1946年9月12日至30日，璧山县农业推广所为所内耕牛被盗，经仔细调查，发现所内农工沈聚五及农林场长工戴俊明有重大嫌疑，并疑似串谋作案一事与璧山县政府、璧山县警察局往来公文。县农推所致函接龙乡第七保办事处，请归还丢失耕牛。附戴俊明口供问答。

### 璧山县七塘乡农会为造具1946年度会员调整名册、璧山县人民团体审核表、1946年度征收常年经费情形给璧山县政府的呈

1946年3月6日至4月2日，璧山县七塘乡农会为造具1946年度会员调整名册、璧山县人民团体审核表、1946年度征收常年经费情形呈文璧山县政府，以便查核备案。附璧山县人民团体总××审核表。

### 璧山县七塘乡农会为报县代表资历表一事给璧山县政府的呈

1945年9月17日，璧山县七塘乡农会为按照规定选举后报县代表资历表呈文璧山县政府。附璧山县七塘乡农会出席县代表资历表。

### 璧山县七塘乡农会为申请成立农事调解委员会一事给璧山县政府的呈

1944年12月25日，璧山县七塘乡农会为申请成立农事调解委员会，办理农事调解事宜的准备情形呈文璧山县政府备查批准。

### 璧山县七塘乡农会为本会农事调解会工作人员、调解委员选定委任一事给璧山县政府的呈

1945年4月28日至9月13日，璧山县七塘乡农会为该会选定农事调解会工作人员七名及调解委员程克笃、程洛光委任事宜呈文璧山县政府。附程克笃简

历表、程洛光简历表、调解会工作人员简历表。

**璧山县七塘乡农会为其福利社遭一些狂徒滋扰申请保护一事给璧山县政府的呈**

1945年7月10日至8月2日，璧山县七塘乡农会为其福利社遭一些醉酒狂徒故意滋扰、破坏秩序呈文璧山县政府，请令乡公所加以维护，并发布告予以警告。附批复：前经呈报重庆卫戍区第三分区司令部，业已发具布告在案，请查明。

**璧山县七塘乡农会为呈报1943年度、1944年度经费收支报告表给璧山县政府的呈**

1945年3月21日，璧山县七塘乡农会为交接事宜，呈报前任常务理事伍百里任内1943年度、1944年度经费收支报告表呈文璧山县政府。附璧山县七塘乡农会1943年度、1944年度经费收支报告表。

**璧山县七塘乡农会为呈报农民福利社业务计划书给璧山县政府的呈**

1945年2月3日，璧山县七塘乡农会为申请成立福利社核准后呈报农民福利社业务计划书呈文璧山县政府。附璧山县七塘乡农会农民福利社业务计划书。

**璧山县七塘乡农会为呈报1945年度常年经费情形给璧山县政府的呈**

1945年1月25日，璧山县七塘乡农会为呈报1945年度收取会员常年经费用作每组办公费用、农会事业费用等常年经费情形呈文璧山县政府。

**璧山县七塘乡农会为呈报农会新选职员名册给璧山县政府的呈**

1944年11月27日，璧山县七塘乡农会为呈报新入选职员造具名册呈文璧山县政府备查，并发予新职员当选证及农会委任书。附璧山县七塘乡农会职员名册、委任书存根。

**璧山县七塘乡农会为呈报1943年度生产贷款收缴情形给璧山县政府的呈**

1944年11月17日，璧山县七塘乡农会为呈报1943年度生产贷款已收取并归还中国农业银行应还款项呈文璧山县政府备查。

**璧山县七塘乡农会为报该会改选、交接情形给璧山县政府的呈**

1944年9月24日至10月30日，璧山县七塘乡农会为报该会改选大会呈请派员参加、改选经过情形、交接情形等呈文璧山县政府。附璧山县七塘乡农会移交清册。

**璧山县七塘乡为报农会讲习人员名册给璧山县政府的呈**

1943年2月10日，璧山县七塘乡为遵令呈报农会讲习人员名册呈文璧山县政府。附璧山县七塘乡农会讲习人员名册。

**璧山县七塘乡农会为造具职员、会员名册给璧山县政府的呈**

1941年11月27日,璧山县七塘乡农会为遵照格式造具职员、会员名册呈文璧山县政府。

**璧山县七塘乡农会为呈报农会改组情形、章程及图记等事务给璧山县政府的呈**

1942年8月至12月1日,璧山县七塘乡农会为呈报农会改组情形、章程、修缮章程及启用图记等事务呈文璧山县政府核查备案。

**璧山县农业推广所为选送小麦品种等事与第二、第六办事处的往来公文**

1946年11月11日至12月29日,璧山县农业推广所为转饬省农业改进所训令,选送小麦品种以供研究小麦病虫害等事,给第二、第六办事处训令。第二办事处选出小麦八种、第六办事处选出小麦七种呈送。

**璧山县农业推广所各办事处为呈报推广改良小麦细数表及价款给璧山县农业推广所的呈**

1946年3月28日至12月27日,璧山县农业推广所第二、第四至第八办事处为呈报推广改良中农28号小麦细数表及价款呈文璧山县农业推广所。附第四办事处璧山县农业推广所实物推广细数表。

**璧山县农业推广所各办事处为呈报推广中农小麦田间检查指导表给农业推广所的呈**

1947年12月29日至1949年2月27日,璧山县农业推广所第三、第四、第五办事处为呈报推广改良中农28号小麦田间检查指导表呈文璧山县农业推广所。附第四、第五办事处璧山县农业推广所实物推广检查指导表。

**璧山县农业推广所各办事处为上报中农28号小麦生长情形及美烟栽种结果、小麦推广细数表、小麦田间检查指导表给璧山县农业推广所的呈**

1947年10月31日至1948年10月24日,璧山县农业推广所第二、第五、第六办事处遵照四川省政府及璧山县政府训令,为上报中农28号小麦生长情形及美烟栽种结果、小麦推广细数表、小麦田间检查指导表呈文璧山县农业推广所。

**璧山县农业推广所第三办事处为办理大路乡农会养猪贷款发放事宜给璧山县农业推广所的呈**

1947年12月21日,璧山县农业推广所第三办事处为大路乡农会养猪贷款发放办理情形呈文璧山县农业推广所。

**璧山县农业推广所为第四、第七办事处搬迁事宜给璧山县政府的呈**

1946年3月7日,璧山县农业推广所因第四、第七办事处原址交通不便,且不位于乡镇中心,将第四、第七办事处分别迁址青木乡、丁家乡,呈报璧山县政府备查。

### 璧山县政府为查报抗日期间损失及检发抗战损失查报须知与璧山县农业推广所的往来公文

1946年2月,璧山县政府为转饬四川省政府代电,查报抗日期间损失及检发抗战损失查报须知给璧山县农业推广所训令。附抗战损失查报须知。3月7日,县农推所呈文县府:抗战迄今,并无损失。

### 璧山县农业推广所第五办事处为迁址一事给璧山县农业推广所的呈

1946年2月25日,璧山县农业推广所第五办事处为原址地处偏僻、办事不便,申请迁往七塘乡一事呈文璧山县农业推广所。

### 璧山县农业推广所第一办事处为其处址租约到期一事给璧山县农业推广所的呈

璧山县农业推广所第一办事处为其现在处址租约到期一事呈文璧山县农业推广所询问新址事宜。附批复:新址未觅得,先行按月租旧址办公。

### 璧山县农业推广所第七办事处为迁往丁家乡办公一事与璧山县农推所、丁家乡农会的往来公文

1946年1月25日至2月22日,璧山县农业推广所第七办事处为原址交通不便,请求迁往丁家乡办公一事与璧山县农推所、丁家乡农会往来公文。

### 璧山县农业推广所为请拨用龙王庙作为办公地点一事与璧山县政府的往来公文

1946年2月20日,璧山县农业推广所因原址距离县城较远,来往不便,为请拨用龙王庙作为办公地点一事呈文璧山县政府。璧山县政府回复指令:待收回,再定夺。

### 璧山县八塘乡、转龙乡、临江乡农会与璧山县农业推广所为该所第五办事处迁移办公地点一事的往来公文

1946年2月,璧山县八塘乡、转龙乡、临江乡农会联合呈文璧山县农业推广所,请将第五办事处迁址八塘乡,既得交通便利,又利于各乡工作。3月13日,县农业推广所回函准予迁址八塘乡。

### 璧山县农业推广所为检发所务会议决议给各办事处的训令

1946年3月6日、6月6日,璧山县农业推广所为检发3月份、5月份所务会议决议给各办事处训令,要求查照办理。附3月份讨论事项议决案、5月份所务会议决议。

**璧山县政府为严格办理公务员服务法第十四条规定一事给璧山县农业推广所的训令**

1946年2月15日,璧山县政府为严格办理公务员服务法第十四条所规定之公务员除法令所定外,不得兼任其他公职或业务一事给璧山县农业推广所训令。

**璧山县政府为抄发农业复原各省(市)应行办理事项给璧山县农业推广所的训令**

1946年4月9日,璧山县政府为抄发农业复原各省(市)应行办理事项原件以遵照办理给璧山县农业推广所训令。附农业复原各省(市)应行办理事项。

**璧山县农业推广所第四办事处为搬迁新址及搬运费事宜给璧山县农业推广所的呈**

1946年4月5日,璧山县农业推广所第四办事处为搬迁至青木关民教馆新址及申请拨发搬运费呈文璧山县农业推广所。

**璧山县农业推广所为遵照四川省政府训令裁撤农业推广所一事致璧山县政府、中国农民银行璧山分理处、各办事处公文**

1946年8月1日至3日,璧山县农业推广所为遵照四川省政府训令裁撤农业推广所,只保留农业技术工人一名,并限期裁撤完毕一事给璧山县政府呈、致中国农民银行璧山分理处函、给各办事处训令,要求给予工作一年以上者发放遣散费、停发贷款、造具移交清册等。

**璧山县农业推广所派往第七办事处人员为报该处搬迁新址等事宜给农业推广所的呈**

1946年5月18日,璧山县农业推广所派往该所第七办事处人员为报到达第七办事处时间及该处搬迁新址、接收公物事宜呈文县农业推广所。

**璧山县政府为具报1945年度机关组织及员工人数年报表一事与璧山县农业推广所的往来公文**

1946年5月初,璧山县政府为转饬四川省政府训令,具报1945年度机关组织及员工人数年报表一事给璧山县农业推广所训令。5月7日,县农业推广所呈文:报表数据已造具,请核查。附机关组织年报表、各级地方机关人数年报表。

**璧山县农业推广所为该所第二、第五办事处迁往新址一事致办事处及中兴乡农会、八塘乡农会公文**

1946年9月5日至19日,璧山县农业推广所为该所第二、第五办事处分别迁往中兴乡农会、八塘乡农会新址给办事处训令,致中兴乡农会、八塘乡农会函,希农会与办事处相互扶持,以便继续办理各乡农业推广业务。

## 璧山县政府为四川省农业改进所所长更换一事给县农业推广所的训令

1948年11月6日,璧山县政府为四川省农业改进所所长漆中权辞职已被批准,兹选定王善佺担任一事给县农业推广所训令。

## 璧山县政府为各项事务给璧山县农业推广所的训令

1946年1月7日至1949年3月14日,璧山县政府为转饬四川省政府裁撤机关人员办法、机关人员吸食烟毒监察检举并严厉办理等注意要点四项、改选注意事项等文件,以及政府机关办公时间更改、各农场呈报工作报告、修正农业推广所组织规程第三条等事务给山县农业推广所训令。

## 璧山县立中学新任校长饶尚沣为呈报到职日期一事致璧山县农业推广所函

1949年2月28日,璧山县立中学因校长周维俊退休,选任饶尚沣担任校长一职,特呈报到职日期致函璧山县农业推广所。

## 璧山县农业推广所为变更该所办事处编号及辅导区域与璧山县政府的往来公文

1948年4月10日,璧山县农业推广所为配合该所人事调整,加强工作效率,特变更办事处编号及辅导区域呈文璧山县政府。21日,县政府回复指令准予备查。附各办事处区域及指导员一览表。

## 璧山县政府为抄发1948年度农民节纪念实施办法等给璧山县农业推广所的训令

1948年3月13日,璧山县政府为抄发1948年度农民节纪念实施办法及报告农民节办理情形给璧山县农业推广所训令。附农民节纪念实施办法。

## 璧山县政府为填报农忙与农闲时间给璧山县农业推广所的训令

1948年3月13日,璧山县政府为转饬四川省第三区行政督察专员兼保安公署令调查民众教育推行概况、填报农忙与农闲时间给璧山县农业推广所训令。

## 璧山县农业推广所为请出示布告严禁出售瘟猪牛肉一事给璧山县政府的呈

1947年8月11日,璧山县农业推广所呈文璧山县政府,请璧山县政府出示布告,严禁出售瘟猪牛肉,以杜绝传染病。

## 璧山县政府为参加第一期兽疫防治人员讲习班、参与人员应发费用、抄发防疫人员讲习办法等给璧山县农业推广所的训令

1947年5月,璧山县政府为参加第一期兽疫防治人员讲习班、参与人员应发费用、抄发防疫人员讲习办法及需购买实习自用器材等事务给璧山县农业推广所训令。附四川省农业改进所畜牧改良场办理各县市防疫人员讲习办法。

**璧山县农业推广所第二办事处为迁址中兴乡房舍不适及奉命巡查业务范围各农会经过等情况给璧山县政府的呈**

　　1946年9月26日至10月20日,璧山县农业推广所第二办事处为迁址中兴乡房舍不适,经决议在农会临时办公,以及奉命巡查业务范围各农会经过等情况呈文璧山县政府。

**璧山县农业推广所、四川省政府、璧山县政府、三台县政府、三台县地方法院、璧山实验地方法院检查处为查处璧山县农推所职员胡咸瞰盗卖麦种携款潜逃一事的往来公文**

　　1945年3月,璧山县农推广、四川省政府、璧山县政府、三台县政府、三台县地方法院、璧山实验地方法院检查处为查处璧山县农业推广所狮子乡第二办事处职员胡咸瞰(三台县人)盗卖麦种并离职携款潜逃一事往来公文。璧山县农推广呈请通令本县各乡镇、乡公所、农会一体查办,将此人通缉归案,并将逃犯在三台县石板滩地方之不动产予以查封。

## 9-1-73

**璧山县政府为检发登记证给城南乡马家院机织合作社的训令**

　　璧山县政府令城南乡马家院机织合作社新增社员应查实户籍另外报具、检发登记证,并令呈报新旧任理监事交接情形。

**璧山县城南乡马家院机织生产合作社成立登记申请书、社员大会决议录、职员印鉴**

**璧山县城南乡马家院机织生产合作社为呈送变更文件、改选理监事等给璧山县政府的呈**

　　1948年5月23日至9月,璧山县城南乡马家院机织生产合作社为呈送变更文件、改选理监事并请派员指导等事务呈文璧山县政府。附城南乡马家院机织生产合作社变更登记申请书、改选会议记录。

**璧山县城南乡第十保农民代表关于定期成立机织生产合作社给璧山县政府的呈**

　　1947年3月10日至6月29日,璧山县城南乡第十保农民代表为定期成立机织生产合作社,希派员指导一事呈文璧山县政府。

**璧山县城南乡马家院机织生产合作社为报启用图记开始业务日期等给璧山县政府的呈**

　　1947年9月18日,璧山县城南乡马家院机织生产合作社为呈报启用图记开始业务日期及职员印鉴呈文璧山县政府。附城南乡马家院机织生产合作社职员印鉴。

璧山县城南乡马家院机织生产合作社创立会决议录、成立登记申请书、合作社章程

××处10月5日会议记录

传习处民众基本教育课程进度样表

示范国民学校及示范社学区1949年6月20日视导报告

璧山县来凤乡第八保国民学校1947年4月15日访问表

璧山县中兴乡教育概况

朱志明先生1945年始在狮子乡教小学生读经便签

璧山县来凤乡私塾1947年5月调查表

关于社学区、传习处、示范国民学校工作规则残页

璧山县来凤乡第五、第六、第七、第八保国民学校访问表

繁殖杂交猪农民须知

传习教育成绩的考查

1949年10月4日教育工作座谈会记录及讨论大纲

《乡建工作通讯(增刊)》残页《访问铜梁造纸厂》

巴县第六辅导区民教主任陈重贤工作日记《地脚石的话》

## 9-1-74

华西实验区1948年度合作事业推进计划、农业组工作纪要、合作贷款额度表及进度预计表

## 9-1-75

华西实验区农村建设计划(未定案)

华西实验区农村建设计划

华西实验区1948年度合作事业推进计划、农业组工作概要、合作贷款额度表及进度预计表

**华西实验区农业生产合作社、机织生产合作及特种合作社经费划拨草案**

**璧山县政府为抄送本县地方建设中心工作计划大纲草案致巴璧实验区办事处函**

  1947年7月,璧山县政府致函巴璧实验区办事处,抄发本县地方建设中心工作计划大纲草案,希查照办理。附璧山地方建设中心工作计划大纲草案。

**改进四川铜梁乡村造纸业合作原则(一)(二)**

## 9—1—76

**璧山县丁家乡农会管理处为新入会会员造册,完善会内职员、会员名册及总报告表等相关事宜给璧山县政府的呈**

  1948年6月23日,璧山县丁家县农会管理处列出该年新入会会员名册,要求会员相互传阅及传给前来参与活动的会外人员参阅,并请求县总农会核查。6月26日,丁家乡农会管理处常务理事邱志远为该年度80余名新入会会员造册及完善该会职员、会员名册事宜呈文县政府。附会员名册。

  1949年9月13日,丁家乡农会常务理事邱志远报告县政府,已完成县府要求整理完善总报告表。附总报告表。

**华西实验区1948年度合作事业推进计划书**

  华西实验区为发展农村经济,改善农民生活,制定了1948年度合作事业推进计划书。计划书就组织机织生产合作社、造纸生产合作社、农业生产合作社等相关事宜及社内所需贷款额度做出详细说明。附各社贷款额度表、年度进度预计表。

**璧山县政府为平民教育各项工作给各乡(镇)长的训令**

  1948年9月10日,璧山县政府为平民教育各项工作给各乡(镇)长训令。训令就平民教育过程中的成人教育实施办法、从教人员注意事项、保校设备筹集等做出相关规定,令各乡各保遵照执行。附实施细则表、民教主任工作报表。

**璧山县第五辅导区办事处为抄送本区民教工作座谈会记录致各乡乡长函**

  1948年3月4日,璧山县第五辅导区办事处为抄送本区民教工作座谈会记录致函各乡乡长。会议就各乡需强迫各适龄者进入保校学习、开学时间、组织考试方式及学生奖励办法等问题展开讨论。附璧山第五辅导区民教工作座谈会会议记录。

### 璧山县转龙乡第七、第八保保民大会为本乡第二中心校长人选一职给乡长刘宗华的呈

1948年3月28日,璧山县转龙乡第七、第八保保民大会呈文乡长刘宗华,请求任命洪世齐为该乡第二中心校校长。附洪世齐履历表及同意此事的批复。

### 璧山县政府就各乡民教工作相关事宜给各乡的训令

1948年4月2日,璧山县政府为本县民教放假时间、考试时间、考试地点、组织阅卷、考试科目、成绩报表等相关事宜给各乡训令。

1948年4月3日,璧山县政府令转龙乡乡长刘智兼任该乡民教主任。

1948年7月4日,璧山县政府致转龙乡乡公所训令,令其自筹经费改建该乡中心校及各保校校舍。

## 9-1-77

### 璧山县转龙乡乡公所为民众如限到各传习处受课事宜给各保的训令

1948年5月25日,璧山县转龙乡乡公所给本乡各保训令,令传习处男女民众如限到各传习处受课,受课时限为1948年5月28日至7月28日。

### 璧山县政府、转龙乡乡公所等为平教工作的往来公文

1948年5月,璧山县政府就嘉奖马嘶乡乡长徐光先热心教育事业,捐资修缮保校设备给转龙乡乡公所训令。

1948年5月3日,璧山县政府电令转龙乡乡公所,令其各级自治人员需抓紧召集传习处第一期学生补习。

1948年5月21日,璧山县政府给各乡乡公所手令,内容为:因美国教育协会捐赠本县教育经费,要求本县各乡镇成立基本教育建设委员会办理乡内各项建设事宜,并令各乡代表参加会议,学习教育委员会组织及办事规则(该规则共11条)。

1948年6月3日,璧山县转龙乡基本教育建设委员会第一次大会记录。

1948年6月3日,璧山县专门委员会通知各乡,各基本教育建设委员会主任委员由各乡制送聘书,其职员一律不支薪酬。

1948年6月6日,转龙乡乡公所通知各乡民代表,因与会人员不齐,需重新召开会议选举基本教育建设委员会委员。

1948年6月8日,转龙乡乡公所就本乡基本教育建设委员会第一次委员大会选举主任委员结果呈文县政府及华西实验区第五区办事处。

1948年6月11日,璧山县政府给转龙乡乡公所训令,令嘉奖马嘶乡、广普乡、三合乡、来凤乡等热心民教事业,且成绩卓著的各乡乡长。

1948年6月25日,璧山县政府给转龙乡乡公所指令,就转龙乡呈县政府本乡选举基本教育建设委员会主任委员一事准予备查。

1948年7月9日,璧山县政府给转龙乡基本教育建设委员会训令,准该乡第五保国民学校改设为第三中心国民学校。

1948年8月10日,璧山县政府给转龙乡乡公所训令,任命蒋锡玉为该乡自治辅导员。附璧山县自治辅导员设置及服务办法。

**华西实验区推进璧山县机织生产合作事业概况书**

1948年4月1日,华西实验区推进璧山县机织生产合作事业概况书共5条,内容包括璧山织布业概况,本区推进机织合作事业之经过、扩展,机织社贷款之效果,本区机织生产合作社等内容。附璧山县机织生产合作社概况表、璧山县机织生产合作社各月份产量统计表。

**华西实验区卫生工作计划书**

计划书对未来卫生工作进行了规划,主要是如何深入农村开展卫生教育工作、生活训练紧密配合,以及详细实施细则等。

**家畜保育工作站概况**

家畜保育工作站概况,内容包括沿革、宗旨、组织、设备、经费、工作进行状况等。同时记载牛瘟注射及猪疫防治经验概述(筹备经过、宣传及发动民力情况)、工作之推进情形、遇到的主要困难与解决办法、工作成绩总结,以及种猪场情形。

**民教主任周泽民就库存稻种一事给本区辅导员的指令**

1949年10月11日,民教主任周泽民就所领稻种已运至依凤水井湾仓库封存,并有收条作证一事给本区辅导员指令,请予核查,另请转第六区何姓辅导员。

**依凤繁殖站为推广小麦相关事宜给璧山县政府的呈**

1949年11月11日,依凤繁殖站呈文璧山县政府,报告已按照县政府通知领回相应麦种,现站内决定平均分配给各乡试种,并分别将小麦推广介绍书及各乡应领数量通知各乡,要求其辅导员持证明前来领种,请县府核查。

**华西实验区第六辅导区办事处致依凤保保长的通知**

1949年11月25日,华西实验区第六辅导区办事处致依凤保保长通知,知照其必须持此通知及本人荐条才能领取库存在处内的稻种。

**璧山县第六辅导区繁殖站就种子、填报各项表格事宜呈璧山县政府报告**

1949年11月13日,璧山县第六辅导区繁殖站就各种种子事宜报告县政府,请县府核查。附收购本地稻种登记表、推广稻种登记表以及小春登记表。同日,另就稻种田间去劣登记表等12项表格均已完成事宜报告县府,请核查备份。

**华西实验区总办事处就推广麦种准备事项、收回稻种本息、农业推进工作等事宜致璧山县第六辅导区办事处的通知**

1949年8月25日,华西实验区总办事处就推广麦种准备事项致璧山县第六辅导区办事处通知。通知共六条,主要包括该年度推广品种介绍、要求辅导区做好区内实际情况调查及成品收购等。附品种介绍书。

1949年10月4日,华西实验区总办事处致璧六区通知,知照各辅导区农业工作推进办法共六条,希遵照执行。

1949年10月15日,华西实验区总办事处致璧山县第六辅导区办事处通知,知照收回第六区稻种利息的时间、地点及换种标准等相关事宜。

**璧山县八塘乡响水滩农业生产合作社为申请核贷优良麦种补救农业生产给驻区辅导员并核转第六辅导区主任的呈**

1949年10月17日,璧山县八塘乡响水滩农业生产合作社为申请核贷优良麦种,补救农业生产,呈文驻区辅导员核转第六辅导区主任,请贷发优良麦种,补救各社员之农业生产。附社员名册。

**璧山县第六辅导区办事处为转发苕子示范推广办法等事宜致本区繁殖站的通知**

1949年10月19日,璧山县第六辅导区办事处致本区繁殖站通知,转发苕子示范推广办法。附苕子示范推广办法。

**华西实验区总办事处为推广秋播菜种致璧山县第六辅导区的通知**

1949年10月4日,华西实验区总办事处为推广秋播菜种寄发通知给璧山县第六辅导区,知照1949年度推广的菜种种类、数量及种子分配办法。附秋播菜种栽培浅说。

**璧山县第六辅导区为处理中农4号收回事宜的相关公文**

1949年10月9日,依凤繁殖站呈文璧山县政府,因按县府要求收回中农4号稻种,请求另买土种以补偿之。

1949年10月10日,璧山县第六辅导区致各乡通知,知照各乡因此前所发中农4号稻种有掺杂,不能作为纯种子使用,要求立即收回。

1949年10月14日,璧山县第六辅导区致依凤、转龙、临江、七塘乡通知,令各乡按要求返还中农4号稻种。

1949年10月14日,璧山县第六辅导区呈文璧山县政府,就如何处理收回的中农4号稻种本息问题报告县政府,请备查。

**华西实验区总办事处就互换种子事宜致璧山县第六辅导区的通知**

1949年8月2日，华西实验区总办事处致璧山县第六辅导区通知，寄发区内1949年度推广稻（苔）种相互换种办法共14条。附相互换种办法、农业繁殖站存放水稻良种仓库登记表、稻种推广比较表。

**华西实验区总办事处致璧山县第六辅导区主任何子清关于寄发推广菜种浅说等相关事宜的通知**

1949年8月21日，华西实验区总办事处致璧山县第六辅导区主任何子清通知，知照寄发菜种推广浅说，希其领种推广。附洋葱、甘蓝、花椰菜栽培简说，华西实验区农业组推广菜种登记表。

**璧山县第六辅导区主任何子清致各乡辅导员、农业繁殖站关于发放各种农作物种子、从缓办理推广鱼苗事宜的通知**

1949年5月7日，璧山县第六辅导区主任何子清通知各乡辅导员、农业繁殖站，要求其就区内所领种子名、发放数量、运费、不足或有余等问题在收文后三日内列表具报。附农户领稻种名册。

1949年6月28日，璧山县第六辅导区主任何子清通知各乡辅导员、农业繁殖站，因情况有变，希其从缓办理推广鱼苗事宜。

**华西实验区总办事处就推广农作物种子相关事宜致璧山县第六辅导区的通知**

1949年4月2日，华西实验区总办事处致璧山县第六辅导区通知，知照各区就推广种子相应事宜列表呈报，同时希各区辅导员对农业推广情形做详细记录以备呈报，并要求各区自行培育桐种。附华西实验区品种推广调查表、检定地方水稻品种询问调查表。

**璧山县第六辅导区八塘乡民教主任就保内种子被误领一事呈区辅导员、区主任报告**

1949年5月，璧山县第六辅导区八塘乡民教主任呈函区辅导员、区主任，报告保内种子被误领一事，请求销清登记名册。

**璧山县第六辅导区乡辅导员、繁殖站致乡内农业辅导员关于详细填写各项农业调查表格的通知**

1949年5月15日，璧山县第六辅导区乡辅导员、繁殖站通知区内相关的农业辅导员，要求其详细填写关于种子推广的具体情况等各项农业调查表格以备呈报。

### 华西实验区总办事处致璧山县第六辅导区关于寄发相关农作物推广浅说、制度等的通知

1949年5月21日，华西实验区总办事处致璧山县第六辅导区通知，知照其稻、桐、苕相关推广制度、浅说，检发地方水稻品种询问调查表及填表注意事项。附油桐品种调查表。

### 璧山县第六辅导区转发各乡辅导员华西实验区总办事处关于推广鱼苗相关事宜的通知

1949年6月19日，璧山县第六辅导区转发华西实验区总办事处通知给区内各乡辅导员。通知就鱼苗推广办法、取运鱼苗须知、稻田养鲤鱼办法做详细说明。附鱼苗推广办法、取运鱼苗须知、稻田养鲤鱼办法。

### 璧山县八塘乡辅导员就按限填表上报稻种领取情况呈璧山县第六辅导区主任报告

1949年4月24日，璧山县八塘乡辅导员呈第六辅导区主任何子清报告，说明已按照区上要求在规定时限内如实填报了中农4号稻种领取数量，请予核查。附八塘乡第三、第五保社学区中农4号稻种领种农户清册。

### 璧山县第六辅导区办事处就催报稻种领取情况表致区内各辅导员的通知

1949年4月21日，璧山县第六辅导区办事处致区内各辅导员通知，要求其速报领取稻种情况表。

### 华西实验区总办事处就贷放良种情形致璧山县第六辅导区的通知

1949年4月18日，华西实验区总办事处致璧山县第六辅导区通知，要求上报区内良种名册、来源、已领数量、配发数量等，同时将农行和中农所贷款利息有所变动，以及桐种不再大面积推广事宜一并通知，希遵照执行。

### 璧山县第六辅导区办事处就催报稻种贷放情形致依凤、八塘、石龙等各乡辅导员的通知

1949年5月1日，璧山县第六辅导区办事处通知依凤、八塘、石龙各乡辅导员，要求其速报各乡稻种贷放情形。

### 璧山县第六辅导区各乡各社学区中农4号稻种领种农户清册

璧山县第六辅导区各乡各社学区中农4号稻种领种农户清册，内容包括保别、姓名、住地、领种数量、备考等项目。

### 璧山县第六辅导区办事处就转发改良稻种栽培须知致各乡辅导员的通知

1949年4月5日，璧山县第六辅导区办事处通知区内各乡辅导员，要求其遵照总办事处印发的改良稻种栽培须知指导农户耕种。

### 华西实验区总办事处就印发改良稻种栽培须知致璧山县第六辅导区的通知

1949年3月28日,华西实验区总办事处为印发改良稻种栽培须知致璧山县第六辅导区通知,希其遵照须知指导农户耕种,并附改良稻种栽培须知,另请抄写一份转区繁殖站。须知主要包括中农4号、中农34号、湘农胜利稻等稻种的来历、育成经过、重要特性、作业要点、适应区域等内容。

### 华西实验区总办事处就推广繁殖站设置事宜致璧山县第六辅导区的通知

1949年3月31日,华西实验区总办事处致璧山县第六辅导区通知,告知优良品种已由北碚中央农业实验所提供。附繁殖站设置办法、农家志愿书。

### 华西实验区总办事处就推广南瑞苕事宜致璧山县第五辅导区办事处的通知

1948年11月30日,华西实验区总办事处致璧山县第五辅导区办事处通知,内容为为增加农业产量,第一次临时区务会议议决在区内推广南瑞苕。附决议办法一份共七条,包括各区分配种子方案、推广注意事项等。

## 9-1-78

### 璧山县县长就委任中兴乡第三保国民学校民教主任事宜致璧山县第三辅导区主任代电

1949年5月3日,璧山县县长徐勋致璧山县第三辅导区主任魏西河代电,准予委派尹光中为中兴乡第三保国民学校民教主任。附驻中兴乡辅导员邹培木推荐报告、璧山县第三辅导区主任魏西河同意推荐尹光中函。

### 璧山县龙凤乡、正兴乡、中兴乡及来凤乡各乡辅导员就请求增加辅导员事宜呈本辅导区办事处主任何子清及总办事处主任孙则让的报告

1949年3月,龙凤乡、正兴乡、中兴乡及来凤乡各乡辅导员分别呈本辅导区办事处主任何子清及总办事处主任孙则让报告,因乡内需求增加,请求增加民教主任人数。

### 璧山县第三辅导区主任为感谢支持增设民教主任致主任委员信函

1949年4月30日,璧山县第三辅导区主任魏西河致信主任委员,就其支持增设民教主任深表感谢。

### 璧山县第三辅导区主任就各保校纷纷复课及新增民教主任相继就职致璧山县政府代电

1949年4月29日,璧山县第三辅导区主任魏西河致璧山县政府代电,就开春以来各保校复课情况及新增民教主任已相继就职知照璧山县政府。附新增民教主任姓名简历册。

### 璧山县第三辅导区主任魏西河就新增中兴乡第三保国民保校民教主任一事致璧山县教育专门委员会代电

1949年5月3日，璧山县第三辅导区主任魏西河致璧山县教育专门委员会代电，知照其新增尹光中为中兴乡第三保国民保校民教主任一事。

### 邱达夫就新增民教主任需集中到县城培训一事致傅志纯信函

邱达夫致信傅志纯，转达新增民教主任需于近期集中到县城培训一事。附近期因牙疼不能进城的说明。

### 璧山县第四辅导区各乡镇甄选民教主任简历表

璧山县第四辅导区各乡镇甄选民教主任简历表一份，内容包括乡别、学区、姓名、年龄、籍贯、性别、简历、备注等项目。

### 璧山县第二辅导区办事处就请求恢复保校事宜致璧山县教育专门委员会函

1949年3月13日，璧山县第二辅导区致函璧山县教育专门委员会，请求恢复太和、梓潼两乡保校。

### 璧山县城北乡第一学区代理主任张伏纯为具体到职日期给璧山县县长的呈

1949年3月18日，璧山县城北乡第一学区代理主任张伏纯呈文璧山县县长徐勋，报告其具体到职日期事宜。

### 璧山县城北乡辅导员就该乡第五学区民教主任已奉令到职一事给璧山县政府的呈

1949年5月24日，璧山县城北乡辅导员吴时敏呈文璧山县政府，报告该乡第五学区民教主任杨方策已于本年4月1日正式到职。

### 璧山县蒲元乡第四学区民教主任就该乡第五保民教主任交接工作问题给璧山县政府的呈

1949年5月23日，璧山县蒲元乡第四学区民教主任张自立呈文璧山县政府，报告该乡第五保新任民教主任由于前任江位禄擅离职守无法办理交接手续的相关情况。

### 璧山县正兴乡第五学区民教主任、城北乡第三学区民教主任就自己已奉县府令到职一事给璧山县县长的呈

1949年4月5日，璧山县正兴乡第五学区民教主任呈文县政府，报告自己已奉县府训令按时到职。

1949年5月20日，璧山县城北乡第三学区民教主任黄建昌呈文该区辅导员及县府，报告自己已按县府令按时到职。

**璧山县马坊乡乡长就乡内各学区民教主任行政系属问题给璧山县县长的呈**

1949年5月11日,璧山县马坊乡乡长徐光先呈文县长,请示本乡内各学区民教主任行政系属等问题。附县政府批复:民教工作直接由华西实验区总办事处负责监督指挥,行政上系属实验区。

**璧山县第二辅导区办事处就请求委任太和乡辅导员事宜给璧山县政府的呈**

1949年5月4日,璧山县第二辅导区主任呈文璧山县政府,请求委任新人选为该区太和乡辅导员。

**璧山县政府就更换太和乡第五学区民教主任事宜给该乡乡公所的训令**

1949年5月21日,璧山县政府给太和乡乡公所训令,知照撤销该乡第五学区民教主任王明濂的任命。同日,璧山县政府给太和乡乡公所训令,知照任命吴德民为该乡第五学区民教主任。

**璧山县政府给刘斌的委任训令**

1949年5月27日,璧山县政府给刘斌训令,委任其为该县城西乡第九学区民教主任,并盼其到职后回函报告。

**华西实验区璧山办事处就增加城西乡各社学区民教主任事宜致璧山县教育专门委员会函**

1949年5月27日,华西实验区璧山办事处致函璧山县教育专门委员会,请委员会转呈华西实验区总办事处请增加城西乡各社学区民教主任。

**华西实验区璧山办事处主席委员就增设城中镇民教主任、报告本区内民教主任总人数事宜呈华西实验区总办事处函**

1949年6月6日,华西实验区璧山办事处主席委员呈函华西实验区总办事处,请求增加城中镇民教主任一名。同日,又呈函华西实验区总办事处,报告区内民教主任总人数为262人。

**傅志纯致璧山县教育专门委员会关于陈荣的介绍信**

1949年6月4日,傅志纯致璧山县教育专门委员会介绍信函,推荐陈荣为平教会教师、福利社干事。

**华西实验区璧山办事处主席委员致陈荣聘书**

1949年6月6日,华西实验区璧山办事处主席委员颁给陈荣聘书,特聘其为该会教师福利社干事,负责书画工作。

**璧山县健龙乡第二学区民教主任就自身工作情况呈璧山县政府报告**

1949年5月6日,璧山县健龙乡第三学区民教主任冯师孟呈文县政府,报告其到职以来从未间断在岗工作。

### 璧山县健龙乡第一、第七学区民教主任就其到职事宜给璧山县政府的呈

1949年5月6日，璧山县健龙乡第一、第七学区民教主任呈文璧山县政府，报告其二人在民教主任训练班结业后受邱达夫主任面谕提前到岗工作一事。

### 璧山县龙凤乡第二学区民教主任徐光模就自己奉令到职上任事宜给璧山县县长的呈

1949年5月29日，璧山县龙凤乡第二学区民教主任徐光模呈文璧山县县长，报告自己已奉县府令按时就职。

### 华西实验区璧山办事处主任就区内社学区范围调整及民教主任姓名表事宜致璧山教育专门委员会函

1949年6月6日，华西实验区璧山办事处主任致函璧山县教育专门委员会，知照区内各社学区范围调整情况及民教主任姓名表事宜。

### 璧山县第四辅导区主任就请更换健龙乡第二学区主任事宜呈璧山县教育专门委员会函

1949年6月7日，璧山县第四辅导区主任邱达夫呈函璧山县教育专门委员会，因健龙乡第二学区原主任玩忽职守，请免去其职并另委派该保副保长冯林光为新主任。附冯林光履历表。

### 璧山县政府就更换健龙乡第二学区民教主任事宜给冯林光的训令

1949年6月11日，璧山县政府给冯林光训令，免去健龙乡第二学区原民教主任冯师孟的职务，委任冯林光担任此职。

### 璧山县第六辅导区主任就请颁发八塘乡民教主任委任状事宜致璧山县教育专门委员会函

1949年6月2日，璧山县第六辅导区主任何子清致函璧山县教育专门委员会，请尽快颁发八塘乡第二、第五、第六学区民教主任委任状，以便正常开展工作，并盼专函报璧山县政府。

### 璧山县政府就委任本县八塘乡第二、第五、第六学区民教主任事宜给八塘乡乡公所的训令

1949年6月3日，璧山县政府给八塘乡乡公所训令，委任左伦明、杜兆祥、印笃清三位分别为该乡第二、第五、第六学区民教主任。附委任状。

### 璧山县政府给万正源委任令

1949年6月10日，璧山县政府给万正源训令，委任其为健龙乡第五学区民教主任，令其按时到职开展工作，盼回函呈报工作情形。

**璧山县第四辅导区主任为请颁发本区健龙乡第五学区民教主任委任状事宜呈璧山县教育专门委员会函**

1949年6月10日，璧山县第四辅导区主任邱达夫呈函县教育专门委员会，请其颁发健龙乡第五学区民教主任万正源委任状，并转呈县政府及华西实验区总办事处。附万正源履历表。

**璧山县马坊乡第十二学区民教主任就奉令到职事宜给璧山县政府的呈**

1949年5月，璧山县马坊乡第十二学区民教主任吴禄荣呈文县政府，报告其已奉令按时到职开展平教工作。

**璧山县转龙乡第一学区民教主任就奉令到职事宜给璧山县政府的呈**

1949年5月17日，璧山县转龙乡第一学区民教主任易达夫呈文县政府，报告其已奉令按时就职。

**璧山县大路乡乡公所就请县府督饬乡内其他各保遵限开学事宜给璧山县政府的呈**

1949年6月5日，璧山县大路乡乡公所呈文璧山县政府，报告本乡第一、第二保已在各方配合下按时开学，请县府督饬该乡其他各保遵限开学。

**璧山县广普乡第九学区民教主任就其奉令遵限到职事宜给璧山县政府的呈**

1949年5月20日，璧山县广普乡第九学区民教主任呈文璧山县政府，报告其已奉县府令按时就职。

**璧山县第二辅导区太和乡第三社学区民教主任就本人到职事宜给璧山县政府的呈**

1949年4月，璧山县第二辅导区太和乡第三社学区民教主任石瑶阶呈文璧山县政府，报告其已奉县府令按时就职。

**璧山县马坊乡第一、第五、第九、第十一学区民教主任就奉令到职事宜给璧山县政府的呈**

1949年8月6日，璧山县马坊乡第一、第五、第九、第十一学区民教主任呈文璧山县政府，报告四人已奉县府令按时到职。

**璧山县太和乡第九、第二、第七保等国民学校相关人员就遵令到职日期事宜给璧山县政府的呈**

1949年6月，璧山县太和乡第九保国民学校校长袁正行、民教主任吴德海呈文璧山县政府，报告其已奉令于该年4月1日到职。

1949年6月，璧山县太和乡第二保国民学校校长孙尚全、民教主任孙尚爵呈文璧山县政府，报告其已奉令于该年4月1日到职。

1949年6月1日,璧山县太和乡第七保国民学校民教主任陈朝钦呈文璧山县政府,报告其已奉令于该年4月20日到职。

### 璧山县三合乡第一社学区民教主任就奉令到职事宜给璧山县政府的呈

1949年5月31日,璧山县三合乡第一社学区民教主任徐荣辉呈文璧山县政府,报告其已奉令于该年5月8日到职,请县府备查。

### 璧山县第五区办事处主任就请委任大路乡民教主任事宜呈璧山县政府报告

1949年6月24日,璧山县第五区办事处主任张的山呈璧山县政府报告,报送大路乡第三至第七学区民教主任简表一份,请县府核查并加以甄选委任。

### 璧山县政府就委任事宜致傅友仁信函

1949年7月,璧山县政府致函傅友仁,任命其为大路乡中心民教主任。附委任状。

### 璧山县政府就请核查大路乡民教主任更换事宜致璧山县第五区办事处函

1949年6月9日,璧山县政府致函璧山第五辅导区,请第五区办事处核查大路乡中心国民学校民教主任更换情形。

### 璧山县第五区办事处主任就请委任本区大路乡民教主任事宜呈璧山县政府报告

1949年6月10日,璧山县第五区办事处主任张的山呈璧山县政府报告,内容为大路乡民教工作已陆续恢复,请委任赵志谊、赵国实两位为本乡第一、第二学区民教主任。附二人简历表。

### 璧山县第五区办事处就请求委任本区大路乡民教主任事宜呈璧山县教育专门委员会报告及璧山县政府的委任训令

1949年6月10日,璧山县第五区办事处主任张的山呈县教育专门委员会报告,请求委任赵志谊、赵国宝为该乡第一、第二学区民教主任。附赵国谊、赵国宝简历表。1949年6月15日,璧山县政府发出批准训令,并随函寄发赵国谊、赵国宝委任状。

### 璧山县第五区大路乡第一、第二社学区民教主任赵国谊、赵国宝就呈报到职事宜给璧山县政府的呈

1949年6月22日,璧山县第五区大路乡第一社学区民教主任赵志谊呈文璧山县政府,报告其已奉县府令到职。

1949年6月22日,璧山县第五区大路乡第二社学区民教主任赵国宝呈文璧山县政府,报告其已奉县府令按时到职。

### 璧山县蒲元乡自治辅导员就请求委任本乡民教主任事宜给璧山县政府的呈

1949年6月13日，璧山县蒲元乡自治辅导员朱治中呈文璧山县政府，请求任命何湘涛为本乡第六学区民教主任。附何湘涛履历表。

### 璧山县政府就委任事宜给何湘涛的训令

1949年6月15日，璧山县政府给何湘涛训令，任命其为蒲元乡第五辅导区民教主任。

### 璧山县第二辅导区、璧山县政府就福禄乡民教主任人选事宜与福禄乡乡公所的往来公文

1949年6月15日，璧山县第二辅导区主任陶一琴致函璧山县政府，请求委任陈国乐为福禄乡第二学区民教主任。1949年6月16日，璧山县政府给唐心明训令，同意其请辞去福禄乡第二学区民教主任一职。1949年6月16日，璧山县政府给陈国乐训令，委任其接替唐心明职位。

### 璧山县福禄乡第二学区民教主任就到职事宜给璧山县政府的呈

1949年6月，璧山县福禄乡第二学区民教主任陈国乐呈文璧山县政府，报告其已奉令按时到职。

### 璧山县鹿鸣乡辅导员就请增设平教主任事宜呈璧山县政府报告

1949年6月10日，璧山县鹿鸣乡辅导员陈慕群呈璧山县政府报告，请增设各学区民教主任。

### 华西实验区《本区简讯》

华西实验区《本区简讯》，内容为1949年6月21日至28日本区人事动态、合作组近况、农地减租推进办法等。

## 9-1-79

### 华西实验区社会调查室关于璧山县狮子乡社会调查工作纪实

1949年4月13日至5月30日，华西实验区社会调查室组织了对璧山县狮子乡的社会调查。纪实包含狮子乡沿革、自然环境、人口问题、主要调查内容（经济、生育、饮水等问题）、调查审查、调查心得等项目。附社学区饮水调查表、社学区概况调查表及社学区户口经济调查表。

## 9-1-80

### 四川省政府就成立专门法庭事宜给璧山县政府的训令

1948年3月4日,四川省政府给璧山县政府训令,同意璧山县政府请求成立专庭,组织专门人员解决土地租佃诉讼问题。

### 四川省高等法院第一分院书记室就解除租佃事宜致璧山地方法院的函

1949年11月13日,四川省高等法院第一分院书记室致函璧山地方法院,知照高茂华、雷朝栋二人解除租佃事宜。

### 璧山县1941年度合作事业实施报告

璧山县1941年度合作事业实施报告,包含合作事业推进情形、关于推进新县制各级合作社之实况、关于改组已有合作社的情形、合作业务之情形、全县合作新业务实施概况、合作社存放款报告表、全县会计推引概况等内容。

### 四川省政府对献粮事宜提示要点

四川省政府对献粮事宜提示要点,共八条,包含献粮标准、时限、注意事项等内容。

### 璧山县粮食商业同业公会收支四柱清册

璧山县粮食商业同业公会会计员曹晋泉所做的粮食商业同业公会的收支四柱清册,时限为1942年2月至6月,包括收支两部分的详细记载。

### 璧山县来凤乡、太和乡乡务会议记录

璧山县来凤乡1944年度1月份、2月份,太和乡1944年度3月份、4月份乡务会议的会议记录,会议主要商讨了本乡内抽调壮丁、国民身份证办理、国民兵服装登记造册等问题。

### 璧山县政府、警察局、商务局就饮食茶馆两业管理问题给两业同业公会的训令

1945年8月17日,璧山县商务局致函本县饮食茶馆两业同业公会,函令两会按照管理规则按时填报相关申请表格。1945年7月,璧山县政府给饮食茶馆两业同业公会训令,令两会从业人员按要求向警察局申请从业登记表。1945年7月,璧山县警察局就两会申请登记事宜所发公告。附饮食茶馆两业管理规则、警察局茶馆业管理规则。

### 璧山县转龙乡第六保开会签到册(1945年5月3日制)

## 9-1-81

**重庆师管司令部就免役禁役缓征缓招,四川省政府就缓招邮电员工、医师公会缓招事宜致璧山县政府的代电**

1947年3月4日,重庆师管司令部致璧山县政府代电,电同意璧山县政府申请对免役禁役缓征缓招申请书审查办法的更正请求。附免役禁役缓征缓招申请书审查办法勘误表、免役禁役缓征缓招申请书审查办法。

1947年3月25日,四川省政府致璧山县政府代电,电就璧山缓招邮电员工事宜作了详细说明。

1947年7月30日,四川省政府致璧山县政府代电,电批准璧山县医师公会医师征调缓征办法调整的请求。

**璧山县政府、永川团管司令部就免役禁役缓征缓招事宜与本乡各乡公所的往来公文**

1947年3月3日,永川团管司令部致函璧山县政府,函转免役禁役缓征缓招调整办法一份,盼其转发县内各乡镇遵照执行。附团管区司令部免役禁役缓征人员统计表。

1947年3月25日,璧山县政府致函本县各乡公所,函转永川团管司令部关于免役禁役缓征缓招调整办法一份,令各乡遵照执行。附免役禁役缓征缓招申请书审查办法。

**璧山县政府就免役禁役缓征缓招事宜致璧六区的函**

璧山县政府致函璧六区,函说明调整免役禁役缓征缓招办法事宜,并详述免役禁役缓征缓招的具体条件,盼其遵照执行。

**四川省政府就国防工业、交通技术员工缓征缓招范围事宜致璧山县政府的代电**

1947年3月,四川省政府致璧山县政府代电,就国防工业、交通技术员工缓征缓招审查范围作详细说明,盼县府遵照执行。附原代电。

**重庆师管区司令部就免役禁役缓征缓招事宜致璧山县政府的代电**

1947年2月25日,重庆师管区司令部致电璧山县政府,电转免役禁役缓征缓招审查办法一份。盼县府转各乡公所遵照执行。附原件。

**璧山县政府就现任警察应否缓征缓招事宜给璧山警察局的训令**

1947年4月14日,璧山县政府致电警察局,对警察局请核实的现任警察是否应缓征缓招及募补警察事宜一一作出解释。附对现任警察应否缓征缓招解释事项。

### 永川团管区司令部就从速办理免役禁役缓招缓征申请事宜致璧山县政府的代电

1947年4月17日，永川团管区司令部致璧山县政府代电，请璧山县政府从速依照免役禁役缓招缓征管理办法办理申请审核并依限具报。

### 四川省政府就征兵事宜致璧山县政府的代电

1947年4月，四川省政府致电璧山县政府，就恢复征兵以来各地准备不周致征兵工作开展不顺事宜，盼县府切实作好征兵督察工作。附抄行政院原代电。

### 四川省政府就准璧山盐场工人缓征一事致璧山县政府的代电

1947年4月26日，四川省政府致璧山县政府代电，电准璧山县政府函转盐场工人缓征一事。附抄发原函。

### 永川团管区司令部就绥靖期间暂缓征兵事宜致璧山县政府的代电

1947年5月24日，永川团管区司令部转重庆师管区司令部代电致璧山县政府，电令璧山县政府在绥靖期间暂缓征兵，盼遵照执行。

### 永川团管区司令部、四川省政府就五官不正、近视跛足等人士的免役问题致璧山县政府的代电

1947年6月7日，永川团管区司令部、四川省政府致璧山县政府，就具有五官不正、近视跛足情形的适龄兵役男子的免役问题作出详细说明，盼遵照执行。

### 永川团管区司令部就更正前函错误事宜致璧山县政府的代电

1947年7月8日，永川团管区司令部致电璧山县政府就前函中对近视免役情形说明中"能满"二字误出作更改。

### 永川团管区司令部与璧山县政府就璧山县未按时完成缓征申请初审事宜的往来公文

1947年6月10日，永川团管区司令部致璧山县政府函，催促县政府谨慎及时办理免禁役申请审查事宜，速呈报。

1947年6月16日，璧山县政府回函永川团管区司令部，说明因县内更换乡保长事延误呈报时间，表示将立即办理此事。

### 四川省政府、璧山县政府、永川团管区司令部与县内各乡公所就绥靖期间缓征适龄男兵役事宜的往来公文

1947年5月31日，四川省政府致璧山县政府代电，电转国防部代电，令县政府在绥靖期间缓征现役适龄男子服兵役。附抄国防部原代电、抄兵役法第二十六条条文。

1947年6月6日，璧山县政府致函本县各乡公所，函准绥靖期间缓征适龄现役男子服兵役。附抄兵役法第二十六条条文。

1947年7月4日,永川团管区司令部致函璧山县政府,知照绥靖期间缓征适龄男兵役的具体实施办法,盼转各乡公所遵照执行。

1947年7月9日,璧山县政府致重庆师管区司令部、永川团管区司令部代电,呈报县内绥靖期间缓征情况,并造册具报征招费用。附免缓役申请书实收工本费计贷表、免缓役费用支出预算表。

### 璧山县城南乡乡公所养鱼池为退还机纱事宜给璧山县政府的呈

1947年12月12日,璧山县城南乡乡公所养鱼池呈文璧山县政府,就本社社员不实登记及迁出缘由,请县府要求社员返还原领机纱。

### 璧山县城南乡养鱼池织布生产合作社为补报遗漏社员名册事宜呈璧山县政府的报告

1947年12月12日,璧山县城南乡养鱼池织布生产合作社呈璧山县政府,就本社社员名册上遗漏彭森荣事据实报告,请县府予以备查。附缮后社员名册。

### 璧山县政府就准予登记一事致本县城南乡养鱼池机织生产合作社的函

1947年9月4日,璧山县政府致城南乡养鱼池机织生产合作社,准予平教会巴璧实验区函转该社申请登记一事。附登记证。

### 巴璧实验区办事处就检送璧山县城南乡养鱼池合作社社员名册及章程事宜致璧山县政府的函

1947年8月22日,巴璧实验区办事处致函璧山县政府,函检送璧山县城南乡养鱼池合作社社员名册及章程一份,请备查。附该社原成立大会会议录。

### 璧山县城南乡养鱼池合作社为请委任本社负责人、呈报本社年度报告及年终决算、请求更换本社会计事宜给璧山县政府的呈

1948年6月19日,璧山县城南乡养鱼池合作社呈文璧山县政府,报告本社1947年终决算及年度报告。

1948年7月7日,璧山县城南乡养鱼池合作社吴理事呈文璧山县政府,请求更换本社会计以保证社务事宜正常运转。

1948年8月3日,璧山县城南乡养鱼池合作社呈文璧山县政府,呈请选定本社理事主席、会计等相关责任人委任。

### 璧山县城南乡第十三保发起人为请求组织生产合作社事宜给璧山县政府的呈

1947年6月21日,璧山县城南乡第十三保保民代表呈文璧山县政府,就本保保情作详细介绍,请县府核查成立机织生产合作社。附璧山县政府批复,同意此事。

1947年7月2日及3日,璧山县城南乡第十三保保民分别呈文璧山县政府,

报告本社已经将组社相关工作准备就绪,请求县政府派员指导工作。

### 璧山县城南乡第十三保合作社社员就关于贷购纱事宜给养鱼池合作社及县政府的呈

1948年3月16日,璧山县城南乡第十三保合作社社员吴呈文璧山县政府,呈报其延误开工时间原因,请县府核查。

1948年3月16日,璧山县城南乡第十三保合作社理事主席呈文璧山县政府,报告本社社员冯延迟开工原因,请免究责任,附县府同意批复。

1948年4月16日,璧山县城南乡第十三保合作社社员徐银洲呈文本保养鱼池合作社及县政府,呈请复查其确因病领取贷款购纱而并非搪塞。附县府批复,查实此事。

### 四川省政府合作事业管理处就节约事宜致璧山县合作社的函

1940年5月,四川省政府合作事业管理处致璧山县合作社函,知照璧山县合作社节约、爱惜财物的相关事宜。

### 四川省农村合作委员会就公布公务员财务管理办法事宜给璧山县主任指导员的训令

1939年11月,四川省农村合作委员会给璧山县主任指导员训令,令其施行新出台公务员财务管理办法。附抄发公务员财务管理办法,共25条。

### 四川省第三区行政督察专员公署就美籍记者赴璧山事宜给璧山县政府的训令

1939年12月,四川省第三区行政督察专员公署给璧山县政府训令,令告知美籍记者丁将赴璧山县参观工业合作社一事,盼转告各属遵照配合。

### 四川省农村合作委员会就令呈报战争期间对合作社影响事宜给璧山县合作社指导委员会的训令

1939年10月,四川省农村合作委员会给璧山县合作社指导委员会训令,令其造册呈报敌军过境、飞机轰炸对璧山县合作社的直接、间接影响。

### 四川省农村合作委员会就组织纪念第十七届国际合作节等事致璧山县政府的代电

1939年6月,四川省农村合作委员会致电璧山县政府,电知照县府纪念第十七届国际合作节宣传纲要及实施办法,盼遵照执行。附纪念第十七届国际合作节宣传纲要及实施办法。

### 四川省政府为整治剿匪区土豪劣绅问题给璧山县政府的训令

1939年1月,四川省政府给令璧山县政府,知照经济部修正的整治剿匪区土豪劣绅的具体条例,盼县长遵照办理及拟向广大人民群众宣传此条例。

**四川省农村合作社委员会就组织社员抗敌事宜给璧山县政府的训令**

1939年3月25日,四川省农村合作社委员会给令璧山县政府,令其检发中央执行委员会通过的抗敌公约及宣誓实行公约办法。盼转各属遵照执行。附国民公约宣誓词。

**璧山县城南乡养鱼机织生产合作社损益计算表**

1948年5月3日制璧山县城南乡养鱼机织生产合作社损益计算表。

**四川省高等法院第一分院就转发民事判决书事宜给璧山县政府的训令**

1937年8月,四川省高等法院第一分院给璧山县政府训令,函转关于雷、吴二人终止租佃契约的民事判决书一份,盼其转文件给当事人,并呈回送缴证明。附重庆四川省高等法院第一分院民事判决书。

**璧山县第二区丁家乡乡公所为呈报粮食日用品登记表事宜给璧山县政府的呈**

1941年4月,璧山县第二区丁家乡乡公所呈文璧山县政府,呈报其已奉县政府要求如限填写本乡粮食日用品登记表,盼县政府核查。

**璧山县广普乡联益机织合作社理事主席为呈报本社收清股金、启用图记日期、社员更正名册及担保本社社员入社事宜给璧山县政府的呈**

1948年12月,璧山县广普乡联益机织合作社理事主席呈文璧山县政府,报告本社已如数收清本社社员股金。

1949年1月8日,璧山县广普乡联益机织合作社呈文璧山县政府,呈报本社已启动图记日期及社员更正名册一事。附璧山县广普乡联益机织合作社印鉴图记表。

1948年12月12日,璧山县广普乡联益机织合作社监理主席谭忠升呈文璧山县府,担保本社社员入社并非为个人私利一事,如有如此行为,自己愿受处罚。附璧山县广普乡联益机织合作社创立会决议录、璧山县广普乡联益机织合作社章程(共三十条)、全体社员签名名册、璧山县广普乡联益机织合作社1948年度业务计划书、璧山县广普乡联益机织合作社入社社员名册、璧山县广普乡联益机织合作社职员印鉴、璧山县广普乡联益机织合作社第二次社员大会会议记录、璧山县广普乡联益机织合作社出社社员名册。

**华西实验区璧山第四区主任就璧山县广普乡联益机织合作社变更事宜给璧山县政府的呈**

1949年8月,华西实验区璧山第四区邱主任呈文璧山县政府,呈送璧山县广普乡联益机织合作社变更登记书,盼其转呈华西实验区总办事处审核。附璧山县广普乡联益机织合作社变更申请书原件。

璧山县政府为饬澄江镇速购电机修复电话事宜给澄江镇的训令

1934年9月，璧山县政府给澄江镇训令，催促其迅速购置电机设备以恢复电话通信。

## 9-1-82

华西实验区办事处、璧山县政府、中国农民银行璧山分理处为璧山县城南乡金鼓滩、白鹤林、明德堂等社押贷问题的往来公文

1948年2月28日至5月25日，璧山县机织生产合作社联合社分别呈文华西实验区办事处、璧山县政府，说明本县城南乡金鼓滩、白鹤林、明德堂、皂桷坡、马鞍山及玉皇庙社目前资金短缺状况、社员押品细数情况，请其转函中国农民银行璧山分理处审核放贷以保证生产，以及中国农民银行因转质问题停止放贷给各社的通知。附各社抵押贷款申请书、璧山县机织生产合作社社员押品细数表。

中国农民银行璧山分理处就利率调整、贷款逾期未还处理办法事宜致华西实验区总办事处、璧山县机织生产合作联社的函、通知

1948年5月20日、21日，中国农民银行璧山分理处分别致华西实验区总办事处、璧山县机织生产合作联社函、通知，函知照利率调整、贷款逾期未还处置办法相关事宜。

璧山县机织生产合作联合社为请求增加贷款问题呈中国农民银行璧山分理处的函

1948年11月，璧山县机织生产合作联合社呈函中国农民银行璧山分理处，请求增加贷款额度。

璧山县来凤驿大青杠树织布生产合作社就申请贷款问题给华西实验区总办事处、中国农民银行璧山分理处的呈及华西实验区总办事处就此事致璧山县政府的函

1948年10月，璧山县来凤驿大青杠树织布生产合作社分别呈文华西实验区总办事处、中国农民银行璧山分理处，说明本社目前资金状况，请求放贷以维持周转。

1948年11月3日，华西实验区总办事处致函璧山县政府，通知该县来凤乡大青杠树等四社请求放贷问题已得中国农民银行璧山分行准许。

### 璧山县三教乡五里冲机织生产合作社、城中镇中北机织生产合作社及华西实验区总办事处为请求放贷事宜呈中国农民银行璧山分理处的函

1948年10月,璧山县三教乡五里冲机织生产合作社、城中镇中北机织生产合作社及华西试验区域总办事处分别呈函中国农民银行璧山分理处,函说明两社目前资金状况,请农行放贷以维周转。

### 华西实验区总办事处就请求延长还款期限问题呈中国农民银行璧山分理处的函

1948年10月19日,华西实验区总办事处呈函中国农民银行璧山分理处,请求把还款期限由三个月延长为六个月。

### 璧山县城南乡养鱼池机织生产合作社变更登记申请书

### 四川省第三区行政督察专员兼保安司令公署为健全区辖各县县政制定暂行办法条例

四川省第三区行政督察专员兼保安司令公署为健全区辖各县县政制定暂行办法条例,包含总则、组织及经费、职权及任务、督导办法,共十四条。

### 璧山县狮子乡谭家湾机织生产合作社为请求放贷事宜给中国农民银行璧山分理处、华西实验区总办事处的呈

1948年10月16日、17日,璧山县狮子乡谭家湾机织生产合作社分别呈文中国农民银行璧山分理处、华西实验区总办事处,说明本社目前资金运转状况,请求放贷以维持周转。附借款申请书、借款细数表、狮子乡简易农会职员印鉴、狮子乡谭家湾机织生产合作社业务计划书及本社社员经济调查表。

### 璧山县城中镇公所就请准予成立生产合作社事宜与华西实验区总办事的往来公文

1948年8月17日,璧山县城中镇公所呈文华西实验区总办事处,请准予本镇成立铁轮机织生产合作社以济平民。

1948年8月31日,总办事处回函批复此事,暂不同意此事。

### 中国农民银行璧山分理处为通知贷款逾期事宜致华西实验区总办事处的函

1948年7月29日,中国农民银行璧山分理处致函华西实验区总办事处,知照本区玉皇庙等社贷款即将逾期,请如限还贷。

### 华西实验区总办事处为请求增加贷款致中国农民银行璧山分理处的函

1948年8月19日,华西实验区总办事处致函中国农民银行璧山分理处,函请为璧山机织生产合作社增加贷款以维周转。

**中国农民银行璧山分行为催还逾期贷款事宜致华西实验区总办事处及璧山机织生产合作联社的函**

1948年1月，中国农民银行璧山分理处致函华西实验区总办事处，请催还区内蓝家湾社逾期贷款。

1948年1月19日，中国农民银行璧山分行致函华西实验区总办事处，请催还青木乡机织社逾期贷款。

1948年7月3日，中国农民银行璧山分行致函璧山机织生产合作联社，催其速还逾期贷款。

**华西实验区总办事处、中国农民银行璧山分理处及璧山机织生产合作社为申请贷款事宜的往来公文**

1948年2月23日，璧山县机织生产合作联社呈文华西实验区总办事处，说明皂桷坡机织社资金状况，请求申请贷款以维持生产。

1948年3月23日，华西实验区总办事处致函中国农民银行璧山分理处，为转璧山皂桷坡机织社请求贷款函。附抵押贷款申请书。

**华西实验区总办事处为转呈联社押贷事宜致中国农民银行璧山分理处的函及中国农行璧山分理处同意放贷的通知**

1948年2月6日，华西实验区总办事处致函中国农民银行璧山分理处，函转呈本区刘家沟申请书，请分理处核查放贷。

1948年2月23日，华西实验区总办事处致函中国农民银行璧山分理处，转呈县联社押贷购纱的申请。附璧山县机织生产合作社抵押贷款购纱生产表。

1948年2月，华西实验区总办事处致函璧山县机织生产合作联合社，通知中国农民银行璧山分理处同意放贷。

**中国农民银行璧山分理处就续贷事宜致华西实验区总办事处的快邮代电**

1948年2月9日，中国农民银行璧山分理处致电华西实验区总办事处，同意原贷款未到期者继续办理续贷。

**华西实验区总办事处、中国农民银行璧山分理处、璧山县政府及璧山县机织生产合作社为刘家沟、皂桷坡、蓝家湾社申请贷款事宜的往来公文**

1948年1月至2月，璧山县机织生产合作社联合社分别呈文华西实验区总办事处、璧山县政府，说明本县刘家沟、皂桷坡、蓝家湾社目前资金短缺状况、社员押品细数情况，请其转函中国农民银行璧山分理处审核放贷以保证生产。附贷款申请书。

1948年2月，华西实验区总办事处致函璧山县政府，函转中国农民银行璧山分理处核准放贷事宜。

### 中国农民银行璧山分理处为要求呈报各社业务工作开展情形事宜致华西实验区总办事处的函

1948年8月22日,中国农民银行璧山分理处致函华西实验区总办事处,函转令各社据实列表呈报各社每月放纱收布详情。

### 四川省第三区行政督察专员孙则让为呈本区1948年度合作事业推进计划书致四川建设厅的函

1947年9月24日,四川省第三区行政督察专员孙则让呈函四川建设厅,函呈本区1948年度合作事业推进计划书,请其转四联社核查并放贷以维持生产。

### 华西实验区总办事处为请求增加贷款事宜致中国农民银行璧山分理处的函及回函

1948年2月,华西实验区总办事处致中国农民银行璧山分理处,请求为璧山县机织生产业,永川、铜梁造纸、畜种改良增加贷款额度以维持生产。

1948年7月,中国农民银行璧山分理处回函华西实验区总办事处,经核查后同意增加各县各社相应贷款额度。

### 璧山县政府为中国农民银行璧山分理处同意为本县副业提供贷款事宜致璧山机织生产合作社联合社的通知

1948年5月14日,璧山县政府致函璧山县机织生产合作社联合社,通知农行同意为本县副业提供贷款事宜。附中国农民银行璧山分理处原快邮代电。

### 华西实验区总办事处为呈送1947年度贷款效果表事宜致中国农民银行璧山分理处的函

1948年1月,华西实验区总办事处致函中国农民银行璧山分理处,呈送1947年度贷款效果表。附1947年度贷款效果表。

### 中国农民银行璧山分理处为令呈报机织社贷款效果及办理情形致华西实验区总办事处的函

1947年12月30日,中国农民银行璧山分理处致函华西实验区总办事处,要求详细呈报区内机织社贷款效果及办理情形。附副业贷款效果范围。

### 中国农民银行璧山分理处与巴璧实验区就璧山县机织社贷款实施办法的往来公文

1947年7月11日,中国农民银行璧山分理处致函巴璧实验区办事处,要求派辅导员商定璧山县机织社贷款实施办法,并呈送初稿一份。同日,巴璧实验区办事处回函中国农民银行璧山分理处,函送商定后实施办法。

### 华西实验区总办事处为请求增加贷款事宜致中国农民银行璧山分理处、四联行重庆分理处的函

1948年3月15日,华西实验区总办事处致函中国农民银行璧山分理处,请求增加五倍贷款以维持生产。附抄原函稿。

1948年4月27日,华西实验区总办事处致函中央、中国、交通、农民四银行联合办事处重庆分理处,请求核准配贷以改善民生。

### 华西实验区总办事处、璧山县机织生产合作社联合社就白鹤林、明法堂、马鞍山、响水滩、刘家沟社申请贷款事宜致中国农民银行璧山分理处的函及其核准放贷的通知

1948年3月,华西实验区总办事处、璧山县机织生产合作社联合社分别呈函中国农民银行璧山分理处,说明白鹤林、明法堂、马鞍山、响水滩、刘家沟社目前资金情况,请求农行放贷以维持生产。

1948年5月,中国农民银行璧山分理处回函华西实验区总办事处,通知核放上述各社贷款。附核准发放乡农会、合作社贷款通知书。

### 璧山县机织生产合作社就请求派员查清贪污纱布事宜给华西实验区总办事处的呈

1948年3月14日,璧山县机织生产合作社呈文华西实验区总办事处,请求派员查清本社贪污纱布事宜,以免无关人员因公受牵连影响社务开展。

## 9-1-83

### 中国农村复兴联合会为竹蝗防治费用事宜与华西实验区总办事处的往来函

1949年7月18日,中国农复会致函华西实验区总办事处,函请查实并呈报璧山、铜梁两县竹蝗防治所需经费总额。

1949年7月22日,华西实验区总办事处呈函中国农复会,按要求呈报了本区竹蝗防治情形及所需辅助经费总额。附四川璧山铜梁两县竹蝗防治工作计划、华西实验区治蝗实施办法、华西实验区农业组治蝗工作收支统计报告表。

### 璧山县农业推广所为报各乡捕蝗情形呈华西实验区农业组的报告

1949年7月15日,璧山县农业推广组呈报华西实验区总办事处农业组,报告本县各乡捕蝗虫情形。附璧山县农业推广所1947年度、1949年度各乡治蝗数量及动员人数一览表。

### 璧山县农业推广所就本县治蝗情形及工作计划呈华西实验区秘书室的报告

1949年7月22日,璧山县农业推广所呈报华西实验区秘书室,报告本县治蝗情形及治蝗工作奖惩办法,请审查批示。

### 綦江县柞蚕业推进计划书

1949年制綦江县柞蚕业推进计划书,包括柞蚕实验场所之设立、设备、技术实施、组织行政及技术人员之训练等内容。

### 璧山县城南乡养鱼池机织合作社章程

1948年制璧山县城南乡养鱼池机织合作社章程,共三十条。附本社社员名册。

### 璧山县城南乡养鱼池机织合作社业务计划书

1949年制璧山县城南乡养鱼池机织合作社业务计划书,包括经营项目、业务经营方式、业务实施等内容。附璧山农村副业贷款报告表、借款申请书,璧山县城南乡养鱼池机织生产合作社社员借款用途及细数表,璧山县城南乡养鱼池机织生产合作社社员家庭经济概况调查表,璧山县城南乡养鱼池机织生产合作社社员领纱数目列表,璧山县城南乡养鱼池机织生产合作社职员履历表,璧山县城南乡养鱼池机织生产合作社社员名册。

### 巴璧实验区办事处为城南乡蓝家湾机织合作社申请贷款事宜致中国农民银行璧山分理处的函

1947年7月12日,巴璧实验区办事处致函中国农民银行璧山分理处,检送城南乡蓝家湾机织社表册十份并为其申请贷款。附借款申请书、合作社社员借款用途及细数表、城南乡蓝家湾机织社社员名册、璧山县城南乡农会会员经济调查表、璧山分理处农村副业贷款报告表、城南乡蓝家湾机织社辅贷调查说明、璧山分理处农村副业贷款借款社团概况调查表、城南乡蓝家湾机织社纺织业务计划书。

## 9-1-84

### 华西实验区辅导璧山机织生产合作事业概况

1948年10月21日制华西实验区机织生产合作事业概况说明,包括本区推进机织生产合作业之经过、推广、效果以及华西实验区对机织事业的辅导情形。

### 华西实验区1947年度推进璧山县机织生产合作事业报告书

1947年制华西实验区1947年度推进璧山县机织生产合作事业报告书,包括璧山县织布业概况介绍,本区推进机织合作事业的经过、拓展、效果及本区对机织业的辅导情形。

**中江县县长彭心明参观华西实验区纪要**

　　1948年5月17日至22日,中江县县长在璧山、北碚、青木关参观,对区内平民教育开展情形、机织合作运动、社会部北碚儿童福利实验区等情况作了纪要。

**华西实验区1948年度合作事业推进计划**

　　华西实验区1948年度合作事业推进计划,包括机织生产合作社、造纸合作社及农业生产合作社的组社原则、社务开展情形及所需贷款额度作了说明。附华西实验区1948年度贷款额度表、璧山县机织生产合作社1948年度推进预计表。

**巴县、璧山、北碚、江北、綦江、铜梁及所辖各区、各繁殖所所需经费情况列表**

**华西实验区璧山民教工作述要**

　　华西实验区民教工作述要,包括民教工作目录、工作方式及工作概况等内容。

**璧山县城南乡十保马家院合作社为转本社社员被匪劫案给华西实验区总办事处的呈**

　　1948年2月20日,璧山县城南乡十保马家院合作社呈文华西实验区总办事处,转本社社员苏国良被匪劫一案,请核查豁免。附总处回通知,情况属实,请报治安机关缉捕归案。

**华西实验区总办事处为金鼓滩、响水滩及玉皇庙社社员停续贷款事宜致中国农民银行璧山分理处的函**

　　1948年5月,华西实验区总办事处分别致函中国农民银行璧山分理处,函送停贷金鼓滩、响水滩及玉皇庙社社员表,请查照。附璧山县机织生产合作社本年停贷社员表。

　　1948年5月,华西实验区总办事处致函中国农民银行璧山分理处,函送准续贷张越生铁轮机一台。

**华西实验区总办事处就1947年度璧山县各机织合作社考绩情形致璧山县机织生产合作联合社的函**

　　1948年3月27日,华西实验区总办事处致函璧山县机织生产合作社联合社,函令该社1947年度考绩扣纱全数归入该社教育基金。附璧山县1947年社员考绩各社扣纱表。

　　1948年5月7日,华西实验区总办事处致函璧山县机织生产合作社联合社,函令其具体呈报1947年度该社奖励扣发纱数目。

**华西实验区总办事处就城南乡养鱼池机织生产合作社理事主席吴全良等违法扣纱一案致璧山县政府第四科的通知**

1948年5月,华西实验区总办事处致璧山县政府第四科通知,通知已查实此前呈璧山县城南乡养鱼池合作社理事违法扣纱事宜。

**璧山县城南乡养鱼池合作社就退还机纱事宜给华西实验区总办事处的呈**

1947年11月25日,璧山县城南乡养鱼池合作社呈文华西实验区总办事处,呈报本社退还机纱数目,请检核。

## 9–1–85

**璧山县太和乡农会、璧山县农会推广所、中国农民银行璧山分理处、华西实验区、璧山县政府为璧山县太和乡养猪、纺织副业、粮食增产、肥料贷款事宜的往来公文**

1946年6月21日,璧山县太和乡农会呈文璧山县农业推广所,请发放生产贷款。

1946年7月11日,璧山县太和乡农会呈文璧山县农业推广所,呈报本会职员名册,请核转备查。附太和乡农会职员印鉴、璧山太和乡农会借款申请书。

1946年9月20日,中国农民银行璧山分理处致函璧山县农业推广所,通知调查太和乡农会生产贷款情形的时间安排。

1946年10月20日,璧山县农业推广所致函中国农民银行璧山分理处,准转送太和乡养猪、纺织贷款申请,请核贷。附太和乡农会职员印鉴。

1946年10月,璧山县农业推广所给太和乡农会训令,知照核贷太和乡贷款情形,请遵照办理。附中国农民银行璧山分理处核准发放农会合作社贷放通知书。附璧山县太和乡农会生产会会员借款细数表。

1946年12月10日,璧山县太和乡农会呈文璧山县农业推广所,分别请转送本会养猪、纺织贷款各项书表,请照数贷放。

1947年1月7日,中国农民银行璧山分理处致函璧山县农业推广所,通知调查城东乡、城北乡、太和乡及梓潼乡农会副业贷款情形的时间安排情况。

1947年2月22日,璧山县农业推广所第六区办事处呈报璧山县政府,报告和乡农会发放副业贷款情形,请备查。

1947年4月2日,璧山县太和乡农会呈文璧山县农业推广所,请转送本会肥料贷款细数表,请查照放贷。附中国农民银行璧山分理处核准发放农会合作社贷放通知书。

1947年6月,璧山县太和乡农会呈报璧山县农业推广所,报告本会肥料贷款发放情形及本年度农会生产贷款发放情形,请备查。

1947年10月10日,璧山县农会呈文璧山县农业推广所,请核配本会纺织、养猪贷款。附璧山县简易农会职员印鉴。

1948年4月14日,璧山县太和乡农会呈文璧山县农业推广所,请转函中国农民银行璧山分理处增加九倍纺织、养猪贷款。

1948年5月30日,璧山县太和乡农会呈文璧山县农业推广所,请担保本会申请贷款。

1948年6月3日,璧山县农业推广所致函中国农民银行璧山分理处,检送太和乡申请贷款书表,请核贷。

1948年7月5日,璧山县太和乡农会呈文璧山县农业推广所,请为本会申请增产贷款介绍并担保。

1948年10月21日,璧山县农业推广所致函中国农民银行璧山分理处,检送太和乡农会养猪、纺织副业贷款表册,请核贷。

## 9-1-86

**华西实验区总办事处就创办《传习报》事宜的通知**

华西实验区总办事处就创办《传习报》事宜的通知,包含传习报创办旨趣、编行办法及使用办法。

**乡建工作通讯发送办法**

**华西实验区编辑组就出版《传习报》事宜呈华西实验区总办事处的报告**

1949年9月2日,华西实验区编辑组呈函实验区总办事处,报告华西实验区编辑组编行传习书报计划,华西实验区创办《传习报》预算。

**华西实验区编辑组工作计划草案、计划书四份,内容包含工作目标、工作要项两项**

**华西实验区编辑组编行《传习画报》计划书及预算表、传习画刊编行计划**

1949年11月1日制华西实验区编辑组编行《传习画报》计划书及预算表、传习画刊编行计划。

**璧山县第二区城西乡乡公所就为本乡出征军人申请优待家属事宜给璧山县政府的呈**

1947年9月,璧山县第二区城西乡乡公所呈文璧山县政府,函转本乡第七保出征军人张吉辉申请优待家属的申请书,请批示。附出征军人家属申请优待书、县府同意优待训令。

## 璧山县第二区城西乡乡公所与璧山县政府就本辖区内退役官兵申请补发补助及优待事宜的往来公文

1947年2月至8月，璧山县城西乡乡公所呈文璧山县政府，转送本乡退役军官吕进仙、胡祥辉、周学夫、王德成、唐炳林、陈伦、杨忠禄、彭学良等人的退役军人优待申请，经县政府查实后，饬城西乡乡公所如实发放相应补助经费、黄谷。附璧山县城西乡退役官兵补发优待调查表、直接参与作战官兵作战书。

## 9-1-87

### 璧山县城西乡机织生产合作社组社发起人就组社事宜给巴璧实验区办事处的呈

1947年6月12日，璧山县城西乡机织生产合作社组社发起人呈文巴璧实验区办事处，呈请本乡拟组织机织生产合作社事宜作相关说明，请贷予经费及派员指导。附巴璧实验区办事处同意批示。

### 华西实验区总办事处就各乡镇保校、中心国民学校民教主任经费事宜致璧山县政府的函

1947年11月8日，华西实验区总办事处致函璧山县政府，通知本县各乡镇保校、中心国民学校民教主任薪津补贴标准，望查照办理。

### 璧山县河边乡马鞍山机织生产合作社为请补贷事宜给华西实验区总办事处的呈

1948年6月30日，璧山县河边乡马鞍山机织生产合作社呈文华西实验区总办事处，函请补贷原有机台原料以维持周转。

### 璧山县河边乡马鞍山、响水滩机织生产合作社就教育协进会成立事宜给华西实验区总办事处的呈

1948年4月18日，璧山县河边乡马鞍山机织生产合作社呈文华西实验区总办事处，呈报本社基本教育协进会已正式成立，请备查。

1948年6月28日，璧山县河边乡响水滩机织生产合作社呈文华西实验区总办事处，呈报本社教育协进会成立日期，请鉴核备查。

### 璧山县河边乡新店子、马鞍山机织生产合作社就改选理事主席事宜分别给璧山县政府、华西实验区总办事处的呈

1948年4月2日，璧山县河边乡新店子机织生产合作社呈文璧山县政府，呈报本社改选理事主席结果及新主席到职情况。附本社改选理事主席会议记录。

1948年4月10日，璧山县河边乡马鞍山机织生产合作社呈文华西实验区总办事处，呈报本社已改选出新理事主席，请变更登记证。

华西实验区分区设置指导人员辅导璧山机织生产合作事务办法，共九条

璧山县机织生产合作社协办基本教育协进会组织及办事规则及办法

**华西实验区出版《乡建工作通讯》第一期第一卷**

1949年1月15日，华西实验区出版《乡建工作通讯》第一期第一卷。

**璧山县河边乡马鞍山社，城南乡皂桷坡、白鹤林、蓝家湾、马家院社及璧山县机织生产合作联合社就申请贷款事宜呈中国农民银行璧山分理处的函**

1948年10月至12月，璧山县河边乡马鞍山社，城南乡皂桷坡、白鹤林、蓝家湾、马家院社及璧山县机织生产合作联合社分别呈函中国农民银行璧山分理处，呈报申请贷款书表，请核贷。

**中国农民银行璧山分理处、华西实验区办事处、璧山县机织生产合作社联合社就农行利率调整问题的往来公文**

1947年12月12日，中国农民银行璧山分理处致函华西实验区办事处，知照贷款利率调整情况，请转知各社。同日，华西实验区办事处致函璧山县机织生产合作社联合社，知照此事。

**华西实验区办事处为转呈璧山县机织生产合作社联合社书表事宜呈中国农民银行璧山分理处的函**

1947年12月4日，华西实验区办事处呈函中国农民银行璧山分理处，转呈璧山县机织生产合作社社员名册及会议记录。附璧山县机织生产合作联合社社员名册、璧山县机织生产合作社联合社创立会议记录。

**中国农民银行璧山分理处、华西实验区办事处、璧山县河边乡、城南乡机织生产合作社为收缴股金事宜的往来公文**

1947年11月25日，中国农民银行璧山分理处致函华西实验区办事处，请转饬各社依限还足贷款。

1947年11月30日，华西实验区办事处致函璧山县河边乡、城南乡机织生产合作社，通知其及时收齐股金上缴。同日，华西实验区办事处回函中国农民银行璧山分理处，已饬各社依限还贷。

**璧山县城南乡皂桷坡、玉皇庙、蓝家湾社与华西实验区办事处、中国农民银行璧山分理处为抵押布匹免加盖商标事宜的往来公文**

1947年11月25日，璧山县城南乡皂桷坡、玉皇庙、蓝家湾社呈文华西实验区办事处，呈请免予本批抵押布匹加盖商标以维声誉。

1947年11月26日，华西试验区办事处转函中国农民银行璧山分理处，说明上述三社情况属实，盼农行同意。

## 中国农民银行璧山分理处、华西实验区办事处为呈报璧山特约仓库情形的往来公文

1947年11月3日,中国农民银行璧山分理处致函华西实验区办事处,要求呈报璧山特约仓库情形。

1947年11月7日,华西实验区办事处回函农行,报告璧山特约仓库具体情形。

## 中国农民银行璧山分理处、华西实验区总办事处、璧山县机织生产合作社联合社为贷款利率调整问题的往来公文

1948年4月2日,中国农民银行璧山分理处致快邮代电华西实验区总办事处,告知贷款利率调整情况,请转各社。

1948年4月4日,华西实验区总办事处致函璧山县机织生产合作社联合社,通知中国农民银行利率调整具体情形。

## 璧山县城南乡马家院机织生产合作社就本社社员清还贷款事宜给华西实验区总办事处、中国农民银行璧山分理处的呈

1948年4月15日,璧山县城南乡马家院机织生产合作社呈文华西实验区总办事处、中国农民银行璧山分理处,请饬本社三社员偿还清前贷款。

## 璧山县城南乡刘家沟社、玉皇庙社、马家院社、白鹤林社、金鼓滩社与华西实验区总办事处、中国农民银行璧山分理处为申请贷款事宜的往来公文

1948年3月,璧山县城南乡刘家沟社、玉皇庙社、马家院社、白鹤林社、金鼓滩社分别呈文华西实验区总办事处、中国农民银行璧山分理处,请放贷续贷以维持生产。随后,经中国农民银行璧山分理处回函华西实验区总办事处,通知核贷情形,请转知各社遵照办理。

## 9-1-89

## 璧山县政府与璧山县农业推广所就优良稻种推广事宜的往来公文

1949年3月18日,璧山县农业推广所呈文璧山县政府,呈报本所优良稻种推广办法,请审核。附璧山县农林场优良稻种推广决议。

1949年4月4日,璧山县政府给农业推广所训令,令其对优良稻种推广办法作修正。附本县农林场优良稻种推广办法、璧山县农业推广所优良稻种推广细数表。

## 璧山县农业推广所主任就到职日期、印鉴事宜呈璧山县政府的报告

1949年4月4日,璧山县农业推广所主任呈文璧山县政府,报告到职日期,

请备查。

1949年4月9日，璧山县农业推广所呈报璧山县政府，报告本所会计、出纳人员印鉴，请备查。

**璧山县政府与璧山县农业推广所就所内指导人员人事问题的往来公文**

1949年4月4日，璧山县农业推广所指导员呈文璧山县政府，呈请县府饬农业推广所主任收回成命，恢复其职务。

1949年4月9日，璧山县政府给本县农业推广所训令，令其据实呈报所内指导人员申复情形。

1949年4月15日，璧山县农业推广所呈报璧山县政府，报告本所指导人员拒不移交公务情形，请县府备查。

**璧山县政府、华西实验区总办事处及璧山县农业推广所就领取农复会经费补助事宜的往来公文**

1949年6月10日，璧山县农业推广所呈文璧山县政府，请转函四川省第三区督察专员兼保安司令公署补发作物良种繁殖推广补助经费。

1949年6月11日，璧山县政府致函华西实验区总办事处，转请给本县农业推广所补发相关补助经费。

**璧山县政府与璧山县农业推广所就优良稻种推广过程中折耗过大事宜的往来公文**

1949年4月16日，璧山县农业推广所呈文璧山县政府，呈报本所农林场指导人员交接优良稻种数量事宜，请县府核查。

1949年4月29日，璧山县农业推广所再次呈文璧山县政府，说明优良稻种折耗过大原因，请核查。附县府情况属实批示。

1949年5月3日，璧山县政府给农广所训令，令所内指导人员赔偿折耗稻种。

**璧山县农业推广所为耕牛饲料问题给璧山县政府的呈**

1949年5月7日，璧山县农业推广所呈文璧山县政府，呈报因农忙以稻草充耕牛饲料，请县府审查是否合理。

**四川省军政长官公署政务委员会、璧山县政府及璧山县农业推广所就填报夏季农情事宜的往来公文**

1949年9月14日，四川省军政长官公署政务委员会致电璧山县政府，随电检发夏季农情报告表，请如限据实填写呈报。附县市1949年度夏季农情报告表。

1949年9月17日，璧山县政府致函璧山县农业推广所，奉令特饬填报1949年夏季农情报告表。

1949年9月26日,璧山县农业推广所呈文璧山县政府,呈报已如实填写1949年夏季农情报告表。附璧山县1949年夏季农情报告表。

1949年10月5日,璧山县政府呈文四川省军政长官公署政务委员会,转函呈报夏季农情表,请备查。

### 璧山县农业推广所就本所购买耕牛饲料问题给璧山县政府的呈

1949年8月17日,璧山县农业推广所呈文璧山县政府,呈报本所购买耕牛饲料支付金额情形,请备查。

### 四川省政府、四川省第三区行政督察专员兼保安司令公署、璧山县政府、璧山警察局、县商会就原棉流通的往来公文

1949年10月18日,四川省政府给璧山县政府训令,令知照县内原棉可以自由流通,盼转照各相关机构。

1949年11月5日,璧山县政府致函璧山警察局、县商会,转照省政府训令,原棉可在县内自由流通。四川省第三区行政督察专员兼保安司令公署给璧山县政府训令,知照县内原棉可以自由流通。

### 四川省政府、璧山县政府及县商会就进出口贸易管理办法问题的训令、通知

1949年10月15日,四川省政府给璧山县政府训令,知照物品进出口管理事宜。附抄发管理进出口贸易办法。

1949年11月5日,璧山县政府致县商会通知,转发省政府管理进出口贸易管理办法,望遵照执行。

### 璧山县新任县长徐与卸任县长陆、卸任民教馆馆长就收音机交接事宜的往来公文

1949年3月,璧山县卸任县长陆致新任县长徐,说明曾在民众教育馆领取收音机一台,现转交,请查收。附领取收音机字据。

1949年5月18日,新任县长徐回函卸任县长陆,称移交收音机仍缺零部件,请速返还。

1949年11月5日,璧山县徐县长致函卸任民教馆馆长,饬其催还收音机零部件。

### 璧山县政府、璧山县农业推广所为呈报收割小麦日期的往来公文

1949年5月2日,璧山县政府致函璧山县农业推广所,要求其尽快呈报收割小麦时限。

1949年5月7日,璧山县农业推广所呈报璧山县政府,报告收割小麦具体时限,请派员指导。

**璧山县农业推广所就杂粮收获数量事宜呈璧山县政府的报告**

1949年7月30日，璧山县农业推广所呈报璧山县政府，报告本所春季收获杂粮作物数量，请备查。

**璧山县政府与璧山县农业推广所就稻谷耕种收获事宜的往来公文**

1949年5月7日，璧山县农业推广所呈报璧山县政府，报告本所农场插秧日期及所需费用。

1949年5月21日，璧山县政府回函，因预算经费过多令重做。

1949年8月17日，璧山县农业推广所呈报璧山县政府，报告本所农场收获水稻日期，请派员监收。

1949年8月17日，璧山县农业推广所呈报璧山县政府，报告收割水稻所需经费预算。附璧山县农业推广所1949年度水稻收获费用预算表。

1949年8月25日，璧山县政府给本府科员张理然训令，委派其前往农场指导收割水稻。

1949年9月8日，璧山县农业推广所呈报县政府，报告1949年度收获水稻实用费用。附璧山县农业推广所1949年度收获水稻费用表。

**四川省政府、璧山县政府、华西实验区总办事处、璧山县参议会、璧山县农业推广所及河边、大路等乡乡公所就治蝗工作相关事宜的往来公文**

1949年4月4日，四川省政府给璧山县政府训令，知照治蝗办法，盼遵照执行。

1949年4月5日，璧山县政府给令县农业推广所，转发省政府治蝗办法。

1949年5月30日，璧山县河边乡乡公所呈文璧山县政府，报告本乡辖区内发现蝗虫情形，附县府要求治理批示。

1949年5月31日，璧山县徐县长给河边乡常务理事贺手令，令其积极治蝗。

1949年6月1日，璧山县政府给璧山县农业推广所训令，令其呈报治蝗工作计划及目前治蝗情形。

1949年6月3日，璧山县政府给县辖梓潼、福禄、大路等乡公所训令，命其呈报治蝗情形。

1949年6月3日，璧山县政府给令县农业推广所督导员，令其前去指导蝗虫防治工作。

1949年6月3日，璧山县政府给令河边乡乡公所，令其遵照治蝗办法积极开展工作并及时呈报治蝗情形。璧山县政府致函璧山县参议会，知照县内治蝗情形及经费情况，请复议。附1949年度治蝗经费预算表、驻乡镇督导员名册。

1949年6月4日，璧山县政府致函华西实验区总办事处，知照河边乡治蝗情形,请派员协助治蝗虫。

1949年8月15日,璧山县农业推广所第二办事处督导员呈文璧山县政府,请补发治蝗经费。

1949年8月15日,璧山县梓潼乡乡公所治蝗指导员呈报璧山县政府,报告本乡具体治蝗情形。附四川省璧山县治蝗报告表。

1949年8月17日,璧山县农业推广所治蝗指导员呈文璧山县政府,请求嘉奖治蝗表现突出的工作人员。

1949年11月25日,璧山县政府给大路乡、福禄乡、来凤乡相关工作人员训令,令其嘉奖他们的治蝗工作人员。

1949年11月25日,璧山县政府给令农业推广所治蝗督导员,令他们前来领取治蝗督导旅费。附补助差旅费表。

1949年11月25日,璧山县政府给令璧山县河边、大路等乡农业推广所,知照本县治蝗工作成绩奖惩情况。附璧山县1949年度治蝗人员奖惩表。

**华西实验区总办事处、璧山县政府、璧山县参议会、璧山县农业推广所及璧山县辖各乡公所为治蝗工作的往来公文**

1949年6月,璧山县徐县长分别给令大路乡、梓潼乡、福禄乡、依凤等乡治蝗指导员,令其抓紧时间治蝗。

1949年6月,璧山县政府给县辖各乡公所训令,检发本府1949年度治蝗工作计划表、农业推广所派驻各乡治蝗指导人员一览表、璧山县蝗灾调查表及1949年治蝗工作奖惩办法一份。附璧山县农业推广所竹蝗防治驻乡指导人员一览表、璧山县治蝗报告表、璧山县蝗灾调查报告表。

1949年6月4日,璧山县政府呈文四川省政府、华西实验区总办事处,呈报本县河边、梓潼等乡发现竹蝗情形,请实验区派员协助办理。

1949年6月7日,璧山县县长给璧山县农业推广所指导员手令,令其详查各辖区蝗灾情形并造册呈报。

1949年6月8日,璧山县农业推广所呈文璧山县政府,呈报1949年度治蝗工作计划书,盼县府检核,通令各乡公所、农会遵照施行。附璧山县1949年度防治竹蝗工作计划。并另函呈报县府目前治蝗工作情形。同日,另呈报璧山县政府派员赴蝗区妨治蝗害工作情形,并请转饬蝗区各乡镇协助开展工作。

1949年6月8日,璧山县河边乡乡公所呈文璧山县政府,呈报本乡新发现蝗害区域。

1949年6月9日,璧山县福禄乡呈文璧山县政府,呈报本乡治蝗情形。

1949年6月10日,华西实验区总办事处复函璧山县政府,已派员协助河边乡开展治蝗工作。

1949年6月11日,璧山县政府致函璧山县参议会,知照本县辖各乡治蝗情形,请追加治蝗经费。附璧山县政府呈报追加治蝗经费预算表。

1949年6月11日,璧山县政府致函华西实验区总办事处,说明本县河边乡蝗害情形,请协助治蝗。

1949年6月11日,璧山县县长给令本县各辅导员、民教主任及蝗灾各辅导员,令其遵照历年治蝗实施办法尽力捕杀,以免蔓延。

1949年6月11日至15日,璧山县八塘乡、福禄乡、梓潼乡、龙溪乡、太和乡、大路乡、大兴乡、河边乡、七塘乡乡公所分别呈文璧山县政府,呈报本乡发现蝗虫区域、面积及捕杀蝗虫情形。另对新发现胡豆状害虫情形作说明。

1949年6月12日,璧山县政府就此事回函河边乡乡公所,饬其尽快捕灭蝗虫,同时县府也派专员协助治蝗。同日,璧山县政府给函驻河边乡指导员,令其前往协助治蝗。附璧山县1949年度治蝗工作奖惩办法、璧山县蝗灾调查报告表。

1949年6月12日至17日,璧山县政府就此事分别回函各乡公所,令其遵照捕蝗实施办法,迅速捕灭蝗虫。

1949年6月13日,璧山县政府给河边、福禄、太和等乡公所训令,强调各乡加强治蝗工作,并转发治蝗工作计划、治蝗报告表。附璧山县农业推广所竹蝗防治驻乡指导人员一览表、四川省璧山治蝗报告表。

1949年6月13日,璧山县政府致函福禄乡乡公所,饬其据实呈报乡内蝗灾情形,决不能敷衍了事。

1949年6月15日,璧山县政府致函华西实验区总办事处,转送1949年度各乡镇蝗灾情形表。附璧山县1949年度各乡呈报蝗灾情形表。

1949年6月15日,华西实验区第六区呈文璧山县政府,呈报本区内蝗灾情况及治蝗情形。

1949年6月16日,璧山县七塘乡呈文璧山县政府,呈报本乡尚未发现蝗害。

1949年6月17日,璧山县政府给八塘乡乡公所训令,令其查清蝗区及捕灭情形。

1949年6月18日,华西实验区总办事处致函璧山县政府,知照本区已派员协助八塘乡治蝗情形。

1949年6月19日,璧山县政府致函八塘乡农会、六区指导员、八塘民教主任,令其查实辖区内蝗灾情形并动员民众积极捕杀蝗虫。

1949年6月21日,璧山县政府给八塘乡乡公所训令,令其积极配合华西实验区派驻的治蝗工作人员开展工作。

## 9-1-90

**华西实验区总办事处就推荐农业组干事前往工作事宜致万县区专员公署的信函**

1949年3月21日,华西实验区总办事处致函万县区专员公署,推荐农业组干事苏克钧前往工作。

**梁滩河农业生产指导所工作人员就到职事宜呈璧山县政府的报告**

1950年3月13日,梁滩河农业生产指导所工作人员呈报璧山县政府,报告如限到职事宜。附璧山县梁滩河农业生产指导所工作人员到职登记表。

**华西实验区农业组组长李焕章就推荐工作人员致万县区专员公署的信函**

1949年3月25日,华西实验区农业组组长李焕章致函万县区专员公署鸿钧信函,询问推荐过去的工作人员工作安排情况。

**大竹专员公署穆安导因婚事给华西实验区总办事处孙则让和李焕章的请假条**

1950年4月5日,大竹专员公署穆安导因婚事给华西实验区总办事处孙则让和李焕章的请假条。

**华西实验区总办事处就安排乡建学院派驻实习生、预借差旅费等事宜与杨乘风、王承灌的往来公文**

1950年4月3日,王承灌呈文华西实验区总办事处,请求为赴李渡布置苗圃借差旅费。

1950年4月8日,华西实验区总办事处致函杨乘风、王承灌,就乡建学院派驻实习同学工作已安排妥当作说明,另王预支经费已准予事作通告。

**华西实验区农业组组长李焕章就增调大竹县农业技术人员事宜给华西实验区总办事处的呈**

1950年4月23日,华西实验区总办事处农业组组长呈文华西实验区总办事处,请为大竹乡增派农业技术指导人员。此后,报告推荐人员,请总处鉴核。

**华西实验区农业组技术人员就请求复职事宜与华西实验区总办事处的往来公文**

1950年4月12日,华西实验区农业组技术人员傅远铭呈文华西实验区总办事处,请求复职。

1950年4月18日,华西实验区总办事处回函,同意复职。

**华西实验区总办事处就派农业组李焕章考察农业工作事宜致川东璧山区行政督察专员公署的函**

1950年5月14日,华西实验区总办事处致函川东璧山区行政督察专员公署,知照拟派农业组李焕章赴江津考察农业情况。

### 华西实验区总办事处就委任傅远铭接替工作事宜致大竹专员公署的函

1950年4月26日,华西实验区总办事处致大竹专员公署函,知照拟派傅远铭接替穆安道。

### 乡村建设学院农学系就推荐本院学生到实验区工作事宜给华西实验区总办事处的呈

1950年5月16日,乡村建设学院农学系呈文华西实验区总办事处,拟推荐本系毕业生前往实验区工作,盼农业组接纳。附本届农学系毕业生名单。

### 华西实验区总办事处为派员前往工作致涪陵区行政督察专员公署的函

1950年5月25日,华西实验区总办事处致函涪陵区行政督察专员公署,拟派吕裴前往工作。

### 华西实验区总办事处就报销收购棉种经费事宜与大竹专员公署工作人员的往来公文

1950年5月16日,大竹专员公署工作人员王、郭呈文华西实验区总办事处,呈报收购种棉所花经费数目,请报销。5月22日,华西实验区总办事处回函该工作人员,同意报销。

### 华西实验区总办事处为调遣工作人员返区工作事宜致涪陵区行政督察专员公署及徐韦如的函

1949年5月12日,华西实验区总办事处致函涪陵区行政督察专员公署,知照拟调徐韦如协助川东行署开展工作一事。5月16日,致徐韦如通知,因工作需要,特调其回区任职。

### 华西实验区总办事处为调工作人员协助收购优良稻种事宜致各被调遣工作人员的函

1950年6月至8月,华西实验区总办事分别致函璧山农桑组工作人员傅、徐、陶等人,令其返区协助收购优良稻种。

### 华西实验区总办事处就调动张国保协助蝗灾区调查事宜致张国保的函及农业组李焕章的函

1950年7月10日,华西实验区总办事处致函张国保,拟调动其参与西南农林部、四川农业实验所组织的蝗灾调查。随后,总处又致农业组李焕章函,说明调用张国保的情况。

### 华西实验区农业组工作人员就请求调职事宜给华西实验区总办事处主任、农业组组长及主任秘书的呈

1950年7月25日,华西实验区农业组工作人员曹、张、苏呈文华西实验区总

办事处主任、农业组组长及主任秘书,因农业组工作闲散,请求调离岗位。

## 华西实验区总办事处为派员赴杨家祠农业指导所工作致余绳祎的函及其到职报告

1950年8月2日,华西实验区总办事处致函余绳祎,转达总处通知,拟派其赴杨家祠农指所工作,盼其如限到职。8月5日,余绳祎回函总办事处,报告自己已如限到职。

## 华西实验区总办事处就增设农业指导所事宜致万县、涪陵、大竹相关工作人员的通知

1950年9月8日,华西实验区总办事处致万县、涪陵、大竹相关工作人员通知,知照总处拟增设农业指导所的相关事项。

## 华西实验区总办事处主任就派员接替农业指导所工作事致陶一琴的函

1950年9月16日,华西实验区总办事处主任孙则让致陶一琴函,告知总处拟派员接替陶所内工作一事,请作好交接工作。

## 巴县第四区凤凰乡农展会筹备委员会就举办1950年秋季农业展览会事宜给华西实验区总办事处的呈

1950年9月22日,巴县第四区凤凰乡农展会筹备委员会呈报华西实验区总办事处,报告举办1950年秋季农业展览会的相关事宜。

## 华西实验区工作人员杨乘风就协助农业组开展农业工作相关事宜给华西实验区总办事处孙主任的呈

1950年9月12日,华西实验区工作人员杨乘风呈报总处孙主任,报告本区工作人员需要协助农业组的相关事宜。

## 华西实验区总办事处孙主任及秘书室郭准堂先生就新拟聘请工作人员暂不到职事宜分别致各新拟聘工作人员的函

1950年12月,华西实验区总办事处孙主任及秘书室郭准堂先生分别致函本区各新拟聘工作人员,说明因本区已被重庆军管会正式接管,请各位暂缓到职。附各新拟聘工作人员名单。

## 江北县第二辅导区主任就本区报销本区工作人员因公差旅费、医药费、房租费、伙食津贴、修缮房屋设备费用,补发驻区辅导员及督学补贴、员工食米津贴事宜与华西实验区总办事处及秘书室的往来公文

1949年7月4日至31日,江北县第二辅导区主任晏呈文数份给华西实验区总办事处孙主任、秘书室郭,请求报销本区内工作人员因公差旅费、医药费、房租费、伙食津贴、修缮房屋设备费用,补发驻区辅导员及督学补贴、员工食米津

贴等相关费用。随后总处一一回函,核查所呈情况酌情报销相关费用。

**华西实验区总办事处与江北县第二辅导区就查照江北县第二辅导区向江北县政府借黄谷事宜的往来公文**

1949年6月23日,江北县第二辅导区呈文华西实验区总办事处,呈报本区向江北县政府借取黄谷数量,请备查。

1949年7月7日,总处致江北县第二辅导区通知,知照此事情况属实,盼查照办理。

## 9-1-91

**璧山县八塘辅导员制1949年7月8日至10月17日关于民教工作的会议记录**

**四川省第三区行政督察专员兼保安司令公署为实施农地减租告民众书**

**璧山县八塘乡第一社学区民教主任周绍铭制1949年4月至10月华西实验区区璧山第六辅导区民教主任旬报表**

**璧山县第六区主任何子清的乡建工作经验谈**

1949年11月12日,璧山县第六区主任何子清作关于传习教育的乡建工作谈,主要包括政教配合问题、招生困难及导生制优劣等内容。

**璧山县第六区八塘乡第一社学区民教主任周绍铭关于解决传习处导生困难问题的乡建工作谈**

**璧山县临江乡第三社学区民教主任周成举作关于导生选拔问题的乡建工作经验谈**

**璧山县八塘乡第六社学区民教主任印笃清关于合作社调查办法的乡建工作经验谈**

**璧山县临江乡第四社学区民教主任许绍炎作导生训练应注重生计教育的乡建工作经验谈**

**璧山县第六区转龙第一社学区民教主任张凯风作关于传习教育第一期的乡建工作谈**

**华西实验区合作社物品供销处璧山分理处举办以布易纱业务暂行办法**

**华西实验区合作社物品供销处璧山分处举办生产合作社以布易纱业务暂行办法及以价格表**

**华西实验区总办事处就调整社股金额度致璧山县政府的函**

1949年6月4日,华西实验区总办事处致函璧山县政府,知照本处根据合作社实际需要特改定社股金额事宜,盼查照办理。

**华西实验区总办事处、璧山县政府及本县人事指导员和自治辅导员就关于璧山县自治辅导员指导成立合作社及变更登记事务的往来公文**

1949年5月21日,璧山县政府给本府人事指导员及自治辅导员训令,令各工作人员遵照璧山县自治辅导员指导办理合作社成立变更登记事务注意要点开展工作。附璧山县自治辅导员指导办理合作社成立变更登记事务注意要点及合作社成立登记调查表图记条戳样式尺寸表。

1949年6月13日,璧山县政府呈文华西实验区总办事处,检送本府拟定的璧山县自治辅导员指导办理合作社成立变更登记事务注意要点,请存查。

**孔戒就派员协助华西实验区开展工作事宜给璧山县政府的呈**

1949年7月10日,孔戒三先生呈文璧山县政府,呈报拟派工作人员配合华西实验区工作人员对璧山县城南城东乡机织生产合作社机织情形展开调查。

**四川省政府、华西实验区总办事处及璧山县政府为组织农业生产合作社联合办事处注意要点及组织规则的往来公文**

1949年7月12日,华西实验区总办事处致函璧山县政府,函送本区组织农业生产合作社联合办事处注意要点及组织规则,盼查照办理。

1949年10月29日,璧山县政府呈文四川省政府,呈报本县组织农业生产合作社联合办事处注意要点及组织规则,请备查。附本区组织农业生产合作社联合办事处注意要点及组织规则。

**璧山县政府就合作社社员申请户籍登记程序事宜致华西实验区总办事处的函**

1949年10月29日,璧山县政府致函华西实验区,知照合作社社员户籍登记程序应由乡公所核实加盖公章再呈报,盼查照办理。

**华西实验区与璧山县政府为派员合作指导璧山县第四辅导区更正借纱书表事宜的往来公文**

1949年8月14日,华西实验区总办事处致函璧山县政府,函请派合作指导员二人会同前往第四辅导区指导更正借纱书表。8月23日,璧山县政府回函总处,准派合作指导员二人前往。

**华西实验区总办事处、璧山县政府及本县所辖各乡镇为遵守信约如限上缴军布事宜的往来公文**

1949年9月30日,华西实验区总办事处致函璧山县政府,函据供销处璧山分理处呈送机织社承织军布奖惩办法,请县府协助。附华西实验区机织生产合作社承织军布奖惩办法。

1949年10月11日,璧山县政府就此事给本县所辖各乡公所训令,令各乡公所协助督导各乡各机织合作社务必遵守信约依限交足军布以免贻误军需。

**璧山县政府为准派员审查福禄乡机织合作社致华西实验区总办事处函以及下派工作人员呈报具体审查情形的报告**

1949年6月4日,璧山县政府致函华西实验区,函准派员审查福禄乡机织生产合作社一案,请查照。6月8日,璧山县政府下派工作人员杜呈报璧山县政府,报告前往福禄乡文风桥、大水井、玉皇观三机织生产合作社具体情形,请鉴核。

**华西实验区璧山县第一辅导区为送本区合作社整理计划草案给璧山县政府的呈**

1949年10月19日,华西实验区璧山县第一辅导区呈文璧山县政府,函送本区合作社整理计划草案一份,请查照。附璧山县第一辅导区合作改进计划。

**华西实验区总办事处为送合作社登记书表处理程序及填表说明致璧山县政府的函**

1949年5月30日,华西实验区总办事处致函璧山县政府,函送合作社登记书表处理程序及填表说明,请查照。

**华西实验区总办事处为检送机织生产合作社申请借纱处理程序致璧山县政府的函**

1949年5月,华西实验区总办事处致函璧山县政府,检送机织生产合作社申请借纱处理程序。附华西实验区合作社物品供销处璧山分理处举办生产合作社以布易纱业务暂行办法及规格表。

**1949年7月8日,璧山县政府工作人员孔戒三因陪同四川水利局唐秘书巴县考察呈璧山县徐县长的请假条**

**璧山县政府工作人员孔戒三为呈送本县合作社各种审核书表给璧山县县长的呈**

1949年5月21日,璧山县政府工作人员孔戒三呈文璧山县县长,呈送本县合作社各种审核书表,请备查。附合作社审核通知单。

**华西实验区合作社物品供销处与璧山县政府为送各级合作社一览表的往来公文**

1949年7月18日,华西实验区合作社物品供销处致函璧山县政府,请县府将辖区内核准登记之合作社一览表转寄一份以开展业务。

1949年8月4日,璧山县政府回函,寄送本县核准登记之合作社一览表一份致华西实验区合作社物品供销处,请查照。

## 华西实验区总办事处为送小型水利工程贷款推进办法二种致璧山县政府的函

1949年8月15日,华西实验区总办事处致函璧山县政府,检送小型水利工程贷款推进办法及申请水利须知各一份,请查照。附小型水利工程贷款推进办法及申请水利须知原件。

## 华西实验区合作社物品供销处璧山分理处为呈报本处筹备成立时间致璧山县政府的函

1949年6月28日,华西实验区合作社物品供销处致函璧山县政府,呈报本处筹备成立时间,请县府派员惠临指导。

## 华西实验区总办事处就璧山县第四辅导区主任人事更换事宜致璧山县第四辅导区主任邱的函

1949年9月27日,华西实验区总办事处致函璧山县第四辅导区邱主任函,拟派王毅衡接替李毅一职。

## 华西实验区总办事处、巴县第二辅导区办事处、巴县歇马乡妇女农产品加工合作社就该社申请经费援助事宜的往来公文

1949年3月22日,巴县歇马乡妇女农产品加工合作社呈文华西实验区总办事处,说明目前本社业务开展情况,请求申请经费援助。4月19日,华西实验区总办事处致巴县第二辅导区办事处通知,请查本县歇马乡妇女农产品加工合作社所呈业务计划是否确实,并如实呈报。附巴县歇马乡妇女农产品加工合作社1949年度业务计划书及所需贷款数额表。4月30日,巴县第二辅导区办事处呈文总处,呈报经查妇女社所呈情况属实。5月7日,总处回函歇马乡妇女加工合作社,知照该社应先增加社股,暂不给予经费支持。

## 华西实验区总办事处就转饬歇马乡酿造合作社补交借贷书表事宜致巴县第二辅导区办事处的通知

1949年9月16日,华西实验区总办事处致函巴县第二辅导区,通知其转饬歇马乡酿造合作社补交相关借贷申请书表。

## 巴县第二辅导区主任王秀斋为派本区辅导干事赴总处领取合作社贷款等书表给华西实验区总办事处的呈

1949年8月23日,巴县第二辅导区主任王秀斋呈文华西实验区总办事处,说明将派本区辅导干事赴总处领取合作社贷种猪饲养款及送呈合作社成立书表,请准洽办理。

## 稻田养鲤法

### 华西实验区总办事处就令各辅导区查清各区辖范围内疟疾情形致各辅导区的通知

1949年10月，华西实验区总办事处致各辅导区办事处，令其查清各辖区内疟疾情形及所需白了君药品数量并如实呈报。

### 璧山县第三辅导区主任魏西河为呈报本区种痘记录呈华西实验区总办事处的报告

1949年7月，璧山县第三辅导区主任魏西河呈报华西实验区总办事处，报告本区种痘情形。

### 重庆市公教人员暂行薪津标准表

## 9-1-92

### 璧山县农业推广所卸任主任就移交在任期间公务文件事宜致新任主任咨文

1949年12月，璧山县农业推广所卸任主任致函新任主任，移交其在任期间任用各级职员一览表、所经办经费书表、本所文书卷、农林业房屋、本所公物、本所各办事处公物、1948年度农林场水稻收储案、介绍偿还各种农业贷款书表、承借推广贷款书表、兽医药物器材、本所各项图表及书刊、县治蝗总队文件、本所收发文簿、公务文件，请查收复函。附璧山县农业推广所专案注销移交清册，璧山县农业推广所第五办事处公务移交清册，璧山县农业推广所1949年度水稻收储移交册，璧山县农业推广所第二、第三、第四、第五、第六办事处公物齐卷图书移交清册，璧山县农业推广所1948年度水稻收储移交一览表，县农业推广所介绍承还各种农贷一览表，推广所借款借据，县农业推广所兽医药物器材移交清册，璧山县农业推广所1949年度工作计划，本所及各项图表及书刊移交清册，县治蝗总队部移交清册，本所收发文簿及会议记录移交清册。

### 璧山县政府为令璧山县农业推广所呈报移交清册事宜给璧山县农业推广所的令

1949年11月，璧山县政府给令璧山县农业推广所，令其按要求呈报所内移交清册。附璧山县农业推广所移交清册目录。

### 散兵收容所就呈报本所2、3、4月份遣送散兵事宜呈璧山县政府的报告

1950年4月23日，散兵收容所呈报璧山县政府，报告本所2、3、4月份遣送散兵数量及消耗稻草总数，请县府鉴核准予注销。

### 散兵收容所就呈报本所员工及伤兵领粮决算表事宜呈璧山县政府的报告

1950年4月27日，散兵收容所呈报璧山县政府，报告本所4月份员工及住

所伤兵领粮决算清册,请备查。

**璧山县户政股就报送审材料给璧山县政府的呈**

1946年10月15日,璧山县户政股张庆光呈文璧山县政府,呈送丹凤乡中心校聘书等五份材料,请县府鉴核。

**四川省政府就检送四川省新县制各级合作社逾期贷款清债办法及四联行借贷办法纲要致璧山县政府的函**

1943年3月12日,四川省政府致函璧山县政府,检送四川省新县制各级图作社逾期贷款清债办法一份,请遵照执行。附抄件。

1942年4月,四川省政府致函璧山县政府,检送四联行借贷办法纲要,请遵照执行。附四联行借贷纲要及准则。

**四川省政府为设法改进县合作组织并催还逾期贷款、暂缓消费贷款等事宜给璧山县政府的训令**

1942年3月,四川省政府致函璧山县政府,知照设法改进县合作组织并催还逾期贷款,盼遵照执行。6月,四川省政府致函璧山县政府,知照暂缓消费贷款。随后,璧山县政府转此函给县辖各合作社。9月,四川省政府致函璧山县政府,知照增加合作贷款利率。

1943年4月,四川省政府给令璧山县政府,知照本年度可增加农贷额度。

1944年,四川省政府给令璧山县政府,知照本省本年度合贷方计。

1947年7月23日,四川省政府致璧山县政府代电,电令各专署县府速报遇突发河堤决口等事宜。

**四川省第三区行政督察专员兼保安司令公署为解决出征军人优待问题给璧山县政府的训令**

1943年,四川省第三区行政督察专员兼保安司令公署给令璧山县政府,知照出征军人优待问题。

**三青团重庆支团璧山支团、璧山县政府及三合乡乡公所就针对在三合乡展开社会调查事宜的往来公文**

1945年11月1日,三青团重庆支团璧山支团致函璧山县政府,知照本部将选三合乡为调查对象,请转饬三合乡协助开展调查工作。

1945年11月3日,璧山县县长致函三青团璧山分团部,同意三青团在三合乡展开社会调查,将转饬三合乡乡公所派员协助。同日,璧山县政府给令三合乡公所,知照此事,并令三合乡派员协助。

### 中国农民银行总处、中国农民银行璧山分理处与璧山县农业推广所为办理美援生产贷款事宜的往来公文

1948年3月10日,璧山县农业推广所致函中国农民银行璧山分理处,请求提前核放农贷。3月21日,中国农民银行回函璧山县农推所,同意照办。4月16日,璧山县农业推广所又致函中国农民银行璧山分理处,请求给予美援经费援助以维生产。6月7日,璧山县农推所致函中国农民银行璧山分理处,请求在该处核贷范围内提前核放美烟建炕设备贷款。12月8日,璧山县农推所致函中国农民银行总管理处,请求提前核贷美烟建炕贷款。12月29日,中国农民银行璧山分理处回函璧山县农推所,知照本处已将该所申请贷款列入本年度农贷计划内,但在总处统筹核定贷款额度前难提前放贷。同日,中国农民银行总处致璧山县农推所快邮代电,知照该所申请贷款应在四川省烟业统筹贷款数额核定后再由本行酌情配贷。

### 中国农民银行璧山分理处为请农推所派员协助调查城南乡贷款情形致璧山县农业推广所的函

1948年1月29日,中国农民银行璧山分理处致璧山县农业推广所函,知照该处将于本月31日前往城南乡调查该乡贷款情形,届时请农推所派员协助调查。

### 璧山县政府为增加小型水利贷款事宜给璧山县农业推广所的训令

1948年2月20日,璧山县政府给璧山县农业推广所训令,函转四川省政府训令,知照拟增加农村小型水利贷款以利农村发展。

### 中国农民银行璧山分理处、璧山县农业推广所及本所各办事处为调整农贷利率的往来公文

1947年12月20日,中国农民银行璧山分理处致函璧山县农业推广所,知照本行农贷仍照原核定利率执行,但自办理转质押后改按三分六厘执行。

1948年6月17日,农行再致函璧山县农业推广所,知照改定农贷利率具体事宜,请通知各承贷农会。

1948年6月,璧山县农业推广所致函本所各办事处,通知各处农行改定利率事宜。

### 乡农会理事为1947年度副业贷款情形事宜呈璧山县农业推广所的报告

1947年6月12日,乡农会理事向璧山县农业推广所呈报1947年度副业贷款情形。

## 璧山县农业推广所与中国农民银行璧山分理处为列本县各乡农会逾期贷款表、呈报年度推广贷款情形事宜的往来公文

1947年12月3日，璧山县农业推广所致函中国农民银行璧山分理处，请列出本县各乡逾期贷款详表以利县府开展奖惩工作。12月20日，县农推所再次呈函中国农民银行璧山分理处，呈报本年度推广贷款情形，请备查。随后，中国农民银行璧山分理处回函璧山县农业推广所，知照来函已悉，请再报推广效果。

## 璧山县政府与璧山县农业推广所为丹凤乡雪松农场是否符合放贷条件事的往来公文

1947年11月17日，璧山县政府给令璧山县农业推广所，令其派员调查本县丹凤乡雪松农场是否符合放贷条件。11月19日，璧山县农业推广所呈文璧山县政府，呈报雪松农场符合放贷条件可辅导其进行借贷，请县府核查。

## 四川省第三区行政督察专员公署为检发飞机色彩与标识改用办法事宜给璧山县政府的训令

1939年（具体月份不详），四川省第三区行政督察专员公署给令璧山县政府，知照四川省政府新用飞机色彩与标识改用办法。附照抄飞机色彩与标识改用办法。

## 四川省政府为令报1947年上期政务情形致璧山县政府的函

1947年4月21日，四川省政府致函璧山县政府，令呈报该县1947年上半年政务情形。

## 9-1-93

兴办小型水利办法

华西实验区病虫防治药械使用办法

华西实验区农业组编改良稻种须知

南瑞苔简介

綦江、合川县工作计划表

华西实验区组社须知

当时工作者细说华西实验区经过

华西实验区行文注意事项

华西实验区工作人员待遇及各辅导区旅费标准

**华西实验区公旅费报销须知**

**巴县龙凤乡石家漕房农业生产合作社相关书表**

巴县龙凤乡石家漕房农业生产合作社1949年度(9月11日至12月31日)业务计划书；1949年9月4日制巴县龙凤乡石家漕房农业生产合作社创立会决议录；巴县龙凤乡石家漕房农业生产合作社成立登记申请书；1949年9月13日制巴县龙凤乡石家漕房农业生产合作社调查表；巴县龙凤乡石家漕房农业生产合作社章程，共四章三十一条；巴县龙凤乡石家漕房农业生产合作社社员签名盖章或按箕斗记录。

**巴县走马乡响水岩农业生产合作相关书表**

巴县走马乡响水岩农业生产合作社创立会决议录；巴县走马乡响水岩农业生产合作社1949年度业务计划书；巴县走马乡响水岩农业生产合作社成立登记申请书；1949年9月制巴县走马乡响水岩农业生产合作社调查表；巴县走马乡响水岩农业生产合作社章程，共四章三十一条；巴县走马乡响水岩农业生产合作社社员签名盖章记录。

**巴县走马乡王家湾农业生产合作社相关书表**

巴县走马乡王家湾农业生产合作社1949年度业务计划书；巴县走马乡王家湾农业生产合作社创立会决议记录；巴县走马乡王家湾农业生产合作社成立登记申请书；1949年9月制巴县走马乡王家湾农业生产合作社调查表；巴县走马乡王家湾农业生产合作社章程，共四章三十一条；巴县走马乡王家湾农业生产合作社社员签名盖章记录。

**巴县含谷乡双巷子农业生产合作社相关书表**

1949年9月制巴县含谷乡双巷子农业生产合作社调查表；巴县含谷乡双巷子农业生产合作社成立登记申请书；巴县含谷乡双巷子农业生产合作社1949年度业务计划书；巴县含谷乡双巷子农业生产合作社成立会决议录。

**华西实验区总办事处就令呈报含谷乡等农业合作社申请登记表册事宜致巴县第七辅导区的通知**

1949年11月18日，华西实验区总办事致函巴县第七区，通知其呈报巴县含谷乡等农业合作社申请登记表册。

**华西实验区总办事处与巴县第四区办事处为本区农业合作社申请登记书表事宜的往来公文**

1949年10月4日，巴县第四辅导区呈文华西实验区总办事处，呈报本区农业合作社表册，请备查。

1949年10月11日,华西实验区总办事处致函巴县第四辅导区,通知其按照程序上缴辖区内各农业合作社申请登记表册。

1949年11月3日,巴县第四区办事处呈文华西实验区总办事处,呈报本区各农业合作社申请登记书表,请备查。

### 巴县含谷乡喻家祠保农业生产合作社相关表册

巴县含谷乡喻家祠保农业生产合作社章程,共四章三十一条;巴县含谷乡喻家祠保农业生产合作社社员签名盖章记录;1949年9月17日,巴县含谷乡喻家祠保农业生产合作社调查表,巴县含谷乡喻家祠保农业生产合作社1949年度业务计划书;巴县含谷乡喻家祠保农业生产合作社成立申请书;巴县含谷乡喻家祠保农业生产合作社创立会决议录。

### 巴县曾家乡欧家石坝农业生产合作社相关表册

巴县曾家乡欧家石坝农业生产合作社1949年度业务计划书;巴县曾家乡欧家石坝农业生产合作社1949年度业务计划书;巴县曾家乡欧家石坝农业生产合作社成立登记申请书;巴县曾家乡欧家石坝农业生产合作社创立会决议录;巴县曾家乡欧家石坝农业生产合作社章程;巴县曾家乡欧家石坝农业生产合作社社员签名盖章记录;1949年9月制巴县曾家乡欧家石坝农业生产合作社调查表。

### 巴县龙凤乡牛脑滩农业生产合作社相关书表

巴县龙凤乡牛脑滩农业生产合作社1949年度业务计划书;巴县龙凤乡牛脑滩农业生产合作社个人社员名册;巴县龙凤乡牛脑滩农业生产合作社调查表;巴县龙凤乡牛脑滩农业生产合作社成立决议录。

## 9-1-94

### 北碚管理局合作农场物品供销处借据

1949年8月20日立北碚管理局合作农场物品供销处借据。

### 铜梁合作纸厂因购置厂房机器设备及修锅炉向华西实验区借美金的借据

1949年6月31日立铜梁合作纸厂因购置厂房机器设备及修锅炉向华西实验区借美金的借据。

### 铜梁合作纸厂因安装机器向华西实验区借银圆的借据

1949年8月14日立铜梁合作纸厂因安装机器向华西实验区借银圆的借据。

### 丹凤乡贵东石坝农业合作社相关表册

丹凤乡贵东石坝农业合作社1949年度业务计划书副本;丹凤乡贵东石坝

农业合作社社员印鉴；1949年9月21日立璧山县丹凤乡贵东石坝农业合作社向华西实验区、中国农民银行借款借据；同日立该社代表领款人任家彤代领款字据。

**璧山县丹凤乡柯家湾房农业生产合作社相关表册**

1949年9月20日立璧山县丹凤乡柯家湾房农业生产合作社因购买仔猪向华西实验区借款借据；同日，该社代表陈文德立字据代领。

**巴县歇马乡何家粮房农业生产合作社相关书表**

巴县歇马乡何家粮房农业生产合作社1949年度业务计划书；1949年1月28日立巴县歇马乡何家粮房农业生产合作社因购买仔猪向华西实验区、中国农民银行借款借据。

**巴县歇马乡天心岗农业生产合作社相关书表**

巴县歇马乡天心岗农业生产合作社1949年度业务计划书；1949年11月28日立巴县歇马乡天心岗农业生产合作社向华西实验区、中国农民银行借款借据。

**北碚管理局金刚乡第六保合作农场相关书表**

1949年6月2日制北碚管理局金刚乡第六保合作农场贷款申请书；1949年7月8日立北碚管理局金刚乡第六保合作农场因购公田及加工房向华西实验区、中国农民银行借款借据。

**北碚管理局朝阳镇十九保合作农场相关书表**

北碚管理局朝阳镇十九保合作农场贷款计划书；1949年7月9日立北碚管理局朝阳镇十九保合作农场因农产加工向华西实验区借款借据。

**北碚管理局朝阳镇十二保合作农场相关书表**

北碚管理局朝阳镇十二保合作农场农产品加工业务计划书；1949年4月8日，北碚管理局朝阳镇十二保合作农场致函华西实验区总办事处，说明本场因资金不足无法开展业务请给予资金补助；北碚管理局朝阳镇十二保合作农场农产品加工业务大纲；1949年7月8日立北碚管理局朝阳镇十二保合作农场因农产加工向华西实验区借款借据。

**北碚管理局金刚乡第十二保合作农场相关书表**

1949年4月制北碚管理局金刚乡第十二保合作农场农贷申请书；1949年7月9日立北碚管理局金刚乡第十二保合作农场因农产加工向华西实验区借款借据。

**北碚管理局龙凤乡第九保合作农场相关书表**

北碚管理局龙凤乡第九保合作农场业务计划大纲；1949年7月13日立北碚

管理局龙凤乡第九保合作农场因生产加工向华西实验区借款借据。

## 北碚管理局龙凤乡第六保合作农场相关书表

北碚管理局龙凤乡第六保合作农场业务计划大纲；1949年7月9日立北碚管理局龙凤乡第六保合作农场因生产加工向华西实验区借款借据。

## 北碚管理局黄桷镇第十二保合作农场相关书表

北碚管理局黄桷镇第十二保合作农场申请贷款计划书；1949年7月11日立北碚管理局黄桷镇第十二保合作农场因农产加工向华西实验区借款借据；北碚管理局黄桷镇第十二保合作农场借款申请书。

## 北碚管理局澄江镇第二十一保合作农场相关书表

1949年4月21日，北碚管理局澄江镇第二十一保合作农场致函华西实验区总办事处，说明因资金短缺请总处给予资金支持；北碚管理局澄江镇第二十一保合作农场贷款预算书；1949年7月13日立北碚管理局澄江镇第二十一保合作农场向华西实验区借款借据。

## 北碚管理局澄江镇第九保合作农场相关书表

1949年7月15日制北碚管理局澄江镇第九保合作农场申请贷款计划书；1949年7月18日立北碚管理局澄江镇第九保合作农场因农产加工向华西实验区、中国农民银行借款借据。

## 北碚管理局黄桷镇第二十保合作农场相关书表

北碚管理局黄桷镇第二十保合作农场申请贷款计划书；1949年7月12日立北碚管理局黄桷镇第二十保合作农场因农产加工向华西实验区借款借据。

## 北碚管理局二岩乡第二保合作农场相关书表

北碚管理局二岩乡第二保合作农场业务计划书；1949年7月13日立北碚管理局二岩乡第二保合作农场因农产加工向华西实验区借款借据。

## 北碚管理局文星乡第八保合作农场相关书表

北碚管理局文星乡第八保合作农场1949年度业务计划书；1949年7月13日立北碚管理局文星乡第八保合作农场因农产加工向华西实验区借款借据。

## 北碚管理局文星乡第十六保合作农场相关书表

1949年7月制北碚管理局文星乡第十六保合作农场业务计划书；1949年7月13日，北碚管理局文星乡第十六保合作农场因农产加工向华西实验区借款借据。

**北碚管理局白庙乡第十一保合作农场相关书表**

北碚管理局白庙乡第十一保合作农场1949年度业务计划书；1949年7月13日立北碚管理局白庙乡第十一保合作农场因农产加工向华西实验区借款借据。

**北碚管理局合作农产物品供销处因母猪推广向华西实验区借款借据；北碚管理局合作农产物品供销处因良种繁殖向华西实验区借款借据**

1949年8月4日，北碚管理局合作农产物品供销处因母猪推广向华西实验区借款借据；北碚管理局合作农产物品供销处因良种繁殖向华西实验区借款借据。

**璧山县大兴乡曹家三重堂农产合作社因购仔猪向华西实验区借款借据**

1949年9月3日，璧山县大兴乡曹家三重堂农产合作社因购仔猪向华西实验区借款借据。

## 9–1–95

**华西实验区工作人员陶一琴为说明已查收小麦、水稻和南瑞苜等推广调查文件及请转发薪津等事宜给郭准堂的呈**

1945年11月24日，华西实验区工作人员陶一琴呈文郭准堂先生，说明已收到工友转交小麦推广总结、南瑞苜及水稻试种总结；另请将10、11月份薪津转交内江圣水寺土壤研究所；还请收发室发放为张孙二位烈士家属募捐文件。

**巴璧实验区办事处工作人员郭准堂、秦文熙与陶一琴为繁殖种猪事宜的往来信函**

1945年11月22日至26日，巴璧实验区办事处郭准堂、秦文熙及陶一琴互相的往来信函，商议繁殖种猪相关事宜，请查照办理。

**巴璧实验区办事处郭准堂为报销花费事宜致成鳌先生的信函**

1945年11月20日，巴璧实验区办事处郭准堂致王成鳌信函，说明所呈报销费用中因热水瓶不属公费支付范围，请自行解决相关费用。

**华西实验区总办事为催缴开支预算表致涪陵、大竹、江北、梁滩河、璧山城北各农业指导所及北碚办事处的函**

1950年10月31日，华西实验区总办事处致函涪陵、大竹、江北、梁滩河、璧山城北各农业指导所及北碚办事处，催以上各单位速缴所需开支预算表。

**大竹专署农业生产指导所为呈报本所地址选定迁移经过事宜给华西实验区总办事处的呈**

1950年10月26日，大竹专署农业生产指导所呈文华西实验区总办事处，呈报本所地址选定及迁移过程。

**华西实验区总办事处为令呈报每月公共开支预算表事宜致本区各农业推广所及北碚办事处的函**

1950年10月19日,华西实验区总办事处致函本区各农推所及北碚办事处,为响应人民政府厉行节约号召,令各地按要求呈报每月公费开支预算表。

**华西实验区总办事处为使用优良麦种后是否为减产负责及苏克钧的去留事宜致王玉衡的信函**

1949年10月7日,华西实验区总办事处致信王玉衡,说明本区是否对农户使用农推所所推优良麦种后减产负有责任事应视情况而定,另总处希苏克钧回处任职。

**华西实验区驻万县专署工作组王玉衡等人为农业推广所在优良品种推广过程中的所遇困难及每日工作日程给华西实验区总办事处孙主任的呈**

1950年9月24日,华西实验区农业组工作人员王玉衡等人呈文总处孙主任,呈报农推所在推广优良种子过程中所遇困难及应对方法;另呈其每日工作日程。

**华西实验区驻万县专署工作组王玉衡为呈报本组工作人员行程安排、优良麦种推广工作及桐苗培育情形给郭准堂(滋园兄)的呈**

1950年9月30日,华西实验区农业组工作人员王玉衡呈文郭准堂,呈报本组工作人员赴重庆具体日程安排,另报告沙河子农业推广所选址经过及本所推广优良小麦种过程中所遇困难,以及培育桐苗工作的具体安排。

**璧山专署杨家祠堂农业生产指导所就办公地址迁移一事与璧山县政府、华西实验区总办事处的往来公文**

1950年10月5日,璧山专署杨家祠堂农业生产指导所呈文璧山县政府及华西实验区总办事处,呈报本处拟将办公地址由第六、第七、第八保迁移到第五保老鹰湾,请审查。10月9日,华西实验区总办事处回函该所,决定将办公地址迁移到老鹰湾。

**华西实验区驻万县专署工作组王玉衡、许建中等人与华西实验区总办事处秘书室郭准堂为苏克钧的调任问题的往来公文**

华西实验区驻万县专署工作组王玉衡、许建中呈文华西实验区总办事处秘书室郭准堂,说明苏克钧在当地的工作情况,请继续留用。1950年10月7日,华西实验区农业组组长李焕章对此事作出批复,照原意调回苏克钧,另派周芳雄接替。10月9日,华西实验区秘书室致函王玉衡、许建中等人,告知此决定。

### 华西实验区总办事处就该所已选定荣桂乡为办公地址一事致杨乘风的函

华西实验区总办事处致函杨乘风,知照已获悉该所选定荣桂乡为办公地址一事,已决定于9月16日起对该所工友支付薪津,并要求该所呈报该工友姓名以便登记。

### 涪陵专署农业生产指导所杨乘风就呈报本所改农指导所事、办公地点迁址及当前工作要点事与华西实验区办事处的往来公文

1950年10月4日,涪陵专署农业生产指导所杨乘风呈文华西实验区办事处孙主任,呈报本所已按要求完成改所事宜,并按川东行署要求迁址荣桂乡,另呈报当前工作要点为油桐小麦的推广及榨菜虫害的防治问题,另外由于人手有限,盼继续留用吕、叶二人。10月7日,华西实验区办事处主任孙则让对此作出回复,表示正在考虑凉塘乡继续留用吕、叶二人一事,并转述该乡当前的工作重心为油桐小麦的推广及榨菜虫害的防治问题。

### 涪陵专署农业生产指导所杨乘风就呈报本所杨乘风就近来工作情形、备选所址、请求改善工作环境条件事与华西实验区总办事处秘书室郭准堂的往来公文

1950年9月25日,涪陵专署农业生产指导所杨乘风呈文华西实验区办事处秘书室郭准堂,呈报近日因阴雨天气影响麦种入仓事宜;并呈报三个备选搬迁办公所址具体情形,请审查;另说明工作地点生活条件艰苦,请求改善工作环境;并欲请假回乡探亲,请准假。同日,郭回复杨乘风,告知补给麦种已运出;另认为荣桂乡更适宜作为办公地点,凉塘乡宜作为优良稻种推广地。

### 华西实验区总办事处孙主任就转送借条一事致喻纯堃的函

华西实验区总办事处孙则让致函喻纯堃,转送江北第二辅导区结束时将公物借予他人借条,请前往洽取相关物品。

### 璧山专署杨家祠农业生产指导所李毅就其本人工作交接事宜与华西实验区总办事处的往来公文

1950年10月4日,璧山专署杨家祠农业生产指导所李毅呈文华西实验区总办事处,呈报已与接替其职务的宋德铨交接妥当相关工作,另该所医药器械仍由原保管者保管,请备查。附杨家祠农业生产指导所器具物品清册。10月8日,总处回函李毅,经审查知情况属实,准予备查。

### 华西实验区驻万县专署工作组就工作交接事与华西实验区总办事处的往来公文

1950年9月20日,华西实验区驻万县专署工作组王玉衡、许建中等人呈文华西实验区总办事处,报告本组已完成工作交接工作,请备查。附华西实验区驻万县专署工作组移交清册。10月4日,总处回函万县工作组,准予备查。

## 涪陵专署农业生产指导所杨乘风就本所迁新址事及人事安排事宜给华西实验区总办事处孙主任的呈

1950年9月30日，涪陵专署农业生产指导所杨乘风呈文华西实验区总办事处，呈报本所办公地址将迁荣桂乡缘由，并对本所人事安排情况作说明，请备查。

## 华西实验区驻万县专署工作组苏克钧、张远定呈报近期工作情形给华西实验区总办事处孙主任的呈

1950年9月21日，华西实验区驻万县专署工作组苏克钧、张远定呈文华西实验区总办事处孙主任，呈报本组近期工作详情，另盼早日派员前来接替苏克钧一职。

## 大竹农业指导所王成鳌与华西实验区总办事处就为新聘工作人员到职事宜及新雇工人薪俸问题的往来公文

1950年9月19日，大竹农业指导所王成鳌呈文华西实验区总办事处，呈报本组新聘三位工作人员已于9月17日到职，另新雇工人一员，请会计师一并发放相应薪俸。9月25日，华西实验区总办事处就此事回函王成鳌，准予为新雇工人登记备案并已通知会计室发放相关薪津，另请该所呈报所需费用预算表。

## 江津白沙农业生产指导所何子清就呈报该区与各方接洽情形及优良麦种推广问题与华西实验区秘书室的往来公文

1950年9月20日，江津白沙农业生产指导所何子清呈文总处秘书室郭准堂，呈报该区近日与重庆、江津等各方接洽情形，并呈区内麦种选择及区域选择事宜，另报区内工作人员伙食安排问题。9月26日，华西实验区秘书室郭回函何子清，告知来函已悉，并将另由总处配送一批麦种前往该区推广。

## 涪陵专署农业生产指导所杨乘风就呈报本所选择小麦推广区域问题给华西实验区农业组及秘书室的呈

1950年9月23日，涪陵专署农业生产指导所杨乘风呈文华西实验区农业组及秘书室，呈报本所拟选三个小麦推广区域情况，其中北拱相对适宜，另请农业组派专业人员前来指导工作。9月26日，华西实验区秘书室回函杨乘风，同意选择北拱为小麦推广区域，另拟派三人前往该所指导工作。

## 华西实验区总办事处就今后区内来回函行文标准事及区内农指所调整安排致陶一琴、宋纯铨、傅志纯、何子清、喻纯堃、杨乘风、王玉衡及王成鳌的函

1950年9月21日至23日，华西实验区总办事处先后致函陶一琴、宋纯铨、傅志纯、何子清、喻纯堃、杨乘风、王玉衡及王成鳌等，通知今后区内来回函行文

标准，另知照区内农指所调整情形。

### 江津白沙农业生产指导所副主任何子清就呈报本所新选址及迁址日期事给华西实验区总办事处的呈

1950年9月18日，江津白沙农业生产指导所副主任何子清呈文华西实验区总办事处，呈报本所拟迁址白沙新运纺织厂，并将于本日迁往开始办公。

## 9-1-96

### 璧山县田赋粮食管理处就派员面呈棉纱借据事宜致华西实验区秘书室郭准堂的函

璧山县田赋粮食管理处冯呈函华西实验区秘书室郭准堂，呈报将派员面呈棉纱借据，请贵处接洽办理。

### 华西实验区总办事处就为收集资料举办三周年纪念活动事宜致巴县、北碚辅导区的通知

1949年11月8日，华西实验区总办事处致函巴县、北碚辅导区，通知总处拟在璧山举办三周年纪念活动，请遵照相关要求收集资料参展。

### 璧山县第十社学区就报告成立农民生产合作社相关事宜给华西实验区总办事处的呈

1949年9月14日，璧山县第十社学区呈文华西实验区总办事处，呈报本区将于9月17日于观音堂八角碾村民家中召开成立大会，届时请总处派员莅临指导工作。

### 巴县第一辅导区办事处喻纯堃就本区青木乡街保机织合作社成立事宜给华西实验区总办事处的呈

1949年10月1日，巴县第一辅导区办事处喻纯堃呈文华西实验区总办事处，呈报本区青木乡街保机织合作社拟定于当日上午召开筹备会，下午召开创立大会，届时请总处派员出席指导工作。

### 璧山县第三辅导区魏西河就呈报本区贷放纱工作给华西实验区秘书室转总办事处孙主任的呈

1949年9月27日，璧山县第三辅导区魏西河呈文华西实验区秘书室转总办事处孙主任，呈报本区申请借贷纱一事已由县府派员查核完成，请尽快发放以便开展业务。

**江北第二辅导区晏昇东就呈报本区水土镇福星厂改组火药生产合作社一事与华西实验区秘书室转孙主任的往来公文**

1949年10月18日,江北第二辅导区晏昇东呈文华西实验区秘书室请转孙主任,呈报本区水土镇福星厂改组火药生产合作社前各项情况并请贷放经费。附调查报告。10月29日,华西实验区总办事处回函晏昇东,通知该社由于所需经费过多,总处无法贷放。

**北碚管理局与华西实验区总办事处为该局恢复织布业务增设新式织布机申请设备补助费用事宜的往来公文**

1949年9月30日、10月13日,北碚管理局卢子英先后致华西实验区总办事处代电,请求为恢复该局织布业务增设新式织布机申请经费资助。附增设新式织布机计划书、预算表及估价单各两份。10月20日,华西实验区总办事处就此事回函北碚管理局,通知该局由于所需费用额度过大,总处只能请求农复会核贷。

**华西实验区总办事处就为三周年纪念会收集展品事宜致璧山县第四辅导区办事处的通知**

1949年11月4日,华西实验区总办事处呈文璧山县第四辅导区办事处,通知该区为举办三周年纪念会,请该区选择美烟六把送处展览。

**璧山县政府就正兴乡村民控告该乡简家庙农业社理事朱一案致华西实验区总办事处的函**

1949年10月22日,璧山县政府致函华西实验区总办事处,抄送正兴乡村民朱光训控告该乡简家庙农业社理事朱治诚控告书一份,请查复。附抄控告书原件。

**璧山县八塘乡第一、第三及第五社学区民教主任为呈报本社学区学生成绩单给璧山县第六辅导区八塘乡驻乡辅导员的呈**

1949年4月28日至29日,璧山县八塘乡第一、第三及第五社学区民教主任呈文璧山县第六辅导区驻本乡辅导员,分别呈报了本社学区学生成绩单,请备查。

**璧山县政府为令八塘乡各社学区如限开学给该乡辅导员的训令**

1949年5月28日,璧山县政府给八塘乡辅导员训令,令八塘乡各社学区按时开学,否则撤职处理。随后,八塘乡辅导员致函本乡各社学区民教主任,转达璧山县政府意见。

**璧山县八塘乡乡长为让本乡各保保长准时参加本乡保民大会致本乡辅导员的函**

1949年6月6日，八塘乡乡长高致本乡辅导员周函，盼其能派员参加本乡保民大会。6月10日，八塘乡辅导员周致函该乡长，希乡上通知本乡各保保长参加会议，更利于商议事情。次日，八塘乡长回函周辅导员，告知已通知各保保长参加大会。

**璧山县政府、璧山第六辅导区办事处及八塘乡辅导员为本乡相关平教工作的往来公文**

1949年6月16日，璧山县政府给八塘乡辅导员训令，令其督察该乡民教工作并制表呈报以利奖惩。璧山县第六辅导区办事处致函八塘乡辅导员，令其制表呈报该乡民教传习处开学日期及办理实况。

1949年7月14日，璧山县第六辅导区致函八塘乡辅导员，检发传习教育调查表二种，希照实填写如限上报。7月16日，璧山县第六辅导区办事处致函八塘乡辅导员，通知其如实呈报本乡辅导员名册以便给予名誉上之奖励。7月31日，璧山县第六辅导区致函该乡辅导员，检发空白导生聘书数份，请照实填写呈报并留存根。附璧山第六辅导区八塘乡各社学区传习处导生聘书表。8月6日，璧山县第六辅导区办事处致函八塘乡辅导员，通知各传习处考试办法，希遵照执行。8月11日，璧山县政府致函八塘乡辅导区，令各传习处造册呈报学生成绩册。9月2日，八塘乡辅导员回函本区主任，造册呈报该乡导生名册。附导生名册表。

1949年8月12日，八塘乡辅导员致该乡乡长函，知照本乡各传习处期中考试时间及地点安排。8月14日，八塘乡辅导员呈文璧山县第六辅导区办事处主任，呈报本乡毕业生考试时间及地点。9月10日，八塘乡辅导员呈文璧山县第六辅导区办事处，呈报为避免影响农事部分社学区传习处在结束期终考试后即放假情形，以及对导生的奖惩情况。附璧山县第六辅导区八塘乡1949年上期本区民教主任捐赠奖金收支表、本乡地方人士捐赠表。

1949年9月4日，璧山县第六辅导区办事处致函八塘乡辅导员，令该乡将已开学传习处呈报开学日期，因农事原因暂未开学者最晚不能超过10月1日复学，希遵照办理。

**华西实验区合作社物品供销处璧山分处为以布抵纱、领取物品、承织军布等事宜致各社的函及验布场的公告**

1949年5月17日，华西实验区合作社物品供销处璧山分处致函各社，通知各社如限呈报以布抵纱情形。

1949年5月20日，华西实验区合作社物品供销处璧山分处又致函各社，通知各社带上手续前来领取竹扣。

1949年10月1日,华西实验区合作社物品供销处璧山分处验布场公告处公告,告知因验布场空间太小将迁往前仓库,请各社员前往验布。

1949年10月6日,华西实验区合作社物品供销处璧山分处致函各社,通知其返还承织军布时借用生活用品。

1949年10月27日,华西实验区合作社物品供销处璧山分处致函各社,通知各社执行新的以布易纱标准。

1949年10月30日,华西实验区合作社物品供销处璧山分处致函各社,通知承织军布小组及其小组成员上缴军布日期。

1949年11月5日,华西实验区合作社物品供销处璧山分处致函各社,因军布数量激增,又本处验布人手不够,令各存布社员前往仓库配合验收。

1949年11月1日,华西实验区合作社物品供销处璧山分处致函各社,通知自1日至4日暂停办理军布事宜,自4日起照常工作。

1949年11月7日,华西实验区合作社物品供销处璧山分处验布场公告处公告,通知各社员分批送验军布。附公告原件。

## 华西实验区合作社物品供销处来凤驿办事处为呈报本处员工清册事宜给李主任的呈

1949年8月4日,华西实验区合作社物品供销处来凤驿办事处呈文李主任,呈报本处职员清册。附合作社物品供销处来凤驿办事处员工名册。

## 华西实验区合作社物品供销处璧山分处就该处人事调动一事致来凤驿办事处的函、通知

1949年8月5日,华西实验区合作社物品供销处璧山分处致函来凤驿办事处,知照改派王干事前往丁家乡办事处,原派叶干事调回本处。8月8日,华西实验区合作社物品供销处璧山分处又致函来凤驿办事处,通知派卢前往填补因调派王干事所缺一职,并随文送本处工作人员登记表一份。附华西实验区合作社物品供销处来凤驿办事处员工名册。9月2日,华西实验区合作社物品供销处璧山分处又致函来凤驿办事处,为加强来凤驿业务工作,特增派王技术员前往。

## 华西实验区合作社物品供销处璧山分处就人事调动一事致丁家乡、来凤驿办事处的函

1949年9月5日,华西实验区合作社物品供销处璧山分处致函丁家乡办事处,函告拟派本处会计员李前往该处加强业务工作。同日,华西实验区合作社物品供销处璧山分处致函丁家乡、来凤驿办事处,知照同意将丁家乡收布工作

收由本处办理,并由华西实验区第四区辅导员邱达夫兼任,请按要求办理移交工作。同日,华西实验区合作社物品供销处璧山分处致函来凤驿办事处,知照可雇佣雷技术员及警卫进行布匹整理工作,另工资不宜太高。

**萧思柔因调查盐局是否以棉纱或银圆折算事宜给华西实验区合作社物品供销处璧山分处主任的呈**

1949年9月1日,萧思柔呈文华西实验区合作社物品供销处璧山分处李主任,呈报拟选择在来凤乡调查当地盐局是否以棉纱或银圆折算,再定数量,请批示。

**华西实验区合作社物品供销处璧山分处就派员前往采购承织军布社员所需生活用品事致来凤驿办事处的函**

1949年9月1日,华西实验区合作社物品供销处璧山分处致函来凤驿办事处,知照拟派萧思柔前往来凤乡采购承织军布社员所需生活用品。

**华西实验区合作社物品供销处璧山分处为人事调动事宜与丁家乡、来凤驿办事处的往来公文**

1949年9月22日,华西实验区合作社物品供销处璧山分处致函丁家乡、来凤驿办事处,知照因近期收换军布数量激增拟调该处两名验布员返本处,希饬该员尽快返处。9月24日,来凤驿办事处呈文华西实验区合作社物品供销处璧山分处,呈报本处验布员闫惠敏已返该处参加验布工作。9月30日,丁家乡、来凤驿办事处呈文华西实验区合作社物品供销处璧山分处,呈报本处因人员变动引起之工作移接清册一份,请予备查。10月2日,华西实验区合作社物品供销处璧山分处回函该处,准予备查上述情形。10月2日,华西实验区合作社物品供销处璧山分处致函来凤驿办事处,通知拟调该处验布员胡即刻返本处参加工作。10月3日,来凤驿办事处回函分处,呈报本处验布员胡已整装前往报到,请备查。10月16日,华西实验区合作社物品供销处璧山分处致函丁家乡办事处,通知拟派雷会计员兼任该处主任。

1949年10月25日,华西实验区合作社物品供销处璧山分处致函来凤驿办事处阎毅敏、卢思荘,通知因业务需要拟调阎毅敏回分处工作,并由卢思荘接替其职位。10月28日,卢思荘回函分处,呈报自己已按要求到职开展业务工作。

**来凤驿办事处为呈报本处10月份员工名单给华西实验区合作社物品供销处璧山分处的呈**

1949年10月4日,来凤驿办事处主任呈文华西实验区合作社物品供销处璧山分处,呈报本处自10月份起员工名册及薪资数目。

## 华西实验区合作社物品供销处璧山分处为知照新以布易纱标准及收布时间致丁家乡、来凤驿办事处的通知

1949年10月24日,华西实验区合作社物品供销处璧山分处致函丁家乡、来凤驿办事处,通知新定以布易纱标准及收布日期,请查照办理。附换算标准。

## 丁家乡办事处因希增加会计业务干事、购买验布镜及购买生活用品事给华西实验区合作社物品供销处璧山分处的呈

1949年10月17日,丁家乡办事处呈文华西实验区合作社物品供销处璧山分处,因业务需要希分处能增派会计干事及购买验布镜及相关生活用品,请批准。

## 华西实验区合作社物品供销处璧山分处就验收军布工作结束后相关物品的处理问题致来凤驿、丁家乡办事处的函

1949年11月22日,华西实验区合作社物品供销处璧山分处致函来凤驿、丁家乡办事处,通知验收军布工作结束后所余物资家具暂由该处自行保管,听候处理。同日,华西实验区合作社物品供销处璧山分处致函杨本股长,派其前往督察物资、家具保管工作,并发两月薪俸。

## 来凤驿办事处干事阎毅敏就呈报本处所领棉纱件数及存储地址事给华西实验区合作社物品供销处璧山分处的呈

1949年8月4日,来凤驿办事处呈文华西实验区合作社物品供销处璧山分处,呈报本处所领棉纱件数及存储地址,请备查。同日,又呈文华西实验区合作社物品供销处璧山分处,呈报本处工作进行情形。

## 华西实验区合作社物品供销处璧山分处就通知电报挂号码事致来凤驿办事处的函

1949年8月15日,华西实验区合作社物品供销处璧山分处致函来凤驿办事处,通知该处电报挂号码,如有特殊公务时请用此码联络。

## 来凤驿办事处主任就呈报所领纱布受潮事与华西实验区合作社物品供销处璧山分处的往来公文

1949年8月13日,来凤驿办事处主任呈文华西实验区合作社物品供销处璧山分处,呈报本处业务员押调纱因当时库房未定暂存乡公所内导致部分受潮事宜,请备查。8月15日,华西实验区合作社物品供销处璧山分处回函该处,饬其以后妥善保管所领棉纱。

### 华西实验区合作社物品供销处璧山分处就拟派员调查四八布市场情形致来凤驿办事处的函

1949年8月15日,华西实验区合作社物品供销处璧山分处致函来凤驿办事处,知照本处拟派员前往毕节、叙永、宜宾一带作市场调查。

### 华西实验区合作社物品供销处璧山分处就催促呈报该处收布换纱情形致来凤驿办事处的函

1949年8月15日,华西实验区合作社物品供销处璧山分处致函来凤驿办事处,督饬其速报该处收布换纱情形。

### 来凤驿办事处就请发本处所存纱调换支纱或再发支纱事宜给华西实验区合作社物品供销处璧山分处的呈

1949年9月2日,来凤驿办事处呈文华西实验区合作社物品供销处璧山分处,说明本处所库存棉布、支纱就将用罄,请分处发放本处所存纱调换支纱或再发支纱以维生产。

### 来凤驿办事处就呈报本处将库存棉纱迁入邬氏祠堂情形给华西实验区合作社物品供销处璧山分处的呈

1949年9月5日,来凤驿办事处呈文华西实验区合作社物品供销处璧山分处,呈报本处棉纱库存地点已由原连城商号迁入邬氏祠堂,并且待明善中学让出后,本处将全部迁入邬氏祠堂办公。

### 华西实验区合作社物品供销处璧山分处就拟开辟窄布市场事致丁家乡、来凤驿办事处的函

1949年9月5日,华西实验区合作社物品供销处璧山分处致函丁家乡、来凤驿办事处,知照本处拟将所换布匹运往宜宾、涪陵两地开辟窄布市场,请该处雇佣技工整理包装好布匹以待派员启运。9月8日,华西实验区合作社物品供销处璧山分处又致函来凤驿办事处,知照拟派萧干事前往该处提取四八等窄布三百尺以运往涪陵推销。9月16日,华西实验区合作社物品供销处璧山分处又致函来凤驿办事处,又派萧干事提取窄布七百尺。9月17日,华西实验区合作社物品供销处璧山分处致函丁家乡、来凤驿办事处,请两地将所收布匹整装以便运往宜宾推销。10月15日,华西实验区合作社物品供销处璧山分处致函来凤驿办事处,通知该处将现存台布及甲乙窄四八布整理运往宜宾推销。10月28日,华西实验区合作社物品供销处璧山分处致函来凤驿、丁家乡办事处,为开辟重庆窄布市场,请两地准备好相应布匹运往重庆推销。

**华西实验区合作社物品供销处璧山分处就知照换纱事致来凤驿办事处的函**

1949年9月5日,华西实验区合作社物品供销处璧山分处致函来凤驿办事处,知照该处十六支纱可按九五机调换。

**来凤驿办事处为与联合勤务司令部江津被服厂合作以布易纱事与华西实验区合作社物品供销处璧山分处的往来公文**

1949年9月15日,来凤驿办事处呈文华西实验区合作社物品供销处璧山分处,呈报本处将请丁家乡办事处兼主任邱达夫会同与联合勤务司令部江津被服厂商洽以布易纱事宜,并准备草拟合约,请分处批示妥否。附草约一份。9月16日,华西实验区合作社物品供销处璧山分处回函来凤驿办事处,知照该处订立合约注意事项。10月11日,联合勤务司令部江津被服厂(重庆被服厂)致函华西实验区,希于两星期内继续换二四宽布及四八窄布数尺。10月11日,华西实验区合作社物品供销处璧山分处致函丁家乡、来凤驿办事处,通知其按要求准备好被服厂所需布匹。

**来凤驿办事处为大量收换纱布以完成承办军布任务对社员采取优惠政策事与华西实验区合作社物品供销处璧山分处的往来公文**

1949年9月16日,来凤驿办事处呈文华西实验区合作社物品供销处璧山分处,呈报本处为完成承办军布任务采取的系列优惠政策,请分处批示妥当与否。9月17日,华西实验区合作社物品供销处璧山分处回函来凤驿办事处,知照采取优惠政策之建议及注意事项。

**来凤驿办事处为是否继续收换非社员布匹事与华西实验区合作社物品供销处璧山分处的往来公文**

1949年9月12日,来凤驿办事处呈文华西实验区合作社物品供销处璧山分处,询问分处是否继续收换非社员布匹。9月19日,华西实验区合作社物品供销处璧山分处回函来凤驿办事处,仍按前函办法收换。

**来凤驿办事处为领取棉纱以维生产事与华西实验区合作社物品供销处璧山分处的往来公文**

1949年9月23日,来凤驿办事处呈报华西实验区合作社物品供销处璧山分处,报告本处库存棉纱将于三日内用罄,请于三日内补给运来。9月24日,华西实验区合作社物品供销处璧山分处回函来凤驿办事处,请其补办正式领据前来领取。10月18日,来凤驿办事处呈文华西实验区合作社物品供销处璧山分处,说明本处所剩棉纱数量,请补给棉纱以利公便。11月8日,华西实验区合作社物品供销处璧山分处回函来凤驿办事处,已按请求发放相应数量棉纱。

### 来凤驿办事处代主任为以布易纱新规给华西实验区合作社物品供销处璧山分处的呈

1949年11月1日，来凤驿办事处代主任卢思庄呈文华西实验区合作社物品供销处璧山分处，呈报本处拟执行之新以布易纱标准，请分处鉴核妥否。

### 来凤驿办事处代主任为呈报暂停收取窄布日期给华西实验区合作社物品供销处璧山分处的呈

1949年10月28日，来凤驿办事处呈文华西实验区合作社物品供销处璧山分处，呈报本处暂停收窄布日期，请备查。

## 9-1-97

### 华西实验区社学区国民教育实施纲要

### 平民教育运动史大纲

### 乡村卫生建设新途径刍议

### 图书馆新到图书一览表

本院（具体名称不详）图书馆新到图书一览表。

### 《乡建院刊》第二卷第一期

1948年11月5日出版《乡建院刊》第二卷第一期。

### 《乡建院刊》第二卷第二期

1948年12月5日出版《乡建院刊》第二卷第二期。

### 《乡建院刊》第二卷第三期

1949年1月5日出版《乡建院刊》第二卷第三期。

### 《乡建院刊》第二卷第四期

1949年2月5日出版《乡建院刊》第二卷第四期。

### 四川省璧山县动员委员会就呈报本年3月份精神动员报告表及国民月会记录表事呈重庆卫戍区总动员委员会的函

1941年4月24日，四川省璧山县动员委员会致函重庆卫戍区总动员委员会，呈报本年3月份精神动员报告表及国民月会记录表，请备查。附四川省璧山县动员委员会实施精神总动员报告表、璧山县3月份国民月会一览表、动员过程中奉行法令事项。

**华西实验区总办事处与中国农民银行重庆分行签订机织贷款合约**

**北碚、璧山机织贷款协议书**

**中国农民银行重庆分行为检送双方所签订信托合约致华西实验区总办事处的函**

　　1949年3月12日，中国农民银行重庆分行致函华西实验区总办事处，检送双方签订信托合约一份。附贷纱收布放出、收回清单。

**华西实验区总办事处为双方搭配贷放棉纱一事与中国农民银行重庆分行的往来公文**

　　1948年3月31日，华西实验区总办事处致函中国农民银行重庆分行，商议双方搭配贷放棉纱标准及记账办法。同日，中国农民银行重庆分行回函华西实验区总办事处，检送双方搭配璧山北碚机织贷款协议书及贷纱收布办法、记账办法等书表。附华西实验区总办事处与中国农民银行重庆分行贷纱收布记账办法、华西实验区总办事处与中国农民银行重庆分行贷纱收布办法。1949年3月26日，中国农民银行重庆分行致华西实验区总办事处快邮代电，请该处如数发放搭配棉纱以便记账。

**中国农民银行璧山分理处就派视察员前往璧山研讨贷放纱收布问题致华西实验区璧山处的函**

　　1949年3月5日，中国农民银行璧山分理处致函华西实验区璧山处，知照该处拟派郑视察员前往璧山研讨收布工作。

**华西实验区与中国农民银行重庆分行农业贷款协议书修改稿**

**华西实验区与中国农民银行重庆分行1949年度工作联系座谈会会议记录及相关函**

**中国农民银行璧山分理处就转发双方联系工作座谈会议记录与华西实验区总办事处的往来函**

　　1949年2月14日，中国农民银行璧山分理处致函华西实验区总办事处，转发双方联系工作座谈会议记录一份，请查照见复。附双方联系工作座谈会议记录、农业贷款协议书。

　　1949年7月5日，华西实验区总办事处回函中国农民银行璧山分理处，本处将双方合作比例及农业生产贷款总额作出调整，具体可行否，盼行方回复。7月22日，中国农民银行重庆分行回函华西实验区，搭配贷放时希等区方先行发放完自筹资金后再由行方补给。

**华西实验区与中国农民银行重庆分行就农业贷款相关事宜的函及快邮代电**

### 中国农民银行重庆分行就相应贷款发放情况致华西实验区总办事处的快邮代电

1949年4月27日,中国农民银行重庆分行致函华西实验区,知照本行已将机织、造纸贷款发放,其余美烟生产、养猪贷款待总处审核后再行发放。

1949年4月19日,中国农民银行重庆分行致函华西实验区总办事处,知照扶植自耕农及农地改良贷款将在总行审核后才予发放,请区方按原协议提交相应手续。

### 华西实验区总办事处为双方合约放贷纱事致中央合作金库四川分库、中国农民银行重庆分行的函

1949年4月10日,华西实验区总办事处致函中央合作金库四川分库、中国农民银行重庆分行,检发双方合约配贷棉纱清单。附华西实验区与中央合作金库搭配贷放及托运棉纱提单清单、交农行运输棉纱提交清单。

### 中国农民银行璧山办事处为将双方配合贷放棉纱事与华西实验区总办事处的往来公文

1949年5月23日,华西实验区回函行方,因区内棉纱紧缺暂缓还纱,待本区补给棉纱到后即刻返还行方。

1949年5月26日,华西实验区总办事处致函中国农民银行,请该行将库存在璧山分处的一百件棉纱划拨给本区以省装运费。

1949年5月30日,中国农民银行重庆分行致函华西实验区总办事处,请区方将之前借行方棉纱打包还回中国农民银行璧山处仓库。

1949年7月15日,中国农民银行重庆分行致函华西实验区总办事处,请区方退还双方配贷棉纱一百件以作他用。

1949年7月28日,中国农民银行重庆分行回函华西实验区总办事处,同意区方提议,即刻派员照办。

1949年8月5日,中国农民银行璧山办事处致函华西实验区总办事处,知照因璧山仓库容量有限,拟将贷放棉纱暂寄存于璧山供销分处仓库。

1949年8月5日,华西实验区总办事处回函中国农民银行重庆分行,就双方配贷中该由区方发放棉纱已发往贵处璧山分处,请洽接。

### 华西实验区总办事处就签盖农贷协议书事致中国农民银行重庆分行的函

1949年8月17日,华西实验区总办事处致函中国农民银行重庆分行,检附双方农贷协议书一份请签盖后返还区方。同日,中国农民银行重庆分行回函华西实验区,现将农贷协议书修缮稿四份回寄给区方,请区方审核回复意见并返寄以便签盖。附农贷协议书。8月23日,中国农民银行重庆分行回函华西实验区总办事处,检发已签盖农贷协议书一份。

### 华西实验区总办事处就机织合作社借还纱日期事致中国农民银行璧山分处的函

1949年8月13日,华西实验区总办事处致函中国农民银行重庆分行,就机织合作社还纱期限事请该行维持原定协议6个月为限。

### 原中国农民银行璧山通讯处就归还贷纱收布种类标准地点事致华西实验区总办事处的函

1950年1月20日,原中国农民银行璧山通讯处致函华西实验区总办事处,因观音阁等社还纱日期已到,请区方告知议定还纱收布种类、标准及地点。1月25日,华西实验区回函原中国农民银行璧山通讯处,知照收布种类、标准及时间。附二四布规格表、花布规格表、二八布规格表。

### 华西实验区合作社物品供销处、华西实验区机织生产合作社、华西实验区总办事处及中国农民银行璧山支行为收回机织生产合作社贷纱本息办法的往来公文

1950年4月6日,华西实验区合作社物品供销处呈文华西实验区总办事处,呈报与中国人民银行初拟定收回机织生产合作社社员贷纱本息办法一份,请审查并给出书面同意书以便遵照执行。附双方收回机织生产合作社社员贷纱本息办法原件。

1950年4月11日,华西实验区总办事处致函中国农民银行璧山支行,函送收回机织生产合作社贷纱本息办法抄件一份,盼洽复。附双方收回机织生产合作社社员贷纱本息办法。同日,华西实验区回函物品供销处,知照已将贷纱利息办法转发给人民银行璧山支行,正在商洽办理中,另该处副主任已去职,见函后不必再用其名义。中国人民银行璧山支行、华西实验区总办事处致函华西实验区机织生产合作社,通知收回贷纱本息办法,希遵照执行。

### 关于华西实验区乡村建设中医疗卫生建设的几点看法

### 朝阳学院校友会璧山分会会章(共8章,24条)

## 9-1-98

### 铜梁县政府、县参议员及省参议员为本县小安溪小型水利建设费用事宜致华西实验区总办事处的函及其回函

1949年10月12日,铜梁县政府、县参议员及省参议员联合致函华西实验区总办事处,请为本县小安溪小型水利建设向农复会申请经费援助。同日,华西实验区孙主任回函铜梁县政府,希地方积极自筹经费。

### 华西实验区总办事处为采购种猪一事致仲容县长的函

华西实验区总办事处致函仲容县长,知照本区拟派梁干事前往该县采购种

猪，希接洽办理。

### 华西实验区秘书室郭准堂就辅导员调动及预借款事致璧山县第六区辅导员何子清的函

璧山县第六区辅导员何子清呈文华西实验区秘书室郭准堂，呈报本区辅导员不足、减租情形及购牛工作。华西实验区秘书室郭回函璧山县第六辅导区何子清，知照该区八塘、依凤乡辅导员调动一事，另所呈预借款问题暂缓。

### 华西实验区总办事处孙主任与秘书室郭准堂就綦江县平教工作情形、民教主任所领薪津事致綦江县各辅导员的函

1949年8月10日，綦江县第一、第二区辅导员呈函华西实验区总办事处，呈报本区平教工作开展情形、民教主任缺失与所领薪俸问题及救济药品发放等问题，请指示。

1949年9月1日，华西实验区总办事处孙主任与秘书室郭准堂回函綦江县各辅导员，一一指示所呈各项工作。

### 綦江县参议会为其中部分参议员抨击参议长事致綦江县政府的代电及綦江县政府为此敬告书

綦江县参议会致电綦江县政府，电告本县参议员抨击参议长一事事前未征得同意。1949年8月5日，綦江县政府就此事致敬告书。

### 綦江县县长就查本县农村建设专款事宜致华西实验区总办事处孙信的函

1949年7月16日，綦江县县长致函华西实验区总办事处孙主任，陈述自己对本县农村建设专款筹集、管理意见。

### 吴□□就綦江农村建设专款事项给四川省第三行政区专员孙则让的呈

### 中国农民银行璧山分行就修改双方搭配贷放利率一事致华西实验区总办事处的函

1949年2月18日，中国农民银行璧山分行致函华西实验区总办事处，知照双方搭配贷纱利率由原定月息六厘调整为月息八厘，并一同转发1949年度双方合作座谈会会议记录。附1949年度华西实验区与中国农民银行重庆分行合作座谈会会议记录。

### 陈辅屏就本县农村建设工作情况给华西实验区总办事处孙主任的呈

陈辅屏呈文华西实验区总办事处，报告目前本县农村建设情形，以及本县县长调去内江任县长与实验工作扩大范围推广所致川北、川西地区对本地农村建设的影响。

### 华西实验区总办事处孙主任为开展农田水利工作借用设备致志军的函

华西实验区总办事处孙主任致函志军,告知本区农田水利工作已积极展开,拟借贵处存于南充的水利勘察设备一用。

### 璧山县第六辅导区主任何子清与华西实验区秘书室郭为采购耕牛、本区辅导员调整事宜的往来公文

璧山县第六辅导区主任何子清呈文华西实验区秘书室郭,呈报可采购耕牛地点、价格、距离远近事宜,另请对本区民教主任任职情况作出调整。何子清呈文郭,请秘书室发放农地减租登记表。华西实验区秘书室郭回函璧六区辅导员何子清,知照可就近在临水采购耕牛,为暂不能对该区民教主任任职情况作出调整事致歉,另告知农地减租登记表早经县府转发。

### 华西实验区秘书室郭为增设织布机事致北碚管理局卢子英的函

华西实验区秘书室郭致函北碚管理局卢子英,就希增设织布机一事,郭表示此种大事应由晏阳初先生与孙则让主任定夺。

### 康兴璧就本地开展民教工作事宜、优良麦种推广事给华西实验区秘书室的呈

康兴璧呈文华西实验区秘书室郭,呈报本县民教工作开展情况,以及请尽快将优良麦种运来以便生产。

### 瞿菊农就告知近期工作情况与孙则让的往来函

瞿菊农致信孙则让,告知原定与孙伏园一同出席人民代表大会一事因故暂缓,另自己近期在学习一些绘画影片技术觉得大有用处,推荐学习之。同日,孙则让回信瞿菊农。

### 孙则让就梁滩河兴建小型水利相关事宜致喻纯堃、陶一琴的函

孙则让致函喻纯堃,告知将派水利工程人员十人前往梁滩河指导兴建水利工作,望接洽办理。孙则让又致函喻纯堃,告知将于2月20日前往调研水利工程。孙则让致函陶一琴,知照李纪生将前往调研水利建设情况以编写材料,请积极配合。

### 农业组对繁殖站设置为何未能开展的情况说明

### 孙则让就派员前往调查巴六区民教主任薪资发放情况致家宽的函

孙则让致函家宽,告知已派员前往调查经手办理巴六区民教主任薪资事宜,如情况严重立转人民政府查办。

### 华西实验区秘书室郭就为该区卫生防疫工作致陶一琴的函

华西实验区秘书室郭致函陶一琴,知照本处将尽快为该区配发医药箱,另请自行就近雇佣女工一名。

### 华西实验区秘书室郭就积极准备开展农业生产活动事致静波的函

华西实验区秘书室郭致函静波,令其近期积极作好开展农事生产活动准备。

### 华西实验区秘书室郭就检送相关教育文件致王启澍的函

华西实验区秘书室郭致函王启澍,检送相关教育文件数份,希遵照办理。

### 华西实验区秘书室郭与薛觉民为报销玻板费用的往来公文

薛觉民呈文华西实验区秘书室郭,呈报已将购买玻板送往总处,费用由他本人垫付。华西实验区秘书室郭回信薛觉民,信告玻板送来时已有损坏,但考虑非人为损坏,已转会计室报销。

### 华西实验区秘书室郭为通知各部门负责人参加座谈会事致方科长的函

华西实验区秘书室郭两次致函方科长,令其通知各部门负责人本月22日下午或次日上午前来参加业务工作座谈会。

### 华西实验区秘书室郭就参观渡漕、水闸工地感想事致成祥兄的函

华西实验区秘书室郭致函成祥兄,浅谈参观当地渡漕、水闸工地感想,希技术人员提高安全意识。

### 杨乘风就呈报5月份收支对照表及本区日常工作情形给华西实验区秘书室的呈及其回函

杨乘风呈文华西实验区秘书室,呈报本区5月份收支对照表,并请寄发旅费明细表一份以备用,另呈报本区日常工作情形,请鉴核。华西实验区秘书室郭回函杨,检发旅费明细表一份。

### 华西实验区卫生组工作人员就是否停止卫生防疫工作事给华西实验区总办事处的呈

华西实验区卫生组工作人员呈文华西实验区总办事处,询问是否停止卫生防疫工作及怎么处理一般生产同人。

### 璧山县三教乡中街机织生产合作社、璧山县政府、华西实验区总办事处、华西实验区第二辅导区办事处为该社成立及开展业务问题的往来公文

1949年3月14日,璧山县三教乡中街机织生产合作社呈文华西实验区总办事处,呈报本社创立大会日期,希总处派员前往指导工作。附本社筹备会议记

录。5月13日,璧山县人民政府致函华西实验区总办事处,检送三教乡中街机织生产合作社成立登记表一份。5月15日,华西实验区总办事处致函华西实验区第二辅导区,转发该社成立登记表。7月25日,璧山县三教乡中街机织生产合作社呈函华西实验区总办事处,呈报本社启用图记日期及社员印鉴一份,请备查。附本社职员印鉴。

### 荣惠迪为呈报本区民教主任培训费超支缘由给华西实验区秘书室郭准堂的呈

1949年8月28日,荣惠迪呈文华西实验区秘书室郭,呈报本区民教主任培训费超支缘由,请审查。

### 巴县陈家乡乡公所就发放本乡赈灾贷款事给华西实验区总办事处的呈

1949年11月25日,巴县陈家乡乡公所呈文华西实验区总办事处,呈报本乡受灾情形,请发放赈灾贷款以维生产。

### 巴县第十一辅导区办事处与华西实验区总办事处就马铃薯贷种相关事宜的往来公文

1949年8月22日,巴县第十一辅导区呈文华西实验区总办事处,呈报本区石庙乡等地勘察受灾情况,并请贷马铃薯种以增产救济。附各乡贷种清单。8月26日,华西实验区总办事处回函巴县第十一辅导区,同意贷放马铃薯种。9月10日,巴县第十一辅导区办事处呈文华西实验区总办事处,询问该区贷马铃薯款利率、还款期限及采购差旅费是否报销问题。9月12日,华西实验区总办事处就此事回函,知照贷款利率及差旅费报销情况。11月17日,巴县第十一区辅导员呈文本区主任,呈报购种及差旅、搬用费用账目表,请备查。附账目表、运费收条。

1949年12月8日,巴县第十一区辅导区辅导员苏呈报华西实验区总办事处,报告贷种洋芋相关费用及会议记录。附1949年10月7日制巴县第十一辅导区为贷马铃薯种临时会议记录、采购洋芋贷种及麦种贷款收支账目表清单、各项收支账目总清单、黄兴纲差旅费收支账目表。12月17日,华西实验区总办事处回函巴县第十一辅导区,因其呈报账目不清,通知其重新呈报账目明细表。

1949年12月18日,华西实验区总办事处致函巴县第十一辅导区主任,知照拟派李主任前往巴县彻查购洋芋种事宜及贷种手续问题。

1949年12月19日,华西实验区总办事处致函巴县第十一区李主任,知照拟派彭校芝干事前往彻查该区洋芋贷种手续。

1950年1月12日,华西实验区总办事处再次致函巴县第十一辅导区,称其呈报洋芋购种数目与差旅费不实,希如实呈报。

1950年3月6日,巴县第十一辅导区主任呈报华西实验区总办事处,报告前报账整理情形,请鉴核。附购洋芋种余款情形、黄兴纲在綦江采购洋芋种账目清单、黄兴纲赴綦江采购洋芋支付旅费整理剔除后账目表。

1950年3月13日,华西实验区总办事处致函前巴县第十一辅导区主任,通知其呈报办理洋芋贷种具体情形。

1950年4月6日,华西实验区总办事处致函巴县第十一辅导区,通知该区五日内将洋芋贷种手续清理完竣并呈报。

1950年4月25日,巴县第十一辅导区主任呈文华西实验区总办事处,呈报本区办理洋芋贷种手续具体情形。

## 9-1-99

### 工作检讨月会记录一份

1949年6月28日,工作检讨月会记录一份。

### 华西实验区总办事处与璧山第三辅导区为呈报工作人员月报表的往来公文

1949年2月28日,华西实验区总办事处致函璧山县第三辅导区,通知其填写月报表相关要求。随后,璧山县第三辅导区呈文华西实验区总办事处,呈报本区辅导人员本年度2、3、4、5、6、7、9月份工作月报表。附华西实验区辅导人员2、3、4、5、6、7、9月份工作月报表。

1949年4月23日与6月7日,华西实验区总办事处回函璧山第三辅导区,为所呈月报表给出意见。

### 华西实验区合作社物品供销处璧山分处为派员前往指导业务致丁家乡办事处的函

1949年9月5日,华西实验区合作社物品供销处璧山分处致函丁家乡办事处,知照为增强该处业务,特调派会计员前往丁家乡办事处。9月17日,华西实验区合作社物品供销处璧山分处致函龙九松,通知分处拟派其前往丁家乡办事处指导业务。

### 华西实验区合作社物品供销处璧山分处与丁家乡办事处为开辟窄布市场的往来公文

1949年9月6日,华西实验区合作社物品供销处璧山分处致函丁家乡办事处,为开辟窄布市场,令丁家乡办事处雇佣技工整理包装以备运往宜宾、涪陵推销。9月21日,华西实验区合作社物品供销处璧山分处致函丁家乡办事处,通知其按要求将打包好窄布运往宜宾市场,并将包装情形、布匹名称、数量、成本价格如实呈报以备办理。

1949年10月18日，华西实验区合作社物品供销处璧山分处致函丁家乡办事处，为开辟窄布市场与重庆被服厂相关合作，希按要求将所需布匹打包、运往该厂，并将相关情形呈报本处。

1949年10月24日，华西实验区合作社物品供销处璧山分处致丁家乡办事处函，通知因重庆被服厂需求有变，于本月26日起按新规收换布纱。同日，华西实验区合作社物品供销处璧山分处致函丁家乡办事处，令其将运往重庆被服厂四八布数量、种类及成本造册呈报以便结账。

1949年10月30日，华西实验区合作社物品供销处璧山分处致函丁家乡办事处，知照该处将四八布整装运往重庆以推销。

### 华西实验区合作社物品供销处璧山分处为调派验布员、会计员、事务员及薪津事宜致丁家乡办事处的通知

1949年8月28日，华西实验区合作社物品供销处璧山分处致函丁家乡办事处，因近期验收军布业务繁多，拟调丁家乡验布员石秋瑛回璧山分处。

1949年9月26日，华西实验区合作社物品供销处璧山分处致函丁家乡办事处，通知该区增雇验布员一事只能以技工名义雇佣。同日，华西实验区合作社物品供销处璧山分处致函丁家乡办事处，知照会计员已改派为石秋瑛，该区拟增加业务员两名一事暂缓，可增购验布镜一枚，所需棉纱可前来领取。

1949年10月，丁家乡办事处呈文华西实验区合作社物品供销处璧山分处，呈报本区工作交接情形。

1949年10月4日，华西实验区合作社物品供销处璧山分处致函丁家乡办事处，知照拟调该区验布员李玉金回分处参加收换军布工作。

1949年10月19日，华西实验区合作社物品供销处璧山分处致函丁家乡办事处函，通知该处增加业务员一事暂缓，另所需验布镜正在购买。10月20日，华西实验区合作社物品供销处璧山分处致函丁家乡办事处，知照员工薪津标准。

1949年11月8日，华西实验区合作社物品供销处璧山分处致函丁家乡办事处，通知其将新聘事务员到职日期呈报。11月8日，华西实验区合作社物品供销处璧山分处致函丁家乡办事处，知照从本年4月份起增加员工薪津以改善生活。

### 华西实验区合作社物品供销处璧山分处为该处管理费一事致丁家乡办事处的通知

1949年10月27日，华西实验区合作社物品供销处璧山分处致函丁家乡办事处，知照该处管理费预算一份。

### 华西实验区合作社物品供销处璧山分处为该处账表、家具事致丁家乡办事处的通知

1949年11月18日，华西实验区合作社物品供销处璧山分处致函丁家乡办事处，通知其将该处账表、家具造册呈报，以便总处核对。11月22日，华西实验区合作社物品供销处璧山分处致函丁家乡办事处，通知其剩余家具物资由原保管员保管。

### 华西实验区合作社物品供销处璧山分处为丁家乡原有收布机构的归属问题致丁家乡办事处的函

1949年9月5日，华西实验区合作社物品供销处璧山分处致函丁家乡办事处，知照该处将丁家乡原有收布机构收归璧山分处管理。

### 华西实验区合作社物品供销处璧山分处为之前错发文件作废致丁家乡办事处的通知

1949年12月28日，华西实验区合作社物品供销处璧山分处致函丁家乡办事处，知照该处之前错发文件作废。

### 华西实验区合作社物品供销处璧山分处为前假交代问题事致丁家乡办事处的通知

1950年1月4日，华西实验区合作社物品供销处璧山分处致函丁家乡办事处，通知该处为前假交代问题作检讨。

### 华西实验区合作社物品供销处璧山分处为知照第十三次处务会议决议致丁家乡办事处的通知

1949年11月26日，华西实验区合作社物品供销处璧山分处致函丁家乡办事处，通知第十三次处务会议决议，希遵照办理。

### 华西实验区合作社物品供销处璧山分处为该处公物损毁处理意见致丁家乡办事处的通知

1950年1月10日，华西实验区合作社物品供销处璧山分处致函丁家乡办事处，通知该处因不可抗拒的因素损毁之公物不予赔偿。

### 华西实验区合作社物品供销处璧山分处为调遣该处业务人员致丁家乡办事处的通知

1950年1月23日，华西实验区合作社物品供销处璧山分处致函丁家乡办事处，知照该处因业务紧缩，该处所留十一名业务人员全部调往分处以便安排，另所剩物资全部打包运往分处。

### 丁家乡办事处龙久松为请求增加事务员一事给华西实验区合作社物品供销处

**璧山分处主任的呈**

1949年10月30日,丁家乡办事处龙久松呈函华西实验区合作社物品供销处璧山分处主任,因业务繁多特请增加一名事务员辅助开展工作。

## 9-1-100

**华西实验区合作社物品供销处璧山分处与璧山县机织生产合作社换布合约**

**合作社社员承织军布契约**

1949年制合作社社员承织军布契约。

**华西实验区机织生产合作社承织军布配贷运转纱办法**

**机织生产合作社收布送布办法**

**华西实验区合作社物品供销处璧山分处收换不合规格布匹扣除棉纱办法**

**璧山机织生产合作社社员借调转纱契约**

**华西实验区合作社物品供销处璧山分处军布生产小组设置办法**

**华西实验区合作社物品供销处璧山分处督导军布增产各项规章办法书表**

**华西实验区合作社物品供销处璧山分处为传达孙则让主任对机织生产合作社意见致机织生产合作社的函**

1949年9月22日,华西实验区合作社物品供销处璧山分处致函机织生产合作社,传达孙则让主任对机织生产合作社的几点意见,如:机织合作社之机台必须承织军布、收换纱具体标准等。

**华西实验区辅导机织生产合作社加强军布生产方案**

**华西实验区总办事处军布生产座谈会会议记录**

1949年9月17日制华西实验区总办事处军布生产座谈会会议记录。

**华西实验区机织生产合作社承织军布奖惩办法**

**华西实验区合作社物品供销处璧山分处二八布规格表**

**华西实验区合作社物品供销处璧山分处与璧山县机织生产合作社借贷生活用品纱合约**

**华西实验区军布生产小组承织军布契约**

**华西实验区合作社物品供销处璧山分处值日员工注意事项**

华西实验区合作社物品供销处璧山分处机纱折算办法

西南区冬服筹制委员会验收华西实验区合作社物品供销处璧山分处承织白布办法

华西实验区合作社物品供销处璧山分处与宜宾办事处为在宜宾开辟窄布市场相关事宜的往来公文

1949年8月15日，华西实验区总办事处致函宜宾办事处，知照姜子珍布匹收齐后运往璧山即可，不用亲自前往。同日，华西实验区合作社物品供销处璧山分处致函来凤驿办事处，知照该处积极收布运往宜宾推销。宜宾办事处呈文华西实验区合作社物品供销处璧山分处李国桢，呈报分处可运来其他布匹销售。

1949年8月15日，华西实验区致函宜宾办事处，知照拟派员前往调查窄布市场。(时间不详)宜宾办事处呈文华西实验区合作社物品供销处璧山分处李国桢，呈报宜宾各类布销售情形及售布淡旺季。附宜宾办事处1949年度7月30日报告表。宜宾办事处呈文华西实验区合作社物品供销处璧山分处李国桢，呈报宜宾销售窄布租房、推销布匹情形。

1949年10月29日，华西实验区合作社物品供销处璧山分处致函宜宾办事处，通知其将窄布在宜宾的市场价格及销售情形如实呈报。

1949年11月5日，宜宾办事处呈文华西实验区合作社物品供销处璧山分处，因运往宜宾各布标准不佳导致市场竞争力不强，特请降低换纱标准。随后，华西实验区合作社物品供销处璧山分处回函宜宾办事处，同意降低换纱标准。11月11日，宜宾办事处呈文华西实验区合作社物品供销处璧山分处，呈报分处因宜宾市场情况有变是否继续运来大台布。11月5日，华西实验区合作社物品供销处璧山分处致函宜宾办事处，知照四八布及大台布的换纱标准。

1949年11月8日，宜宾办事处呈文华西实验区合作社物品供销处璧山分处，呈报宜宾布市销况。

华西实验区合作社物品供销处璧山分处因经费预算情况致喻林口的函

1949年8月9日，华西实验区合作社物品供销处璧山分处致函喻林口，知照该处所报经费预算情况属实，准予备查。

华西实验区合作社物品供销处璧山分处为呈报本处收换棉纱总量及相关费用事宜给渝总处的呈

华西实验区合作社物品供销处璧山分处呈文渝总处，呈报本处至目前为止收换棉纱总量。华西实验区合作社物品供销处璧山分处呈文渝总处，呈报本处所垫农运费费用总数，请报销。

### 华西实验区合作社物品供销处为前所运来布匹短少及花色不符等事与璧山分处的往来函

1949年7月7日，华西实验区合作社物品供销处致函喻林口，知照该处所运来布匹数量短少且花色不符，按本处所收布匹数量结账。

1949年8月5日，华西实验区合作社物品供销处致函璧山分处，知照前运来布匹花色不符，本处与璧山分处均需负责。

1949年7月13日，仓库管理员马呈函华西实验区合作社物品供销处，呈报花布交接时详细情形。

### 华西实验区合作社物品供销处璧山分处与渝总处因运棉纱事宜的往来公文

1949年6月25日，渝总处致函华西实验区物品供销处，拟派吕之光前往该处押运布匹。

1949年6月29日，华西实验区合作社物品供销处璧山分处呈文渝总处，呈报已有二十大包棉纱交予吕之光运往总处。附璧山分处运渝布匹清单。

### 华西实验区合作社物品供销处璧山分处为请提高收布价格事给华西实验区合作社物品供销处的呈

1949年7月29日，华西实验区合作社物品供销处璧山分处呈文华西实验区合作社物品供销处，呈报因市场竞争激烈请总处提高收布价格或补贴社员打包费用。

### 华西实验区合作社物品供销处璧山分处为运送二八布事给华西实验区合作社物品供销处的呈

1949年7月29日，华西实验区合作社物品供销处璧山分处呈文华西实验区合作社物品供销处，呈报拟将库存与北碚二八布运往渝总处。

### 华西实验区合作社物品供销处璧山分处为将棉纱交予宜宾办事处事致周洪昌的函

1949年6月20日，华西实验区合作社物品供销处璧山分处致函周洪昌，请将一包棉纱交予宜宾办事处主任作开办费。

### 华西实验区合作社物品供销处与璧山分处成立猪鬃产销合作社事的往来公文

1949年7月8日，华西实验区合作社物品供销处致函璧山分处，知照联合成立猪鬃产销合作社以将猪鬃外销至香港一事。附猪鬃生产合作社联合运销猪鬃合约。

1949年7月26日，华西实验区合作社物品供销处璧山分处回函总处，呈报因本处没有经营猪鬃业务故不参与联合社。

### 华西实验区合作社物品供销处璧山分处为运棉纱前往事给渝总处的呈

1949年7月19日，华西实验区合作社物品供销处呈文渝总处，呈报拟派员运棉纱前往渝总处，请接洽。

### 华西实验区合作社物品供销处璧山分处为调查璧渝两地市场价格事致渝总处的函

1949年7月13日，华西实验区合作社物品供销处璧山分处致函渝总处，为调查璧渝两地市场价格送渝总处相关调查表，请参照进行调查。附华西实验区合作社物品供销处重庆市纱布染料及主要日用品价格调查表、华西实验区合作社物品供销处璧山分处纱布价格调查日报表。

### 华西实验区合作社物品供销处璧山分处为委派周洪昌为代理员事致周洪昌的函

1949年6月20日，华西实验区合作社物品供销处璧山分处致函周洪昌，知照拟委派该员为本处与宜宾办事处在渝的代理员。

### 华西实验区合作社物品供销处璧山分处为色布换纱事致重庆物品供销处的函

华西实验区合作社物品供销处璧山分处致函重庆物品供销处，呈报拟将河边乡马鞍山机织生产合作社有色腾布运往，另请问该社尚有格毯、条毯等布，请检验面议是否运往。

### 喻林口经理为通知该处呈报成立日期、组织规程等事致华西实验区合作社物品供销处璧山分处的函

1949年6月14日，喻林口经理致函华西实验区合作社物品供销处璧山分处，通知其呈报该处成立日期、组织规章、职员编制表及职员名册。

### 王丙槐对华西实验区合作社物品供销处来凤驿办事处的仓库存纱情况作说明

王丙槐对华西实验区合作社物品供销处来凤驿办事处的仓库存纱情况作说明。附来凤驿办事处库存纱清册。

### 华西实验区合作社物品供销处璧山分处为来凤乡中心路机织生产合作社贷纱事宜致来凤驿办事处的函

华西实验区合作社物品供销处璧山分处致函来凤驿办事处，知照来凤乡中心路机织生产合作社申请贷纱事由第三辅导区监发。

### 华西实验区合作社物品供销处璧山分处为令呈报运往被服厂四八布数量、种类事致丁家乡、来凤驿办事处的函

华西实验区合作社物品供销处璧山分处致函来凤驿、丁家乡办事处，通知

其呈报运往被服厂四八布数量及相关费用。

## 来凤驿办事处与华西实验区合作社物品供销处璧山分处为各项经费报销情况的往来公文

1949年7月7日，来凤驿办事处阎敬仁、梁培廉呈文华西实验区合作社物品供销处璧山分处，请报销自6月29日至7月5日因公出差旅费。

1949年8月17日，来凤驿办事处主任闫毅敏及会计员呈文华西实验区合作社物品供销处璧山分处，呈报本处自成立以来开办费及7月份经费，请核查报销。附各项经费凭据数份。8月15日，华西实验区合作社物品供销处璧山分处致函来凤驿办事处，知照该处相关费用报销标准。7月25日，华西实验区合作社物品供销处璧山分处致函来凤驿办事处，知照该处可报销差旅费项目。8月28日，来凤驿办事处呈文华西实验区合作社物品供销处璧山分处，询问本处搬运棉纱脚力费、翻晒棉纱小工费、印刷各种表册及零星修理费用每月实报实销可否。次日，华西实验区合作社物品供销处璧山分处致函来凤驿办事处，称其8月17日所呈报该处7月份经费及开办费多有不实，本处特派会计干事前往查账。

## 中央合作金库四川省分库为抄送推进合作事业及合办贷款事致华西实验区总办事处的代电

1948年10月21日，中央合作金库四川省分库致电华西实验区总办事处，抄送为推进第三行政区各县（局）合作事业座谈会会议记录。附1948年10月19日会议记录。

1949年2月21日，中央合作金库四川省分库致函华西实验区总办事处，抄送合办机织生产合作社贷款会议记录。附会议记录。

## 北碚管理局织布生产合作社联合社为呈报下辖合作社概况给华西实验区总办事处的呈

1949年4月5日，北碚管理局织布生产合作社联合社呈文华西实验区总办事处，呈报下辖各乡织布合作社概况。

## 华西实验区总办事处、璧山县政府、璧山县第一辅导区关于城南乡皂桷坡机织生产合作社相关书表的往来公文

华西实验区总办事处致函璧山县政府，检送璧山县城南乡皂桷坡机织生产合作社相关书表。附璧山县城南乡皂桷坡机织生产合作社变更登记申请书、璧山县城南乡皂桷坡机织生产合作社社员大会决议录。华西实验区总办事处致函璧山县第一辅导区办事处，检发关于城南乡皂桷坡机织生产合作社文件两份，请转该社，希其遵照办理。

1949年5月26日，璧山县政府致华西实验区总办事处，检发城南乡皂桷坡

机织生产合作社变更登记审核通知单一份。9月11日，又检送该社变更登记书一份。附1949年5月5日制城南乡皂桷坡机织生产合作社社员大会决议记录。华西实验区总办事处致函璧山县第一辅导区，通知关于城南乡皂桷坡机织生产合作社相关文件必须经该辅导区核转。

1949年9月12日，璧山县政府致函华西实验区总办事处，知照关于城南乡皂桷坡机织生产合作社新增六名社员一事，希相关辅导员指导欲入社社员遵照入社程序办理。

**关于农地减租工作的相关社论资料**

关于农地减租工作的相关社论资料，内容包括:《长官公署公布农地减租实施纲要》《长官公署政务委员会发表实施农地减租告民众书》《西南长官公署政务委员会发表实施农地减租宣传纲要》《政府推行二五减租社论》《关于农地减租相关社论》等。

**华西实验区总办事处为令区内各单位协助政府开展农地减租事宜致辖区内各辅导区主任及辅导员、各示范校及国民保校校长及各民教主任的快邮代电**

华西实验区总办事处致电辖区内各辅导区主任及辅导员、各示范校及国民保校校长及各民教主任，令其积极协助政府开展农地减租工作。

**第三行政督察专员公署兼保安司令部为实施农地减租告民众书**

1949年8月31日，第三行政督察专员公署兼保安司令部为实施农地减租告民众书。

**华西实验区总办事处、璧山县政府关于璧山县城南乡玉皇庙机织生产合作社相关书表的往来公文**

华西实验区总办事处致函璧山县政府，转送城南乡玉皇庙机织生产合作社相关文件数份。附城南乡玉皇庙机织生产合作社变更登记申请书。

1949年6月8日，璧山县政府回函华西实验区总办事处，检送城南乡玉皇庙机织生产合作社变更申请书审核通知单一份。

**华西实验区总办事处为完善本区工作人员差旅费报销办法事致会计室的通知**

1949年10月3日，华西实验区总办事处致函会计室，知照新订本区工作人员差旅费报销办法及实施时间。附华西实验区工作人员差旅费领用及报销规则。

## 9-1-101

关于华西实验区农业生产合作社具体措施、开展情形及效果的文件资料一份

**华西实验区合作社物品供销处业务干事陈锡纯、华西实验区合作社物品供销处李主任及华西实验区总办事处关于该员购买耕牛手续及相关薪津与遣散费的往来公文**

1950年3月2日，陈锡纯呈文华西实验区合作社物品供销处李主任，呈报其第三次购买耕牛情形。

1950年4月25日，华西实验区合作社物品供销处业务干事陈锡纯呈文华西实验区合作社物品供销处李主任，请发放1949年12月至1950年2月薪金及遣散费。同日，华西实验区合作社物品供销处李主任呈文华西实验区总办事处，说明陈锡纯平时工作表现，请续发薪津至4月。

1950年4月29日，华西实验区总办事处主任致函合作社物品供销处，知照补办购牛相关手续。5月5日，华西实验区总办事处主任致函物品供销处李主任，令其按要求具体呈报购买耕牛情形及死亡经过。

1950年5月26日，陈锡纯呈文华西实验区合作社物品供销处李主任，呈报购牛情形及途中耕牛死亡情况。

1950年5月29日，华西实验区总办事处回函合作社物品供销处，说明该处业务干事陈锡纯购牛相关票据不全，请及时补全。6月10日，华西实验区合作社物品供销处李主任呈文华西实验区总办事处，呈报相关购牛手续。

**华西实验区璧山办事处主任傅志纯为检送耕牛分配概况表致华西实验区物品供销处的函**

1949年11月8日，华西实验区璧山办事处主任傅志纯致函华西实验区物品供销处，检送涪陵南川购运耕牛分配概况表一份。

1949年11月7日，华西实验区合作社物品供销处李主任呈文华西实验区总办事处，呈报派员赴南川接运耕牛情况。

**华西实验区总办事处与华西实验区物品供销处为前往贵州等地运布换牛事的往来公文**

1949年6月20日，华西实验区总办事处致函华西实验区物品供销处，知照拟委托该处运布前往桐梓、遵义等地换牛，并由总处拨款派兽医、耕牛技术人员一同前往。附耕牛调查概况表。

1949年6月24日，华西实验区物品供销处呈文华西实验区总办事处，请总处拨付购买耕牛款及派出相关拟派人员，以便本处派员会同前往。

1949年7月1日，华西实验区总办事处致函华西实验区物品供销处，知照先

拨付五千银圆以购买食盐、布匹运往贵州换布。同日，华西实验区物品供销处呈文总处，呈报已收到耕牛款。

1949年8月13日，华西实验区物品供销处主任致函陈锡纯，知照曾增派该员前往贵州购买耕牛。附吴朝东在桐梓购牛报告。

1949年9月6日，华西实验区物品供销处主任致函萧思柔，知照拟派员运布前往涪陵辅助陈锡纯购牛。

1949年9月8日，华西实验区总办事处致函华西实验区物品供销处，知照本处拟遴选有经验人员协同陈锡纯、萧思柔前往购牛。

1949年10月10日，陈锡纯致信李国桢，说明耕牛运至巴县新发乡受当地群众阻拦一事，另请派员将窄布运往重庆以便推销。

1949年10月11日，薛觉民致信李国桢，知照已将购买耕牛运回，请派员接洽办理。

1949年11月1日，华西实验区总办事处致函合作社物品供销处璧山分处，通知将第二批购牛贷给巴一、二区二十头。

1949年11月7日，华西实验区总办事处致函华西实验区物品供销处，催促该处速派员前往新发乡运牛。

1949年10月20日，华西实验区总办事处致函合作社物品供销处璧山分处，通知该处原购牛人员前往璧山第一辅导区办理交接手续。

1949年10月25日，华西实验总区办事处致函合租社物品供销处，通知该处派购牛经手人员前往总处及璧山第一辅导区指明耕牛号码和单价以便配贷。

1949年10月20日，陈锡纯呈文华西实验区物品供销处，呈报已购得耕牛情况并请示可否将7头生病耕牛暂养在新发乡。附购牛成本及用费清单。

1949年10月24日，傅志纯致函华西实验区璧山办事处，知照同意陈锡纯将7头生病耕牛暂存在新发乡，后由新发乡运至城北乡温家湾社学区。

1949年10月22日，张禹政呈文华西实验区物品供销处，呈报代陈锡纯前往办理交接运回耕牛时部分耕牛与登记表情形不符，请分处派陈本人前来交接。

**华西实验区物品供销处驻河边乡业务干事闫敬仁、华西实验区物品供销处、河边乡机织生产合作社为在河边乡开展收换军布工作的往来公文**

1949年9月9日，华西实验区物品供销处驻河边乡业务干事闫敬仁呈文华西实验区物品供销处，呈报在河边乡开展调查情形，如：该仓库容量、无拉布台及当地工作人员不予配合等。

1949年9月19日，闫敬仁呈文华西实验区物品供销处，呈送仓库报表28张，并请发放相关薪津及房租。

1949年9月20日，华西实验区物品供销处李国桢回函闫敬仁，通知其每隔三日呈报一次相关表册以便记账,另房租与薪津已发放,请查收。

1949年9月21日,华西实验区物品供销处回函闫敬仁,通知本处已一一解决所呈问题。

1949年10月3日,闫敬仁呈文华西实验区物品供销处,呈报此前短缺棉纱情况及仓库库存清单,另请补发印泥、大头针等办公用品。

1949年10月4日,龙延沛呈文华西实验区总办事处,呈报近一月在河边乡开展业务情形,请颁发加纱扣纱办法。

1949年10月5日,闫敬仁呈文华西实验区物品供销处,呈报近期业务量增加,请增派验布员。

1949年10月6日,华西实验区物品供销处回函闫敬仁,同意增派验布员,具体人员从河边乡四社联合办事处中选出。

1949年10月6日,华西实验区物品供销处回函闫敬仁,知照以后再有如棉纱短缺情形需有河边乡四联社证明,另同意补发所需办公用品。

1949年10月11日,闫敬仁呈文华西实验区物品供销处,呈报仓库库存表,另请总处运纱补给河边乡以便换布。

1949年10月17日,闫敬仁呈文华西实验区物品供销处,呈报已开展扣收抵押贷款纱,另因验布工作大量增加又在本地雇佣人员辅助验布不妥,请总处另派工友前来协助工作。

1949年10月18日,龙延沛呈文物品供销处,呈报本处急需增加验布员,另验布镜损坏影响验布效率,请补修或新买一枚。

1949年10月19日,华西实验区物品供销处回函闫敬仁,知照已派工友李青三前往协助验布,所呈扣发抵押纱布问题可转来本处办理,另知照各社贷用机台数量。同日,龙延沛呈文物品供销处,希请假5日回渝取过冬衣物。次日,物品供销处回函龙,知照因近期收换军布在急且无法雇人代理工作,故请假一事暂缓。

1949年10月21日,物品供销处致函驻河边乡业务干事闫敬仁、龙延沛,知照验布员紧缺一事已悉,自本月24日起停收二四布,另该处需在11月1日完成当地收换布工作。

1949年11月4日,河边乡机织生产合作社呈文华西实验区物品供销处璧山分处,请在未验布前给本乡发放相应棉纱,另请派员负责验收保管布匹工作。

1949年11月8日,华西实验区物品供销处致河边乡机织生产合作社,通知该社将布匹运来本处验收。

**华西实验区物品供销处、璧山分处及璧山机织生产合作社联合社为调整收换布标准的往来公文**

1949年8月3日,华西实验区物品供销处致函璧山分处,知照调整后二八布收换标准。

1949年8月3日,华西实验区物品供销处璧山分处公告,为社员交布便利,每逢璧山县城赶场时照常工作。

1949年8月10日,华西实验区物品供销处璧山分处致函璧山机织布生产合作社联合社,知照新调整收换二八布标准。

## 9-1-102

**巴县第一辅导区办事处喻纯垫为请发放稻种事给华西实验区总办事处的呈**

1949年3月20日,巴县第一辅导区办事处兼主任喻纯垫呈文华西实验区总办事处,呈报本区已将所需稻种数量调查清楚,请派发。3月18日,巴县第一辅导区办事处兼主任喻纯垫呈文华西实验区总办事处,呈报本区于土主乡陈家桥示范校增设品种繁殖站事及所需稻种数量。

**璧山县第三辅导区办事处陶一琴为推广优良稻种中农4号事给华西实验区总办事处的呈**

1949年3月21日,璧山县第三辅导区办事处陶一琴呈文华西实验区总办事处,呈报本区拟推广优良稻种中农4号地点及发放时间。

**巴县第二辅导区主任王秀斋为呈报本区成立农业繁殖站事给华西实验区总办事处的呈**

1949年3月24日,巴县第二辅导区主任王秀斋呈文华西实验区总办事处,呈报本区成立农业繁殖站及示范农家推广胜利籼稻情形。

**华西实验区总办事处为令呈报推广优良品种情形致巴县、璧山各辅导区的通知**

1949年4月2日,华西实验区总办事处致函巴县、璧山各辅导区,通知各区呈报辖区所领稻种、苔种及桐种数量、推广对象、运费,并令相关负责人作好记录,另十日后呈报表证农家及繁殖站设置情形。

**中央农业实验所北碚场与华西实验区总办事处为偿还稻谷欠款事的往来公文**

1949年4月14日,中央农业实验所北碚场致函华西实验区总办事处,催促区方偿还前交换水稻良种中所欠稻谷。

1949年4月20日,华西实验区总办事处回函中央农业实验所北碚场,知照拟派李焕章处理稻谷欠款相关事宜。

## 璧山县第三辅导区主任魏西河、该区农业辅导员与华西实验区总办事处为补偿表证农家为推广优良稻种损失事的往来公文

1949年4月27日,璧山县第三辅导区农业辅导员何奇镜呈文华西实验区总办事处及璧山第三辅导区,呈报本区表证农家罗吉乐为推广优良稻种损失原有土种情况。

1949年4月29日,璧山县第三辅导区魏西河呈文华西实验区总办事处,呈报前在来凤乡推广优良稻种中农4号、34号情形,并请补偿表证农家损失。

1949年5月11日,华西实验区总办事处回函璧山县第三辅导区魏西河,知照拟补偿表证农家推广优良稻种相应损失。

## 巴县第三辅导区主任胡英鉴与华西实验区总办事处为成立繁殖站、贷种利息事的往来公文

1949年4月25日,巴县第三辅导区主任胡英鉴呈文华西实验区总办事处,呈报本区筹建繁殖站情形,并请暂不加收贷种利息。5月4日,华西实验区总办事处回函巴县第三辅导区主任,对筹建繁殖站作出相应指示,另知照拟征收贷种利息。

## 华西实验区总办事处为通知该区呈报贷种情形事致巴县第七辅导区的函

1949年4月24日,华西实验区总办事处致函巴县第七辅导区主任朱晋桓,通知其如限呈报该区贷种情形,所呈运种旅费也与事实不符请重报。

## 璧山县第六辅导区主任何子清为呈报本区优良品种分配情形给华西实验区总办事处的呈

1949年5月9日,璧山县第六辅导区主任何子清呈文华西实验区总办事处,呈报本区优良稻种分发数量、推广对象、运费等情况。

## 华西实验区总办事处为催报稻种推广情形致巴县第四辅导区办事处的函

华西实验区总办事处致函巴县第四辅导区,催促其呈报该区稻种推广情形。

## 华西实验区总办事处、巴县第五辅导区办事处、巴县第十二辅导区办事处为催领种经手人补清手续及领种旅费余款事的往来公文

1949年6月10日,巴县第五辅导区办事处蒋融呈文华西实验区总办事处,呈报本处王绍虞已离职调往巴县第十二区,但其经手领种手续及领种旅费余款尚未清。6月18日,华西实验区总办事处致函巴县第十二辅导区办事处,通知该处饬工作人员王绍虞补清前经手巴五区领种手续及余款。6月22日,巴县第十二辅导区主任阎毅敏回函华西实验区总办事处,呈报王绍虞至今未到本区报到,本区也未曾代领该员薪津。

### 北碚管理局农业推广所、华西实验区北碚办事处、华西实验区总办事处为推广优良品种问题相关事宜的往来公文

1949年8月5日，北碚管理局农业推广所致函华西实验区北碚办事处，知照农复会补助水稻良种繁殖费已领并已分发给28户农家，并请该处8月15日前发放收购良种办法。8月13日，华西实验区总办事处致函北碚农业推广所，知照请将水稻良种补助费造册呈报，另本年不再收购稻种。

### 华西实验区总办事处为派员前往视察良种生长情形、鼓励农户就地换种事致农林部中央农业实验所北碚场的函

1949年8月9日，中央农业实验所北碚场呈函华西实验区总办事处，呈报各繁殖站情形及废料示范情形以及为保证纯种注意事项。

1949年8月15日，华西实验区总办事处致函中央农业实验所北碚场，为派员前往视察工作致谢，并鼓励农户就地换种提高良种推广效率。

### 农林部中央农业实验所北碚农事试验场与华西实验区总办事处及各辅导区为配合推广良种事的往来公文

1949年3月8日，农林部中央实验所北碚农事试验场长李士勋致函华西实验区总办事处，知照本场愿配合该区农村复兴工作，并知照本场库存良种种类、数量、收换办法，请派员前来洽谈。3月12日，华西实验区总办事处致函各辅导区，知照北碚农事试验场提供良种名称及特点。3月14日，华西实验区总办事处回函北碚农事试验场，知照拟派李良康前往洽谈。8月13日，中农北碚农事试验场致函华西实验区总办事处，知照推广优良稻种注意事项。8月20日，华西实验区总办事处致函中农北碚农事试验场，知照该场拟定稻种收取注意事项及产量测定标准相当周密，希以后密切配合开展工作。

### 华西实验区总办事处为准减优良稻种推广利息事致巴县第七辅导区的函

1949年9月7日，华西实验区总办事处致函巴县第七辅导区，知照为推广优良稻种可减息一成。

1949年8月28日，巴县第七区辅导员呈函华西实验区总办事处，请将优良稻种收回利息减为百分之二或无息收回。附孙则让批示意见。

### 璧山第六辅导区与华西实验区总办事处为报销水稻除杂去劣、修理猪舍等费用的往来公文

1949年9月9日，璧山县第六辅导区主任何子清呈文华西实验区总办事处，呈请报销本区水稻除杂去劣、修理猪舍及修理米仓等费用。

1949年9月21日，华西实验区总办事处回函璧山县第六辅导区，知照该处按规定从该区公款中扣除相应费用。

**璧山县第六辅导区与华西实验区为办理收回优良稻种事的往来公文**

  1949年10月9日，璧山县第六辅导区主任何子清呈文华西实验区总办事处，呈请将收回之黄谷向农家调换纯种。10月15日，华西实验区总办事处回函璧山县第六辅导区，知照相关处理意见。

**华西实验区总办事处为收回稻种本息事致巴县第一、第二、第三、第四、第七辅导区的通知**

  1949年9月29日，华西实验区总办事处致函巴县第一、第二、第三、第四、第七辅导区，知照该区收回稻种本息就地出售办法。

  1949年10月16日，华西实验区总办事处致函巴县第一、第二、第三、第四、第七辅导区，补充知照收回优良稻种相关办法及注意事项。

**中央农业实验所北碚农事试验场为请区方归还所欠稻谷事致李焕章的函**

  1949年5月17日，中央农业实验所北碚农事试验场场长李士勋致函李焕章，请区方归还所欠稻谷。

**华西实验区总办事处为派员前往视察良桑种繁殖工作致中农所北碚场的函**

  1949年11月18日，华西实验区总办事处致函中央农业实验所北碚农事试验场函，知照拟派员前往该所视察良桑种繁殖工作。

**中央农业实验所北碚农事试验场为呈报水稻、南瑞苕等良种繁殖情况致华西实验区总办事处的函**

  1949年11月10日，中央农业实验所北碚农事试验场致函华西实验区总办事处，知照农复会划拨本场良种繁殖经费已领，并呈报水稻、南瑞苕作物良种繁殖情况。

**巴一区陈家桥农业推广繁殖站为呈报其未完清相关费用报销缘由给华西实验区总办事处的呈**

  1949年9月10日，巴一区陈家桥农业推广繁殖站呈文华西实验区总办事处，呈报因近期农地减租工作无法抽身前往完清相关费用报销手续。

**中央农业实验所北碚农事试验场为函送派员视察差旅费单及领据呈华西实验区总办事处的函**

  1949年8月23日，中央农业实验所北碚农事试验场致函华西实验区总办事处，函送前往区方视察差旅费单及领据。

**江津县第一辅导区办事处为请配拨改良稻种、苕种事给华西实验区总办事处的呈**

  1949年11月17日，江津县第一辅导区呈文华西实验区总办事处，呈报本区所需改良稻种、苕种数量,请总处拨发以备明年推广。

**华西实验区总办事处为请更正贷款借据事宜致北碚农事试验场的函**

1949年11月18日,华西实验区总办事处致函北碚农事试验场,知照该处贷款借据有误,请及时更正。

**华西实验区水利工程队、虎堰河水利工程委员会、巴县第五辅导区与华西实验区总办事处为虎堰河水利工程贷款事宜的往来公文**

1949年10月19日,虎堰河水利工程委员会呈文华西实验区总办事处,呈报虎堰河水利工程之初步勘测及工程预算情况,请鉴核。附虎堰河水利工程预算书。

1949年10月20日,华西实验区水利工程队呈文华西实验区总办事处,呈报虎堰河水利工程贷款数量、额度,请核查。

1949年11月5日,华西实验区总办事处致函巴县第五辅导区,知照应联合虎堰河水利工程受益区域民众、合作社及地方士绅筹集一半工程款,另请出具正式申请手续申请贷款。附虎啸口地形图、头滩地形图、蒲落堰地形图、堰口地形图、虎堰河堤坝工程预算表、虎堰河地形图。

**中央农业实验所北碚农事试验场、北碚辅导区办事处与华西实验区总办事处为该场整修水堰贷款问题的往来公文**

1949年10月13日,华西实验区总办事处致函北碚辅导区办事处,知照初步勘查该区水堰基本概况,请该处协助贷放一半经费。

1949年11月30日,中央农业实验所北碚农事试验场呈函华西实验区总办事处,为本场整修水堰工程申请相应额度贷款。12月13日,华西实验区总办事处回函中央农业实验所北碚农事试验场,知照此前由于该场申请整修水堰贷款手续不齐故未批准放贷,而现在农复会已经暂停给本会经费支援,无法放贷。

**綦江县政府,綦江县第一、第二辅导区办事处与华西实验区总办事处为该区因灾请贷洋芋种贷款事宜的往来公文**

1949年9月13日,綦江县第一、第二辅导区办事处分别呈文华西实验区总办事处,呈报本区灾农申请秋冬两季作物种子及肥料贷款情形。附綦江县第一、第二辅导区灾农申请秋冬两季作物种子及肥料贷款书表。

1949年9月14日,綦江县政府、綦江县第一辅导区办事处呈文华西实验区总办事处,呈报本区因受灾请贷耐旱作物洋芋种以解民急。

1949年9月19日,綦江县第一辅导区呈文华西实验区总办事处,转报该区灾农申请洋芋种及肥料贷款预算表一份。附预算表。

1949年9月22日,綦江县第一辅导区呈文华西实验区总办事处,呈报本区因受灾严重请贷洋芋种以救急。附綦江县第一辅导区灾农申请贷洋芋种办法。

1949年9月26日，华西实验区总办事处致函綦江县第一、第二辅导区办事处，知照本处拟贷一千元以救民急，此后不再增加贷款。

1949年9月，华西实验区总办事处分别致函綦江县第一、第二辅导区，通知其按规定补全相应贷种手续。

1949年10月13日，华西实验区总办事处函綦江县第一辅导区，知照该区洋芋种贷款暂行办法。

1949年11月3日，华西实验区总办事处分别致函綦江县第一、第二辅导区及巴县第十一辅导区，通知其呈报本年洋芋种贷款情形。

1949年11月6日，綦江县第二辅导区呈文华西实验区总办事处，呈报本区各乡镇长借洋芋种借据及各乡镇领款清册。

1949年11月23日，华西实验区总办事处致函綦江县第二辅导区办事处，知照该区已督促洋芋种发放至每位农民手中，另洋芋种全数发放完毕后应派员指导农民播种，所剩的余款用作制作表册用。

1949年12月25日，华西实验区总办事处致函綦江第一辅导区办事处，通知其完清贷款手续。

1949年12月28日，綦江县第一辅导区主任呈文华西实验区总办事处，呈报当时洋芋种贷款情形。

1950年1月7日，华西实验区总办事处致函綦江县第一辅导区，通知由于银圆券贬值，请尽快将所欠洋芋种贷款偿清。

1950年1月19日，綦江县第一辅导区主任呈文华西实验区总办事处，呈报本区未偿清洋芋种贷款缘由。

1950年1月25日，华西实验区总办事处致函綦江县第一辅导区主任程岳，知照该处最晚领取洋芋贷款时间及各区领种数量。

1950年2月4日，綦江县第一辅导区主任呈文华西实验区总办事处，再次重申该区未偿还清洋芋种贷款缘由。

1950年3月16日，华西实验区总办事处致函前綦江县第一辅导区主任，通知其按时偿还所欠洋芋种贷款。

1950年4月5日与8日，华西实验区总办事处分别致函綦江县第一、第二辅导区主任程岳、陈荣元，通知其按时偿还所欠洋芋种贷款。

1950年4月10日，綦江县第一辅导区主任呈文华西实验区总办事处，呈报自己无力偿还所欠洋芋种贷款是由于银圆券贬值所致。

1950年4月18日，华西实验区总办事处致函綦江县第一辅导区主任，通知其如限将所欠洋芋总贷款折合为人民币还清。

1950年4月28日，綦江县第一辅导区主任程岳呈文华西实验区总办事处，呈报自己无法偿还洋芋种贷款，请于差旅费中扣取。同年5月4日，华西实验区总办事处回函程岳，同意此事。

**巴县第五辅导区办事处与华西实验区总办事处为该区请贷受灾贷款事的往来公文**

1949年9月10日，巴县第五辅导区呈文华西实验区总办事处，呈报鹿角乡受灾情况并请贷耐旱作物贷款以解民困。附巴县鹿角乡1949年度受灾状况及请贷耐旱作物表册。9月26日，华西实验区总办事处回函巴县第五辅导区，知照此时播种耐旱作物时限已过，恐不能真正解决民困。

**关于合作社怎样实现计划经营的论述一份**

## 9–1–103

**巴县完溪乡第十八保国民学校为报销农地减租宣导会议费用事给华西实验区总办事处的呈**

1949年10月24日，巴县完溪乡第十八保国民学校校长李靖东呈文华西实验区总办事处，呈报在本校举行农地减租扩大宣导会工作情形，并请报销相关费用。附农地减租扩大宣导会会议记录。同日，巴县完溪乡第十八保国民学校校长呈函华西实验区总办事处，呈报制作奖旗费用请报销。附制作奖旗清单。

**璧山县马坊乡第七保示范国民学校为呈报本校本期工作详细计划给华西实验区总办事处的呈**

1949年9月18日，璧山县马坊乡第七保示范国民学校呈文华西实验区总办事处，呈报本校本学期工作详细计划，请备查。附工作计划书。

**梓潼乡曹氏宗祠示范国民学校、璧山县第二辅导区办事处为呈报梓潼乡示范校本年下学期工作计划给华西实验区总办事处的呈**

1949年11月2日，梓潼乡曹氏宗祠示范国民学校校长刘泽光呈文华西实验区总办事处、璧山县第二辅导区办事处主任陶一琴，呈报本校试办高级民众传习班计划。附本校试办高级民众传习班计划。

1949年11月4日，璧山县第二辅导区办事处陶一琴呈文华西实验区总办事处，呈报本区梓潼乡示范校本年下学期工作计划书一份，请备查。附工作计划书。

**璧山县第五辅导区办事处为转呈六塘乡第二保示范校本期工作计划书给华西实验区总办事处的呈**

1949年10月1日,璧山县第五辅导区办事处主任张的山呈文华西实验区总办事处,转呈本区六塘乡示范校本期工作计划一份。附六塘乡第二保国民学校本期工作计划、六塘乡第二保国民学校本期工作进度表。

**璧山县接龙乡第七保示范国民学校恳亲会特刊**

1949年1月,璧山县接龙乡第七保示范国民学校恳亲会特刊,包括本校沿革、现况、未来等情况介绍。

**璧山县立民众教育馆馆长为已收到总处委任函事给华西实验区总办事处的呈**

1948年12月29日,璧山县立民众教育馆馆长呈文华西实验区总办事处,呈报已收到总处委任函。

**巴县成人教育与自卫组训配合实施办法**

**璧山办事处主任傅志纯为本区狮子乡国民学校文艺竞赛工作事呈华西实验区总办事处的报告**

1949年1月13日,璧山办事处主任傅志纯呈报华西实验总区办事处,报告本区狮子乡国民示范学校文艺竞赛工作报告。

**华西实验区总办事处为相关民教工作事致各办事处的函**

1948年11月27日,华西实验区总办事处致函各辅导区办事处,知照各办事处开展民教工作注意事项。

**华实验区办事处与巴县第三辅导区为示范学校制作图表、文件规范的往来公文**

1949年3月20日,巴县第三辅导区呈文华西实验区总办事处,请示本区示范学校制作相关图表、资料文件规范问题。

1949年3月28日,华西实验区总办事处致函巴县第三辅导区办事处,知照该区示范学校制作相关图表、文件注意事项。

**华西实验区总办事处为令呈报各区示范学校校名地址名称事致函璧山第一、第二、第三、第四、第五、第六辅导区办事处**

1949年4月30日,华西实验区总办事处致函璧山第一、第二、第三、第四、第五、第六辅导区办事处,通知将该辖区内示范学校地址名称等造册呈报。

**璧山各辅导区暨巴县第一、第二辅导区所属示范校工作座谈会记录**

1949年9月1日,璧山各辅导区暨巴县第一、第二辅导区所属示范校工作座谈会记录。

### 卸任接龙乡第七保示范校校长为提交移交公物清册给华西实验区总办事处的呈

1949年8月9日，卸任接龙乡第七保示范校校长刘顺模呈函华西实验区总办事处，呈报移交公物清册一份，请备查。附移交公物清册。

### 河边乡第八保保民代表为请延长本保示范学校学期时间事给华西实验区总办事处的呈

1949年7月29日，河边乡第八保保民代表呈文华西实验区总办事处，呈请延长本保示范学校学期时间以免裁撤学童。

### 华西实验区总办事处、璧山与巴县县政府及各辖区内辅导区为召开示范学校座谈会事的往来公文

1949年8月29日，华西实验区总办事处致函璧山第一、第二、第三、第四、第五及巴县第一、第二辅导区办事处，通知各处前来参加示范学校座谈会。同日，华西实验区总办事处致函璧山乡政府，邀请该县县长、教育科长、教育专员前来参加示范学校座谈会。9月9日，华西实验区总办事处致函璧山县政府、巴县县政府，检送示范学校工作座谈会会议纪要一份。附示范学校工作座谈会会议纪要、座谈会讨论大纲。

### 华西实验区总办事处及教育组为查填本期各级国民学校设置及办理实况事致璧山、巴县、北碚、江津、江北、綦江、合川、铜梁、永川等县政府的函及相关回函

1949年9月29日与11月3日，华西实验区总办事处数次致函璧山、巴县、北碚、江津、江北、綦江、合川、铜梁、永川、大足、荣昌等县政府函，通知各府查填县辖范围内各级国民学校设置及办理实况。

1949年10月13日，华西实验区总办事处致函教育组，知照示范学校设置概况填写说明。附示范国民学校工作说明纲要草案。

1949年10月15日至11月16日，江津、永川、綦江、巴县、北碚等县政府回函华西实验区总办事处，呈报各县示范校设置概况。

1949年7月16日，《巴县乡建工作通讯》第一卷第一期

## 9-1-104

### 华西实验区物品供销处为派员前往清理北碚联合社贷纱及恢复业务工作致北碚行政管理处、重庆市人民政府、川东区璧山专署的函

1950年5月4日，华西实验区物品供销处致函北碚行政管理处、重庆人民政府，知照拟将因解放战争璧山存放在北碚的棉纱运回。

1950年5月13日，华西实验区物品供销处致函北碚行政管理处，知照拟派

员前往清理北碚联合社贷纱及恢复业务工作。

1950年6月5日,华西实验区物品供销处致函唐渊,委派该员前往北碚清理棉纱。

1950年9月24日,华西实验区物品供销处致函川东区璧山专署,为提运存于北碚二八白布请予证明。

### 华西实验区物品供销处为派员运布去贵阳推销事致闫敬仁的函

1949年11月9日,华西实验区物品供销处致函闫敬仁,知照拟派该员押布运往贵阳推销。

### 华西实验区物品供销处为派工友罗怀树前往来凤驿办事处运回公物家具致罗怀树的证明书

华西实验区物品供销处致函罗怀树,证明该处派罗前往来凤驿办事处运回公物家具等,希沿途军警放行。

### 华西实验区物品供销处为派员押运白布前往重庆销售事致璧山县政府及薛稳固的函

华西实验区物品供销处致函璧山县政府,知照拟派薛稳固押运布经重庆至贵州销售事,希县府为该员出具证明以便沿途军警放行。华西实验区物品供销处致函薛稳固,拟派该员押运白布前往重庆销售,希沿途军警放行。

### 华西实验区物品供销处为工友李青山、刘森林的人事调动问题致二人的函

华西实验区物品供销处致函李青山、刘森林,知照拟调二人回物品供销处重庆处履职。

### 华西实验区物品供销处为薛稳固协助从重庆运纱回璧山事致薛稳固的函

华西实验区物品供销处致函薛稳固,知照拟派其协助从重庆运纱返回璧山事。

### 华西实验区为本处合作整染厂、机织生产合作社运纱事出具证明书

1950年5月11日与12日,华西实验区物品供销处为本处合作整染厂、机织生产合作社采购棉纱运回璧山事出具证明,希沿途军警放行。

### 四川省政府为逾期呈报合作社成立登记表相关事宜给璧山县政府的训令

1948年9月2日,四川省政府致函璧山县政府,知照该县逾期呈报辖区内各合作社成立登记表奖惩办法、各级合作社一览表。附各级合作社社数一览表格式。

1949年1月13日,四川省政府致函璧山县政府,令核实各级合作社一览表列报错误情况,并如限补报漏报之合作社登记表。附璧山县成立登记合作社一

览表。11月22日，四川省政府致函璧山县政府，知照该县呈报合作社一览表有误。11月24日，璧山县政府呈文四川省政府，更正前呈报合作社一览表。

### 璧山县政府合作室工作报告

1949年9月10日，璧山县政府合作室工作报告。

### 璧山县1949年1月份至6月份工作月报表

### 四川省政府为知照当前工作要点事给璧山县政府的训令

1949年9月23日，四川省政府致函璧山县政府，知照当前工作要点为配合华西实验区指导已成立合作社开展业务。同日，四川省政府致函璧山县政府，令其呈报辖区内合作社推进情况。附璧山县合作社乙丙联报单条报清单。

### 四川省政府为知照各县市局组织及登记注意事项致璧山县政府的函

1949年1月19日，四川省政府致函璧山县政府，知照各县市局组织登记注意事项。6月26日，璧山县政府致函华西实验区总办事处，转发登记注意事项一份。

### 四川省政府为检发合作社乙丙联报单事给璧山县政府的训令

1949年1月19日，四川省政府致函璧山县政府，检发合作社乙丙联报单条一份。附合作社乙丙联报单。

### 华西实验区璧山办事处1949年1月至12月工作月报表及工作进度表

### 制编辑组教材刊物编辑近况

1949年4月15日制编辑组教材刊物编辑近况。

### 1949年1月至10月编辑组工作简明报告

### 申请查勘小型农田水利工程须知

### 栽培蔬菜须知

## 9-1-105

### 华西实验区北碚黄桷镇社会调查工作纪要一份

### 李良康为呈报赴北碚洽办推广良种事宜情况给华西实验区总办事处的呈

李良康呈文华西实验区总办事处，呈报赴北碚洽办推广良种情况。

### 钟德祺为呈报赴璧山各区贷种情况给华西实验区总办事处的呈

1949年3月30日，钟德祺呈文华西实验区总办事处，呈报赴璧山各区检定贷中农4号种及运费事宜,请备查。

**张伯雍、唐存章制璧山县狮子乡、大兴乡特约农家水稻良种田间检查去杂除劣工作报告**

**巴县第三、第四、第五、第六、第七、第八、第十二辅导区繁殖站工作报告**

**协助巴县十区,綦江一、二辅导区成立繁殖站及洽商小麦推广经过的报告**

**张远定关于推广繁殖站工作日记**

1949年9月7日至15日,张远定关于推广繁殖站工作日记。

**各繁殖站工作概况介绍**

**晏阳初为农复会援助华西实验区各乡计划致孙则让的函**

1948年12月8日,晏阳初致函孙则让,知照农复会拟援助华西实验区社田创置、纺织合作社、纸厂等各项计划,希拟具体方案呈报。

**河边乡辅导组报告之一**

**华西实验区总办事处为拟定检发各项开支节约办法事宜致函各组**

1949年12月17日,华西实验区事务股和会计股致函吕蒲南、郑体思,知照其拟定各项消耗物品节省办法。华西实验区总办事处致函各组,检发消耗物品、修缮购置等各项开支节约办法一份。附消耗物品、修缮购置等各项开支节约办法。

**华西实验区曾用于运输棉纱吉普车证照相关证明书**

**华西实验区总办事处、家畜保站、中国西南博物馆为归还家畜保育站此前借用民房一事的往来公文**

1949年12月24日,中国西南博物馆致函华西实验区总办事处,知照区方通知所属家畜保育站归还所借用民房。12月26日,华西实验区总办事处致函家畜保育站饬令归还西南博物馆民房。同日,华西实验区总办事处回函中国西南博物馆知照将在近期内归还民房。

**璧山县第三辅导区办事处为呈报本区工友情况事给华西实验区总办事处的呈**

1949年12月19日,璧山县第三辅导区办事处主任魏西河呈文华西实验区总办事处,呈报本区工友已纷纷散去等情形。

**华西实验区总办事处为请发本区大货车通行证一事呈函重庆军管会**

1949年12月17日,华西实验区总办事处呈函重庆军管会呈请发放本区大货车通行证以便通行。

### 华西实验区总办事处与杨乘风、朱泽乡等人为分配本区员工宿舍问题的往来公文

1949年12月17日,华西实验区总办事处致函杨乘风、朱泽乡等人知照拟委任二人协助分配本区员工宿舍。12月21日,杨乘风、朱泽乡呈文华西实验区总办事处呈报分配原则。同日,华西实验区总办事处回函杨乘风等人,知照区务会议关于分配原则的商讨方案。

### 华西实验区干事长办公室为请调派大卡车前来协助修建公路事呈华西实验区总办事处的函

1949年11月11日,华西实验区干事长办公室呈函华西实验区总办事处,呈请总处按四省公路局文件调派一辆大卡车前来协助修建公路。附四川省公路局直辖工务段函、本区交通车暂行管理办法、本区交通车使用原则。

### 华西实验区总办事处与交通部璧山电报局为电报挂号及增设长途电话机事宜的往来公文

1949年11月3日,华西实验区总办事处致函交通部璧山电报局知照电报挂号号码,并请装设长途电话机一部。

### 郭准堂为催孙则让、张嘉麟归还所借汽油事致二人的函

郭准堂致函孙则让、张嘉麟催促其速还所借用汽油。

### 华西实验区总办事处、家畜保育站为请发放家畜保育站交通车通行证事呈重庆市政府公共汽车管理处的函

1949年10月14日,华西实验区家畜保育站呈函华西实验区总办事处呈请总处转函重庆市政府公共汽车管理处,为本站自筹交通车发放通行证。同日,华西实验区总办事处呈函重庆市政府公共汽车管理处,呈请为本区家畜保育站交通车发放通行证。

### 华西实验区物品供销处璧山分处与华西实验区总办事处为该处兼职人员领取灯油煤炭费用事的往来公文

1949年8月19日,华西实验区物品供销处璧山分处呈文华西实验区总办事处呈报本区兼职人员领取灯油煤炭情形,请指示妥否。附华西实验区物品供销处璧山分处物品供销处兼职人员一览表。8月23日,华西实验区总办事处回函物品供销处璧山分处知照兼职人员若参与伙食即不发放灯油煤炭费。

### 华西实验区家畜保育站、铜梁合作纸厂与华西实验区总办事处为员工领取职员灯油煤炭费事宜的往来公文

1949年8月12日,华西实验区总办事处致函铜梁合作纸厂询问本处调往该

处服务人员是否提供灯油煤炭费用,请造册呈报。

1949年8月15日至8月22日,华西实验区家畜保育站、铜梁合作纸厂分别呈函华西实验区总办事处,呈报本处员工领取灯油煤炭费用安排。

## 范某为催其归还所借八大桶汽油事致文赐兄的函

## 璧山县政府、巴县县政府及华西实验区总办事处为装架璧巴联络电话线事宜的往来公文

1949年7月7日与8月12日,璧山县政府两次呈函华西实验区总办事处,呈报本县同意与巴县县政府共同架设璧巴联络线,请转饬巴县县政府同时开工,双方分别架至县界。7月12日与10月24日,华西实验区总办事处两次致函巴县县政府,知照此事。

## 华西实验区总办事处为通知传送双方往来公文方式变动事宜致巴县县政府、巴县各辅导区的函

1949年9月24日,华西实验区总办事处分别致函巴县县政府、巴县各辅导区知照以后双方往来公文一律行邮不再请警丁转送。

## 华西实验区总办事处为架设支线以便与重庆北碚等地通话事致璧山县电报局的函

1949年6月16日与9月2日,华西实验区总办事处两次致函璧山县电报局知照该处配合架设支线以便与重庆北碚、巴县等地联络。

## 华西实验区总办事处与巴县县政府为付远丁津贴领取问题的往来公文

1949年7月23日,巴县县政府呈函华西实验区总办事处电请告知付远丁津贴由何处发放。8月3日,华西实验区总办事处回函巴县县政府,知照关于付远丁的津贴发放情形。

## 巴县县政府、璧山县政府与华西实验区总办事处为两县传送各乡公文路线及费用问题的往来公文

1949年6月18日与21日,华西实验区总办事处分别致函璧山、巴县县政府,请两县传送各乡公文路线及费用问题造册呈报。6月22日与29日,巴县县政府、璧山县政府分别呈函华西实验区总办事处,呈报本府传送各乡公文路线及所需费用情况。

## 华西实验区总办事处为调整公文传送线路事宜致巴县县政府的快邮代电

1949年6月4日,华西实验区总办事处致函巴县县政府知照新调整公文传送线路。

## 9-1-106

《乡建工作通讯增刊》第一期第二卷

华西实验区薪给标准

**巴县县政府为呈报本府代区方购存粮米发付各辅导区结账清册事呈华西实验区总办事处的函**

1949年7月,巴县县政府呈文华西实验区总办事处,呈报本府代区方购存粮米发付各辅导区结账清册。附巴县县政府代区方购存粮米发付各辅导区结账单、巴县各辅导区1949年1至4月历次支拨粮米及折算银圆数量一览表及说明。

**巴县县政府为呈报本县借领桐苗运费报销情形呈华西实验区总办事处的函**

1949年8月3日,巴县县政府呈函华西实验区总办事处呈报本县借桐苗运费已报销情况,请备查。

**巴县县政府为转送指导员履历表呈华西实验区总办事处的函**

1949年8月13日,巴县县政府呈函华西实验区总办事处,转送本县指导员履历表一份,请备查。附指导员履历表。

**巴县县政府为函送本县第八辅导区工作人员差旅费单据呈华西实验区总办事处的函**

1949年8月1日,巴县县政府呈函华西实验区总办事处,函送本县第八辅导区出席第一次检讨会差旅费,请核查。

**巴县县政府为合作登记员周才杰等人薪津事呈华西实验区总办事处的函及其回函**

1949年10月20日,巴县县政府呈函华西实验区总办事处,呈请发放合作社登记员周才杰等人10月份薪金。10月24日,华西实验区总办事处回函巴县县政府,同意照办。

**华西实验区总办事处与巴县县政府为农地减租差旅费报销事宜的往来公文**

1949年9月23日,巴县县政府呈函华西实验区总办事处,呈请总处补助各辅导办事处督办农地减租换约工作公旅费。同年10月3日与14日,华西实验区总办事处两次回函巴县县政府,知照农地减租工作相关费用的解决办法。

**巴县辅导干事袁敬方、巴县第五辅导区主任蒋融、巴县县政府、华西实验区总办事处为巴县第五辅导区辅导员陈忠栋公旅费发放情形的往来公文**

1949年6月至7月11日,巴县辅导干事袁敬方、巴县第五辅导区主任蒋融、巴县县政府、华西实验区总办事处的往来函数份,为巴县第五辅导区辅导员陈忠栋4月份公旅费发放情形作详细说明。

**华西实验区总办事处、巴县县政府及巴县辅导干事袁与书记李为二人薪津发放事宜的往来公文**

1949年4月9日至5月12日,巴县辅导干事袁与书记李呈文巴县政府、华西实验区总办事处,呈报二人4月份薪津未发放情况。华西实验区总办事处回函二人知照相应处理办法。

**华西实验区总办事处为检送本区工作人员因公出差差旅费报销办法致本区各组、各辅导区办事处的函**

1949年8月26日,华西实验区总办事处致函本区各组、各辅导区办事处,检发本区工作人员因公出差差旅费报销办法一份,希遵照执行。附差旅费报销办法。

**华西实验区总办事处为检送本区工作人员工作日记格式致各组、各辅导区办事处的函**

1949年9月9日,华西实验区总办事处致函本区各组、各辅导区办事处,检发本区工作人员工作日记格式一份,希参照办理。

**华西实验区总办事处为函送各民教主任待遇月支数事宜致各组、各辅导区办事处的函**

1949年8月31日,华西实验区总办事处致函本区各组及各辅导区办事处,检发本区民教工作人员月支数情况。

**华西实验区总办事处为请寄现行票价表事与四川省公路局、重庆民生实业有限公司及重庆市社会局的往来函**

1949年8月2日,华西实验区总办事处致函四川省公路局、重庆民生实业有限公司及重庆市社会局,函请寄发现行票价价目表以便本处稽核外勤人员差旅费报销情况。8月19日,民生实业股份有限公司回函华西实验区总办事处,函送现行轮船客票价目表。

**华西实验区总办事处为检发本区工作人员经费物资报销办法事宜致各组、各辅导区办事处、家畜保育工作站及供销处的函**

1949年8月25日,华西实验区总办事处致函本区各组、各辅导区办事处、家畜保育工作站及供销处,检发本区工作人员经费物资报销办法一份,希参照办理。附经费物资报销办法。

**华西实验区总办事处核查各民教主任经费食米问题致巴县、北碚及璧山各辅导区主任的函**

1949年5月5日,华西实验区总办事处致巴县、北碚及璧山各辅导区办事处,知照各民教主任经费食米问题。

**华西实验区总办事处为知照非经常性开支经费报销情况致各县各辅导区的通知**

1949年5月28日,华西实验区总办事处致函各县各辅导区,知照各单位非经常性开支经费报销办法。

**华西实验区总办事处为检发民教主任经费报销清册格式致各辅导区主任的通知**

1949年7月8日,华西实验区总办事处致函各辅导区主任,检发民教主任经费报销清册格式一份。

**华西实验区总办事处为该区粮米收支情形致巴县各辅导区办事处的函**

1949年7月5日,华西实验区总办事处致函巴县各辅导区办事处,希各区将粮米收支情形造册呈报。

**华西实验区总办事处为通知检送财产目录及财产增减表格式事宜致各辅导区的函**

1949年7月3日,华西实验区总办事处致函各辅导区检发财产目录及财产增减格式表一份,希参照办理。附华西实验区各辅导区办事处财产目录、财产增减样表。

**中国农复会知照支援华西实验区农村复兴工作各项贷款额度事致华西实验区总办事处的函**

1949年5月27日,中国农复会致函华西实验区总办事处,知照拟支援区方贷款总额及扶植自耕农、纺织合作社、整染厂、耕牛等项目具体资金划拨情况。

**巴县、綦江及合川等地辅导区办事处主任代表为请改善薪津状况给华西实验区总办事处的呈**

1949年5月15日,巴县、綦江及合川等各辅导区办事处主任代表联名呈文华西实验区总办事处,呈请改善工作人员薪津状况。

**农复会重庆区办事处与华西实验区总办事处为检送物资报告表、贷款开支详情表的往来公文**

农复会重庆区办事处致函华西实验区总办事处,请抄送区方贷款开支详情表一份以便呈总处汇总。1949年6月8日,华西实验区总办事处致函农复会重庆区办事处检送物资报告表、贷款开支详情表一份。附购入物资报告表、售出物资报告表、月底结存物资报告表。

## 华西实验区总办事处为请告知本区驻县府督学指导员相关情况事宜致巴县、璧山县政府的函

1949年5月11日,华西实验区总办事处致函巴县、璧山县政府,请县府告知由本区派往的督学指导员姓名及派驻区域等项。

## 华西实验区总办事处为请县府垫付本区各辅导员粮米事致綦江、合川、江北、铜梁四县县政府的函

1949年5月5日,华西实验区总办事处分别致函綦江、合川、江北、铜梁、巴县县府、璧山教育专门委员会及北碚管理局,知照垫付粮米结算清单格式一份,希遵照填写。附粮米结算清单格式表。

1949年5月28日,华西实验区总办事处致函綦江、合川、江北、铜梁四县县府请将为本区垫付之各辅导员粮米列单转告以便归还。

## 华西实验区总办事处与巴县、璧山、綦江、合川、铜梁及北碚县府所辖各辅导区办事处主任为本区工作人员薪津支付办法的往来公文

华西实验区总办事处与巴县、璧山、綦江、合川、铜梁及北碚县府往来函、通知数份,内容关于调整本区工作人员薪米、公旅费等支付办法。附薪津支付办法、各县区主任姓名列表、瞿菊农关于本区调整工作人员薪津支付问题的情况说明。

## 华西实验区总办事处为厘定各区民教主任甄选及训练费用标准事致綦江、合川、铜梁、江北各县辅导区主任与辅导员及璧山教育专门委员会的函

1949年4月25日,华西实验区总办事处致函各辅导员检送本区甄选辅导员及训练费用标准。4月30日与5月1日,华西实验区总办事处分别致函綦江、合川、铜梁、江北、巴县、北碚等各县(局)辅导区主任及璧山教育专门委员会检发训练民教主任薪津支领办法一份,希到指定时间内到指定地点领取。

## 华西实验区总办事处为各辅导区报销经费事宜事致各辅导区办事处主任的函

1949年4月17日,华西实验区总办事处致函各辅导区办事处主任,知照相关经费报销注意事项。

## 华西实验区总办事处为各区相关经费报销事宜致本区各辅导区主任、各辅导员及各示范校长的函

1949年3月13日与3月27日,华西实验区总办事处两次致函本区各辅导区主任、各辅导员及各示范校长知照各项经费报销注意事项,希遵照办理。附各区各项经费报销情况表。

### 华西实验区总办事处为规范各地工作人员前来本处接洽事致各辅导区主任的函

1949年4月30日,华西实验区总办事处致函各辅导区主任通知前来本处办理接洽手续的人员必须出具证明自己身份的材料。

### 华西实验区总办事处为该区民教主任训练经费、粮米通知单填报事宜致璧山各辅导区的函

1949年4月27日,华西实验区总办事处致函璧山各辅导区通知该区民教主任训练经费、粮米通知单填报有误。

### 华西实验区总办事处为给督导人员补助差旅费事致巴县、璧山及北碚管理局的函

1949年4月20日,华西实验区总办事处致巴县、璧山及北碚管理局知照拟补贴督导人员相关差旅费。

### 华西实验区总办事处为调整工作人员薪金、伙食补贴、差旅费补助事宜致巴县、璧山、合川、綦江、江北、铜梁、北碚等县(局)及所辖各辅导区办事处的函、通知

1949年3月13日至4月27日,华西实验区总办事处致函巴县、璧山、合川、綦江、江北、铜梁、北碚等县(局)及所辖各辅导区办事处,知照本区工作人员薪金调整、伙食补贴、差旅费补助情况。附秘书室调整薪金办法便签、调整薪金办法。

### 华西实验区总办事处为组织建筑委员会事宜致王、李、付、郭、杨五委员的函

1949年3月12日,华西实验区总办事处致函王、李、付、郭、杨五委员,通知其组织建筑委员会督导修建大型医院。

### 华西实验区总办事处为清算各区设备费、开办费、公旅费用事致巴十二区及璧山六区办事处的函

1949年3月12日至14日,华西实验区总办事处致函、通知巴十二区及璧山六区办事处通知各区如限将该区设备费、开办费、公旅费等费用造册呈报以便清算。

### 华西实验区辅导员代表与华西实验区总办事处为报销住宿费事宜的往来公文

1948年11月1日,华西实验区辅导员代表联名呈函华西实验区总办事处,请报销因公返区开会住宿费。11月6日,华西实验区回函各代表,同意此事。附孙则让同意报销住宿费批示便签。

### 秘书室关于处理文书注意事项一份

### 巴县乡村建设实验工作第一次检讨会议记录一份

1949年4月23日制巴县乡村建设实验工作第一次检讨会议记录一份。

### 编辑组将本区工作人员因物价飞涨对薪金、伙食费、公旅费的调整情况编入《乡建通讯》的便签一份

1949年6月22日，编辑组将本区工作人员因物价飞涨对薪金、伙食费、公旅费的调整情况编入《乡建通讯》的便签一份。

### 傅志纯、陶一琴、魏西河、邱达夫、张的山、何子清等各区办事处主任为请调整各区办公费用事给华西实验区总办事处孙主任的呈

1949年6月29日，傅志纯、陶一琴、魏西河、邱达夫、张的山、何子清等各区辅导员联名呈文华西实验区总办事处，因物价飞涨请调整各区办公费用。

### 华西实验区秘书室郭准堂为请补发本区相关工作人员及实习同学食米补贴事致顾润民的函

1949年4月11日，华西实验区秘书室郭准堂致函顾润民，因物价飞涨请为该区相关工作人员及实习同学补发食米补贴。

### 华西实验区总办事处为知照行文注意事项事宜致各县各辅导区的通知

1949年4月，华西实验区总办事处通知各县各辅导区知照行文注意事项，希遵照办理。附秘书室抄发行文注意事项。

### 1949年7月8日，华西实验区7月份各项贷款标准一份

## 9-1-107

### 华西实验区物品供销处与来凤驿办事处为该处开办经费预算、以布易纱标准、人员调动、工作人员薪金问题、仓库管理情形、开辟市场、经费报销、承织军布等日常事务工作的往来公文

1949年7月25日至10月15日，华西实验区物品供销处与来凤驿办事处往来公文数份，内容包括该处开办经费预算、以布易纱标准、人员调动、工作人员薪金问题、仓库管理情形、开辟市场、经费报销、承织军布等。附各乡镇以布易纱注意事项、来凤驿办事处员工薪金表、华西实验区各单位领取物资及报销办法。

### 璧山第一、第二、第四及第五辅导区办事处，华西实验区总办事处，中国农民银行璧山办事处与璧山县政府为狮子乡、三教乡、城南乡等乡所辖各机织生产合作社申请借贷纱与清算贷款事宜的往来公文

1949年7月30日至11月8日，璧山第一、第二、第四及第五辅导区办事处，华西实验区总办事处，中国农民银行璧山办事处与璧山县政府往来公文数份，内容包括狮子乡、三教乡、城南乡、蒲元乡、青木乡、接龙乡、来凤乡、丁家乡等乡

镇所辖马鞍山、深水井、五里冲、中街、杨家祠、龙王庙、魁星楼、代家湾、蜘蛛蚊、养鱼池等机织生产合作社为申请借贷纱与清算贷款的具体情形。附各社社员姓名、印鉴表，各社申请贷款细数表，马家院社员户籍调查表，文治清关于玉皇庙与观音阁两社贷纱情况调查报告。

**铜梁第一辅导区、巴县第一辅导区、江北第一辅导区为请组织机织生产合作社事宜给华西实验区办事处的呈**

1949年9月21日至11月21日，铜梁第一辅导区、巴县第一辅导区、江北第一辅导区呈文华西实验区办事处，请求组织机织生产合作社。附铜梁第一辅导区石鱼乡请求组织机织生产合作社报告。

**璧山县河边乡机织生产合作社联合办事处主任周治平为呈报组织联合办事处相关事宜给华西实验区办事处的呈**

1949年8月9日，璧山县河边乡机织生产合作社联合办事处主任周治平呈文华西实验区办事处，呈报该社组织联合办事处章程、职员印鉴等情况。附河边乡机织生产合作社联合办事处组织章程、职员印鉴。

## 9—1—108

**璧山第二、第六辅导区办事处与华西实验区办事处为八塘乡响水滩社、土地堡农业社、新房子农业社等农业生产合作社申请耕牛、母猪、仔猪贷款事宜的往来公文**

1949年8月7日至9月9日，璧山第二、第六辅导区办事处与华西实验区办事处往来公文数份，内容包括区辖八塘乡响水滩社、土地堡农业社、新房子农业社、石板场农社、王家湾农庄、大林寺农庄、依凤乡第六保农社、凉水井农社、曹氏宗祠合作社、三教乡中街社、深水井社、太和乡白沙岗社、大兴乡蔡家祠堂农社等农业生产合作社申请耕牛、母猪、仔猪贷款详细书表及华西实验区的审核情况。附各社申请农业贷款书表，璧山第六辅导区各社仔猪贷款核准清单，各区贷耕牛、母猪、仔猪统计表。

**华西实验区社会调查室制狮子乡社会调查工作纪实、社学区饮水调查表、社学区概况调查表、社学区户口经济调查表一份**

**华西实验区办事处与巴一区、巴五区、巴八区、綦一区、綦二区、合川第一辅导区办事处、北碚办事处、铜梁一区、江北一区、璧五区、江津一区为呈报民教主任登记表事宜的往来公文**

1949年4月22日至11月7日，华西实验区办事处与巴一区、巴五区、巴八区、綦一区、綦二区、合川第一辅导区办事处、北碚办事处、铜梁一区、江北一区、璧五区、江津一区往来公文数份，内容包括总办事处催促呈报民教主任登记表以及各区办事处补报报告。附民教主任登记表。

### 合川县第二辅导区办事处主任杨东侯为呈报本区甄选、训练民教主任情形事宜给华西实验区办事处的呈

1949年6月15日，合川县第二辅导区办事处主任杨东侯呈文华西实验区办事处呈报该区甄选、训练民教主任具体情形，请备查。6月25日，华西实验区办事处回复杨东侯，准予备查。

### 巴县第一辅导区办事处、璧山办事处、璧六区、璧二区为呈报本区民教主任登记表、传习处概况及示范国民学校概况表事给华西实验区办事处的呈

1949年3月26日至4月13日，巴县第一辅导区办事处主任喻纯堃、璧山办事处主任傅志纯、璧六区主任何子清、璧二区主任陶一琴分别呈文华西实验区办事处，呈报该区民教主任登记表、传习处概况及示范国民学校概况表，请备查。

### 巴县第十二辅导区办事处为呈报录取民教主任人选情况给华西实验区办事处的呈

1949年4月19日，巴县第十二辅导区办事处呈文华西实验区办事处，呈报该区录取民教主任人选情况，请鉴核。

### 永川县政府为呈报区方辅助本县实行农地减租督导员及登记员履历表致华西实验区办事处函

1949年11月15日，永川县政府致函华西实验区办事处，为报区方辅助该县实行农地减租督导员及登记员履历表。

### 华西实验区办事处与巴县第三、第五、第六、第七、第八、第十二辅导区，璧山第四辅导区为民教主任考取、甄选、训练事宜的往来公文

1949年2月24日至4月17日，华西实验区办事处与巴县第三、第五、第六、第七、第八、第十二辅导区，璧山第四辅导区往来公文数份，内容包括各区考取、甄选、训练民教主任情形。附华西实验区所属社学区民教主任甄选训练办法、巴县第八辅导区民教主任训练班课程表、华西实验区检发各区甄选民教主任办法数目统计表、巴县第八辅导区招考民教主任简章。

### 璧山第六辅导区、巴县第十二辅导区办事处与华西实验区办事处为各区民教主任奖惩暂行规则及撤免办法的往来公文

1949年5月23日至7月1日，璧山第六辅导区、巴县第十二辅导区办事处与

华西实验区办事处往来公文数份,主要商讨各区民教主任奖惩暂行规则及撤免办法。

**巴县第十二辅导区、合川第一辅导区办事处为民教主任请假规则事与华西实验区办事处往来公文**

1949年6月1日至7月16日,巴县第十二辅导区、合川第一辅导区分别呈文华西实验区办事处,请示该区民教主任请假规则妥否,华西实验区办事处为此提出修改意见。

## 9-1-109

**华西实验区办事处与江北县第一、第二辅导区,綦江第一、第二辅导区,巴县第七辅导区,铜梁第一辅导区,合川第二辅导区为划分社区相关事宜的往来公文**

1949年3月27日至7月6日,华西实验区办事处与江北县第一、第二辅导区,綦江第一、第二辅导区,巴县第七辅导区,铜梁第一辅导区及合川第二辅导区等办事处往来公文数份,就各区所辖社学区初步划定情况作详细说明。附各区所辖人和乡、龙溪乡、礼嘉乡、鸳鸯乡、悦来乡、大石乡、扶欢乡、瀛坪乡、青年乡、石角乡、三江镇、古南镇、登瀛乡、桥河乡、万兴乡、北渡乡、昇平乡、石鱼乡、太平乡、虎峰镇、白沙乡、小湾乡、龙溪乡、三汇乡等乡镇社学区划分略图、保甲人口统计表、社学区人口统计表、各国民保校与中心校统计表,礼嘉乡一般情况说明,江北第二辅导区各乡学区数目分配表。

**璧山县政府为本县各保校举办甲长讲习办法、文艺竞赛、如限开学、学校移交及人事任免等事宜给八塘乡乡公所的训令**

1948年11月至1949年4月,璧山县政府给八塘乡乡公所训令数份,内容涉及该县各保校举办甲长讲习办法、文艺竞赛、如限开学、学校移交及人事任免等。

**璧山县教育专门委员会为国民学校校长教员考核事宜致八塘乡唐辅导员的通知**

1949年1月,璧山县教育专门委员会通知八塘乡唐辅导员,要求如实填写国民学校校长教员考核表。

**华西实验区办事处与璧山县第五辅导区办事处为合作社社员股金调整、民教主任日常工作、国民学校设置撤销情形等事宜给八塘乡唐辅导员的通知、训令**

1948年11月至1949年3月,华西实验区办事处与璧山县第五辅导区办事处分别给八塘乡唐辅导员通知、训令数份,内容涉及合作社社员股金调整、民教主任日常工作、国民学校设置撤销情形、油桐种植主佃权益分配、办公费差旅费报销、辅导员日常事务及民教主任甄选等。

## 9–1–110

**华西实验区办事处与北碚管理局就饬令张的山返回办理移交等事宜的往来函**

1949年5月17日至6月9日,华西实验区办事处与北碚管理局往来函数份,内容关于张的山擅自离职相关情形并饬令其返回办理移交手续。6月13日,郭准堂致信张的山,希其返回办清移交手续。

**江北第一辅导区驻乡辅导员为呈报该区主任张炽夫工作情形事宜联名给华西实验区办事处的呈**

1949年5月31日,江北第一辅导区驻乡辅导员联名呈文华西实验区办事处,呈报该区主任张炽夫工作懈怠等工作情形。

**华西实验区办事处、北碚管理局、北碚管理局辅导员代表就该区田慰农工作情形的往来函**

1949年5月19日至6月8日,华西实验区办事处、北碚管理局、北碚管理局辅导员代表往来函数份,内容涉及该区辅导员联名呈报该区主任田慰农工作疏漏等问题,以及华西实验区办事处与北碚管理局对此事的调查情况。

**华西实验区农业组组长李焕章与该组职员李正清、何士全就二人的纠纷问题给华西实验区的呈**

1949年7月15日至7月27日,华西实验区农业组组长李焕章与该组职员李正清、何士全分别呈文华西实验办事处,内容涉及李正清、何士全二人发生纠纷具体经过。

**华西实验区合作社物品供销处与华西实验区办事处为璧山县工筹会第一机织生产合作社成立、借贷纱事宜的往来公文**

1950年6月至9月,华西实验区合作社物品供销处与华西实验区办事处往来公文数份,内容涉及璧山县工筹会第一机织生产合作社成立及借贷纱事宜。附璧山县工筹会第一机织生产合作社借纱申请书,钟芳铭请为工筹会第一机织生产合作社贷纱请求,璧山县第一机织生产合作社开办业务需要人民币、棉纱预算表,璧山县工筹会第一机织生产合作社职员印鉴。

**华西实验区合作社物品供销处为报贷纱情形给总办事处的呈**

华西实验区合作社物品供销处两次呈文总办事处,呈报已按璧山县府嘱咐贷纱数并予该县工筹会。

华西实验区合作社物品供销处李国桢关于组织机织生产合作社的意见说明一份

1950年6月21日，召开机织生产合作社成立大会会议记录

璧山县工筹会主任与狮子乡第二机织生产合作社理事为成立第二机织生产合作社事宜致华西实验区合作社物品供销处函

  1950年6月22日，璧山县工筹会主任与狮子乡第二机织生产合作社理事致函华西实验区合作社物品供销处，呈请成立第二机织生产合作社并发放相关登记书表。

华西实验区合作社物品供销处为社员承织军布超额奖纱事宜与龙王庙、明德堂等机织生产合作社的往来公文

  1950年3月22日至8月7日，华西实验区合作社物品供销处与龙王庙、明德堂等机织生产合作社往来公文数份，内容主要涉及各社社员承织军布超额奖纱情形。附龙王庙社1949年应约奖纱社员名册、龙王庙社社员大会会议记录。

关于华西实验区合作社物品供销处、重庆接洽处、内江办事处等地电报挂号便签一份

华西实验区合作社物品供销处姜实俭关于原中正路房屋已付租金证明一份

关于来凤驿、宜宾、丁家乡等供销处公文案卷总数统计表一份

1950年5月，华西实验区合作社物品供销处聘袁侯铭、张樵敷为该处业务干事并发聘书

华西实验区合作社物品供销处为调整待染布匹尺寸事致璧山县机织生产合作社函

  1950年5月31日，华西实验区合作社物品供销处致璧山县机织生产合作社函，函请根据市场需求调整待染布匹尺寸。附关于调整待染布匹尺寸便签。

华西实验区合作社物品供销处璧山分处为送相关报表事给总办事处的呈

  华西实验区合作社物品供销处璧山分处呈文总办事处，呈送该处重启接洽处9月份工作报告、9月份业务会议记录、9月份月计表及收支对照表。附璧山合作社物品供销处重启接洽处9月份工作报告、9月份业务会议记录。

华西实验区农业组半年工作简报

  1949年11月10日制，华西实验区农业组半年工作简报。

华西实验区社会调查室制狮子乡社会调查工作纪实

**巴县农业生产指导所为呈本所重点保工作报告事给华西实验区办事处的呈**

1950年10月20日，巴县农业生产指导所呈文华西实验区办事处，呈报该所重点保第二保、第十保工作报告。附巴县马王乡农业生产指导所重点保农业概况调查工作总结、巴县马王乡第十保农业概况相关调查表、巴县马王乡农业生产指导所1950年工作总结。

## 9-1-111

**华西实验区办事处、中国农民银行重庆分行、北碚辅导区办事处、璧山县各辅导区办事处、巴县第一、第二辅导区办事处、遵义桐梓县政府、耕牛采购者侯东相、承运人尹顺才等就采购运送耕牛相关事宜的往来公文**

1949年7月7日至12月29日，华西实验区办事处、中国农民银行重庆分行、北碚辅导区办事处、璧山县各辅导区办事处、巴县第一、第二辅导区办事处、遵义桐梓县政府、耕牛采购者侯东相、承运人尹顺才往来公文数份，内容涉及耕牛采购地点的选择、牛市价格调查、以盐易牛办法、运牛经过及相关费用事宜。附运牛合约三份，尹顺才接牛收条一张，尹顺才改用新指纹接牛情况说明，尹顺才、王数春运牛保证书，采购耕牛第一、第二批登记表，孙则让为侯东相、谭炳成等出具身份证明书，东溪松坎、桐梓物价调查表，北碚采购耕牛办法，采购耕牛收支办法。

**璧山县城南乡第十二保保校校长侯远清就缓期参加学习、请求发放津贴事宜给璧山县政府的呈**

1950年2月1日，璧山县城南乡第十二保保校校长呈文璧山县政府，呈请缓期参加学习并请发放相关津贴以补家用。

**璧山县城南乡第十三保保长徐金安为本保增设学校事宜给璧山县政府的呈**

1950年3月9日，璧山县城南乡第十三保保长徐金安呈文璧山县政府，请在第十三保增设学校以利教育发展。

**璧山县城南乡第二保、第三保、第五保国民保校校长就呈报本校职员名册、学生名册、各班实到人数等事宜给璧山县政府的呈**

1949年12月24日至29日，璧山县城南乡第二保、第三保、第五保国民保校校长分别呈文璧山县政府，呈报国民保校职员名册、学生名册、各班实到人数等书表，请核查。

### 璧山县城南乡第一保人民代表为请正义学校归还本保保校事宜给璧山县政府的呈

1949年12月26日，璧山县城南乡第一保人民代表联名呈文璧山县政府，呈请饬原代办学校正义学校归还该保保校。

### 四川省政府、四川省教育厅国民教育巡回辅导第三团、璧山县政府及县辖各乡镇就第三团巡回辅导各乡教育事宜的往来公文

1949年10月3日至11月30日，四川省政府、四川省教育厅国民教育巡回辅导第三团、璧山县政府及县辖各乡镇往来公文数份，内容包括第三团拟辅导对象、辅导路线及对第三团工作人员的嘉奖问题。附四川省教育厅国民教育巡回辅导第三团1948年下期工作线路图。

### 璧山县政府就各乡民教主任的调换、撤免事宜致接龙乡、蒲元乡、青木乡及河边乡乡公所通知

1949年11月9日，璧山县政府致接龙乡、蒲元乡、青木乡及河边乡等乡公所通知数份，内容涉及各乡社学区民教主任的调换、撤免事宜。附璧山县政府致甘泽苍、杨丹鹤、冯宗先、陈白航、廖寒峰等人的委任状。

### 璧山县第五辅导区办事处主任张的山就呈报本区各乡民教主任登记名册事宜给璧山县教育专门委员会的呈

1949年11月8日，璧山县第五辅导区办事处主任张的山呈文璧山县教育专门委员会，呈报该区各乡民教主任登记名册，请备查。

## 9-1-112

### 合川一区民教主任代表，合川第一、第二辅导区办事处，华西实验区办事处为增加民教主任待遇事宜的往来公文

1949年6月29日至11月21日，合川一区民教主任代表，合川第一、第二辅导区办事处主任李毅，华西实验区办事处等往来公文数份，内容为增加该区民教主任待遇问题。

### 合川一区办事处、华西实验区办事处就该区民教主任到职旅费报领、传习教材领取人员旅费及运费、督导员公旅费等相关费用事宜的往来公文

1949年8月9日至11月25日，合川一区办事处与华西实验区办事处往来公文数份，内容涉及该区各民教主任到职旅费报领、传习教材领取人员旅费及运费、督导员公旅费等相关事宜。

**合川一区办事处与华西实验区办事处就扣发该区民教主任薪金事宜的往来公文**

1949年9月17日,合川一区办事处主任呈文华西实验区办事处,呈报该区扣发民教主任薪金情况及缘由。9月29日,华西实验区办事处回复合川一区办事处,知照此事处理意见。

**华西实验区办事处,合川第一、第二辅导区办事处为两区借用合川县政府粮米账目表事宜往来公文**

1949年5月1日至9月15日,华西实验区办事处与合川第一、第二辅导区往来公文数份,内容主要涉及两区借用合川县政府粮米账目表问题。

**华西实验区办事处,合川第一、第二辅导区办事处及合川第一辅导区干事唐有开为合川两区各项经费、账目等事宜的往来公文**

1949年5月1日至8月6日,华西实验区办事处,合川第一、第二辅导区办事处与合川第一辅导区干事往来公文数份,主要涉及两区修整费账目、恢复米贴、薪金发放账目、呈报财产目录、民教干事公旅费报销、开办费、民教主任训练伙食工资等经费项目事宜。附合川第一辅导区民教主任训练伙食工资预算表。

**华西实验区办事处、璧山县政府、璧山县第二辅导区为该区辖各乡农业生产合作社申请耕牛、母猪、仔猪贷款相关事宜的往来公文**

1949年8月14日至11月27日,华西实验区办事处、璧山县政府、璧山县第二辅导区办事处为该区辖依凤、三教、大兴、太和、梓潼、丹凤等乡农业生产合作社申请耕牛、母猪、仔猪贷款相关事宜的往来公文。附各社申请贷款书数份,璧二区发放大兴乡、花房子等五社仔猪贷款细数表,大兴乡农业生产合作社核准贷款通知单。

**华西实验区贷款、教育、联络相关问题汇编一份**

## 9-1-113

**华西实验区办事处为检发教育组影音施教队摄影部工作办法致璧山县第三辅导区办事处通知**

1949年10月22日,华西实验区办事处通知璧山县第三辅导区办事处,检发教育组影音施教队摄影部工作办法一份,希遵照执行。附教育组影音施教队摄影部工作办法。

**华西实验区办事处为知照优良桐苗分配方案及配送运费相关事宜致璧山县第三辅导区办事处通知**

1949年2月24日,华西实验区办事处通知璧山县第三辅导区办事处,知照优良桐苗分配方案及配送运费相关问题。

**华西实验区农业组巴县第一、第二、第四、第六、第七辅导区及璧山第六辅导区等报告摘要**

**华西实验区办事处与璧山县第六辅导区办事处为区辖八塘乡、转龙乡、七龙乡、依凤乡等各乡农业生产合作社申请仔猪贷款事宜的往来公文**

1949年9月10日至12月18日，华西实验区办事处与璧山县第六辅导区办事处往来公文数份，内容包括区辖八塘乡、转龙乡、七龙乡、依凤乡等各乡所属王家湾、大林寺、青云寺、三圣庙、新房子农业生产合作社申请仔猪贷款事宜。附各社申请借贷书、各社社员名册印鉴、各社社员申请仔猪贷款细数表、黄谷市价调查证明册、第六辅导区农业组农业生产合作社已登记未核发仔猪贷款统计表。

## 9–1–114

江津县柑橘病虫害防治办法

## 9–1–115

**江北县第二辅导区办事处主任为呈本区乡建同人撰写乡建工作谈事宜给华西实验区办事处的呈**

1949年11月18日，江北县第二辅导区办事处主任晏昇东呈文华西实验区办事处，呈报该区乡建同人撰写乡建工作谈数份，请编辑组斟酌编写。附江北县第二辅导区三圣乡第二、第三、第五、第八、第十、第十一社学区刘成禄、彭永芳、王承厚、张洪运、刘成树、王安国、童家植、周永煜、曹子飞、宗权著、陈志尚、陈克、罗本初等人乡建工作谈。

**华西实验区办事处主任孙则让与刘汇荣、黄介甫、唐凌宵等人就是否前来参加实验区参加乡建工作事宜的往来信函**

1948年12月3日至1949年1月16日，华西实验区办事处主任孙则让与刘汇荣、黄介甫、唐凌宵等人往来信函数份，主要商讨是否前来该区参加乡村建设工作。附唐凌宵履历表。

## 9-1-116

### 华西实验区璧山县河边乡马鞍山机织合作社职员印鉴表

华西实验区璧山县河边乡马鞍山机织合作社职员印鉴表,内容包含职员职务、姓名、签字、盖章或箕斗、任期、任职日期及备注。

### 璧山县河边乡马鞍山机织合作社社员大会决议录

1949年3月19日,华西实验区璧山县河边乡马鞍山机织合作社社员大会决议录,内容涉及改选理监事委员、增加社员社股、退社社员审定、新增社员审定及重新决定社址。

### 璧山县政府为更改社员户籍事宜致河边乡马鞍山机织生产合作社函

璧山县政府致函河边乡马鞍山机织生产合作社,新增社员户籍除六人三户准予剔除外,其余准予变更登记。附新旧任理监事情况登记表一张。

### 华西实验区总办事处主任孙则让为河边乡马鞍山机织生产合作社呈送变更登记书表事宜致璧山县政府函

1949年5月11日,华西实验区总办事处主任孙则让函请璧山县政府查照办理河边乡马鞍山机织生产合作社所呈送变更登记书表一事,除抽存外相应检同变更登记书表四件。

### 河边乡马鞍山机织生产合作社为请璧山县政府示期派员莅社监选一事给璧山县政府的呈

1948年3月26日,河边乡马鞍山机织生产合作社致文璧山县政府,呈请派员莅社监督改选替代何理事主席、胡司库及范会计之职。附批复县政府同实验区会同派员改选。

### 河边乡马鞍山机织生产合作社理事主席何载育为撤销扣押织布以便复业一事给璧山县政府的呈

1948年3月26日,河边乡马鞍山机织生产合作社理事主席何载育呈文璧山县政府,呈请将社员吴纯武被扣押的织布发还,以便恢复生产。附批复不予撤销。

### 河边乡马鞍山机织生产合作社为派员处置社员拒交所扣之纱一案给璧山县政府的呈

1948年3月14日,河边乡马鞍山机织生产合作社呈文璧山县政府,呈请派员处置拒不交纳所扣之纱的社员吴炳乡、吴纯武,以免冤污监事主席贺学渊、理事熊永昌。附批复处理办法照华西实验区1948年平实建字第061号公函,暂不派员催收。

### 河边乡马鞍山机织生产合作社理事主席何载育为撤销扣押棉纱以便复业一事给璧山县政府的呈

1948年3月,河边乡马鞍山机织生产合作社理事主席何载育呈文璧山县政府,呈请发还社员吴炳清被扣押的棉纱,该社员素来诚朴,确无越规情事,撤销扣押以便复业。附批复:碍难照准。

### 河边乡马鞍山机织生产合作社理事主席何载育为监理会改选事宜给璧山县政府的呈

1948年1月21日,河边乡马鞍山机织生产合作社理事主席何载育呈文璧山县政府,呈请准予示期派员莅场指示改选以维社务。附批文:任期届满后再行改选。3月3日,呈文璧山县政府,因任职期满,呈请派员莅社监选。附批文:仍安心工作,俟期满时该府派员监选。4月6日,呈文璧山县政府,呈请核查改选理监事委员名单,附呈会议记录一份。附批文:监事主席一职有违社规,应予重选。

### 河边乡马鞍山机织生产合作社理事主席何载育呈报合作社业务计划书呈璧山县政府核查

1947年10月19日,河边乡马鞍山机织生产合作社理事主席何载育呈文璧山县政府,呈请核查所呈业务计划书,以期颁发合作社登记证及图记。附业务计划书,内容包括业务项目、业务经营方式、业务实施。附批文:准予备查。

### 河边乡马鞍山机织生产合作社理事主席何载育为呈报该社条戳、图记启用日期给璧山县政府的呈

1947年7月14日,河边乡马鞍山机织生产合作社理事主席何载育呈文璧山县政府,呈报该社条戳、图记启用日期,以承领木质图记一颗。附呈印鉴纸。附批文:准予备查。

### 河边乡马鞍山机织生产合作社借款申请书

1947年8月,河边乡马鞍山机织生产合作社借款申请书,内容包括:借款事由、借款对象、借款金额、还款时限、合作社概况表、拟请保证人、介绍单位意见、银行审核意见。

### 河边乡马鞍山机织生产合作社图模暨职员印鉴纸

1947年7月14日,河边乡马鞍山机织生产合作社图模暨职员印鉴纸,涉及职别、姓名、签字、印章、任职起止年月日、备考、图记、条戳。

## 河边乡马鞍山机织生产合作社理事主席贺守一呈报该社贷还款情形给璧山县政府的呈

1948年7月25日,河边乡马鞍山机织生产合作社理事主席贺守一呈文璧山县政府,呈报该社贷还款情形,附呈贷还款细数表三份。附批复:准予会转备查。

## 河边乡马鞍山机织生产合作社呈1947年度年终决算及年度报告书给璧山县政府的呈

1948年6月17日,河边乡马鞍山机织生产合作社理事主席贺守一呈文璧山县政府,呈报1947年度年终决算及年度报告书。附呈表,包括:璧山县河边乡马鞍山机织生产合作社试算表、璧山县河边乡马鞍山机织生产合作社损益计算表、璧山县河边乡马鞍山机织生产合作社资产负债表、璧山县河边乡马鞍山机织生产合作社盈余分配案。附批复:准予会转省府备查。

## 河边乡马鞍山机织生产合作社就协具证明扣押存纱事宜而免因公受累给璧山县政府的呈

1948年3月23日,河边乡马鞍山机织生产合作社呈文璧山县政府,证明1947年12月26日扣押吴炳乡、吴纯武存纱一案,贺学渊、熊永昌确未运走扣纱一根,为免因公受累,特具证明前来呈请。附批复:批此。

## 华西实验区办事处主任孙则让为中国农民银行璧山分理处函送核贷通知书一事致璧山县政府函

1948年6月8日,华西实验区办事处主任孙则让致函璧山县政府,呈送中国农民银行璧山分理处核准发放响水滩马鞍山等社贷款通知书一份,以此备案。附农行核贷通知书。

## 河边乡马鞍山机织生产合作社为理监事会换届交接公物文卷一事给璧山县政府的呈

1949年4月13日,河边乡马鞍山机织生产合作社呈文璧山县政府,呈报理监事会换届移交公物文卷事宜,附呈移交清册一份。附批复:准予备查。

## 河边乡马鞍山机织生产合作社为理监事改选变更和移交事宜给璧山县政府的呈

1948年4月14日,河边乡马鞍山机织生产合作社呈文璧山县政府,呈报该社理监事改选变更和移交事宜,并恳请发给变更登记申请书。附呈职员印鉴纸、职员履历表、变更登记申请书、社员名册、移交清册。附批复:待该年度新贷额决定后再作总变更,本件拟暂存。

## 河边乡马鞍山机织生产合作社就合作社成立相关事宜给璧山县政府的呈

1947年6月,河边乡马鞍山机织生产合作社呈文璧山县政府,呈报合作社成立大会的有关内容及各项登记文件,并请县政府核查后颁发登记证及图记,以便开展业务。附社员名册、社章、创立会记录(内容包括推举临时主席及书记、报告事项及决议事项)、申请书。

## 河边乡辅导员曾庆祥就吴光全入社一事呈张主任报告

1949年7月16日,河边乡辅导员曾庆祥呈张主任,报告保民吴光全确已具有入社资格,请核转璧山县政府准予入社。附批复:所称属实则当办理入社手续及变更登记。

## 华西实验区农业组治蝗工作收支统计报告表

华西实验区农业组治蝗工作收支统计报告表,涉及璧山、铜梁两县,内容包含动员人数、捕蝗数量、奖纱数量、旅费杂支、支出总计、折合银圆。

## 华西实验区农业组稻种推广分布图

## 华西实验区农业组关于水稻硫酸铵的示范目的和实施办法

## 水稻硫酸铵本田示范或秧田示范记载表

水稻硫酸铵本田示范或秧田示范记载表,内容包括前作物、示范田、水稻、农家肥料、硫酸铵、生长情形及记载日期,每一百穴水稻产量。

## 华西实验区关于病虫防治的事项

华西实验区病虫防治药械使用原则(共计2条)和使用办法(共计7条)以及病虫药剂领用单。

## 关于推广和应用良种南瑞苔的说明

中央农业实验所栽培农事试验场所编的推广和应用良种南瑞苔的说明,内容涉及南瑞苔的来历或育成经过、重要特质和优点、适应区域和示范成绩。

## 中华农学会三十年间概况

1947年1月印行,内容涉及该会创立年月、会所、会员、年会、分会、立案与备案、所受嘉奖、编印的刊物、选派留学生、奖学基金、纪念奖学基金、对于学术的贡献、与有关团体的联络、建议政府的事项等诸多方面。

## 中国农民银行园艺推广示范场关于农作物的栽培简章

1943年10月,中国农民银行园艺推广示范场刊制的关于栽培番茄、甘蓝、椰花的气候、土壤、栽培方法、管理、收获的简章。

## 华西实验区农业组关于农场经营调查表的说明及填法

华西实验区农业组关于农场经营调查表的说明和填法,包括调查的目的、调查的进行步骤、表格说明及填写方法。

**约克夏种猪的相关文件**

关于约克夏种猪的多份文件,包括饲养方法、养猪及贷款方法、分配情况(性别、数量、交配情形)、种猪饲养志愿书、猪舍修建设计的规定、种猪饲养须知(涉及种猪的所有权、防疫治疗、猪舍修建、饲料、饮食、交配)、种猪推广办法(共计13条)、为平教会第三区种猪繁殖及推广杂交向农复会建议书。

**华西实验区农业组治理工作简报**

华西实验区农业组治理工作简报,共计8条,主要包括工作起止时间、奖纱办法、工作成效、治蝗费用、经费预算。

**农林部中央农业实验所北碚试验场就寄送四川省农业改进资料及出版书刊事宜致函华西实验区**

1949年3月15日,农林部中央农业实验所北碚试验场致函华西实验区,知照检送四川省农业改进资料及出版书刊一事,因经费困难,请致函南京农业改进所及四川省农业改进所征集。

**华西实验区办事处就派员查勘水利工程并配发作物良种一案致丰都县政府函**

1949年9月7日,华西实验区办事处致函丰都县政府,知照派员查勘水利工程并配发作物良种一案,因业务范围限制,且经费人员有限,希冀致函农复会洽商。

**丰都县县政府就派员查勘水利并配发良种作物事宜致璧山中国农村复兴委员会快电**

1949年8月27日,丰都县县政府快电璧山中国农村复兴委员会,因缺乏农作物优良品种及专门技术人员,函请派员查勘水利工程并配发良种作物。

**华西实验区璧山第四区办事处主任邱达夫为呈送所植番茄一事给华西实验区总办事处主任孙则让的呈**

1949年7月22日,华西实验区璧山第四区办事处主任邱达夫呈文华西实验区总办事处主任孙则让,呈送该区繁殖站所植番茄10斤。附批复:实收8斤,已代剥种留存。

**四川省地质调查所就检送四川省第三区地质土壤之资料及出版物一事复华西实验区函**

四川省地质调查所复函华西实验区办事处,知照检送四川省第三区地质土壤之资料及出版物一事,因该所工作范围仅限于矿产调查,仅可呈矿产专报第1号第1种,以供参考。附转报一册。

### 台湾省农业试验所就寄送农报一事致华西实验区办事处函

1948年2月28日,台湾省农业试验所,知照寄送该所出版农报二期一事,并希望与华西实验区交换出版刊物。

### 广西农事试验场就订购书刊一事致华西实验区函

1949年3月18日,广西农事试验场致函华西实验区,寄送该场书刊目录以资选购,附送书刊目录。1949年4月18日,华西实验区总办事处复函广西农事试验场,知照订购该场所有书刊各一册,随函附上15000金元汇票。

### 四川省第三区行政督察专员兼保安司令孙则让为植桐主佃权益分配办法致华西实验区函

1949年4月18日,四川省第三区行政督察专员兼保安司令孙则让致函华西实验区,知照主佃权益分配办法,以期推广种植中央农业试验场油桐树苗。附植桐主佃权益分配办法。

### 农业组编印的改良稻种栽培方法

农业组编印的改良稻种"中农4号""中农34号""湘农胜利籼"的栽培方法,包括其特点、播种、移栽、中耕、收获五个部分。

### 华西实验区总办事处就调查北碚农业概况资料一事致北碚农业推广所函

1949年4月14日,华西实验区总办事处致函北碚农业推广所,知照调查北碚农业概况资料,以期推进农业工作。附农业调查项目。

### 孙则让在第四次座谈会上所作的报告

第四次座谈会会议主席孙则让的报告主要有三个部分:第一部分是"实验区工作情形及将来的展望",论述平教会与实验区的由来及经过。第二部分是"报告今后实验区之工作计划",包括乡村建设的重点、乡村建设的科学性、乡村建设与教育。第三部分是"经济建设",包括农业建设、工业建设、农业建设与科学和技术。

### 中央气象局为寄赠气象资料一事致华西实验区办事处函

1948年3月21日,中央气象局致函华西实验区办事处,知照寄赠气象汇报八册,由该局南京办事处寄出。

## 9-1-117

### 璧山县农推所理事长姜荣基为避免撤销该所一事给璧山县政府的呈

1946年8月13日,璧山县农推所呈文璧山县政府,呈报避免撤销的理由四项,并恳请转呈四川省政府以期准予保留。附批复:仰候转请省政府核示。该县农推所所呈。

## 璧山县政府为保留该县农推所一事给四川省政府的呈

1946年8月13日,璧山县政府呈文四川省政府兼理主席张群,呈报该县农推所所呈情况属实,请准予保留。

## 四川省政府关于贷款改用现代农具一事给璧山县政府训令

1946年9月5日,四川省政府兼理主席张群及建设厅长何北衡给璧山县政府训令,知照贷款改用现代农具以增加农业产值一事,转发中国农民银行总管理处关于贷款的相关事宜,并转至各农民团体遵照办理。附抄发董参议员原提案一件(含案由、理由、办法三项)。1946年9月23日,璧山县政府转发该提案至县农会。

## 璧山县农业推广所主任于孝思为办理妨碍公务的农民曾大臣一事给璧山刘县长的呈

1946年12月26日,璧山县农业推广所主任于孝思呈文璧山刘县长,呈报临江乡农民曾大臣在发放养猪副业贷款时聚众滋事一案,经该所指导员胡国良调查属实,特请依法办理,以维业务推动。附批复:拟传讯处理。

## 警丁汪海原就传讯曾大臣一事呈璧山刘县长报告

1947年,警丁汪海原报告璧山刘县长,呈称持票前往临江乡询传曾大臣无果,该保保长黄锦堂呈报该员外出未归,无法传到,理合将传票与该保保长黄锦堂出具证明呈上。附呈证明传票。附批复:仰再前往会同该乡农会负责人协同传办。

## 中华文库民众教育第一集

中华文库民众教育第一集,《家庭·学校·社会》,董渭川编,中华书局印行。

## 北碚黄桷镇社会调查工作纪实

1950年2月,华西实验区工作丛刊之一,社会调查室印北碚黄桷镇社会调查工作纪实,包括调查工作队的组织和调查工作的纪实(包含准备工作、调查工作、机关行会调查及地方领袖访问、审核与复查、工作检讨会、调查工作通讯、结语)两个部分。附经费报告。

## 粮食部四川粮食储运局璧山县仓库同交通部驿运总管理处重庆驿运服务所的运输合约

1944年,粮食部四川粮食储运局璧山县仓库同交通部驿运总管理处重庆驿运服务所关于运输粮食致璧山县的合约,内容包括运输、运价、责任等14个部分。

**督察第四区璧山县田赋淡旺月应征数目表**

1937年,督察第四区璧山县田赋淡旺月应征数目表,包括县别、本期应征总数、本期淡旺各月摊派数,以供1937年度前期保安经费。

**乡建工作通讯**

华西实验区出版的乡建工作通讯,其中有第一卷第一期(1949年1月15日)、第二十二期(1949年7月11日)、第二十四期(1949年7月30日)、第二卷第一期(1949年8月8日)、第二期(1949年8月19日)、第三期(1949年8月)、第四期(1949年9月3日)、第六期(1949年9月20日)。

**巴璧实验区编印传习画片《防治螟虫》《选举》《户政》《自卫》《合作》**

**璧山县政府、璧山县参议会、璧山县军民合作总站、陆军第108军第239师第715团及璧山县狮子乡、来凤乡乡公所就军民合作站相关事宜的往来公文**

1949年11月2日至11月16日,璧山县政府、璧山县参议会、璧山县军民合作总站、陆军第108军第239师第715团及璧山县狮子乡、来凤乡乡公所就军民合作站相关事宜的往来公文。附璧山县军民合作总站第三次站务会议记录、四川省政府关于修正军民合作站组设办法的训令、西南军政长官公署设置军民合作机构实施通则。

## 9-1-119

**铜梁县西泉镇刘店造纸生产合作社为缓还贷款一事与华西实验区往来公文**

1950年8月21日,铜梁县西泉镇刘店造纸生产合作社呈文华西实验区,呈请所欠款项待业务恢复后再行归还。通知:1950年9月2日,借款按社员生产情形、经济状况分别偿还,确无力偿还者再行延期。

**华西实验区铜梁第一辅导区办事处为西泉镇刘店纸业生产合作社登记证号数一事呈华西实验区总办事处主任孙则让呈文**

1949年10月13日,华西实验区铜梁第一辅导区办事处呈文华西实验区总办事处主任孙则让,呈报该区西泉镇刘店纸业生产合作社登记证号数。

**华西实验区办事处就办理刘店纸业生产合作社贷款一事与铜梁第一辅导区办事处的往来公文**

1949年9月10日至1949年10月18日,华西实验区办事处与铜梁第一辅导区办事处的往来公文,内容关于刘店纸业生产合作社贷款一事。附铜梁第一辅导区合作社核准通知单,铜梁第一辅导区办事处关于刘店纸业生产合作社申请贷款情形的调查报告,造纸生产成本详单。

**华西实验区铜梁第一辅导区办事处为呈送西泉镇刘店纸业生产合作社职员印鉴及开业日期一事与华西实验区总办事处主任孙则让往来公文**

华西实验区铜梁第一辅导区办事处报告华西实验区总办事处主任孙则让,呈报西泉镇刘店纸业生产合作社职员印鉴及开业日期一事。通知附铜梁县西泉镇刘店纸业生产合作社呈华西实验区原件,铜梁县西泉镇刘店纸业生产合作社调查表。

**巴县青木乡乡联社为请予协助收清公款一事给华西实验区的呈**

1950年10月9日,巴县青木乡乡联社呈文华西实验区,呈请转饬巴县第四区政府协助办理收清公款一事。

**华西实验区铜梁第一辅导区办事处为转送西泉镇刘店纸业生产合作社成立登记各项书表以便核查一事与华西实验区主任总办事处孙则让往来公文**

1949年9月20日,华西实验区铜梁第一辅导区办事处呈报华西实验区总办事处主任孙则让,转呈西泉镇刘店纸业生产合作社成立登记各项书表。通知:1949年10月11日,除登记证号数漏填应另行呈报外,余均合准予备查。附铜梁县西泉镇刘店纸业生产合作社章程(共计30条)。

**华西实验区铜梁第一辅导区办事处为具报西泉镇刘店纸业生产合作社召开创立会情形一事与华西实验区总办事处主任孙则让往来公文**

1949年8月25日,华西实验区铜梁第一辅导区办事处呈华西实验区主任孙则让报告,具报该区西泉镇刘店纸业生产合作社召开创立会情形一事。通知:1949年9月10日,将所呈书表发还,并转饬按规定办理。

**华西实验区铜梁第一辅导区办事处为请予派员参加西泉镇刘店纸业生产合作社成立大会一事呈华西实验区总办事处主任孙则让的报告**

1949年8月15日,华西实验区铜梁第一辅导区办事处呈华西实验区主任孙则让,报告造纸户刘汉仙函告筹组造纸合作社情形,并请予派员参加西泉镇刘店纸业生产合作社成立大会。附批复:通知薛觉民就近参加。

**华西实验区铜梁第一辅导区办事处为转送天锡乡纸业合作社职员印鉴及呈文一事呈华西实验区总办事处主任孙则让的报告**

1949年11月14日,华西实验区铜梁第一辅导区办事处报告华西实验区主任孙则让,转呈天锡乡纸业合作社职员印鉴三份及呈文一件。

**华西实验区铜梁第一辅导区办事处为转送天锡乡纸业合作社贷款申请书以期准贷一事呈华西实验区总办事处主任孙则让的报告**

1949年11月16日,华西实验区铜梁第一辅导区办事处报告华西实验区主任孙则让，呈报天锡乡纸业合作社有关情形，并转呈该社贷款申请书。附原呈及申请书。

### 华西实验区铜梁第一辅导区办事处为检呈天锡乡纸业合作社登记书表以期查核一事呈华西实验区总办事处主任孙则让的报告

1949年10月25日，华西实验区铜梁第一辅导区办事处报告华西实验区总办事处主任孙则让，呈送天锡乡纸业合作社登记书表以期查核。附天锡乡纸业合作社章程（共计30条）。

### 华西实验区巴县第一辅导区办事处为转报青木乡第五保学区农业生产合作社小型水利贷款书表以期鉴核准贷一事与华西实验区总办事处往来公文

1949年9月19日，华西实验区巴县第一辅导区办事处呈文华西实验区总办事处，转报青木乡第五保学区农业生产合作社小型水利贷款书表，以期鉴核准贷。通知：1949年9月30日，转令该社更改贷款书表，并补送业务计划及印鉴。

### 华西实验区办事处为城北乡石梁桥申贷筑堰一事致璧山第一辅导区办事处的通知

1949年11月10日，华西实验区办事处通知璧山第一辅导区办事处，知照城北乡石梁桥筑堰工程所在地之农业生产合作社速将申贷书表转送来处，以凭核贷。附水利工程队关于呈送工料估计表致合作组的报告。

### 经济部中央农业实验所北碚试验场、华西实验区总办事处、华西实验区北碚办事处关于北碚试验场贷款修筑旧塘一事的往来公文

1949年10月24日至11月10日成文，内容关于北碚试验场贷款修筑旧塘一事，其中包括借贷数额、拟需成本、修筑方法。附第一、第二、第三塘工程简图。

### 华西实验区办事处为璧山县接龙乡平桥申贷筑堰一事致璧山第五辅导区办事处的通知

1949年11月8日，华西实验区办事处通知璧山第五辅导区办事处，知照该区接龙乡平桥申贷筑堰一事，由该堰所在地之农业生产合作社依照规定办理。附水利工程队关于呈送工料估计表致合作组的报告、璧山县接龙乡平桥筑堰工料估价表。

### 华西实验区办事处关于勘察整修水利计划的结果致巴县第一辅导区办事处的通知

1949年8月24日，华西实验区办事处通知巴县第一辅导区办事处，知照派员至该区土主、凤凰、虎溪、青木四乡勘察整修水利计划的结果事宜。附工程估价表。

## 华西实验区办事处与璧山县第六辅导区办事处关于申贷整修塘堰并派员勘察一事的往来公文

1949年7月8日至7月9日成文,内容为璧山县八塘乡响水滩农业生产合作社及转龙乡关于申贷整修塘堰的报告并派员勘察一事。附璧山县响水滩农业生产合作社培修张家坪塘堰应需材料生工预计书、八塘乡第八保张家坪应培修之塘堰简图。

## 巴县第五辅导区、第八辅导区塘埝整修工程勘查报告

1949年10月26日,水利工程队关于巴县第五辅导区樵坪乡、第八辅导区陶家、西彭、圆明、铜罐、石板、福寿等乡关于塘埝整修工程致合作组勘查报告。

## 华西实验区办事处关于抄发整修水利工程地点及工料估价表致巴县第五、第七、第八辅导区办事处通知

1949年10月26日,华西实验区办事处通知巴县第五、第七、第八辅导区办事处,知照抄发该区可以整修之水利工程地点及工料估价表一事及贷款注意事项3条。

## 华西实验区、巴县人民政府、巴县青木乡农业生产合作社关于本社缓期移交粮食致本乡农协会,并请政府催交一事的往来公文

1950年8月至10月11日成文,内容关于巴县青木乡农业生产合作社缓期移交粮食致该乡农协会,并请政府催交一事。

## 华西实验区办事处为青木乡农协会接收一案致青木乡农业合作社联合办事处通知

1950年7月6日,华西实验区办事处通知青木乡农业合作社联合办事处,知照青木乡农协会接收青木乡农业合作社联合办事处的相关事宜。

## 华西实验区办事处为呈请巴县第四区人民政府发还青木乡农业合作社联合办事处财产并对合作社予以保护一事致川东璧山行政专员公署函

1950年6月1日,华西实验区办事处致函川东璧山行政专员公署,呈请通知巴县第四区人民政府发还青木乡农业合作社联合办事处财产并对合作社予以保护。附巴县青木乡工作人员喻纯垄原报告。

## 华西实验区办事处为整理青木乡农业生产合作社联合办事处恢复业务一事致巴县第四区人民政府函

1950年5月15日,华西实验区办事处致函巴县第四区人民政府,知照派员前往整理青木乡农业生产合作社联合办事处,以期早日恢复业务。

**华西实验区办事处为青木乡农业生产合作社联合办事处还贷及改营供销、另选经理一事给喻纯堃通知**

1950年5月4日,华西实验区办事处通知喻纯堃,知照该社停止农产品加工酿酒业务,暂缓还贷款,并改营供销业务及另选经理一事。

**华西实验区办事处为青木乡农业生产合作社联合办事处偿还债务一事给前巴县第一辅导区主任喻纯堃通知**

1950年3月20日,华西实验区办事处通知前巴县第一辅导区主任喻纯堃,知照青木乡农业生产合作社联合办事处因业务亏本请以棉纱偿还借款一案,准予办理。附前巴县第一辅导区主任喻纯堃原报告。

**巴县青木乡农业生产合作社联合办事处为呈送房屋修建预算书一事给辅导区办事处的呈**

1949年9月19日,巴县青木乡农业生产合作社联合办事处呈文辅导区办事处,呈请鉴核该社所呈房屋修建预算书,并照数支给。

**华西实验区总办事处为转饬青木乡农业合作社联合办事处补交借据、印鉴及社员名册一事致巴县第一辅导区办事处通知**

1949年9月16日,华西实验区总办事处通知巴县第一辅导区办事处,知照转饬该区青木乡农业合作社联合办事处补交应补之借据、印鉴及社员名册一事。

**华西实验区巴县第一辅导区办事处为该区青木乡农业生产合作社联合办事处成立事宜给华西实验区总办事处的呈**

1949年8月31日,华西实验区巴县第一辅导区办事处呈文华西实验区总办事处,转报该区青木乡农业生产合作社联合办事处成立备案书表及借款书表。附巴县青木乡农业生产合作社联合办事处组织规则(共计22条)。

**华西实验区为派员前往青木乡农业生产合作社联合办事处协助整理业务一事致巴县青木乡乡公所通知**

1950年5月15日,华西实验区通知巴县青木乡乡公所,知照派员前往青木乡农业生产合作社联合办事处协助整理业务,以期恢复业务一事。

## 9-1-120

**农业繁殖站为呈报工作报告一事致巴县第七辅导区办事处函**

1949年11月15日,农业繁殖站致函巴县第七辅导区办事处,呈送农业繁殖站工作报告。附巴县第七辅导区农业繁殖站工作报告。

**华西实验区总办事处致巴县第七辅导区通知副本两件**

1949年11月5日，华西实验区总办事处为通知农业推广繁殖站速填各项表格一事致巴县第七辅导区通知副本。1949年10月12日，华西实验区总办事处为催报农业推广繁殖站工作报告一事致巴县第七辅导区通知副本。

**农业推广繁殖站、巴县第七辅导区关于移交农业推广繁殖站文件致沈世昌的往来公文**

1949年10月15日至17日成文，内容为沈世昌被聘为白市镇辅导员并兼任农业推广繁殖站负责人，特此将经管文件移交。

**华西实验区总办事处为检送《各辅导区农业工作推进办法》一事致巴县第七辅导区办事处通知**

1949年10月4日，华西实验区总办事处通知巴县第七辅导区办事处，知照检送《各辅导区农业工作推进办法》一事。附《各辅导区农业工作推进办法》（共计6条）。

**华西实验区总办事处、巴县第七辅导区办事处就成立农业推广繁殖站相关事宜的往来公文**

1949年9月8日，华西实验区总办事处通知巴县第七辅导区办事处，知照派王承灌赴该区协助筹组农业推广繁殖站成立一事以及设立农业推广繁殖站应行注意事项。9月22日，巴县第七辅导区呈华西实验区总办事处，呈报农业推广繁殖站成立经过，并呈送农家志愿书及调查表。9月22日，巴县第七辅导区办事处通知该区辅导员余萃，知照任命该员为农业推广繁殖站负责人，并检发农业推广繁殖站设置办法、表证农家调查表及志愿书。附表证农家志愿书、农业推广繁殖站设置办法、表证农家调查表。

**巴县第七辅导区办事处就检发表证农家陈报表式致各乡辅导员通知**

1949年5月20日，巴县第七辅导区办事处通知各乡辅导员，知照检发表证农家陈报表式一份，并希查找具报。附表证农家陈报表式。

**四川省第三区行政督察专员兼保安司令公署，巴县县政府，璧山县政府，华西实验区总办事处，华西实验区巴县第一辅导区办事处，璧山县第一、第二、第三、第四、第五辅导区办事处，农林部中央农业实验所北碚农事试验场，北碚农业推广所为推广种植桐树事宜的往来公文**

1949年1月15日至2月26日成文，内容包括桐树种植、桐苗供应、桐苗掘运、拨借费款、株数分配、供应数量、掘运地点等事项。附巴璧两县各辅导区掘运桐苗数量及地点表、华西实验区璧山第五辅导区关于桐苗分配问题呈华西实验区总办事处报告、华西实验区巴县第一辅导区为拨给桐苗一事呈华西实验区总办事处报告、华西实验区总办事处为桐苗分配事宜致璧山各辅导区通知。

**中国农民银行重庆分行就桐油加工贷款一事致华西实验区办事处电报**

1949年1月17日，中国农民银行重庆分行函电华西实验区办事处，知照桐油加工贷款之贷现收实颁发。附中国农民银行办理农场贷款暂行办法、中国农民银行重庆分行办理1948年度桐油加工贷款贷现收实办法。

**华西实验区北碚办事处主任田慰农为学校新学期入学等事致华西实验区总办事处秘书室主任郭准堂信函**

1949年2月14日，华西实验区北碚办事处主任田慰农致信函华西实验区总办事处秘书室主任郭准堂，内容涉及学校新学期入学、缴费及教科书选用事宜，巴璧两县需交桐苗事宜，商务、国民两报攻击农复会在渝购货保值事宜。

**铜梁县巴岳山崇兴垦殖农场为组织茶业、油桐生产合作社及申请贷款一事致第三区专员公署专员、农村复兴委员会函及复函**

1949年3月2日，铜梁县巴岳山崇兴垦殖农场致函第三区专员公署专员、农村复兴委员会，呈请派员指示该场筹组茶业、油桐生产合作社，并恳予贷款。附批复：待第三区派人调查实际情形后再作决定。复函：1949年3月11日，俟由第三区派员调查实际情形以凭洽办。

**北碚管理局农业推广所为挖运桐苗一事致华西实验区函**

1949年2月26日，北碚管理局农业推广所致函华西实验区，知照巴县余主任运走桐苗一事。

**巴县第四辅导区办事处为供给桐苗种子一事给总办事处秘书室主任郭准堂的呈**

1949年3月4日，巴县第四辅导区办事处呈文总办事处秘书室主任郭准堂，呈请供给桐苗种子，以资该区沧白镇公地使用而利经济建设。

**华西实验区总办事处就租地种植桐苗一事同璧山县第二辅导区的往来公文**

1949年4月4日至14日成文，内容为华西实验区总办事处与璧山县第二辅导区大兴乡为推广繁殖站无地种植桐苗，因此租用表证农家杨国芳之地以作育桐之用，以及赔偿情形。附合约纸。

**农林部中央农业实验所北碚试验场就检送油桐育苗须知一事致华西实验区函**

1949年3月31日，农林部中央农业实验所北碚试验场致函华西实验区，知照检送油桐育苗须知以作参考一事。附油桐育苗须知。

**华西实验区办事处为请求配给南瑞苜及桐籽等事致农林部中央农业实验所北碚试验场函**

1949年4月8日，华西实验区办事处致函农林部中央农业实验所北碚试验场,呈请配给南瑞苕及桐籽以供繁殖站设圃育苗之用,而经费自行负担。

## 华西实验区璧山办事处为接收南瑞苕及桐籽一事给华西实验区总办事处农业组的呈

1949年4月15日,华西实验区璧山办事处呈文华西实验区总办事处农业组,呈报接收南瑞苕及桐籽一事,并随函送上收条。

## 华西实验区总办事处为领取运送桐苗事宜致璧山第四区、第六区,巴县第十二区办事处通知

1949年4月18日通知,知照派员至北碚中农所领取桐种,并自行设法运回。4月24日通知,知照先行设法筹备运费派员运回,运费可据实报销。

## 华西实验区第六辅导区为领运桐苗问题呈华西实验区总办事处报告

1949年4月18日,华西实验区第六辅导区报告华西实验区总办事处,呈请迅予指示如何领取北碚中农所桐苗,以免贻误育苗时间。

## 华西实验区为派员领取桐种一事同中央农业实验所北碚试验场往来公文

1949年4月16日,中央农业实验所北碚试验场电函华西实验区,知照派员携款来碚商洽运送米桐事宜。1949年4月18日,华西实验区致函中央农业实验所北碚试验场,知照派员前往领取桐种,并派员赴渝取现以付种价一事。

## 华西实验区璧山第五区办事处关于推广小米桐苗报告

1949年4月25日,推广小米桐苗报告内容主要有四项,即准备工作、推广办法、办法经过、分配情形。

## 华西实验区巴县第一区办事处就育苗推广问题与华西实验区总办事处往来公文

1949年4月29日至5月7日成文,内容关于桐种不作推广,只由繁殖站或表证农家负责育苗的问题。

## 巴县第十二区办事处为呈报未及时领取桐种并准备苗圃育苗的原因及请速寄繁殖站设置办法给总办事处的呈

## 华西实验区巴县第十二区办事处为呈报桐苗运送、培育困难情形给华西实验区总办事处的呈

1949年4月28日,华西实验区巴县第十二区办事处呈文华西实验区总办事处,呈报桐苗运送、培育困难情形,并请予发给繁殖站设置办法一事。

## 华西实验区璧山办事处为呈请拨发该区狮子乡农业繁殖站植桐所需实物一事给华西实验区总办事处的呈

1949年5月6日,华西实验区璧山办事处呈华西实验区总办事处,呈报该区

狮子乡农业繁殖站租地培育桐苗并编定预算一事,请予鉴核后拨发所需实物。附油桐育苗预算表。

### 华西实验区璧山第四区办事处为植桐所需苗场应付各项津贴预算及分配一事与华西实验区总办事处往来公文

1949年5月17日至5月28日成文,内容为洽商璧山第四区办事处为植桐所需苗场应付各项津贴等各项津贴预算及分配一事

### 华西实验区巴县第二辅导区为呈报油桐育苗已付工资地租分发数目及收据一事呈华西实验区总办事处报告

1949年6月11日,华西实验区巴县第二辅导区报告华西实验区总办事处,呈报油桐育苗已付工资地租分发数目及收据一事。

### 华西实验区璧山第六辅导区为呈报各乡栽植小米桐苗株数量情况给华西实验区总办事处的呈

1949年5月18日,华西实验区璧山第六辅导区呈文华西实验区总办事处,呈报各乡栽植小米桐苗株数量情况。附璧山第六辅导区各乡领植小米桐苗株数表。

### 华西实验区璧山第四区办事处为呈报桐苗圃预算及圃地使用情形呈华西实验区总办事处报告

1949年6月28日,华西实验区璧山第四区办事处报告华西实验区总办事处,呈报该区桐苗圃预算及圃地使用情形。

### 华西实验区璧山第六辅导区为呈报桐苗地租单据以资报销一事呈华西实验区总办事处报告

1949年10月3日,华西实验区璧山第六辅导区报告华西实验区总办事处,呈报桐苗地租单据,以资报销凭借。

### 华西实验区璧山第六辅导区为呈请核发棉纱以资偿还因灌溉桐苗所用之垫纱一事呈华西实验区总办事处报告

1949年10月10日,华西实验区璧山第六辅导区报告华西实验区总办事处,呈请核发棉纱以资偿还因灌溉桐苗所用之垫纱,并补呈前次漏检之报销登记册。

### 华西实验区江北县第二辅导区办事处为核发约克夏种猪及桐苗事宜呈华西实验区总办事处报告

1949年11月2日,华西实验区江北县第二辅导区办事处报告华西实验区总办事处,呈请核发约克夏种猪及桐苗,以利农业推广。

### 綦河流域甜橙果实蝇(柑蛆)防治计划(共计六条)两份

1950年綦河流域甜橙果实蝇(柑蛆)防治计划(共计六条)两份。

### 华西实验区总办事处同合川县政府为拨借及归还合川第一、第二辅导区所需各种食米一案的往来函

1949年6月23日至9月15日成文,内容为核查合川第一、第二辅导区所借该县县政府食米数量,以便归还所垫食米一事。附合川县税捐稽征处垫付合川第一、第二辅导区各种食米数量表、合川县粮食商业同业公会证明表。

### 中国农村复兴委员会重庆区办事处为寄送会计报告表致四川省第三区行政督察专员兼保安司令公署函

1949年11月7日,中国农村复兴委员会重庆区办事处致函四川省第三区行政督察专员兼保安司令公署,知照寄送会计报告表,并填报各项收支情形一事。

### 巴县梁滩河灌溉工程处为查照前借棉纱如数归还一事给华西实验区的呈

1949年8月16日,巴县梁滩河灌溉工程处呈文华西实验区,知照如数归还前借棉纱一事,并请返还该处前出之借据。

### 华西实验区关于四川水利局喻纯堃归还所借之纱的收据、便条

1949年8月5日至8月18日,华西实验区关于四川水利局喻纯堃归还所借之纱的收据、便条。

### 华西实验区总办事处与华西实验区合作社物品供销处璧山分处关于任命秘书、书记、业务股长

1949年5月18日至10月17日成文,华西实验区总办事处与华西实验区合作社物品供销处璧山分处关于任命秘书、书记、业务股长、会计员、会计干事、业务员、业务干事、辅导干事、丁家乡办事处主任,宜宾办事处主任一事的往来公文。

## 9-1-121

### 重庆市农协组织章程

共计五章,内容依次为总则、会员、组织、经费、附则。

### 华西实验区农业组编印之关于璧山、铜梁竹蝗防治报告

1949年11月编印,共计10部分。内容依次为前言、竹蝗之形态、竹蝗之习性、历年竹蝗防治简史、今年竹蝗防治经过、各乡竹蝗防治报告、治蝗成果、工作

检讨、结论、摘要。附四川璧山、铜梁两县竹蝗防治工作计划,华西实验区治蝗实施办法,传习教材(扑灭竹蝗、翻土掘卵)。附表1:璧山县福禄乡治蝗奖纱统计表,附表2:璧山县梓潼乡治蝗奖纱统计表,附表3:璧山县河边乡治蝗奖纱统计表,附表4:璧山县大路乡治蝗奖纱统计表,附表5:璧山县依凤乡治蝗奖纱统计表,附表6:璧山县八塘乡治蝗奖纱统计表,附表7:铜梁县西泉乡治蝗奖纱统计表,附表8:铜梁县虎峰乡治蝗奖纱统计表,附表10:铜梁县天赐乡治蝗奖纱统计表,附表11:铜梁县太平乡治蝗奖纱统计表,附表12:璧山、铜梁两县11乡镇治蝗统计表。

**华西实验区总办事处为农业生产合作社申请借款、免送组织章程及社员名册一事致璧山县第三辅导区办事处通知**

1949年8月31日,华西实验区总办事处通知璧山县第三辅导区办事处,知照农业生产合作社申请借款一事,因简化手续起见,准予免送组织章程及社员名册。

**华西实验区总办事处为检送养猪贷款办法一事致璧山县第三辅导区办事处通知**

1949年6月14日,华西实验区总办事处通知璧山县第三辅导区办事处,知照检送养猪贷款办法一事。附种猪饲养须知、华西实验区农业生产合作社养猪及贷款办法、种猪饲养志愿书、猪舍修建设计书。

**华西实验区总办事处为仔猪贷款退还情形致璧山县第三辅导区办事处通知**

1949年9月30日,华西实验区总办事处通知璧山县第三辅导区办事处,知照仔猪贷款一事,如有挪用或不购买仔猪情形即将贷款追回。

**华西实验区总办事处为核准耕牛贷款事宜致璧山县第三辅导区办事处通知**

1949年10月4日,华西实验区总办事处通知璧山县第三辅导区办事处,知照核准该区中兴乡农业合作社耕牛贷款一事,并填发合作社贷款核准通知书一份。

**华西实验区总办事处为转发璧山县政府通知单、指令及登记证章程一事致璧山县第三辅导区办事处通知**

1949年9月1日至9月26日成文,华西实验区总办事处通知璧山县第三辅导区办事处,知照转发璧山县政府通知单、指令及登记证章程一事,并转知该区中兴乡朝元寺农业社、中兴乡大字号农业社、正兴乡庙湾农业社、正兴乡汪家槽坊农业社、正兴乡会兴街农业社、龙凤乡金宝庙农业社、中兴乡余家槽坊农业社、正兴乡白云寺农业社、正兴乡曹家坝农业社、正兴乡老水井农业社、龙凤乡古石桥农业社切实办理具报。

### 华西实验区总办事处为发还各社书表希即更正一事致璧山县第三辅导区办事处通知

1949年8月3日，华西实验区总办事处通知璧山县第三辅导区办事处，知照发还各社书表希即交由原组社辅导员指导更正一事。

### 华西实验区总办事处为查明鹿鸣乡大兴桥农业社理事主席等户籍不符一事致璧山县第三辅导区办事处通知

1949年8月15日，华西实验区总办事处通知璧山县第三辅导区办事处，转发璧山县政府关于该区鹿鸣乡大兴桥农业社理事主席等户籍不符一事之公函，并请切实查明申复本府以凭核办。

### 华西实验区总办事处为附发合作社租地合约格式及合作社佃地出租办法事宜致璧山县第三辅导区办事处通知

1949年5月29日，华西实验区总办事处通知璧山县第三辅导区办事处，知照附发合作社租地合约格式及合作社佃地出租办法事宜。附合作社租地合约格式、合作社佃地出租办法。

### 华西实验区总办事处为转饬龙凤乡金宝庙农业社补交合作社调查表一事致璧山县第三辅导区办事处通知

1949年7月27日，华西实验区总办事处通知璧山县第三辅导区办事处，知照龙凤乡金宝庙农业社呈送成立登记表时，漏报合作社调查表两份，希转饬原组社补交。

### 华西实验区总办事处为无法派员参加龙凤乡大青杠树农业社筹备处创立大会一事致璧山县第三辅导区办事处通知

1949年7月28日，华西实验区总办事处通知璧山县第三辅导区办事处，知照来不及派员参加龙凤乡大青杠树农业社筹备处创立大会一事，希转饬该社知照。

### 华西实验区总办事处为派员代表该处参加龙凤、正兴、中兴、鹿鸣等乡农业生产合作社创立会议一事致璧山县第三辅导区办事处通知

1949年7月9日至7月26日成文，内容为知照该区主任魏西河或派员代表总办事处参加指导龙凤、正兴、中兴、鹿鸣等乡农业生产合作社创立会议，以及因为时间已过无法派员指导等事。

### 华西实验区总办事处为检发贷款申请书表及填表说明一事致璧山县第三辅导区办事处通知

1949年6月10日，华西实验区总办事处通知璧山县第三辅导区办事处，知

照检发贷款申请书表及填表说明一事。附农业生产合作社申请贷款书表填写说明。

## 华西实验区总办事处为检送养猪贷款之补充规定一事致璧山县第四辅导区办事处通知

1949年7月18日，华西实验区总办事处通知璧山县第四辅导区办事处，检送养猪贷款之补充规定。附农业生产合作社贷款座谈会记录。

## 华西实验区总办事处为检送购牛应行准备事项致璧山县第三辅导区办事处通知

1949年7月18日，华西实验区总办事处通知璧山县第三辅导区办事处，检送购牛应行准备事项。

## 华西实验区总办事处为修改农业生产合作社借款利率一事致璧山县第三辅导区办事处通知

1949年7月9日，华西实验区总办事处通知璧山县第三辅导区办事处，知照农业生产合作社借款利率改为月息八厘一事。

## 华西实验区总办事处为检发办理农业生产合作社申请贷款事项注意要点一事致璧山县第三辅导区办事处通知

1949年4月27日，华西实验区总办事处通知璧山县第三辅导区办事处，检发办理农业生产合作社申请贷款事项注意要点。附办理农业生产合作社申请贷款事项注意要点。

## 华西实验区总办事处为发还龙凤乡古石桥农业社各书表以期更正一事同璧山县第三辅导区办事处的往来公文

1949年8月3日，华西实验区总办事处通知璧山县第三辅导区办事处，知照发还龙凤乡古石桥农业社各书表以期更正一事。璧山县第三辅导区办事处呈文华西实验区总办事处，呈送龙凤乡古石桥农业社更正各书表以期鉴核。

## 华西实验区总办事处为查明中兴乡朝元寺农业社社员户籍不符一事致璧山县第三辅导区办事处通知

1949年8月15日，华西实验区总办事处通知璧山县第三辅导区办事处，知照查明中兴乡朝元寺农业社社员户籍不符一事。附调查报告。

## 关于核交治蝗报告全稿致编纂组指正付印的便条

## 华西实验区总办事处关于转发璧山县政府通知单、指令、登记证章程致正兴乡简家庙农业社一事致璧山县第三辅导区办事处通知

1949年8月16日，华西实验区总办事处通知璧山县第三辅导区办事处，知照转发璧山县政府通知单、指令、登记证章程致正兴乡简家庙农业社一事。

## 9-1-122

**璧山县第四辅导区广普乡第十社学区民教主任王钦英所写《平教会华西实验区总办事处成立第三周年纪念》一文**

1949年11月12日成文,璧山县第四辅导区广普乡第十社学区民教主任王钦英所写《平教会华西实验区总办事处成立第三周年纪念》一文。

**璧山县第四辅导区广普乡第十社学区民教主任王钦英之乡建工作经验谈《平民教育的我见》**

1949年11月12日,璧山县第四辅导区广普乡第十社学区民教主任王钦英之乡建工作经验谈《平民教育的我见》。

**合川县十塘乡第六社学区工作人员何权之乡建工作经验谈《指导学生活动的又一种办法》**

**华西实验区璧山第六辅导区办事处主任何子清为呈送该区八塘乡民教主任周泽民之三周年纪念文稿一事致华西实验区总办事处编辑组组长李继生函**

华西实验区璧山第六辅导区办事处主任何子清致函华西实验区总办事处编辑组组长李继生,知照呈送该区八塘乡民教主任周泽民之三周年纪念文稿一事。

**华西实验区璧山第六辅导区八塘乡第四社学区民教主任周泽民之乡村建设工作经验谈《从侧面看传习处成就》**

**巴县第八辅导区办事处为汇转各工作同志乡建工作经验谈一事呈华西实验区总办事处报告**

1949年11月12日,巴县第八辅导区办事处报告华西实验区总办事处,呈报汇转各工作同志乡建工作经验谈一事。附巴县第八辅导区各工作同志撰文清册。

**华西实验区巴县第八辅导区辅导员范基俊之乡建工作经验谈《巴县陶家乡办理农地减租纪实》**

**华西实验区巴县第八辅导区书记周其书之乡建工作经验谈《从本区工作话农村》**

1949年11月11日,华西实验区巴县第八辅导区书记周其书之乡建工作经验谈《从本区工作话农村》。

**华西实验区巴县第八辅导区陶家乡第五社学区民教主任邹声亭之乡建工作经验谈《农地减租之一页》**

**华西实验区巴县第八辅导区陶家乡第九社学区民教主任罗祖勋之乡建工作经**

验谈《民教主任应有之工作抱负》

1949年11月10日成文,华西实验区巴县第八辅导区陶家乡第九社学区民教主任罗祖勋之乡建工作经验谈《民教主任应有之工作抱负》。

华西实验区巴县第八辅导区陶家乡观音滩社学区民教主任黄世均之乡建工作经验谈

华西实验区巴县第八辅导区陶家乡中心社学区民教主任汤传心之乡建工作经验谈《办理减租一月》

华西实验区巴县第八辅导区陶家乡兴佛寺社学区民教主任邱世福之乡建工作经验谈《谈谈传习教育》

华西实验区巴县第八辅导区陶家乡民教主任刘丛森之乡建工作经验谈《平民千字课本与农民读本》

1949年11月10日成文,华西实验区巴县第八辅导区陶家乡民教主任刘丛森之乡建工作经验谈《平民千字课本与农民读本》。

华西实验区巴县第八辅导区陶家乡民教主任李康棣之乡建工作经验谈《略述传习教育》

华西实验区巴县第八辅导区陶家乡民教主任文永祥之乡建工作经验谈《说农地减租》

华西实验区巴县第八辅导区石板乡辅导员王渊之乡建工作经验谈《为什么参加乡建工作》

华西实验区巴县第八辅导区石板乡第二社学区民教主任方清廉之乡建工作经验谈《传习处学生的召集及其教育方式》

## 9-1-123

华西实验区璧山第六辅导区办事处主任何子清著《璧六区实验工作之回顾与前瞻》

1949年11月3日成文,主要内容分为十部分,涉及农业、教育、组织、减租、治蝗、防疫等领域。附璧山县第六区各乡第一期成人教育各项统计表、璧六区传习教育概况统计(一)(1948年10月—1949年4月)、璧六区传习教育概况统计(二)(1948年6月1日—1949年8月20日)、璧六区传习教育概况统计(三)(1949年10月)、璧六区传习处结业学生分期统计(1949年10月)。

**广州电报局电报：关于专员公署一行十人在北碚、重庆、成都灌县等地之行程安排**

**北碚场交通部电信局发往华西实验区秘书室主任郭准堂电报：知照派车前来北碚一事**

**重庆交通部电信局发往华西实验区总办事处主任孙则让电报**

  重庆交通部电信局发往华西实验区总办事处主任孙则让电报：知照蒋梦麟先生10号前来重庆，晏阳初先生或许一同前来一事，并请孙主任前去。

**蒋梦麟由重庆交通部电信局发往华西实验区璧山办事处电报：知照一切已有合理安排，即将返回一事**

**华西实验区总办事处关于合川县小沔乡派人前来该处领款一事的文**

**华西实验区机织合作社贷纱预算，包括科目、预算数量、备考**

**华西实验区教育组影音施教工作预算书**

  1949年8月30日成文，内容包括款项、科目、金额、说明。

**华西实验区区本部农业组9月份预算（共计9项）、华西实验区区本部农业组10月份预算（包括项目、说明、开支项目、金额）、华西实验区区本部农业组11月份预算（包括项目、说明、开支项目、金额）**

**华西实验区教研组10月份经费预算表**

  1949年9月24日成文，内容包括款目、科目、金额、说明。

**华西实验区编辑组1949年11月份事业费预算表**

  1949年10月成文，内容包括项别、预算金额、说明。

**华西实验区教育组9月份经费预算书**

  1949年9月3日成文，内容包括款项目、科目、金额、说明。

**华西实验区总办事处为办理鹿鸣乡方家石坝机织社社员户籍登记申请书等事同璧山县政府、华西实验区璧山第三辅导区办事处的往来公文**

  1949年5月25日至10月24日成文，内容为鹿鸣乡方家石坝机织社社员户籍登记申请书、户籍登记簿不符规定发还重新办理等事。附璧山县政府合字第59号通知单、璧山县政府合字第133号通知单。

**璧山县鹿鸣乡方家石坝机织生产合作社章程**

  1949年3月9日经社员大会通过，共计30条，附全体社员签名盖章或按斗。

### 璧山县鹿鸣乡第六保保办公处为派员指导筹建机织生产合作社一事给华西实验区总办事处的呈

1949年3月2日,璧山县鹿鸣乡第六保保办公处呈文华西实验区总办事处,呈请派员指导筹建机织生产合作社,以期发展农村手工业。

### 华西实验区璧山第三辅导区办事处为该区机织生产合作社申请贷纱等事呈华西实验区总办事处报告

1949年8月2日,华西实验区璧山第三辅导区办事处报告华西实验区总办事处,知照呈送该区机织生产合作社借纱申请书表、借纱细数表、职员印鉴表等事。

### 华西实验区璧山第三辅导区办事处为请予派员莅区完成各机织生产合作社贷纱事宜呈华西实验区总办事处报告

1949年9月15日,华西实验区璧山第三辅导区办事处报告华西实验区总办事处,呈请派员莅区以便完成各机织生产合作社贷纱事宜。附批复:就近派员前来办理核贷手续。

### 华西实验区总办事处为发还璧山县正兴乡三官殿机织社之图模、职员印鉴纸一事致璧山第三辅导区办事处通知

1949年7月12日,华西实验区总办事处通知璧山第三辅导区办事处,知照该区所呈之正兴乡三官殿机织社之图模、职员印鉴纸尚有不合之处,特此发还并转饬该社如实办理。

### 璧山县正兴乡三官殿机织生产合作社为呈送图模及职员印鉴纸一事给璧山第三辅导区办事处的呈

1949年6月4日,璧山县正兴乡三官殿机织生产合作社呈文璧山第三辅导区办事处,呈送该社图模及职员印鉴纸以期开始业务。

### 璧山县政府为该县正兴乡三官殿机织生产合作社成立登记一事致华西实验区总办事处函

1949年5月26日,璧山县政府致函华西实验区总办事处,知照该县正兴乡三官殿机织生产合作社成立一事,除五人户籍不合予以剔除外,其余尚合,准予登记,并随令检送成立登记申请书表。附正兴乡三官殿机织生产合作社登记申请书、正兴乡三官殿机织生产合作社创立会决议录、正兴乡三官殿机织生产合作社1949年度业务计划书、璧山县正兴乡三官殿机织生产合作社章程。

### 璧山县正兴乡机织生产合作社筹备组为请予派员到社指导召开成立大会一事给华西实验区总办事处的呈

1949年3月2日,璧山县正兴乡机织生产合作社筹备组呈文华西实验区总办事处,呈请派员到社指导召开成立大会以利农村经济。

### 华西实验区总办事处对辅导员、民教主任及区主任工作的三项通告

### 华西实验区总办事处关于本区工作人员加薪的通知稿

1949年1月,华西实验区总办事处关于该区有工作人员工作已满一年以上,经考核准自1949年1月起加薪的通知稿。

### 华西实验区总办事处关于警告该区辅导员、示范校校长工作松懈、行为欠检等问题致该区辅导员的通知稿

1949年1月16日至3月20日成文,内容为该区辅导员、示范校校长工作松懈、行为欠检、工作不力,兹特予以警告,切实纠正,希以后勤慎工作、奋发努力。

### 璧山县党部直属二十九区党部、璧山县接龙乡乡民代表及士绅、璧山县接龙乡乡保长为请予嘉奖陈克辅导员工作勤劳一事给华西实验区总办事处的呈

1949年1月22日,璧山县党部直属二十九区党部、璧山县接龙乡乡民代表及士绅、璧山县接龙乡乡保长呈文华西实验区总办事处,呈请表彰辅导员陈克勤劳工作,并予以嘉奖。

### 华西实验区办事处为申诫辅导员言谈浮夸、不常下乡一事致綦江县第一辅导区通知

### 华西实验区总办事处为辅导员记功一事同璧山第六辅导区办事处的往来公文

1949年7月25日,璧山第六辅导区办事处报告华西实验区总办事处,呈请嘉奖该区辅导员刘文明办事勤慎、刻苦。1949年8月5日,华西实验区总办事处通知璧山第六辅导区办事处,知照该员应予记功一次。

### 华西实验区总办事处为褒扬因公殒命之职员及从优抚恤其家属一事同巴县第三辅导区办事处的往来公文

1949年6月21日,巴县第三辅导区办事处报告华西实验区总办事处,呈报该区马王乡建校委员周华堂因公殒命一事,并请予命令褒扬,从优抚恤家属。7月4日,华西实验区总办事处通知巴县第三辅导区办事处,敬送周华堂挽联一副,银币30元一事。

**华西实验区总办事处关于该区各区主任、辅导员、民教主任之工作职责、要求致璧山县第一、第二、第三、第四、第五辅导区办事处，巴县第一、第二辅导区办事处，北碚辅导区办事处之区主任、各辅导员、各示范校长的通知稿**

1948年12月20日，华西实验区总办事处关于该区各区主任、辅导员、民教主任之工作职责、要求致璧山县第一、第二、第三、第四、第五辅导区办事处，巴县第一、第二辅导区办事处、北碚辅导区办事处之区主任、各辅导员、各示范校长的通知稿。

**璧山县政府自治辅导员设置及服务办法**

**华西实验区总办事处、璧山县第三辅导区办事处、璧山县第五辅导区办事处、璧山县第六辅导区办事处等部门就有关工作人员领取证章事宜的往来公文**

1949年3月8日至10月17日成文，内容包括各辅导区办事处报告华西实验区总办事处请求发给或因遗失而补发各工作人员证章，华西实验区总办事处就发给证章一事致各辅导区办事处的通知，各辅导区办事处就转发证章收据、清单一事呈华西实验区总办事处的报告，各辅导区办事处就缴还该区工作人员证章一事呈华西实验区总办事处报告。

## 9-1-124

**璧山县蒲元乡乡公所，璧山县蒲元乡第四保保办公处，璧山县蒲元乡第五保保办公处、保民大会、学生家长代表、公民代表，璧山县蒲元乡第六保保办公处，璧山县蒲元乡全体公民代表等为各保国民学校相关事宜给璧山县政府的呈**

1948年5月16日至1949年1月25日成文，内容包括璧山县蒲元乡第六保国民学校校长委任，璧山县蒲元乡中心学校校长更换，璧山县蒲元乡国民学校校长调任，璧山县蒲元乡各国民学校校长考核结果，璧山县蒲元乡中心学校呈送该校职员聘书，璧山县蒲元乡第七保国民学校呈报该校办理新任校长移交手续情形，璧山县蒲元乡中心、国民学校校舍添建，璧山县蒲元乡第四保国民学校增设教师、校长改换、校长留任、刻发校印，璧山县蒲元乡第二保国民学校增设教师。附蒲元乡第七保国民学校移交校具清册、璧山县蒲元乡修建中心国民学校建校会负责人员名单、璧山县蒲元乡第四保保办公处召开保民大会会议记录。

**璧山县政府为该县蒲元乡第五保国民学校校长继续留任一事的训令**

1947年7月，璧山县政府训令，通知该县蒲元乡第五保国民学校校长江位禄应予留任，继续办理业务。

**华西实验区关于各辅导区农业器械及药剂的使用原则及办法**

**华西实验区伙食团为归还垫付伙食费一事呈华西实验区总办事处报告**

华西实验区伙食团报告华西实验区总办事处，呈报垫付该团团员伙食费一事及其归还情形。

**地主及农民在土地改革过程中的立场及减租、交租的规定、惩罚，以及公职人员的态度、使命**

**中华人民共和国合作社法（共计2章17条）**

**华西实验区总办事处为赴黔采购耕牛一事与北碚家畜保育站、北碚辅导区办事处、经济部华西兽疫防治处、四川省农业改进所合组兽疫防治督导团、兽疫防治团第三区牛疫防治队等往来公文**

1949年7月1日至8月10日成文，华西实验区总办事处通知北碚家畜保育站、北碚辅导区办事处，知照分别派遣兽疫防治技术人员及干事各一人会同赴黔采购耕牛。北碚家畜保育站复函，报告购买耕牛一事之防疫问题。华西实验区总办事处致函经济部华西兽疫防治处、四川省农业改进所合组兽疫防治督导团，函请免费供给牛瘟及炭疽血清疫苗，并请选派干员赴黔注射。贵州梓潼致华西实验区电报，函派兽医迅速前来。经济部华西兽疫防治处、四川省农业改进所合组兽疫防治督导团复函华西实验区总办事处，知照业已选派人员前往该区。华西实验区总办事处致函兽疫防治团第三区牛疫防治队，知照该员业已起程赴黔。

**华西实验区总办事处、兽疫防治督导团第三防疫队、成都铭贤学院、华西实验区家畜保育站、巴县第一辅导区办事处为猪牛疫苗、药品之相关事宜的往来公文**

1949年7月22日至11月10日成文，内容包括华西实验区总办事处为购买猪肺疫血清、猪肺疫菌苗同成都铭贤学院的往来电报。华西实验区总办事处为函请派员携带猪瘟血清随同前往荣昌购猪时注射一事致兽疫防治督导团第三防疫队公函。华西实验区总办事处派兽医一名前来该处办理准传染病防治工作一事，即继续举行耕牛注射一事同华西实验区家畜保育站的往来报告、通知。华西实验区总办事处为荣昌母猪疗疾而购买药品之费用一事同巴县第一辅导区办事处的往来公文。

**华西实验区总办事处，华西实验区总办事处农业组、中国农民银行璧山办事处，璧山县第一、第二、第三、第四、第五辅导区办事处为借稻种等事的往来公文**

1949年3月20日至6月17日成文，内容关于中国农民银行借给"中农4号"稻种，由各辅导区办事处转贷各农业生产合作社作为繁殖推广之用，以及各辅导区呈报各农业社借稻种数量、面积。附农业社借稻种数量及推广亩数列表、农业推广稻种借据。

**璧山县县立简易师范校文件档案**（包括机关或人名、文别、收文字号、发文附件、摘要归档字号、备考）

**璧山县政府为该县县立简易师范校校长更换事宜同璧山县县立简易师范校的往来公文**

1949年8月5日至8月17日成文，内容为县政府派员接任县立简易师范校校长职务，县立师范校呈报该校长到职日期。

**璧山县政府给该县中等学校的相关训令**

1949年8月，璧山县政府关于抄发中等学校校长座谈会记录的训令。

1949年8月10日，璧山县政府关于该校迁移校舍时应予注意各点的训令。

1949年8月13日，璧山县政府关于该校会计员同农推所会计员对调服务的训令。

1949年8月17日，璧山县政府为调整1949年度7月份至12月份公教自治员工资待遇标准的训令。

1949年9月5日，璧山县政府为奉转公私立中学征收副食品、书籍、杂费等费用一律征收实物的训令。

璧山县政府关于该县财政整理委员会决议公教员工薪饷自8月份起改交银圆的训令。（日期不详）

1949年9月10日，璧山县政府为检发县立简易师范学校通行证章的训令。

1949年9月12日，璧山县政府为委任县立简易师范学校校长的训令。

1949年10月，璧山县政府关于县级机关裁减员役遣散费给县立简易师范学校的训令。

1949年10月24日，璧山县政府为定期举行各乡镇总清查户口及检查民国身份证事宜给县立简易师范学校的训令。

1949年10月，璧山县政府为抄发物品价格表给县立简易师范学校的训令。

1949年10月28日，璧山县政府为抄发四川省县各级机构组织调整办法给县立简易师范学校的训令。

1949年10月4日，璧山县政府关于办理增加县立简易师范学校学生食米情形的训令。

1949年10月31日，璧山县政府关于各校军训仍继续实施的训令。

1949年10月31日，璧山县政府关于同意县参议会决议裁减各机关学校员役的训令。

1949年中等学校校长座谈会记录、物品价格表、四川省县各级机构组织调整办法、调整县各级机构组织系统表。

## 璧山县县立简易师范学校学生为留校效劳、免交学费等事给该校校长的呈

1949年8月15日,该校学生二人呈文校长,呈请留校效劳。8月17日,该校学生一人呈文校长,请予免交学费。

## 璧山县县立简易师范学校为移交校舍一事同璧山县立中学的函

1949年8月间成文,内容为璧山县县立简易师范学校迁移校舍致璧山县县立中学函,及通知璧山县立中学驻校教员、学生移交校舍。

## 四川省政府为秋季征费标准表令给各县市立中等学校的训令以及委任璧山县县立简易师范学校校长的训令

1949年8月16日,四川省政府为1949年秋季征费标准表令给各县市立中等学校的训令。1949年8月,四川省政府为委任璧山县县立简易师范学校校长的训令。

## 璧山县政府为知照呈报校长到职日期一事给县立简易师范学校的指令

1949年8月23日,璧山县政府为知照呈报校长到职日期事给县立简易师范学校的指令。

## 璧山县县参议会为召开该会第一届第十二次大会事宜致璧山县县立简易师范学校函

1949年9月,璧山县县参议会致函璧山县县立简易师范学校,通知该会第一届第十二次大会开会日期及编印工作报告送会一事。

## 璧山县体育协会为举办球类锦标比赛致璧山县县立简易师范学校函

1949年9月间成文,内容为函请该校赠送奖品及通知该校提交名单办理注册事宜。附璧山县第二届男子公开球类锦标比赛规程。

## 璧山县政府为取缔以物易物的训令

1949年9月,璧山县政府训令取缔以物易物,商场买卖、公私付款、税收等一律以银圆及银圆兑换券交易。

## 璧山县县立第二初级中学为函知校长到职日期致璧山县县立简易师范学校公函

1949年9月8日,璧山县立第二初级中学致函璧山县县立简易师范学校,函知该校校长到职日期。

## 璧山田赋粮食管理处为函知该处代理处长到职日期致璧山县县立简易师范学校公函

1949年9月8日,璧山田赋粮食管理处致函璧山县县立简易师范学校,函知该处代理处长到职日期。

### 璧山县县立简易师范学校为呈报该校校长到职日期、接收情形及履历等事呈四川省政府报告

璧山县县立简易师范学校报告四川省政府，呈报该校校长到职日期、接收情形，并呈送履历两份。

### 璧山县县立简易师范学校、交通部公路总局第五区公路工程管理局、璧山县县立简易师范学校校车联谊会为恢复该校校车行驶的往来公文

1949年9月12日，璧山县县立简易师范学校电报交通部公路总局第五区公路工程管理局，呈请恢复该校校车行驶以利教育事业推动。1949年9月29日，交通部公路总局第五区公路工程管理局致函璧山县县立简易师范学校，知照该校校车准予恢复一事。璧山县县立简易师范学校通知该校校车联谊会，知照校车恢复行使准予营业一事。

### 璧山县政府为检发编造会计报告应行注意事项的训令

1949年9月20日，璧山县政府转发四川省政府关于四川省县（市局）政府与其所属机关及县市税捐稽征处日安抚粮食管理处编造会计报告应行注意事项的训令。附四川省政府关于四川省县（市局）政府与其所属机关及县市税捐稽征处日安抚粮食管理处编造会计报告应行注意事项。

### 璧山县县立简易师范学校为借拨学生副食品费用、漏列该校高中教员之预算等事给璧山县政府、璧山县临时人民解放委员会的呈

1949年9月22日，璧山县县立简易师范学校呈文璧山县政府，呈请借拨学生8月至9月副食品费以改善学生生活。10月31日，璧山县县立简易师范学校呈文璧山县政府，呈报漏列该校高中教员之预算以便补发一事。12月17日，璧山县县立简易师范学校致函璧山县临时人民解放委员会，呈请拨借该月11日至20日学生食米。12月22日，璧山县县立简易师范学校呈文璧山县政府，呈请拨借该校21日至31日学生食米。

### 璧山县县立简易师范学校为呈送该校1949年度8月至10月学生应领之食米及副食品名册给璧山县政府的呈

1949年10月31日，璧山县县立简易师范学校呈文璧山县政府函，呈送该校1949年度8月至10月学生应领之食米及副食品名册。

### 璧山县政府转发关于加强肃奸工作及成立肃奸委员会致璧山县县立简易师范学校的通知

璧山县政府通知璧山县县立简易师范学校，转发重庆警备司令部关于加强肃奸工作及成立肃奸委员会的代电。

### 璧山县政府为初中教员改列高中教员及领薪俸一事给县立简易师范学校指令

1949年11月5日,璧山县政府指令县立简易师范学校,准将该校初中教员六人改列为高中教员及领薪俸一事。

### 璧山县县立简易师范学校为呈请返还该校被羁押工人致璧山县城乡联防办事处公函

1949年11月,璧山县县立简易师范学校致函璧山县城乡联防办事处,呈请迅速审讯该校被羁押工人,以便返校工作。

### 璧山县县立简易师范学校为该校校车通行证一事致交通部公路总局第五区公路管理处函

1949年9月,璧山县县立简易师范学校致函交通部公路总局第五区公路管理处,呈请发给该校校车通行证以便员生实习。

### 璧山县县立简易师范学校为缴呈该校具领之校医拨发单及生活费、食米给璧山县人民政府的呈

1950年1月7日,璧山县县立简易师范学校呈文璧山县人民政府,因该校校医张碧云离校未归而分别缴呈该校具领该员之拨发单及生活费、食米。

### 璧山县人民政府关于调整教职员生活费的训令

1950年1月4日,璧山县人民政府关于1950年度各级学校教职员生活费调整的训令。

## 9-1-125

### 勉仁文学院关于赴绵阳运书致华西实验区总办事处秘书室主任郭准堂函及复函

勉仁文学院致函华西实验区总办事处秘书室主任郭准堂,呈请催促派员赴绵阳运书。复函:知照派员赴绵阳一事。

### 巴县第五辅导区办事处主任蒋融为该区四项事宜与华西实验区总办事处秘书室主任郭准堂往来公文

巴县第五辅导区办事处主任蒋融呈文华西实验区总办事处秘书室主任郭准堂,呈报该区三乡水利工程勘测图案及经费、补发该区界石乡民教主任公旅费、区办事处房租、该区界石乡新任辅导员未到等事。通知:知照前函办理办法。

### 巴县第一辅导区办事处为酌配耕牛及水利工程一事与华西实验区总办事处秘书室主任郭准堂往来公文

巴县第一辅导区办事处呈文华西实验区总办事处秘书室主任郭准堂,呈请

酌配耕牛以毋失信及关照该区小型水利工程事宜。通知：知照前函办理办法。

**华西实验区总办事处主任孙则让为借调工程师协助办理该区水利工作事致程志军信函**

华西实验区总办事处主任孙则让致信程志军，函谢借调工程师来区办理水利工程一事及陈述工作情形。

**华西实验区巴县第十二辅导区办事处为该区缩小范围后继续录用及示范保校表册、农民读本、公文之处置办法与华西实验区总办事处主任孙则让往来公文**

华西实验区巴县第十二辅导区办事处呈文华西实验区总办事处，呈请在该区缩小范围后继续录用及示范保校之表册手续、发剩之农民读本及公文等处置办法。通知：知照前函关于工作机会及示范学校表册之办理办法。

**华西实验区璧山县第六辅导区办事处主任何子清为表彰该区办理民教工作特别努力之士绅一事与华西实验区总办事处秘书室主任郭准堂往来公文**

华西实验区璧山县第六辅导区办事处主任何子清呈文华西实验区总办事处秘书室主任郭准堂，呈送代拟致该区办理民教工作特别努力之士绅胡祯祥、梁质彬二人之函稿一事。通知：所附函稿业经缮就分别转致。附代拟致胡祯祥、梁质彬二人函稿。

**华西实验区总办事处秘书室主任郭准堂致李焕章函**

内容包括恭贺李焕章弄璋之喜、处理李焕章所留款项经过及办理、李正清酗酒滋闹情形。

**华西实验区总办事处秘书室主任郭准堂为库存之棉纱库存表及列表办法等事宜致李国桢信函**

**华西实验区总办事处主任孙则让为发放拨与各县卫生院所需之药品清单一事致刘瑞和医师信函**

**关于华西实验区各县水利贷款及优良品种推广致欧阳熙县长的信函**

**华西实验区合作社物品供销处为巴县青年会李家沱分会经费问题与华西实验区总办事处秘书室主任郭准堂往来公文**

华西实验区合作社物品供销处呈文华西实验区总办事处秘书室主任郭准堂函，呈报巴县青年会李家沱分会因经费困难请予协助一事。通知：该区工作范围、经费均有一定限制，无法予以补助。

### 华西实验区总办事处秘书室主任郭准堂为区办事处搬迁、水利贷款、水利勘察等事致巴县第七辅导区办事处主任朱晋桓通知

华西实验区总办事处秘书室主任郭准堂通知巴县第七辅导区办事处主任朱晋桓,内容包括区办事处房舍从白市驿搬迁至龙凤乡、筹组合作社以便申请水利贷款、水利工程队勘察水源、灌溉等事。

### 巴县第五辅导区办事处主任蒋融为辅导员调整及辅导员薪津事宜与华西实验区总办事处主任郭准堂的往来公文

巴县第五辅导区办事处主任蒋融呈文华西实验区总办事处主任郭准堂,呈请界石、文峰两乡辅导员接替者迅速来乡及补发该区所欠之辅导员薪津事宜。通知:新任辅导员即可到职,薪津俟调整办法确定后再行通知且补贴届时一并发给。

### 华西实验区编辑组杨炳吟、华西实验区总办事处秘书室主任郭准堂、第三专员区金陶斋、璧山县政府傅志纯关于呈送第三专员区地图及璧山县地图一事的往来公文

华西实验区编辑组杨炳吟为函请寄送呈第三专员区地图及璧山县地图一事呈华西实验区总办事处秘书室主任郭准堂呈文。华西实验区总办事处秘书室主任郭准堂通知杨炳吟,知照该处尚未存有该地图,且已分函专署及县府索要。华西实验区总办事处秘书室主任郭准堂为函请寄发第三专员区地图一事致第三专员区金陶斋秘书函。华西实验区总办事处秘书室主任郭准堂为函请寄送璧山县地图一事致璧山县政府傅志纯主任函。

### 华西实验区办事处主任徐伟夫为租用办公室之合约转发致业主执存及代领转发竹棍一事同华西实验区总办事处秘书室主任郭准堂的往来公文

1949年4月,华西实验区办事处主任徐伟夫为租用办公室之合约转发致业主执存及代领转发竹棍一事同华西实验区总办事处秘书室主任郭准堂的往来文。

### 重庆西南军政长官公署政委会周开庆处长为复兴农村土地改革办法的相关事宜同华西实验区总办事处主任孙则让的往来函

重庆西南军政长官公署政委会周开庆处长致函华西实验区总办事处主任孙则让,函请发给最近三区各县推行有关复兴农村改革土地之各项实施办法,以便策划进行土地改革工作。复函:知照发给乡村建设计划草案之经济建设办法一章事宜,并请予指正。

关于救济资阳县蔗糖及美烟叶农产物的两封信函（复函称救济事宜因超出实验区所辖范围及因经费问题，故无力顾及）

### 华西实验区总办事处主任孙则让为派员指导水利合作社一事致巴县第一辅导区办事处主任喻纯堃通知

华西实验区总办事处主任孙则让通知巴县第一辅导区办事处主任喻纯堃，知照四川省政府合作事业管理派股长一人前来梁滩河指导组织水利合作社事宜，并转知各辅导员竭力协助及食宿、费用事宜。

### 綦江县第一辅导区办事处邹兆熊为按照市价发给食米一事给华西实验区总办事处秘书室主任郭准堂的呈

綦江县第一辅导区办事处邹兆熊呈文华西实验区总办事处秘书室主任郭准堂，呈请因物价上涨而按照市价发给食米。

### 华西实验区总办事处秘书室主任郭准堂为发给区办事处房屋租金、办公经费、人口调查表、合作手册、兽疫防治工作，区办事处经费超出预算、呈送工作月报表等事宜分别致康兴璧、杨兴业信函

### 璧山县第四辅导区办事处为人事调动事宜给华西实验区总办事处秘书室主任郭准堂的呈

璧山县第四辅导区办事处呈文华西实验区总办事处秘书室主任郭准堂，呈报该区辅导员、示范校长因区内情形及事实需要略有调动一事。

### 巴县第五辅导区办事处蒋融、唐载阳为该区辅导员运领稻苔诸多不合之处及该区开办经费报销事宜呈华西实验区总办事处秘书室主任郭准堂信函及郭准堂复蒋融函

巴县第五辅导区办事处蒋融、唐载阳呈华西实验区总办事处秘书室主任郭准堂信函，报该区王辅导员因前往北碚运领稻苔诸多不合之处并请予将其调离该区，以及该区开办经费超出规定甚巨期以实际情形增加。复函：关于增加经费一事经请示孙主任一概不准，领运稻苔一事已有正式公文不再赘述。

### 张炽夫为训练民教主任及辅导员一事同华西实验区总办事处主任孙则让的往来信函

张炽夫致信华西实验区总办事处主任孙则让，呈报该区民教主任及辅导员工作理论与实际知识尚有不足，就此拟定训练计划，并请求总办事处发给相关研究资料。复函：知照寄送乡建工作研究资料的相关事宜。

### 华西实验区工作人员尹光耘为有关工作困难及学区划分、国民学校办理、组织纸业生产合作社、示范保校人员、费用等事宜与华西实验区总办事秘书室主任郭准堂往来公文

华西实验区工作人员尹光耘呈文华西实验区总办事秘书室主任郭准堂,呈报其驻乡辅导工作之困难,并请示如何划分学区、办理国民学校、组织纸业生产合作社、示范保校人员、费用等事。通知:知照该员可专办示范社学区工作及学区、国民学校、纸业生产合作社、示范保校之处置办法。

### 华西实验区总办事处秘书室主任郭准堂为辅导区增加社学区数量及介绍人员致该区担任职务一事同该区工作人员阎毅敏的往来信函

1949年9月间成文,华西实验区总办事处秘书室主任郭准堂为辅导区增加社学区数量及介绍人员致该区担任职务一事同该区工作人员阎毅敏的往来信函。

### 华西实验区总办事处秘书室主任郭准堂为发给区办事处房屋租金、合作教材、调查表等事宜致胡英鉴信函

1949年4月22日,华西实验区总办事处秘书室主任郭准堂为发给区办事处房屋租金、合作教材、调查表等事宜致胡英鉴信函。

### 巴县辅导区办事处工作人员为该区召开乡建工作检讨会及派遣工程师勘查修建新式水井等事宜给华西实验区总办事处秘书室主任郭准堂的呈

### 华西实验区办事处工作人员为呈请发给区办事处房屋租金及补发薪津、社员训练教材、调查表等给华西实验区给办事处秘书室主任郭准堂的呈

### 华西实验区百节辅导区办事处主任阎毅敏为工作座谈会相关事宜及区办事处主任更换事与华西实验区总办事处秘书室主任郭准堂往来公文

华西实验区百节辅导区办事处主任阎毅敏呈文华西实验区总办事处秘书室主任郭准堂,呈报该区工作座谈会会议情形、座谈会招待便餐经费支出、辅导员兼职纠纷及加派辅导员、地方人士所提出的应办事件、区办事处主任离职到职等事宜。通知:知照以上各节之处置办法。

### 巴县第三辅导区办事处胡英鉴为某员来区参加辅导工作、发给概况调查表、户口登记表、推广油桐种植等事宜给华西实验区总办事处秘书室主任郭准堂的呈

### 华西实验区总办事处关于区办事处房屋租金、巴县公教人员折发代金、区主任到区工作时间、辅导区公费增加、工作人员薪津及工作事宜致巴县辅导区办事处通知

### 华西实验区总办事处主任孙则让为说明公教人员食米改发代金券以致与市价相差甚巨之情形给巴县县长的呈

1949年3月8日，华西实验区总办事处主任孙则让为说明公教人员食米改发代金券以致与市价相差甚巨之情形给巴县县长的呈。

### 华西实验区某工作人员关于赴渝情形给华西实验区总办事处秘书室主任郭准堂的呈，其中包括食宿问题、办公地点问题、今后工作问题及旅途经费等事宜

### 华西实验区巴县第五辅导区办事处主任蒋融为呈报工作之困难情形与华西实验区总办事处秘书室主任郭准堂往来文

华西实验区巴县第五辅导区办事处主任蒋融给华西实验区总办事处秘书室主任郭准堂的呈，呈报该区工作之困难情形，其中包括南泉管理局长任命风波、工作人员薪津由支票改发食米、该区区办事处经费问题。通知：知照以上各条之处置办法。

### 江北县县长唐锦柏为归还在璧山所借之旅费一事同华西实验区总办事处秘书室主任郭准堂往来函

1949年4月20日至4月28日成文，江北县县长唐锦柏为归还在璧山所借之旅费一事同华西实验区总办事处秘书室主任郭准堂往来函。

### 华西实验区璧山县第五辅导区办事处主任何子清为陈世准担任该区转龙乡示范学校校长一职及校舍修建事宜、呈报该区农业生产合作社创立大会情形、农民千字课结业考试情形等事宜与华西实验区总办事处秘书室主任郭准堂的往来公文

1949年4月13日，华西实验区璧山县第五辅导区办事处主任何子清呈文华西实验区总办事处秘书室主任郭准堂，呈请指示可否指派陈世准担任该区转龙乡示范学校校长一职。通知：1949年4月26日，知照陈世准聘书办妥后即可寄上。5月6日，华西实验区璧山县第五辅导区办事处主任何子清呈文华西实验区总办事处秘书室主任郭准堂，呈报该区转龙乡示范校校舍修建事宜、农业生产合作社创立大会情形、农民千字课结业考试情形等事。知照附：陈世准为参加乡建工作及担任示范校校长一职给郭准堂的呈。

### 华西实验区总办事处秘书室主任郭准堂为函送社学区概况调查表及编户册事同巴县第十一辅导区办事处苏颜翘的往来公文

1949年4月10至4月22日，华西实验区总办事处秘书室主任郭准堂与巴县第十一辅导区办事处苏颜翘的往来公文，内容为发给该区社学区概况调查表及编户册事宜。

华西实验区总办事处秘书室主任郭准堂为派遣医务人员至龙凤乡协办医疗工作事宜致地委李主任函

  华西实验区总办事处秘书室主任郭准堂致函地委李主任,知照派遣医务人员至龙凤乡协助医疗工作一事,因该区正式医师无法调位,因此由璧山医务工作者协会筹委会派医师前往。附原地委通知书。

华西实验区总办事处秘书室主任郭准堂为该区卫生组某工作人员离区未归一事通知该员,通知其回川办理经手事项或委托他人办理

川东区行政公署农林厅厅长赵孟明为江北水利工程修建、榨油厂筹备、杨久高实习所用摄影材料等事宜同华西实验区总办事处主任孙则让的往来函

华西实验区总办事处关于派员查勘大路乡水利工程一事致□正纲信函

华西实验区总办事处秘书室主任郭准堂关于扣除购买酒精余款一事致唐德燮信函

陈□□关于查收该区所编印之书刊一事致杨炳吟信函

华西实验区总办事处主任孙则让关于派员前往纱厂查对账册、知照验收水利工程、收回前贷五区之稻种等事宜分别致信函朱正刚、郭耀□、张的山

华西实验区卫生组办事处为该区卫生组工友辞退工作之各项费用与总办事处秘书室主任郭准堂往来公文

  华西实验区卫生组办事处呈文该区秘书室主任郭准堂,呈请知照如何处理该区工友因分娩及累次犯错而辞退工作之生育费及遣散费。通知:知照总办事处女职员并无因分娩发给生育费之先例及工人辞退并无发给遣散费之规定。

华西实验区总办事处秘书室主任郭准堂为派员赴渝洽谈布事同重庆东华观王垣厂长的往来公文


## 9-1-126

华西实验区社会调查室编制之工业说明丛刊《怎样整理社学区户口、经济调查材料》

  内容包括方法的选择、划记法整理材料的步骤、急需整理的项目、急需整理的项目之符码单及表式。

璧山县推行失学成人补习教育实施办法(共计48条)

民众教育的实际问题(共计17条)

**华西实验区社会调查室工作计划纲要（共计14条）**

**关于诺曼底登陆的概述**

**华西实验区编行之《乡建工作通讯》**

其中包括第1卷第24期、第2卷第1期、第2卷第2期、第2卷第3期、第2卷第4期、第2卷第8期、第2卷第9期、增刊2卷1期、增刊2卷9期。

**乡村建设学院出版之《乡建院刊》**

其中包括第1卷第1期、第2卷第8期。

**璧山狮子各类农户自耕田地面积统计**

其中包括该乡全乡各类农户自耕田地面积统计、第一保各类农户自耕田地面积统计、第二保各类农户自耕田地面积统计、第三保各类农户自耕田地面积统计、第四保各类农户自耕田地面积统计、第五保各类农户自耕田地面积统计、第六保各类农户自耕田地面积统计、第七保各类农户自耕田地面积统计、第八保各类农户自耕田地面积统计、第九保各类农户自耕田地面积统计、第十保各类农户自耕田地面积统计、第十一保各类农户自耕田地面积统计、第十二保各类农户自耕田地面积统计。

**1949年8月至10月间成文，华西实验区甜橙果实蝇防治总队关于甜橙果实蝇防治工作相关事宜分别致该区甜橙果实蝇防治第一、第二、第六、第七、第十五分队通知**

1949年8月至10月间成文，华西实验区甜橙果实蝇防治总队为催缴果园位置调查表及果园位置图、呈交全部已填写调查表格、通知搜集资料以便在乡建学院校庆日举行甜橙果实蝇防治队工作展览、解答各分队工作旬报所提各项疑问、催缴工作旬报及对已报各队所提建议简复、严禁果农出售青柑及蛆柑、规定该队工作结束前应行办理之各项工作、发给成立果农组织申请书及有关文件、催缴表报、通知准备杀蛆工作、调员回区本部工作、召开区队长分队长联席会议、规定书面工作报告书应行注意事项、通知该队队员米贴报销办法、规定该队公物管理办法、规定该队同仁领用公款办法、通知各队不得寄搭宾客、通知各队人员变动注意事项、规定呈交果农组织成立申请书及有关文件、通知该队工作日期延迟、检发工作报告两份、通知该队返院前应办理事项、通知返院乘车注意事项等事宜分别致该区甜橙果实蝇防治第七分队、第二分队、第一分队、第六分队、第十五分队通知。附各队应缴各项图表、果农组织会员名册格式、果农职员名册。

## 9-1-127

**华西实验区甜橙果实蝇防治总队第四次会议记录**

　　1949年9月,华西实验区甜橙果实蝇防治总队第四次会议记录。

**柑橘产区果园概况调查表整理办法**

**华西实验区1949年制定《甜橙果实蝇防治总队示范果园合约》**

**华西实验区璧山县梓潼乡第一保农业生产合作社社员名册**

**璧山县梓潼乡农业生产合作社1949年度业务计划书、合作社创立会议决议录、合作社成立登记申请书**

**璧山县政府关于成立农业生产合作社的指令**

　　璧山县政府指令,内容为梓潼乡农业生产合作社准予成立登记,随文发给成立登记证,并知照刊刻社章及呈报图记、条戳、职员印鉴、股金。附璧山县梓潼乡农业生产合作社职员简历表。

**华西实验区甜橙果实蝇防治总队第一、第二次会议记录**

## 9-1-128

**璧山县三教乡五里冲机织生产合作社章程**

　　共计30条。附全体社员签名盖章或按斗。

**经济部华西兽疫防治处四川省农业改进所合组兽疫防治督导团为知照该团派员办理猪瘟防治情形致华西实验区总办事处函**

　　1949年11月,经济部华西兽疫防治处四川省农业改进所合组兽疫防治督导团致函华西实验区总办事处,知照该团派员前往璧一区、巴一区办理猪瘟防治情形,并检送各乡镇防治猪数统计表。

**华西实验区总办事处为该区家畜保育站派员赴各区实施牛瘟注射一事致巴县第三、第四、第五、第六、第八、第十一、第十二区通知**

　　1949年10月19日,华西实验区总办事处通知巴县第三、第四、第五、第六、第八、第十一、第十二区,知照该区家畜保育站派员赴各区实施牛瘟注射一事,并应切实协助。

**华西实验区家畜保育工作站为呈请协助牛瘟防治工作给华西实验区总办事处的呈**

　　1949年10月12日,华西实验区家畜保育工作站呈文华西实验区总办事处,呈请协助办理巴县第七辅导区白市驿等各乡镇牛瘟防疫注射事宜。

**梁正国关于农复会补助该区防治牛疫及猪种改良等事宜致华西实验区总办事处函**

梁正国致函华西实验区总办事处，呈报中国农村复兴联合委员会补助华西实验区农业补助费20000美元内拨付7000美元专作牛疫防治之用及函请中国农村复兴联合委员会准予拨付保苗以便该区举办猪种改良及预付家畜病疫事宜。附农复会补助该区家畜保育费用(7000美元)预算说明书、农复会补助该区家畜保育费用(7000美元)预算表。

**关于申请成都兽疫防治处派员携带器械赴荣昌进行防治工作、调员负责璧山一区及巴县一区防治责任、由本区北碚家畜保育站负责北碚巴县二区防治责任、派员赴蓉购猪丹毒菌等事宜的文件**

**华西实验区畜牧兽医问题座谈会会议记录**

**华西实验区总办事处为函请核发本区家畜保育费用7000美元一事致中国农村复兴联合委员会主任委员蒋梦麟函及复函**

1949年9月21日，华西实验区总办事处致函中国农村复兴联合委员会主任委员蒋梦麟，函请将补助该区家畜保育费7000美元早日核发及留区支用。复函：1949年10月12日，知照前拨该区10000余元美金系从补助该区农业生产经费20000美元中拨发。

**中国农村复兴联合委员会主任委员蒋梦麟为派员前去协助兽疫防治工作一事致华西实验区总办事处函**

1949年10月11日，中国农村复兴联合委员会主任委员蒋梦麟致函华西实验区总办事处，知照该会与成都铭贤学校合办之兽疫人员训练班结束后即可派员前往协助开展兽疫防治工作。复函：1949年10月16日，函知欢迎派员前来该区协助兽疫防治工作。

**农林部为华西实验区请求农复会派遣兽疫巡回防治队来区工作一事致中国农村复兴联合委员会四川办事处函**

1949年9月23日，农林部T. H. Chien致函中国农村复兴联合委员会四川办事处James A. Hunter，寻求该会是否派遣兽疫巡回防治队前往华西实验区办理兽疫防治工作一事(原文系英文写成)。

**华西实验区家畜保育站为呈送车站预防注射牛瘟工作报告给华西实验区总办事处的呈**

1949年9月8日，华西实验区家畜保育站呈文华西实验区总办事处，呈送车站1949年8月份下半月预防注射牛瘟工作报告。9月19日，华西实验区家畜保育站呈文华西实验区总办事处，呈送车站1949年9月份上半月预防注射牛瘟工作报告。10月4日，华西实验区家畜保育站呈文华西实验区总办事处，呈送车站1949年9月份预防注射牛瘟工作报告。附工作进度报告（1949年8月、9月）。

### 第三区牛瘟防治队为呈送璧山牛瘟预防注射牛只统计表一事同华西实验区总办事处的往来公文

1949年10月1日，第三区牛瘟防治队呈文华西实验区总办事处，呈送该队璧山牛瘟预防注射牛只统计表。通知：1949年10月6日，知照查收该统计表。

### 璧山县政府为兽疫防治团派员前往福禄乡治疗发生疫病牛只一事同华西实验区总办事处的往来公文

1949年9月29日，璧山县政府致函华西实验区总办事处，函请转知兽疫防治团派员前往福禄乡治疗发生疫病之牛只。通知：1949年10月2日，知照已通知该团派员前往诊治一事。

### 璧山县政府为核查破坏农政、摧残牛瘟预防一事致华西实验区总办事处函

1949年9月17日，璧山县政府致函华西实验区总办事处，函请核查该县三合乡公民所控破坏农政、摧残牛瘟预防一案。

### 经济部华西兽疫防治处为函请拨发三区防疫经费一事同华西实验区总办事处的往来公文

1949年9月15日，经济部华西兽疫防治处致函华西实验区总办事处，函请拨付农复会函嘱拨领之三区防疫经费1750美元。通知：1949年9月24日，知照该区家畜猪种改良、牛瘟疫病防治等工作急需此款，并已函请农复会准予留区应用，贵处所用之款另行核拨。

### 华西实验区总办事处为所报牛瘟注射等事同巴县第一辅导区办事处的往来公文

1949年9月13日，巴县第一辅导区办事处呈文华西实验区总办事处，报告该区牛瘟预防注射记录。9月27日，华西实验区总办事处通知巴县第一辅导区办事处，知照该区所报牛瘟注射头数与北碚家畜保育站所报头数不符，希即查明确实数字。10月5日，巴县第一辅导区办事处呈文华西实验区总办事处，呈报漏列、误列及少列之牛瘟注射头数以便更正。附巴县第一辅导区各乡耕牛注射统计表。

### 华西实验区总办事处为防疫团派员前往注射猪瘟血清菌苗及牛瘟疫苗分别致铜梁县第一辅导区办事处、巴县第一辅导区办事处通知

1949年9月16日至9月17日，华西实验区总办事处通知铜梁县第一辅导区

办事处、巴县第一辅导区办事处,分别知照防疫团派员前往注射猪瘟血清菌苗及牛瘟疫苗,希即协助办理。

**牛瘟防疫注射实施办法(共计10条)**

**华西实验区总办事处为成立兽疫巡回防治队来区工作致中国农村复兴联合委员会函**

1949年9月10日,华西实验区总办事处致函中国农村复兴联合委员会,函请成立兽疫巡回防治队来区协助防治兽疫工作。

**华西实验区总办事处为检寄《畜牧兽医问题座谈会记录》分致北碚家畜保育站、经济部华西兽疫防治队的通知、函**

1949年9月10日,华西实验区总办事处分别通知、致函北碚家畜保育站、经济部华西兽疫防治队,知照检寄《畜牧兽医问题座谈会记录》有关事项。

**巴县第一辅导区办事处为派员治疗耕牛注射后生病一事同华西实验区总办事处的往来公文**

1949年9月3日,巴县第一辅导区办事处呈文华西实验区总办事处,呈报该区凤凰乡农户耕牛注射后生病一事,并请派员前往治疗。通知:1949年9月7日,知照该事已转知北碚防疫队派员前往治疗。

**成都华西兽疫防治队关于派员携带血清前往璧山商讨猪瘟防治事宜致华西实验区总办事处主任孙则让电报**

**璧山县大路乡乡公所为派员诊治生病耕牛一事同华西实验区总办事处的往来公文**

1949年8月31日,璧山县大路乡乡公所呈文华西实验区总办事处,知照该区农户耕牛自兽疫防治团注射防疫针后生病一事,并请派员前往诊治。通知:1949年9月2日,知照该事已转知防疫团派兽医前往诊治。

**华西实验区璧山县第四辅导区办事处关于兽疫防治督导团来区注射牛瘟疫苗之工作情形呈华西实验区总办事处的报告**

1949年8月26日,璧山县第四辅导区办事处报告华西实验区总办事处,呈报兽疫防治督导团来区注射牛瘟疫苗之工作情形。附璧山县第四辅导区牛瘟预防注射牛只统计表(1949年8月24日)。

**华西实验区总办事处主任孙则让、北碚家畜保育站程绍明、华西实验区总办事处瞿菊农、华西实验区总办事处秘书室主任郭准堂为函知呈送购置疫苗等用款账目一事的往来公文**

1949年8月25日,华西实验区总办事处通知北碚家畜保育站,知照呈送该站购置疫苗等用款账目,以便凭核报销。华西实验区总办事处瞿菊农致函华西实验区总办事处秘书室主任郭准堂,函请由程绍明将购置疫苗之详细账目呈报,以便决定是否补足。

**华西实验区总办事处、四川农业改进所家畜保育场为成立璧山兽疫防治站、调员回璧山工作等事的往来公文**

1949年6月30日,华西实验区总办事处致函四川农业改进所家畜保育场,函请暂留防疫员田元信在璧山协助兽疫防治工作。7月18日,华西实验区总办事处致函四川农业改进所家畜保育场,函请从北碚调回该防疫员致璧山工作。7月,四川农业改进所家畜保育场致函华西实验区总办事处,函知该防疫员暂时留璧山工作一事。8月,四川省农业改进所家畜保育场致函华西实验区总办事处,知照该防疫员回璧山工作一事,及合作设立璧山兽疫防治站事宜。1949年8月25日,华西实验区总办事处致函四川农业改进所家畜保育场,知照设立璧山兽疫防治站一事等筹划妥当再行函洽。

**华西实验区总办事处、巴县第三区专员公署为四川省立荣昌农业职业学校增设畜牧示范场等事的往来公文**

1949年8月12日,巴县第三区专员公署致函华西实验区总办事处,转送四川省立荣昌农业职业学校畜牧事业概况,并请利用农复会扶持机会添设畜牧示范场。复函:1949年8月24日,知照设立畜牧示范场一事已转交农复会专家办理。附四川省立荣昌农业职业学校为恳请应用农复会负责机会予以添设一所畜牧示范场的代电、四川省立荣昌农业职业学校畜牧事业概况。

**北碚家畜保育站程绍明为报告该站各项农复会来款支付情况呈华西实验区总办事处主任孙则让报告**

1949年8月10日,北碚家畜保育站程绍明呈华西实验区总办事处主任孙则让,报告该站各项农复会来款支付情况。

**璧山农业推广辅导区为呈送本区购买药品及运费单据等事同华西实验区总办事处的往来公文**

1949年7月,璧山农业推广辅导区呈文华西实验区总办事处,呈送该区购买药品及运费单据,以便核查报销。通知:同年8月13日,知照该项单据已照收。

**经济部华西兽疫防治处、四川省农业改进所合组兽疫防治督导团为函送璧山牛瘟预防工作注射牛只统计表致华西实验区总办事处函**

1949年8月12日至8月18日成文,兽疫防治督导团致函华西实验区总办事处,知照函送璧山第一区、第三区、第四区牛瘟预防工作注射牛只统计表。附璧山县第一区牛瘟预防注射牛只统计表、璧山县第三区牛瘟预防注射牛只统计表、璧山县第四区牛瘟预防注射牛只统计表、兽疫防治督导团牛瘟预防注射证。

## 伍高凤为运送血清一事给华西实验区总办事处的呈

1949年5月4日,伍高凤呈文华西实验区总办事处,函知由成都运往璧山之血清及运费一事。附生产收款单据。

## 华西实验区总办事处、北碚家畜保育站、巴县第三辅导区办事处为派员前往巴县第三区防治猪瘟一事的往来公文

1949年7月24日,巴县第三辅导区办事处报告华西实验区总办事处,呈请派遣专员来区防治猪瘟注射工作。8月9日,华西实验区总办事处通知巴县第三辅导区办事处,知照派员前往防治猪瘟一事应向北碚家畜保育站商洽。8月,华西实验区总办事处通知北碚家畜保育站,知照该站迅速派员前往协助巴县第三辅导区猪瘟防治工作。

## 江津县政府为派员来县进行兽疫防治工作一事同华西实验区总办事处的往来公文

1949年7月5日,江津县政府致函华西实验区总办事处,函请派员携带血清病菌来县实施兽疫防治工作。复函:1949年7月18日,知照兽疫防治事宜直接向北碚家畜保育站商请办理。

## 华西实验区总办事处、璧山县第一至第六各辅导区办事处、经济部华西兽疫防治处、四川省农业改进所合组兽疫防治督导团、私立铭贤学院为办理璧山各辅导区牛瘟防治工作的往来公文

1949年7月7日,私立铭贤学院致函华西实验区总办事处主任孙则让,知照经济部华西兽疫防疫处派员前往璧山实施牛瘟防治事宜。7月13日,兽疫防治督导团致函华西实验区总办事处,知照各辅导区牛瘟防治注射应协办之各项事宜。7月16日,华西实验区总办事处通知璧山县第一至第六各辅导区办事处,知照各该区协助办理防疫团注射牛瘟疫苗。附牛瘟防疫注射实施办法。

## 华西兽疫防治处为防治工作事宜致华西实验区总办事处主任孙则让函

1949年7月9日,华西兽疫防治处致函华西实验区总办事处主任孙则让,知照该区所属六县之兽疫防治工作在技术方面由华西兽疫防治处负责,在行政方面由华西实验区负责,并请转知各县协助办理。

## 华西实验区巴县第三辅导区办事处主任胡英鉴为派员来乡进行猪瘟防治工作一事同华西实验区总办事处主任孙则让的往来公文

1949年6月30日,华西实验区总办事处通知巴县第三辅导区办事处,知照

派员前来该区跳蹬乡办理猪瘟防治事宜。7月6日,巴县第三辅导区办事处报告华西实验区总办事处,呈请派员前来该区跳蹬乡进行猪瘟防治工作。7月12日,华西实验区总办事处通知巴县第三辅导区办事处,知照同华西兽疫防治处商洽派员赴乡协助防治工作事宜。

**华西实验区总办事处为拟定本区防疫工作计划及经费预算事宜致中央畜牧实验所函**

1949年4月18日,华西实验区总办事处致函中央畜牧实验所,函请拟定该区防疫工作计划及经费预算,以便及时开展工作。

**华西实验区总办事处为购制兽疫疫苗血清一事致农林部华西兽疫防治处公函**

1949年5月27日,华西实验区总办事处致函农林部华西兽疫防治处,函请购置兽疫疫苗血清。

**四川省农业改进所家畜保育场为抄送兽疫防治计划书一事致华西实验区总办事处公函**

1949年2月,四川省农业改进所家畜保育场致函华西实验区总办事处,函送四川省第三区行政督察专员公署所辖各县办理兽疫防治计划书。附四川省第三区行政督察区各县1949年度兽疫防治工作计划。

## 9-1-129

**华西实验区总办事处为检送接龙乡农业生产合作社联合办事处登记书表一事致璧山县政府公函**

1949年10月11日,华西实验区总办事处致函璧山县政府,检送该县第五辅导区接龙乡农业生产合作社联合办事处登记书表。

**璧山县接龙乡农业生产合作社联合办事处1949年度业务计划**

自1949年7月起,其中包括业务部门、业务科目、办法、预定进度、预定需款总额及还款办法、审核。

**璧山县接龙乡农业生产合作社联合办事处成立登记处申请书**

**璧山县接龙乡农业生产合作社联合办事处社员名册**

**璧山县接龙乡农业生产合作社联合办事处职员名册**

**璧山县接龙乡农业生产合作社联合办事处组织规则(共计22条)**

**璧山县接龙乡农业生产合作社联合办事处职员印鉴**

包括职务、姓名、签字、盖章或箕斗、任期、任职日期、备注。

**璧山县接龙乡农业生产合作社联合办事处创立会议决议录**

**华西实验区璧山第五辅导区办事处为本区组建乡联社一事呈华西实验区总办事处的报告**

1949年7月28日，璧山第五辅导区办事处报告华西实验区总办事处，呈请在该区河边乡组建乡联社。

**华西实验区总办事处与璧山第五辅导区办事处为本区接龙乡农业生产合作社联合办事处登记书表及借款事宜等的往来公文**

1949年8月26日，璧山第五辅导区办事处报告华西实验区总办事处，呈送该区接龙乡农业生产合作社联合办事处贷款申请书表。9月9日，华西实验区总办事处通知璧山第五辅导区办事处，知照呈送接龙乡农业生产合作社联合办事处职员印鉴、职员名册、组社调查表。11月10日，华西实验区总办事处通知璧山第五辅导区办事处，检发接龙乡农业生产合作社联合办事处借据五份，并派员持借据前来领款。

**璧山县七塘乡胡家老房子农业生产合作社、造纸厂、北碚管理局等向中国农民银行、华西实验区贷款之借据**

1949年8月30日至11月21日，璧山县七塘乡胡家老房子农业生产合作社、璧山县七塘乡大水井农业生产合作社、璧山县七塘乡谢家坝农业生产合作社、璧山县七塘乡董家厢房农业生产合作社、璧山县八塘乡王家口农业生产合作社、璧山县八塘乡青云寺农业生产合作社、璧山县八塘乡感应寺农业生产合作社、璧山县转龙乡三圣庙农业生产合作社、璧山县转龙乡新房子农业生产合作社、璧山县依凤乡老塆农业生产合作社、璧山县丹凤乡石板垭农业生产合作社、璧山县大路乡刘家祠农业生产合作社、璧山县大路乡巫家沟农业生产合作社因购买、饲养仔猪向中国农民银行、华西实验区贷款之借据。

1949年10月8日，巴县歇马乡运输合作社因购置包板车向中国农民银行、华西实验区贷款之借据。

1949年8月27日至9月16日，璧山县农业生产合作社八塘乡联合办事处、璧山县大兴乡农业生产合作社联合办事处因需用营业资金向中国农民银行、华西实验区贷款之借据。

1949年3月31日，铜梁县合作纸厂因购置厂房机器及设备开修锅炉等向中国农民银行、华西实验区贷款之借据。

1949年6月30日，铜梁县合作纸厂因新纸机装箱费用向中国农民银行、华西实验区贷款之借据。

1949年6月30日,铜梁县合作纸厂因添购机器、器材、车子及运输费向中国农民银行、华西实验区贷款之借据。

1949年9月1日,巴县青木乡农业生产合作社联合办事处因经营业务向中国农民银行、华西实验区贷款之借据。

1949年10月27日,铜梁县西泉镇刘店纸业合作社因购置造纸机向中国农民银行、华西实验区贷款之借据。

1949年8月4日,北碚管理局农业推广社因良种繁殖向中国农民银行、华西实验区贷款之借据。

1949年8月20日,北碚管理局合作农村物品供销处因推广农作物向中国农民银行、华西实验区贷款之借据。

1949年11月5日,璧山县狮子乡农业生产合作社联合办事处因物品供销向中国农民银行、华西实验区贷款之借据。

## 四川省巴县歇马乡天心岗农业生产合作社调查表

1949年10月,四川省巴县歇马乡天心岗农业生产合作社调查表。

## 璧山县转龙乡新房子农业生产合作社借款细数表

1949年9月29日,璧山县转龙乡新房子农业生产合作社借款细数表。

## 璧山县转龙乡新房子农业生产合作社职员印鉴

## 闻光旭关于农业生产的几项要求及意见给华西实验区农业组组长李焕章的呈

1949年5月18日,闻光旭呈文华西实验区农业组组长李焕章,呈请贷给人造肥料良种及病虫害防治之药剂,并报告成立农业推广繁殖站、农谚征集等情形。

## 巴县第一辅导区驻西永乡辅导员杨显明为呈报本乡农业情形呈华西实验区农业组报告

1949年5月16日,巴县第一辅导区驻西永乡辅导员杨显明报告华西实验区农业组,内容涉及该乡麦类疾病,推广良种洋芋种植,开垦荒山种植桐苗、丘陵种植柑橘及桃园,自耕农增加导致耕牛减少,修筑梁滩河水堰,印发治蝗说明配合传习教育,研究防治仓库害虫方法,研究与推广蔬菜杂粮的加工方法,推广优良猪种、鸡种,研究乡村物价。

## 巴县第五辅导区办事处主任蒋融为呈送本区农作物土产良种调查表给华西实验区总办事处农业组的呈

1949年6月27日,巴县第五辅导区办事处主任蒋融呈文华西实验区总办事处农业组,呈送该区农作物土产良种调查表。

**巴县各辅导区所辖乡镇清单**

**璧山县各辅导区所辖乡镇清单**

**贷纱收布借据**

  1949年7月15日至9月13日,严家堡机织社、观音阁机织社、杨家祠机织社、东岳庙机织社因织布用途向华西实验区、中国农民银行借纱之借据。

**璧山县各乡农业生产合作社为派员莅场指导各社创立大会、筹备大会一事给璧山县政府、璧山县政府合作指导室的呈**

  1948年11月至1949年4月成文,璧山县各乡农业生产合作社为派员莅场指导各社创立大会、筹备大会一事给璧山县政府、璧山县政府合作指导室的呈。附璧山县城北乡第六、第七保机织农业生产合作社筹备会记录、璧山县太和乡第八保农业生产合作社筹备会议记录、璧山县三教乡中街机织生产合作社筹备会议记录。

**璧山县城北乡温家塆机织农业生产合作社筹备会为呈送该社社员大会决议及选票等事给璧山县政府的呈**

  1948年12月,璧山县城北乡温家塆机织农业生产合作社呈文璧山县政府,呈报该社第一次社员大会选举情形,并呈送该会决议录及选票。

**璧山县三教乡五里冲机织生产合作社为呈报理监事到职日期及启用图记、印模事宜给璧山县政府的呈**

  1948年12月,璧山县三教乡五里冲机织生产合作社呈文璧山县政府,呈报该社理监事到职日期,并呈送图记、印模恳予核备。

**璧山县城北乡乡民代表会、乡公所为派员调查、救济该乡织布生产副业等事给璧山县政府的呈**

  1947年9月20日,璧山县城北乡乡民代表会、乡公所呈文璧山县政府,呈请璧山县地方建设三年计划推行委员会派员调查成立织布生产合作社,以救济该乡织布生产副业。

**璧山县中兴乡第九保机织生产合作社为筹备成立一事给璧山县政府的呈**

  1949年3月4日,璧山县中兴乡第九保机织生产合作社呈文璧山县政府,呈报该社筹备会情形,并请照准成立。

**璧山县城南乡马家院机织生产合作社为派员监督改选理监事事宜给璧山县政府的呈**

  1949年3月,璧山县城南乡马家院机织生产合作社呈文璧山县政府,呈报该社理监事任期已满,并请派员监督改选。

## 9-1-130

**巴县第一辅导区办事处主任喻纯堃关于辞去县办事处主任职务一事同华西实验区总办事处主任孙则让的往来公文**

1948年12月26日,巴县第一辅导区办事处主任喻纯堃呈文华西实验区总办事处主任孙则让,呈报其辞去县办事处主任一职及接替情形。通知:1949年1月7日,知照上述各节之处置办法。

**璧山县第五辅导区办事处主任张的山为呈报到职日期及移交文卷情形与华西实验区总办事处主任孙则让往来公文**

1949年3月1日,璧山县第五辅导区办事处主任张的山呈文华西实验区总办事处主任孙则让,呈报到职日期及文卷移交情形,以便鉴核备查。通知:1949年3月4日,准予备查。附华西实验区璧山县第五辅导区办事处文卷器物交接清册(1949年2月25日)。

**华西实验区总办事处、璧山县第五辅导区办事处、青木乡辅导员郑光帼、青木乡辅导员王德伟为该乡辅导员接替事宜的往来公文**

1949年4月4日,青木乡辅导员郑光帼报告璧山县第五辅导区办事处主任张的山,呈报该员调离及移交情形。4月20日,华西实验区总办事处通知璧山县第五辅导区办事处,知照该辅导员交接一事准予备查及新任辅导员到职情形。5月2日,新任辅导员王德伟呈文璧山县第五辅导区办事处,呈报公物文件交接情形。附移交清册、璧山县第五区青木乡辅导员公物交接清册(1949年5月2日)。

**璧山县第六辅导区办事处主任何子清为本区依凤乡师范国民学校校长交接事宜呈华西实验区总办事处报告**

1949年4月18日,璧山县第六辅导区办事处主任何子清报告华西实验区总办事处,呈报该区依凤乡师范国民学校校长到职及印信公物交接情形。附璧山县依凤乡师范国民学校移交清册(1949年4月12日)。

**璧山县大路乡辅导员朱治中为呈报到职情形呈璧山县第五辅导区办事处报告**

1949年8月25日,璧山县大路乡辅导员朱治中报告璧山县第五辅导区办事处,呈报到职日期及文件接收情况。附璧山县第五区大路乡辅导处移交清册。

**巴县第十二辅导区办事处为本区新旧办事处主任公物交接事宜同华西实验区总办事处的往来公文**

1949年8月25日,巴县第十二辅导区办事处报告华西实验区总办事处,呈报该区新旧办事处主任公物移交情形，以便鉴核备查。通知：1949年9月5日，准予备查。附巴县第十二辅导区办事处职员名册及公物移交清册。

## 璧山县第五辅导区河边乡新旧两任辅导员为呈报交接情形呈璧山县第五辅导区办事处主任张的山报告

1949年8月7日，河边乡新旧辅导员报告璧山县第五辅导区办事处主任张的山，呈报该乡新旧两任辅导员交接情形。

## 巴县第五辅导区办事处主任蒋融为呈报本区辅导干事交接情形及辅导干事到职情形呈华西实验区总办事处报告

1949年9月2日，巴县第五辅导区办事处主任蒋融报告华西实验区总办事处，呈报该区新旧辅导干事移交公物情形。同日，报告该区文峰乡辅导员李露华到职情形。

## 璧山县太和乡新旧两任辅导员为呈报公物移交情形呈璧山县第二辅导区办事处报告

1949年8月28日，璧山县太和乡新旧两任辅导员报告璧山县第二辅导区办事处，呈报交接情形。附璧山县第二辅导区太和乡辅导员移交清册（1949年8月28日）。

## 璧山县第五辅导区办事处为呈送本区龙溪乡辅导员移交清册一事呈华西实验区总办事处报告

1949年9月1日，璧山县第五辅导区办事处报告华西实验区总办事处，呈送该区龙溪乡辅导员移交清册。

## 华西实验区总办事处、璧山县第三辅导区办事处、綦江县第一辅导区办事处、唐太理为示范学校校长更换、调任事宜的往来报告

1949年9月5日，璧山县第三辅导区办事处报告华西实验区总办事处，呈报该区正兴乡三官殿示范国民学校新任校长到职及旧任校长唐太理离职情形。9月10日，唐太理报告璧山县第三辅导区办事处主任魏西河，呈报移交情形及离职前往綦江日期。10月，綦江县第一辅导区办事处报告华西实验区总办事处，呈报唐太理接任该区桥河乡辅导员一事及其交接情形。

## 华西实验区璧山办事处为呈报该区新旧书记离到职日期及交接情形呈华西实验区总办事处报告

1949年10月19日，华西实验区璧山办事处报告华西实验区总办事处，呈报该区新旧书记离到职日期及交接情形。

## 合川县第一辅导区办事处为呈报办事处主任更换情形及呈送交接清册同华西实验区总办事处的往来公文

1949年10月25日,合川县第一辅导区办事处报告华西实验区总办事处,呈报该区办事处主任更换情形及呈送交接清册。通知:1949年10月29日,知照所报交接清册准予备查。

## 璧山县第四辅导区办事处为呈报办事处主任更换及公物交接情形等事同华西实验区总办事处的往来公文

1949年10月17日,璧山县第四辅导区办事处报告华西实验区总办事处,呈报该区办事处主任更换及公物移交情形。通知:1949年10月,知照所报交接文卷物品清册及财产目录准予备查。通知:1949年11月3日,知照呈报之交接目录所缺各项。附璧山县第四辅导区办事处财产目录、璧山县第四辅导区办事处文卷公物移交清册。

## 巴县第十二辅导区办事处为呈报该区交接情形一事同华西实验区总办事处的往来公文

1949年10月29日至11月4日成文,内容为巴县第十二辅导区办事处呈报该区交接情形,并呈报交接清册。附华西实验区巴县第十二辅导区员工姓名交接清册、卷宗及书表交接清册、公物交接清册、印信及文簿交接清册。

## 璧山县第四辅导区办事处为文卷、器物移交事宜给华西实验区总办事处秘书室主任郭准堂的呈

1949年8月27日,璧山县第四辅导区办事处呈文华西实验区总办事处秘书室主任郭准堂,呈报该区文卷及器物移交事宜。附华西实验区璧山县第四区办事处文件器物移交清册。

## 华西实验区璧山各辅导区及巴县第一、第二辅导区所属示范校工作座谈会记录

1949年9月1日成文,内容包括会议主席报告、各区报告、问题讨论及其他议决事项。

## 华西实验区示范校长座谈会记录

1949年9月1日成文,内容包括会议主席报告、河边乡第二保示范校校长报告、狮子乡示范校校长报告、蒲元乡示范学校校长报告。

## 华西实验区临时座谈会记录

1949年11月15日成文,区主任工作报告、晏干事长讲话。

## 华西实验区总办事处关于以成本价格配售同人布匹的通知

1949年11月9日,华西实验区通知,知照该处成立三周年之际,拟将收购之

标准白布加以整染，以成本价格配售同人。

### 华西实验区工作座谈会会议记录

1949年11月15日成文，包括中华平民教育促进会总干事晏阳初、华西实验区总办事处秘书室主任郭淮堂、璧山县第二辅导区办事处主任陶一琴、璧山县第五辅导区办事处主任张的山的报告。

### 私立乡村建设学院校友会璧山分会为征求该会为乡建学院第二届校庆节应作何种表示的意见致各校友信

1949年10月4日，私立乡村建设学院校友会璧山分会致信各校友，征求该会为乡建学院第二届校庆节应作何种表示的意见。附私立乡村建设学院校友会璧山分会会员名单。

### 华西实验区三周年纪念展览教育组预计参加项目

其中包括文字类、图表类、照片类。

### 华西实验区三周年纪念筹备会第一次会议记录

1949年11月5日成文，华西实验区三周年纪念筹备会第一次会议记录。

### 华西实验区总办事处第二次处务会议记录

1949年11月1日成文，华西实验区总办事处第二次处务会议记录。

### 华西实验区总办事处主任孙则让为检发《本区三周年纪念大会书刊展览资料纂集办法》一事致华西实验区总办事处教育组通知

1949年11月3日，华西实验区总办事处主任孙则让通知华西实验区总办事处教育组，通知检发《本区三周年纪念大会书刊展览资料纂集办法》一事。附"华西实验区三周年纪念大会书刊展览资料纂集办法"。

### 华西实验区总办事处秘书室关于辅导员、示范校长调任的便签

### 华西实验区总办事处教育组工作计划大纲（草稿）

### 华西实验区人事管理纲要、工作人员请假规则、文书管理办法

### 华西实验区平民教育讲义

### 巴县第四辅导区侯德赓为增设示范学校事呈函翁主任报告

巴县第四辅导区侯德赓呈报翁主任，请准予设立该区麻柳乡示范学校。

### 《什么叫社学区》

内容包括为什么要划分社学区、社学区的含义与划分标准、怎样划分社学区、新社会基层组织的建立。

《虎溪5月——一个辅导员的工作回忆录》（乡建工作回忆录之二）

示范国民学校工作说明、示范国民学校工作说明纲要草案（1949年9月16日）

华西实验区总办事处工作人员为筹组车站宿舍伙食团等事给华西实验区总办事处主任孙则让的呈

1949年10月11日，华西实验区总办事处工作人员呈文华西实验区总办事处主任孙则让，呈报组建车站宿舍伙食团一事，并函请购置开伙所需一切用物。

华西实验区总办事处为规定全体工作人员不得有违反渎职或参加补发组织等事致唐载阳通知

1949年11月1日，华西实验区总办事处通知该处唐载阳，知照全体工作人员不得有违反渎职或参加补发组织等事。

关于处理文书应行注意之点

请教育组借用照相机申请书

## 9-1-131

华西实验区合作社物品供销处来凤驿办事处主任阎毅敏为呈报以布易纱规格表式一事呈华西实验区合作社物品供销处璧山分处报告

1949年8月1日，来凤驿办事处主任阎毅敏报告华西实验区合作社物品供销处璧山分处，呈报以布易纱规格表式。附华西实验区合作社物品供销处璧山分处以布易纱规格表。

华西实验区合作社物品供销处璧山分处与华西实验区合作社物品供销处来凤驿办事处为检发验布员工作惩奖办法、更改织布规格等事宜的往来公文

1949年8月5日至8月12日成文，内容为华西实验区合作社物品供销处璧山分处检发华西实验区合作社物品供销处璧山分处验布员工作惩奖办法及更改织布规格。附华西实验区合作社物品供销处璧山分处验布员工作惩奖办法。

私立乡村建设学院为函请赠送白布一事致华西实验区机织合作社供销处函

1949年11月10日，私立乡村建设学院致函华西实验区机织合作社供销处，函请赠送白布以便公演话剧之用。

华西实验区合作社物品供销处璧山分处为函知办公地址更改一事致璧山县邮电局函

华西实验区合作社物品供销处璧山分处致函璧山县邮电局，函知该处办公地点更改，嗣后所属邮件相应改投。

**华西实验区合作社物品供销处璧山分处为借用保险柜一事致璧山中国农民银行函**

1949年7月12日,华西实验区合作社物品供销处璧山分处致函璧山中国农民银行,函请暂借该行保险柜一用。

**华西实验区总办事处军布增产座谈会记录及所附《华西实验区机织生产合作社承织军布惩奖办法》**

**华西实验区合作社物品供销处璧山分处、中国农民银行璧山办事处为拨发、存放、代运棉纱的往来公文**

1949年8月8日至8月15日成文,内容为华西实验区合作社物品供销处璧山分处拨给中国农民银行璧山办事处棉纱100件,并暂由该供销处存放。7月20日至8月23日成文,内容为中国农民银行代运华西实验区合作社物品供销处璧山分处棉纱100件至重庆之相关事宜。

**华西实验区合作社物品供销处璧山分处为派员协同购买耕牛一事致璧山县第一辅导区办事处函**

1949年9月6日,华西实验区合作社物品供销处致函璧山县第一辅导区办事处,函请该办事处派员协同前往涪陵采购耕牛。

**华西实验区合作社物品供销处为函送军布增产座谈会记录、辅导方案及分区负责辅导人员姓名表一事致璧山县第一、第二、第五辅导区办事处函**

1949年9月19日,华西实验区合作社物品供销处致函璧山县第一、第二、第五辅导区办事处,知照检送军布增产座谈会记录、辅导方案及分区负责辅导人员姓名表一事。附军布增产座谈会记录、辅导机织生产合作社加强军布生产方案、分区辅导干事姓名表。

**华西实验区合作社物品供销处璧山分处、联合勤务总司令部第28粮秣库、联合勤务第四补给区司令部为合作社物品供销处璧山分处借用汽车站仓库等事的往来公文**

1949年8月28日,华西实验区合作社物品供销处璧山分处致函联合勤务第四补给区司令部,商请借用该司令部前被服厂仓库,以利验收储运之用。9月19日至9月23日,华西实验区合作社物品供销处璧山分处商议借用联合勤务总司令部第28粮秣库之汽车站仓库相关事宜。9月26日,联合勤务第四补给区司令部电报联合勤务总司令部第28粮秣库,知照车站仓库如有空房准予借给物品供销处。

## 华西实验区合作社物品供销处璧山分处为处置抢劫仓库者致璧山县城区联防队函

1949年11月30日,华西实验区合作社物品供销处璧山分处致函璧山县城区联防队,函请处决抢劫该处车站仓库所存布匹之散兵流勇一名。

## 华西实验区璧山办事处为按名额发给督催军布津贴一事同华西实验区物品供销处的往来函

1949年11月14日至11月19日成文,内容为华西实验区璧山办事处函请华西实验区物品供销处按名额发给9、10月份督催军布津贴及物品供销处复函。附璧山第一区督导军布人员津贴清册。

## 华西实验区合作社物品供销处为借用棉纱一事致中国农民银行璧山办事处函

1949年11月14日,华西实验区合作社物品供销处致函中国农民银行璧山办事处,函请暂借棉纱49支,俟物品供销处纱到后即刻归还。

## 华西实验区合作社物品供销处为借用短枪一事致四川省银行璧山办事处函

1949年11月14日,华西实验区合作社物品供销处致函四川省银行璧山办事处,函请借用法式手枪一支、六轮手枪一支,以便加强守护。附借用枪支条据。

## 巴县梁滩河灌溉工程处为归还所借棉纱及所欠棉纱装运费两事同华西实验区合作社物品供销处的往来函

1949年10月22日至10月25日成文,内容为巴县梁滩河灌溉工程处归还前借华西实验区合作社物品供销处之棉纱40件及由渝代运棉纱致璧山所垫之装运费。附代垫装运棉纱费用清单。

## 联合勤务司令部重庆被服总厂为验收布匹、促进生产、改善染布等事致函璧山、华西实验区验布小组长袁□□、杨公桥工厂

1949年9月16日至9月19日成文,内容为联合勤务司令部重庆被服总厂督催白布生产每日须验收1500匹、督催促进生产并速验收报运、饬令改善璧山及重庆白布染后颜色不一现象。

## 洪昌东为续制寒衣布一事给华西实验区总办事处主任孙则让的呈

## 华西实验区合作社物品供销处璧山分处为有关仓库卸运之事宜致验布小组通知

1949年11月8日,华西实验区合作社物品供销处璧山分处通知验布小组,知照为维护该处仓库之安全及避免妨碍戒烟法令起见,当日不负卸运及保守之责,次日再行办理入库。

## 关于拨发棉纱至被服厂以便换布一事致重庆市党部函

1949年11月1日,关于拨发棉纱至被服厂以便换布一事致重庆市党部函。

### 重庆被服总厂为验收白布相关事宜致华西实验区合作社物品供销处璧山分处函

1949年11月2日，重庆被服总厂致函华西实验区合作社物品供销处璧山分处，知照继续验收白布及修改验收白布办法，呈送未参加检验之白布情形等事宜。

### 华西实验区合作社物品供销处璧山分处为函送军布生产进度表一事致军布检验组函

1949年9月13日，华西实验区合作社物品供销处璧山分处致函军布检验组，函送军布生产进度表。

### 关于召开增加军布产量工作检讨会的通知

1949年9月15日，关于召开增加军布产量工作检讨会的通知。

### 华西实验区合作社物品供销处璧山分处与西南区冬服筹制委员会关于以纱换布相关事宜的往来函

1949年9月14日至9月22日成文，内容为华西实验区合作社物品供销处璧山分处同西南区冬服筹制委员会商议以纱换布之数量、完成时间等相关事宜。

### 璧山县狮子乡蜘蛛蚁机织生产合作社为呈请增设铁机生产合作社一事给华西实验区总办事处的呈

1949年9月2日，璧山县狮子乡蜘蛛蚁机织生产合作社呈文华西实验区总办事处，呈请增设铁机生产合作社，并发给贷纱。

### 华西实验区总办事处、华西实验区璧山办事处、中国农民银行璧山办事处为璧山县城南乡观音阁机织社补贷棉纱的往来公文

1949年7月22日至8月3日成文，内容关于璧山县城南乡观音阁机织社补贷棉纱一事。

### 璧山县狮子乡戴家塆机织生产合作社为增设宽布组一事给华西实验区合作社供销处璧山分处的呈

1949年9月5日，璧山县狮子乡戴家塆机织生产合作社呈文华西实验区合作社供销处璧山分处，呈报各社员名册以便增设宽布组。

### 华西实验区璧山第一辅导区办事处、华西实验区总办事处、中国农民银行璧山办事处为璧山县城南乡东岳庙机织生产合作社补贷棉纱、城东乡严家堡机织生产合作社核贷棉纱一事的往来公文

1949年7月21日至8月8日成文，内容为核查璧山县城南乡东岳庙机织生产合作社、城东乡严家堡机织生产合作社社员机台情形，以便该二社借贷棉纱一事。附城南乡东岳庙机织社社员情形表、城东乡严家堡机织社社员情形表。

**璧山县城西乡、璧山县狮子乡熊家坝、璧山县狮子乡蜘蛛蚊**

1949年8月28日至10月7日订,璧山县城西乡、璧山县狮子乡熊家坝、璧山县狮子乡蜘蛛蚊、璧山县狮子乡巫家漕房、璧山县城西乡五、六保、璧山县城北乡天生硚、璧山县城西乡千层岩、璧山县丹凤乡任家坪、璧山县大兴乡姚家坪军布生产小组承织契约、军布生产小组设立登记书。

**华西实验区总办事处为呈送军布生产小组设置办法致物品供销处璧山分处通知**

1949年9月22日,华西实验区总办事处通知物品供销处璧山分处,呈送军布生产小组设置办法,以便核查。

**璧山县正兴乡三官殿机织生产合作社、璧山县龙凤乡学堂门焦作市查合作社向中国农民银行、华西实验区借用棉纱之借款申请书**

1949年7月18日至7月20日成文,璧山县正兴乡三官殿机织生产合作社、璧山县龙凤乡学堂门焦作市查合作社向中国农民银行、华西实验区借用棉纱之借款申请书。附璧山县龙凤乡学堂门焦作市查合作社职员印鉴、借纱细数表。

**督导军布增产各项规章办法表**

**华西实验区合作社物品供销处璧山分处二八布规格表**

**华西实验区总办事处军布增产座谈会记录**

1949年9月17日,华西实验区总办事处军布增产座谈会记录。附华西实验区焦作市查合作社承织军布惩奖办法。

**辅导机织生产合作社加强军布生产方案**

**华西实验区总办事处关于检送机织合作社申请借纱处理程序、各机织合作社贷纱注意事项的通知**

华西实验区总办事处关于检送机织合作社申请借纱处理程序、各机织合作社贷纱注意事项的通知。附借纱处理程序、贷纱注意事项

**华西实验区合作社物品供销处璧山分处举办各机织生产合作社以布易纱业务暂行办法**

**华西实验区合作社物品供销处璧山分处以布换纱规格表**

**华西实验区机织生产合作社验布图戳式样**

**西南区冬服筹制委员会、华西实验区合作社物品供销处璧山分处换布合约**

**华西实验区合作社物品供销处璧山分处、璧山县机织生产合作社换布合约**

**华西实验区合作社物品供销处璧山分处收换不合规格布及扣除棉纱办法**

华西实验区机织合作社承织军布配贷周转纱办法

机织合作社收布送布办法

璧供分处承织军布业务重要议案摘录——摘录1949年8月26日第五次处务会议记录

华西实验区合作社物品供销处璧山分处军布生产小组设置办法——第六次处务会议通过

军布生产小组设立登记书

机织生产合作社向华西实验区合作社物品供销处璧山分处借周转纱契约

华西实验区合作社物品供销处璧山分处、机织生产合作社借贷生活用品纱的合约

华西实验区合作社物品供销处璧山分处关于指导机织生产合作社召开社员大会办理承织军布更换事项

## 9-1-132

璧山县政府为成立农业生产合作社事宜给本县马坊乡高古庙农业生产合作社指令

  1949年8月，璧山县政府指令马坊乡高古庙农业生产合作社，知照该社准予登记成立。附马坊乡高古庙农业生产合作社成立登记申请书、马坊乡高古庙农业生产合作社创立大会决议录、马坊乡高古庙农业生产合作社1949年度业务计划书、马坊乡高古庙农业生产合作社调查表、马坊乡高古庙农业生产合作社章程、马坊乡高古庙农业生产合作社个人社员名册。

璧山县政府、华西实验区总办事处、璧山县大路乡张家沟农业生产合作社为本合作社成立相关事宜的往来公文

  1949年8月13日，华西实验区总办事处致函璧山县政府，检送大路乡张家沟农业生产合作社成立登记书表，函请查照办理。8月，璧山县政府指令大路乡张家沟农业生产合作社，知照该社准予登记成立。附璧山县大路乡张家沟农业生产合作社章程、张家沟农业生产合作社全体社员名册、张家沟农业生产合作社成立登记申请书、张家沟农业生产合作社调查表。

璧山县大路乡第九保合作社1949年度业务计划书、璧山县大路乡第九保农业生产合作社社员名册

璧山县第五区大路乡第六学区第九保农业生产合作社创立会决议录

果实蝇防治总队工作展览会工作人员及其所承任务

华西实验区总办事处秘书室主任郭准堂为派员来区工作登记一事致徐昌梁函

四川水利局巴县梁滩河灌溉工程队领款证

中兴乡推广桐苗数及成活数统计表

璧山县市卫生机关检验证明书

牛瘟防疫注射实施办法

表证农家志愿书

农林部华西兽疫防治处兽疫防治注射记录表

**璧山县政府、华西实验区总办事处、璧山县丹凤乡黄桷坡农业生产合作社为本合作社成立相关事宜的往来公文**

1949年8月18日,华西实验区总办事处致函璧山县政府,检送丹凤乡黄桷坡农业生产合作社成立登记书表,函请查照办理。8月24日,璧山县政府指令丹凤乡黄桷坡农业生产合作社,知照该社准予登记成立。附璧山县丹凤乡黄桷坡农业生产合作社成立登记申请书、丹凤乡黄桷坡农业生产合作社调查表、丹凤乡黄桷坡农业生产合作社创立会决议录、丹凤乡黄桷坡农业生产合作社1949年度业务计划、丹凤乡黄桷坡农业生产合作社个人社员名册、丹凤乡黄桷坡农业生产合作社章程。

**璧山县丹凤乡乡公所为证明三人确系该乡住户一事致驻乡徐辅导员函**

1949年8月12日,璧山县丹凤乡乡公所致函驻乡徐辅导员证明尚仲君、白仲常、王伯东3人确系该乡住户并请更正。

## 9-1-133

**璧山县大兴乡第二中心国民学校为呈报毕业生名册并发还毕业证书给璧山县政府的呈**

1949年2月19日,璧山县大兴乡第二中心国民学校呈文璧山县政府,呈报该校高级部第五班毕业学生名册,并钤印发还毕业证书。附璧山县大兴乡第二中心国民学校1948年度下学期毕业学生名册。

## 璧山县大兴乡第一中心国民学校为转报该乡各保校拟聘教职员表及学生名册一事给璧山县政府的呈

1948年10月26日，璧山县大兴乡第一中心国民学校呈文璧山县政府，转报该乡各保校拟聘教职员表及学生名册。附璧山县大兴乡第十二保国民学校学生总名册、大兴乡第十二保国民学校拟聘教职员表、大兴乡第四保国民学校1948年度下学期小学部学生总名册、大兴乡第四保国民学校1948年度下学期拟聘教职员表、大兴乡第八保国民学校1948年度下学期拟聘教职员表、大兴乡第八保国民学校1948年度下学期小学部学生总名册、大兴乡第五保国民学校1948年度二学期拟聘教职员表、大兴乡第五保国民学校1948年度二学期小学部插班新生名册、大兴乡第五保国民学校1948年度二学期小学部学生总名册、大兴乡第六保国民学校1948年度下期造呈新生名册、大兴乡第六保国民学校1948年度下期拟聘教职员表、大兴乡第六保国民学校1948年度下期学生统计表、大兴乡第九保国民学校1948年度下期造报学生人数比较表、大兴乡第九保国民学校1948年度下期造呈拟聘教职员表、大兴乡第九保国民学校1948年度下期造呈学生总名册、大兴乡第三保国民学校1948年度下期拟聘教职员表、大兴乡第三保国民学校1948年度下期各级学生人数比较表、大兴乡第三保国民学校1948年下期各级学生总名册。

## 璧山县大兴乡第八保国民学校为校长更换事宜给璧山县政府的呈

1949年1月13日，璧山县大兴乡第八保国民学校校长呈文璧山县县长，呈请辞退校长职务，并保荐继任校长者。

## 璧山县大兴乡第十、第十一、第十二保办公处代表会、璧山县大兴乡乡公所为保荐罗成康为本乡第二中心校校长一事给璧山县政府的呈

1949年1月8日至1月12日成文，内容为璧山县大兴乡第十、第十一、第十二保办公处代表会、璧山县大兴乡乡公所分别呈文璧山县政府，联名保荐罗成康为该乡第二中心校校长。附罗成康简历。

## 璧山县大兴乡乡公所为本乡第九保国民学校校长调任事宜给璧山县政府的呈

1949年1月成文，璧山县大兴乡乡公所呈文璧山县政府，呈报该乡第三保、第九保国民学校校长调任一事。

## 璧山县大兴乡汪德成等四人为控告本乡第一中心国民学校校长侵吞公款一事给璧山县政府的呈

1948年7月7日至7月13日成文，内容为璧山县大兴乡公民汪德成等四人呈文璧山县政府，控告该乡第一中心国民学校校长孙宗穆侵吞学生卫生费及佃

租学校粪池租谷、虚设工役吞没薪饷、不顾教材滥用私人等情,请予传讯撤职,并另委璧山县地方法院判处刑法。附1948年8月10日第三科审讯笔录、1948年8月11日第三科审讯笔录。

### 璧山县大兴乡第九保保办公处为保荐张世爵为本保校长一事给璧山县政府的呈

1949年2月1日,璧山县大兴乡第九保保办公处呈文璧山县政府,保荐张世爵为该保校长。

### 璧山县大兴乡第十一保办公处、璧山县大兴乡第十一保代表大会为该乡第二中心国民学校校长孙宗穆继续留任、传令嘉奖等事宜分别给璧山县政府的呈

1949年1月10日至1月13日成文,内容为璧山县大兴乡第十一保办公处、璧山县大兴乡第十一保代表大会分别呈文璧山县政府,呈报该乡第二中心国民学校校长孙宗穆勤慎供职,恳予嘉奖并继续留任一事。

### 璧山县大兴乡第一中心国民学校为补发该校学生冯大轩遗失之毕业文聘一事给璧山县政府的呈

1948年11月29日,璧山县大兴乡第一中心国民学校呈文璧山县政府,呈请补发该校学生冯大轩遗失之毕业文聘。

### 璧山县大兴乡第二中心国民学校为呈报学生总名册及各班人数比较表一事给璧山县政府的呈

1948年11月,璧山县大兴乡第二中心国民学校呈文璧山县政府,呈报该校学生总名册及各班人数比较表。附璧山县大兴乡第二中心国民学校各班人数比较表、璧山县大兴乡第二中心国民学校1948年度下学期小学部学生总名册。

### 璧山县大兴乡第一中心国民学校为呈报移交国教基金情形、呈报该校校长到职日期、接收情形及资历证件、呈复聘用教师之情形、呈请拨款修建损坏之厕所等事宜与璧山县政府的往来公文

1948年7月21日,璧山县大兴乡第一中心国民学校呈文璧山县政府,呈请乡公所设法拨款修建倒塌之厕所。9月5日,呈报该校校长到职日期、接收情形及资历证件。9月15日,呈复无法聘用杨德钦、谢宗烈为该校教师。10月18日,呈报将前任校长移交之国教基金交付建校委员会保管之情形。附杨德钦、谢宗烈原申请书。

### 璧山县大兴乡第二中心国民学校为呈报该校新任校长到职日期及接收情形、呈报该校设备简陋筹集经费培修等事宜给璧山县政府的呈

1948年9月6日,璧山县大兴乡第二中心国民学校呈文璧山县政府,呈报该校新任校长到职日期及接收情形。9月28日,呈报该校因设备简陋拟请乡

民代表会惠予筹集经费以资培修。附璧山县大兴乡第二中心国民学校移交清册。

**璧山县大兴乡乡公所、大兴乡第七保国民学校、大兴乡第七保办公处为该校第七保国民学校恢复设置一事同璧山县政府的往来公文**

1948年5月23日,大兴乡第七保办公处呈文璧山县政府,呈请收回合并第七保校,并保留独立。5月31日,璧山县政府训令大兴乡乡公所,知照第七保国民学校学生人数过少,饬令停办。6月1日,大兴乡第七保国民学校呈文璧山县政府,呈请保留该校以维教育事业。8月28日,璧山县大兴乡乡公所呈文璧山县政府,呈请恢复该乡第七保国民学校以利教育。10月31日,璧山县大兴乡乡公所呈文璧山县政府,呈报该校第七保国民学校本期招生及聘用教师情形,并请予恢复设置。附璧山县大兴乡第七保国民学校1948年下学期学生总名册。

**璧山县大兴乡第五保国民学校为呈报该校校长到职日期及接收公物情形等事致璧山县政府函**

1948年9月8日,璧山县大兴乡第五保国民学校致函璧山县政府,呈报该校新任校长到职日期及接收公物情形。

1949年1月10日,璧山县大兴乡第五保国民学校呈文璧山县政府,呈报该校校长到职接收情形。

**璧山县大兴乡第九保国民学校、璧山县县政府、大兴乡辅导员为该国民学校校址迁移的往来函**

1948年9月6日至9月21日成文,内容为璧山县大兴乡第九保国民学校校址迁移事宜。

**璧山县大兴乡学员邓泽芳为志愿分派至本乡第八保国民学校工作一事给璧山县教育专门委员会的呈**

1948年8月12日,璧山县大兴乡学员邓泽芳呈文璧山县教育专门委员会,志愿分派至该乡第八保国民学校工作。

**璧山县大兴乡中心学校校长孙宗穆为呈请请假四日一事给璧山县政府的呈**

1948年6月,璧山县大兴乡中心学校校长孙宗穆呈文璧山县政府,呈请因赴法院作证而给假四日。

**璧山县大兴乡第六保国民学校为本校新调教员久不到校予以另聘一事给璧山县政府的呈**

1948年6月27日,璧山县大兴乡第六保国民学校呈文璧山县政府,呈报该校新调教员久不到校,请转聘原任教员暂代。

## 9-1-134

**璧山县八塘乡、璧山县政府、华西实验区总办事处为八塘乡肃清蝗灾及不能识别之害虫虫本情形的往来公文**

1949年6月21日,璧山县八塘乡呈文璧山县政府,呈报该乡蝗灾肃清情形,附呈残食红苕虫仔。6月22日,璧山县政府致函华西实验区总办事处,函送该不能识别之害虫虫本,并请识别为何种害虫。

**璧山县依凤乡乡公所为呈报查报竹蝗结果一事给璧山县政府的呈**

1949年6月,璧山县依凤乡乡公所呈文璧山县政府,呈报该乡查报竹蝗结果。

**璧山县八塘乡乡公所为呈报灭蝗工作情形一事给璧山县政府的呈**

1949年6月16日,璧山县八塘乡乡公所呈文璧山县政府,呈报该乡灭蝗工作完成情形。

**璧山县财政整理委员会为函请派员查勘蝗灾情形给璧山县政府的呈**

1949年6月20日,璧山县财政整理委员会呈文璧山县政府,函请派员同当地参议员查勘蝗灾情形。

**龙君木为呈报查勘沿西山蝗区各乡实地详情及督导捕蝗业务呈璧山县政府报告**

1949年6月23日至6月25日成文,龙君木报告璧山县政府,呈报查勘沿西山蝗区各乡实地详情及督导捕蝗业务。

**四川省璧山县参议会为函准拟具之治蝗经费预算书及治蝗报告表、治蝗奖惩办法给璧山县政府的呈**

1949年6月22日,四川省璧山县参议会呈文璧山县政府,函准所拟具之治蝗经费预算书及治蝗报告表、治蝗奖惩办法。

**璧山县政府所领治蝗经费之收据**

1949年7月,璧山县政府所领治蝗经费之收据。

**华西实验区总办事处为派员协助八塘乡虫害一事致璧山县政府函**

1949年6月23日,华西实验区总办事处致函璧山县政府,知照派员协助八塘乡虫害一事。

**璧山县政府工作人员张瑞五、璧山县政府、福禄乡乡公所为呈梓潼、福禄二乡勘查蝗灾情形的报告、手令**

1949年6月19日,张瑞五报告璧山县政府,报赴梓潼、福禄二乡勘查蝗灾情形。6月24日,璧山县政府手令福禄乡乡公所,知照该府勘查蝗灾实情。

### 华西实验区总办事处为函送治蝗换纱办法及派员辅助治蝗工作事宜同璧山县政府的往来函

1949年6月24日，华西实验区总办事处致函璧山县政府，函送治蝗换纱办法。6月27日，璧山县政府致函华西实验区总办事处，函请派员来县辅助治蝗工作。附华西实验区治蝗实施办法。

### 关于米商罗世光囤积粮食一案的笔录、传票、证词、报告

1944年5月13日至5月20日成文，关于米商罗世光囤积粮食一案的笔录、传票、证词、报告。

### 璧山县参议会、璧山县政府、璧山县农业推广所为本农业推广所整修农场房屋事宜的往来公文

1949年4月16日至10月15日成文，内容为办理修缮璧山县农业推广所农林场因白蚁侵蚀而倒塌房屋之预算、经费、勘察、日期等事宜。附璧山县农业推广所培修农场房屋工程材料预算书、璧山县政府关于补修该县农场房屋经费之提案。

### 璧山县丹凤乡乡公所为函送会议记录一事给璧山县政府的呈

1947年2月20日，璧山县丹凤乡乡公所呈文璧山县政府，函送该乡乡民代表会会议记录。附璧山县丹凤乡乡民代表会第一次会议记录、璧山县丹凤乡乡民代表会第二次会议记录。

### 璧山县中兴乡乡公所为呈报该乡乡民代表会会议记录一事给璧山县政府的呈

1947年2月17日，璧山县中兴乡乡公所呈文璧山县政府，呈报该乡乡民代表会第一届第三次会议记录。附璧山县中兴乡乡民代表会第一届第三次会议记录。

### 璧山县定林乡乡公所为检送乡民代表会会议记录一事给璧山县政府的呈

璧山县定林乡乡公所呈文璧山县政府，检送该乡乡民代表会1946年度第二次会议记录。附璧山县定林乡乡民代表会1946年度第二次会议记录。

## 9-1-135

### 中华平民教育促进会工作简述

内容包括该会沿革、该会工作演进、经费来源。

### 《对于平教会合作社发纱换布增加生产之我见》

### 李纪生编著民生教育语录丛刊之《经济分团街头诗》

机织合作社的几种产品标准（包括宽布、窄布）

狮子乡社会调查工作队琐闻

璧山县第六辅导区转龙乡3月份工作月报表问题解答

四川农民谚语集——"闻声集"

华西实验区总办事处合作组近训（内容关于合作实务人员训练班结业测验及结业典礼情形）

巴县屏都乡宝盖寺示范国民学校校歌

巴县第五辅导区工作简讯

华西实验区总办事处主任孙则让、璧山县及铜梁县县长等于西泉乡召开之防治竹蝗会议概述

《关于词本位教学》——摘录中华平民教育促进会重编农民千字课缘起

1949年3月，铜梁、江北、綦江、合川县各辅导区工作进度表（包括预定日期、工作要项、实施要点、备注）

华西实验区推广繁殖站设置办法

华西实验区改良稻种栽培须知

华西实验区出版之《乡建工作通讯》

　　包括第1卷第13期、第1卷第15期、第1卷第16期、第1卷第17期、第1卷第19期。

私立乡村建设学院编纂之《乡建院刊》

　　包括第2卷第2期、第2卷第3期、第2卷第4期。

## 9-1-136

璧山县依凤乡檬子堡农业生产合作社章程（共计8章35条）

璧山县中兴乡朝元寺农业生产合作社章程（共计8章35条）

璧山县三教乡第二保农业生产合作社章程（共计8章35条）

璧山县梓潼乡老瓦厂农业生产合作社章程（共计8章三35条）

璧山县新房子农业生产合作社章程（共计8章35条）

璧山县依凤乡李家坊农业生产合作社章程（共计8章35条）

**璧山县转龙乡新房子农业生产合作社章程（共计8章35条）**

**1950年3月，川东行政公署编印之《有关今年春耕生产的几个重要文件》**

  包括中央人民政府政务院发布之关于新解放区土地改革及征收公粮的指示、西南军政委员会颁布之西南区减租暂行条例、西南军政委员会颁布之关于今年春耕及农业生产的指示、抓紧今年春耕生产、关于春耕生产的指示、深入开展生产救灾工作。

**璧山县丹凤乡第三学区为呈请派员指导机织生产合作社创立会一事给华西实验区总办事处的呈**

  1949年3月25日，璧山县丹凤乡第三学区呈文华西实验区总办事处，呈请派员前来指导机织生产合作社创立会。

**綦江县第一辅导区民教主任为呈报本区几项工作情形给华西实验区总办事处主任孙则让的呈**

  1949年10月，綦江县第一辅导区的一群民教主任匿名呈文华西实验区总办事处主任孙则让，呈报该区几项工作情形，其中包括洋芋贷款延误、领运农民读本、薪水、民教主任撤职、辅导员姜经纬个人作风等事宜。

**中华平民教育促进会干事长办公室、华西实验区总办事处、华西实验区总办事处合作组为綦江县第一辅导区洋芋贷款一事的往来公文**

  内容为中华平民教育促进会干事长办公室致函华西实验区总办事处，知照发放綦江县第一辅导区洋芋贷款情形。华西实验区总办事处通知该处合作组，知照该处通知綦江县第一辅导区具报洋芋贷款情形。

**华西实验区总办事处为通知全体工作人员不得有违法渎职或参加"不法组织"等情形致欧阳璋通知**

  1949年11月1日，华西实验区总办事处通知欧阳璋，通知全体工作人员不得有违法渎职或参加"不法组织"等情形。

**华西实验区工作视导办法（包括目的、项目、办法、视导前应解决的问题）**

**华西实验区社学区教育经济农业卫生建设关系图**

**华西实验区出版之《乡建工作通讯》**

  包括第1卷第11期、第1卷第12期、第1卷第13期、第1卷第14期、第1卷第15期、第1卷第16期。

**铜梁、江北、綦江、合川县各辅导区工作进度表**

  1949年3月，铜梁、江北、綦江、合川县各辅导区工作进度表（包括预定日期、工作要项、实施要点、备注）。

**本期示范国民学校工作要项**

**示范社学区工作要项**

**华西实验区示范国民学校设置办法草案**

**示范国民学校参考资料**

**表证农家志愿书**

**推广繁殖站设置办法**

**兴办小型水利办法**

**华西实验区病虫防治药械使用办法**

**改良稻种栽培须知**

**油桐育苗须知**

**良种南瑞苜须知**

**办理农业生产合作社申请贷款事项注意要点**

## 9-1-137

**巴县第一辅导区办事处为新发乡约克夏种猪因防疫注射死亡一事同华西实验区总办事处的往来公文**

　　1949年11月4日，巴县第一辅导区办事处报告华西实验区总办事处，呈报该区新发乡约克夏种猪因注射疫苗死亡一事及处置办法。11月25日华西实验区总办事处通知巴县第一辅导区办事处，知照约克夏种猪死亡准予注销、备查，补发暂缓。附关于新发乡约克夏种猪病故一案的调查报告。

**华西实验区病虫防治药械使用办法**

**巴县第一辅导区办事处为派员前来洽运荣昌母猪及领取约克夏种猪饲养费租约一事呈华西实验区总办事处报告**

　　1949年11月4日，巴县第一辅导区办事处报告华西实验区总办事处，呈报派员前来洽运荣昌母猪及领取约克夏种猪饲养费租约一事。

**杨家祠繁殖站约克夏种猪饲养情形**

　　其中包括饲养地址、种猪头数、种猪体重、猪舍概览、运动、饲养、结论。

**华西实验区綦江县第一辅导区猪舍说明图样**

## 綦江县第一辅导区办事处为呈报整修猪舍计划书呈华西实验区总办事处报告

1949年11月17日，綦江县第一辅导区办事处主任徐韦如报告华西实验区总办事处，呈报该区整修猪舍计划书。附整修猪舍计划书。

## 江津县第一辅导区办事处为呈送农业推广繁殖站请迅即运拨叶虫防治药械与改良种猪一事呈华西实验区总办事处报告

1949年11月，江津县第一辅导区办事处报告华西实验区总办事处，呈请运拨叶虫防治药械与改良种猪以便推行。11月17日，呈请增加砒酸铅800市斤并派人前来防治叶虫。11月，徐韦如呈文华西实验区总办事处主任孙则让，呈报领运药械情形。

## 合川县第一辅导区办事处为呈送农业推广繁殖站会议记录请迅即发给防治病害药品器械一事同华西实验区总办事处的往来公文

1949年9月29日，合川县第一辅导区办事处报告华西实验区总办事处，呈送农业推广繁殖站会议记录，并请迅即发给防治病害药品器械。10月5日，华西实验区总办事处通知合川县第一辅导区办事处，知照病害防治工作暂缓进行。附撤销第一辅导区农业推广繁殖站第一次会议记录。

## 江北县第一辅导区办事处为呈请发给防治蚜虫药剂一事同华西实验区总办事处的往来公文

1949年10月27日，江北县第一辅导区办事处报告华西实验区总办事处，呈报发给防治蚜虫之药剂。11月2日，华西实验区总办事处通知江北县第一辅导区办事处，知照该处尚无防治蚜虫之特效药剂及简单防治之方法。

## 华西实验区总办事处、各辅导区办事处、合作农场、管理局等申请为配发病虫防治药械及种猪一事的往来公文

1949年4月16日至11月5日成文，内容为江津县第一辅导区办事处、北碚管理局、北碚辅导区办事处、巴县鱼润镇马龙沟合作农场为配发药械、种猪，以及华西实验区总办事处之复函通知。

## 巴县第三辅导区办事处为呈请派柑橘病虫害专家莅乡防治一事同华西实验区总办事处的往来公文

1949年9月13日，巴县第三辅导区办事处报告华西实验区总办事处，呈请派遣柑橘病虫害专家莅乡防治以免蔓延。1949年9月19日，华西实验区总办事处通知巴县第三辅导区办事处，知照防治柑橘病虫害方法。附柑橘最常见之病虫害及防治法。

**华西实验区总办事处为知照具报领用杀虫药械数量一事同璧山县第一、第四、第五、第六辅导区繁殖站的往来公文**

　　1949年10月3日,华西实验区总办事处通知璧山县第一、第四、第五、第六辅导区繁殖站,知照具报领用杀虫药械确实数量。10月13日,璧山第六辅导区报告华西实验区总办事处,转报繁殖站所领防治虫害药械日期。

**华西实验区总办事处为知照派员前往指导蔬菜虫病防治一事致璧山县第一、第二、第三、第四辅导区办事处、巴县各辅导区办事处通知**

　　1949年11月3日,华西实验区总办事处通知巴县各辅导区办事处,知照派员前往各区指导防治蔬菜害虫一事。11月22日,华西实验区总办事处通知璧山县第一、第二、第三、第四辅导区办事处,知照派员前往指导蔬菜虫病防治一事。

**北碚辅导区办事处为呈请发给虫害实验费一事同华西实验区总办事处的往来公文**

　　1949年7月8日,北碚辅导区办事处报告华西实验区总办事处,呈请发给各项虫害实验费。7月12日,华西实验区总办事处通知北碚辅导区办事处,知照派员领取各种虫害实验费。

**农林部中央农业实验所北碚试验场、华西实验区总办事处、华西实验区农业组为杀虫药械之使用分配一事同华西实验区总办事处的往来函**

　　1949年5月7日至5月28日成文,内容为洽商暂存于北碚试验场之杀虫药械之详细分配使用办法,包括分配数量、分配情形及分配领借据。

**华西实验区总办事处、璧山县政府为八塘乡防治虫害一事的往来函**

　　1949年6月22日至6月23日成文,内容为璧山县政府呈送虫害标本,华西实验区派员前往防治。

**中国农村复兴联合委员会驻川办事处、中国农村复兴联合委员会重庆区办事处、中国农村复兴联合委员会钱天鹤为药械管理之相关事宜同华西实验区总办事处孙则让、郭准堂、瞿菊农的往来公文**

　　1949年5月2日至11月25日成文,内容为中国农村复兴联合委员会等与华西实验区关于代为保管杀虫药械、配发华西实验区鱼藤精以便杀虫、洽商防虫药械之使用办法、查询所存放之药械数量、洽领治虫药械、检送病虫防治器械借据等事宜。附华西实验区总办事处农业组收到农复会重庆办事处药械清单。

**华西实验区蛆柑防治队第七分队工作报告、标语**

**永丰乡防蛆柑宣传标语**

华西实验区总办事处为检送前次提取砒酸铅、碱铜之收据一事致中国国际救济委员会华西医药委员会函

1949年9月30日,华西实验区总办事处致函中国国际救济委员会华西医药委员会,检送前次提取砒酸铅、碱铜之收据。附原收据一纸。

1949年3月15日拟,华西实验区作物病虫害防治计划之一:调查计划

包括调查目标、调查日程、调查经费。

璧山县政府关于教育、货币、财务、薪俸、到职等事宜的训令

1948年12月至1949年8月成文,璧山县政府训令,其中包括规定县级社教机关不得专设办理计政人员并改称干事、检发商讨辅币券问题会议记录,规定各机关银圆收支账务处理办法,调整县级公教自治员工6月份待遇支给标准,奉令解释县属各机关会计报告送审程序疑义一案,饬令各机关单位编造单位预算分配表,奉转调整政闻广播时间,知照调整县级公教自治员工待遇,规定1949年度请领食米及薪津注意事项,奉转四川省各县市局国民身份证使用办法,调整县属各级人员待遇及各机关办公费,知照各机关主管长官检查检举所属人员有吸食烟毒情形者,规定全县各机关学校员工食米划拨分发,检发增强璧山地方治安办法,呈报新任县长徐中晟到职日期,规定各级机关依法扣除就公教人员定额薪资所得税。知照县民教馆改进馆务。附定额薪资所得税应纳税额计算公式及举例,四川省各县市局国民身证使用办法,增强璧山地方治安办法。

联合勤务司令部第28粮秣库、交通公路总局第5区公路工程管理局第6总段第21公务段、四川省农业改进所璧山农业推广辅导区、四川省璧山县农业推广所、璧山县警察局、璧山县税捐稽征收处、璧山县立中学为呈报到职接收情形分别呈璧山县民教馆电报、公函

1949年2月28日至9月9日成文,内容为分别呈报到职视事情形。

璧山县第五、第六辅导区秋季运动会说明

## 9-1-138

华西实验区工作人员杨泽远之乡建工作经验谈《农村组训的成果》

华西实验区工作人员曾祥所撰《高歇乡的蛆防动态》

华西实验区江津县第一辅导区通讯

华西实验区江津县辅导区撰之乡建工作经验谈《记江津的两位民教主任》

华西实验区合川县第二辅导区安全第二社学区民教主任陈德禄撰之乡建工作经验谈

合川县第二辅导区杨东侯予华西实验区成立三周年之颂词

铜梁县第一辅导区主任康兴璧就呈送三周年纪念颂词一事呈华西实验区总办事处编辑组函

  1949年11月3日，铜梁县第一辅导区主任康兴璧致函华西实验区总办事处编辑组，呈送该员所撰之华西实验区三周年纪念颂词。附中华平民教育促进会华西实验区成立第三周年志庆。

巴县第十一辅导区主任苏彦翘所撰之华西实验区成立三周纪念

华西实验区工作人员刘守绪之乡建工作经验谈《下乡》

合川县第一辅导区辅导员陈贤良撰之乡建工作经验谈

合川县第一辅导区九塘乡第六社学区民教主任蔡永福撰之乡建工作经验谈

合川县第一辅导区第五社学区民教主任谯常逊之乡建工作经验谈《调查工作的回忆》

合川县第一辅导区九塘乡第三社学区民教主任彭立人之乡建工作经验谈之《本人工作总论》

合川第一辅导区九塘乡民教主任杨荣德撰之乡建工作经验谈《如何与地方保甲拉拢》

合川县第一辅导区九塘乡第二社学区民教主任毛金财撰之乡建工作经验谈《半年来的工作漫谈》

江北县第二辅导区复兴乡第五社学区民教主任周昱乡村建设工作之经验谈《吾以民众生存为主》

江北县第二辅导区龙王乡第八社学区张道遵1949年11月12日乡建工作经验谈

江北县第二辅导区龙王乡第六社学区民教主任文贻乡村建设经验谈

江北县第二辅导区龙王乡第三社学区民教主任王方友1949年11月8日乡建工作经验谈

江北县第二辅导区龙王乡第十社学区姜继武1949年11月6日乡建工作经验谈

江北县第二辅导区龙王乡第四社学区民教主任龙乔南乡建工作经验谈

江北县第二辅导区龙王乡第五社学区第二传习处导生黄良生《青年应走上新中国的道路，合作起来建设乡村》

江北县第二辅导区龙王乡第五社学区民教主任刘志明《应以行政力量来推动乡村建设》

鱼洞镇第十五保民教主任蒋文珩1949年11月9日《我的农村工作》

平教会华西实验区卫生工作计划摘要

江北县第二辅导区复兴乡第九社学区民教主任陈来江乡建工作经验谈

合川县第一辅导区龙洞乡第三社学区民教主任梁宵光乡建工作经验谈

江北县第二辅导区复兴乡第七社学区民教主任曹宏明工作经验谈

华西实验区编辑组民主语汇采集记录表

华西实验区工作总结之《示范社学区》

华西实验区关于实施农地减租的报告

华西实验区工作人员尹光耘之工作报告《西泉的纸业生产合作》

华西实验区1948年度组社注意事项

乡村建设学院研习指导部教育组研习地方教育联系办法草案

璧山县农业推广所农业推广贷款表及核贷各项农贷业务移交清册

璧山县1949年度治蝗总报告

璧山县中小学校教职员寒假学习登记表

　　1950年2月12日，璧山县中小学校教职员寒假学习登记表。

巴县第五辅导区办事处、巴县第三辅导区办事处为呈送三周年纪念各项资料、呈报三周年纪念文稿等事宜呈华西实验区总办事处的报告

　　1949年11月14日至11月18日，巴县第五辅导区办事处、巴县第三辅导区办事处分别报告华西实验区总办事处，呈送三周年纪念各项资料、纪念文稿。附巴县第三辅导区工作人员参加三周年纪念文稿单。

《乡建工作通讯》第二卷第十一期

　　1949年10月8日，《乡建工作通讯》第二卷第十一期。

华西实验区编行之《乡建工作通讯》

合川第二辅导区工作人员撰写之乡建工作经验谈《户口调查》

华西实验区巴县第三辅导区工作人员参加三周年纪念文稿单

巴县第三辅导区辅导员王子文撰写之乡建工作经验谈《选拔导生之我见》

巴县马王乡第一社学区民教主任成仲庸撰写之乡建工作经验谈《瞻望前途》

  1949年11月11日,巴县马王乡第一社学区民教主任成仲庸撰写之乡建工作经验谈《瞻望前途》。

巴县马王乡第二社学区民教主任张靖昌撰写之乡建工作经验谈《建国基础在于农村》

巴县马王乡第三社学区民教主任廖精柏撰写之乡建工作经验谈《从事民教工作一年来的感言》

巴县马王乡第五社学区民教主任傅显德撰写之乡建工作经验谈《怎样割谷子》

巴县马王乡第六社学区民教主任陆旭历撰写之乡建工作经验谈《怎样从事农村工作》

巴县马王乡第八社学区民教主任李尧华撰写之乡建工作经验谈《复兴农村经济初步》

巴县马王乡第七社学区民教主任魏树森撰写之乡建工作经验谈《农业之我见》

巴县马王乡督办员王子文撰写之乡建工作经验谈《怎样推行减租工作》

  1949年11月,巴县马王乡督办员王子文撰写之乡建工作经验谈《怎样推行减租工作》。

巴县第三辅导区屏都镇驻乡辅导员之乡建工作经验谈《我对于留生问题的处理》

巴县第三辅导区鱼洞镇第九保民教主任李作民撰写之乡建工作经验谈《本年度之乡村工作》

巴县第三辅导区鱼洞镇第十保民教主任潘锡铨撰写之乡建工作经验谈《农家鸡鸭饲养简述》

巴县第三辅导区鱼洞镇第六保民教主任李朝肱之乡建工作经验谈《我的工作片段》

巴县第三辅导区鱼洞镇第二十一保民教主任王官炘之乡建工作经验谈《如何使民众入传习处》

巴县第三辅导区鱼洞镇民教主任夏显照撰写之乡建工作经验谈《我对防止病虫害工作的实施报告》

巴县第三辅导区鱼洞镇第十九保民教主任刘锡隆撰写之乡建工作经验谈《来到农村工作后》

巴县第三辅导区鱼洞镇第十一社学区民教主任汤诚朴撰写之乡建工作经验谈《鱼洞镇十一社学区工作情形述要》

巴县第三辅导区鱼洞镇第十七保民教主任熊旭心撰写之乡建工作经验谈《农村本色与建设》

巴县第三辅导区鱼洞镇第十二保民教主任申俊文撰写之乡建工作经验谈《我对乡村工作之兴趣》

巴县第三辅导区鱼洞镇第六社学区民教主任张锦藩撰写之乡建工作经验谈《工作简评》

　　1949年11月8日，巴县第三辅导区鱼洞镇第六社学区民教主任张锦藩撰写之乡建工作经验谈《工作简评》。

巴县第三辅导区鱼洞镇第三社学区民教主任柳成业撰写之乡建工作经验谈《检讨与策划》

巴县第三辅导区鱼洞镇第十一社学区民教主任李廷荣撰写之乡建工作经验谈《三周年纪念杂感》

巴县第三辅导区鱼洞镇第二十保民教主任周光裕撰写之乡建工作经验谈《我的乡村工作观感》

巴县第三辅导区鱼洞镇第二保民教主任张君平撰写之乡建工作经验谈《我进入了农村》

## 9-1-139

华西实验区果实蝇防治第一分队工作计划

华西实验区江津甜橙果实蝇防治队第一区队第一分队工作报告、经费支付表、开办费支付表

　　1949年8月4日至8月17日成文，华西实验区江津甜橙果实蝇防治队第一区队第一分队工作报告、经费支付表、开办费支付表。

## 华西实验区江津甜橙果实蝇防治队第一区队第二分队果园初步调查表、壁报标语第一期、广柑蛆虫防治法、工作报告

1949年8月24日,华西实验区江津甜橙果实蝇防治队第一区队第二分队果园初步调查表、壁报标语第一期、广柑蛆虫防治法、工作报告(工作情形、生活情形、经费)。

## 华西实验区马鬃第九分队工作报告、蛆柑防治之计划与实施步骤

1949年7月30日至8月25日成文,华西实验区马鬃第九分队工作报告、蛆柑防治之计划与实施步骤。

## 华西实验区蛆柑防治总队第七分队工作报告、标语

1949年8月25日,华西实验区蛆柑防治总队第七分队工作报告、标语。

## 华西实验区甜橙果实蝇防治队第三分队报告书

1949年8月24日,华西实验区甜橙果实蝇防治队第三分队报告书,包括工作计划、工作展开经过、工作检讨。附每日工作记录表、7月份经费收支表。

## 华西实验区工作人员关于蛆柑防治工作的总结

## 华西实验区綦江县永丰乡蛆柑防治队宣传标语

## 綦江县甜橙危害百分数、甜橙株数分布图

## 华西实验区甜橙果实蝇防治队第四区队第十五分队(永丰乡)工作报告

## 华西实验区贾嗣乡第十分队第一期工作概况报告及附件、生活情形、全乡扩大果农会议前后记、贾嗣乡蛆柑防治公约、贾嗣乡蛆柑防治委员会章程草案、标本采集工作报告

1949年8月10日,华西实验区贾嗣乡第十分队第一期工作概况报告及附件、生活情形、全乡扩大果农会议前后记、贾嗣乡蛆柑防治公约、贾嗣乡蛆柑防治委员会章程草案、标本采集工作报告。

## 关于领到汽车修理费的便条

## 原华西实验区供销处问题及所提解决的意见

中华人民共和国成立后所写,其中涉及原华西实验区供销处纱布问题、涪陵买牛问题、挪用公款问题、业务转移问题、贷纱问题、谎报损失纱布问题、附属机关问题、人事问题。

## 关于现金棉纱布出纳方面

## 9-1-140

**华西实验区总办事处为成立农业生产合作社相关事宜同璧山县政府的往来公文**

1949年7月23日至8月成文,内容有关璧山县第五辅导区大路乡刘家祠农业社、青木乡碗厂沟农业社、璧山县第六辅导区依凤乡老塆农业社申请成立登记事宜。附刘家祠农业生产生产合作社、青木乡碗厂沟农业生产合作社、依凤乡老塆农业生产合作社之社章、1949年度业务计划、合作社创立会决议录、职员名册、调查表、成立登记申请书。

**华西实验区总办事处、璧山县第二辅导区办事处为该辅导区各农业社购置家畜事宜的往来公文**

1949年9月12日至1950年1月25日成文,内容涉及交接耕牛贷款借据、报销购买耕牛预支购牛费与旅费,各农业社申请耕牛、母猪贷款等事宜。附璧山县第二辅导区赶赴涪陵购买耕牛工作报告。

**巴县青木乡农业生产合作社联合办事处组织规则**

**璧山县农业生产合作社八塘乡联合办事处职员名册(1949年8月1日)、八塘乡联合办事处组织规则(1949年8月1日)、八塘乡联合办事处社员名册(1949年8月1日)**

1949年10月30日至11月2日成文,内容为华西实验区总办事处转巴县第一辅导区办事处向重庆市地方法院检察处证明该区辅导员涂远文、民教主任李维明吸食鸦片一案实为因积极推行农地减租而被诬告。

**第三督察区行政督察专员孙则让、华西实验区总办事处秘书室主任郭准堂、各县(局)辅导区主任、巴县第二辅导区办事处主任王秀齐、合川县第二辅导区辅导员李兆浦、巴县福寿乡辅导员张浩、巴县驻马乡辅导员彭苤北、北碚公民曾利宾为农地减租事宜的往来公文**

1949年7月27日至10月8日成文,内容涉及租约更换办法、减租工作情形、减租工作之疑难、农地减租宣传工作、农地减租的执行报告、二五减租的具体实施办法、保障佃权办法。

**巴县第二辅导区办事处为组织农业生产合作社而引起之纠纷一案呈华西实验区总办事处的报告**

1949年7月29日,巴县第二辅导区办事处呈华西实验区总办事处的报告,呈报该区民教主任王志杰因组织农业合作社引起歇马乡保长吴炳文之造谣中伤。

## 9-1-141

**华西实验区总办事处、华西实验区总办事处社会调查室、璧山县第二辅导区办事处、璧山县第六辅导区办事处、綦江县第一辅导区办事处、綦江县第二辅导区办事处、巴县第七辅导区办事处为社学区调查统计工作事宜的往来公文**

1949年5月7日至10月11日成文,内容涉及发给、借用、自制社学区户口经济调查表、户口概况调查编户册及经费问题,调查统计工作之人力安排、责任划分,整理户口经济调查材料办法,办理社学区概况调查情形。附户口概况调查编户册。

**北碚黄桷镇保民大会会议摘要**

1949年,北碚黄桷镇保民大会会议摘要。

**华西实验区来凤驿办事处主任阎毅敏为呈请修筑围壁一事呈华西实验区总办事处主任孙则让的报告**

华西实验区来凤驿办事处主任阎毅敏呈报华西实验区总办事处主任孙则让,报告来凤驿寨墙业已拆除标卖,为安全请予拨款修筑围壁。

**璧山县正兴乡长石坝农业生产合作社、白云寺农业生产合作社、简家庙农业生产合作社、柑子林农业生产合作社1949年度业务计划书**

**华西实验区机织生产合作社事业进展概况**

1949年4月1日至6月30日、1949年7月1日至7月31日,华西实验区机织生产合作社事业进展概况。

**华西实验区合作组机织部分进展概况**

1949年10月1日至10月30日,华西实验区合作组机织部分进展概况。

**关于农业生产的几项计划、报告**

农业生产合作业务、北碚农业生产合作社贷款细数表、农业生产合作社农产加工贷款、关于农业合作社减租保佃之准备工作、第二部门农业生产合作6月份工作报告、农业合作部分7月份工作报告、农业合作部分8月份工作报告、农业合作部分9月份工作报告、农业合作部分10月份工作报告。

**关于家畜、水利、造纸等事宜的贷款报告**

关于家畜、水利、造纸等事宜的贷款报告,包括养猪贷款工作报告、造纸合作社贷款报告、猪种改良及养猪贷款计划、耕牛贷款报告、小型水利贷款报告。

**造纸合作社贷款报告**

**关于华西实验区工作人员考核、薪额审查的相关资料、信函、调查表**

  关于华西实验区工作人员考核、薪额审查的相关资料、信函、调查表，包括巴县第二辅导区、北碚辅导区办事处同华西实验区总办事处的往来信函、华西实验区总办事处秘书室主任郭准堂致审查委员会的信函、各部门工作人员考核资料项目、编辑组人员考核资料、关于审查结果的调查意见表、薪额审查意见书、审查小组代表的意见。

**农林部华西区推广繁殖站、四川省农业改进所稻麦改良场推广良种小麦通告**

**中央农业实验所编写之水稻硫酸铵使用示范计划**

**华西实验区甜橙果实蝇防治队为报销预支款项、旅费呈华西实验区总办事处的报告**

  1949年10月3日，华西实验区甜橙果实蝇防治队报告华西实验区总办事处，呈请报销该队各项预支款及旅费。

**中央农业实验所油桐育苗须知**

## 9–1–142

**关于介绍、保送华西实验区工作人员至西南人民革命大学学习一事的往来公文**

  1950年3月28日至4月4日成文，内容为华西实验区总办事处、西南人民革命大学、华西实验区工作人员为介绍工作人员报考或保至西南人民革命大学学习事宜的往来公文。附郭准堂与瞿菊农的往来信函（信中还涉及参加璧山征粮工作殉难者善后处理事宜）。

**华西实验区总办事处关于人事管理的通知及该区工作人员的报告**

  1950年1月7日至2月3日成文，内容为华西实验区总办事处为该处人事任免（包括到职、离职、停职、病假等），以及证明该工作人员离职等事宜致各区工作人员的通知。各工作人员为到职、留任、辞职等事，以及呈请发给离职证明呈华西实验区总办事处报告。

**华西实验区所属各机构组织责任及人员调整办法**

  华西实验区所属各机构组织责任及人员调整办法，内容包括医务委员会之人员组成及工作职责、人员紧缩办法、留任人员名单、各项经费预算、卫生组现在工作人员姓名表（1949年11月15日）。

### 华西实验区合作社物品供销处为办理缴税事宜同璧山县人民政府税务局的往来公文

1950年4月10日至11月13日成文,内容为华西实验区合作社物品供销处为完成缴纳税款及印花税款事宜,就该处各月营业额数及办理纳税相关事宜同璧山县人民政府的往来公文。附璧山机织合作整染厂为补发税票同华西实验区总办事处的往来函、璧山县人民政府税务局关于召开营利事业所得税征课问题研讨会的通知。

### 华西实验区合作社物品供销处致该区各生产合作社文件之运件单及各社之收据

1949年11月17日至1950年6月23日成文,华西实验区合作社物品供销处检发至该区各生产合作社文件之运件单及各社出示之收据。

### 华西实验区合作社物品供销处为机织生产及管理之相关事宜同北碚织布生产合作社联合社的往来公文

1950年2月2日至1950年9月24日成文,内容涉及归还贷款问题、寄存布匹问题、生产不合格问题、赔偿损失问题、规定旅费支给标准、改进生产品质,以及北碚生产合作社联合社结束工作等事宜。附璧山花纱布公司因所购白布不合标准事致华西实验区合作社物品供销处函、华西实验区合作社物品供销处为办理贷款业务同中国人民银行的往来公文。

## 9–1–143

### 华西实验区编户、人口、生育及经济调查表(补查登记表、复查登记表)、审核表格人应注意事项、9月份审核分组、工作股工作计划纲要

### 璧山县救济院1949年度7月份被救人口食折合黄谷报书

1949年7月31日,璧山县救济院1949年度7月份被救人口食折合黄谷报书。

### 璧山县政府、璧山县参议会、璧山县县立中学就该校校务相关事宜的往来公文

1949年4月至10月成文,内容涉及保送学生进入四川大学、检发会议记录、更换校长、填报中等教育调查表、改建校舍、改进校务工作、派员监考。

### 璧山县政府关于办理农地减租、征兵、征粮、征税等事宜的命令

1949年9月5日,其中推行农地减租一事,县府派员会同华西实验区督导办理。

华西实验区编户、人口、生育及卫生调查表格及填法

华西实验区河边乡辅导员关于该乡贷放种谷及因其引起之纠纷、河边乡十一保为拨借中农4号种谷的事实说明呈华西实验区总办事处的报告

　　1950年11月24日至11月25日成文，华西实验区河边乡辅导员关于该乡贷放种谷及因其引起之纠纷、河边乡十一保为拨借中农4号种谷的事实说明呈华西实验区总办事处的报告。

华西实验区社会调查室北碚黄桷镇工作队编辑之《调查工作通讯》(1、2、3、5)

　　1949年8月15日至9月15日刊印，华西实验区社会调查室北碚黄桷镇工作队编辑之《调查工作通讯》(1、2、3、5)。

华西实验区社学区经济调查表各项目含义及填表法

璧山第一辅导区城北乡杨家祠农业推广繁殖站平时工作报告(1949年5月5日)、油桐育苗预算表

华西实验区总办事处、璧山县第二辅导区办事处、巴县第一辅导区办事处、北碚辅导区办事处为油桐推广事宜的往来公文

　　1949年1月23日至3月20日成文，内容关于桐苗株数分配、桐苗种植准备工作、桐苗领运及种植方法。附田慰农呈郭准堂信函(1949年2月24日，内容涉及薪津、领运桐苗、举办乡建讲习会)。

华西实验区农业组1949年度水稻繁殖推广清册

原华西实验区承贷前中国农民银行应收回稻种

　　1951年1月8日，原华西实验区承贷前中国农民银行应收回稻种。

璧山梁滩河农业指导所、璧山县城北乡农业指导所为家畜出售及淘汰事宜分别呈华西实验区总办事处、军代表的报告

　　1950年11月22日至12月21日成文，璧山梁滩河农业指导所、璧山县城北乡农业指导所报告华西实验区总办事处、军代表，分别呈报出售家畜之收入情形及约克夏种猪病疫情形。

## 9-1-144

中华平民教育促进会、璧山第一辅导区办事处为办理该辅导区结束工作事宜的往来公文

　　1949年12月29日至12月30日成文，内容涉及验收该辅导区所呈文卷公物

及该区奉调参辅导团工作。附璧山第一辅导区办事处公物清册。

### 中华平民教育促进会、璧山第三辅导区办事处为损失公物一案的往来公文

1949年12月5日至1950年4月1日成文,内容关于该辅导区因战乱遗失公物,后经找到并设法运回一事。附搬运公物之力资收据一张、璧山县辅导区运回总处木器用具清册。

### 江北县师范附属小学校长接收华西实验区江北第一区办事处交来之物品收据

1950年2月9日,江北县师范附属小学校长接收华西实验区江北第一区办事处交来之物品收据。

### 华西实验区总办事处、璧山县第三辅导区办事处为办理接收及撤销事宜的往来公文

1950年2月25日至9月6日成文,内容涉及辅导区将财产文卷及农业推广实况造册呈报及华西实验区总办事处之回复。附璧山第三辅导区财产物资清单、农业推广实况清册、卷宗类别数目清册。

### 华西实验区总办事处、璧山县第四辅导区办事处为该辅导区1949年底至1950年初各项管理事宜的往来公文

1949年12月10日至1950年3月成文,内容涉及战乱后留职人员返区供职情形及公物损失情形、华西实验区总办事处慰问该区各项工作情形、呈缴各项公文公物情形。附璧山第四辅导区办事处财产目录表(1949年12月、1950年2月)、文卷公物移交清册、接收文卷收据。

### 华西实验区总办事处、江北县第一辅导区办事处为该辅导区结束工作事宜的往来公文

1949年11月27日至1950年7月7日成文,内容关于该辅导区办理各项结束工作情形、各项公物、文卷移交情形及所欠薪津事宜。附江北县第一辅导区公物保管清册。

### 华西实验区总办事处、璧山县第六辅导区办事处为撤销该辅导区之相关事宜的往来公文

1950年3月14日至3月24日成文,内容涉及该辅导区撤销之一切手续及各项文卷、公物处理情形。附璧山第六辅导区领用药品移交清册、文卷移交清册、办理各项贷款数目移交清册、书表类移交清册、公物移交清册、接收物品收据。

### 华西实验区总办事处、江北县第二辅导区办事处为办理该辅导区结束工作事宜的往来公文

1949年11月27日至1950年6月19日,内容为办理该辅导区结束工作之各

项手续、公物文卷移交情形,以及工作人员资遣费问题。附江北县第二辅导区呈交清单。

**华西实验区总办事处、江津县第一辅导区办事处为办理该区结束工作事宜的往来公文**

1949年12月22日至1950年1月27日成文,内容涉及催促该辅导区办事处主任迅速回处办理结束业务,以及工作人员因未领到薪津而产生纠纷一案。

## 9-1-145

**璧山县正兴乡会兴街农业生产合作社章程、社员名册、1949年度业务计划书**

1949年8月30日,璧山县正兴乡会兴街农业生产合作社章程、社员名册、1949年度业务计划书。

**华西实验区纯种约克夏猪推广办法、各乡种猪分配表、种猪饲养志愿书**

**华西实验区1950年桐苗推广办法**

**江北县第一辅导区业务计划纲要、农业调查计划**

**华西实验区农业推广繁殖站1950年业务计划纲要**

**华西实验区病虫害防治药械使用办法、蔬菜病虫防治队药剂登记表**

**杨家祠、梁滩河工作队第一次工作座谈会议记录**

1950年3月4日,杨家祠、梁滩河工作队第一次工作座谈会议记录。附典型农建试验计划要点。

**华西实验区工作人员关于病虫害防治的报告**

1950年6月21日,华西实验区工作人员关于病虫害防治的报告。

**华西实验区总办事处关于检发农业组致农业辅导工作人员的函及农业辅导人员工作概况调查表致璧山县第三辅导区办事处的通知**

1959年4月14日,华西实验区总办事处通知璧山县第三辅导区办事处,检发农业组致农业辅导工作人员函及农业辅导人员工作概况调查表。

**华西实验区农业推广繁殖站设置办法**

**北碚管理局金刚乡第二保合作农业场场员名册(1948年1月30日)、业务计划书(1948年7月31日)**

**川东璧山区行政督察专员公署关于农业税征收的指示**

1950年6月10日,川东璧山区行政督察专员公署指示,规定1950年度农业税之征收办法及注意事项。

## 9-1-146

**璧山县政府、华西实验区总办事处、璧山县第二辅导区办事处为大兴乡农业生产合作社联合办事处成立之相关事宜的往来公文**

1949年7月31日至9月10日成文,内容涉及大兴乡农业生产合作社联合办事处成立登记事宜、申请贷款事宜、启用图记事宜。附大兴乡农业社联合办事处借款申请书、调查表、职员名册、组织规则。

**华西实验区总办事处、重庆市立造纸印刷科职业学校为录用该校毕业生一事的往来公文**

1949年3月2日至4月1日成文,内容关于华西实验区为组织造纸合作社而录用该校之优秀毕业生。附重庆市立造纸印刷科职业学校毕业学生应征名册。

**璧山县依凤乡中心国民学校1945年10月份现有职员领生活补助费名册(1945年10月31日)**

**璧山县政府、璧山教育专门委员会、华西实验区总办事处、璧山县第一辅导区办事处、璧山县第二辅导区办事处、璧山县第三辅导区办事处、璧山县第四辅导区办事处、各民教主任为各乡民教主任之人事管理事宜的往来公文**

1949年8月18日至11月11日成文,内容涉及各民教主任之任免问题及各民教主任到职、辞职、停职、调换详情。

**璧山县1949年度该乡兽疫防治工作有关人员奖惩表**

**璧山县第一辅导区办事处、璧山县第五辅导区办事处、璧山第六辅导区办事处、璧山县教育专门委员会为增设社学区一事的往来公文**

1949年1月11日至9月24日成文,内容关于增设社学区之经过及详细情形。附璧山第六辅导区造呈民教主任人事表。

**丹凤乡第四社学区辅导员为补办遗失证章一事呈璧山县县长的报告**

1949年10月6日,丹凤乡辅导员呈璧山县县长的报告,报告证章遗失及启用新章情形。

## 9-1-147

**中国农村复兴联合委员会委员晏阳初、中国农村复兴联合委员会第一组组长钱天鹤、中国农村复兴联合委员会重庆区办事处主任陈开泗、华西实验区总办事处主任孙则让、农林部中央畜牧实验所、成都私立铭贤学院、北碚种猪繁殖站、北碚家畜保育站、北碚管理局为北碚种猪繁殖事宜的往来公文**

1949年3月16日至7月19日成文，内容涉及种猪饲养费问题、新增人员薪津及旅费问题、各项经费开支预算问题、血清疫苗生产问题、职员食宿及增设职员问题、种猪繁育及防疫问题、种猪领运问题。附晏阳初先生致陈开泗先生信函、养猪贷款计划预算、猪种推广办法、猪种饲养志愿书。

**华西实验区总办事处，巴县第一至第四辅导区办事处，璧山县第一至第六辅导区办事处，合川第一、第二辅导区办事处，江北第一辅导区办事处，巴县鱼洞镇马龙沟合作农场为推广、配发优良畜种的往来公文**

1949年4月7日至11月3日成文，内容为华西实验区总办事处同各辅导区办事处办理推广、配发种猪或暂缓配发事宜，办理养猪贷款、领运及饲养费用事宜，以及办理猪舍修建、种猪死亡等各种实际操作问题。附华西实验区农业生产合作社养猪及贷款办法、种猪饲养志愿书、种猪饲养须知、猪舍修建设计、各区约克夏种猪分配表、巴县第二辅导区约克夏种猪饲料预算表、巴县第二辅导区繁殖站整修猪舍预算书。

**华西实验区总办事处关于规定员工不得违法渎职或参加不法组织致王启澍的通知**

1949年11月1日，华西实验区总办事处通知王启澍，知照全体工作人员不得有违法渎职或参加不法组织之情形。

**璧山县城西乡彭家寨机织生产合作社、城西乡汪家塆机织生产合作社、城北乡三个滩机织生产合作社、城北乡雷家塆机织生产合作社、城北乡黄泥塆机织生产合作社为呈报该社社员及机台清册一事呈华西实验区总办事处的报告**

1949年3月29日至3月31日成文，上述各机织生产合作社报告华西实验区总办事处，呈送各社社员及机台清册。附璧山县城西乡彭家寨机织生产合作社实有社员及机台清册、城西乡汪家塆机织生产合作社实有社员及机台清册、城北乡三个滩机织生产合作社实有社员及机台清册、城北乡雷家塆机织生产合作社实有社员及机台清册、城北乡黄泥塆机织生产合作社实有社员及机台清册。

## 9-1-148

**华西实验区社会调查室璧山狮子乡社会调查工作队工作报告（1949年8月至9月）**

除调查报告外，另附璧山狮子乡13岁及以上现住和他往人口之职业分配表、各年龄组现住男女人口之婚姻状况表、残疾人数统计表、各年龄组男女家长数表、各年龄组男女家长之识字与不识字人数表、以农为正业男女立户长之副业分配表、识字家庭与不识字家庭表、家庭儿童表、2338家亲居关系之比较表、6~12岁学龄儿童之就学与未就学人数表、13~45岁男女人口之识字与不识字人数表、人口与三类人口分配之比较表、各年龄组现住人数之分配及性别比例表、各年龄组外出人数之分配及性别比例表、各年龄组现住人数之分配及小于指定年龄之人数表、2079个已婚妇女难产次数与所生死亡及现存子女数之统计表、2079对夫妇初次结婚年龄统计表、2079个已婚妇女停经年龄统计表、2079对夫妇之年龄分配表、2079对夫妇年龄差数统计表。

**华西实验区社会调查室北碚黄桷镇社会调查工作队报告及大纲（1949年6月至7月）**

除调查报告外，另附黄桷镇全镇概况、不肖地主逃避二五减租法、旁听保民大会记录、第八保至第十四保各户数及男女人口数。

**四川丝业公司北碚蚕种场概况**

**华西实验区合作组农业合作部分7月份至10月份工作报告**

**华西实验区机织生产合作事业进展概况（1949年7月至8月、10月）**

**华西实验区机织生产合作社进展概况**

**华西实验区合作部分工作报告（机织合作社、农业合作社）**

**华西实验区农业组8月份至10月份工作报告**

**华西实验区家畜保育工作站为呈送工作半月报告及财务报告一事呈华西实验区总办事处的报告**

1949年8月25日，华西实验区家畜保育工作站呈华西实验区总办事处的报告，呈报该站工作半月报告及财务报告。

**水利工程队工作报告**

**华西实验区卫生组5月份至10月份工作报告**

**华西实验区乡村妇女卫生训练班结业学院管理规则**

璧山区实施疟疾治疗办法

华西实验区编辑组1949年10月份工作报告

璧山区实施疟疾治疗方法

## 9-1-149

**华西实验区总办事处主任孙则让、璧山县政府管理局为铜梁县第一、第二辅导区发放该区各项薪津、补贴的往来公文**

1949年4月成文，内容为华西实验区总办事处呈请璧山县政府管理局拨发工作人员各项公旅费、薪津、奖励费，并通知各辅导区办事处前往领运。

**中华人民共和国成立后华西实验区工作人员对华西实验区合作社工作的回顾及批判**

**农林部川东屯垦处、巴县县政府、璧山县政府、华西实验区总办事处、巴县辅导区办事处、北碚辅导区办事处、璧山县立中学、璧山县立简易师范学校、华西实验区诸工作人员、国民学校、金陵大学毕业同学为人事管理之相关事宜的往来公文**

1949年1月6日至6月23日成文，内容涉及实验区工作人员到职或迟到详情、分派工作详情、发薪之具体标准、参加工作之学历要求及毕业证明、职员简历、召开工作介绍座谈会、下乡参观传习处及合作社工作等事宜。附资料证件收据、下乡参观工作之分组详情、参观日程。

**华西实验区为召开机织生产合作社报告会一事致各指导员的通知**

1948年4月11日，华西实验区通知各指导员，知照召开机织生产合作社合作指导人员报告会。

**华西实验区总办事处、璧山县政府、璧山县机织生产合作社联合社、璧山城南乡十二保、城西乡封家坪机织生产合作社、城西乡第九保十二保机织生产合作社、鹿鸣乡第四保学区、城东乡第四保、狮子乡第五保机织生产合作社、城西乡第六保桂花园机织生产合作社、丹凤乡第五学区、中心场机织生产合作社筹备会、福禄乡第二保机织专营合作社、城中镇中北窄布机织生产合作社、三教乡第二保、城东乡第四保东狮机织生产合作社、狮子乡第九保序曲机织生产合作社、青木乡机织生产合作社为成立机织生产合作社一事的往来公文**

1947年12月15日至1948年9月19日成文，内容关于各机织生产合作社向华西实验区总办事处申请派员调查或指导各乡成立机织生产合作社，以及各社贷款事宜。附丹凤乡第五保学区机织生产合作社筹备会议记录、中心场机织生产合作社筹备会议录。

**华西实验区总办事处、璧山县城西乡马家院机织生产合作社、城南乡刘家沟机织生产合作社、河边乡马鞍山机织生产合作社、河边乡新店子机织生产合作社、城南乡明德堂机织生产合作社、城南乡马家院机织生产合作社、城南乡白鹤林机织生产合作社、城南乡养鱼池机织生产合作社为各社理监事改选一事的往来公文**

1948年3月3日至9月26日成文,内容关于各机织合作社向华西实验区总办事处申请派员前来监督该社监事选举及呈报理监事选举结果。附河边乡马鞍山机织生产合作社改选理监事决议录。

## 9–1–150

**璧山县城北乡温家塆机织生产合作社社章**

**华西实验区璧山县城北乡第九保、八塘乡感应寺农业生产合作社章程**

**华西实验区总办事处、璧山县政府为成立农业生产合作社事宜的往来公文**

1949年8月22日至9月8日成文,内容关于接龙乡福里树、接龙乡石板场、八塘乡感应寺农业生产合作社成立登记及启用图记事宜。附接龙乡福里树、接龙乡石板场、八塘乡感应寺农业生产合作社成立登记申请书、创立会决议录、调查表、业务计划书。

**华西实验区总办事处、璧山第一辅导区办事处、巴县兴隆乡乡公所为国民示范学校经费事宜的往来公文**

1948年11月11日至1949年3月3日成文,内容涉及各示范国民学校之办公费用、建校经费、校舍维修费、桌凳添设费。附巴县兴隆乡示范国民学校第一次建校会议记录。

**华西实验区合作社物品供销处、华西实验区各军布生产督导员为承织军布事宜的往来公文**

1949年9月19日至11月15日成文,内容包括物品供销处检发加强军布生产辅导方案,各军布生产督导员报告各机织生产合作社承织军布进行情形同物品供销处的批复,社员承织军布之奖惩情形。

**华西实验区总办事处主任孙则让为加强贷纱审核工作致各区主任的函**

华西实验区总办事处主任致函各区主任,知照各区主任严格审核机织贷款。

## 9-1-151

璧山县梓潼乡朱家坪、太和乡学堂保、梓潼乡文昌宫、太和乡观音岩、太和乡石燕子、丹凤乡罗家湾、转龙乡教子山等农业生产合作社购买仔猪贷款申请书、1949年业务计划书

### 《乡建工作通讯》第二卷第一期

1949年8月8日，《乡建工作通讯》第二卷第一期。

### 刘永贵关于徐贯匪情况说明一份

### 自新训练班学员登记表数份

### 璧山县城北乡温家湾机织生产合作社就本社社员户籍登记问题与璧山县政府的往来公文

1949年3月26至5月6日，璧山县城北乡温家湾机织生产合作社与璧山县政府的往来公文，内容主要涉及该社社员户籍登记与实际不符问题。附该社详细户籍注明。

### 璧山县温家湾农业生产合作社为呈报本社相关书表事宜呈璧山县政府的报告

1948年12月至1949年4月，璧山县温家湾农业生产合作社呈报璧山县政府，报告本社启用本社图记条戳日期、职员印鉴表、本社选举理监事会主席会议记录、本社理监事到职日期等事宜。附本社1948年业务计划书、本社创立会议决议录、会议记录。

### 华西实验区甜橙果实蝇防治总队为通知工作日期与工作报告格式事宜致第七队的通知

1949年9月13日，华西实验区甜橙果实蝇防治总队两次致函第七队分别检发工作报告格式与通知工作日期延迟事宜。

### 华西实验区总办事处为该区农业繁殖站、龙凤乡驻乡辅导员人事调动问题致璧山县第三辅导区的函

1949年7月，华西实验区总办事处致函璧山第三辅导区办事处主任魏西河，知照该区农业繁殖站及驻龙凤乡辅导员的人事调动问题。

### 华西实验区物品供销处为来凤驿日常业务工作与结束移交问题致来凤驿办事处的通知

1949年10月20日至1950年1月24日，华西实验区总办事处致函来凤驿办事处数份，内容包括人事调整、借贷纱、与重庆被服厂合作事、开辟窄布市场、增加员工薪金、造具账目表、结束人员物资文件移交、办理丁家民教馆租佃。附大

台布规格及扣纱办法等。

## 9-1-152

**华西实验区工作人员陶存、张培墉、王宗耀、苏正嘉、蒋锡玉、陈克、郑光帼、王子文等人致华西实验区孙则让的请假报告**

1949年4月16日至12月29日,华西实验区工作人员陶存、张培墉、王宗耀、苏正嘉、蒋锡玉、陈克、郑光帼、王子文等人致华西实验区孙则让的请假报告。

**华西实验区总办事处为检发机织合作社申请借纱处理程序、贷纱注意事项事致璧山各辅导区办事处、各辅导员、各机织合作社的函**

1949年5月28日至6月8日,华西实验区总办事处致璧山各辅导区办事处、各辅导员、各机织合作社函,检发机织生产合作社申请借纱处理程序与贷纱注意事项。附华西实验区机织生产合作社申请借纱处理程序、华西实验区总办事处贷纱问题座谈会会议记录、璧山县机织生产合作社贷纱注意事项、合作组贷纱会议记录。

**华西实验区总办事处为严格办理借贷纱、派员核校收纱事致璧山各辅导区的函**

1949年6月12日,华西实验区总办事处致函璧山各辅导区办事处,知照该区严格办理借贷纱办法及派员前往核校收纱情况。

**华西实验区总办事处与巴县第二辅导区为合作社登记证、借贷纱程序事的往来公文**

1949年5月19日、6月11日,华西实验区总办事处与巴县第二辅导区办事处往来公文数份,内容涉及合作社登记证、借贷纱事宜。

**华西实验区总办事处、璧山各辅导区、北碚办事处、各机织生产合作社为借贷纱书表、时限问题、派员监放纱事宜的往来公文**

1949年6月12日至8月15日,华西实验区总办事处、璧山各辅导区、北碚办事处、各机织生产合作社的往来公文数份,内容包括各社借贷纱书表填写上报、时限问题、各辅导区应派员监督发放贷纱等。附不再放贷机织社名单、璧山机织生产合作社一览表。

**华西实验区农业组关于中华人民共和国成立前、成立后工作情况说明**

**华西实验区总办事处、璧山县第一辅导区办事处、璧山县政府为狮子场杨猴庙机织生产合作社成立登记书表事宜的往来公文**

1949年11月16日,璧山县第一辅导区呈文华西实验区总办事处,呈报该区狮子场杨猴庙机织生产合作社成立登记书表。11月19日，华西实验区总办事处致函璧山县政府转送此表一份。附狮子场杨猴庙机织生产合作社成立登记书。

**鹿鸣乡第二社学区民教主任龙汝贤、璧山县第三辅导区办事处、璧山县政府、华西实验区总办事处为鹿鸣乡古佛寺机织生产合作社申请成立事宜的往来公文**

1949年3月5日至9月21日，鹿鸣乡第二社学区民教主任龙汝贤、璧山县第三辅导区办事处、璧山县政府、华西实验区总办事处的往来公文数份，内容包括鹿鸣乡古佛寺机织生产合作社申请成立缘由、时间、请求派员指导、召开成立大会及相关申请成立书表等。附鹿鸣乡古佛寺机织生产合作社成立登记申请书、鹿鸣乡古佛寺机织生产合作社章程、该社全体社员签名盖章按斗名册、该社1949年度业务计划书、该社创立会决议录。

**中兴乡第九保发起人代表、璧山县第三辅导区办事处、璧山县政府、华西实验区总办事处为中兴乡第九保韦家铺机织生产合作社申请成立相关事宜的往来公文**

1949年3月4日至9月15日，中兴乡第九保发起人代表、璧山县第三辅导区办事处、璧山县政府、华西实验区总办事处的往来公文数份，内容包括保民请求组社、成立时间、请求派员指导、召开社员大会、社员增减变更登记、召开理事会记成立相关书表填报等。附本社第一次筹备会记录、本社合作社章程、本社全体社员签名盖章按斗名册、本社职员印鉴、本社理事会决议录。

## 9-1-153

**綦江县第二辅导区办事处呈报4月至10月工作月报表事宜呈华西实验区总办事处的报告**

1949年8月9日至10月27日，綦江县第二辅导区办事处呈华西实验区总办事处的报告，呈报本年4月至10月工作月报表。江津县第一辅导区9月至11月工作报告。附4月至10月工作月报表。

**合川第一辅导区办事处与华西实验区总办事处为职员公旅费报销、薪金发放、开办费等相关费用问题的往来公文**

1949年4月11日至10月25日，合川第一辅导区办事处与华西实验区总办事处的往来公文数份，内容包括公旅费报销、公物运费报销、员工薪金、修缮厨房、调职旅费、归还县府黄谷、购买油印机费用、开办费预算等各项经费。附该区领款单。

**江津第一辅导区办事处与华西实验区总办事处为公旅费报销、江津一区地图一份、办公费、工人名册、房租等事宜的往来公文**

1949年10月25日至11月29日,江津第一辅导区办事处与华西实验区总办事处的往来公文数份,内容包括公旅费报销、江津一区地图一份、办公费、呈报工人名册、房租等。附任扶农出具收到房租收条、租佃房屋合约、江津第一辅导区办事处10月份办公费报销表、出差旅费预借实支对照表。

**《乡建工作通讯》第一卷第十九期**

**华西实验区总办事处合作社物品供销处主任与来凤驿办事处为退还余款、办理结束、民教馆租佃、乡间偷盗、公物贪污等事宜的往来公文**

1950年1月8日至5月29日,华西实验区合作社物品供销处与来凤驿办事处的往来公文数份,内容包括退还余款、办理结束、民教馆租佃、乡间偷盗、公物贪污等。

**铜梁第一辅导区办事处为呈报4月份至10月份工作月报表事宜呈华西实验区总办事处的报告**

1949年7月27日至10月26日,铜梁第一辅导区办事处主任康兴璧呈华西实验区总办事处数份报告,呈报4月份至10月份工作报告及该区六乡镇辅导员工作月报表。附铜梁第一辅导区办事处4月份至6月份、7月份、9月份、10月份工作报告。

**合川第一、第二辅导区办事处为呈报工作月报表事宜呈华西实验区总办事处的报告**

1949年7月30日至8月26日,合川第一辅导区办事处呈华西实验区总办事处的报告,呈报3月份至8月份工作进展情况及支用款项情形。附合川第一辅导区办事处3月份至9月份工作报告,合川第二辅导区办事处4月份至8月份工作报告及3月份下半月、4月份、5月份、6月份、7月份支用款项报告表。

**江北县第一辅导区办事处为呈报工作月报表事宜呈华西实验区总办事处的报告**

1949年7月30日至10月25日,江北第一、第二辅导区办事处呈华西实验区总办事处的报告,呈报两区4月份至9月份工作月报表。附江北县第一、第二辅导区4月份至10月份工作月报表、江北第二辅导区辅导人员分驻乡镇一览表、两区投考民教主任人数统计表、两区考录民教主任正备取人数统计表、两区乡镇6月份已办户经调查统计表。

## 9-1-154

**中国农民银行璧山分行为请立稻种借据事宜致华西实验区总办事处的函**

1949年5月20日，中国农民银行璧山分理处致函华西实验区总办事处，请相关机构出具借种凭据；5月25日，华西实验区总办事处复函行方，出具相关借据。附华西实验区总办事处借中国农民银行稻种借据。

**中国农民银行璧山分行与华西实验区总办事处关于邱志远虚报稻种存储量一案、加收稻种利息、稻种纯度相关事宜的往来公文**

1949年5月5日至5月11日，中国农民银行璧山分行与华西实验区总办事处的往来公文，内容包括清查邱志远虚报稻种存储量、加收稻种利息及清查稻种纯度等。

**璧山县第二、三、五辅导区办事处，中国农民银行璧山分行，华西实验区总办事处为优良稻种贷放、稻种推广情形的往来公文**

1949年3月17日至4月28日，璧山县第二、三、五辅导区办事处，中国农民银行璧山分行与华西实验区总办事处的往来公文数份，内容主要涉及优良稻种贷放、推广情形。附璧山县第二辅导区各乡发给领运中农4号稻种运费表。

**华西实验区总办事处1948年第一次会议记录一份**

**编户表、人口表、生育表审核表格须知**

编户表、人口表、生育表审核表格须知。附第××社学区各类农户实有田地面积统计表、第××社学区各类农户自耕田地面积统计表、第××社学区养猪户数及数量之统计表、第××社学区各类机台户数及数量之统计表。

**华西实验区总办事处、璧山县政府、璧山参议会、经济部长江水利工程总局、四川省政府、四川省第三区行政督察专员兼保安司令公署关于在璧山修建小型水利相关事宜的往来公文**

华西实验区总办事处、璧山县政府、璧山参议会、经济部长江水利工程总局、四川省政府、四川省第三区行政督察专员兼保安司令公署的往来公文数份，内容包括璧山水域地形前期查看、该区域河流泛滥情形、工程经费筹备、职员勘察旅费等。附璧山县政府1949年勘察水利旅费预算表、璧山水利工程勘查报告、璧山河流查勘报告、梅河勘查报告、璧山县水利座谈会会议记录、璧山所辖河流适宜修建堵水坝地址一览表、璧山县属挡水坝一览表、璧山县已完工挡水坝一览表。

### 璧山县政府与临江乡中湾农业生产合作社为该社社员户籍登记变动事宜的往来公文

1949年9月5日至11月18日，璧山县政府与临江乡中湾农业生产合作社的往来公文，主要涉及该社社员陈忠烈户籍登记变动事宜。

### 巴县第三辅导区办事处、巴县政府与华西实验区总办事处就相关费用报销问题的往来公文

1949年3月17日至10月30日，巴县第三辅导区办事处、巴县政府与华西实验区总办事处的往来公文数份，内容包括桐苗运费、公旅费、民教主任食米报销、财产目录、公物运费、食米收支清册、民教主任薪津、印刷导生聘书费用报销、县府代购粮米、职员因公牺牲抚恤费、开办费、员工伙食费、房租费、水费、员工灯电炭水费、第二期民教讲习班开支费、优良种子运费、会议伙食费等各项费用的报销问题。附领款证明单、高洁亭调职旅费情况说明、旅费细账、导生聘书、巴三区办事处开办费追加预算书。

## 9-1-155

华西实验区甜橙果实蝇防治队第四分队工作总报告

江津柑蛆防治队第二区队高歇乡第六分队工作总报告

华西实验区甜橙果实蝇防治队第十一分队工作报告

华西实验区柑蛆防治队第十分队工作总报告

江津甜橙果实蝇防治队第十六分队总工作报告

华西实验区果实蝇防治队第九分队工作总报告书

华西实验区甜橙果实蝇防治队第四区第十六分队工作报告书

## 9-1-156

### 璧山县第六辅导区办事处与华西实验区总办事处为该区所辖农业生产合作社母猪、仔猪贷款事宜的往来公文

华西实验区总办事处与璧山第六辅导区办事处的往来公文数份，内容包括区辖转龙乡永兴桥、转龙新房子、七塘乡老房子、凉水井、河坝、八塘感应寺、七塘谢家坝、依凤乡李家湾、八塘王家湾等农业生产合作社申请、核贷母猪、仔猪相关事宜。附璧六区合作社核准贷款通知单、借款申请书数份；转龙乡永兴桥、

教子山、新房子、石板场农业生产合作社借款细数表各、依凤乡老湾、第六保农业生产合作社借款细数表各、七塘乡胡家老房子农业生产合作社借款细数表。

**华西实验区总办事处、巴县教育局、璧山县第六辅导区办事处、璧山县政府、转龙乡第六保保长、士绅及家长代表为所辖巴县铜罐乡、璧山转龙乡、依凤乡示范国民学校校长人选调整事宜的往来公文**

1949年8月8日至9月21日，华西实验区总办事处、巴县教育局、璧山县第六辅导区办事处、璧山县政府、转龙乡第六保保长、士绅及家长代表的往来公文数份，内容包括巴县铜罐乡、璧山转龙乡、依凤乡示范国民学校校长调整事宜。附示范校1949年下学期委派校长名册、璧山各辅导区所辖各示范国民学校1949年下学期拟请委派校长名册。

**华西实验区总办事处、巴县第一辅导区办事处与璧山县政府撤销示范国民学校相关事宜的往来公文**

1949年8月3日至8月25日，华西实验区总办事处、巴县第一辅导区办事处与璧山县政府的往来公文数份，内容主要涉及撤销所辖虎溪乡永兴庵、依凤乡第七保示范国民学校相关事宜。附示范国民学校名单、示范国民学校撤销名单。

**华西实验区总办事处为知照本区辅导员不得兼任中心学校校长事宜致巴县第二辅导区办事处的通知**

1949年8月4日，华西实验区总办事处致函巴县第二辅导区办事处主任王秀斋，通知本区辅导员不得兼任中心学校校长。

**璧山县第二辅导区办事处为呈本区各级国民学校校长考核表事宜呈华西实验区总办事处的报告**

1949年8月3日，璧山县第二辅导区办事处主任陶一琴呈华西实验区总办事处的报告，呈报本区各级国民学校校长考核表，请备查。附璧山县第二辅导区办事处各级国民学校校长考核表。

## 9-1-157

**接管乡村建设学院军事代表为邹启泽薪金事宜致接管实验区军事代表的函**

1950年1月10日，接管乡村建设学院军事代表致函接管实验区军事代表，对学院农林事务员邹启泽薪金发放事宜作情况说明。

**璧山县第五辅导区各乡负责人拟议表一份**

### 璧山县第四区辅导员一览表

### 制农家访问报告一份

1949年7月9日制农家访问报告一份。

### 华西实验区合作社物品供销处、璧山分处与丁家、来凤、宜宾办事处为中华人民共和国成立后办理交代事宜的往来公文

1949年12月31日至3月3日，华西实验区合作社物品供销处、璧山分处与丁家、来凤、宜宾办事处的往来公文数份，内容包括中华人民共和国成立后各处办理公物、案卷、文件、资金等各项交代相关事宜。附总处核发需办理交代项目清册、丁家办事处移交清册、华西实验区合作社物品供销处出纳部分移交清册、华西实验区机织生产合作事业报告书（包括合作社物品供销处业务情况）、宜宾办事处资金清册、宜宾办事处简要报告。

### 璧山县农业推广所为呈送本处印鉴表事宜致中国农民银行璧山分行的函

1949年5月17日，璧山县农业推广所致函中国农民银行璧山分行，函送本处印鉴表一份，请备查。附璧山县农业推广所印鉴表。

### 中国农民银行璧山分行与璧山县农业推广所为贷放油饼事宜的往来公文

1949年4月7日至5月5日，中国农民银行璧山分行与璧山县农业推广所的往来公文，内容主要涉及为城南乡、来凤乡农会申请贷放油饼相关事宜。

### 璧山县参议会、璧山县农业推广所、璧山县政府、承修包工为整修农林场房屋事宜的往来公文

1949年9月7日至10月15日，璧山县参议会、璧山县农业推广所、璧山县政府、承修包工的往来公文数份，内容包括璧山县整修农林场倒塌情形、整修前期勘察、审议、贷款等相关事宜。

### 璧山县农业推广所与璧山县政府为购买耕牛饲料支付款事宜的往来公文

1949年5月13日至10月19日，璧山县农业推广所与璧山县政府的往来公文数份，内容主要关于该所购买耕牛饲料支付款事宜。

### 璧山县农业推广所卸任指导员王复武、璧山县农业推广所、璧山县政府为优良稻种遭鼠害赔偿问题的往来公文

1949年6月13日至15日，璧山县农业推广所卸任指导员王复武、璧山县农业推广所、璧山县政府的往来公文，内容包括该所卸任指导员所保管之稻种遭鼠害情形及相关赔偿问题。

### 璧山县政府与璧山县农业推广所为该所插秧费用预算事宜的往来公文

1949年5月21日，璧山县政府与璧山县农业推广所的往来公文，内容主要关于造册呈报插秧费用预算事宜。附璧山县农业推广所1949年度插秧费用预算表。

### 璧山县政府与璧山县农业推广所为呈报收割麦、豆日期及派员指导事宜的往来公文

1949年5月4日至5月7日，璧山县政府与璧山县农业推广所的往来公文，内容包括呈报收割麦、豆日期及派员指导事宜。

### 华西实验区总办事处与璧山县政府关于所辖农业生产合作社成立登记书表及其附件的呈报事宜的往来公文

1949年7月23日至8月28日，华西实验区总办事处与璧山县政府的往来公文数份，内容主要关于所辖丹凤乡柯家漕房、大路乡新桥、六塘乡石桥、大路乡巫家沟、福禄乡李家漕房、七塘乡董家厢房、依凤乡土地堡等农业生产合作社成立登记书表、图记条戳、职员印鉴、股金收清切结、社员户籍查证等。附大路乡新桥农业生产合作社图记、条戳印模，大路乡新桥与巫家沟、福禄乡李家漕房、七塘乡董家厢房、依凤乡土地堡等农业生产合作社业务计划书、调查表、创立会决议录。

### 璧山县政府、璧山县农业推广所、璧山县第三辅导区办事处、农林部华西兽疫防治处为防治猪瘟、牛疫相关事宜的往来公文

1949年4月22日至11月9日，璧山县政府、璧山县农业推广所、璧三区办事处、农林部华西兽疫防治处的往来公文数份，内容包括注射猪瘟防疫针实施办法、价格及牛疫防治日程等。附璧山县1949年度猪瘟防疫针工作实施办法、注射猪瘟防疫针血清疫苗价格、璧山县农推所牛瘟疫苗工作日程表、华西兽疫防治处四川省农业改进所合组兽疫防治督导团为防治兽疫敬告农友书。

### 璧山县政府为农会日常管理事务问题给璧山县农业推广所的训令

1949年7月28日，璧山县政府给令璧山县农业推广所，知照所辖农会日常事务管理办法。

### 璧山县河边乡农会森林保护协会为请派员指导召开会员大会事宜呈璧山县农业推广所的函

1949年4月1日，璧山县河边乡农会森林保护协会常务理事呈函璧山县农业推广所，呈报本会召开第一次会员大会日期，请派员指导。

### 璧山县农业推广所为知照领取稻种事宜的通告

璧山县农业推广所近况

璧山县马坊乡乡公所为呈报6月份户籍统计月报表及原申请书事宜呈璧山县政府的报告

1949年10月3日,璧山县马坊乡乡公所呈璧山县政府的报告,呈报本所6月份户籍统计月报表及原申请书,请备查。

何奇镜、雷鸣、陶存等人为调整华西实验区员工薪金提案

华西实验区秘书室召开调整员工薪金大会会议记录

李纪生、张学华等人对调整华西实验区员工福利待遇的审查意见

## 9–1–158

巴县凤凰乡、虎溪乡、土主乡、青木乡等各农业生产合作社为购买荣昌母猪、小猪向华西实验区与中国农民银行借款借据

1949年8月至11月,巴县凤凰乡、虎溪乡、土主乡、青木乡等各农业生产合作社为购买荣昌母猪、小猪向华西实验区与中国农民银行借款借据。

青木乡乡村建设实验区农业教材

中央合作金库四川分库、中央合作金库信托部重庆办事处、华西实验区总办事处、璧山县机织生产合作社联合社为合作运销布匹事宜的往来公文

1948年,中央合作金库四川分库、中央合作金库信托部重庆办事处、华西实验区总办事处、璧山县机织生产合作社联合社的往来公文数份,内容包括委托运销布匹合约签署、纱布调换合约调整及双方合作推进计划及概况。附纱布交换合约。

中国农民银行璧山分理处为清查机织社社员股金缴纳问题致华西实验区总办事处的函

1947年12月25日,中国农民银行璧山分理处致函华西实验区总办事处,函请清查各机织社社员股金缴纳情形。

华西实验区总办事处、中国农民银行重庆分行、中国农民银行璧山分理处、璧山县城南乡马家院、来凤乡大青杠树、城南乡明德堂等机织生产合作社及河边乡机织生产合作社联合办事处业务管理委员会为各社申请机织生产贷款及以棉换纱事宜的往来公文

1947年9月4日至12月18日,华西实验区总办事处、中国农民银行重庆分

行、中国农民银行璧山分理处、璧山县城南乡马家院、来凤乡大青杠树、城南乡明德堂等机织生产合作社及河边乡机织生产合作社联合办事处业务管理委员会的往来公文数份，内容主要关于各机织生产合作社申请贷款及以棉换纱相关事宜。

**华西实验区总办事处与中国农民银行为改组办事处事宜的往来公文**

1948年12月2日至12月20日，华西实验区总办事处与中国农民银行的往来公文数份，内容主要涉及改组区方各县办事处配备人员、派员接洽、完竣日期等相关事宜。

## 9-1-159

**璧山县农业推广所、璧山县政府、四川省农业改进所、四川省政府、农林部中央畜牧实验所为璧山县农业推广所相关工作月报表的编呈事宜的往来公文**

1948年2月8日至12月15日，璧山县农业推广所、璧山县政府、四川省农业改进所、四川省政府、农林部中央畜牧实验所的往来公文数份，内容包括璧山县农推所1947年度工作总报告、1948年家禽调查表、中农28号小麦及美烟栽种调查表、1948年度每月工作月报表、1949年1月份推广月报表、工作计划及工作人员分配表、1949年度工作计划相关书表的编呈事宜。附璧山县农业推广所1949年度工作计划、璧山县农推所1948年4月份至12月份推广工作月报表。

**四川省政府、四川省公路局、璧山县政府与铜梁县政府为省县公路、电讯建设相关事宜的往来公文**

1946年2月16日至1947年12月23日，四川省政府、四川省公路局、璧山县政府与铜梁县政府的往来公文数份，内容包括电讯及道路建设计划书、各县拟建公路调查表、勘察测量经费预算调查表、预算标准、监犯筑路实施办法、道路管理及修筑办法、四川省省县道工程标准等。附四川省公路局测量经费预算标准、四川省道路踏勘经费预算标准、四川省参议会第一届道路修筑大会提案、四川省省县道工程标准、四川省政府委员会第942次会议记录讨论事项第七案正本。

## 9-1-160

**四川省第三区行政督察专员兼保安司令公署为请将巴县屏都镇划为实验区及将江北县划为社会教育实验区事宜致华西实验区总办事处的函**

1948年2月13日与4月28日，四川省第三区行政督察专员兼保安司令公署孙则让呈函华西实验区总办事处，呈请将巴县屏都镇划为实验区及将江北县划为社会教育实验区。附江北县立民众教育提案。

**关于拟定各县实验中心国民学校校舍设备标准工作进度的提案**

**四川省第十二区各县选乡实验实施纲要**

**为拟定区属各县实验乡镇农村建设三年计划要点提请决议提案**

**四川省第十二区行政督察专员兼保安司令李泽民为请派员前往遂宁筹组实验区办事处及划拨美元援助乡建事宜呈四川省第三区行政督察专员兼保安司令孙则让的函**

1948年11月30日,四川省第十二区行政督察专员兼保安司令李泽民致函第三区行政督察专员兼保安司令孙则让,函请短期内派员前往遂宁筹组实验区办事处以及划拨美元援助开展乡建工作。

**璧山与铜梁县政府、参议会为在本县增设辅导区事宜呈华西实验区总办事处的函**

1949年6月10日与7月9日,璧山县政府参议会、铜梁县政府参议会分别呈函华西实验区总办事处,请在本县福禄、转龙等乡镇增设辅导区办事处。

**四川省第三区行政督察专员兼保安司令公署、铜梁县政府为铜梁板桥镇碗厂、纸厂等请求救济事宜呈华西实验区总办事处的函**

1948年5月5日至5月18日,四川省第三区行政督察专员兼保安司令公署、铜梁县政府分别呈函华西实验区总办事处,呈请设法救济铜梁县板桥镇碗厂、纸厂。

**铜梁县政府拟定1948年度增设民众补习教材计划**

**孙则让为暂缓在该县组社事宜致顾鹤皋信函**

**四川省第三区行政督察专员兼保安司令公署为呈铜梁县政府拟具增设各级国民学校民教教师计划书及分配表事宜呈华西实验区总办事处的函**

1948年7月8日,四川省第三区行政督察专员兼保安司令公署呈函华西实验区总办事处,转呈铜梁县政府拟具增设各级国民学校民教教师计划书及分配表,请备查。附铜梁县1948年度增设民教部班级教师人数分配表。

**华西实验区甜橙果实蝇防治总队为请在江津县开设辅导区办事处事宜给华西实验区总办事处的呈**

1949年10月14日,华西实验区甜橙果实蝇防治总队李焕章呈文华西实验区总办事处,呈请在江津县开设辅导区办事处。

农复会驻川办事处、农复会重庆办事处、华西实验区总办事处与巴县、江津、璧山县、铜梁县、江北县、綦江县等县各辅导区办事处为工作月报表的编呈事宜的往来公文

1949年8月16日至11月3日，农复会驻川办事处、农复会重庆办事处、华西实验区总办事处与巴县、江津、璧山县、铜梁县、江北县、綦江县等县各辅导区办事处的往来公文数份，内容主要涉及各区工作月报表填写时限、内容、要求、延期及更正事宜。附瞿菊农、郭淮堂、杨炳吟等人为填写各月工作月报表事宜的往来信函、填表说明、作月报表英文模板、农复会重庆区办事处编制工作月报表函抄件。

璧山县推行失学成人补习教育实施办法

《基本教育》下册残本

《本区简讯》

(年份不详)10月7日制《本区简讯》。

《乡建工作通讯增刊》第二卷第十期

1949年10月30日制《乡建工作通讯增刊》第二卷第十期。

《乡建工作通讯》增刊样稿及编排格式

华西实验区总办事处关于人事变动的草稿

璧山县大路乡刘家祠、巫家沟农业生产合作社饲养仔猪贷款借据

华西实验区合作组李鸣钧为呈购买母猪、耕牛、美烟、仔猪贷款结案办法给华西实验区秘书室及军事代表的呈

1950年12月12日，华西实验区合作组李鸣钧呈文华西实验区总办事处，呈报购买母猪、耕牛、美烟、仔猪贷款结案办法，请备查。

## 9-1-161

华西实验区总办事处为本区各项薪金发放事宜致各辅导区办事处的函

1949年11月14日，华西实验区总办事处致函本区各辅导区，知照各项薪金发放事宜。

华西实验区总办事处为职员私章、民教主任领款清册及各项报销手续致璧山县各辅导区的函

1949年11月23日，华西实验区总办事处致函璧山县各辅导区办事处函，知照本区职员私章、民教主任领款清册及各项报销事宜。

**华西实验区总办事处为催报财产目录事宜致巴县第一、第二、第四辅导区与綦江县第二辅导区办事处的函**

1949年11月17日，华西实验区总办事处致函巴县第一、第二、第四辅导区与綦江县第二辅导区办事处，特通知催报财产目录。

**中国农民银行重庆分行为饬北碚办事处清查贷款借据一事致华西实验区总办事处的快邮代电**

1949年9月28日，中国农民银行重庆分行致电华西实验区总办事处，函饬北碚办事处清查贷款借据事宜。

**华西实验区总办事处与璧山第四辅导区办事处为该区工作人员赴荣昌购买种猪旅费事宜的往来公文**

1949年10月10日与10月26日，华西实验区总办事处与璧山第四辅导区办事处视导员邱达夫的往来公文，内容主要涉及该区工作人员赴荣昌购买种猪旅费报销事宜。

**农复会为各机关财务报告表事宜致四川省第三行政专员公署的函**

1949年10月7日，农复会致函四川省第三行政专员公署，通知各机关每半月提交一次财务报告表。

**中国农民银行重庆分行、华西实验区总办事处为北碚合作农场贷款事宜的往来公文**

1949年9月，中国农民银行重庆分行、华西实验区总办事处的往来公文，内容主要涉及检送北碚合作农场贷款清单事宜。

**华西实验区总办事处为通知改定本区职员差旅费领用报销规则事宜致本区各组、各辅导区主任的函**

1949年10月2日，华西实验区总办事处致函本区各室、各辅导区主任，知照将前订本区工作人员因公出差旅费支用报销办法改订为出差旅费领用及报销规则。附华西实验区工作人员出差旅费领用及报销规则。

**华西实验区总办事处为各项领据清单需加盖公章事宜致北碚办事处、巴县各辅导区的通知**

1949年9月22日，华西实验区总办事处致北碚办事处、巴县各辅导区办事处通知，知照各项领据、清单需加盖公章。

**华西实验区为延迟举办三周年纪念活动第二次处务会记录**

华西实验区为延迟举办三周年纪念活动第二次处务会记录。附孙则让加盖密印文件（关于停止举办三周年纪念活动决议）。

### 华西实验区工友代表为请增补房租灯油煤炭津贴事宜给华西实验区总办事处及秘书室的呈

华西实验区工友代表呈文华西实验区总办事处及秘书室,呈请增补房租灯油煤炭津贴。

### 乡村建设学院1949级级会负责人为预借本级毕业同学工作薪金事宜给华西实验区总办事处的呈

1949年10月27日,乡村建设学院1949级级会负责人呈文华西实验区总办事处,呈请预借本级毕业生工作薪金。附请借人员金额及姓名单。

### 华西实验区总办事处为颁发、检送相关日常业务文件事宜致本区会计室的函

1949年9月12日至10月28日,华西实验区总办事处致函会计室,内容包括通知所属各辅导区撰写《乡建工作经验谈》文稿、颁发示范国民学校工作说明及纲要、颁发教育组影音施教队摄影部工作办法、检送本区处务会议记录、检发第三次工作检讨会记录、通知《传习报》创办旨趣及发行和使用办法、知照本区人事调整情况等。附示范国民学校工作说明纲要草案、教育组影音施教队摄影部工作办法、总办事处第一次处务会议记录、第三次工作检讨会记录、本区人事调整一览表。

### 孙伏园为组织禁刊编撰相关费用事宜致郭准堂的函

(年份不详)9月26日,孙伏园致信郭准堂,信述目前组织禁刊编撰情形及9月相关经费花销情况。

### 社会调查室参加北碚黄桷镇示范调查工作人员名单

### 社会调查室璧山县狮子乡调查工作报告及附表

1949年8月,社会调查室璧山县狮子乡调查工作报告及附表。

### 华西实验区合作社物品供销处为呈报本处10月份会计表事宜呈华西实验区总办事处的报告

1949年11月18日,华西实验区合作社物品供销处呈华西实验区总办事处的报告,呈报本处10月份会计表,请鉴核。

### 华西实验区农业组、华西实验区总办事处、华西实验区会计室为农业组相关工作人员经费报销事宜的往来公文

1949年9月12日至11月16日,华西实验区农业组、华西实验区总办事处、华西实验区会计室的往来公文数份,内容包括参加甜橙杀虫队工作人员旅费报销、因公赴渝旅费报销、傅远铭因公受火灾请求补贴等。附工作人员旅费报销调查便签、参加甜橙杀虫队工作人员名单。

## 农复会重庆区办事处陈开泗为北碚种猪管理事宜致孙则让的函

1949年3月7日,农复会重庆区办事处陈开泗致函孙则让,转送农复会农业组钱天鹤关于北碚种猪管理办法的回信。附钱天鹤原信一封。

## 孙则让为油桐推广事宜致顾润民的函

1949年1月6日,孙则让为油桐推广事宜致顾润民的函。

## 李焕章为江津果农组织生产合作社事致郭准堂的函

1949年7月4日,李焕章为江津果农组织生产合作社事致郭准堂的函。

## 华西实验区合作社物品供销处璧山分处为职员租佃宿舍租金、相关经费报表事宜与华西实验区总办事处的往来公文

1949年7月22日至11月10日,华西实验区合作社物品供销处璧山分处与华西实验区总办事处的往来公文数份,内容包括本处职员租佃房屋租金、8月份会计报表、5月份至7月份实物试算表、本年度损益计算表及资产负债表、经费预算书及经费报销办法等。附本处经费报销办法。

## 璧山县第三辅导区办事处与华西实验区合作社物品供销处来凤驿办事处就请拨款修筑存纱仓库事宜给华西实验区总办事处、秘书室的呈

1949年10月10日,璧山县第三辅导区办事处与华西实验区合作社物品供销处来凤驿办事处呈文华西实验区总办事处、秘书室,呈请拨款修筑存纱仓库。

## 某机织生产合作社向华西实验区合作社物品供销处璧山分处借纱借据一份

## 华西实验区总办事处、璧山县政府为狮子乡谭家湾农业生产合作社申请登记事宜的往来公文

1949年9月12日至9月22日,华西实验区总办事处与璧山县政府的往来公文,内容主要涉及该县狮子乡谭家湾农业生产合作社申请登记事宜。

## 华西实验区总办事处、璧山县第二辅导区办事处、璧山县政府关于耕牛、母猪、仔猪贷款事宜的往来公文

1949年9月8日,华西实验区总办事处、璧山县第二辅导区办事处主任陶一琴、璧山县政府的往来公文数份,内容包括所辖丹凤乡罗家漕房、大兴乡文武庙、丹凤乡茅莱山、丹凤乡石板坵、丹凤乡黄桷坡、福禄乡水井湾社、福禄乡三品桥、丹凤乡马藨、三教乡深水井、中兴乡大字号等农业生产合作社申请耕牛、母猪、仔猪贷款事宜。附各农社借款申请书、贷款申请细数表、1949年度业务计划书。

## 9–1–162

**华西实验区甜橙果实蝇防治总队为日常业务管理事宜致西湖乡第五分队的函**

1949年7月14日至9月15日，华西实验区甜橙果实蝇防治总队李焕章致函西湖乡第五分队数份，内容包括召开各区队长分队长联系会注意事项、工作报告注意事项、人事调动、队员米贴报销办法、本队公物管理办法、队员领用公款办法、队员宿舍管理办法、薪金发放及稽考办法、杀蛆工作准备事项、催交各项调查表、延长本期工作时限、检发工作报告格式、工作结束前应完竣之事项、蛆柑销售、催报工作旬报表、专款购买杀蛆石灰、返院车辆管理办法等。附总队第四次会议记录、柑橘产区农业、果园概况调查表整理办法、本队工作展览人员及其所负责任务一览表。

## 9–1–163

**华西实验区总办事处、中国农民银行璧山分行、璧山县第四区办事处、璧山县政府、璧山县马坊乡和广普乡美烟生产合作社、该社美烟贷款经手人为申请、审核、贷放及清算美烟社贷款剩余黄谷、菜油饼、肥料事宜的往来公文**

1949年5月至1950年6月，华西实验区总办事处、中国农民银行璧山分行、璧山县第四区办事处、璧山县政府、璧山县马坊乡和广普乡美烟生产合作社、该社美烟贷款经手人往来公文数份，内容主要包括广谱、马坊两乡美烟生产合作社申请、审核、贷放及具体贷放情形，以及关于中华人民共和国成立后清算黄谷、菜油饼、肥料等剩余美烟贷款的相关事宜。附美烟贷款经手人情况登记签呈、朱家卓存条、任锡川报告、杜杰三关于剩余贷款事宜的情况说明、邱达夫呈经手美烟贷款经过、璧四区出售菜油饼市价证明单、华西实验区与中国农民银行璧山办事处美烟肥料配贷办法、马坊乡美烟生产合作社拟贷肥料燃料预算表、马坊乡、广普乡美烟社职员印鉴各、贷放马坊乡、广普乡美烟社燃料、肥料贷款分户记载表、贷款清单。

**璧山县第四辅导区办事处主任邱达夫为本区贷放良种事宜呈华西实验区总办事处报告**

1949年6月25日，璧山县第四辅导区办事处主任邱达夫呈函华西实验区总办事处，呈报本区优良品种贷放情形。附璧四区贷放良种概况表。

## 9-1-164

**华西实验区合作社物品供销处璧山分处、蒲元乡辅导员为蒲元乡上蒲元、上磨滩及马家桥三社所订换布合约事宜的往来公文**

1949年9月28日至10月8日,华西实验区合作社物品供销处璧山分处与蒲元乡辅导员王保民的往来公文数份,内容包括呈报该乡所属上蒲元、上磨滩及马家桥三社社员延期交布情形及三社订立换布合约情形。附李国桢出具三社所订合约确实有误证明、蒲元乡上蒲元、上磨滩及马家桥三社分别与供销处订立换布合约、蒲元乡上磨滩机织社主席证明社员因病未如期上缴军布报告。

**璧山三个滩机织社、华西实验区合作社物品供销处、华西实验区总办事处就饬该社社员开工承织军布事宜的往来公文**

1949年10月21日,璧山县三个滩机织生产合作社理事主席龚成周呈文华西实验区合作社物品供销处,呈报本社已贷纱未定约及订约未开工之社员名单,请鉴核。10月26日,供销处呈文华西实验区总办事处,呈报此情况,请饬办。

**璧山县蒲元乡上磨滩机织生产合作社为缓期交布事给华西实验区合作社物品供销社璧山分处的呈**

**华西实验区合作社物品供销处璧山分处与玉皇庙、温家湾、北碚管理局织布社、严家堡、蓝家湾、皂桷坡、刘家沟、明德堂、马家院、养鱼池、白鹤林、东岳庙、观音阁、彭家寨、汪家湾、三个滩、黄泥塘、雷家湾、杨家祠、龙王庙、魁星楼、大水井、文风桥、玉皇观、两座桥、新店子、马鞍山、金鼓滩、响水滩、五云山、上蒲元、四面山、上磨滩等机织生产合作社订立换布合约数份**

**綦江、江北、巴县、璧山、铜梁、合川及北碚办事处与华西实验区总办事处为各县(局)所辖辅导区工作人员姓名、分派地点、到职日期相关事宜的往来公文**

1949年2月23日至4月28日,綦江第二辅导区、江北第二辅导区,巴县第一、第二、第三、第四、第五、第七、第八、第十一、第十二辅导区,璧山第三、第五、第六辅导区,铜梁第一辅导区,合川第一辅导区及北碚办事处与华西实验区总办事处的往来公文数份,内容包括各区辅导员、工作人员的姓名、职务、分派地点及到职日期的编呈问题。附照抄綦江总字第4号报告、巴一区实习学生工作分配及地点表、璧二区工作人员调遣变更登记表、巴二区新派辅导员工作分配表、江北一区工作人员地区分配及到职日期表、合川一区、巴三区、巴六区、璧三区、巴十一区各辅导员工作乡镇表、巴七区辅导员分配及到职日期一览表。

### 綦江县第一辅导区办事处为呈报租用办公场所事宜呈华西实验区总办事处的报告

1949年4月14日，綦江县第一辅导区办事处主任程岳呈函华西实验区总办事处的报告，呈报本处已租用中国农民银行綦江办事处所属仓库作办公用。

### 关于江津第一辅导区先峰的裁撤事宜

1949年11月17日，江津第一辅导区办事处徐韦如呈文华西实验区总办事处，呈请将先峰乡仍分为先峰、永丰两据点。

### 铜梁第一辅导区办事处关于该区办公地点的迁移事宜与华西实验区总办事处的往来公文

1949年4月8日至4月12日，铜梁第一辅导区办事处主任康兴璧与华西实验区总办事处的往来公文，内容主要关于该区办公地点由虎峰镇迁移至西泉镇情形。

### 合川第一辅导区办事处与华西实验区总办事处关于本区乡镇划定设置的调整事宜的往来公文

1949年4月1日至4月12日，合川第一辅导区办事处主任马醒尘与华西实验区总办事处的往来公文，内容关于该区所辖乡镇划定调整事宜。

### 关于华西实验区在綦江、江北、合川、铜梁四县辅导区设置、调整及开展工作事宜

1948年12月15日至1949年4月2日，华西实验区总办事处与綦江、江北、合川及铜梁四县县政府的往来公文数份，内容包括在四县设置辅导区、调整区域划定及具体开展工作情形。附綦江、江北、合川、铜梁各县辅导区主任及辅导员名册，巴县平民教育实验辅导区划分表，璧山、巴县各辅导区所辖乡镇清单，巴县西里界图。

## 9-1-165

### 华西实验区工作人员一览表

1949年5月制华西实验区工作人员一览表。

### 王玉衡为呈报优良种子推广繁殖事宜呈李焕章的报告

王玉衡呈报本处优良种子推广繁殖情形。附璧山县第四辅导区农业推广繁殖站收购水稻良种登记表。

### 歌曲《綦河》乐谱一份

关于李焕章巡视各队期间的工作安排及部署

关于北碚管理局金刚、龙凤、朝阳、澄江、二岩等乡合作农场相关业务书表

  北碚管理局金刚乡第九保、金刚乡第七保、龙凤乡第八保、朝阳乡第十二保、朝阳乡第十七保、朝阳乡第十三保、澄江镇第二十一保、澄江镇第二十三保、澄江镇第十九保、澄江镇第二十保、二岩乡第三保、二岩乡第四保、二岩乡第五保、二岩乡第七保、扶植自耕农示范合作农场、龙凤乡水坝、朝阳乡新庙、朝阳乡双柏树、黄桷树第二十保等各合作农场章程，1948年度业务计划、职员名册、农场分布图及场址略图数份。

## 9—1—166

华西实验区农业组7月份工作报告

  1949年7月，华西实验区农业组7月份工作报告。

华西实验区各辅导区推广繁殖站工作报告

  1949年4月至7月，华西实验区各辅导区推广繁殖站工作报告。附各辅导区推广繁殖站工作简报总表。

华西实验区各农业合作机关补助经费支付对照表

四川江津县甜橙果实蝇（蛆柑）初步防治示范计划

华西实验区甜橙果实蝇防治队须知、工作规约、工作进行须知、工作区域图

华西实验区农业组治蝗工作简报

牛瘟防疫注射实施办法

华西实验区编辑组1949年1月份至9月份工作报告

华西实验区编辑组教材书刊编行近况

  1949年4月15日，华西实验区编辑组教材书刊编行近况。

华西实验区教育组1949年5月份至10月份工作报告

华西实验区××县第××辅导区××乡第××社学区第××传习处民众基本教育课程进度表

璧山各辅导区暨巴县第一、第二辅导区所属示范校工作座谈会记录、讨论

  1949年9月1日，璧山各辅导区暨巴县第一、第二辅导区所属示范校工作座谈会记录、讨论。

### 关于7月份工作人员薪水按6月份金额加倍调整说明

1949年7月5日,关于7月份工作人员薪水按6月份金额加倍调整说明。附预算表。

### 璧山县三合乡谷王庙机织生产合作社为报送图记启用日期及印模事给璧山县政府的呈

1949年4月12日,三合乡谷王庙机织生产合作社呈文璧山县政府,本社将于4月28日启用图记开始业务,并请查收本社印模及职员印鉴纸一份。

### 华西实验区总办事处的相关通知(草稿)

1949年10月至11月10日,华西实验区总办事处关于户籍清查、工作人员不得渎职、制发传习处概况表填报、实验区三周年纪念会、填送国民教育概况表、呈报农地减租成果、制发示范校历期概况表填报、指导防治蔬菜害虫、检发民众应用文、户籍登记、寄发民众生活语汇采集记录表填报等事的通知(草稿)。附华西实验区教育组组长王启澍关于搜集示范校及传习处教育工作资料事原函。

### 华西实验区总办事处第二次处务会议记录

1949年11月1日,华西实验区总办事处第二次处务会议记录。

### 示范国民学校工作说明纲要(草案)

1949年10月1日,示范国民学校工作说明纲要(草案)。

### 华西实验区合作组机织辅导监督办法

### 本区(华西实验区)三周年纪念筹备会第一次会议记录

1949年11月5日,本区(华西实验区)三周年纪念筹备会第一次会议记录。

### 乡村建设学院校友会璧山分会为理监事改选及乡建院九周年纪念事致何国英的函

1949年11月16日,乡村建设学院校友会璧山分会致函何国英,略述本会第二届理监事改选结果及乡建院九周年纪念事宜。

### (农社、机织社)按年增股办法草案

### 华西实验区甜橙果实蝇防治总队第一次、第二次会议记录

1949年7月21日至7月25日,华西实验区甜橙果实蝇防治队第一次、第二次会议记录。

### 华西实验区甜橙果实蝇防治队的相关通知

1949年8月21日至8月24日,华西实验区甜橙果实蝇防治队为人事调动、

米贴报销、公物管理、领用公款、寄宿管理等事给第七分队通知。

**中国甜橙果实蝇防治法**

1949年8月,中国甜橙果实蝇防治法。

## 9-1-167

**中华学艺社为农业研究及农村建设书籍、教材开示书目、价格等事致华西实验区总办事处的函**

1949年3月4日至3月14日,中华学艺社致函华西实验区总办事处,说明本社出版有关农业研究及农村建设书籍、教材书目、价格及购买方式等情形。

**乡村建设学院农业系为附送植桐资料汇编事致华西实验区编辑组的函**

1949年3月5日,乡村建设学院农业系致函华西实验区编辑组,请查收植桐资料汇编一份。

**华西实验区总办事处与璧山辅导区等就华西实验区民教主任及社学区的相关事宜的往来公文**

1948年12月28日至1949年10月25日,华西实验区总办事处与璧山、巴县、合川、綦江、江北、铜梁、江津、北碚等地辅导区办事处、巴县县政府,就民教主任人员调动、增加、发给服务证、不得兼职、工作日记、工作旬报表、资历表、服务准则、服务证章、民教训练班教材核发、民教开学、设置民教工作联合办公室、民教工作座谈会、检讨会记录、社学区划分调整、增设等事的往来公文。

**华西实验区总办事处为代发各辅导区传习连环画事致民间印刷社的函**

1949年8月8日,华西实验区总办事处致函民间印刷社,本处已检发领条,通知各辅导区来社领取传习连环画及说明,请届时代发。

**华西实验区合作社物品供销处(璧山分处)与民友商行等就租用房屋的相关事宜的往来公文**

1949年5月15日至1950年11月11日,华西实验区合作社物品供销处(璧山分处)与民友商行、城南乡乡公所及高云汉、陈思舜、廖显充、邓汉清、高先侨、胡国宾、连子熙、连天祥、王鉴卿、高忠良等人就房屋租佃合约签订、租金议定、租房收回等事的往来公文。

## 9–1–168

华西实验区各辅导区农业组工作报告暨会议记录指要

璧山县狮子乡社会调查工作纪实（华西实验区工作丛刊之一）

## 9–1–169

璧山县城东乡廖家堡机织生产合作社章程、创立会决议录

**华西实验区总办事处主任孙则让等关于各方承介人员参加华西实验区工作的相关事宜的往来公文**

　　1949年2月15日至7月13日，华西实验区总办事处主任孙则让、秘书室主任秘书郭准堂，"国立"四川大学校长黄季陆，华西协合大学理学院院长何文俊，乡村建设学院赵水澄，"国立"中央工业专科职业学校，四川教育学院，"国立"中央技艺专科学校，相辉学院邹秀峰，巴县、合川等地辅导区办事处，农复会重庆区代表陈开泗，四川省政府建设厅厂长何北衡，中央合作金库四川省分库毛子城、周景伦，合川县参议会王止敬、刘雅卿，江北县政府唐锦柏，华西协合大学中西文化研究所孙伏园，四川高等法院院长苏兆祥，就承介人员参加实验区工作、准予登记在案等事的往来公文。

**巴璧实验区办事处为拟购办公用具事致重庆被服总厂璧山织布厂的函**

　　1947年3月21日，巴璧实验区办事处致函重庆被服总厂璧山织布厂，本处拟购贵厂办公用具之一部及拟备用东门外仓库，请查核办理。

**巴璧实验区办事处为在璧山设立办事处租用前璧山农行房屋事致中国农民银行重庆分行的函**

　　1947年2月8日，巴璧实验区办事处致函中国农民银行重庆分行，本处拟请将璧山车站前农行空房屋赐予租用，请贵行洽办。

**巴璧实验区办事处等就璧山县来凤乡大青杠树等机织生产合作社成立登记事的往来公文**

　　1947年6月6日至11月11日，巴璧实验区办事处、璧山县政府、璧山县来凤乡大青杠树、桂泉庄等机织生产合作社，就机织生产合作社成立申请、检送、登记、备查等事的往来公文。附来凤乡桂泉庄机织生产合作社章程、创立会决议录。

## 9-1-170

**华西实验区总办事处与中国农民银行江津园艺推广示范场就合作繁殖橙苗签订合约事的往来公文**

1949年5月27日至6月6日,华西实验区总办事处、中国农民银行江津园艺推广示范场,就双方合作繁殖中农1号橙苗签订合约事的往来公文。附合约四份。

**华西实验区与中国农民银行江津园艺推广示范场合作繁殖优良蔬菜种合约及附表**

**平教会干事长办公室为北碚中农所等机关补助费事致华西实验区总办事处秘书室主任郭准堂、会计室主任张嘉麟的函**

1949年7月23日,平教会干事长办公室致函华西实验区总办事处秘书室主任郭准堂、会计室主任张嘉麟,有关北碚中农所等机关补助费,已决定于7月底8月初全部拨发,请备查。附平教会代理干事长瞿菊农与农复会沈宗翰、钱天鹤关于北碚中农所等机关补助费事的往来公文抄件。

**关于中农鹅蛋柑繁殖费拨发、领取情形的书面证明、收据**

1949年3月27日,华西实验区、中央农业实验所北碚农事试验场,就中农鹅蛋柑繁殖费拨发、领取事的书面证明、收据。

**华西实验区与中央农业实验所北碚农事试验场良种价让办法合约**

**华西实验区与中央农业实验所北碚农事试验场合作繁殖推广良种合约**

**华西实验区与中央农业实验所北碚农事试验场合作繁殖中农鹅蛋柑合约**

**华西实验区表证农家志愿书样稿**

**巴县、璧山各区区主任、辅导干事及辅导员姓名一览表**

**华西实验区生产合作社提示纲要(各区民教主任训练教材)**

**巴县第一辅导区视导报告**

**华西实验区所属社学区民教主任甄选训练办法**

**华西实验区区县第五辅导区工作简讯排版样稿**

**华西实验区与中国农民银行江津园艺示范场为合作繁殖中农1号甜橙事宜的往来公文(附双方合约)**

**孙则让主任报告**

中国农民银行江津园艺推广示范场与华西实验区合作繁殖优良蔬菜种合约

华西实验区农业组工作计划进行步骤及工作现况

传习报

华西实验区交中农所北碚试验场现款支付情况

华西实验区编辑组通知

  1949年4月14日，华西实验区编辑组为特告《乡建工作通讯》撰稿人填写通讯处通知。

华西实验区民教主任学历统计表

3月份月报表问题解答、4月份月报表

华西实验区与中央农业实验所北碚农事试验场良种价让办法合约

  1949年3月，华西实验区与中央农业实验所北碚农事试验场良种价让办法合约。

华西实验区与中央农业实验所北碚农事试验场合作繁殖推广良种合约

  1949年，华西实验区与中央农业实验所北碚农事试验场合作繁殖推广良种合约。

中央农业实验所北碚农业试验场与华西实验区关于合作繁殖中农鹅蛋柑合约

华西实验区与中农所北碚试验场合作繁殖良种合约

华西实验区巴县第一区工作报告

表证农家志愿书

巴县、璧山各辅导区区主任、辅导干事、辅导员姓名一览表

华西实验区所属社学区民教主任甄选训练办法

巴县简讯

## 9-1-171

华西实验区与中央农业实验所北碚农事试验场合作繁殖中农鹅蛋柑合约及繁殖预算表

**农林部中央农业实验所北碚农事试验场为拨借有机肥料事致华西实验区农业组的函**

1949年8月31日,农林部中央农业实验所致函华西实验区农业组,有关拟借骨粉手续如何,请赐示。

**华西实验区与中央农业实验所北碚农事试验场合作举办肥料示范合约及肥料经费预算表**

**华西实验区与中国农民银行璧山分行农业推广借款借据**

**关于中农4号稻种代据**

1949年6月21日,华西实验区与中国农民银行璧山分行,就中农4号稻种的代据。

**华西实验区与中国农民银行璧山分行美烟肥料贷款搭配贷放办法**

**华西实验区总办事处致北碚农业推广所的通知**

1949年4月17日至6月4日,华西实验区总办事处为签订合作繁殖推广良种合约、拨发良种繁殖推广费等事致北碚农业推广所的通知。

**华西实验区与北碚农业推广所等就合作繁殖推广良种合约的相关事宜的往来公文**

1949年4月至7月,华西实验区分别与北碚农业推广所、璧山县农业推广所、巴县农业推广所、合川县农业推广所,就合作繁殖推广良种合约事的往来公文。

**华西实验区总办事处与璧山县政府关于补助璧山县农推所良种繁殖经费事的往来公文**

1949年6月15日至6月18日,华西实验区总办事处、璧山县政府,就补助农推所繁殖经费事的往来公文。

**华西实验区编辑组1950年3月份经费预算**

**华西实验区编辑组所收到各组关于训练教材来稿及目录**

**华西实验区总办事处与徐荣高关于申请追还徐元高借纱事的往来公文**

1950年10月17日至10月20日,华西实验区总办事处、大兴乡乡民徐荣高,就申请追还徐元高借纱事的往来公文。

**华西实验区等就璧山县大兴乡两座桥机织生产合作社成立登记事的相关事宜的往来公文**

1949年3月29日至8月5日,华西实验区、璧山县政府、璧山第二辅导区办事处、大兴乡两座桥机织生产合作社，就机织生产合作社成立申请、审核、登记、报送开业日期及印模等事的往来公文。

## 9-1-172

**华西实验区总办事处等就华西实验区成立三周年纪念的相关事宜的往来公文**

1949年10月21日至11月11日，华西实验区总办事处、民间印刷社、乡村建设学院、华西实验区编辑组、华西实验区各组机构及各辅导区办事处，就实验区工作丛刊付印工价、借用平教运动资料、撰述"工作经验谈""推进农地减租工作"等纪念文稿、民众生活语汇采集记录、惠赠各校《乡间工作通讯》《传习报》、检送本区成立三周年纪念展览资料纂集办法等事的往来公文。附本区成立三周年纪念大会书刊展览资料纂集办法。

**璧山各辅导区暨巴县第一、第二辅导区所属示范校工作座谈会会议记录**

1949年9月1日，璧山各辅导区暨巴县第一、第二辅导区所属示范校工作座谈会会议记录。

**华西实验区总办事处等就华西实验区编辑组书刊业务的相关事宜的往来公文**

1949年5月19日至10月20日，华西实验区总办事处，华西实验区编辑组，铜梁合作纸厂，璧山、巴县、北碚、江北、铜梁等地辅导区办事处，北碚家畜保育站，乡村建设学院，"国立"中央工校工友夜校，四川省第三区行政督察专员兼保安司令公署，璧山县教育专门委员会，说文出版部就编绘补充教材、检发传习连环画、传习报创办及发行、借用画稿归还、函请赐予有关平民教育教材及教学法、聘请业务工作宣传资料编纂干事、检寄"返况二则"请予于《乡建工作通讯》发表、搜集民众语汇及教材教学反应编辑参考资料、借绘四川省第三行政区地图、传习连环画付印、报道宣传甜橙果实蝇防治队训练班、渝北日报以周刊出版、《乡间工作通讯》寄发、补发民众歌曲课本、检赐国民教育讲习会教材、加印社学区经济户口调查表、印发合作社员读本、应用文教材等事的往来公文。

**各区工作月报表暨会议记录传阅及办理情形登记表**

本区巴县第一次乡建实验工作检讨会会议记录。

**华西实验区总办事处与璧山等地辅导区办事处关于辅导会议记录的往来公文**

1949年5月27日至7月1日，华西实验区总办事处与璧山、巴县、綦江、合川等地辅导区办事处，就辅导会议记录补报、呈复申述等事的往来公文。

### 华西实验区编辑组组长李纪生为示范保校学生多染疥疮事给华西实验区总办事处秘书室的呈

1949年6月21日,华西实验区编辑组组长李纪生呈文华西实验区总办事处秘书室,据城西乡第七保示范校工作月报表称,该校学生多染疥疮,请卫生组速派人员携药前往治疗。

### 江北第一辅导区为补发民众歌曲课本与华西实验区总办事处的往来公文

### 改良稻种栽培须知

### 兴办小型水利办法

### 璧山第三辅导区工作报告

1949年2月20日至6月30日,璧山第三辅导区工作报告,分为总说、教育、合作、农业、社会调查、卫生、附表等七部分。

### 华西实验区合作组6月份工作报告

1949年6月,华西实验区合作组6月份工作报告,分为机织生产合作业务、农业生产合作业务两部分。各区民教主任训练教材华西实验区生产合作社提示纲要。

### 关于导生待遇问题

1949年8月29日,华西实验区编辑组组长李纪生就导生待遇问题事致巴县第十二辅导区辅导员王天才的复函。

### "土改"注意事项(草稿)

### 农地减租工作相关函

## 9-1-173

### 璧山县狮子乡各类农户自有田地面积统计表

### 璧山县大堰塘信用合作社与璧山县政府等就成立申请等相关事宜的往来公文

1938年1月6日至12月29日,璧山县大堰塘信用合作社与璧山县政府、璧山县合作金库,就成立申请、登记、报送图模及职员印鉴纸、借款申请、分配等事的往来公文。

### 璧山县西寿寺信用合作社社员名册、创立会决议录、调查表、图模及职员印鉴纸

### 璧山县城西乡各保普通船户常住人口婚姻状况报告表

### 璧山县城西乡各保重要职业人员数目表

## 9-1-174

工作人员李康棣9月工作日记

巴县第八辅导区陶家乡菜子塘社学区民教主任文永祥9月工作日记

巴县第八辅导区铜罐乡第八社学区工作人员9月工作日记

巴县铜罐乡第四社学区工作人员9月工作日记

某工作人员9月工作日记

工作人员罗昌华9月工作日记

工作人员罗祖勋9月工作日记

陶家乡中心社学区民教主任汤传心1949年9月工作日记

工作人员涂安全9月工作日记

工作人员吴崇歧9月工作日记

工作人员张天燧9月工作日记

工作人员邹维新9月工作日记

兴佛寺社学区民教主任邱世福9月工作日记

华西实验区农业组4月份至7月份工作纪要

### 合作社法施行细则

1945年6月8日,合作社法施行细则,社会部修正公布。

### 七塘乡合作社为报送图记启用日期事给璧山县政府的呈

1945年10月23日,七塘乡合作社呈文璧山县政府,本社图记于10月23日开始启用,请备查。

### 狮子乡米豆堡合作社农场办事处为报请卸职事给璧山县政府的呈

1945年6月29日,狮子乡米豆堡合作社农场办事处呈文璧山县政府,本场已通过公推方式推选赵克明为新任正场长,请准予原场长曾仕骏卸职。

### 璧山县政府、县联社为划拨仓库房屋作为办公地址事的往来公文

1945年7月11日至7月19日,璧山县政府、县合作社联合社就县联社请于划拨仓库房屋作为办公地址事的往来公文。

## 9-1-175

华西实验区甜橙果实蝇防治队第八分队工作总报告

江津仁沱乡蛆防第二分队工作总报告书

## 9-1-176

制华西实验区社会调查室第七分队《社会调查通讯》

1949年8月15日制华西实验区社会调查室第七分队《社会调查通讯》。

《调查工作通讯》

1949年8月15日至9月15日,《调查工作通讯》。

《简报》

1949年10月4日,《简报》。

《农讯》第一至第四期

1949年7月30日至8月9日,《农讯》第一至第四期。

华西实验区编印《怎样防蛆柑》传习连环画

制江北第一辅导区辅导会议摘录

1949年4月27日制江北第一辅导区辅导会议摘录。

璧山县地方建设三年计划推行委员会教育委员会推行民教计划提要

华西实验区1947年7月25日会议记录

华西实验区会计室为通知各组编报预算、经费报销、薪金发放事致农业、卫生、教育等各组的通知

1949年8月31日至1950年3月7日,华西实验区会计室致本区农业、卫生、教育、编辑、水利等各组的通知数份,内容包括各组编报经费预算表、经费报销核对、员工薪金发放、结清账款、各组收支明细表、江津柑蛆防治经费预算、旅费报销办法等。

华西实验区总办事处,合作组,巴三区土主乡第八保、第十一保农社,巴一区办事处,巴一区驻乡辅导员李靖东,重庆军管会接管华西实验区军事代表为购运、贷放种猪事宜的往来公文

1950年3月24日至1951年1月2日,华西实验区总办事处,合作组,巴三区土主乡第八保、第十一保农社,巴一区办事处,巴一区驻乡辅导员李靖东,重庆

军管会接管华西实验区军事代表的往来公文数份,内容包括购运荣昌母猪具体情形、贷放情形、补办种猪贷放收据、约克夏及荣昌种猪死亡情形、清结荣昌母猪贷款等。附巴县土主乡第八保农社社员所贷母猪死亡情况说明、贷猪花名册,各社收支细数表,军管会代表、巴一区办事处喻纯堃及农业组关于清查种猪死亡情况的便签,巴三区土主乡第十一保养母猪户姓名及详细情形表、虎溪乡乡长出具种猪贷放经手人李靖东确实在本乡认真开展种猪贷放工作证明书、荣昌购买母猪账目收支平衡表。

### 华西实验区总办事处与巴一区办事处为凤凰乡仔猪贷款事宜的往来公文

1949年9月15日与21日,华西实验区总办事处与巴县第一辅导区办事处的往来公文,内容主要涉及指导该区虎溪乡农社填写仔猪贷款申请书表一事。

### 璧山县政府为准予成立三品桥农社事给福禄乡的训令

1949年8月24日,璧山县政府给令福禄乡公所,知照准予该乡三品桥农业生产合作社登记成立。附三品桥农业生产合作社成立决议录,1949年业务计划书、成立申请书、章程及调查表。

### 张培墉为请示公文发放邮票费用事宜给华西实验区总办事处的呈

1949年12月25日,张培墉呈文华西实验区总办事处,呈报因现有邮票作废时间不定,请指示公文发放所需邮票费用如何安排。

### 民兴中学校长陈梦恭出具保存华西实验区物品清单

1949年12月31日,民兴中学校长陈梦恭出具保存华西实验区物品清单。

### 华西实验区总办事处为知照本区工作人员经费物资、公旅费支用报销办法事宜致教育组的通知

1949年8月25日、26日,华西实验区总办事处通知教育组,知照本区工作人员经费物资、公旅费支用报销办法,请寄发各同仁。附本区工作人员旅费支销办法、预算表,本区所属各单位领支经费物资报销办法。

## 9-1-177

### 薛觉民为请示华西实验区与中国农民银行重庆办事处搭配农业贷款办法事宜给孙则让的呈

(年份不详)6月9日,薛觉民呈文孙则让,请示华西实验区与中国农民银行重庆办事处搭配贷款办法妥当否,请批示。附行区双方同意订立农业贷款条件。

### 綦江第二辅导区辅导员黄谷诚为本人因病请延期赴璧山工作事给李焕章的呈

1949年7月17日,綦江第二辅导区辅导员黄谷诚呈文李焕章,说明本人因病请延期赴璧山工作。8月4日,李焕章回函黄,知照同意此事。

### 华西实验区甜橙果实蝇防治总队为各队人员调动、嘉奖、薪金发放事宜与各分队的往来公文

(年份不详)7月15日至9月18日,华西实验区甜橙果实蝇防治总队与各分队的往来公文数份,内容包括第一区、第十一区人员调动问题,嘉奖第十一分队队员,各分队队员人员总数与员工报酬问题。

### 华西实验区甜橙果实蝇防治总队为请劝返两位身体较差学生事致乡村建设学院的函

(时间不详)华西实验区甜橙果实蝇防治总队致函乡村建设学院,函请劝返该院两名身体较差学生。

### 华西实验区甜橙果实蝇防治总队队长李焕章、第七队队长秦光鼎、相群学院院长徐逢熙等为第七、第十二分队队员刘西民、张地秀两人延期参加补考事宜的往来公文

1949年8月31日至10月13日,华西实验区甜橙果实蝇防治总队队长李焕章、第七队队长秦光鼎、相群学院院长徐逢熙等的往来公文数份,内容主要涉及第七、第十二分队队员刘西民、张地秀两人延期参加补考事宜。

### 华西实验区甜橙果实蝇防治队第七分队队员代表为请准予一人返院附属小学及中学工作事宜呈总队的报告

1949年9月15日,华西实验区甜橙果实蝇防治第七分队队员李季荣、郭润璠、黄晶、庾国琼等呈报总队,报告其拟推选一人返院参加院属景慧小学及致用中学工作,请批准。

### 乡村建设学院为通知所有实习同学返院学习事宜致柑蛆防治总队的函

1949年9月27日,乡村建设学院致函柑蛆防治总队,知照本院开学日期已至,请通知所有实习同学返院开学。

### 柑蛆防治队第九分队队员代表为呈保本队选举队长结果事宜呈总队的报告

1949年8月28日,柑蛆防治队第九分队队员代表呈总队的报告,呈报本队票选何灿辉为队长,请核准备查。

### 柑蛆防治队第九分队队长何灿辉与总领队长李焕章为该队果园分布图、雇佣曾崇明及准其长假等事宜的往来公文

1949年8月28日至9月6日,柑蛆防治队第九队队长何灿辉与总队长李焕

章的往来公文，内容包括呈报第九分队果园分布图、增雇曾崇明及准其长假等事宜。

**柑蛆防治总队出具孙洽曾在本区履职证明书**

1949年9月25日，柑蛆防治总队出具孙洽曾在本区履职证明书。

**华西实验区总办事处，中国农民银行重庆分行，巴、璧、碚各县（局）辅导区办事处为行区双方配贷相关事宜的往来公文**

1949年3月28日至12月16日，华西实验区总办事处，中国农民银行重庆分行，巴、璧、碚各县（局）辅导区办事处的往来公文数份，内容主要涉及行区双方配贷具体办法、利率、实物贷放注意事项、扶植自耕农贷款额度、贷放收据等。

**华西实验区总办事处、璧山人民银行关于列送原与中国农民银行配贷款项及相关借据的保管事宜的往来公文**

1950年3月14日至5月8日，华西实验区总办事处与璧山人民银行的往来公文，内容主要包括区方列送原与中国农民银行配贷款项，请人民银行登记清理，另商讨美烟、机织原纱、农贷等各乡贷款借据的保管归还问题。附华西实验区委托农行贷款一览表。

## 9-1-178

**华西实验区总办事处等就华西实验区所辖各县（局）农地减租及换约登记的相关事宜的往来公文**

1949年10月至11月，四川省第三区行政督察专员兼保安司令公署，华西实验区总办事处，江津、巴县、綦江、合川、璧山、铜梁等各县政府，北碚管理局，江北一区、合川一区、合川二区、巴一区、巴四区、巴六区、巴八区、巴十二区、铜梁一区、璧山各区，璧二区柯家漕房农业生产合作社，重庆民间出版社，铜梁染厂，璧山县福禄乡辅导员王庆国，巴县马鬃乡辅导员严虎等的往来公文数份，内容包括呈报农地减租登记换约推行情形及成果，农地减租登记员及相关兼职民教主任行政归属、津贴发放及旅费报销问题，社员佃户缴租登记表检发，呈报及更正、佃约存根保管、相关区做好迎接视察组工作、编呈各区农社社员人数社股总数表册、领取、发放农地减租规章办法、农地减租督导团组织办法及组织情形、巴一区农地减租座谈会决议、农地减租实施问题解决办法、撤佃期限、奉令修正及解释各乡镇农地减租规程条款等。附三教乡各农业生产合作社社员佃户缴租更正表，巴县需翻印法令规章书表书目清单，璧山组织农地减租督导团办法，巴县农地减租及换约督导团督导办法、工作日期地区表，巴县第九、十区各乡镇租约登记员遴选委员会组织通则及遴选办法，巴县推行农地减租登记换约工作进度表,农地减租成果呈报样表,各农社社员佃户减租成果样表。

**华西实验区成人教育组织系统图**

## 9-1-179

华西实验区1949年度仓存、经费明细账簿

华西实验区合作社物品供销处璧山分处1949年度现金总分类账表

华西实验区员工薪资清单

华西实验区现金收付日记簿

华西实验区行政经费报销、试算明细、收支对照表

华西实验区5月份经费月报表

## 9-1-180

**北碚管理局与华西实验区总办事处为解释支薪标准变更情形的往来公文**

1949年5月27日与6月4日,北碚管理局与华西实验区总办事处的往来公文,内容主要关于解释取消米贴改依关元计薪标准情形。

**璧五区蒲元乡辅导员朱治中与华西实验区总办事处关于补助报纸、挂图相关事宜的往来公文**

1949年5月2日、4日,璧五区蒲元乡辅导员朱治中与华西实验区总办事处的往来公文,内容主要涉及为该乡民众阅报处、俱乐室补助报纸、挂图相关事宜。

**铜梁一区办事处、巴四区办事处、巴四区全体民教主任关于新到民教主任相关事宜的往来公文**

1949年5月2日至11日,铜梁一区办事处、巴四区办事处、巴四区全体民教主任的往来公文数份,内容主要涉及新到民教主任伙食费、住宿安排、起薪时间及标准等相关事宜。

**华西实验区总办事处为回复关于合作社、社会调查及与出纳相关问题致巴县第五辅导区办事处蒋融的函**

1949年5月24日,华西实验区总办事处致函巴县第五辅导区办事处蒋融,对该区所咨询关于合作社、社会调查及出纳相关问题一一回复。附领取社学区人口经济调查表凭条、合作社借款细数表样表。

### 綦江第一、第二辅导区办事处为呈报两区合并训练情形给华西实验区总办事处的呈

1949年5月，綦江第一、第二辅导区办事处主任程岳、陈锡周联合呈文华西实验区总办事处，呈报二区联合训练民教主任开始时间及人员安排。6月14日，华西实验区回函二区，准予备查此事。

### 巴县第七辅导区办事处与华西实验区总办事处关于近期工作情形及检发相关书表的往来公文

1949年6月10日、13日，华西实验区总办事处与巴县第七辅导区辅导员朱晋桓的往来公文，内容包括巴七区呈报近期工作情形总处知照统计调查表、合作社书表及传习教材发放相关事项。

### 江北第一辅导区办事处与华西实验区总办事处为检发相关规定章程的往来公文

1949年5月29日与6月9日，江北第一辅导区办事处主任张炽夫与华西实验区总办事处的往来公文，内容主要为检发本区人事管理纲要、文书管理办法等相关规章。

### 綦江县第一辅导区书记邹兆雄、华西实验区秘书室、华西实验区总办事处关于补发该员薪金的往来公文

1949年6月8日与17日，綦江县第一辅导区办事处邹兆雄、华西实验区秘书室郭淮堂、华西实验区总办事处的往来公文，内容主要涉及补发该员薪金事宜。

### 华西实验区总办事处、巴县第十一辅导区干事彭校芝为本区相关管理措施的往来公文

1949年6月，华西实验区总办事处与巴县第十一辅导区干事彭校芝的往来公文，内容包括本区紧急公事报批、乡村教育经济建设工作实施纲要法令印发、员工薪金发放、办公费报销等具体管理措施妥当否问题。附编辑组关于乡村教育经济建设工作实施纲要法令印发的情况说明。

### 巴县第八辅导区办事处与华西实验区总办事处关于检发相关书表事宜的往来公文

1949年6月15日与7月1日，巴县第八辅导区办事处与华西实验区总办事处的往来公文数份，内容主要涉及检发调查注意事项、柑蛆调查表、繁殖站及特约农家成立办法、租佃纠纷处理原则等相关书表。

**华西实验区总办事处与綦江第一、第二辅导区办事处关于綦江两区优良导生奖金发放、县府派驻督学及指导员公旅费报销、公文收发人员安排事宜的往来公文**

1949年9月2日至11月2日,綦江第一辅导区办事处、綦江第二辅导区办事处、华西实验区总办事处的往来公文数份,内容主要涉及綦江两区优良导生奖金发放及移作训练经费、呈报9月份导生奖金发放情形、编报导生训练经费预算、县府派驻督学及指导员公旅费报销、公文收发人员安排等。附会计室关于县府派驻督学及指导员公告旅费报销的情况说明,綦江第一辅导区移用督学、指导员以前各月未交旅费收支对照表,关于清查优良导生奖金发放、督学公旅费报销等事宜便签,教育组关于该区优良导生处理办法尚实证明便签,綦江一区导生训练经费预算表。

**华西实验区总办事处与蒋融关于巴县第五辅导区办事处所制《辅导员工作注意事项》的相关事宜的往来公文**

1949年7月20日,巴县第五辅导区办事处主任蒋融呈文华西实验区总办事处,呈报本区所制《辅导员工作注意事项》一份,请鉴核;28日,华西实验区总办事处两次回函巴五区,知照民教主任奖惩办法、辅导员工作合约、辅导员联系问题、工作检讨、进度等相关条文应作修改。附巴五区辅导员工作注意事项。

**华西实验区总办事处与朱晋桓关于巴县第七区办事处办公地址迁移事宜的往来公文**

1949年8月9日至8月18日,巴县第七区办事处主任朱晋桓与华西实验区总办事处的往来公文,内容主要关于巴七区办事处办公地址迁移事宜。

**华西实验区总办事处、铜梁第一辅导区办事处为该区辅导员、民教主任放农忙假事宜的往来公文**

1949年8月20日至29日,华西实验区总办事处与铜梁第一辅导区办事处主任康兴璧的往来公文,内容主要关于该区辅导员、民教主任放农忙假事宜。

**江津第一辅导区办事处与华西实验区总办事处关于江津第一辅导区办事处成立相关事宜的往来公文**

1949年10月22日11月3日,江津第一辅导区办事处与华西实验区总办事处的往来公文,内容主要包括江津一区呈报办事处成立时间、地点、工作人员姓名及草拟工作纲要八项等相关事宜。附江津第一辅导区10日至12日工作进度表、工作人员一览表、图记印模。

**巴县第八辅导区办事处主任朱镜清为请派张冀翔为本区农业干事事宜给华西实验区总办事处、秘书室的呈**

1949年3月13日、14日，巴县第八辅导区办事处主任朱镜清分别呈文华西实验区总办事处及秘书室，函请调派张冀翔为本区农业干事。附张冀翔资历表。

**华西实验区总办事处等关于巴县第八辅导区员工薪金发放、公旅费、运费、修缮房屋、开办费等各项费用拨发、补发、报销的相关事宜的往来公文**

1949年2月25日至11月16日，巴县第八辅导区办事处主任朱镜清、华西实验区总办事处、本区出纳股、巴八区辅导员代表的往来公文数份，内容包括呈报补发员工因公出差旅费，编报民教主任训练费预算及超支处理情形，呈请补发2、3、4月份员工薪金、公旅费及伙食费，编呈薪金领取不便情形及相关领取注意事项，周转金设置，补发米贴，因物价飞涨补发公旅费报销、拨发开办费及该项超支处理情形，呈报巴县致璧山、重庆交通费与伙食费价目表，呈报4、5、6、7、9月份民教主任薪金、公旅费、奖金及领米清册，请拨发购买办公桌、椅、炊具、整修办公房屋费用，呈报休整房屋预算书，请提高民教主任薪金、编呈食米收支清册、列报本区财产数目、领运农民读本、搬运农地租约费用、重新核算9月经费结算单、因物价飞涨辅导员请求发放硬币及实物以及呈报各项费用领取收据等。附巴县第八辅导区民教主任训练经费预算书，关于民教主任训练费超支处理办法便签，关于巴八区休整房屋、开办费超支处理意见便签，巴八区修葺费支出经费计算书，巴八区造具开办费追加预算书，巴八区领发食米收支清册、巴八区修理房屋经费预算书，关于9月份经费结算单情况说明便签。

## 9-1-181

**璧山县三教乡深水井机织生产合作社、蒲元乡四面山机织生产合作社、正兴乡曹家坝农业生产合作社就创社内容及各项会议记录与华西实验区总部孙则让主任的往来公文**

1949年3月11日至1949年9月，璧山县各合作社分别创社，召开各项会议，制订各项决议及年度业务计划，并就本合作社的各项事宜致函华西实验区区主任孙则让以及在其指导下开展的各项工作要求。附蒲元乡四面山生产合作社申请书，华西实验区总办事处主任孙则让致璧山县政府往来函，璧山县蒲元乡四面山机织生产合作社二年（自1949年5月至1951年5月）年度业务计划、璧山县三教乡深水井机织生产合作社筹备会议记录，生产合作社年度（1949年4月至1950年3月）计划书，合作社创立会议决议录，璧山县县长徐中晟给三教乡深水井的关于该社成立的通知单。

### 璧山县第一、第六辅导区为民教工作竞赛办法暂行规则及事项给华西实验区区主任孙则让的呈

1949年8月,璧山第一辅导区主任傅志纯,第六辅导区主任何子清,为增加各辅导区教师工作效率,提高学习兴趣,根据民教会议有关内容特制订民教工作竞赛相关办法,内容包括竞赛的范围、时间、评比规则、竞赛项目等,并就上述内容呈华西实验区总办事处的呈文。附璧山县第一辅导区各乡镇办理民教工作竞赛办法、璧山县第六辅导区民教工作竞赛暂行办法、璧山县第一辅导区傅志纯向华西实验区总办事处呈报民教工作竞赛所发奖品费用。

### 璧山县各乡农业合作社为购买种子等事宜向华西实验区总部借款的借据

1949年9月5日至14日,璧山县城南乡第三区,南乡冉家湾,城北乡第二保、第三保、温家湾等农业合作社,因购买母猪、种子等事宜向华西实验区总部借款,立借据。借据内容包括借款原因、数额、利率、还款时间、借款用途等内容。附璧山县第三区农业合作社借款细数表、城南乡冉家湾合作社借款细数表、璧山县城北乡第三保农业合作社借款细数表、璧山县城北乡温家湾农业生产合作社贷放母猪姓名表、璧山县代家湾农业生产合作社借款细数表、璧山县狮子乡柯家岗农业生产合作社借款细数表。

## 9-1-182

### 璧山县第一辅导区主任傅志纯、第五辅导区主任张的山就本区传习部学生考试测验、放假安排的各项事宜与华西实验区总办事处主任孙则让的往来公文

1949年6月至8月,璧山县第一辅导区主任傅志纯、第五辅导区主任张的山就本传习部举行学科测验、结业考试、农忙时节放假等情况呈文华西实验区总部孙则让主任,邀请总部派员进行监考、指导。华西实验区总部孙则让主任派教育组干事晏世筠等人到各区进行监考及指导工作。

### 平教会工作座谈会经过情形

1950年8月10日至15日,中华平民教育促进会为加强学习、增进工作关系、检查工作、纠正缺点、规划未来,集中其下设的各个工作单位召开工作会议,会议内容包括到会人员、各部门工作报告、分组讨论、参观实验区等。

### 璧山区小麦生产概述情形

内容包括璧山区(璧山、巴县、江津、合川、江北、永川在内的各个区)小麦种植的占地面积,土地种类,当地小麦的生产环境、地势、气候、气温、栽培方法、所需成本、推广本地品种和改良品种等,并对今后良种小麦推广工作、改良栽培的

方法问题等内容提出相关意见。

**璧山县参议会、华西实验区铜梁第一辅导区为治蝗及胡豆状虫等灾害与华西实验区总办事处孙则让主任的往来公文**

1949年6月16日至7月中旬，璧山县、华西实验区铜梁第一辅导区部分乡出现大量蝗虫、竹虫、胡豆状虫等虫灾。璧山县县长徐中晟、铜梁第一辅导区主任康兴璧呈文华西实验区总部请求治理蝗虫灾害。总部派专家及部分管理人员至各县乡指导治蝗工作，带去实施办法、经费、收蝗换纱的奖励办法，领导各区民教部人员于7月中旬扑灭大部分害虫，使灾情得到遏制。附璧山县1949年度各乡呈报蝗灾情形表、治蝗工作总报告表、华西实验区铜梁第一辅导区办事处收蝗换纱及动员人数统计表。

## 9–1–183

**巴县第六辅导区办事处主任、驻乡辅导员为民教工作各项事宜及辅导员往来经费报销等事宜给孙则让的呈**

1949年3月至5月，巴县第六辅导区办事处主任王宗耀关于甄选训练民教部主任经费支付预算、派发民教食米、维修长生乡小学门窗等事宜报告孙则让。巴县第六辅导区驻长生乡辅导员周成官，调驻永兴乡辅导员周致阳关于超支经费报告华西实验区总部，申请报销。附巴县第六辅导区民教主任训练经费支付预算书。

**璧山县各乡农会就有关1942年猪牛贷款事宜与璧山县农业推广所的往来公文**

1942年10月至12月，璧山县依凤乡、城西乡、狮子乡、转龙乡、青木乡、河边乡等各乡农会就有关猪牛贷款、农会职员印鉴表组织内容及印模等事宜呈文本县农业推广所。县政府、农业推广所就猪牛贷款概况一一进行回复与指导，内容包括贷款金额、目的、团体、限额、利率、原则等。附璧山县各县乡农会1942年度猪牛贷款暂行通则、璧山县各乡农会1942年度猪牛贷款暂引通则、璧山县城南乡农会职员印鉴表、璧山县狮子乡农会职员印鉴表、青木乡农会职员印鉴册。

**巴县第六辅导区办事处主任王宗耀、辅导员周致阳、干事邓作新为补发津贴、报销各种公共事务差旅费、会议超支费用与华西实验区总办事处孙则让主任的往来公文**

1949年3月至10月，巴县第六辅导区办事处主任王宗耀、辅导员周致阳、干事邓作新就本区需报销的补发民教食米、赴重庆等地差旅费、公旅费、薪金、书表运费，本区所需各项报表单、领款单、调查表，开办会议超支费用，区政府租房租金事宜呈文华西实验区总办事处孙则让主任。总办事处发通知致本区调查、核实,并根据报销原则、程序补发所需报销费用及各项报表单。附1949年巴县第六辅导区6月份新增民教主任应领薪津清册、巴县第六辅导区办事处造具开办费追加预算书、巴县第六辅导区办事处购置公物清单、巴县第六辅导区向巴县县政府领取食米开支清单、巴县第六辅导区办事处造具开办费追加预算书。

## 9-1-184

**璧山县、巴县各区办事处为增设示范保国民学校、民教招考、训练工作、薪金发放、人事变动等事宜与华西实验区总办事处孙则让主任的往来公文**

1948年至1949年,璧山县、巴县辅导区民教主任何子清、彭苡北、唐有闻、余绳祎、朱镜清等人就本区增设示范保国民学校、民教薪金发放、招考、训练、学校人事变动等事宜呈文华西实验区总办事处孙则让主任,总部就以上事宜一一回复,并派干事晏世筠等人指导工作。附华西实验区人事调整一览表。

**璧山县、巴县、綦江县各区为填报各社学区合作社概况表、建立新合作社,及合作社单位人员、户籍、户口调查变动情况与华西实验区总办事处孙则让主任的往来公文**

1949年5月至11月,璧山县第一辅导区主任康兴璧、巴县第十一辅导区主任苏彦翘、綦江县第一辅导区主任程岳等人为填报本县各社学区合作社概况表、创立新的农业生产合作社、呈报合作社所用图戳的启用日期及印模职员印鉴表、合作社内人员变动、户籍调查等事宜与华西实验区总办事处孙则让主任的往来公文。附辅导区合作社概况表样本、巴县第八辅导区合作社概览表、巴县第五辅导区合作社概况表、巴县第二辅导区合作社概况表、璧山县城北乡第三保农业生产合作社职员印鉴表。

**华西实验区甜橙果实蝇防治队工作报告**

1949年7月至9月,华西实验区就綦河流域之甜橙遭受果实蝇灾害开展防治工作。工作内容包括召开组织防治工作会议,以教育的方法介绍果实蝇防治有关知识和技术,征求各团体参加工作、规定工作的时间,把全区划分为五区十六个分队进行防治等。附四川江津县甜橙果实蝇防治计划,江津县甜橙用户户数表,华西实验区甜橙果实蝇防治队编队须知,华西实验区甜橙果实蝇防治队组织系统图,华西实验区甜橙果实蝇防治队工作须知,华西实验区甜橙果实蝇防治队工作进行须知、华西实验区甜橙果实蝇防治队果园位置调查表,华西实验区甜橙果实蝇防治队甜橙受灾果实采摘记录表,华西实验区甜橙果实蝇防治队甜橙防治宣传画,真武乡园艺生产促进会蛆柑防治公约、保农公约,江津县青年乡蛆柑防治会章程,真武乡园艺生产促进会组织章程,华西实验区甜橙果实蝇防治总队示范果园合约,柑橘产区概况调查表,中国甜橙果实蝇防治法,华西实验区甜橙果实蝇防治队支出经费简报表。

**凤凰乡小麦栽培品种概述**

  凤凰乡小麦栽培品种概述,包括了当地栽培品种的名称、特性及对当地品种的看法。小麦品种包括光头麦、白花麦、旱麦子、笔尖麦、红花麦、云南麦、南麦、改良麦中农28号等品种。

## 9-1-185

**璧山第三辅导区为成立正兴乡农业生产合作社联合办事处的各项事宜与华西实验区总办事处孙则让主任的往来公文**

  1949年8月至10月,璧山县正兴乡职员魏西河等人就成立正兴乡农业生产合作社联合办事处相关事宜,包括创立大会、制订组织章程、职员名单、职员印鉴、业务计划等内容呈报华西实验区总办事处孙则让主任。总部通知办理农业生产合作社联合办事处各项事宜。附璧山县正兴乡农业生产合作社联合办事处调查表,璧山县正兴乡农业生产合作社联合办事处社员社名册,璧山县正兴乡农业生产合作社联合办事处职员印鉴,璧山县正兴乡农业生产合作社联合办事处成立申请登记书,璧山县正兴乡农业生产合作社联合办事处职员名册,璧山县正兴乡农业生产合作社联合办事处组织规则,璧山县正兴乡农业生产合作社联合办事处1949年9月到12月业务计划,璧山县正兴乡农业生产合作社联合办事处创立会决议录,璧山县正兴乡农业生产合作社联合办事处创立会决议录,璧山县正兴乡农业生产合作社联合办事处成立登记申请书。

**华西实验区总办事处就各区人员公旅费报销修正办法致璧山县第三辅导区的通知**

  1949年3月至10月,华西实验区总办事处就各区人员公旅费报销修正办法通知璧山县第三辅导区,修改了报销的费用,包括交通费、差旅费、邮电交际等费用,制订了工作人员旅费支消办法、报销程序、所需凭证等内容。

**在江津县蛆柑治理队治理工作中,各区队长、各队学员、学生与校长、队长之间的各种往来信件**

  1949年7月到10月,江津县部分区域蛆柑灾害严重,华西实验区总办事处召集成员,成立分队进入各区调查工作,组织各区的乡绅、学生等一起加入防治工作。在治理蛆柑灾害的工作中,各区队长、学员常常通过信件相互关心、慰问、鼓励以及汇报各区的工作生活情况。

## 9-1-186

### 华西实验区1948年度合作事业推进计划内容

华西实验区为发展农村经济,改善农民生活特色,发展农家副业及农家工业、成人教育,推进技术改进,完成标准化生产,运用合作组织方式为从事各种农产品生产事业的合作社,包括机织生产合作社、造纸生产合作社和农业生产合作社制订推进改革计划,计划内容包括在充实原有旧社的基础上建立新的合作社、统一产品标准化生产、制订所需贷款数额及其章程等。附华西实验区1948年度合作贷款额度表、璧山县机织生产合作社1948年度进度预计表、璧山县机织生产合作社1948年度预计表。

### 璧山县地方建设中心工作计划大纲

1947年7月至1949年6月,华西实验区总办事处为推进璧山县学校教育事业,发展合作社民主经济,提高防疫卫生保健工作,制订了璧山县地方建设中心工作计划大纲,大纲实施时间为1947年7月至1949年6月,大纲内容包括划分各乡保国民学校区、组织国民学校校董会等教育部分;组织成立机织生产合作社、成立联合组织等经济部分;建立卫生所、宣传卫生常识等卫生部分和训练义勇警卫队、普查户籍等警卫及户籍部分。

## 9-1-187

### 华西实验区合作社物品供销处璧山分处招聘人员聘书

1949年1月至10月,华西实验区合作社物品供销处璧山分处,就本单位所缺会计、业务转账员、验布员、业务员、技术股长等职位人员进行聘请。李疏芳、史羡华、陈锡纯、梁淑端、李继芬、袁模山、卢思庄等人受聘并接收聘书。聘书内容包含了所任职务、底薪工资、受用时间等内容。附卢思庄简历表、李志晸简历表、马勋华简历表、杨文琴简历表、袁模山简历表。

### 宜宾办事处就本办事处每月经费支出预算,员工薪饷发放,因物价上涨引起的增补费用,办事处搬迁选址以及本处主任、会计等主要负责人所需图章、印模等事宜与华西实验区合作社物品供销处璧山分处的往来公文

1949年8月至10月,宜宾办事处就每月经费支出预算,领取员工薪饷,办事处主任、会计等主要负责人所需图章、印模,因物价上涨而引起的职员薪饷变动

情况、办事处选址所需费用等事宜呈文华西实验区合作社物品供销处璧山分处。璧山分处发放宜宾办事处所需费用，通知需上交的各项文件，颁发主任、会计等所需的长方形图章、印模，就因物价上涨而引起的员工工资增补情况给予批示。附宜宾办事处开办费预算表、宜宾办事处补增开办费7月份俸薪预算表、房屋佃约的字据。

**宜宾办事处主任姜宝俭就1948年7月至8月宜宾办事处所办各项事宜与华西实验区合作社物品供销处璧山分处的往来公文**

1948年7月至8月，宜宾办事处主任姜宝俭就宜宾办事处所办各项事宜包括筹设宜宾办事处筹办情形、所需费用、职员安排、各地发往宜宾的历次布品、贷布质量、长度、重量、密度，纱布米金交换价格，汇报员工薪饷、房租办公各种开支费用等事宜呈报华西实验区合作社物品供销处璧山分处。璧山分处就以上事宜包括本处员工待遇变化、开业后所需费用、房屋租用、布品发送等事宜给予指示。附华西实验区璧山供销分处员工编制表。

**璧山县城南乡、狮子乡机织生产合作社为军布生产，交布换纱，棉布匹纱布更换，宽窄布生产变化，暂借、暂贷棉纱，召开棉纱布匹生产会议等事宜与华西实验区合作社物品供销处璧山分处的往来公文**

1949年9月至10月，璧山县城南乡养鱼池、白鹤林、狮子乡蜘蛛蚊、马鞍山、正皇庙、响水滩、皂桷坡、三个滩等机织生产合作社为本社军布生产，军布生产奖励办法，交布换纱，棉布匹纱布更换、运送，宽窄布生产变化，暂借、暂贷棉纱，召开棉纱布匹生产会议以及在生产过程中所遇问题呈报华西实验区合作社物品供销处璧山分处。该处就上述内容一一发函与通知，并就其不合格产品、未及时上交的布匹进行通知处理，同时与不同的机织生产合作社订立合同以使工作如期进行。附1949年华西实验区合作社物品供销处璧山分处同璧山县各机织生产合作社关于军布生产的合约、华西实验区机织生产合作社承织军布奖惩办法、不合规棉布匹抄纱办法、二四白布规格表、辅导机织生产合作社加强军布生产方案、各合作社扣纱表。

## 9-1-188

**贷纱收布借据、借纱申请书及职员印鉴表**

1949年7月至8月，璧山县马坊乡太和铺机织社、璧山县丹凤乡黄桷坡张家院子机织生产合作社因织布用途向华西实验区总办事处分别借棉纱20支，双方立贷纱收布借据，规定借纱数量、贷款利率、归还时间等内容。附1949年8月马坊乡太和铺机织社与华西实验区总办事处贷纱收布借据、丹凤乡黄桷坡张家院子机织社与华西实验区总办事处贷纱收布借据、1949年7月璧山县丹凤乡黄桷坡机织生产合作社借纱申请书、1949年7月璧山县丹凤乡黄桷坡机织生产合作社借纱细数表、璧山县丹凤乡黄桷坡机织生产合作社职员印鉴。

**璧山县河边乡第二保第五传习处，大兴乡第十保、第十一保，太和乡第一保，马坊乡，三教乡邓家冲为成立新的农业生产合作社事由给璧山县政府的呈**

璧山县河边乡第二保第五传习处，大兴乡第十保、第十一保，太和乡第一保，马坊乡，三教乡邓家冲为恢复本区经济、改善自耕农生活、增加农民收入、调整租佃关系、贷纱织布事宜等向璧山县县长申请成立新的农业生产合作社并请求县长派员参加、指导本区农业生产合作社创立大会。同时璧山县残疾在乡军人夏天培因缺乏资金报告华西实验区平教会璧山办事处希望该处予以贷纱布匹以救济其生产生活。附璧山县太和乡第一保学区农业生产合作社筹备会记录、璧山县三教乡邓家冲农业生产合作社筹备会议记录。

**华西实验区总办事处主任孙则让为璧山县广普乡美烟社社员魏玉如未领取贷款事宜致璧山县政府的函**

华西实验区总办事处主任孙则让为广普乡美烟社社员魏玉如未领取贷款、自动放弃社员权利致函璧山县政府，请其督查璧山县第四辅导区查办此事，并汇报总处。

**四川省合作事业管理处为领取薪旅费事宜给璧山县政府的训令**

四川省合作事业管理处处长许昌龄为查办各县工作人员6月份薪旅费发放等事宜发布训令于璧山县政府，敦促县政府查办本县工作人员6月份薪旅费发放情况并将薪俸表、发放清单等上交管理处。

**璧山县政府为本县新成立的农业合作社狮子乡青茂湾农业生产合作社、三合乡大佛寺等8个农业生产合作社相关登记事宜与华西实验区总办事处孙则让主任的往来公文**

1949年7月至8月，华西实验区总办事处主任孙则让为璧山县新成立的农业生产合作社狮子乡青茂湾农业生产合作社、三合乡大佛寺等8个农业生产合作社需登记事宜致函璧山县政府，要求新成立的合作社上交申请书、社章章程、职员印鉴、图记条戳等存档物件并请璧山县政府督办核示。

**巴县第七辅导区、巴县长生乡为本区农业饲养、种植等各项情况与华西实验区总办事处、巴县县政府的往来公文**

1949年4月至9月，华西实验区总办事处、巴县县政府为巴县第七辅导区农业防旱工作、螟虫治理办法、油桐育苗办法、良种南瑞苕种植、加强棉田种植、改良稻种栽培、蔬菜防治害虫办法、停止进行耐旱作物贷款、长生乡养猪等农事活动发函、通知致各区，以指导各区各项农事活动顺利进行。附巴县办理治螟防治办法的通知，巴县第七辅导区员工工作调查表，油桐育苗须知，良种南瑞苕种植，中国甜橙果实蝇防治法，柑橘园中几种主要害虫的防治法，顺江乡柑橘生产促进会组织章程，稻桐苕调查表格及南瑞苕浅说调查表，巴县长生乡农业生产指导所报告。

**璧山县、江北县、万县专署农业生产指导所关于本县农业工作情形报告华西实验区总办事处**

　　1950年，璧山县、江北县、万县专署农业生产指导所为本区关于贷收、存储水稻良种收支、收购南瑞苕、推广小麦良种变价、采购桐种等农业工作总结报告华西实验区总办事处。同时中国人民银行各分行转请各县政府尽快催本区交还欠款事宜。附小麦良种变价详细表，璧山专署梁滩河农业生产指导所1950年收购南瑞苕工作总结，1950年万县专署农业生产指导所南瑞苕订购总结，1950年万县柑橘概况调查报告，万县专署农业生产指导所1950年11月份工作报告表，1950年涪陵区专员公署农业生产指导所（甲方）同涪陵县人民政府农场（乙方）关于采购桐种合同，璧山县各区领取及保管稻种数量收据，1949年璧山县原中农收购稻种推广情况。

## 9-1-189

**华西实验区璧山县、巴县、北碚办事处、江北县、綦江县等辅导区办事处为各区关于1948—1949年工作同仁请假、续假、销假等事宜与华西实验区总办事处孙则让主任的往来公文**

　　1948年12月至1949年10月，华西实验区璧山县第六辅导区办事处主任何子清、巴县第五辅导区干事唐载阳、河边乡辅导员赵德勋、北碚办事处辅导员张懋益、江北县第二辅导区办事处辅导员杨薪明、綦江县蒲河乡辅导员张熹等人因工作报到延期、工作调换、父母重病、自身身体状况需要治疗、结婚、探望双亲等事宜向华西实验区总办事处申请办理请假、续假、销假等手续。总办事处主任孙则让就上述请假、续假、销假事宜一一发通知，批准办理。

## 9-1-190

**璧山县花瓦房信用合作社关于创立合作社的各项事宜给璧山县政府的呈**

　　璧山县花瓦房信用合作社临时主席宋元盛、临时书记贺吉浦就创立信用合作社的各项事宜，包括将应需登记事项、办事章程、社员名册、创立会议决议录、第一年度业务计划、支付预算等呈请璧山县政府,请求予以登记。附四川省璧山县花瓦房信用合作社调查表、四川省璧山县花瓦房信用合作社创立会议决议录、四川省璧山县花瓦房信用合作社登记证、四川省璧山县花瓦房信用合作社图模及职员印鉴纸。

**农业合作社与机织合作社的宣传材料**

华西实验区总办事处为鼓励民众加入农业合作社及机织生产合作社,以诗画、文件的形式对合作社、改良稻种中农34号、南瑞苜、养杂交猪、种植小米桐、植桐、防治病虫害等事宜进行宣传。通过宣传,让民众意识到加入农业合作社的各项优惠,以促使农村经济更好发展。

**璧山县关于搜集民众生活语录编辑教材及华西实验区总办事处推进农村福利工作事宜**

1949年10月,璧山县为搜集本区民众生活语录,将其编辑为教材及搜集民众生活语录办法报告华西实验区总办事处。总办事处主任孙则让就以上事宜进行指导并就推进各区农村福利工作等事宜通知各区照办。

**巴县关于购买畜牛事宜**

巴县地区就为何买牛及买牛遇到的各种困难进行陈述。所遇问题包括按照上级买牛的十项标杆要求去买牛的困难,以及新买回来的牛难以驯化、牛瘟的防治等问题。

**华西实验区辅导员管理办法残页**

**华西实验区璧山办事处1949年8月23日第一次座谈会议内容**

1949年8月23日、24日,华西实验区璧山办事处召开第一次座谈会,会议决定事项包括如何组织合作社、调查各乡国民学校教员资格、督促各乡学生入学、调查进入第二期传习处学生的情况、督促筹备建校、考核各校教师及民教主任到校后的发展、璧山社会状况调查工作的准备、辅导人员下乡态度及立场问题、会议工作日程及准备问题、合作贷款额分配问题、民教主任增补及调整等内容。

**华西实验区总办事处关于移交至重庆的编绘文件致胡本德先生的函**

**北碚办事处、北碚管理局关于呈报、报销本区各种办公事项、费用与华西实验区总办事处孙则让主任的往来公文**

1949年,华西实验区北碚办事处主任田慰农、北碚管理局局长卢子英就本区印发农民教材、各学区民教主任薪米发放名册、各区民教主任薪金公旅费及奖金领款清册、北碚1月份至8月份发支各项食米计算表、北碚督导公旅费报销单据、民教主任报销清单、民教办公费预算拨款事由、房租租金发放等事宜呈报、致函华西实验区总办事处孙则让主任，请求其就所需各项费用即时发放报销。总办事处就以上事宜所需费用进行发放指导。附北碚管理局发支民教主任等各种食米结算清单、北碚管理局1949年民教办公费预算书。

**华西实验区璧山第三辅导区主任魏西河就本区各项工作事宜及所需费用同华西实验区总办事处孙则让主任的往来公文**

璧山第三辅导区主任魏西河就本区关于报销工作超额费用、送补修地板墙壁拨款费用、增拨职务旅费、增补职员旅费、增加设备预算表、报送床桌用具等实物数目单价工价统计预算表、启用本区职员图记印模、申请贷款、本区财产目录、领取集训经费等事宜同华西实验区总办事处主任孙则让会商，总部就所需交办事宜及费用进行指导、发放。

**华西实验区社会调查室工作简报内容**

1949年，华西实验区成立社会调查室，调查室在黄幼樵、任宝祥等人的指导下编著调查室工作简报，内容包括调查室工作旨趣、调查室成立经过、调查室社会调查工作计划，璧山县狮子乡、北碚黄桷镇调查统计与报告。附华西实验区工作页刊之一《北碚黄桷镇社会调查工作纪实》。

**华西实验区璧山县第一辅导区、第二辅导区办事处为本区各项工作事宜与华西实验区总办事处孙则让主任的往来公文**

1949年，华西实验区璧山县第一辅导区办事处主任傅志纯、第二辅导区办事处主任陶一琴为报告本区财产目录、棉纱发放事宜、呈送民教主任薪公奖食米报销清册、薪金发放及薪金发放变动、职员旅费报销、印发民教部传习处课程进度表所需费用估算等事宜呈文华西实验区总办事处孙则让主任。总办事处根据其上报事宜进行指导安排，并就其有误报表要求修改照办。附璧山第二辅导区6月份领发各项经费正误表、璧山第二辅导区推行第一期失学成人补习教育报告书。

**华西实验区巴县局长杨思慈附送发米清册给华西实验区总办事处的呈**

**华西实验区颁发有关成立农民"土改"小组的工作文件**

华西实验区颁发有关成立农民"土改"小组工作文件，内容包括成立农民"土改"工作小组、颁布贫农分地规则、选举"土改"小组长的条件要求、中农减租减息等事宜。

### 璧山县在乡军官会为筹办组织创建麟阁书报阅览室、复员招待所及凯旋归茶社致中华平民教育促进会会长的函

1947年8月,璧山县在乡军官会会长刘争环等人为筹办组织创建麟阁书报阅览室、复员招待所及凯旋归茶社致函中华平民教育促进会会长。

### 璧山各部门因本区各种事宜致中华平民教育促进会的函

四川农业改进所第三农业推广辅导区主任于孝思、璧山县邮局局长萧杰、四川省公路局、四川省卫生处、璧山县参议会为举办农业展览会、邮局新址落成事宜、公路局和卫生局人员调换派遣、召开巴璧实验区璧山办事处第一届八次会议等内容致函中华平民教育促进会。

### 璧山县大兴乡、福禄乡农业生产合作社因买牛事宜同华西实验区立借据

1949年,璧山县大兴乡农业生产合作社、福禄乡农业生产合作社因买牛、贷耕牛向华西实验区借贷银圆,并立借据,借据规定了合作社借款金额、借款利率和还款时间等内容。附福禄乡合作社申请贷耕牛社员姓名表。

## 9-1-191

### 华西实验区总办事处致来凤乡宝峰寺等农业社的通知

1949年8月31日,华西实验区总办事处为检发璧山县政府指令事,致来凤乡宝峰寺、正兴乡卫市寺、来凤乡学堂门、来凤乡石道场、正兴乡长石坝、正兴乡柑子林等农业社通知。

### 华西实验区总办事处致正兴乡三官殿等农业社的通知

1949年8月25日至27日,华西实验区总办事处为转本年8月报告文事,致正兴乡三官殿、正兴乡学堂坡、正兴乡汪家糟房等农业社通知。

### 华西实验区总办事处致中兴乡章家铺等农业社的通知

1949年8月13日,华西实验区总办事处为检发璧山县政府指令事,致中兴乡章家铺、中兴乡五显庙、鹿鸣乡佛耳岩、鹿鸣乡华严寺通知。

### 华西实验区总办事处致各区的通知

1949年8月12日,华西实验区总办事处为检发购猪座谈会记录事,致璧山6个辅导区和巴县2个辅导区通知。附会议记录。

### 华西实验区总办事处致璧山第三辅导区办事处的通知

1949年9月26日至10月19日,华西实验区总办事处为耕牛贷款、户籍、仔猪贷款、检发璧山县政府指令等事,给璧山第三辅导区办事处发出9项通知。

### 璧山第三辅导区办事处致该区各农社的通知

1949年7月14日,璧山第三辅导区办事处为成立联合办事处事,致该区各乡镇农业合作社通知。附农社联合办事处组织规则。

### 华西实验区总办事处致璧山第三辅导区办事处的通知

1949年7月11日,华西实验区总办事处为检发组织联合办事处注意要点及组织规则事,致璧山第三辅导区通知。附《县农业生产合作社乡(镇)联合办事处组织规则》《组织农业生产合作社联合办事处注意要点》。

### 华西实验区农业生产合作社养猪及贷款办法

1949年,华西实验区农业生产合作社养猪及贷款办法,共五条。附《饲养须知》《办理农业合作社申请借款应行注意要点》《种猪饲养志愿书》《猪舍修建设计》等。

### 来凤乡第八社学区为开成立大会事经璧山第三辅导区来凤乡办事处转给华西实验区总办事处的呈

1949年9月21日,来凤乡第八社学区农业生产合作社为开成立大会事,呈请华西实验区派员临场指导。

### 华西实验区总办事处致璧山第三辅导区办事处的通知

1949年8月12日至31日,华西实验区总办事处为检发各社申请耕牛姓名表、附发荣昌母猪饲养管理应行注意事项等事,致璧山第三辅导区办事处通知。附《荣昌母猪饲养管理应行注意事项》。

### 华西实验区总办事处致巴县第十一辅导区办事处的通知

1949年11月1日,华西实验区总办事处为检发学生名单等表册事,致巴县第十一辅导区通知。

### 巴县第十一辅导区办事处为报请补发事给华西实验区总办事处的呈

1949年10月21日,巴县第十一辅导区办事处主任苏彦翘呈文华西实验区总办事处,请补发传习连环画教学说明书及户口经济调查表编户册。附造具补领书画表册数目清单、造具补领表册传单。

### 璧山第一辅导区等办事处为民教学生结业统计表事给华西实验区总办事处的呈

1949年5月21日至9月21日,璧山第一、第二、第四、第六辅导区办事处,巴县第二、第三、第五、第六、第七、第八、第十一、第十二辅导区办事处及北碚办事处向华西实验区总办事处报告各区民教学生结业人数。各自附呈统计表。

### 华西实验区总办事处致教育组的通知

1949年11月26日,华西实验区总办事处为教育组保留人员之相关注意事项事,致教育组通知。附教育组档案卷目。

### 铜梁第一辅导区办事处为嘉奖导生事给华西实验区总办事处的呈

1949年11月15日,铜梁第一辅导区办事处主任康兴璧呈文华西实验区总办事处,请嘉奖导生陈映都、刘嘉犁、罗照瀛等人。

### 华西实验区教育组影音施教队收音机使用办法

1949年10月1日,华西实验区教育组颁布教育组影音施教队收音机使用办法,共4条。

### 巴县第四辅导区办事处为辅导员不能行使职权事给华西实验区总办事处的呈

1949年11月7日,巴县第四辅导区办事处主任李灿东呈文华西实验区总办事处,请总办事处呈函专署饬县府转令巴县教育局配合本区辅导员行使视导员职权。

### 北碚管理局为本局民教主任事给华西实验区总办事处的呈

1949年11月5日,北碚管理局局长卢子英呈文华西实验区总办事处,请总办事处依实际情形支给本局民教主任薪金。

### 铜梁第一辅导区办事处为嘉奖导生事给华西实验区总办事处的呈

1949年11月6日,铜梁第一辅导区办事处主任康兴璧呈文华西实验区总办事处,请嘉奖导生魏栋材、杨子骏等人。

### 巴县铜罐乡太平寺示范国民学校为该校图记启用事给华西实验区总办事处的呈

1949年11月6日,巴县铜罐乡太平寺示范国民学校校长彭济泯呈文华西实验区总办事处,该校图记于11月6日启用。附呈印模。

### 巴县第四辅导区办事处为该区丰盛乡、沧白镇民教主任职务事给华西实验区总办事处的呈

1949年10月30日至11月3日,巴县第四辅导区办事处主任李灿东呈文华西实验区总办事处,请总办事处以冯升之递补丰盛乡民教主任职;并增设沧白镇新开五社学区之民教主任喻明辽、杨叔夜、刘世治等人职。附呈冯升之履历表、喻明辽等人履历表。

### 璧山第一辅导区办事处为传习处视导簿式样事给华西实验区总办事处的呈

1949年10月3日,璧山第一辅导区办事处主任傅志纯呈文华西实验区总办

事处,请总办事处印发传习处视导簿一种。附呈视导簿式样及填写说明。

## 桥河乡辅导员徐乃康为民教工作事的呈

1949年10月29日,桥河乡辅导员徐乃康为处置该乡民教工作情形不佳一事的呈文。附报告。

## 璧山第一辅导区办事处及该区温家湾国民示范学校校长苏正嘉为驻军损坏该校公物事分别给华西实验区总办事处的呈

1949年8月31日至9月13日,璧山第一辅导区办事处及温家湾国民示范学校校长苏正嘉分别呈文华西实验区总办事处,驻军损坏该校公物一事。附回文:本案情形复杂,拟送视导员会同查办。

## 华西实验区教育组三周年纪念展览参加项目

1949年11月,华西实验区教育组三周年纪念展览参加项目,共四大类,分为文字类、图志类、照片类、其他类。

## 陈世准为转龙乡示范校工作总报告事给华西实验区秘书室主任郭准堂、教育组组长王启澍的呈

1949年10月31日,陈世准呈文华西实验区秘书室主任郭准堂、教育组组长王启澍转龙乡永兴桥示范校1949年上期工作总报告。

## 北碚办事处为送报民校计划事给华西实验区总办事处的呈

1949年5月14日,北碚办事处主任田慰农呈文华西实验区总办事处北碚黄桷镇李成蛟草拟民校计划及各项章程办法。附草拟计划。

## 巴县第八辅导区办事处为该区太平寺示范校事给华西实验区总办事处的呈

1949年10月17日,巴县第八辅导区办事处主任朱镜清呈文华西实验区总办事处,请钧处核实该区铜罐乡太平寺示范国民学校聘任教师一事。

## 巴县第四辅导区办事处为请补助该区电教工作公费事给华西实验区总办事处的呈

1949年9月28日,巴县第四辅导区办事处主任李灿东呈文华西实验区总办事处,请钧处补助该区电教工作公费。

## 北碚管理局黄桷镇高级民众学校办理计划

1949年,北碚管理局黄桷镇高级民众学校办理计划,共十四条。

## 北碚管理局黄桷镇民众教材编辑办法

1949年,北碚管理局黄桷镇民众教材编辑办法,共九条。

**北碚管理局黄桷镇高级民众学校导生服务规程**

1949年,北碚管理局黄桷镇高级民众学校导生服务规程,共六条。

**北碚管理局黄桷镇高级民众学校主任导师服务规程**

1949年,北碚管理局黄桷镇高级民众学校主任导生服务规程,共六条。

## 9-1-192

**华西实验区璧山县丁家乡千家坵农业生产合作社章程**

1949年7月15日,华西实验区璧山县丁家乡千家坵农业生产合作社章程,共六章,三十一条。

**巴县第二辅导区办事处为本区驻乡辅导员兼任校长事给华西实验区总办事处的呈**

1949年7月23日,巴县第二辅导区办事处主任王秀齐呈文华西实验区总办事处,请派本区驻乡辅导员郭兴富兼任井口乡中心国民学校校长一职。附回文:予以否定。

**华西实验区总办事处为来凤乡、福禄乡示范校校长事致璧山县政府的函**

1949年6月21日至7月20日,华西实验区总办事处致函璧山县政府,请改派来凤乡第十保示范校原校长王渊任正兴乡第九保示范校校长并解聘福禄乡第七保示范校原校长龙钟云。

**华西实验区总办事处致巴县第一辅导区办事处的通知**

1949年6月2日至3日,华西实验区总办事处为新发乡、土主乡示范校校长事,给巴县第一辅导区办事处通知。

**巴县第一辅导区办事处为新发乡、土主乡示范校校长事给华西实验区总办事处的呈**

1949年5月25日至26日,巴县第一辅导区办事处主任喻纯堃呈文华西实验区总办事处,请总办事处处理罗毅校长前往新发乡接收学校受阻事,并破格录用陈英志代理土主乡三圣宫示范校长职。

**巴县土主乡第七保民众为罗毅校长中途被调事给华西实验区总办事处的呈**

1949年5月15日,巴县土主乡第七保民众呈文华西实验区总办事处,请总办事处核准罗毅仍留任土主乡第七保保校校长职。

### 璧山第二辅导区等办事处为报请本区示范校名称、地址及校长姓名表事呈华西实验区总办事处的报告

1949年5月2日至6日，璧山第一、第二、第三、第五、第六辅导区办事处向华西实验区总办事处报告各区新旧示范校名称、地址及校长姓名列表。各自附表。

### 璧山第六辅导区办事处为转龙乡、依凤乡校长事给华西实验区总办事处的呈

1949年3月1日，璧山第六辅导区办事处主任何子清呈文华西实验区总办事处，请以辅导员刘文明、贾文宪分别暂行兼任转龙乡第六保示范国民学校、依凤乡示范校校长职。

### 华西实验区总办事处为示范校校长委任事致璧山县政府的函

1949年3月28日至5月11日，华西实验区总办事处致函璧山县政府，请派辅导员张璧枢、刘文明分别充任蒲元乡示范校、转龙乡第六保示范校校长，并加委新任12个示范校校长职。附新任示范校校长名单。

### 华西实验区总办事处致蒲元乡第二保校校长张璧枢的通知

1949年5月11日，华西实验区总办事处为蒲元乡第二保校事致该校校长张璧枢通知。

### 蒲元乡第二保校校长张璧枢为蒲元乡第二保校事给华西实验区总办事处的呈

1949年4月22日，蒲元乡第二保校校长张璧枢呈文华西实验区总办事处，请总办事处将第二保校办为示范国民学校，并增聘教师。

### 璧山第六辅导区办事处为转龙乡第六保示范校校长委任事给华西实验区总办事处的呈

1949年3月21日，璧山第六辅导区办事处主任何子清呈文华西实验区总办事处，转龙乡第六保示范校校长暂由本职兼任，以待总办事处派新任校长到职。

### 华西实验区总办事处分别致巴县第一辅导区办事处及李宁一的通知

1949年4月5日，华西实验区总办事处主任孙则让为李宁一请辞事，致巴县第一辅导区办事处及李宁一通知。

### 青木乡第三示范校校长李宁一为请辞事经巴县第一辅导区办事处转给华西实验区总办事处的呈

1949年3月26日，青木乡第三示范校校长李宁一呈文华西实验区总办事处，请辞辅导员兼青木乡第三示范校校长职。附回文：准予辞呈。

### 璧山第四辅导区办事处为该区各校增加教师事给华西实验区总办事处的呈

1949年3月30日，璧山第四辅导区办事处主任邱达夫呈文华西实验区总办

事处,请为该区各校增加教师。附各校拟增教师分配表。

### 巴县第一辅导区办事处为青木乡第十一保示范校校长事给华西实验区总办事处的呈

1949年3月24日,巴县第一辅导区办事处主任喻纯堃呈文华西实验区总办事处,请派张本澈继任青木乡第十一保示范校校长。

### 华西实验区总办事处分别致辅导干事陈克、辅导员叶宗城的通知

1949年3月11日至16日,华西实验区总办事处为增加教师事,分别致辅导干事陈克、辅导员叶宗城通知。

### 璧山第五辅导区辅导干事陈克为龙凤乡示范保校增加教师事经璧山第五辅导区办事处转给华西实验区总办事处的呈

1949年3月11日,璧山第五辅导区辅导干事陈克呈文华西实验区总办事处,请总办事处转知县政府增加教师两名。附回文:可向县政府报请。

### 璧山第五辅导区辅导干事陈克为龙凤乡示范保校增聘教师事给华西实验区秘书室主任郭准堂的呈

1949年3月13日,璧山第五辅导区辅导干事陈克呈文华西实验区秘书室主任郭准堂,请转知县政府再增加教师两名。附报告。

### 六塘乡第二示范保校校长朱治中为本校诸事经璧山第五辅导区办事处转呈华西实验区总办事处的呈文

1949年3月4日,六塘乡第二示范保校校长朱治中呈文华西实验区总办事处,本校校务筹组就绪。

### 马坊乡第七示范保校为该校增加教师事给华西实验区总办事处的呈

1949年3月6日,马坊乡第七示范保校呈文华西实验区总办事处,请总办事处增加教师两名。附回文:转函县府。

### 华西实验区总办事处为中兴乡第四保校撤销事致璧山县政府的函

1949年3月28日,华西实验区总办事处主任孙则让致函璧山县政府,请恢复中兴乡第四保校为普通保国民学校。

### 巴县第二辅导区办事处为该区新聘人员工作事给华西实验区总办事处的呈

1949年1月22日,巴县第二辅导区办事处主任胡英鉴呈文华西实验区总办事处,已指派李露华为马王乡第六示范校校长,韦雨垓为人和镇第九保示范校校长。

### 华西实验区总办事处为辅导员兼任璧山第一辅导区各乡示范校校长事致璧山县政府的函

1949年2月4日，华西实验区总办事处致函璧山县政府，请加委辅导员范浩、罗炳淮、王臻、吴绍民、李诚名、冉仲山分别兼任城西乡第七保示范保校、城北乡黄泥湾示范保校、城南乡第七保示范保校、福禄乡第七保示范保校、狮子乡第二保示范保校、城北乡杨家祠示范保校校长。

### 璧山第一辅导区办事处为新派人员安排工作事给华西实验区总办事处的呈

1949年1月23日，璧山第一辅导区办事处主任傅志纯呈文华西实验区总办事处，已为该区新派人员安排分配工作。附工作分配表。

### 华西实验区总办事处致蒲元乡辅导员的通知

1949年2月20日，华西实验区总办事处为蒲元乡请立示范学校一事，致蒲元乡辅导员通知。

### 蒲元乡成纪为该乡示范校事给华西实验区总办事处的呈

1949年2月5日，蒲元乡成纪呈文华西实验区总办事处，请在蒲元乡继续设立示范校。

### 巴县第一辅导区办事处为该区三示范校校长遴定事给华西实验区总办事处的呈

1949年1月31日，巴县第一辅导区办事处主任喻纯堃呈文华西实验区总办事处，李贵福、彭降祯、白征文分任凤凰乡第六保示范国民学校、兴隆乡第二十四保示范国民学校、土主乡第十一保示范国民学校校长，三人已到职。

### 华西实验区总办事处为璧山第四辅导区示范校校长遴定事致璧山县政府的函

1949年2月3日，华西实验区总办事处主任孙则让致函璧山县政府，请加委辅导员曾庆祥、朱治中分别兼任璧山第四辅导区河边乡第十四保示范国民学校、六塘乡第二保示范国民学校校长。

### 璧山第四辅导区辅导干事陈克为该区新派人员工作分配事给华西实验区总办事处的呈

1949年1月23日，璧山第四辅导区辅导干事陈克呈文华西实验区总办事处，该区新派人员工作已经分配。附名单。

### 华西实验区总办事处为梓潼乡、中兴乡示范校校长加委事致璧山县政府的函

1949年1月22日至2月5日，华西实验区总办事处主任孙则让致函璧山县政府，请加委辅导员戴儒席、吴时叙、邹培木分别兼任梓潼乡第八保示范国民学校、中兴乡第四保示范国民学校、第九保示范国民学校校长。

**华西实验区总办事处致辅导员兼梓潼乡第八保示范国民学校校长戴儒席的通知**

1949年2月5日,华西实验区总办事处主任孙则让为梓潼乡第八保示范校事,致辅导员兼梓潼乡第八保示范国民学校校长戴儒席通知。

**辅导员戴儒席为兼任梓潼乡第八保示范校校长事经璧山第二辅导区办事处转给华西实验区总办事处的呈**

1949年1月25日,辅导员戴儒席呈文华西实验区总办事处,已到梓潼乡第八保示范国民学校任职。附回文:请该员将该校办理情况随时报核。

**璧山第二辅导区办事处为该区新派人员工作分配事给华西实验区总办事处的呈**

1949年1月20日,璧山第二辅导区办事处主任陶一琴呈文华西实验区总办事处,已遴定辅导员吴时叙、邹培木、戴儒席分别兼任中兴乡第四保示范国民学校、第九保示范国民学校,梓潼乡第五保示范国民学校校长。附更正文:报告中梓潼乡第八保示范国民学校误写为第"五"保。

**华西实验区总办事处为梓潼乡第五保示范校校长遴定事致璧山县政府的函**

1949年1月22日,华西实验区总办事处致函璧山县政府,请改梓潼乡第五保国民学校为示范国民学校,并加委辅导员戴儒席兼任该校校长。附文:璧二区主任陶一琴告郭秘书第"五"保系第"八"保之误。

**璧山第一辅导区办事处为狮子乡第十二保示范校新任教员事给华西实验区总办事处的呈**

1948年12月22日,璧山第一辅导区办事处主任傅志纯呈文华西实验区总办事处,狮子乡第十二保示范国民学校校长陈昌元已签报该校新任教员何德中履历。附表。

**华西实验区总办事处为河边乡第九、第十保示范校校长遴定事致璧山县政府的函**

1948年12月22日,华西实验区总办事处致函璧山县政府,请改河边乡第九、十保国民学校为示范国民学校,并加委该区辅导员余绳祎兼任该示范国民学校校长。

**巴县第一辅导区办事处为该区各乡示范国民学校学生人数班级一览表及校长、新派教员履历表事给华西实验区总办事处的呈**

1948年12月27日,巴县第一辅导区办事处主任喻纯堃呈文华西实验区总办事处,已核实该区各乡示范国民学校实际情形,分别制作学生人数班级一览表及校长、教员(新派者)履历表各一份。附巴县第一辅导区各乡示范国民学校学生人数班级表及校长、教员(新派者)履历表。

### 接龙乡第七保示范校校长刘顺模为报请该校学生人数及开班次事给华西实验区总办事处的呈

1948年12月8日,接龙乡第七保示范国民学校校长刘顺模呈文华西实验区总办事处,本校学生人数已超过拟定人数,故分为三班授课。

### 接龙乡第七保示范校校长刘顺模为送报该校教师人数及担任职务事给华西实验区总办事处的呈

1948年12月8日,接龙乡第七保示范国民学校校长刘顺模呈文华西实验区总办事处,本校现有教师两名,民教主任一名,共计三名。已制作本校教师担任职务及其经历表。附本校教师担任职务表。

### 璧山第一辅导区办事处为城北乡温家湾示范校新增教员薪金事给华西实验区总办事处的呈

1948年12月22日,璧山第一辅导区办事处主任傅志纯呈文华西实验区总办事处,城北乡温家湾示范国民学校新增教员鲁必万未领薪金应予补发。民教主任龚奉先薪金自11月份领起。

### 璧山第一辅导区办事处为送报该区各乡示范国民学校班级人数事给华西实验区总办事处的呈

1948年12月22日,璧山第一辅导区办事处主任傅志纯呈文华西实验区总办事处,本区各乡示范国民学校班级人数已制作成表。

### 城北乡三个滩国民学校校长黄开文为送报该校新添教员履历及到职日期表事给璧山第一辅导区办事处的呈

1948年12月2日,城北乡三个滩国民学校校长黄开文呈文璧山第一辅导区办事处,已制作本校新添教员履历及到职日期表。附本校新添教员履历及到职日期表。

### 城南乡第三保等示范校为送报该校校长、教员、民教主任到职日期及履历表事经璧山第一辅导区办事处转给华西实验区总办事处的呈

1948年12月,城南乡第三保示范校、城北乡温家湾示范校呈文华西实验区总办事处,已制作本校校长、教员、民教主任到职日期及履历表。各自附本校教职员履历及到职日期表。

### 璧山第一辅导区办事处为补办该区耕牛贷款手续事给华西实验区总办事处的呈

1950年6月16日,璧山第一辅导区办事处主任傅志纯呈文华西实验区总办

事处,本区耕牛贷款手续办理结果,所计损失本区负担共计315.4元。附璧山第一辅导区耕牛贷款统计表。附回文:所计损失315.4元应有由本区负担,以减轻农民损失。

### 华西实验区总办事处致温家湾农业生产合作社的通知

1950年6月19日,华西实验区总办事处主任孙则让为社员温吉森新借耕牛不要事致温家湾农业生产合作社通知。

### 温家湾农业生产合作社社员温吉森为新借耕牛不要事经温家湾农业生产合作社转给华西实验区总办事处的呈文

1950年5月31日,城北乡温家湾农业生产合作社社员温吉森呈文华西实验区总办事处,从该社所借耕牛不良,故无论牛价高低都决定不要,请将原牛转发其他社。

### 华西实验区总办事处为补办耕牛贷款手续事致城东、城南、城北、狮子乡乡公社的函

1950年5月6日,华西实验区总办事处致函城东乡、城南乡、城北乡、狮子乡农业生产合作社,本区所派工作人员前来各农业生产合作社与社员共同评议牛价,补签耕牛贷款借据,请各社协助。

### 华西实验区总办事处分别致傅志纯、李毅的通知

1950年5月13日,华西实验区总办事处主任孙则让为傅志纯暂调返处处理耕牛贷款手续事,分别致傅志纯、李毅通知。

### 傅志纯为暂返处理耕牛贷款手续事给华西实验区总办事处的呈文

1950年5月15日,傅志纯呈文华西实验区总办事处,已定暂返处清理璧山第一辅导区耕牛贷款一事。

### 璧山第一辅导区办事处为送报该区贷放耕牛一览表事呈华西实验区总办事处的呈文

1949年11月24日,璧山第一辅导区办事处主任傅志纯呈文华西实验区总办事处,本区接收供销处代购耕牛40头,贷放完毕,已制作各社社员承贷耕牛表,报请钧处核办。附贷放耕牛概况表。

### 璧山第一辅导区办事处为报请该区接收两批耕牛分配情形事给华西实验区总办事处的呈文

1949年11月8日,璧山第一辅导区办事处主任傅志纯呈文华西实验区总办事处,第一批耕牛28头及第二批耕牛12头已先后接收、分配完毕,已将两批耕牛接收分配情形制作成表。附第一批、第二批耕牛接收分配概况表。附回文:

请购牛人员将牛只实际成本送报本处审核；通知璧一区转知贷牛各社补办手续。

### 华西实验区总办事处致璧山第一辅导区办事处的通知

1949年9月7日至11月19日，华西实验区总办事处为耕牛贷款事、耕牛分配及成本事致璧山第一辅导区办事处通知。附璧一区耕牛贷款合作社核准贷款通知单。

### 华西实验区总办事处致温家湾等农业生产合作社的通知

1950年2月22日至3月4日，华西实验区总办事处为社员所贷耕牛病死情形事，分别致温家湾、黄泥湾农业生产合作社通知。

### 温家湾农业生产合作社为社员所贷耕牛病死事分别给璧山第一辅导区办事处、华西实验区总办事处的呈

1949年11月27日至1950年2月16日，温家湾农业生产合作社理事主席龚奉先分别呈文璧山第一辅导区办事处及华西实验区总办事处本社社员所贷耕牛病死情形事。

### 黄泥湾农业生产合作社为社员所贷耕牛病死事给华西实验区总办事处的呈

1950年2月5日，黄泥湾农业生产合作社理事主席龚贤成呈文华西实验区总办事处本社社员所贷耕牛病死情形事。

### 华西实验区总办事处为狮子乡农业合作社申请贷款事致中国农民银行璧山农贷通讯处的函

1949年11月9日，华西实验区总办事处致函中国农民银行璧山农贷通讯处，狮子乡农业合作社申请贷款已核准照贷。

### 璧山第一辅导区办事处为申请耕牛贷款事给华西实验区总办事处的呈

1949年7月31日至11月8日，璧山第一辅导区办事处主任傅志纯呈文华西实验区总办事处，请总办事处分别核办城北乡第三保、城北乡第十二保、城北乡杨家祠、狮子乡青茂塝、狮子乡戴家塝、狮子乡双龙桥、狮子乡柯家岗、狮子乡谭家湾、城南乡第三保、城南乡第七保等农业合作社申请耕牛贷款书表。

## 9-1-193

### 平教会干事长办公室为加发工资事致华西实验区总办事处的函

1949年10月28日，平教会干事长办公室致函华西实验区总办事处，已决定按10月份发薪数加发半个月工资，请转知会计室来渝领款支发。

### 华西实验区总办事处致平教会会计室的通知

1949年10月24日,华西实验区总办事处为印刷册表费用事,致平教会会计室通知。

### 平教会干事长办公室为工作人员薪金事致华西实验区总办事处的函

1949年10月3日,平教会干事长办公室致函华西实验区总办事处,李毅、杨来凤两人已调派参加华西实验区工作,其薪金自10月份起由华西实验区支付。

### 华西实验区总办事处为印刷册表费用等事致平教会顾润民主任的函

1949年5月2日至10月1日,华西实验区总办事处致函平教会顾润民主任,分别请其垫付、交付印刷册表费用给民间印刷社,并准备本区工作人员薪金公旅等费用。

### 华西实验区总办事处为农复会补助经费等事致平教会会计室的函

1949年7月21日至9月29日,华西实验区总办事处致函平教会会计室,请查办农复会补助经费是否由会计室领取,巴六区2月份、3月份领薪是否本票,并请查收领款收据二纸,代发本区编辑组教材教具费。

### 金阳镐为江津柑橘果蝇防治计划补助经费事致李焕章的函

1949年9月13日,金阳镐致函李焕章,江津柑橘果蝇防治计划补助经费美金5000元已决定于本年9月份内一次性发付,领款人为孙则让,请其代领,并按照原定计划切实推进。

### 平教会干事长办公室为工资调整等事致华西实验区总办事处的函

1949年7月27日至8月12日,平教会干事长办公室致函华西实验区总办事处,本会8月份工资标准已决定调整为10元至12元;另外,平教会会计室已付民间印刷社印刷费用。

### 华西实验区总办事处为送贷款预算书及计划事致平教会的函

1949年7月21日,华西实验区总办事处致函平教会,请核办农业合作社贷款预算书及计划一事。

### 华西实验区编辑组为印刷费用事给华西实验区总办事处的呈

1949年7月20日,华西实验区编辑组组长李纪生呈文华西实验区总办事处,请通知会计室预付民间印刷社印刷费用。

### 平教会干事长办公室为实验区全部支薪人员数目事致郭准堂的函

1949年10月22日,平教会干事长办公室致函郭准堂,请制作实验区全部支薪人员统计表。

### 华西实验区总办事处为农复会补助经费等事致平教会会计室的函

1949年10月14日,华西实验区总办事处致函平教会会计室,请查收棉纱领据两纸。附棉纱领据。

### 华西实验区薪给标准

1949年7月,华西实验区薪给已于7月份起照县政府规定调整。其薪给标准共三条。附薪给数目比较增加表。

### 华西实验区总办事处为人事调整事致各辅导区的通知

1949年7月27日,华西实验区为人事调整事通知各辅导区及有关人员。附人事调整一览表。

### 华西实验区总办事处为经费报销事致平教会会计室的函

1949年4月29日,华西实验区总办事处致函平教会会计室,请查收本区1949年度1月份经费报销全份等报表。

### 华西实验区总办事处为预算筹划食米事致巴县县政府的函

1949年5月,华西实验区总办事处致函巴县县政府,自应照办筹划食米一事。

### 华西实验区出纳室为代购公米事给华西实验区总办事处的呈

1949年4月,华西实验区出纳室呈文华西实验区总办事处,现存公米之数目已不足一个月开支,急需筹备食米采购办法,以利4、5、6三个月食米之采购。请总办事处衡裁。

### 巴县县政府为代购公米事致华西实验区总办事处的函

1949年4月8日,巴县县政府呈文华西实验区总办事处,本府代购公米经各区先后借拨后余数已不足一个月开支。请总办事处预为筹划,以应支付。

### 巴县县政府致华西实验区总办事处的快邮代电

1949年3月2日至4月19日,巴县县政府为核发辅导员各费用、召开关于购粮价款筹划分配检讨会等事致华西实验区总办事处快邮代电。

### 华西实验区总办事处、巴县县政府、华西实验区出纳处、巴县各辅导区等为代购公米等事的往来公文

1949年4月1日至8月20日,华西实验区总办事处、巴县县政府等为公米代购、公米预算筹划、公米拨发、公米折合、公米开支、公米补助等事的往来公文。附拨米清册。

### 巴县县政府为工作人员薪资等事致华西实验区总办事处的函

1949年2月22日至5月18日,巴县县政府致函华西实验区总办事处,各乡

镇指导员、民教主任之薪资已列入1949年度预算；请自1949年3月起按照本县县级待遇补助指导员、视导员各四人；批准增设指导员、视导员驻区表及各区民教主任月薪、公费、奖励费数目。

## 9-1-194

### 华西实验区与各乡农业生产合作社等的贷款借据

1949年7月14日至1950年2月22日，铜梁合作纸厂，城南乡观音阁、城北乡黄泥湾、城北乡温家湾、城北乡三个滩、城北乡杨家祠、城北乡雷家塆、城东乡白家坊、狮子乡蜘蛛蚊、狮子乡柯家岗、狮子乡双龙桥、巴县凤凰乡第一保、巴县凤凰乡第三保等农业生产合作社，巴县虎溪乡、巴县土主乡、巴县西永乡、北碚文星乡、北碚金刚乡、北碚龙凤乡、北碚白庙乡、北碚二岩乡等乡公所，北碚黄桷镇、北碚朝阳镇、北碚澄江镇等镇公所，北碚管理局合作农场物品供销处向华西实验区贷款借据，借据款项共七条。附北碚金刚乡耕牛贷款登记册。

### 璧山导报第四十一号

1941年4月4日，璧山导报第四十一号，共四版。

### 宪兵第九团第一营第一连为月需旅费事致璧山县粮食管理委员会的函

1941年5月26日，宪兵第九团第一营第一连致函璧山县粮食管理委员会，请给予协助粮管任务工作的宪兵十余名往来旅费。

### 华西实验区总办事处为各社抵押贷款事致中国农民银行璧山分理处的函

1948年2月24日至29日，华西实验区总办事处致函中国农民银行璧山分理处，请核准皂桷坡、金鼓滩、青兴等机织生产合作社抵押贷款请求。附回文：核准贷款请求。

### 中国农民银行璧山分理处农村副业贷款借款社团概况调查表

1947年12月26日，关于青木乡青兴等机织生产合作社的贷款调查表。

### 青木乡青兴等机织生产合作社业务计划书

1947年8月22日至12月27日，青木乡青兴、河边乡新店子等机织生产合作社业务计划书，包括营业项目、常务经营方式、常务实施三大项。

### 中国农民银行璧山分理处农村副业贷款报告表

1948年1月20日，关于青木乡青兴等机织生产合作社的贷款报告表。

### 传习报

1949年10月10日，传习报，共两版。

### 铜梁县巴岳山茶业桐树生长情况及今后计划

1949年3月25日,铜梁县巴岳山茶业桐树生长情况及今后计划,共八项。附崇兴农场业务概况。

### 华西实验区与各乡农业生产合作社等的贷款借据

1949年10月8日至1950年6月5日,丹凤乡张家黄桷树、丹凤乡茅莱山、丹凤乡向恒桥、大路乡新桥、梓潼乡曹氏宗祠、三教乡深水井、三教乡中街、正兴乡卫市寺、丁家乡千家坵、转龙乡新房子等农业生产合作社,狮子乡农业生产合作社联合办事处、铜梁合作纸厂向华西实验区贷款借据,借据款项共七条。

### 璧山第四辅导区办事处为合作社社员借据事给华西实验区总办事处的呈

1950年3月8日,璧山第四辅导区办事处报告华西实验区总办事处马坊、广普两乡关于合作社社员借据各20份。

### 河边征收处专副主任杨春暄为购置应用工具事给征收处处长的呈

1944年9月6日,河边征收处专副主任杨春暄呈文征收处处长,请准予签发购置应用工具预算。

### 璧山县土地陈报办事处为送选本处员工花名册事致四川省土地陈报办事处的代电

璧山县土地陈报办事处致电四川省土地陈报办事处,送选本处员工花名册三份。

### 华西实验区总办事处致华西实验区家畜保育工作站的通知

1949年4月30日至10月22日,华西实验区总办事处为3至8月份各项开支、7月份起领薪办法、9月份办公费预算、补发工人薪资、新添工人等事致华西实验区家畜保育工作站通知。附工作人员姓名及薪饷一览表。

### 华西实验区家畜保育工作站为3至8月各项开支事给华西实验区总办事处的呈

1949年8月29日至10月25日,华西实验区家畜保育工作站呈文华西实验区总办事处,已填报3至8月账目报告表,并报销3至8月各项开支账目。附3月至8月账目报告表。

### 华西实验区家畜保育工作站为报请工人工作列表等事给华西实验区总办事处的呈

1949年4月20日至9月8日,华西实验区家畜保育工作站呈文华西实验区总办事处,新添工人周俊熙已到站,请补发周俊熙4月份下半月薪资;将派员来总办事处领取7月份办公及饲料费、员工薪贴等费用;请将8月份员工薪贴一并发放;请补助本站添置办公用具费;本站增添工人两名;已造列本站工人工作详细一览表、8月份饲料及办公费预算表、9月份办公费预算表。附本站工人工作一览表、华西实验区家畜保育工作站1949年度8月份预算表。

## 华西实验区总办事处主任兼第三行政区专员孙则让为北碚种猪饲料费事致中国农村复兴联合委员会重庆区办事处的函

1949年3月23日,华西实验区总办事处主任兼第三行政区专员孙则让致函中国农村复兴联合委员会重庆区办事处,请发放4月份饲料费。

## 北碚种猪推广繁殖站给华西实验区总办事处的领条

1949年3月16日,北碚种猪推广繁殖站为从农复会重庆区办事处领到4月份饲料费事给华西实验区总办事处的领条。

## 华西实验区家畜保育工作站为新添工人薪资事致华西实验区总办事处会计室的函

1949年10月19日,华西实验区家畜保育工作站致函华西实验区总办事处会计室,已列定本站新添工人薪资收据清单。

## 华西实验区总办事处致华西实验区卫生组的通知

1949年10月3日至20日,华西实验区总办事处为报销经费及干事报支出差旅费不符规定等事给华西实验区卫生组通知。

## 华西实验区卫生组为薪金收据等事给华西实验区总办事处的呈

1949年7月6日至11月8日,华西实验区卫生组呈文华西实验区总办事处,请发放本组人员刘芳品4月份薪金,6月份、7月份员工薪金已如数收到并发放完毕,呈送妇训班凭证单据。

## 华西实验区总办事处会计室为卫生组在北碚工作人员12人月支炭水灯油费事致华西实验区卫生组的函

1949年7月20日,华西实验区总办事处会计室致函华西实验区卫生组,卫生组在北碚工作人员12人月支炭水灯油费5、6月份预算已定,并从7月份起报销。

## 华西实验区卫生组为王正仪等12人因未得公家煤水津贴者按规定予以米贴事给华西实验区总办事处秘书室的呈

1949年7月13日,华西实验区卫生组呈文华西实验区总办事处,王正仪等12人因未得公家煤水津贴者按照规定予以米贴。

## 华西实验区总办事处致华西实验区会计室的通知

1949年7月29日,华西实验区总办事处为补发5、6月份薪津及5、6月份薪津以纱折纸等事致华西实验区会计室通知。

**王心像为李士志等3人薪津事分别给华西实验区总办事处主任孙则让、秘书室主任郭准堂的呈**

1949年6月27日，王心像先后呈文华西实验区总办事处主任孙则让、秘书室主任郭准堂，李士志等三人初来本区有食未津，今本区食米制取消，又因物价高涨，拟请追加底薪，并自7月起依新标准支薪。另请补助李士志等三人灯油水电津贴费用。

## 9-1-195

**璧山县政府为农社登记事致福禄乡白鹤林等合作社的指令**

1949年5月21日至8月24日，璧山县政府分别致福禄乡白鹤林、丹凤乡石板坵等农业生产合作社、正兴乡正兴街机织生产合作社指令，准予其登记。附发登记证、原社章。

**璧山县政府为农社图模、印鉴纸事致华西实验区总办事处的函**

1949年10月18日，璧山县政府致函华西实验区总办事处，核准福禄乡白鹤林农业生产合作社图模及职员印鉴纸。

**华西实验区总办事处为检送农社图模、印鉴纸事致璧山县政府的函**

1949年8月9日至10月11日，华西实验区总办事处致函璧山县政府，检送福禄乡白鹤林、丹凤乡石板坵等农业生产合作社图模及职员印鉴纸。

**福禄乡白鹤林农业生产合作社为报送图模及印鉴纸事给璧山县政府的呈**

1949年9月20日，福禄乡白鹤林农业生产合作社呈文璧山县政府，请备文本社图模及职员印鉴纸。

**江津蛆柑防治队总领队致各分队的通知**

1949年8月13日至10月8日，江津蛆柑防治队总领队为本队工作情形、本队来乡工作住宿饮食、本队第三期工作决定、本队返院、书面报告注意事项、催缴工作报表、催缴果园位置调查表及果园位置图、转发第三分队教育办法、准备杀蛆工作、协助销毁蛆柑、填写调查表等事致各分队通知。附三分队工作办法。

**江津蛆柑防治队总领队致第九分队的通知**

1949年10月7日，江津蛆柑防治队总领队为马鬃乡设立辅导区事致第九分队通知。

### 江津蛆柑防治队总领队致广兴、玉林、贾嗣、西湖等4个分队的通知

1949年,江津蛆柑防治队总领队为调动行导长人选事致广兴、玉林、贾嗣、西湖等四个分队通知。

### 华西实验区总办事处致巴县第十二辅导区的通知

1949年7月23日,华西实验区总办事处为防治蛆柑工作事致巴县第十二辅导区通知。

### 领队张远定为商讨工作事致良廉先生的函

1949年7月19日,领队张远定致函良廉先生,商讨工作区域、街头宣传、住宿饮食、调查表及工作用具等相关工作事宜。

### 华西实验区总办事处致綦江第一、第二辅导区等的通知

1949年8月29日,华西实验区总办事处为检发果实蝇防治法事致綦江第一、第二辅导区,江北第一、第二辅导区,巴县第四、第七、第八、第十二、第十三辅导区,璧山第五辅导区等的通知。

### 江津蛆柑防治队总领队致第七、第八、第九分队的通知

1948年8月20日,江津蛆柑防治队总领队为分队果园分布略图事致第七、八、九分队通知。

### 江津蛆柑防治队总领队致第十一分队的通知

1949年8月19日,江津蛆柑防治队总领队为借用地图事致第十一分队通知。

### 江津蛆柑防治队总领队致第十、第十一、第十二分队的通知

1947年6月20日,江津蛆柑防治队总领队为分队略告补充修正事致第十、第十一、第十二分队通知。

### 华西实验区总办事处致璧山第三辅导区办事处的通知

1949年9月29日,华西实验区总办事处为增加设备预算表事致璧山第三辅导区办事处通知。

### 华西实验区合作社物品供销处、来凤驿办事处为职务调动事致璧山第三辅导区办事处的函

1949年10月26日,华西实验区合作物品供销处、来凤驿办事处为职务调动事致函璧山第三辅导区办事处,来凤驿办事处主任阎毅敏暂调华西实验区合作社物品供销处协助办理军布结束事宜。

### 华西实验区总办事处致璧山第三辅导区办事处的通知

1949年10月28日至11月10日，华西实验区总办事处为本区成立三周年纪念日撰述编辑《工作经验谈》一书、县政府举行全县各乡镇户口清查及国民身份检查、本区周年纪念扩大至各辅导区举行、检发《本区三周年纪念大会书刊展览资料纂集办法》、检发稿纸撰写《工作经验谈》等事致璧山第三辅导区办事处通知。附总办事处第一次处务会议记录、《本区三周年纪念大会书刊展览资料纂集办法》。

### 华西实验区总办事处编辑组为本区成立三周年纪念撰述文稿事致璧山第三辅导区办事处的函

1949年10月26日，华西实验区总办事处编辑组致函璧山第三辅导区办事处，请撰写本区成立三周年纪念文稿。

### 璧山第三辅导区办事处致各乡辅导员的通知

1949年11月4日，璧山第三辅导区办事处为县政府举行全县各乡镇户口清查及国民身份检查事致各乡辅导员通知。

### 华西实验区教育组为征集本区三周年纪念工作展览资料事致璧山第三辅导区办事处的函

1949年11月4日，华西实验区教育组致函璧山第三辅导区办事处，请各工作人员对本区工作诸事搜集报导资料，以充实本区三周年纪念会展览内容。

### 华西实验区总办事处致璧山第三辅导区办事处的通知

1949年3月13日至7月21日，华西实验区总办事处为新设辅导区开办费开支、公旅费报销、检发证章、召开会议、往来公文由通讯警察收送、本区工作人员薪津支付办法、各辅导区1月至6月工作报告事致璧山第三辅导区办事处通知。附本会薪津支付办法。

### 华西实验区总办事处为检发各区工作人员食米津贴事致各辅导区办事处的函

1949年2月25日，华西实验区总办事处致函各辅导区办事处，请依照发放食米津贴有关事项办理发放食米津贴一事。

### 璧山县政府致璧山第三辅导区办事处的通知

1949年4月，璧山县政府为召开会议事致璧山第三辅导区办事处通知。

### 华西实验区总办事处主任孙则让致赵志忠的通知

1949年3月4日，华西实验区总办事处主任孙则让为总办事处第三次座谈会事致赵志忠通知。

## 璧山县政府为各区办事处及驻乡辅导员有调派乡丁传达公文公物权一事致华西实验区总办事处的函

1949年5月20日,璧山县政府致函华西实验区总办事处,关于各区办事处及驻乡辅导员有调派乡丁传达公文公物权一事请遵照前令办理。

## 璧山第三辅导区办事处为发放证章事给华西实验区总办事处的呈

1949年4月,璧山第三辅导区办事处呈文华西实验区总办事处,张和鸣等证章已经收授并转发,请总办事处发放赵志忠等证章。

## 华西实验区总办事处第三次工作检讨月会记录

1949年9月7日,华西实验区总办事处第三次工作检讨月会记录,决议事项共五大项。

## 华西实验区成立三周年纪念文稿

1949年,华西实验区成立三周年纪念文稿,《我们为什么要办传习报》《控诉》《报、报,请看传习报》《一个农村地主的话》《传习报》排版样稿等。

## 华西实验区总办事处致各辅导区办事处的通知

1949年11月23日,华西实验区总办事处为附发农地统租分佃办法事致各辅导区办事处通知。附农业社办理农地统租分佃办法。

## 江津第一辅导区办事处致华西实验区总办事处的代电

1949年11月7日至9日,江津第一辅导区办事处为农地减租工作资料不能如期填报、民教主任兼农地减租工作登记员津贴事致华西实验区总办事处代电。

## 华西实验区总办事处致江津第一辅导区办事处的通知

1949年11月23日,华西实验区总办事处为民教主任兼登记员公旅费津贴事致江津第一辅导区办事处通知。

## 巴县第一辅导区办事处为农业合作社租田转佃事给华西实验区总办事处的呈

1949年5月18日,巴县第一辅导区办事处呈文华西实验区总办事处,请示该区土主乡第十一等社学区租田转佃由集体承租如何办理。

## 华西实验区总办事处致各辅导区办事处的通知

1949年5月29日,华西实验区总办事处为附发合作社租地合约格式、合作社佃地出租办法事致各辅导区办事处通知。附农业合作社租地合约格式、农业合作社佃地出租办法。

### 华西实验区总办事处致巴县第一辅导区办事处的通知

1949年5月29日,华西实验区总办事处为合租社租田转佃办法事致巴县第一辅导区办事处通知。附发租约格式和出租办法。

### 璧山第一辅导区办事处为推广农业繁殖事给华西实验区总办事处的呈

1949年4月1日,璧山第一辅导区办事处呈文华西实验区总办事处,请准予城北乡温家湾农业生产合作社为推广农业繁殖拟购社田一事。

### 华西实验区辅导示范农业生产合作社工作计划草纲

华西实验区辅导示范农业生产合作社工作计划草纲,有土地分配、农业经营两大部分。

### 李鸿钧、薛觉民为创置社田办法拟具意见事给华西实验区总办事处的呈

1949年6月7日,李鸿钧、薛觉民呈文华西实验区总办事处,请示有关创置社田办法拟具意见可否。

### 华西实验区总办事处致北碚区办事处的通知

1949年6月17日,华西实验区总办事处为核覆创办社田办法事致北碚区办事处通知。

### 华西实验区总办事处致各辅导区主任、辅导员、示范校校长、民教主任的代电

1949年9月6日,华西实验区总办事处为农地减租工作协助政府推行事致各辅导区办事处主任、辅导员、示范校校长、民教主任代电。

### 璧山县县长徐中晟为商讨推行农地减租工作事致第三行政督察区专员孙则让的函

1949年9月8日,璧山县县长徐中晟致函第三行政督察区专员孙则让,请莅临指导本月9日召开的商讨推行农地减租工作的会议。

### 华西实验区总办事处致巴县县政府的代电

1949年9月9日,华西实验区总办事处为歇马乡地主反对农地减租事致巴县县政府代电。

### 华西实验区总办事处致巴县第二辅导区驻马乡辅导员彭苾北的通知

1949年9月9日,华西实验区总办事处为查明法办地主反对农地减租事致巴县第二辅导区辅导员彭苾北通知。

### 巴县第二辅导区驻马乡辅导员彭苾北为事给华西实验区总办事处的呈

1949年9月6日,巴县第二辅导区驻马乡辅导员彭苾北呈文华西实验区总办事处,据该乡第十三社学区民教主任王志杰称,该社学区一般顽固地主反对

农地减租,仇视农业合作社,并以撤佃威胁农民,经查确属实情。请总办事处派员处理。抄附原呈。

### 璧山县政府为农地减租事致华西实验区总办事处的函

1949年9月6日,璧山县政府致函华西实验区总办事处,请转饬各乡镇及辅导员、民教主任、暨农业合作社等遵照农地减租推行办法及农地减租开会日程表办理此事。附会文副本。

### 巴县第一辅导区办事处为协办农地减租事给华西实验区总办事处的呈

1949年9月8日,巴县第一辅导区办事处呈文华西实验区总办事处,本区商讨协助农地减租工作会议情形。附会议记录。

### 华西实验区总办事处致巴县第二辅导区办事处的通知

1949年9月21日,华西实验区总办事处为驻马乡地主反对农地减租已电请巴县县政府处理事致巴县第二辅导区办事处通知。

### 巴县县政府为准电地主反对农地减租派员查明法办事致华西实验区总办事处的函

1949年9月19日,巴县县政府致函华西实验区总办事处,批准派员查明法办驻马乡十三社学区地主反对农地减租事。

### 华西实验区总办事处致璧山6个辅导区办事处的通知

1949年9月28日,华西实验区总办事处为农地减租非社员是否填表登记事致璧山6个辅导区办事处通知。

### 巴县县政府为印制农佃户缴租登记表分发各区应用事致华西实验区总办事处的函

1949年9月24日,巴县县政府致函华西实验区总办事处,批准有关印制佃户缴租登记表分发各区应用事。

### 华西实验区为印制地租约存根副本事致重庆民间出版社的函

1949年9月27日,华西实验区总办事处致函重庆民间出版社,请送印制地租约存根副本费用估价单以作参考。

### 铜梁合作纸厂为印制地租约存根副本事致华西实验区总办事处的函

1949年10月2日,铜梁合作纸厂致函华西实验区总办事处,将送交重庆民间出版社黄表古纸以印制农地减租契约存根副本。

### 华西实验区总办事处为巴一区农地减租座谈会问题结论记录事致巴县县政府的函

1949年10月6日,华西实验区总办事处致函巴县县政府,请依照政府减租法解答巴县第一辅导区有关农地减租座谈会问题结论记录是否正确。

### 华西实验区总办事处致巴县第一辅导区办事处的通知

1949年10月6日，华西实验区总办事处为巴一区农地减租座谈会记录已送巴县县政府依法解答事致巴县第一辅导区办事处通知。

### 巴县第一辅导区办事处为报送本区农地减租工作座谈会记录事给华西实验区总办事处的呈

1949年9月19日，巴县第一辅导区办事处呈文华西实验区总办事处，本区已于9月14日召开协助农地减租工作第一次座谈会，现将本次座谈会会议记录附送总办事处。附本区协助农地减租工作第一次座谈会记录。

## 9-1-196

### 四川省第三区行政督察专员暨保安司令公署给璧山县政府训令

1947年4月16日，四川省第三区行政督察专员暨保安司令公署为转饬省府有关废止指纹代替相片暂行办法事给璧山县政府训令。

### 四川省第三区行政督察专员暨保安司令公署给璧山县政府代电

1947年9月16日，四川省第三区行政督察专员暨保安司令公署为县合作指导员人事调整事给璧山县政府代电。

### 华西实验区合作社物品供销处1950年下年度布匹产销书

1950年6月下旬，华西实验区合作社物品供销处1950年下年度布匹产销统计书。

### 华西实验区合作社物品供销处二八布生产计划及办法

1950年11月，华西实验区合作社物品供销处二八布生产计划及办法，共14条。

### 华西实验区机织生产合作事业报告书

1949年12月，华西实验区机织生产合作事业报告书，包括合作社物品供销处业务概况，共六大项。

### 华西实验区合作社物品供销处1950年1至8月份业务概况

华西实验区合作社物品供销处1950年1至8月份业务概况，共四条。

### 璧南大台布购运销计划及办法

1950年10月25日，璧南大台布购运销计划及办法，共十条。

### 璧山机织生产合作业务概况报告

璧山机织生产合作业务概况报告,分为解放前、解放后两部分。

### 关于发展璧山合作事业的几点意见

关于发展璧山合作事业的几点意见,共5条。

### 华西实验区合作社物品供销处制造纸浆计划

华西实验区合作社物品供销处制造纸浆计划,共四大项。

### 华西实验区合作社物品供销处组织规程草案

1950年1月7日,第十四次华西实验区处务会议通过华西实验区合作社物品供销处组织规程草案,共19条。

### 华西实验区组织系统图及员工编制表

华西实验区组织系统信息,由该处组织系统图、该处员工编制表组成。

### 华西实验区合作社物品供销处二八布新标准及登记办法

华西实验区机织生产合作社物品供销处二八布新标准及登记办法,共6条。

### 有关恢复生产提高布匹品质及二八布规格标准、登记办法公告

1950年11月13日,有关恢复生产提高布匹品质及二八布规格标准、登记办法公告。

### 中国人民银行璧山支行、华西实验区收回机织生产合作社贷纱本息办法

华西实验区合作社贷纱本息办法,共10条。

### 华西实验区合作社物品供销处办理青木关纸浆业务计划概要

1950年11月7日,华西实验区合作社物品供销处办理青木关纸浆业务计划概要,共5条。

### 华西实验区合作社物品供销处1950年业务计划

华西实验区合作社物品供销处1950年业务计划。

### 《渝北日报》临时版周刊第七号

1949年8月15日,《渝北日报》临时版周刊第七号,共两版。

### 《渝北日报》临时版第五十号

1944年11月23日,《渝北日报》临时版第五十号,共两版。

### 《乡建工作通讯》第一卷第一期

1949年1月15日,华西实验区出版《乡建工作通讯》第1卷第1期,共4版。

### 江津蛆柑防治队本队人员调动名单

江津蛆柑防治队本队人员调动名单，共7条。

### 江津蛆柑防治队领队调动通知

江津蛆柑防治队领队调动通知，共7条。

### 江津蛆柑防治队总领队给第十六分队通知

1949年8月23日，江津蛆柑防治队总领队为第十六分队领队奉命调职事给第十六分队通知。

## 9-1-197

### 华西实验区家畜保育工作站概况

华西实验区家畜保育工作站概况，共7部分。

### 牛瘟注射及猪疫防治的经过概述

牛瘟注射及猪疫防治的经过概述，共5部分。

### 种猪场近况

种猪场近况，共4部分。

### 璧山第一辅导区办事处为报送1949年7月份工作报告事呈华西实验区总办事处报告

1949年8月3日，璧山第一辅导区办事处报告华西实验区总办事处，请查核本区本年7月份工作报告。

### 北碚办事处为报送1月份至6月份工作期报事呈华西实验区总办事处报告

1949年8月5日，北碚办事处报告华西实验区总办事处，请查核本区1月份至6月份工作期报。附工作期报一份。

### 北碚区管理局民教部传习处学生期终测验办理（1949年上期）

### 识字测试教材

### 北碚辅导区7月份工作月报

北碚辅导区1949年7月份工作月报，共四大项。

### 北碚办事处为报送8月份工作报告及各辅导员5、6、7月份工作月报表事呈华西实验区总办事处报告

1949年8月5日，北碚办事处报告华西实验区总办事处，请查核本区8月份工作报告及各辅导员5、6、7月份工作月报表。

**璧山县第一辅导区各乡示范保校概况统计表**

**璧山第一辅导区办事处为报送本区1949年1月份至6月份工作报告事呈华西实验区总办事处报告**

1949年7月30日，璧山第一辅导区办事处报告华西实验区总办事处，请查核本区本年1月份至6月份工作报告。附1月份至6月份工作报告。

**华西实验区农业组工作报告**

**璧山第一辅导区优良品种推广统计表**

**华西实验区总办事处为本区三周年纪念撰稿等事给丛刊编纂处通知**

1949年10月28日至11月3日，华西实验区总办事处为本区三周年纪念撰稿及文稿编辑等事给丛刊编纂处通知。附本区三周年纪念大会书刊展览资料纂集办法。

**华西实验区总办事处第二次处务会议记录**

1949年11月1日，华西实验区总办事处第二次处务会议记录，共十大项。

**华西实验区总办事处主任孙则让经孙伏园转给关白辉等人通知**

1949年10月3日，华西实验区总办事处主任孙则让为聘关白辉、李若士、余鸿成等人为本区专门干事事经孙伏园转给关白辉等人通知。

**华西实验区总办事处为领余款事给北碚辅导区办事处通知**

1950年1月31日，华西实验区总办事处为从总部领取余款作为2月份经费事给北碚辅导区办事处通知。附便条。

**陈家乡第二社学区合作社社员文巨光等人为请总办事处令饬辅导员张柔、民教主任徐中伦另行开会依法选举以维护农民权益事呈华西实验区总办事处主任孙则让报告**

1949年11月9日，陈家乡第二社学区合作社社员报告华西实验区总办事处主任孙则让，合作社现所选出的理事主席黄玉林、主席经理王道培、司库陈国梁等人均为富绅并非自耕农及佃农，不符合充任学区合作社重要职务条件。请总办事处令饬辅导员张柔、民教主任徐中伦等另行开会依法选举合法人员以维护农民权益。

**璧山县临时人民解放委员会为令丁家、来凤两乡镇公所对存放物资妥为保护事致华西实验区总办事处函**

1949年12月10日，璧山县临时人民解放委员会致函华西实验区总办事处，请令丁家、来凤两乡镇公所对存放物资妥为保护。

### 华西实验区总办事处为暂借璧山仓存棉织事致璧山县临时人民解放委员会函

1949年12月7日,华西实验区总办事处致函璧山县临时人民解放委员会,总办事处仓存棉织备货自应照借临时委员会。

### 璧山县临时人民解放委员会为暂借华西实验区璧山仓存棉织事致华西实验区总办事处函

1949年12月6日,璧山县临时人民解放委员会致函华西实验区总办事处,请暂借华西实验区璧山仓存棉织以济急需。

### 华西实验区总办事处为来凤、丁家两供销分站对存放物资妥为保护事致璧山县临时人民解放委员会函

1949年12月8日,华西实验区总办事处致函璧山县临时人民解放委员会,请转饬来凤、丁家两供销分站对存放物资妥为保护。

### 四川省农业改进所璧山农业推广处于孝思为对各乡设置农林馆一事致华西实验区总办事处秘书室主任郭准堂函

1949年12月,四川省农业改进所璧山农业推广处于孝思致函华西实验区总办事处秘书室主任郭准堂,对各乡设置农林馆一事,已就良种推广、农业贷款、病虫害防治、兽疫防治四大单元分别草拟,请转陈核订并给予建议。附良种推广、农业贷款、病虫害防治、兽疫防治等概况表。

### 四川省第三区行政督察专员兼保安司令公署为棉纱配售事致华西实验区总办事处函

1948年12月6日,四川省第三区行政督察专员兼保安司令公署致函华西实验区总办事处,请转知璧山县机织生产合作社联合社,因限价供应市场亏损,棉纱一时无法配售,须候中央核此定价再予酌量洽售。

### 中国农民银行璧山办事处为派员看管仓存纱布事致华西实验区总办事处函

1949年4月28日,中国农民银行璧山办事处致函华西实验区总办事处,已派职员高德藩会同总办事处驻仓人员常驻仓库看管纱布。

### 璧山第三辅导区办事处为本区工作情况受重庆参议会污蔑事呈华西实验区总办事处报告

1949年5月5日,璧山第三辅导区办事处报告华西实验区总办事处,其工作情况受重庆参议会污蔑,请示总办事处是否应由各合作社将辅导区工作真实情况向社会作一公开文字声明以正是非。

**华西实验区江北县第二辅导区办事处为拟请华西实验区教育组组长薛觉民莅临该区民教主任讲习班担任专题讲授事致华西实验区教育组组长薛觉民函**

1949年5月10日,华西实验区江北县第二辅导区办事处致函华西实验区教育组,拟请华西实验区教育组组长薛觉民莅临该区民教主任讲习班担任专题讲授。

**华西实验区总办事处为璧山县救济院请予发赠棉纱等事给璧山第一辅导区办事处通知**

1949年5月12日至7月2日,华西实验区总办事处为璧山县救济院请予发赠棉纱或组社贷纱、城南乡第五保织户拟请设立机织生产合作社、璧一区组织机织生产合作社、检发县政府指令等事给璧山第一辅导区办事处通知。附便条。

**璧山第一辅导区办事处为璧山县救济院转请发赠棉纱等事呈华西实验区总办事处报告**

1949年4月25日至6月21日,璧山第一辅导区办事处报告华西实验区总办事处,转知璧山县救济院请求发赠棉纱、城南乡第五保织户请求设立机织生产合作社及请示璧一区组织机织生产合作社等事。

**璧山税捐稽征处为暂行借贷棉纱事致华西实验区总办事处函**

1949年5月21日,璧山税捐稽征处致函华西实验区总办事处,请暂行借贷棉纱以济各公教机关薪给急需。附便条。

**璧山县政府为转璧山县土布同业公会请求承织军布以维护失业工人生计事给四川省第三区行政督察专员兼保安司令公署代电**

1949年6月17日,璧山县政府为该县布厂停闭数万工人失业转璧山县土布同业公会请求承织军布以维护劳工生计事给四川省第三区行政督察专员兼保安司令公署代电。

**华西实验区总办事处为拨给棉纱事致璧山县救济院函**

1949年6月17日,华西实验区总办事处致函璧山县救济院,有关拨给棉纱以作救济人员工作资本一事歉难照办。

**璧山县救济院为发给棉纱事致华西实验区总办事处函**

1949年4月23日,璧山县救济院致函华西实验区总办事处,请惠发棉纱以作救济人员工作资本。

**璧山县政府为省府令本年度完成乡镇保合作社事致华西实验区总办事处函**

1949年8月17日,璧山县政府致函华西实验区总办事处,璧山县政府配合华西实验区工作协同推动机织生产及农业生产合作组织，璧山县尚未完成之乡镇保拟予暂后办理。

### 璧山县政府为派员指导更正借纱书表事致华西实验区总办事处函

1949年8月22日，璧山县政府致函华西实验区总办事处，已派合作指导员两名前往第四辅导区指导更正借纱书表。

### 华西实验区总办事处为检寄领支经费物资等事给华西实验区合作组通知

1949年8月25日至9月12日，华西实验区总办事处为检寄领支经费物资及报销办法、转知本区工作人员因公出差旅费支用报销办法、检送出差工作日记格式及本处第三次工作检讨月会记录等事给华西实验区合作组通知。附华西实验区所属各单位领支经费物资及报销办法、华西实验区工作人员因公出差旅费支用报销办法、总办事处第三次工作检讨月会会议记录。

### 璧山县政府为检送中北机织生产合作社清算终结报告书表审核通知单事致华西实验区总办事处函

1949年6月22日，璧山县政府致函华西实验区总办事处，批准检送璧山县中北机织生产合作社清算终结报告书表。

### 华西实验区总办事处为检发合作社职员守则事给巴县、璧山、北碚各辅导区通知

1949年8月4日，华西实验区总办事处为检发合作社职员守则事给巴县、璧山、北碚各辅导区通知。

### 资源委员会中央机器有限公司重庆营业所为华西实验区拟采购机器事致华西实验区总办事处函

1949年8月9日，资源委员会中央机器有限公司重庆营业所致函华西实验区总办事处，请查收该公司机器出品目录一册。

### 璧山各辅导区暨巴县一、二辅导区所属示范校工作座谈会记录

## 9-1-198

### 华西实验区总办事处为开办费支出凭证等事给璧山第五辅导区办事处通知

1949年4月23日至11月19日，华西实验区总办事处为开办费支出凭证及财产目录、3月份薪津及公旅等费支出凭证、三四月份公费单据、三四月份伙食津贴单据、4月份食米单据、桐苗费单据、公旅费单据、修理费原始单据、拨发增加设备费、辅导员伍兴元已领款米应扣清伙食余额、工役萧福忠实领工饷情形、

赵德勋辅导员兼任职务3月份至8月份公旅费及生活补助费、宿费单据等事给璧山第五辅导区办事处通知。

**璧山第五辅导区办事处为报送辅导区修理费单据等事呈华西实验区总办事处报告**

1949年4月4日至7月27日，璧山第五辅导区办事处报告华西实验区总办事处，请发增加设备经费及查收辅导区开办费支出凭证及财产目录、修理费原始单据及报账单。附：璧山第五辅导区办事处请求增加设备经费预算表、璧山第五辅导区办事处报账单、璧山第五辅导区办事处财产目录。

**苏正嘉为宿费发票事经璧山第五辅导区办事处转呈华西实验区总办事处报告**

1949年11月5日，苏正嘉报告华西实验区总办事处，为协助农复会人员工作计用去宿费2元4角，现一并检附原函及发票。

**辅导员赵德勋为兼任职务3月份至8月份公旅费及生活补助费事经璧山第五辅导区办事处转呈华西实验区总办事处报告**

1949年8月5日，辅导员赵德勋报告华西实验区总办事处，自3月份起兼任龙溪乡辅导员一职以来，奔走两地，公旅费负担甚重，生活无法维持。故请总办事处发给3月份至8月份公旅费及生活补助费以缓解困难。

**工役萧福忠为实领工薪事经璧山第五辅导区办事处转呈华西实验区总办事处报告**

1949年6月29日，工役萧福忠报告华西实验区总办事处，5月份实领1元5角，请总办事处核办。

**华西实验区总办事处为公旅费单据等事给璧山第四辅导区办事处通知**

1949年5月7日至1950年1月2日，华西实验区总办事处为1月份及三四月份公旅费单据、佃修员工宿舍费用、该区主委特别办公费、该区督学薪金何处支给、辅导员赴荣昌购猪旅费报销、民教主任报销清册、工友工作情形、农地减租工作旅费、嘱领民教主任一名薪津等事给璧山第四辅导区办事处通知。

**璧山第四辅导区办事处为工友工作情形等事呈华西实验区总办事处报告**

1949年4月21日至12月25日，璧山第四辅导区办事处报告华西实验区总办事处，请示总办事处璧山区督学严丕显薪金应由何处支给；请查收璧山区民教主任报销清册一份、璧山区财产增减目录表两份；璧山区办事处以全通公路计距璧山35公里，距渝111公里；办事处工友两名于解放前后均在办事处工作未曾离去，自12月份起将留用一人在处继续工作；璧山教专会发放11月份民教薪金遗漏一名，请准予补发。附回复准予补发。

### 璧山第四辅导区办事处干事阮登隅为农地减租旅费事呈华西实验区总办事处报告

1949年10月24日至11月11日，璧山第四辅导区办事处干事阮登隅报告华西实验区总办事处，请核发农地减租工作暂行垫付的旅费；辅导区农地减租工作旅费未按照总办事处"实报实支"的规定，而由每人均摊实为不公平，请总办事处核查。

### 璧山县教育专门委员会为5月份民教主任人数更正等事致华西实验区总办事处函

1949年5月2日至11月25日，璧山县教育专门委员会致函华西实验区总办事处，该县5月份民教主任人数上半月为261人，下半月为262人，请予以更正；请查收发粮通知单第三联15份；本会接获发米通知单时即已全部发放，因而超发部分无法扣还；总办事处所列民教主任人数仅为255人，计差6人，请于发放下半月薪津时补足上半月差额；自6月份起本县民教主任总数仍为262人；6月份本县民教主任人数上半月为263人，下半月为264人；请补发新增民教主任傅兴琏等3人6月份薪津；请查收5月份至11月份民教主任薪津报销表据；请查收7月份民教主任名册一份；请查收1月份至4月份核发民教食米统计表4份；请查收1月份至4月份食米拨发情况说明；已转知各区办事处有关提前发放12月份及下一年1月份民教主任薪津一事；除发放民教薪津外，黄谷实际结余部分散存各征收处，目前无法发出，特按市价折合银币2006.1元随函附送以惠予核销。附银币2006.1元。

### 华西实验区总办事处为补发薪津等事致璧山县教育专门委员会函

1949年6月6日至10月24日，华西实验区总办事处致函璧山县教育专门委员会，因5月份民教主任人数计差6人，故批准更正下半月补发薪津数额；批准城西乡增设民教主任1人；批准6月份民教主任总数为262人；补发民教主任傅兴琏等3人6月份薪津歉难办理；批准5月份至8月份民教主任经费报销表册；批准7月份民教主任名册；有关1月份至4月份民教主任报销清册是否有错拟请定期会面结算；请将代购黄谷结余部分拨还本处以作他用；送发民教主任经费报销清册格式。附民教主任经费报销清册格式。

### 綦江县政府为寄还拨米通知第三联及查告米价等事致华西实验区总办事处函

1949年5月25日至7月8日，綦江县政府致函华西实验区总办事处，请早日发还垫付食米款项；批准寄还拨米通知第三联并由两区主任随时查告米价；批准查明未接到食米通知单究竟属于何区，并将食米折合银圆标准见复；请查收垫付食米结账清单及借用黄谷清单。附綦江县垫付食米结算清单。

## 华西实验区总办事处为开列垫付各辅导区食米应早归还事致綦江县政府函

1949年6月21日至6月24日，华西实验区总办事处致函綦江县政府，请检送垫付食米结算清单及拨米通知；县府所垫付食米在核对报表后即拨款送还。

## 华西实验区总办事处为批准增设督办员等经费等事致永川县政府函

1949年10月22日至11月23日，华西实验区总办事处致函永川县政府，第二期经费正编预算提存领到后即照拨付县府；批准增设督办员等经费预算并静候县府派员洽领。

## 永川县政府为辅导员及民教主任正式领据事致华西实验区总办事处函

1949年11月3日，永川县政府致函华西实验区总办事处，检送辅导员及民教主任正式领据，请查收。

## 永川县政府为增设督办员等事给华西实验区总办事处代电

1949年10月，永川县政府为增设督办员、登记员经费预算事给华西实验区总办事处代电。

## 江北县政府为代购黄谷已如数付清及偿还驻县第一、第二辅导区所借县公粮等事致华西实验区总办事处函

1949年6月2日至10月11日，江北县政府致函华西实验区总办事处，江北第一、第二辅导区所发食谷系由县公粮垫付，请总办事处速予归还；除部分归还黄谷价款注销外，其余尚欠部分请速还；请拨付银圆价款以便办理已代购黄谷购还手续；请归还驻县第一、第二辅导区所借谷价款；请拨发第一、第二辅导区所借县公粮谷价款以便购谷；本府邹科员所携回款项已如数代付谷价并已偿还驻县第一、第二辅导区所借县公粮。

## 华西实验区总办事处为江北第一、第二辅导区借谷价款事致江北县政府函

1949年6月21日至9月21日，华西实验区总办事处致函江北县政府，请将谷价按银圆计算见告以便办理拨款手续；准嘱送还所借谷价款；请于9月11日派员携据票领取谷价款；偿还第一、第二辅导区所借县公粮价款已由县府邹科员携回。

## 稻田养鱼法

稻田养鱼法，共四大项。

## 华西实验区1948年度合作事业推进计划

华西实验区1948年度合作事业推进计划，分甲（机织生产合作社）、乙（造纸生产合作社）、丙（农业生产合作社）、丁（贷款实施要点）四部分。

### 华西实验区总办事处为贷纱事给辅导员赵志忠通知

1949年8月18日,华西实验区总办事处为让员监放机织社贷纱事给辅导员赵志忠通知。

### 机织社为发放贷纱事致辅导员赵志忠函

1949年11月3日,机织社致函赵志忠,本社此次发放原料贷纱无任何不法情事,今后若查出当承担一切法律责任。

### 璧山县中兴乡大字号农业生产合作社1949年度业务计划表

1949年10月15日起至12月31日止,璧山县中兴乡大字号农业生产合作社1949年度业务计划表,共6项。

### 华西实验区总办事处为农社仔猪贷款等事给璧山第三辅导区通知

1949年11月11日至11月15日,华西实验区总办事处为农社仔猪贷款、附发乡镇概况表填报事给璧山第三辅导区通知。

### 璧山县转龙乡六个学区第一期成人补习人数及成绩统计表

1948年4月,璧山县转龙乡六个学区第一期成人补习人数及成绩统计表。

### 璧山县教育专门委员会为优良教师奖助金核发办法等事给璧山第五辅导区办事处通知

1948年6月30日至9月26日,璧山县教育专门委员会为优良教师奖助金核发办法、民教主任总奖金办理、各级教员民教主任福利金发放、教师福利社筹组、私立小学校长教员福利金发给、检送示范校校长教员、民教主任改核表配发各乡辅导员按月填报等事给璧山第五辅导区办事处通知。附优良教师奖助金核发办法。

### 璧山第五辅导区办事处为民教主任奖金分配事致璧山县教育专门委员会函

1948年7月14日,璧山第五辅导区办事处致函璧山县教育专门委员会,本区有关分配民教主任奖金会议已于7月11日召开,并决议奖金分配方式。请查收璧五区分配1948年度6月份民教主任奖金会议记录一份。

## 9-1-199

### 华西实验区总办事处为检送正兴乡会兴街机织社图模暨职员印鉴纸事致璧山县政府函

1949年11月3日,华西实验区总办事处致函璧山县政府,请存查正兴乡会兴街机织社图模暨职员印鉴纸一份。

## 正兴乡会兴街机织生产合作社为启用图记日期及印模事呈华西实验区总办事处报告

1949年9月,正兴乡会兴街机织生产合作社报告华西实验区总办事处,本社于9月20日启用图记开始业务,请查核图模暨职员印鉴纸一份。附图模暨印鉴纸。

## 华西实验区总办事处为检发璧山县政府指令事给璧山第三辅导区办事处通知

1949年6月4日至9月10日,华西实验区总办事处为检发璧山县政府指令事给璧山第三辅导区办事处通知。

## 正兴乡会兴街机织生产合作社为筹备组织机织生产合作社事呈华西实验区总办事处报告

1949年3月1日,正兴乡会兴街机织生产合作社报告华西实验区总办事处,机织生产合作社成立大会已定于3月9日召开,请总办事处派员莅临指导。

## 璧山县正兴乡会兴街机织生产合作社1949年度业务计划表

1949年3月7日起至12月31日止,璧山县正兴乡会兴街机织生产合作社1949年度业务计划表,共6项。

## 璧山县正兴乡会兴街机织生产合作社成立登记申请书

1949年3月7日,璧山县正兴乡会兴街机织生产合作社成立登记申请书呈华西实验区总办事处。附该社创立会决议录。

## 璧山第三辅导区办事处为正兴乡会兴街机织社办理具报事致华西实验区总办事处报告

1949年8月14日,璧山第三辅导区办事处报告华西实验区总办事处,正兴乡会兴街机织社社员名号已根据1947年户籍重新编组后依法申请登记。请核查各项书表。

## 璧山县政府为检送合作社成立登记申请书表审核通知单事呈华西实验区总办事处函

1949年5月26日至9月6日,璧山县政府致函华西实验区总办事处,请查收正兴乡会兴、正兴街机织生产合作社成立登记申请书表审核通知单;经核正兴乡会兴街机织社社员除不合条件者其余皆准予登记。

## 璧山县正兴乡会兴街机织生产合作社章程

1949年3月7日,璧山县正兴乡会兴街机织生产合作社章程,共30条。附全体社员签名盖章。

### 璧山县正兴乡会兴街机织生产合作社个人社员名册

1949年3月,璧山县正兴乡会兴街机织生产合作社个人社员名册。

### 璧山县正兴乡会兴街机织生产合作社创立会决议录

1949年3月12日,璧山县正兴乡会兴街机织生产合作社创立会决议录。

### 华西实验区总办事处主任孙则让为合作社贷款申请事致巴县西彭乡泥璧陀特种美烟生产合作社理事会主席周渊如函

1949年8月18日,华西实验区总办事处主任孙则让致函巴县西彭乡泥璧陀特种美烟生产合作社理事会主席周渊如,关于合作社贷款申请一事,可早为申请,以期达到实际协助合作社增加生产之目的。

### 周渊如草拟见危建议书——民生主义实施办法

见危建议书——民生主义实施办法,周渊如草拟。包括经济改革方案、土地改革方案、军事改革方案、生产政策方案等部分。

### 巴县西彭乡泥璧陀特种美烟生产合作社理事会主席周渊如为见危建议书等事致华西实验区总办事处主任孙则让函

1949年8月4日,巴县西彭乡泥璧陀特种美烟生产合作社理事会主席周渊如致函华西实验区总办事处主任孙则让,为应对当前危机自拟有见危建议书(民生主义实施办法),请向当局建议;遵照总办事处领发贷款规定办法,已拟具贷款申请书,请批准以利扩大生产。

### 华西实验区总办事处为贷放美烟贷款事给巴县第八辅导区办事处通知

1949年7月21日至8月18日,华西实验区总办事处为贷放美烟贷款事给巴县第八辅导区办事处通知。

### 巴县第八辅导区办事处为请核准贷放美烟贷款事呈华西实验区总办事处报告

1949年6月8日至7月30日,巴县第八辅导区办事处报告华西实验区总办事处,请总办事处核准贷放美烟贷款以资推广;复请总办事处核准有关美烟贷款以利乡建工作。

### 巴县西彭乡泥璧陀特种美烟生产合作社借款申请书

1949年6月,巴县西彭乡泥璧陀特种美烟生产合作社借款申请书。附业务经营计划、概况表、章程及社员名册。

### 华西实验区总办事处为美烟贷款贷放等事给巴县第一辅导区办事处通知

1949年6月16日至8月20日,华西实验区总办事处为美烟贷款贷放、拟介聘用之工作人员已登记事给巴县第一辅导区办事处通知。

**巴县第一辅导区办事处为报送虎溪乡第八社学区农业生产合作社种美烟社员登记表及烤房预算表等事呈华西实验区总办事处报告**

1949年6月6日至8月18日，巴县第一辅导区办事处报告华西实验区总办事处，请查核陈荣厚等三人履历表并聘用为本区工作；呈送虎溪乡第八社学区农业生产合作社种美烟社员登记表及烤房预算表。报请总办事处核贷。附登记表及预算表。

**华西实验区总办事处为请介沈世昌事给巴县第七辅导区办事处通知**

1949年9月10日，华西实验区总办事处为请介沈世昌来本处一谈事给巴县第七辅导区办事处通知。

**私立正阳法学院为本院毕业学生请介参加乡村建设工作事致华西实验区总办事处函**

1949年8月19日，私立正阳法学院致函华西实验区总办事处，本院法律及会计专修科毕业学生有志参加乡村建设工作，故开具名册请总办事处查录。

**华西实验区总办事处为介绍学生参加乡建工作事致私立正阳法学院函**

1949年8月24日，华西实验区总办事处致函私立正阳法学院，对介绍该校毕业学生参加乡建工作，待需用法律会计专才时再分别洽聘。

**璧山县农会为本会职员改选结果情形事致巴璧实验区函**

1947年10月31日，璧山县农会致函巴璧实验区，因本会职员任期届满，故各乡农会选派代表参加县农会职员改选，请查收改选结果名单。

**北碚参议会为民教工作经费补助事致华西实验区函**

1947年8月12日，北碚参议会致函华西实验区，因北碚仿照巴璧实验区办法用民教力量推行地方建设自筹经费不足，故请发款补助以利工作进行。

**璧山县县教育会为本会职员改选结果情形事致华西实验区璧山办事处函**

1947年12月2日，璧山县县教育会致函华西实验区璧山办事处，因该会职员任期届满，故各乡镇教育会选派代表参加县教育会职员改选，请查收改选结果名单。

**华西实验区办事处为告知巴璧实验区已改名华西实验区事致中国农民银行璧山分理处等部门函**

1947年11月11日，华西实验区办事处致函璧山县政府、璧山县参议会、璧山县党部、璧山县青年团部、四川省农业改进会第三农业推广辅导区、璧山县农会、璧山县教育会、璧山县商会、璧山县工会、北碚管理局、中国农民银行璧山分理处，因该区实验工作推广至永川、铜梁、荣昌、北碚等地，故原名巴璧实验区不再适用,现改名为华西实验区。附印模。

### 四川省第三区行政督察专员兼保安司令公署为永川县呈请巴璧实验区至该县推广实验工作事致巴璧实验区办事处函

1947年11月7日,四川省第三区行政督察专员兼保安司令公署致函巴璧实验区办事处,批准将永川县列为巴璧实验区平教实验县。附原提案抄件。

### 乡村建设学院研习指导部为传习导师聘书事致华西实验区函

1947年11月13日,乡村建设学院研习指导部致函华西实验区,巴县歇马乡传习处各传习导师聘书还未发出,请贵区尽快将印制聘书寄来以便填发。

### 华西实验区办事处为永川县呈请列为巴璧实验区平教实验县事致四川省第三区行政督察专员兼保安司令公署函

1947年11月11日,华西实验区办事处致函四川省第三区行政督察专员兼保安司令公署,案准将永川县列为巴璧实验区平教实验县。

### 华西实验区办事处为核寄传习导师聘书事致乡村建设学院研习指导部函

1947年11月15日,华西实验区办事处致函乡村建设学院研习指导部,请查收传习导师聘书50份。

### 华西实验区社会调查室为住屋修置费用事致华西实验区总务组函

1949年3月28日,华西实验区社会调查室致函华西实验区总务组,狮子乡住房修置楼梯材料及工资费黄谷二石三斗以3月27日市价折算合金圆36500元整。

### 巴县第四辅导区办事处为该区办公费寄收事呈华西实验区总办事处报告

1949年2月17日,巴县第四辅导区办事处报告华西实验区总办事处,该区每月办公费请寄重庆民权路通惠银行办公室主任丁仲贤收。

### 巴县第七辅导区办事处为该区办公费寄收事呈华西实验区总办事处报告

1949年2月17日,巴县第七辅导区办事处报告华西实验区总办事处,该区每月办公费请寄重庆林森路260号协和金号王天一收。

### 巴县第四、第五、第六、第八、第十一辅导区办事处为领款代收事呈华西实验区总办事处报告

1949年2月21日,巴县第四、第五、第六、第八、第十一辅导区办事处报告华西实验区总办事处,各区办事处领款代收处已开附清单,以后即按单列各代领人发给经费。附领款代收处清单。

### 华西实验区总办事处为国立四川大学毕业生来实验区工作事致国立四川大学函

1949年7月12日至8月10日,华西实验区总办事处致函国立四川大学,国立四川大学毕业生张公廉、龙馨如来区工作至表欢迎,唯当下尚无相宜工作,故先于登记在案,容有相应之机必当邀约。

### 国立四川大学为请介本校毕业生来实验区工作事致华西实验区总办事处函

1949年6月9日至6月20日,国立四川大学致函华西实验区总办事处,该校经济系毕业生张公廉、龙馨如有意参加实验区工作,请考虑录用。

### 华西实验区总办事处主任孙则让为川大毕业生有志来实验区工作事致瞿菊农函

1949年7月16日,华西实验区总办事处主任孙则让致函瞿菊农,川大毕业生龙德广、程济栋可先行存记,待实验区工作扩展之机,即相邀约。

### 瞿菊农为川大毕业生有志来实验区工作事致华西实验区总办事处主任孙则让函

1949年7月5日,瞿菊农致函华西实验区总办事处主任孙则让,张博和先生来函介绍川大经济系毕业生龙德广、农艺系毕业生程济栋,嘱为安插工作,请实验区先行存记为以后实验区工作扩展之用。

### 国立四川大学校长黄季陆为本校毕业生参加实验区乡建工作事致华西实验区总办事处函

1949年6月9日,国立四川大学校长黄季陆致函华西实验区总办事处,本校经济系毕业生张公廉志愿毕业后参加实验区乡建工作,故转请考虑录用。

### 华西实验区总办事处为省立教育学院毕业生有志来实验区工作事致四川省立教育学院函

1949年8月10日,华西实验区总办事处致函四川省立教育学院,毕业生王敏善等七人来区工作,至表欢迎,唯当下尚无相宜工作,故先于登记在案,容有相应之机必当邀约。

### 四川省立教育学院为请介本校毕业生来实验区工作事致华西实验区总办事处函

1949年8月8日,四川省立教育学院致函华西实验区总办事处,本校农教系毕业生王敏善等七名有志参加实验区乡建工作,请惠予适当工作。附姓名表。

### 国立四川大学毕业生履历表

国立四川大学毕业生丁立三、彭忠英履历表。

### 广东省立勷勤大学毕业生履历表

广东省立勷勤大学毕业生朱绍基履历表。

### 华西实验区总办事处为承荐封昌远先生事致江北县政府函

1949年8月2日,华西实验区总办事处致函江北县政府,封昌远先生荐为江北辅导区主任,至表欢迎,唯当下人事仍旧,容开展新区时再为洽聘。

### 江北县政府为推荐封昌远先生为江北辅导区主任事致华西实验区函

1949年7月13日,江北县政府致函华西实验区,因乡建工作1949年7月应再推广,故荐封昌远先生为江北辅导区主任,请录用。附封昌远资历。

### 华西实验区总办事处秘书室主任郭准堂为乡建学院毕业生参加实验区工作事致瞿菊农函

1949年7月16日,华西实验区总办事处秘书室主任郭准堂致函瞿菊农,乡建学院毕业生陈文毅可先行存记,待实验区工作扩展之机,即相邀约。

### 瞿菊农为乡建学院毕业生参加实验区工作事致华西实验区总办事处秘书室主任郭准堂函

1949年7月5日,瞿菊农致华西实验区总办事处主任孙则让,乡建学院毕业生陈文毅有意来实验区工作,请实验区先行存记,以待而后实验区工作扩展予以聘用。

## 9–1–200

### 华西实验区合作社物品供销处璧山分处为检送各社督导增产人员姓名表事给孔戒三通知

1949年9月30日,华西实验区合作社物品供销处璧山分处为检送各社督导增产人员姓名表事给孔戒三通知。附姓名表、注意事项。

### 华西实验区合作社物品供销处璧山分处为拟订督导军布增产人员注意事项事致各社督导员函

1949年9月28日,华西实验区合作社物品供销处璧山分处致函各社督导员,为拟订督导军布增产人员注意事项检送有关表式及切结格式。附注意事项、切结格式。

### 辅导员余绳祎为报送新店子社承织军布情形调查表事致华西实验区合作社物品供销处璧山分处函

1949年10月26日,辅导员余绳祎为报送新店子社承织军布情形调查表事致函华西实验区合作社物品供销处璧山分处,请查收该社承织军布情形调查表一份。

## 华西实验区合作社物品供销处璧山分处为答复有关新店子、马鞍山等机织社承织军布情形事致辅导员唐渊函

1949年10月14日,华西实验区合作社物品供销处璧山分处致函辅导员唐渊,请查收有关新店子、马鞍山等机织社承织军布情形一事答复。

## 辅导员唐渊为有关新店子、马鞍山等机织社承织军布情形事致华西实验区合作社物品供销处璧山分处函

1949年9月30日,辅导员唐渊致函华西实验区合作社物品供销处璧山分处,请查收有关新店子、马鞍山等机织社承织军布情形报告。

## 华西实验区总办事处为复查黄泥湾机织社贷款情形等事致中国农民银行璧山分理处函

1949年9月7日,华西实验区总办事处致函中国农民银行璧山分理处,已复查黄泥湾机织社贷款情形,请核贷;转送垛墩房子机织社借贷申请书表,请核贷。

## 华西实验区璧山办事处为转报复查城北乡黄泥湾机织社社员机台情形事呈华西实验区总办事处报告

1949年8月19日,华西实验区璧山办事处报告华西实验区总办事处,转知黄泥湾示范校校长罗炳淮呈报复查黄泥湾机织社社员机台情形,并分别列表请予核贷。

## 华西实验区总办事处整理业务发展北碚织布合作事业的意见书

1950年8月25日,华西实验区总办事处整理业务发展北碚织布合作事业的意见书,共四大条。

## 华西实验区璧山第六辅导区八塘乡第一、第二、第三、第四、第五、第六社学区民教主任旬报表

1949年9月30日至11月11日,华西实验区璧山第六辅导区八塘乡第一、第二、第三、第四、第五、第六社学区民教主任旬报表。

## 璧山第六辅导区办事处为传习处学生名册填报等事给八塘乡辅导员李天锡、周术斌通知

1949年8月26日至11月21日,璧山第六辅导区办事处为传习处学生名册填报、民教主任薪津支领和报销、八塘增加一社学区、附发农地减租教材、填报传习教育应用表册、民教主任办理传习教育工作通报记功、农忙已过传习处整顿注意要点、配发记录表、传习处开学人数缺席、检发应用文教材、督促传习处学生全数入学、附发民教工作竞赛暂行简则、转发传习处课程进展表及填报办法事给八塘乡辅导员李天锡等的通知。附民教工作竞赛暂行办法、传习处民教

课程进展表。

**八塘乡辅导员为查各地传习处概况事给该乡各社学区民教主任通知**

1949年10月19日,八塘乡辅导员为查各地传习处概况事给该乡各社学区民教主任通知。

## 9-1-201

**接龙乡辅导员陈克为接龙乡学区民教主任填补事呈璧山第五辅导区办事处报告**

1949年3月5日,辅导员陈克报告璧山第五辅导区办事处,接龙乡第三学区民教主任尚差,该乡第四保推荐江文德充任,请总办事处裁夺。

**璧山县接龙乡第四保保办公处为推荐江文德为该乡第四保国民学校民教主任事呈璧山第五辅导区办事处报告**

1949年2月,璧山县接龙乡第四保保办公处报告璧山第五辅导区办事处,接龙乡第四保推荐江文德为接龙乡第四保国民学校民教主任,请予鉴核。

**龙溪乡辅导员赵德勋、蒲元乡辅导员成纪、河边乡辅导员甘在华为报送龙溪乡、蒲元乡、河边乡拟聘民教主任履历表事呈璧山第五辅导区办事处报告**

1949年3月9日至3月15日,龙溪乡辅导员赵德勋、蒲元乡辅导员成纪、河边乡辅导员甘在华分别报告璧山第五辅导区办事处,请查收龙溪乡、蒲元乡、河边乡拟聘民教主任履历表。

**璧山县政府分别给丹凤乡第二学区前任民教主任周光才、蒲元乡第五保学区前任民教主任江位禄及新任民教主任张自立、城南乡第三学区新任民教主任吴泽培的训令**

1949年2月18日至3月9日,璧山县政府为前任民教主任免职、新任民教主任充职事分别给丹凤乡第二学区前任民教主任周光才、蒲元乡第五保学区前任民教主任江位禄、新任民教主任张自立、城南乡第三学区新任民教主任吴泽培的训令。

**梓潼乡辅导员戴集成、城西乡辅导员李超、龙凤乡辅导员田尔炽、依凤乡辅导员彭校芝、丹凤乡辅导员杨勤谦、蒲元乡辅导员成纪、城南乡第七学区民教主任邓伯琼分别为梓潼乡第三、第六、第七学区,城西乡第十一保,龙凤乡第三、第六、第七保,依凤乡第三学区,丹凤乡第二、第六、第七学区,蒲元乡第五保,城南乡第七学区民教主任事呈璧山县政府报告**

1949年1月5日至3月4日,梓潼乡辅导员戴集成、城西乡辅导员李超、龙凤乡辅导员田尔炽、依凤乡辅导员彭校芝、丹凤乡辅导员杨勤谦、蒲元乡辅导员成纪、城南乡第七学区民教主任邓伯琼分别报告璧山县政府,梓潼乡第三、第六、第七学区民教主任,已公选推荐蔡转生、吴天佑、曹兴国分别充任;城西乡第十一保保务会议决定增设民教主任一名,推荐宗文渊充任,请予批准;龙凤乡第三、第六、第七保增设民教主任,已公选推荐李乾坤、谭隆恩、徐清泉分别充任,请予批准;依凤乡第三学区增设民教主任,已公选周定制,请予批准;丹凤乡第二学区前任民教主任周无财已予撤职;丹凤乡第六学区民教主任张杰天呈请辞职;丹凤乡第七学区前任民教主任冯树文呈请辞职,拟请照准;蒲元乡第五保现任民教主任江位禄已予撤职,该乡推荐张自立充任,请予批准;城南乡第七学区民教主任邓伯琼已于1月8日到职展开工作。附便条。

### 三教乡中心校民教主任赵功学为免职令是否下发及免职日期事呈璧山县政府报告

1949年3月29日,三教乡中心校民教主任赵功学报告璧山县政府,该乡乡长口称民教主任职已由蔡济良继任,请总办事处鉴核此免职令是否下发及免职日期。

### 璧山县教育专门委员会为抄送决议案等事给璧山县各区办事处通知

1949年2月19日至3月8日,璧山县教育专门委员会为抄送该会第四十次决议案、恢复各乡镇原有学区数事给各区办事处通知。附决议案。

### 璧山县教育专门委员会为狮子乡第十、第十一保增设联立保校等事致璧山县政府函

1949年1月19日,璧山县教育专门委员会致函璧山县政府,狮子乡第十、第十一保报请增设联立保校,第八保校改为中心分校,并增添教员三名。

### 璧山县教育专门委员会为增设民教主任等事给狮子乡辅导员徐伟夫通知

1949年1月19日,璧山县教育专门委员会为增设民教主任及联立保校事给狮子乡辅导员徐伟夫通知。

### 狮子乡辅导员徐伟天为增设民教主任及联立保校事呈璧山县教育专门委员会报告

1949年1月4日,狮子乡辅导员徐伟天报告璧山县教育专门委员会,请批准该乡民教主任增设四人,第十、第十一保设联立保校,第八保校改为中心分校。

### 狮子乡乡公所为陈述本乡教育改进意见等事呈璧山县教育专门委员会报告

1949年1月5日,狮子乡乡公所报告璧山县教育专门委员会,拟请在第十、

第十一保设联立保校,将第八保校改为中心分校,并在该乡增设民教主任四人。

### 三教乡中心国民学校给罗开铭的教员聘书

1946年8月31日,三教乡中心国民学校给罗开铭的教员聘书,共四项。

### 太和乡乡公所为报请恢复原有民教学区用维教育事给璧山县政府的呈

1949年2月23日,太和乡乡公所呈文璧山县政府,该乡原有九个学区因民教主任缺人而告停,现拟请恢复原有学区用维教育。

### 八塘乡辅导员唐有闻为该乡民教主任事呈璧山县政府报告

1949年1月16日,八塘乡辅导员唐有闻报告璧山县政府,该乡中心国民学校民教主任周绍铭已供职半年有余仍未受县府委任,请县府速予加以委任。

### 璧山县政府给大路乡第五、第七学区前任民教主任赵德荣、吴朝民,新任民教主任宾意华、赵国宝等的训令

1949年1月17日至3月8日,璧山县政府为前任民教主任免职、新任民教主任充职事分别给大路乡第五、第七学区前任民教主任赵德荣、吴朝民、新任民教主任宾意华、赵国宝,八塘乡中心校前任民教主任刘毅、新任民教主任尚君贤,狮子乡第三学区前任民教主任李瑞林、新任民教主任李元福,狮子乡第七学区新任民教主任曹德新,城南乡第三学区新任民教主任吴治民,城南乡第七学区新任民教主任邓伯琼,转龙乡中心校前任民教主任刘永华、新任民教主任王德政,转龙乡第五学区前任民教主任刘自强、新任民教主任刘良海,临江乡第三学区前任民教主任刘伦、新任民教主任甘伟金的训令。

### 大路乡辅导员彭公侯为该乡民教主任事呈璧山县教育专门委员会报告

1949年1月15日,大路乡辅导员彭公侯报告璧山县教育专门委员会,该乡民教主任尚差两名,据地方人士意见特保荐宾意华、赵国宝分别充任,请早将委任令发下。

### 大路乡第五保代表会办公处为保荐本保民教主任请予加委事呈大路乡辅导员彭公侯报告

1948年12月,大路乡第五保代表会办公处报告大路乡辅导员彭公侯,经召开保民会议公选宾意华充任第五保民教主任,请转知县府予以加委。

### 城南乡第四保国民学校民教部为汇报移接情形事呈璧山县政府报告

1949年2月19日,城南乡第四保国民学校民教部报告璧山县政府,有关该校民教主任接任移交情形,请查收移接清册。附清册。

**璧山县教育专门委员会为辅导团来实验区辅导工作等事给各区办事处通知**

1949年3月11日至3月20日,璧山县教育专门委员会为四川省教育所国民教育巡回辅导团来实验区辅导工作、各乡民教主任提候选任事给各区办事处通知。

**六塘乡辅导员陈安民为该乡民教主任更替事呈璧山县政府报告**

1949年1月18日,六塘乡辅导员陈安民报告璧山县政府,该乡前任民教主任刘毅对民教工作无兴趣,故地方人士一致公选尚君贤代替其职,请予加委。

**狮子乡乡公所为该乡民教主任事呈璧山县教育专门委员会报告**

1949年2月27日,狮子乡乡公所报告璧山县教育专门委员会,该乡新增第七学区,请荐曹德新担任该区民教主任;第三学区请改派李元福担任该区民教主任。

**璧山第五辅导区办事处为转龙乡民教主任事致璧山县教育专门委员会函**

1949年3月5日,璧山第五辅导区办事处致函璧山县教育专门委员会,转龙乡中心校前任民教主任刘永华辞职,遗缺请委任王德政接充;转龙乡第五学区前任民教主任刘自强辞职,遗缺请委任刘良海接充;临江乡第三学区前任民教主任刘伦辞职,遗缺请委任甘伟金接充。

**城南乡辅导员罗秀夫为该乡民教主任事呈璧山第一辅导区办事处报告**

1949年1月17日,城南乡辅导员罗秀夫报告璧山第一辅导区办事处,城南乡第七学区前任民教主任辞职,遗缺请委任邓伯琼接充。

**璧山第二、第三、第四、第五辅导区福利金、教员奖金、民教主任人数、奖金数额及应缴收据统计**

**璧山县七塘乡第六保办公处为保荐本乡第六保民教主任事给璧山县政府的呈**

1949年2月26日,璧山县七塘乡第六保办公处呈文璧山县政府,经召开甲长会议,公选推荐蒋光前、伍朝荣二人为该保民教主任,请予加委。附蒋光前、伍朝荣二人资历表。

**璧山第六辅导区办事处为陈世准赴任转龙乡辅导员兼示范校校长事致璧山县教育专门委员会函**

1949年5月1日,璧山第六辅导区办事处致函璧山县教育专门委员会,总办事处派陈世准为辅导员兼转龙乡示范校校长,请转知陈世准并将交代情形报处。

### 华西实验区总办事处为检送辅导员示范校校长姓名表事致璧山县教育专门委员会函

1949年5月29日,华西实验区总办事处致函璧山县教育专门委员会,批准检送辅导员及示范校校长姓名表一份。

### 四川省教育所国民教育巡回辅导团第三团为辅导工作事致璧山县教育专门委员会函

1949年3月11日,四川省教育所国民教育巡回辅导团第三团致函璧山县教育专门委员会,拟于3月30日起以第一、第二、第四、第三、第五、第六区的次序辅导实验区各区国民教育工作。

### 华西实验区各项工作报告

1949年3月,华西实验区各项工作报告:合作组工作近况、母猪贷款工作、购置耕牛工作、牛瘟预防注射工作、第一次访问各乡镇工作总结、巴县第三次乡建工作检讨会、推广茶种工作、人事动态工作、璧山第五区传习处本期工作、蛆柑防治队近况、耕牛贷款工作、巴县目前工作提要、铜梁纸厂概况、各辅导区辅导干事职责、组织桐油生产运销合作社计划书、各区农业推广繁殖站工作汇报等。

## 9-1-202

### 华西实验区××县第××辅导区××乡第××社学区第××传习处民众基本教育课程进度样表

### 巴县屏都乡、百节乡、青木乡、歇马乡、南泉乡、土主乡小麦良种田间去杂除劣记载表

1950年4月13日至4月18日,巴县屏都乡、百节乡、青木乡、歇马乡、南泉乡、土主乡小麦良种田间去杂除劣记载表。

### 国立四川大学校长黄季陆为本校毕业生参加实验区乡建工作事致华西实验区总办事处主任孙则让函

1949年4月6日,国立四川大学校长黄季陆致函华西实验区总办事处主任孙则让,该校蚕桑系毕业生何君孝有志参加实验区乡建工作,请酌情考虑。

### 徐昌梁为宗雪庄有意参加实验区工作事致华西实验区总办事处秘书室主任郭准堂函

1949年5月21日,徐昌梁致函华西实验区总办事处秘书室主任郭准堂,铜

梁县友人宗雪庄有意参加实验区工作,请查收备案。

**华西实验区总办事处主任孙则让为川大毕业生参加实验区乡建工作事致国立四川大学校长黄季陆函**

1949年6月16日,华西实验区总办事处主任孙则让致函国立四川大学校长黄季陆,蚕桑系毕业生何君孝有志参加实验区乡建工作,至表欢迎。因目前工作人员足额,故先于登记在案,拟将来区域扩展后再行约请。

**华西实验区总办事处秘书室主任郭准堂为宗雪庄等人参加实验区工作事分别致徐昌梁、任宝祥、李宏齐、胡英鉴、穆安道、龙仲纯、贾宝三、苏彦翘、漆中权、陈梦吉函**

1949年5月23日至7月14日,华西实验区总办事处秘书室主任郭准堂分别致函徐昌梁、任宝祥、李宏齐、胡英鉴、穆安道、龙仲纯、贾宝三、苏彦翘、漆中权、陈梦吉,有关宗雪庄、李昌潭、李坚、李放、彭子容、彭子春、李厚泽、任泽生、刘天文、唐元佑等人有志参加实验区乡建工作,至表欢迎。因目前工作人员足额,故先于登记在案,拟将来区域扩展后再行约请。

**国立四川大学校长黄季陆、农学系主任彭家元为本校农学系毕业生志愿参加实验区乡建工作事致华西实验区总办事处主任孙则让函**

1949年6月11日,国立四川大学校长黄季陆、农学系主任彭家元致函华西实验区总办事处主任孙则让,该校农学系毕业生阮永曦等41名志愿参加实验区乡建工作,请酌情考虑。

**华西实验区总办事处主任孙则让为阮永曦等人参加实验区工作事分别致黄季陆、彭家元、杨依之、张鉴虞、张熹、赵水澄、黄远仁、刘世传、单雄堂、马骝、左远鹏、漆中权、朱世禔、方叔轩、陈行可函**

1949年6月17日至7月21日,华西实验区总办事处主任孙则让分别致函黄季陆、彭家元、杨依之、张鉴虞、张熹、赵水澄、黄远仁、刘世传、单雄堂、马骝、左远鹏、漆中权、朱世禔、方叔轩、陈行可,有关阮永曦、黄涤尘、罗琅轩、罗良材、骆全忠、刘名世、黄颐龄、王恩光、唐元佑、李俊夫、马骝、程淑雯等人有志参加乡建工作至表欢迎,但因目前工作人员足额不能增加,故先于登记在案,拟将来区域扩展后再行约请。

**四川教育学院张鉴虞为骆全忠等参加实验区乡建工作事致华西实验区总办事处主任孙则让函**

1949年6月18日,四川教育学院张鉴虞致函华西实验区总办事处主任孙则让,该院毕业生骆全忠、刘名世、黄颐龄志愿参加实验区乡建工作,请酌情考虑。附骆全忠、刘名世、黄颐龄履历表。

### 任宝祥为李昌潭参加实验区乡建工作事致华西实验区总办事处秘书室主任郭准堂函

1949年2月20日,任宝祥致函华西实验区总办事处秘书室主任郭准堂,朋友李昌潭有意参加实验区乡建工作,请酌情考虑。

### 胡英鉴为李放参加实验区乡建工作事致华西实验区总办事处秘书室主任郭准堂函

1949年6月22日,胡英鉴致函华西实验区总办事处秘书室主任郭准堂,川大毕业生李放有意参加实验区乡建工作,请酌情考虑。

### 李放为参加实验区乡建工作事致华西实验区总办事处秘书室主任郭准堂函

1949年6月24日,李放致函华西实验区总办事处秘书室主任郭准堂,其此次来意已陈明胡英鉴主任,是否可供职实验区静候总办事处指示,附送简历备供。

### 马骝为参加实验区乡建工作事致华西实验区总办事处主任孙则让函

1949年6月23日,马骝致函华西实验区总办事处主任孙则让,其弃职而来有意参加实验区工作,静候指示。附履历表。

### 李宏齐为李坚参加实验区乡建工作事致华西实验区总办事处秘书室主任郭准堂函

1949年6月28日,李宏齐致函华西实验区总办事处秘书室主任郭准堂,其学生李坚有意参加实验区乡建工作,请酌情考虑。附李坚履历表一份。

### 乡人刘世传、单雄堂为参加实验区乡建工作事致华西实验区总办事处主任孙则让函

1949年6月19日,乡人刘世传、单雄堂致函华西实验区总办事处主任孙则让,川大农学系毕业生王恩光有意参加实验区乡建工作,请赐予位置。

### 程岳为补发新区开办费超支部分及书记邹兆熊4月份薪津等事呈华西实验区总办事处秘书室主任郭准堂的文

1949年7月5日,程岳呈文华西实验区总办事处秘书室主任郭准堂,请补发新区开办费超支数额及书记邹兆熊4月份薪津。

### 华西实验区总办事处秘书室主任郭准堂为补发新区开办费超支部分及书记邹兆熊4月份薪津事致程岳函

1949年7月11日,华西实验区总办事处秘书室主任郭准堂致函程岳,有关

速予补发新区开办费超支部分及书记邹兆熊4月份薪津事,均经转知照办。

**穆安道为参加实验区乡建工作事致华西实验区总办事处秘书室主任郭准堂函**

1949年7月,穆安道致函华西实验区总办事处秘书室主任郭准堂,女师院毕业生彭子容、彭子春,浙大毕业生李厚泽三人立志参加实验区乡建工作,请酌情考虑。

**龙光祖为参加实验区工作事致华西实验区总办事处秘书室主任郭准堂函**

1949年6月30日,龙光祖致函华西实验区总办事处秘书室主任郭准堂,若将来实验区工作推广至永川拟请担任一区工作。

**国立四川大学师范学院院长邓胥功为该校毕业师范生参加实验区乡建工作事分别致华西实验区总办事处主任孙则让、秘书室主任郭准堂函**

1949年6月28日,国立四川大学师范学院院长邓胥功分别致函华西实验区总办事处主任孙则让、秘书室主任郭准堂,该校毕业师范生志愿参加实验区乡建工作,请设法赐派职位。

**华西实验区总办事处主任孙则让、秘书室主任郭准堂为川大毕业生参加实验区乡建工作事致国立四川大学师范学院院长邓胥功函**

1949年7月11日,华西实验区总办事处主任孙则让、秘书室主任郭准堂致函国立四川大学师范学院院长邓胥功,毕业师范生有志参加乡建工作至表欢迎,但因目前工作人员足额不能增加,故先于登记在案,拟将来区域扩展后再行约请。

**左远鹏为参加实验区乡建工作事致华西实验区总办事处主任孙则让函**

1949年7月7日,左远鹏致函华西实验区总办事处主任孙则让,其自愿参加实验区乡建工作,惠予指教。

**胡英鉴为任泽生参加实验区乡建工作事致华西实验区总办事处秘书室主任郭准堂函**

1949年6月26日,胡英鉴致函华西实验区总办事处秘书室主任郭准堂,推荐川大毕业生任泽生前来参加实验区乡建工作,请酌予录用。附履历表。

**漆中权为唐元佑参加实验区乡建工作事致华西实验区总办事处主任孙则让函**

1949年6月28日,漆中权致函华西实验区总办事处主任孙则让,华西大学毕业生唐元佑有意参加实验区乡建工作,请惠予录用。

**创办蒲河水力发电厂计划概况书**

1949年,创办蒲河水力发电厂计划概况书,共9条。

### 张熹为推介学生参加实验区乡建工作事分别致华西实验区总办事处主任孙则让、秘书室主任郭准堂函

1949年7月2日,张熹分别致函华西实验区总办事处主任孙则让、秘书室主任郭准堂,特推介川大毕业生罗琅轩前来参加实验区乡建工作,请惠予录用。

### 黄远仁为罗良材参加实验区工作事致华西实验区总办事处主任孙则让函

1949年7月12日,黄远仁致函华西实验区总办事处主任孙则让,罗良材有意参加实验区乡建工作,请赐予录用。

### 陈梦吉为何如承参加实验区乡建工作事致华西实验区总办事处秘书室主任郭准堂函

1949年7月11日,陈梦吉致函华西实验区总办事处秘书室主任郭准堂,何如承有意参加实验区乡建工作,请酌情考虑。附履历表。

### 朱世褆为李俊夫参加实验区工作事致华西实验区总办事处主任孙则让函

1949年7月14日,朱世褆致函华西实验区总办事处主任孙则让,李俊夫有意参加实验区乡建工作,请赐予录用。附履历表。

### 赵水澄为黄涤尘参加实验区乡建工作事致华西实验区总办事处主任孙则让函

1949年7月12日,赵水澄致函华西实验区总办事处主任孙则让,推荐川大毕业生黄涤尘前来参加实验区乡建工作,请酌予录用。附履历表。

## 9-1-203

### 璧山县政府给梓潼等乡新任和卸任民教主任的训令

1949年1月5日至5月2日,璧山县政府为前任民教主任卸任、新任民教主任接任事给梓潼乡中心新任民教主任吴德馨,河边乡第九、第十保前任民教主任胡建玉、新任民教主任雷孔遗,六塘乡第三学区前任民教主任张克修、新任民教主任王明,六塘乡第四学区前任民教主任钟永清、新任民教主任刘顺达,六塘乡第五学区前任民教主任钟遵贵、新任民教主任杨孟曾,青木乡第一学区前任民教主任罗昌杰、新任民教主任甘鉴民,青木乡第二学区前任民教主任钟进德,青木乡第四学区前任民教主任黄煦忠、新任民教主任游长泉,三教乡第一学区前任民教主任赵功学,河边乡第十一学区前任民教主任廖琼芳、新任民教主任吴光全,转龙乡第六学区前任民教主任刘良材、新任民教主任刘季梁,福禄乡第七学区前任民教主任唐泽高、新任民教主任唐德富,梓潼乡第二学区前任民教主任蔡元万、新任民教主任蔡开基,六塘乡第一学区前任民教主任尚俊贤,龙溪乡第一、第二学区前任民教主任蒋剑秋、易俊杰,三教乡第四学区前任民教主任

谭银辉、新任民教主任曹贤才,丹凤乡第七学区新任民教主任冯仪高,大兴乡第八学区赵正全,依凤乡第八学区新任民教主任胡正雍,城东乡第三学区代理民教主任谭开瑾,城北乡第一学区代理民教主任张庆纯,来凤乡第一、第十学区前任民教主任陈方杰、王昌富的训令。

## 梓潼乡中心民教主任安灿辉为身染重病辞职事呈璧山县政府报告

1948年12月21日,梓潼乡中心民教主任安灿辉报告璧山县政府,其因身染重病不能长此久任,故愿辞去梓潼乡中心民教主任一职,请核准。附回文以吴德馨递补。

## 璧山县教育专门委员会为安灿辉辞职事给璧山第二辅导区办事处主任陶一琴通知

1948年12月25日,璧山县教育专门委员会为梓潼乡中心民教主任安灿辉辞职事给璧山第二辅导区办事处主任陶一琴通知。附回文以吴德馨递补。

## 吴德馨为报送资历证件请准予核委事呈璧山县政府报告

1948年12月,吴德馨报告璧山县政府,为递补民教主任职务事,即检呈资历证件以凭核委。

## 河边乡第九、第十保民教部为报送资历证件请准予核委事呈璧山县政府报告

1948年12月,河边乡第九、第十保民教部报告璧山县政府,呈送资历证件以凭核委。

## 城南乡第十二保民教主任封麟为恳请准予发给离职证明书事呈璧山县政府报告

1949年1月4日,城南乡第十二保民教主任封麟报告璧山县政府,请准予发给离职证明书。

## 梓潼乡中心民教主任吴德馨、城南乡第四保民教主任吴治民、三教乡第一学区民教主任蔡济良分别为报送到职日期及接收情形事呈璧山县政府报告

1949年1月18日至4月22日,梓潼乡中心民教主任吴德馨、城南乡第四保民教主任吴治民、三教乡第一学区民教主任蔡济良分别报告璧山县政府,三人先后于1月15日、2月8日、4月22日到职,同日办理接收等事。

## 辅导员陈安民为民教主任辞职事呈璧山县教育专门委员会报告

1949年3月7日,辅导员陈安民报告璧山县教育专门委员会,六塘乡第三学区民教主任张克修因病辞职,拟请王明接任该职,请予批准。

## 六塘乡第三保民教主任张克修为身染重病辞职事呈辅导员陈安民报告

1949年3月5日,六塘乡第三保民教主任张克修报告辅导员陈安民,因自己身染疾病,不能供职,特辞去民教主任一职。

### 辅导员郑光帼为民教主任辞职等事呈璧山县教育专门委员会报告

1949年3月1日至3月6日,辅导员郑光帼报告璧山县教育专门委员会,青木乡第一学区民教主任罗昌杰、第四学区民教主任黄煦忠已辞职,拟请黄鉴民、游长泉分别接任该职;青木乡第二学区民教主任钟进德调任第五学区民教主任,请予批准。

### 辅导员李明镜为民教主任更迭事呈璧山县政府报告

1949年3月18日,辅导员李明镜报告璧山县政府,三教乡第一学区赵功学已去职,经保甲长联席会议选举推选蔡济良为新任民教主任。

### 辅导员曾庆祥为民教主任更迭事经璧山县教育专门委员会转呈璧山县政府报告

1949年3月15日,辅导员曾庆祥报告璧山县政府,河边乡第十一学区民教主任廖琼芳已去职,经保民大会选举推选吴光全继任民教主任。

### 璧山第六辅导区办事处为民教主任更迭、委任事呈璧山县教育专门委员会报告

1949年4月3日至4月12日,璧山第六辅导区办事处报告璧山县教育专门委员会,转龙乡第六学区民教主任刘良材已去职,由该处派刘季梁接任民教主任;该区所增设民教主任请速予委任。附增设民教主任姓名履历册。

### 璧山第二辅导区办事处为呈送本区民教部训练班情形事呈璧山县政府报告

1949年4月2日,璧山第二辅导区办事处报告璧山县政府,呈送该区民教部训练班有关情形。附受训学员成绩表。

### 璧山第二辅导区办事处为民教主任更迭事呈璧山县政府报告

1949年4月2日至4月17日,璧山第二辅导区办事处报告璧山县政府,梓潼乡第二学区民教主任蔡元万、太和乡第五学区民教主任吴传业、三教乡第四学区民教主任谭银辉、丹凤乡第七学区民教主任罗熙俊、大兴乡第八学区民教主任苏瑞林已免职,遵照规定改选蔡开基、王明濂、曹贤才、冯仪高、赵正全充任。

### 璧山第五辅导区办事处为呈送本区民教部训练班情形事呈璧山县政府报告

1949年4月3日,璧山第五辅导区办事处呈璧山县政府报告,呈送该区民教部训练班有关情形。附报告。

### 璧山第三辅导区办事处为恢复原有及增设民教主任委任事给璧山县教育专门委员会代电

1949年4月26日,璧山第三辅导区办事处给璧山县教育专门委员会代电,该区所含原有及增设民教主任参加讲习考核及格者,请予委任。附民教主任姓名履历册。

**璧山第六辅导区办事处为民教主任更迭事给璧山县教育专门委员会通知**

1949年4月14日,璧山第六辅导区办事处为依凤乡第八学区民教主任更迭事给璧山县教育专门委员会通知。

**璧山第一辅导区办事处为民教主任委任事致璧山教育专门委员会函**

1949年4月16日,璧山第一辅导区办事处致函璧山教育专门委员会,该区1949年度民教主任训练班结业学员,请分别派用。附名册。

**璧山第四辅导区办事处为民教主任委任事致璧山县教育专门委员会函**

1949年4月21日,璧山第四辅导区办事处致函璧山县教育专门委员会,该区民教主任姓名及履历已列册,请予查收。附民教主任姓名及履历册。

**六塘乡中心民教主任周杰为报送到职日期及接收情形事呈璧山县教育专门委员会报告**

1949年4月10日,六塘乡中心民教主任周杰报告璧山县教育专门委员会,其已于4月1日到职,同日办理接收等事。

**鹿鸣乡第一学区民教主任龙培心、正兴乡第三学区民教主任王屏藩等新任民教主任为报送到职日期事呈璧山县政府报告**

1949年4月13日至5月15日,鹿鸣乡第一学区民教主任龙培心,正兴乡第三学区民教主任王屏藩、第八学区民教主任朱勤辉、第九学区民教主任曾维礼,依凤乡第三学区民教主任周定制、第八学区民教主任胡正雍,城南乡第八学区民教主任张松涛、第十学区民教主任何少虞,福禄乡第四学区民教主任罗明全、第七学区民教主任唐德富,梓潼乡第二学区民教主任蔡开基、第六学区民教主任吴元盛,狮子乡第五学区民教主任刘君樊、第八学区民教主任陈之屏,丹凤乡第八学区民教主任冯光沐,大兴乡第三学区民教主任赵国忠、第五学区民教主任张世良、第六学区民教主任曹寿冈、第七学区民教主任张福林,广普乡第一学区民教主任魏德泉、第五学区民教主任徐仲文、第八学区民教主任周才钱,来凤乡第六学区民教主任谭兴云,龙凤乡第五学区民教主任李乾坤、第六学区民教主任谭隆恩报告璧山县政府,龙培心等25人分别于3月25日、3月28日、4月1日、4月2日、4月6日、4月10日、4月13日、4月15日、4月19日、4月24日、5月1日、5月6日到职,请备查。

**璧山第六辅导区办事处为报送民教主任到职日期、民教主任领薪名册事致璧山县教育专门委员会函**

1949年4月19日至5月11日,璧山第六辅导区办事处致函璧山县教育专门委员会,转龙乡第二学区民教主任王德政、第三学区民教主任甘伟金、第五学区民教主任刘良海先后呈报到职日期,请教育委员会转送璧山县政府;请查收民教主任领薪名册。附表、附名册。

### 璧山第五辅导区办事处为民教主任改任事呈璧山县教育专门委员会报告

1949年5月1日,璧山第五辅导区办事处报告璧山县教育专门委员会,钟遵贵、钟永清未能到职工作,拟改聘刘顺达、杨孟曾充任。

## 9-1-204

### 璧山县高洞桥信用合作社调查表

1938年12月10日,璧山县高洞桥信用合作社调查表。

### 璧山县高洞桥信用合作社创立会决议录

1938年12月1日,璧山县高洞桥信用合作社创立会决议录。

### 高洞桥信用合作社为报送图模印鉴事呈璧山县政府报告

1939年1月,高洞桥信用合作社报告璧山县政府,该社于1月13日起开始启用图记,并请查收该社图模及印鉴。

### 华西实验区总办事处为传习处民众基本教育事给各辅导区办事处通知(草稿)

华西实验区总办事处为传习处民众基本教育事给各辅导区办事处通知(草稿)。

### 《乡建工作通讯》第一卷第十二期、第十四期至第十八期、第二十一期、第二十三期,第二卷第一期、第四期

1949年4月8日至9月5日,乡建工作通讯第一卷第十二期、第十四期、第十五期、第十六期、第十七期、第十八期、第二十一期、第二十三期、第二卷第一期、第四期。

### 华西实验区总办事处为发放连环画事致民众出版社(草稿)

1949年8月1日,华西实验区总办事处为向各区办事处发放连环画事致民众出版社(草稿)。

### 华西实验区总办事处为检发传习处董事等事给巴六区主任王宗耀通知(草稿)

1949年,华西实验区总办事处为检发传习处董事及导生聘书事给巴六区主任王宗耀通知(草稿)。

### 璧山县马坊乡示范校为填报本校概况表事呈华西实验区总办事处报告

1949年11月4日,璧山县马坊乡示范校报告华西实验区总办事处,已遵奉

总办事处通知填报该校历期概况表,附概况表。

## 璧山第六辅导区民教工作竞赛暂行简则

璧山第六辅导区民教工作竞赛暂行简则,共八条。

## 八塘乡辅导员周术斌为种痘业已完成事呈璧山第六辅导区办事处报告

1949年4月30日,八塘乡辅导员周术斌报告璧山第六辅导区办事处,种痘业已完成。附种痘记录表。

## 璧山第六辅导区办事处为6月份辅导会议会期地点等事给八塘乡辅导员周术斌通知

1949年6月16日至7月12日,璧山第六辅导区办事处为6月份辅导会议会期地点、转发教师福利社寄宿办法、加速办理传习处及合作社应行注意办理事项、工作人员旅费支销办法事、该区临时会议出席、转知农村妇女卫生训练班简章及选择学生标准事给八塘乡辅导员周术斌通知。附璧山农村妇女卫生训练班简章及选择学生标准。

## 高洞桥信用合作社为准予登记颁发登记书事呈璧山县政府报告

1938年12月1日,高洞桥信用合作社报告璧山县政府,请准予该社登记并颁发登记书。

## 高洞桥信用合作社为附送本社社章等事呈璧山县政府报告

1938年12月1日,高洞桥信用合作社报告璧山县政府,附送社章两份、创立会决议录及社员名册。

## 高洞桥信用合作社呈璧山县合作金库借款申请书

1939年1月23日,高洞桥信用合作社呈璧山县合作金库借款申请书,商借国币445元整,订期10个月。

## 江津蛆柑防治队第三区队第十二分队工作报告

1949年8月,江津蛆柑防治队第十二分队给总领队工作报告。附工作大事记、"我们的宣传工作"、"我们的拜访工作"、果农会议、工作计划。

## 江津蛆柑防治队第四分队工作报告书

1949年8月,江津蛆柑防治队第四分队给总领队的工作报告。

## 江津蛆柑防治队第二区第六分队工作报告

1949年8月12日,江津蛆柑防治队第二区第六分队工作报告。附宣传标语、告果农书、蛆柑防治公约、该队生活剪影、江津高歇乡果农访问记等。

**《办理减租工作前后》，何质彬撰**

1949年11月14日，何质彬撰《办理减租工作前后》。

**《让农民在娱乐中接受教育》，方以撰**

1949年，方以撰《让农民在娱乐中接受教育——记巴四区乡村电化图片教育团工作概况》。

**江津第一辅导区办事处为报请暂缓划分社学区事呈华西实验区总办事处报告**

1949年11月17日，江津第一辅导区办事处报告华西实验区总办事处，请暂缓办理划分社学区一事。

**璧山第六辅导区办事处为修正民教主任竞赛简则事呈华西实验区总办事处报告**

1949年11月21日，璧山第六辅导区办事处报告华西实验区总办事处，遵示修正民教主任竞赛简则，请核备。

## 9-1-205

**社会调查室工作简报（华西实验区工作丛刊之一）**

1949年，社会调查室工作简报，共五大项。

**社会调查室工作报告大纲及大纲目录**

1949年，社会调查室工作报告大纲及大纲目录，共七项。

## 9-1-206

**璧山第六辅导区办事处为报送本区7月份至10月份工作报告事呈华西实验区总办事处报告**

1949年8月4日至10月23日，璧山第六辅导区办事处报告华西实验区总办事处，请查核该区7月份至10月份工作情形报告。附7月份至10月份报告表。

**璧山第五辅导区办事处1949年9月份工作报告**

1949年10月，璧山第五辅导区办事处1949年9月份工作报告。

**璧山第五辅导区办事处为报送本区7月份、8月份工作报告事呈华西实验区总办事处报告**

1949年8月1日至9月1日，璧山第五辅导区办事处报告华西实验区总办事处，请查核该区7月份、8月份工作情形报告。附7月份工作报告表。

### 璧山第三辅导区办事处1949年7月份至9月份工作报告

1949年7月至9月,璧山第三辅导区办事处1949年7月份至9月份工作报告。

### 璧山第四辅导区办事处为报送本区8月份至10月份工作报告事呈华西实验区总办事处报告

1949年9月24日至10月29日,璧山第四辅导区办事处报告华西实验区总办事处,请查核该区8月份至10月份工作情形报告。附8月份至10月份工作报告表。

### 璧山第二辅导区办事处为报送本区7月份至10月份工作报告事呈华西实验区总办事处报告

1949年8月3日至10月25日,璧山第二辅导区办事处报告华西实验区总办事处,请查核本区7月份至10月份工作情形报告。附7月份至10月份工作报告表。

### 璧山第一辅导区办事处为报送本区8月份至10月份工作报告事呈华西实验区总办事处报告

1949年10月23日,璧山第一辅导区办事处报告华西实验区总办事处,请查核本区8月份至10月份工作情形报告。附8月份至10月份工作报告表。

## 9-1-207

### 出纳员赵拯民为1949年11月至1950年1月华西实验区出纳股所存储、发放银圆及银圆券情形事经接管委员会转呈军事代表郝向报告

1951年1月12日,出纳员赵拯民报告军事代表郝向,1949年11月至1950年1月期间,华西实验区出纳股所账面上结存数目均为银圆券而非银圆,并无将银圆调换为银圆券之事。如有登记不详不清楚之处,理应协助查明以利接管。

### 华西实验区合作组工作报告

### 农林部四川东西山屯垦实验区第二垦场垦兵信用合作社章程

农林部四川东西山屯垦实验区第二垦场垦兵信用合作社章程,共9章,54条。

### 经管棉纱收发经过情形

经管棉纱收发经过情形,共三项。

## 9-1-208

**璧山县政府督导室为查明龙溪乡第六保国民学校校长更替事致杨益谦指导员函**

1944年12月7日,璧山县政府督导室致函杨益谦指导员,请速查明龙溪乡第六保国民学校蒲六镛是否辞职,雷在立是否继任一事。

**唐耕禄为龙溪乡第六保国民学校校长更替事致指导室函**

1944年12月7日,唐耕禄致函指导室,请杨益谦指导员代为查明龙溪乡第六保国民学校蒲六镛是否辞职,雷在立是否继任一事。

**农情报告说明**

1944年12月4日,农情报告说明。

**璧山县政府督导室为统计工作事致××指导员函(草稿)**

1944年12月5日,璧山县政府督导室致函××指导员,有关统计工作应请各指导员督饬办理。

**农业组现存物货报告**

1950年,农业组现存物货报告。

**华西实验区总办事处为工作人员不得有违法渎职事给晏安筠通知**

1949年11月1日,华西实验区总办事处为工作人员不得有违法渎职或参加不法组织事给晏安筠通知。

**关于教育专门委员会退还费股价款之经过**

1951年1月2日,关于教育专门委员会退还费股价款之经过。

**出纳股所银圆借支情况**

1949年10月,出纳股所银圆借支情况。

**怎样做户口调查(工作说明丛刊)**

1949年3月,怎样做户口调查,共4章。

## 9-1-209

**城北乡杨家祠、大兴乡谢家坝、大兴乡蔡家祠、河边乡铁石垭、七塘乡第一社学区农业生产合作社创立会决议录**

1949年3月19日至5月29日,城北乡杨家祠、大兴乡谢家坝、大兴乡蔡家祠、河边乡铁石垭、七塘乡第一社学区农业生产合作社创立会决议录,共10项。

**璧山县政府给青木乡铁匠炉、七塘乡中兴街、三合乡龙凼沟、狮子乡双龙桥、中兴乡五显庙、六塘乡瓦店子、来凤乡宝峰寺、河边乡铁石垭、大兴乡谢家坝、大兴乡蔡家祠、丹凤乡黄东石坝、定苏乡铜瓦寺、六塘乡板璧农业生产合作社指令**

1949年7月14日至8月23日,璧山县政府为青木乡铁匠炉、七塘乡中兴街、三合乡龙凼沟、狮子乡双龙桥、中兴乡五显庙、六塘乡瓦店子、来凤乡宝峰寺、河边乡铁石垭、大兴乡谢家坝、大兴乡蔡家祠、丹凤乡黄东石坝、定苏乡铜瓦寺、六塘乡板璧农业生产合作社申请登记事给青木乡铁匠炉、七塘乡中兴街、三合乡龙凼沟、狮子乡双龙桥、中兴乡五显庙、六塘乡瓦店子、来凤乡宝峰寺、河边乡铁石垭、大兴乡谢家坝、大兴乡蔡家祠、丹凤乡黄东石坝、定苏乡铜瓦寺、六塘乡板璧农业生产合作社指令。

**华西实验区总办事处为检送七塘乡中兴街、青木乡铁匠炉、大兴乡蔡家祠、狮子乡双龙桥等农业生产合作社成立登记书表事致璧山县政府函**

1949年7月9日至8月15日,华西实验区总办事处致函璧山县政府,璧山第六、第五、第二、第一辅导区办事处分别转送七塘乡中兴街、青木乡铁匠炉、大兴乡蔡家祠、狮子乡双龙桥、来凤乡宝峰寺、中兴乡五显庙、六塘乡佛瓦店子、六塘乡板璧农业生产合作社成立登记书表。

**璧山县城北乡杨家祠、三合乡龙凼沟、七塘乡中兴街、河边乡铁石垭农业生产合作社调查表**

1949年6月1日至7月2日,璧山县城北乡杨家祠、三合乡龙凼沟、七塘乡中兴街、河边乡铁石垭农业生产合作社调查表。

**七塘乡中兴街、城北乡杨家祠、大兴乡蔡家祠、河边乡铁石垭农业生产合作社1949年度业务计划**

1949年5月20日至7月1日,七塘乡中兴街、城北乡杨家祠、大兴乡蔡家祠、河边乡铁石垭农业生产合作社1949年度业务计划。

**蒲元乡乡民代表暨管保委员会会议记录**

1946年10月15日,蒲元乡乡民代表暨管保委员会会议记录,共4部分。

**本会畜牧顾问张龙志及亨德二氏之简介**

1949年,该会畜牧顾问张龙志及亨德二氏之简介。

**张龙志与亨德先生谈话综合记录**

1949年,张龙志与亨德先生谈话综合记录。

### 三合乡辅导员李林为本乡第七保龙凼沟农业生产合作社社员名册重造事呈璧山县政府报告

1949年6月28日，三合乡辅导员李林报告璧山县政府，该乡第七保龙凼沟农业生产合作社社员名册因遗失而重造，请予核对原有户籍册。

### 三合乡第七保保办公处为户籍案事呈璧山县政府报告

1949年7月11日，三合乡第七保保办公处报告璧山县政府，钟显华、罗世模二人系本保居民，有籍可查。

### 璧山专区杨家祠农业生产指导所月报

1950年3月，城北乡杨家祠农业生产指导所月报，共7部分。

### 璧山专区梁滩河农业生产指导所繁殖与推广优良品种工作总结

璧山专区梁滩河农业生产指导所繁殖与推广优良品种工作总结，共6部分。

### 扯草堆集绿肥问题

扯草堆集绿肥问题，共5部分。

### 璧山专署梁滩河农业生产指导所工作计划

璧山专署梁滩河农业生产指导所工作计划，共3部分。

### 蒲元乡乡公所证明书

蒲元乡乡公所查报马家桥机织生产合作社贻误社员清册。附清册。

## 9–1–210

### 巴县歇马乡农业生产合作社联合办事处组织规则

1949年9月，巴县歇马乡农业生产合作社联合办事处组织规则，共22条。

### 巴县歇马乡农业生产合作社联合办事处业务计划

1949年9月，巴县歇马乡农业生产合作社联合办事处业务计划，共22条。

### 巴县第二辅导区办事处为检报歇马乡农业生产合作社联合办事处成立书表事呈华西实验区总办事处报告

1949年10月19日，巴县第二辅导区办事处报告华西实验区总办事处，检报该区歇马乡农业生产合作社联合办事处成立各项书表，包括社员名册、职员名册、成立登记申请书、创立会议录、组织规则、业务计划书、调查表等。

## 华西实验区总办事处给巴县第二辅导区办事处通知

1949年11月10日,华西实验区总办事处为歇马乡农业生产合作社联合办事处准予登记事给巴县第二辅导区办事处通知。

## 歇马乡辅导员彭莅北为本乡农业生产合作社联合办事处成立事呈华西实验区总办事处报告

1949年9月21日,歇马乡辅导员彭莅北报告华西实验区总办事处,该乡农业生产合作社联合办事处成立大会将于9月24日召开,请总办事处届时派员指导。

## 广普乡第十保合作社为报送启用图戳日期、印模及印鉴表事呈璧山县政府报告

1949年4月26日,广普乡第十保合作社报告璧山县政府,呈送该合作社启用图戳日期、印模及印鉴表,请准予该社登记。附印鉴表。

## 广普乡第十保合作社社章

1949年3月28日,广普乡第十保合作社社章,共7章,31条。

## 合川县第一辅导区办事处为请速寄农业社章程、创立会决议录及业务计划等事呈华西实验区总办事处报告

1949年11月23日,合川县第一辅导区办事处报告华西实验区总办事处,该区应领农业生产合作社章程、创立会决议录及业务计划均未领到,请速寄上述书表,以利工作进行。

## 璧山第二辅导区办事处为组社工作核发书表事呈华西实验区总办事处报告

1949年1月24日,璧山第二辅导区办事处报告华西实验区总办事处,该区各乡调查工作业已完成,请查收各项统计情形并相应核发书表。

## 璧山第三辅导区办事处为颁发表册、合作手册领发事呈华西实验区总办事处函

1949年3月4日,璧山第三辅导区办事处报告华西实验区总办事处,该区应增机织合作社筹组就绪,所需各项表册请相应颁发为用,合作手册该区辅导员均未领到特请发放。

## 华西实验区总办事处为合作手册检发事致璧山第三辅导区办事处函

1949年3月12日,华西实验区总办事处致函璧山第三辅导区办事处,查该项手册总办事处从未印发,若需用请向总办事处图书室洽借。

## 巴县第二辅导区办事处主任王秀齐为农业生产合作社章程等送发事致国桢函

1949年3月9日,巴县第二辅导区办事处主任王秀齐致函国桢,农业生产合作社章程请送该处200份,其他登记表册50份;社员名册请示知。

**巴县第三辅导区办事处为报请核发各项书表及社员训练教材、发给收据以凭领取各项书表事呈华西实验区总办事处报告**

1949年3月18日至3月20日，巴县第三辅导区办事处报告华西实验区总办事处，该区积极开展农业社组社工作，拟请总办事处发放各项登记书表及社员训练教材；请发给收据以凭领取各项书表。

**华西实验区总办事处为农业社章程、连环画、合作社常识读本检发等事致巴县第三辅导区办事处函**

1949年3月9日，华西实验区总办事处致函巴县第三辅导区办事处，农业社章程业经检案，连环画册业已检送，合作社常识读本修正后即发放，已签请派员协助组社工作。

**璧山第六辅导区办事处为农业社表册发放事呈华西实验区总办事处报告**

1949年4月18日，璧山第六辅导区办事处报告华西实验区总办事处，该区尚缺23个社表册，请总办事处照数发下。

**华西实验区总办事处为检发农业生产合作社书表事致璧山第六辅导区办事处函**

1949年4月27日，华西实验区总办事处致函璧山第六辅导区办事处，请查收农业生产合作社成立登记书表10套。

**璧山第二辅导区办事处为农业生产合作社书表发放事呈华西实验区总办事处报告**

1949年5月7日，璧山第二辅导区办事处报告华西实验区总办事处，该区组织农业生产合作社所需各项书表，请总办事处照数核发。

**华西实验区总办事处为发放农业生产合作社书表事致说文社出版部函**

1949年6月15日至6月28日，华西实验区总办事处致函说文社出版部，凭该处收据可向各辅导区办事处发放农业生产合作社书表。

**华西实验区总办事处为发放书表收据事给巴县第三辅导区办事处通知**

1949年6月28日，华西实验区总办事处为发放合作社书表收据事给巴县第三辅导区办事处通知。

**华西实验区总办事处为发放合作手册等事给铜梁第一辅导区办事处、北碚办事处、巴县第二辅导区办事处等通知**

1949年6月28日至11月4日，华西实验区总办事处为发放合作手册并依照办理合作社登记、领取农业合作社登记书表、检发合作社登记书表、发还加盖该处条戳书表收据、补发缴租登记表、请增发书表、检发贷款书表及填写说明、检发调查表、指导组织机织合作社及办理贷款、合作社股票发放、检发合作社组社书表领据、补发调查表、补发组社书表、补发农业社申请贷款填写说明、补发理事监事守则、领取合作社各项书表等事分别给铜梁第一辅导区办事处，北碚办事处，巴县第二、第七、第六、第八、第十二、第四、第五、第十一辅导区办事处，璧山第六辅导区办事处，綦江第一、第二辅导区办事处，合川第一、第二辅导区办事处，江北第一、第二辅导区办事处通知。

### 铜梁第一辅导区办事处为请颁发合作社手册事呈华西实验区总办事处报告

1949年6月22日，铜梁第一辅导区办事处报告华西实验区总办事处，请颁发合作社手册以便参照办理合作社登记工作。

### 华西实验区总办事处为发还本处收据事致巴县第八辅导区办事处函

1949年7月1日，华西实验区总办事处致函巴县第八辅导区办事处，检发加盖该处条戳之收据，希派员凭条前往所示地点洽领各项书表。

### 巴县第八辅导区办事处为补发收据、补发申请贷款书表、收据加盖总处条戳、补发理事监事守则等事呈华西实验区总办事处报告

1949年6月20日至9月19日，巴县第八辅导区办事处报告华西实验区总办事处，因最近增设社学区缘由，故报请补发数张收据，以利工作顺利进行；请补发申请贷款书表及填表说明；请总处将收据加盖总处条戳后发还，以便领取所需各项书表；请予核准圆明乡成立机织合作社，并检发应用书表以利工作进行；请补发合作社各项书表，以作组社工作备用；请速予补发理事守则、监事守则，以资备用。

### 巴县第二辅导区办事处为请发农业生产合作社书表及补发农业生产合作社书表事呈华西实验区总办事处报告

1949年6月18日至7月23日，巴县第二辅导区办事处报告华西实验区总办事处，请发给该区成立农业生产合作社应行填报之书表；前领合作社成立书表尚有不足，请予补发。

### 巴县第七辅导区、巴县第六辅导区办事处为收据加盖条戳事呈华西实验区总办事处报告

1949年6月23日至6月26日，巴县第七辅导区、巴县第六辅导区办事处报告华西实验区总办事处，因收据未加盖总处条戳，故未领得各项书表，请总处加盖总处条戳后发还收据，以便领取各项书表。

### 华西实验区总办事处给华西实验区合作组便条

1949年7月5日，华西实验区总办事处为合作组原稿由各辅导区盖戳事给

华西实验区合作组便条。

## 华西实验区总办事处(1948年度11月至12月)检发书表、文件及领据

1948年11月24日至12月,华西实验区总办事处检发书表、文件及领据,包括璧山第二区、第五区所需合作社组社书表名目。

## 华西实验区总办事处为兴建社学区等事给璧山第一、第二、第三、第四、第五辅导区办事处通知

1948年12月3日,华西实验区总办事处为兴建社学区、合作社发放组社书表事给璧山第一、第二、第三、第四、第五辅导区办事处通知。附调查表。

## 城北乡第七学区民教主任龚仁德、三教乡辅导员邹作新、城北乡温家坝学区民教主任龚奉纯、城南乡第五学区刘明梁、璧山第三区主任邱达夫、歇马乡辅导员彭荙北、巴县土南区辅导委员胡英鉴领单收据

1948年12月2日至12月18日,城北乡第七学区民教主任龚仁德、三教乡辅导员邹作新、城北乡温家坝学区民教主任龚奉纯、城南乡第五学区刘明梁、璧山第三区主任邱达夫、歇马乡辅导员彭荙北、巴县土南区辅导委员胡英鉴有关社员名册、农业机织社社章、农业机织社调查表、登记申请书、会议记录、业务计划等领据。

## 辅导员陈克为补发证章及调查表事致秘书陈滋园函

1948年12月23日,辅导员陈克致函秘书陈滋园,因不慎遗失证章一枚,请求补发。另外,该区尚差各种调查表若干,请一并下发。

## 北碚办事处为领取农业合作社成立登记书表事呈华西实验区总办事处报告

1949年7月5日,北碚办事处报告华西实验区总办事处,请检送农业合作社成立登记书表,以便应用。附发给书表数目清单。

## 璧山第六辅导区办事处为请发合作社股票事呈华西实验区总办事处报告

1949年7月21日,璧山第六辅导区办事处报告华西实验区总办事处,恳请照数发下股票三千二百张以利工作进行。附批条因所需数目过大,故仅发一部分,其余由各社自备股据。

## 巴县第七辅导区办事处为造具合作社书表核发收据事呈华西实验区总办事处报告

1949年7月20日,巴县第七辅导区办事处报告华西实验区总办事处,为展开该区合作社业务工作,故造具合作社书表请领数量表,请总办事处核给收据以便派员赴渝领取。附合作社书表请领数量表。

**巴县第六辅导区办事处为补发书表事呈华西实验区总办事处报告**

1949年7月20日至10月19日，巴县第六辅导区办事处报告华西实验区总办事处，该区各乡合作社均已创立并正在办理申请登记，因各项应用书表数不敷用，请速予补发以利工作进行。附请发书表清单。

**江北第一辅导区办事处为请发给各项组社书表、造具各项组社书表收据、补发农业生产合作社申请贷款填写说明事呈华西实验区总办事处报告**

1949年8月20日至9月14日，江北第一辅导区办事处报告华西实验区总办事处，为展开该区组社工作，故请发给各项组社书表，以转发各乡备用；造具实际收到尚可填用的各项书表数量收据一份，请核查；请补发农业生产合作社申请贷款填写说明，以便转发各辅导员。

**华西实验区总办事处为补发书表事给巴县各辅导区办事处通知**

1949年9月1日，华西实验区总办事处为组社书表不敷可另请补发事给巴县各辅导区办事处通知。

**巴县第十二辅导区办事处为补发合作社书表事呈华西实验区总办事处报告**

1949年8月26日，巴县第十二辅导区办事处报告华西实验区总办事处，请补发合作社书表，以便组社工作顺利展开。

**合川第二辅导区办事处为请核发合作社组社应用表册单呈华西实验区总办事处报告**

1949年9月2日，合川第二辅导区办事处报告华西实验区总办事处，该区正筹备组社工作，请核发合作社书表领取凭单，以便派人赴渝领取。

**璧山第二辅导区办事处为推广农地减租事呈华西实验区总办事处报告**

1949年9月8日，璧山第二辅导区办事处报告华西实验区总办事处，有关农地减租是否非佃户社员亦需登记填表一事，请总办事处函告。

**华西实验区总办事处为请印制佃户缴租登记表事致璧山县政府函**

1949年9月13日，华西实验区总办事处致函璧山县政府，请印制佃户缴租登记表，以便分发各区应用。

**璧山第三辅导区办事处为补发书表事呈华西实验区总办事处报告**

1949年9月8日，璧山第三辅导区办事处报告华西实验区总办事处，该区各社业务普遍展开，前领书表多已用罄，请总处检发所缺各项书表，以利工作进行。

### 巴县第五辅导区办事处为补发合作社组社书表事呈华西实验区总办事处报告

1949年9月15日，巴县第五辅导区办事处报告华西实验区总办事处，前领书表多不敷用，请补发合作社组社书表以做组社工作展开备用。

### 巴县第十一辅导区办事处为请补发各项书表并统筹印发组社股票事呈华西实验区总办事处报告

1949年10月15日，巴县第十一辅导区办事处报告华西实验区总办事处，请补发各项组社书表及统筹印发组社股票。附造具申请补发组社书表数目清单。

### 华西实验区总办事处为存米等事给梁正国通知

1949年11月19日，华西实验区总办事处为存米及托养仔猪事给梁正国通知。

## 9-1-211

### 华西实验区总办事处为贷放母猪事给巴县第一辅导区办事处通知

1949年12月19日，华西实验区总办事处为贷放母猪事给巴县第一辅导区办事处通知。

### 购运荣昌种猪费用清单

1949年11月28日，购运荣昌种猪费用清单。

### 梁正国为托养仔猪死亡及存米事呈华西实验区总办事处报告

1949年12月9日，梁正国报告华西实验区总办事处，托养仔猪均已病亡，仅将豌豆收回喂养现购小猪。所存熟米因运猪事急还未办理。

### 邱达夫为赴荣昌购猪及贷款携运事致郭准堂函

1949年7月17日，邱达夫致函郭准堂，其应赴荣昌购猪，但因病不便，故另请农业组人员代往。另贷款携带，为安全起见，故请借用汽车往返。

### 华西实验区总办事处给璧山第四辅导区办事处主任邱达夫代电

1949年7月18日，华西实验区总办事处为赴荣昌筹办购猪事给璧山第四辅导区办事处主任邱达夫代电。

### 购猪代表王臻、徐远文等人为赴荣昌采购种猪、留驻荣昌筹购猪只数、留守荣昌购猪情形、种猪购运情形等事呈华西实验区总办事处报告

1949年8月6日至8月17日，购猪人员王臻、徐远文等人报告华西实验区总办事处，略述有关荣昌采购种猪、留驻荣昌筹购猪只数、近日留守荣昌购猪情形及种猪购运情形等事。

**华西实验区总办事处给荣昌购猪代表王臻、徐远文等人通知**

1949年8月12日至8月15日，华西实验区总办事处为复示荣昌购猪情形、回复赴荣昌调查猪价情形事给荣昌购猪代表王臻、徐远文等人通知。

**璧山第一辅导区办事处为贷放荣昌母猪死亡、瘟病、阉割、交配等事呈华西实验区总办事处报告**

1949年8月22日至10月28日，璧山第一辅导区办事处报告华西实验区总办事处，如若贷放荣昌母猪发现死亡或阉割及十日内发生死亡情形应如何办理，请总处核示；城南乡第四保农户所领母猪不进食进水应如何处理，请核办；城南乡东岳庙学区发生母猪不饮食情形，请派员速来医治；城东乡第四社学区报称种猪发生死亡及瘟病情形应如何办理，请核办；雷家湾农社贷放母猪发生死亡、不饮食情形，请设法医治及处理；转报狮子乡戴家湾、狮子乡青茂湾、狮子乡熊家坝、狮子乡双龙桥、城北乡三个滩、城北乡杨家祠、城北乡黄泥湾、城南乡第四保、城南乡东岳庙、城北乡第三保、城东乡第四社学区所领母猪死亡情形；附送各社荣昌母猪死亡证明文件，请总处核销；前贷母猪多头需速予购置公猪交配，请示总处办理。

**华西实验区总办事处为回复贷放荣昌母猪死亡等事给璧山第一辅导区办事处通知**

1949年8月25日至11月2日，华西实验区总办事处为回复贷放荣昌母猪死亡、阉割、不饮食、核示母猪死亡办理事项、母猪死亡呈交证明文件、母猪死亡头数报核、复核母猪病亡办法、所领母猪死亡存查、所贷母猪死亡情形报核、补报死猪证明文件、购买公猪以便分配等事给璧山第一辅导区办事处通知。

**华西实验区总办事处为猪瘟后余猪托人饲养事给雷鸣代电**

1949年8月25日，华西实验区总办事处为猪瘟后余猪托人饲养事给雷鸣代电。

**华西实验区总办事处为以公猪阉割冒充母猪事给雷鸣等人通知**

1949年8月25日，华西实验区总办事处为以公猪阉割冒充母猪事给雷鸣等人通知。

**华西实验区总办事处为附发第二次贷款座谈会会议记录等事给璧山各辅导区办事处，巴县第一、第二辅导区办事处等通知**

1949年8月3日至9月30日，华西实验区总办事处为附发第二次贷款座谈会会议记录、检发购猪座谈会会议记录、检发贷款工作检讨会会议记录、荣昌母猪饲养管理注意事项、仔猪贷款退回等事给璧山各辅导区办事处，巴县第一、第二辅导区办事处通知。附荣昌母猪饲养管理注意事项、贷款工作检讨座谈会会议记录。

### 购猪代表徐远文、雷鸣，农社代表杨国芳、巫永培为近日荣昌购猪情形事呈华西实验区总办事处报告

1949年6月23日，购猪代表徐远文、雷鸣，农社代表杨国芳、巫永培报告华西实验区总办事处，报告有关近日荣昌购猪诸事情形。

### 巴县第一辅导区办事处为请示社员领猪若发生病症或死亡应如何处理事呈华西实验区总办事处报告

1949年8月25日，巴县第一辅导区办事处报告华西实验区总办事处，分发各乡之荣昌购猪若发生病症或死亡，应该如何处理，请核示。

### 华西实验区总办事处为购猪代表赴荣昌购猪等事分别给璧山第二、第五、第六辅导区办事处，巴县第一、第二辅导区办事处，铜梁造纸合作厂通知

1949年7月28日至12月19日，华西实验区总办事处为购猪代表赴荣昌购猪、转发运猪建议、回复社员领猪死亡处理办法、各合作社送派购猪代表领款购猪、缓期办理购买母猪贷款、辅导员赴荣昌购猪旅费结余、汽车发借使用等事分别给璧山第二、第五、第六辅导区办事处，巴县第一、第二辅导区办事处，铜梁造纸合作厂通知。

### 璧山第五辅导区辅导员余绳祎为赴荣昌采购种猪等事呈华西实验区总办事处报告

1949年12月12日，璧山第五辅导区辅导员余绳祎报告华西实验区总办事处，奉派赴荣昌采购种猪，业经返回。有关旅费结余已造就旅费领据。

### 华西实验区总办事处代电

1949年7月27日至11月26日，华西实验区总办事处来自孟昭斌等人代电。

### 璧山第二、第六辅导区办事处，巴县第一、第二辅导区办事处为指派代表赴荣昌购猪事分别呈华西实验区总办事处报告

1949年7月20日至11月5日，璧山第二、第六辅导区办事处，巴县第一、第二辅导区办事处分别报告华西实验区总办事处，该区指派干事雷鸣并选派全区代表杨国芳携款前往荣昌购猪，附呈领款保证书，请总处备查；该区已派辅导员韩秀全并选派农业社代表邱梦麟赴荣昌洽购母猪，有关母猪贷款应办手续请总处核示；该区遵派合作社代表天子良前往荣昌购猪；该区遵派干事杨永言及合作社代表周英全为荣昌购买母猪负责人。

## 巴县第三辅导区办事处为运猪建议两点以供参考事呈华西实验区总办事处报告

1949年7月22日,巴县第三辅导区办事处报告华西实验区总办事处,因暑天炎热购猪运输面临问题,为防暑提出运猪建议两点。

## 巴县第二辅导区办事处为贷放母猪半月内死亡如何处理、缓期办理购买母猪贷款、购买母猪设专站专人办理事呈华西实验区总办事处报告

1949年7月22日至7月25日,巴县第二辅导区办事处报告华西实验区总办事处,如若贷放母猪半月内发生死亡应如何办理,请总处核示;因盛暑非购猪季节,故请缓期办理有关购买母猪贷款;拟请在荣昌、隆昌两地设置专站、专人专门办理购买母猪一事。

## 购猪代表薛觉民为汇报赴荣昌购猪临时座谈会会议情形事呈华西实验区总办事处报告

1949年7月31日,薛觉民报告华西实验区总办事处,为赴荣昌处理购猪问题而召开购猪临时座谈会,特将有关问题处理情形抄送会议记录。附购买种猪、母猪临时座谈会会议记录。

## 华西实验区总办事处为购猪派员领款事给巴县第一辅导区办事处主任喻纯堃代电

1949年10月31日至11月5日,华西实验区总办事处为购猪派员领款赴荣昌购运事给巴县第一辅导区办事处主任喻纯堃代电。

## 华西实验区总办事处为留驻荣昌协助购买母猪等事给梁正国通知

1949年10月25日至11月2日,华西实验区总办事处为留驻荣昌协助购买母猪、催购公猪分配各区使用事给梁正国通知。

## 9-1-212

### 华西实验区合作社物品供销处璧山分处报告(残篇)

### 督导军布增产各项规章办法书表

1949年9月17日至9月22日,督导军布增产各项规章办法书表。包括:孙则让有关机织生产合作社事面谕八条,辅导机织生产合作社加强军布生产方案,军布增产座谈会记录,机织生产合作社承织军布惩奖办法,二八布规格表,不合格布匹扣纱办法,军布生产小组承织契约。

### 华西实验区总办事处为督导军布增产人员注意事项等事给华西实验区合作社物品供销处璧山分处通知

1949年10月3日，华西实验区总办事处为督导军布增产人员注意事项及有关表式事给华西实验区合作社物品供销处璧山分处通知。

### "六·三"禁烟纪念日宣言

1943年，"六·三"禁烟纪念日宣言。

### 璧山县附城乡信用合作社联合社1940年度业务计划

1939年9月1日至1940年12月31日，璧山县附城乡信用合作社联合社1940年度业务计划、借款申请书。

### 附城乡信用合作社联合社呈璧山县合作金库借款申请书

1939年9月22日，附城乡信用合作社联合社呈璧山县合作金库借款申请书，商借国币500元整，订期10个月。

### 四川省棉纺织推广委员会为技师薪金事致璧山县附城乡信用合作社联合社函

1939年7月19日，四川省棉纺织推广委员会致函璧山县附城乡信用合作社联合社，技师周运九等二人薪金请参考本会办法酌量情形支付。

### 宜宾办事处行情日报表

1949年8月17日至8月22日，8月30日至8月31日，10月23日至10月31日，宜宾办事处行情日报表。

### 华西实验区机织生产合作事业进展概况

1949年8月18日，华西实验区机织生产合作事业进展概况。包括1949年度7月底机织生产合作社概况表、1949年7月底贷出周转纱货市尺统计表、1949年7月底机织生产合作社贷纱统计表、1949年度7月机织生产合作社产销概况表。

### 政务院财政经济委员会合作社工业生产调查表说明

1950年，政务院财政经济委员会合作社工业生产调查表说明，分为甲、乙两部分。

### 华西实验区机织生产合作事业报告书

1949年12月，华西实验区机织生产合作事业报告书，包括合作社物品供销处业务概况，分为甲、乙、丙、丁四部分。

### 华西实验区合作社物品供销处璧山分处给来凤驿（璧南）供销办事处通知

1949年7月4日至9月21日，华西实验区合作社物品供销处璧山分处为派员前往来凤驿筹设璧南办事处、检发经费预算表、回复有关新预算表及添置用具等事给来凤驿（璧南）供销办事处通知。附员工编制表、来凤驿办事处经费预算书。

## 华西实验区总办事处为派阎毅敏兼任合作供销处来凤驿办事处主任辅导员通知

1949年6月30日，华西实验区总办事处为派阎毅敏兼任合作供销处来凤驿办事处主任事给阎毅敏辅导员通知。

## 来凤驿供销办事处主任阎毅敏为报告到职日期及办事处成立情形、报送启用印信日期及印模图样等事呈华西实验区合作社物品供销处报告

1949年7月26日至9月10日，来凤驿供销办事处主任阎毅敏报告华西实验区合作社物品供销处，其已于7月4日到职并即日筹措办事处组织成立；该处印信自8月1日正式启用，附送印模及该职私章图样各两份；为该处丁家站员工便利职守，拟请自8月份起在丁家站增加厨夫一名；该处依照总处标准于库存棉纱内按照当时市价一次支清职工薪金及办公费，是否可行；为熏制布匹、维持该处秩序安宁、缓解该处工作等因，拟恳雇佣布匠、请派卫兵、增加助工，以上所请是否可行；因物价高涨，该处添员等由，故拟订管理费新预算表一份，与布纱业务设备费用一并报上。附估价单、预算书。

## 华西实验区合作社物品供销处璧山分处为准予来凤驿办事处印信、印模备案及补报人员印鉴纸、拨发职工薪金及办公费、员工待遇调整事致来凤驿（璧南）供销办事处函

1949年8月8日至8月18日，华西实验区合作社物品供销处璧山分处致函来凤驿（璧南）供销办事处，准予来凤驿办事处印信、印模图样备查，请补报人员印鉴纸；批准来凤驿办事处在库存棉纱内拨支薪金及办公费；检送来凤驿办事处员工待遇调整及支给标准列表。附来凤驿办事处员工薪俸表。

## 华西实验区合作社物品供销处璧山分处为造具账表等事给来凤驿、丁家、北碚等供销办事处通知

1949年11月18日，华西实验区合作社物品供销处璧山分处为函请造具账表、家具清册事给来凤驿、丁家、北碚等供销办事处通知。

## 华西实验区合作社物品供销处璧山分处公差出行证明书

1949年9月5日至11月18日，华西实验区合作社物品供销处璧山分处公差出行证明书，分别给总务股长陈思舜、业务干事阎敬仁、业务员李定理、秘书王丙槐、技术员梁淑端执存。

### 华西实验区合作社物品供销处璧山分处为收换军布业务事给河边乡辅导员通知

1949年11月18日，华西实验区合作社物品供销处璧山分处为收换军布业务事给河边乡辅导员通知。

### 四川省第三区行政督察专员兼保安司令公署训令

1949年9月25日，四川省第三区行政督察专员兼保安司令公署为璧山承织军布交由华西实验区合作社物品供销处以布换纱事训令。

### 巴县青木乡一保六甲十户孙辉源为说明购置璧山白布仅供家用事呈华西实验区合作社物品供销处璧山分处报告

1949年9月29日，巴县青木乡一保六甲十户孙辉源报告华西实验区合作社物品供销处璧山分处，其从璧山白布市场所购置白布仅供家用，并非贩卖。

### 华西实验区合作社物品供销处璧山分处公务领用办法

1949年10月30日，华西实验区合作社物品供销处璧山分处公务领用办法，共6条。

### 华西实验区合作社物品供销处璧山分处为该处第十一次处务会议各参会人员抄送该次会议记录

1949年11月5日，华西实验区合作社物品供销处璧山分处为该处第十一次处务会议各参会人员抄送该次会议记录。附会议记录。

### 城北乡五保四甲陈炳林、河边乡七保三甲雷德泽为其现有机台数量等事分别呈华西实验区合作社物品供销处璧山分处报告

1949年9月29日，城北乡五保四甲陈炳林、河边乡七保三甲雷德泽分别报告华西实验区合作社物品供销处璧山分处，有关其现有机台数量、织布类型及改织二八布等情形。

### 华西实验区合作社物品供销处璧山分处主任李国桢为杨汉平代理其负责督导联络等职事给该处业务、技术两股工作人员通知

1949年10月3日，华西实验区合作社物品供销处璧山分处主任李国桢为托股长杨汉平代理其负责督导联络等职事给该处业务、技术两股工作人员通知。

### 华西实验区合作社物品供销处璧山分处承销证明书

1949年7月31日，华西实验区合作社物品供销处璧山分处关于璧山各机织生产合作社承织二八白布交由该处运渝推销证明书。

## 9-1-213

**华西实验区总办事处秘书室主任郭准堂为承介人员参加实验区工作事分别致陶斋、喻林炎、康兴璧、吴丕显函**

1949年4月15日至7月25日,华西实验区总办事处秘书室主任郭准堂分别致函陶斋、喻林炎、康兴璧、吴丕显,孙振祥先生函中未曾叙明其通信地址,请查明告知以便遇有机会径行邀约;所介绍之邹沛已交人事股先予登记,将来实验区工作如有扩展定当邀约;所承介之蒋鼎恒等五人,将来展开区域工作后,自当复请委任;嘱拟着力来实验区服务,定当竭力实现。

**华西实验区总办事处主任孙则让为承介人员参加实验区工作事分别致赵水澄、傅葆琛函**

1949年4月25日至7月23日,华西实验区总办事处主任孙则让分别致函赵水澄、傅葆琛,所承介之姚来祜来区相助至表欢迎,然本实验区各区人员均已分配足额,除已将其资历登记外,俟暑期工作区域再开展时,定当邀约;所承介之华西协合大学毕业生徐志林已交人事股先予登记,将来实验区域工作扩展需人时,再行函约;所推荐之社会经济乡建等系毕业生五人志愿来区工作至深感激,除交人事股登记外,俟实验区域扩展时,定当优先聘用。

**赵水澄为姚来祜来区工作事致华西实验区总办事处主任孙则让函**

1949年4月20日,赵水澄致函华西实验区总办事处主任孙则让,私立铭贤学院贾麟炳先生函告,该院农业经济系毕业生姚来祜来璧山等地工作,晏先生嘱转函可假请录用。

**华西实验区总办事处秘书室主任郭准堂为本区工作人员出缺递补事分别致蒋融、彭公侯、何质彬函**

1949年7月25日,华西实验区总办事处秘书室主任郭准堂分别致函蒋融、彭公侯、何质彬,实验区旧有人员尚有剩余,前经会议决定不增加新人员,各区工作人员如有出缺,一律只能调补。

**孙振洋为参加华西实验区乡建工作事致行政督察专员孙则让函**

1949年2月27日,孙振洋致函行政督察专员孙则让,其停薪来川,听闻负责华西实验区工作,特请求设法任用,以便开展乡建工作事业。

**华西实验区总办事处为批复生产事业意见书等给綦江第一辅导区办事处通知**

1949年6月23日,华西实验区总办事处为批复綦江第一辅导区生产事业意见书事给綦江第一辅导区办事处通知。

### 綦江第一辅导区办事处为报送该区生产事业意见书事呈华西实验区总办事处报告

1949年5月31日，綦江第一辅导区办事处报告华西实验区总办事处，有关该区生产事业意见书前经该区第二次区辅导会议讨论修正通过，请总处查核。附綦江第一辅导区生产事业意见书。

### 华西实验区合作社物品供销处为函复柞蚕丝市场销售情形事致华西实验区总办事处函

1949年8月1日，华西实验区合作社物品供销处致函华西实验区总办事处，经调查柞蚕丝在渝市场尚无此种货品，如若该项货品交由该处代销，即请填具委托书并检送样品寄于本处。

### 华西实验区总办事处为调查蚕丝市场销路情形等事给綦江第二辅导区办事处通知

1949年7月21日至8月9日，华西实验区总办事处为转知合作社物品供销处调查蚕丝市场销路情形、回复呈请延聘技术人员及推销柞蚕丝事给綦江第二辅导区办事处通知。

### 綦江第二辅导区办事处为报送本区筹组柞蚕生产合作社情形事呈华西实验区总办事处报告

1949年6月14日，綦江第二辅导区办事处报告华西实验区总办事处，约请有关人士筹商组织柞蚕生产合作社事宜，组社章程及各项书表均已交筹备人员参考并召集各乡辅导员推广。

### 华西实验区总办事处为函请调查蚕丝市场情形事给重庆合作社物品供销处通知

1949年7月21日，华西实验区总办事处为函请调查蚕丝市场情形事给重庆合作社物品供销处通知。

### 华西实验区总办事处秘书室主任郭准堂为派员调查綦江第二辅导区柞蚕事业事致华西实验区农业组组长李焕章函

1949年，华西实验区总办事处秘书室主任郭准堂致函华西实验区农业组组长李焕章，查綦江第二辅导区柞蚕事业有经济价值，请派员前往该区调查，并早将调查结果报于总处。

### 巴县第八辅导区办事处为报请拟组织榨油产销合作社及酢房产销合作社、设立蔬菜产销合作社等事呈华西实验区总办事处报告

1949年8月2日至8月17日，巴县第八辅导区办事处报告华西实验区总办

事处,拟组织榨油产销合作社及酢房产销合作社,故将有关福利农民内容情形略述,请总处核示;西彭、铜罐两乡农民皆种菜蔬运渝出售,似有组社之条件。故报请总处核准设立蔬菜产销合作社。

## 华西实验区总办事处为酢房不应组织合作社榨油等事给巴县第八辅导区办事处通知

1949年8月10日至9月10日,华西实验区总办事处为酢房不应组织合作社榨油应以组织农业社以农产加工方式办理、核复设立蔬菜产销合作社等事给巴县第八辅导区办事处通知。

## 江北第一辅导区办事处为报请筹组砖瓦及酿造两专营合作社事呈华西实验区总办事处报告

1949年9月29日,江北第一辅导区办事处报告华西实验区总办事处,拟筹组砖瓦及酿造两专营合作社,是否可当请总处核示。

## 华西实验区总办事处为查明砖瓦产销情形事给江北第一辅导区办事处通知

1949年10月5日,华西实验区总办事处为查明砖瓦产销情形事给江北第一辅导区办事处通知。

## 四川省第三区行政督察专员兼保安司令公署为永川县政府呈请至该县推广实验工作事致华西实验区函

1949年11月22日,四川省第三区行政督察专员兼保安司令公署致函华西实验区,永川县政府呈请华西实验区来县推广实验工作,请据情查核办理。

## 永川县政府为请华西实验区总办事处在永川设立实验分区以利农村乡建工作事致办事处函

1949年11月16日,永川县政府致华西实验区总办事处函,拟请华西实验区在永川设立实验分区以利该县农村乡建工作,故将该县有关情形略述,请见复。

## 江津县政府、县参议会筹议辅导区事给华西实验区总办事处代电

1949年10月12日,江津县政府、县参议会为电请派员来县筹议辅导区以利农村事给华西实验区总办事处代电。

## 江津县政府为征收乡建基金事给华西实验区总办事处代电

1949年10月12日,江津县政府为准县参议会以田赋征收该县辅导区乡建基金事给华西实验区总办事处代电。

## 华西实验区总办事处为函复电请派员来县筹设辅导区事致江津县政府、县参议会函

1949年11月3日,华西实验区总办事处致函江津县政府、县参议会,查该区

此次在江津县办理果蝇防治工作及筹开第一辅导区办事处均受江津县各方面协助；筹建辅导区之事当尽力筹划、逐渐开展。

**华西实验区总办事处就果蝇防治队工作及筹开第一辅导区事致江津县政府函**

1949年9月7日，华西实验区总办事处致函江津县政府，实验区果蝇防治队工作扩展至16个乡镇；开设第一辅导区需在每乡镇设立辅导员一人。

**华西实验区总办事处秘书室主任郭准堂为江津开设辅导区事致华西实验区农业组组长李焕章函**

1949年9月9日，华西实验区总办事处秘书室主任郭准堂致函华西实验区农业组组长李焕章，总处已批准江津开设辅导区，区主任准以徐伟如担任，江津所需各辅导员人选以现在江津之本区工作人员调补。

**江津县准备开区工作原则**

1949年9月7日，江津县准备开区工作原则，共四条，孙则让草拟。

**江津县政府、县参议会为推广乡村建设请予开拓江津区、拟定辅导区域附送图表等事致华西实验区总办事处函**

1949年4月29日至5月19日，江津县政府、县参议会致函华西实验区总办事处，总处负华西实验区建设乡村之责，江津乃华西实验区区属之部分，筹建江津区之各事项已商有具体办法，并积极着手进行；请予审核该县所拟定辅导区域及其图表。

**华西实验区总办事处为江津开办辅导区、函复派员办理广柑改良、蛆柑防治事致江津县政府、县参议会函**

1949年5月11日至6月10日，华西实验区总办事处致函江津县政府、县参议会，江津县开办辅导区早在计划中，因农复会来款中辍而未能进行；农复会不久可能续发一部分款项，款到即可着手开办辅导区一事；总办事处先派工作人员赴江津县辅导农民办理广柑改良及蛆柑虫害防治事宜，至将来并列扩展工作区域自当先就江津县着手组织。

**华西实验区总办事处秘书室主任郭准堂致任应秋函**

1949年5月，华西实验区总办事处秘书室主任郭准堂致函任应秋，关于划区事、县府及县参议会公函业经收到，倘若农复会能为发款，想必不成问题。

**江津县运用美国援华农村建设专款三年计划**

**四川省政府为准省参议会有关洽借农村复兴普及民众教育贷款事致华西实验区总办事处函**

1949年5月23日,四川省政府致函华西实验区总办事处,该府已批准通过省参议会有关洽借农村复兴普及民众教育贷款一案,请该区设法从农村复兴贷款内酌情配发相关款项。附省参议会洽借农村复兴普及民众教育贷款案记录一份。

**华西实验区总办事处为省参议会有关洽借农村复兴普及民众教育贷款事致四川省政府函**

1949年6月8日,华西实验区总办事处致函四川省政府,关于省府通过省参议会洽借农村复兴普及民众教育贷款一案,请速与农村复兴委员会洽商。

**华西实验区总办事处主任孙则让为实验区推进计划等事致荣昌县县长邹承鲁函**

1949年2月13日,华西实验区总办事处主任孙则让致函荣昌县县长邹承鲁,有关实验区推进计划及农复会发款补助,实际情形各县不一,势须逐渐推进,荣昌县推广工作自当设法展开。

**荣昌县县长邹承鲁为本县乡建工作事致华西实验区总办事处主任孙则让函**

1949年1月27日,荣昌县县长邹承鲁致函华西实验区总办事处主任孙则让,荣昌县建设乡村各项条件均不落后,该县人民对此多表赞同。该县乡建工作能否有成实赖美援补助及华西实验区领导。1949年度实验区扩展计划如何请派员指导。

**吴太仁为选派乡建院毕业生及分配卫生医务人员事致华西实验区总办事处主任孙则让函**

1948年12月29日,吴太仁致函华西实验区总办事处主任孙则让,拟请在乡村建设学院毕业同学中选派一人于下期担任江津县师附小校长,以便推行导生传习教育工作;所派推广卫生医务工作人员请分配一部分至地方。

**华西实验区总办事处主任孙则让为选派乡建院毕业生及分配卫生医务人员致吴太仁函**

1949年1月5日,华西实验区总办事处主任孙则让致函吴太仁,实验区对四川省第三行政区所属各县局均拟具计划准备,待农复会发款即可实施。所列选派乡建院毕业生及分配卫生医务人员事,自当于江津工作展开时再为洽商。

### 粟华先为有意参加实验区在合川推行工作事呈华西实验区总办事处主任孙则让报告

1949年2月16日,粟华先报告华西实验区总办事处主任孙则让,其籍隶合川县亦在实验区域内,望乡建工作提早在合川推行,并盼派其等回至该乡组织示范区以资倡导。

### 铜梁县参议会给四川省第三区行政督察专员兼保安司令公署专员孙则让代电

1948年12月1日,铜梁县参议会为铜梁县推行复兴乡建工作事给四川省第三区行政督察专员兼保安司令公署专员孙则让代电。

### 四川省第三区行政督察专员兼保安司令公署为铜梁县推行农村建设事致华西实验区璧山办事处函

1948年12月18日,四川省第三区行政督察专员兼保安司令公署致函华西实验区璧山办事处,铜梁县参议会代电请及早实现该乡农村建设推行事宜,请核办。

### 郑仁周为参加农村复兴乡建工作事致四川省第三区行政督察专员公署专员孙则让函

1948年12月10日至1949年1月5日,郑仁周先后致函四川省第三区行政督察专员公署专员孙则让,表示愿为乡建事业尽绵薄之力,请示可否。

### 四川省第三区行政督察专员兼保安司令公署专员孙则让为乡建事业事致郑仁周函

1948年12月15日,四川省第三区行政督察专员兼保安司令公署专员孙则让致函郑仁周,郑仁周对乡村建设事业心热志坚,自表佩慰,此后自当彼此联系共策共励。

### 华西实验区总办事处为准将巴县屏都镇划为实验区、铜梁县乡村建设工作等事致四川省第三区行政督察专员兼保安司令公署函

1948年5月10日至12月24日,华西实验区总办事处致函四川省第三区行政督察专员兼保安司令公署,准予将巴县屏都镇划为实验区。依照实验区拟具计划,实验区扩展将逐渐推进,依次办理;实验区对各县基础教育及乡村建设正在重订计划,待农复会美援款项发到,铜梁县乡村建设工作即可照既定计划相应办理。

### 华西实验区总办事处主任孙则让为乡建事业事致郑仁周函

1949年1月18日,华西实验区总办事处主任孙则让致函郑仁周,对其愿意全力协助乡建事业,至表欢迎。实验区正拟在第三行政区全境普遍展开工作,

届时在该县实施工作,自当请予协助。

## 9-1-214

**华西实验区总办事处为推行治疗疟疾派员领药等事给璧山第三辅导区办事处通知**

1949年9月22日至10月7日,华西实验区总办事处为推行治疗疟疾派员领药、补发百乐君服法说明与病人登记表填写说明等事给璧山第三辅导区办事处通知。

**巴县第四辅导区各保农民小组成立农协选举大会会议记录**

1950年5月21日,巴县第四辅导区各保农民小组成立农协选举大会会议记录,包括有关成立农协筹备会、翻身教育、阶级教育等内容。

**《北碚黄桷镇社会调查工作纪实》**

1950年2月,《北碚黄桷镇社会调查工作纪实》,华西实验区工作丛刊之一。

**华西实验区编辑组、卫生组、社会调查组、农业组、教育组、合作组9月份领款凭据**

**侯东相为璧山第一辅导区各农业生产合作社补发荣昌母猪贷款借据情形等事呈华西实验区总办事处主任孙则让报告**

1950年5月14日至6月17日,侯东相报告华西实验区总办事处主任孙则让,除狮子乡谭家塆、城北乡雷家塆、城东乡林家店农业社外,其他各农业社荣昌母猪贷款借据已补发完毕;城北乡雷家塆农业生产合作社去年所承贷荣昌母猪十头,因病死亡八头,业已补签借据。附借据副本及死亡母猪一览表。

**江沦诚为呈请未领取平教会公物事致平教会函**

1950年5月4日,江沦诚致函平教会,农业生产合作社筹备解放前由平教会派人负责,其未领到该会牲畜农产品种。该会造就其领有该会公物未经本人经手,完全不知,请核查。

**璧山城东乡第五保保长邱树清为承贷荣昌母猪死亡事呈华西实验区总办事处报告**

1950年5月10日,璧山城东乡第五保保长邱树清报告华西实验区总办事处,该社学区农业生产合作社去年所承贷荣昌母猪四头均因病相继死亡,农民经济困难无力偿还,请准予销账。

### 华西实验区总办事处为贷放荣昌母猪诸事给前璧山第一辅导区办事处主任傅志纯通知

1949年9月17日至1950年4月6日，华西实验区总办事处为该区贷放荣昌母猪诸事给前璧山第一辅导区办事处主任傅志纯通知。附璧一区母猪贷款合作社核准贷款通知单两份、贷放母猪因病死亡证明书一份。

### 璧山第一辅导区办事处主任傅志纯为检送城北乡雷家塆农业社母猪死亡证件、送报贷放母猪概况表贷放数额错误、检送狮子乡柯家岗、狮子乡蜘蛛蚊农业生产合作社登记申请书表等事呈华西实验区总办事处报告

1949年10月12日至12月23日，璧山第一辅导区办事处主任傅志纯报告华西实验区总办事处，检送该区城北乡雷家塆农业社母猪死亡证件，请总处核销；经查明因重复记录的缘故，导致贷放母猪数额多出两头，现报请注销多余数额以符事实，检送狮子乡柯家岗、狮子乡蜘蛛蚊农业生产合作社登记申请各项书表，请核办。

### 巴县第六辅导区办事处主任王宗耀为拔牙康复续假事呈华西实验区总办事处报告

1949年10月4日，巴县第六辅导区办事处主任王宗耀报告华西实验区总办事处，拔牙后仍未完全康复，故请续假半月，各项事宜只能暂缓办理。

## 9-1-215

### 璧山六塘乡板凳塆农业生产合作社章程

1949年，璧山六塘乡板凳塆农业生产合作社章程，共8章，35条。附璧山六塘乡板凳塆农业生产合作社社员名册一份。

### 璧山县政府为农社申请登记事给六塘乡板凳塆农业生产合作社的指令

1949年7月27日，璧山县政府给六塘乡板凳塆农业生产合作社指令，准予登记。附登记证一纸、原社章一份。

### 华西实验区总办事处为检送六塘乡板凳塆、大路乡石桥寺农业生产合作社、八塘乡农业生产合作社联合办事处成立登记书表事致璧山县政府函

1949年7月23日至10月11日，华西实验区总办事处致函璧山县政府，分别据璧山第五、第六辅导区转送六塘乡板凳塆、大路乡石桥寺农业生产合作社、八塘乡农业生产合作社联合办事处成立登记书表，经核检同原件一份。附大路乡石桥寺农业社调查表、成立登记申请书、会议决议录、业务计划、章程、社员名册等。

**六塘乡板凳塝农业生产合作社创立会决议录**

1949年6月15日,六塘乡板凳塝农业生产合作社创立会决议录。

**华西实验区总办事处为复示农业生产合作社联合办事处组织情形等事给璧山第六辅导区办事处通知**

1949年8月6日至10月11日,华西实验区总办事处为复示农业生产合作社联合办事处组织情形、查报八塘乡农业生产合作社联合办事处图模启用日期等事给璧山第六辅导区办事处通知。附联合办事处组织情形报告。

**璧山第六辅导区办事处为转报八塘乡农业生产合作社联合办事处组织情形、登记及贷款书表及申复推选代表情形、开幕情形、查复八塘乡农业生产合作社联合办事处借款折谷数量、转报八塘乡农业生产合作社联合办事处10月份月报、报送八塘乡农业生产合作社联合办事处图模及启用日期等事呈华西实验区总办事处报告**

1949年7月30日至11月13日,璧山第六辅导区办事处报告华西实验区总办事处,该区经选定八塘乡率先办理组织农业社联合办事处,并召集该乡各社学区理事主席及民教主任在区办事处开会筹商组织该乡农业生产合作社联合办事处诸事宜;转呈八塘乡农业生产合作社联合办事处登记及贷款书表,请准予登记、贷款;有关申复代表核减一事,拟请总处免于核减代表人数;八塘乡合作社联合办事处已开业,营业情况尚为良好;有关八塘乡联合办事处借款折谷数量经查彼时黄谷为每市石售银3.25元;呈送八塘乡农业生产合作社联合办事处10月份月报;报送八塘乡农业生产合作社联合办事处图模及启用日期。附调查表、组社规则、社员名册、会议记录、职员名册、业务计划、职员印鉴纸、图模,10月份月报表。

**华西实验区总办事处为八塘乡农业生产合作社联合办事处偿还贷款事给八塘乡乡公所通知**

1950年10月6日,华西实验区总办事处通知八塘乡乡公所,八塘乡农业生产合作社联合办事处偿还贷款,按还款前一日当地黄谷市价改以人民币偿还。

**华西实验区总办事处为不出具黄谷市价证明事给八塘乡农业生产合作社联合办事处通知**

1950年10月6日,华西实验区总办事处通知八塘乡农业生产合作社联合办事处,关于乡公所不出具黄谷市价证明亦由总处致函乡公所说明可能函请其派员前往洽办;黄谷价证明倘若乡公所坚不出具时,可另取可靠证明前来偿还贷款。

### 八塘乡农业生产合作社联合办事处为缴款事呈华西实验区总办事处呈文

1950年9月27日,八塘乡农业生产合作社联合办事处为是否来城缴款请明确指示事呈华西实验区总办事处呈文。

### 璧山县八塘乡农业生产合作社联合办事处月报

1950年6月至7月,璧山县八塘乡农业生产合作社联合办事处资金来源与使用月报。

### 华西实验区总办事处为召开代表大会等事给八塘乡农业生产合作社联合办事处通知

1950年3月20日至6月21日,华西实验区总办事处为业务概况召开代表大会、总处业务如何展开召开社员代表大会商讨事给八塘乡农业生产合作社联合办事处通知。

### 八塘乡农业生产合作社联合办事处为报送业务概况、业务情形及移交、业务清淡无法发展及缴税等事呈华西实验区总办事处报告

1950年3月10日至6月16日,八塘乡农业生产合作社联合办事处报告华西实验区总办事处,概述该处自开办以来业务概况实际情形;区府令停业已月余,各货冻结,以致影响营业进展;有关移交诸事宜请分别指示或派人前来处理;自复业以后生意清淡,无法发展其业务,特此请示;又推销各货是否照普通生意给付营业税、印花税等。

### 华西实验区总办事处为请转告第六区人民政府发还八塘乡农业生产合作社联合办事处账簿准其继续营业事致璧山县人民政府函

1950年5月27日,华西实验区总办事处致函璧山县人民政府,该县第六区人民政府令八塘乡农业合作社生产联合办事处停业清账,该处营业遭受损失,各社员亦感物品购销之不便,故请转告该县第六区人民政府发还八塘乡农业生产合作社联合办事处账簿准其继续营业。

### 璧山县政府为准予八塘乡农业生产合作社联合办事处登记事致华西实验区总办事处函

1949年10月20日,璧山县政府致函华西实验区总办事处,准予八塘乡农业生产合作社联合办事处申请登记。

### 四川省璧山县农会为本会经费不敷拟在各乡农贷余息内提厘以作补助等事呈璧山县政府报告

1944年1月16日至2月21日,四川省璧山县农会报告璧山县政府,该会因经费不敷,故拟请在各乡农贷每月余息内提厘以作补助,请示可否;该会1月14

日所报送1944年度工作实施计划迄今未奉指令,特呈请查核。

### 璧山县政府为准予农社登记事给大路乡石桥寺农业生产合作社的指令

1949年8月10日,璧山县政府为准予农社登记事给大路乡石桥寺农业生产合作社的指令。

### 华西实验区社学区教育经济农业卫生建设关系图

### 农业税登记计算表填写要点

1950年,农业税登记计算表填写要点,包括农业产量折合主粮计标、土地登记、人口登记、农业税、调查步骤和方式等7条。

### 《乡建工作通讯》第二卷第二十期

1949年11月5日,华西实验区出版《乡建工作通讯》第二卷第二十期,共12页。

### 《乡建院刊》第二卷第五期

1949年3月8日,《乡建院刊》第二卷第五期,共12页。

### 华西实验区薪给制度调整问题讨论会第三次会议记录

1950年5月20日,华西实验区薪给制度调整问题讨论会第三次会议记录。

### 《传达快报》第一期、第四期、第五期

1950年5月19日至5月20日,《传达快报》第一期、第四期、第五期。

### 《乡建周刊》第十九期、第二十期

1950年5月14日至5月20日,《乡建周刊》第十九期、第二十期。

### 五年良种普及计划草案

五年良种普及计划草案,共四大项。附《怎样选抗诱病小麦》一文。

### 平教会工作座谈会总结

1950年8月14日,平教会工作座谈会总结。

### 各保编户册编查要点

各保编户册编查要点,包括编户、调查、审核、初步整理、工作检讨会等方面。

## 9-1-216

### 华西实验区本部为阅抄文件事给华西实验区教育组的便条

1949年1月7日,华西实验区本部为阅抄文件事给华西实验区教育组的便条。

### 璧山第五辅导区办事处为报送本区1948年12月份、1949年1月份工作座谈会会议记录事呈华西实验区总办事处报告

1948年12月8日至1949年1月9日,璧山第五辅导区办事处报告华西实验区总办事处,请查核该辅导区1948年12月份、1949年1月份工作座谈会会议记录。附1948年12月份、1949年1月份工作座谈会会议记录各一份。

### 巴县第一辅导区办事处为报送本区第一次扩大辅导会议及第一、第二、第三次辅导会议会议记录事呈华西实验区总办事处报告

1948年12月22日,巴县第一辅导区办事处报告华西实验区总办事处,请予鉴核该辅导区第一次扩大辅导会议及第一、第二、第三次辅导会议会议记录。附会议记录四份。

### 巴县第八辅导区办事处为报送本区第一次区务会议日程表事呈华西实验区总办事处报告

1949年2月24日,巴县第八辅导区办事处报告华西实验区总办事处,该区第一次区务会议决定从3月1日起分乡举行座谈会,特抄送各乡座谈会日程表一份。附座谈会日程表。

### 铜梁第一辅导区办事处为报送本区工作展开事项分乡会议召开情形事呈华西实验区总办事处报告

1949年4月13日,铜梁第一辅导区办事处报告华西实验区总办事处,该区工作展开事项分乡会议已举行三处计虎峰镇、西泉镇、太平乡;另扩大会议由林县长主持召开,其他分乡会议将陆续召开。

### 铜梁第一辅导区办事处为林县长召集该区有关人员举行会议请届时莅临事给华西实验区总办事处主任孙则让代电

1949年4月9日,铜梁第一辅导区办事处为林县长召集该区有关人员举行会议请届时莅临事给华西实验区总办事处主任孙则让代电。

### 璧山第二辅导区第五次区辅导会议会议记录

1948年12月6日,璧山第二辅导区第五次区辅导会议会议记录。

### 璧山第二辅导区办事处为本区第六次区辅导会议会议记录事呈华西实验区总办事处报告

1949年1月24日,璧山第二辅导区办事处报告华西实验区总办事处,请予鉴核本区第六次区辅导会议会议记录。附会议记录。

**璧山第一辅导区办事处为本区1948年10月份、11月份、12月份、1949年1月份区辅导会议会议记录事呈华西实验区总办事处报告**

1948年12月28日至1949年1月15日,璧山第一辅导区办事处报告华西实验区总办事处,请予鉴核该区1948年10月份、11月份、12月份、1949年1月份区辅导会议会议记录。附会议记录。

**璧山第四辅导区办事处为本区民教工作座谈会会议记录事呈华西实验区总办事处报告**

1948年3月10日,璧山第四辅导区办事处报告华西实验区总办事处,请予鉴核该区民教工作座谈会会议记录。附会议记录。

**璧山青木乡会议记录**

1948年9月6日至9月17日,青木乡乡务会议,青木乡第一、第二、第三、第四、第五、第六保保民大会,青木乡第一次辅导会议等会议记录。

## 9-1-217

**华西实验区农业组5月份至10月份工作报告及草稿**

1949年,华西实验区农业组5月份至10月份工作报告及草稿。附水利工程队工作报告、各农业合作机关补助经费支付对照表、治蝗工作报告、各辅导区推广繁殖站工作报告总表。

**国立中央工业专科职业学院为介绍本校应届毕业生前往华西实验区总办事处服务事致华西实验区总办事处函**

1949年6月30日,国立中央工业专科职业学院致函华西实验区总办事处,该校邓映槐等13名毕业生志愿参加华西实验区总办事处服务,请惠予录用。

**截至1949年9月底机织生产合作社贷出底纱周转纱量统计表**

**华西实验区合作社物品供销处损益计算书**

1949年5月1日起至12月31日止,华西实验区合作社物品供销处损益计算书。

**军布生产小组设立登记书**

**华西实验区合作社物品供销处璧山分处军布生产小组设置办法**

**华西实验区合作社物品供销处璧山分处二八布规格表**

**华西实验区合作社物品供销处璧山分处收换不合规格布匹扣除棉纱办法**

合作社社员借纱借据

合作社与华西实验区、中国农民银行签署物品借据

合作社借款申请书

华西实验区合作社物品供销处璧山分处举办各机织生产合作社以布代纱业务暂行办法

华西实验区工作人员出差旅费领用及报销规则

西南区冬服筹制委员会与华西实验区合作社物品供销处璧山分处换布合约

华西实验区合作社物品供销处璧山分处与璧山县××乡××机织生产合作社换布合约

承织军布契约

华西实验区机织生产合作社及承织军布配贷周转纱办法

机织生产合作社收布送布办法

承织军布机织社简明调查表

华西实验区合作社物品供销处璧山分处承织军布业务重要议案摘录

1949年8月29日,华西实验区合作社物品供销处璧山分处承织军布业务重要议案摘录。

借周转纱契约

1949年9月,借周转纱契约。

移交清册

1950年3月2日,移交清册。

华西实验区总办事处为准予申请展期还款事致马坊乡美烟生产合作社函

1950年5月23日,华西实验区总办事处致函马坊乡美烟生产合作社,有关申请展期一事,准予展至9月30日后本息一并清还。

华西实验区总办事处为美烟生产贷款是否准予展限事致中国人民银行璧山分行函

1950年5月9日,华西实验区总办事处致函中国人民银行璧山分行,有关美烟生产贷款展限应由你我两处会商决定。

### 马坊乡美烟生产合作社为声明美烟生产贷款还款困难请转为储押展限事致华西实验区总办事处函

1950年4月，马坊乡美烟生产合作社致函华西实验区总办事处，有关美烟生产贷款本息短期内将无法清偿，所生产之美烟请全部移转为储押贷款。

### 华西实验区总办事处为马坊乡、广普乡两美烟生产合作社请予展限还款事致中国农民璧山农贷处函

1949年12月24日，华西实验区总办事处致函中国农民璧山农贷处，马坊乡、广普乡两美烟生产合作社美烟滞销，故清偿贷款请转商中国农民银行准予展期或作抵押贷款。

### 璧山第四辅导区办事处为马坊乡、广普乡两美烟贷款续贷或作抵押贷款事呈华西实验区总办事处报告

1949年11月27日，璧山第四辅导区办事处报告华西实验区总办事处，有关马坊乡、广普乡美烟生产贷款因美烟滞销还款困难，转请续贷或作抵押贷款可否。

### 华西实验区总办事处为检发璧山县政府指令事给璧山第四辅导区办事处通知

1949年6月8日至6月16日，华西实验区总办事处为检发璧山县政府指令事给璧山第四辅导区办事处通知。

### 璧山县政府为马坊乡美烟生产合作社成立登记申请书表等事给华西实验区总办事处通知

1949年5月28日至6月6日，璧山县政府为马坊乡美烟生产合作社成立登记申请书表、图戳印模书表审核事给华西实验区总办事处通知。

### 华西实验区总办事处为报送马坊乡美烟生产合作社成立登记申请书表事致璧山县政府函

1949年5月22日，华西实验区总办事处致函璧山县政府，请查收马坊乡美烟生产合作社成立登记申请书表。

### 中国农民银行璧山办事处为稻种利息加成、就近保管稻种、提前还稻种减收利息等事致华西实验区总办事处函

1949年5月20日至9月24日，中国农民银行璧山办事处致函华西实验区总办事处，中农4号稻种利息加二成，请转知各借种社；请华西实验区各辅导区办事处就近保管稻种，至应付稻种利息期限时以同等实物加二成收回；准予贷放之稻种提前收回，按照实际贷放月数比例减收利息；前借稻种本息提前归还一事，准予就地照市价出售。

## 三教乡中街、三教乡深水井、三教乡五里农业生产合作社偿还中农4号稻种本息出售价款表

1949年10月29日，三教乡中街、三教乡深水井、三教乡五里农业生产合作社偿还中农4号稻种本息出售价款表。

## 丹凤乡各农业社收回稻种本息出售价款表

1949年10月，丹凤乡各农业社收回稻种本息出售价款表。

## 璧山第二辅导区办事处为收回农行稻种本息出售价款事呈华西实验区总办事处报告

1949年11月2日，璧山第二辅导区办事处报告华西实验区总办事处，请查核有关农行稻种本息就地照市价出售一事情形。

## 华西实验区总办事处为收回稻种本息就地出售事致中国农民银行璧山农讯处函

1949年9月29日，华西实验区总办事处致函中国农民银行璧山农讯处，准予收回稻种本息就地出售。

## 华西实验区总办事处为稻种收回交还办法等事给璧山第一、第二、第三、第四、第五辅导区办事处通知

1949年9月8日至10月13日，华西实验区总办事处为稻种收回交还办法、收回稻种本息就地出售等事给璧山第一、第二、第三、第四、第五辅导区办事处通知。

## 华西实验区总办事处为农行贷种本息归还事给璧山第二辅导区办事处通知

1949年11月9日，华西实验区总办事处为农行贷种本息归还事给璧山第二辅导区办事处通知。

## 华西实验区总办事处为归还稻种事致中国农民银行璧山办事处函

1949年9月3日，华西实验区总办事处致函中国农民银行璧山办事处，前借中农4号稻种现为收种，请指定仓库及期间以便归还。

## 华西实验区总办事处为寄发推广农家相互换种办法等事给各繁殖站负责人通知

1949年8月20日，华西实验区总办事处为寄发推广农家相互换种办法及收购贮藏稻种事给各繁殖站负责人通知。附推广稻(苕)种农家相互换种办法、收购表、贮藏表。

## 华西实验区总办事处为补助贷种推广费用事致中国农民银行重庆分行函

1949年9月8日，华西实验区总办事处致函中国农民银行重庆分行，为在实

验区推广中国农民银行重庆分行稻种中农4号,请补助推广费用一成。

## 璧山第三辅导区办事处为农行贷放稻种推广情形事呈华西实验区总办事处报告

1949年6月18日,璧山第三辅导区办事处报告华西实验区总办事处,实验区各乡所贷稻种推广情形列表送报,稻种存余数量应如何交还请核示。

## 华西实验区总办事处为农行推广稻种存余数量事给璧山第三辅导区办事处主任魏西河代电

1949年6月17日,华西实验区总办事处为电催具报农行推广稻种存余数量事给璧山第三辅导区办事处主任魏西河代电。

## 华西实验区总办事处为推广稻种余存数量有误事给璧山第三辅导区办事处通知

1949年6月23日,华西实验区总办事处为推广稻种余存数量有误事给璧山第三辅导区办事处通知。

## 华西实验区总办事处为催报农行推广稻种存余数量事给璧山第三、第五辅导区办事处通知

1949年6月17日,华西实验区总办事处为催报农行推广稻种存余数量事给璧山第三、第五辅导区办事处通知。

## 璧山第一辅导区办事处为报送推广中农4号稻种情形事呈华西实验区总办事处函

1949年6月3日,璧山第一辅导区办事处报告华西实验区总办事处,各农业社推广中农4号稻种情形列表送报。

## 9-1-218

### 《调查工作通讯》

1949年8月15日至8月31日,《调查工作通讯》第1期、第3期。

### 北碚管理局黄桷镇地形略图

1949年8月2日,北碚管理局黄桷镇地形略图。

### 社会调查室北碚黄桷镇社会调查工作队报告大纲

1949年8月,社会调查室北碚黄桷镇社会调查工作队报告大纲。

### 四川丝业公司北碚蚕种场概况

1949年8月,四川丝业公司北碚蚕种场概况。

### 华西实验区总办事处为发建仓补助费、签订合约繁殖鱼苗及鸡鸭等补助费洽领、建仓借款派员洽领、建仓收支单据报销等事致乡村建设学院农场函

1949年5月21日至8月19日，华西实验区总办事处致函乡村建设学院农场，已领建仓补助费请寄给正式收据，余款因美援未续拨，恐难发付；乡村建设学院农场签订合约繁殖鱼苗及鸡鸭等补助费，请派员凭付款通知书来处洽领；乡村建设学院农场所请借款已附上付款通知书，请派员来处洽领；建仓收支单据请于工作完毕后报销，另合川5号小麦不拟收购。

### 乡村建设学院农场为速拨建仓补助费余款、报送建仓工程图案审核并发款开工、准予派员洽领繁殖鱼苗、鸡鸭等补助余款等事致华西实验区函

1949年6月16日至9月1日，乡村建设学院致函华西实验区，恳请将建仓余款迅即拨发，免碍事业进行；仓房设计图送请实验区审核，并拟请实验区借建仓费用以便开工；准予派员前往实验区领取繁殖鱼苗、鸡鸭等补助余款。

### 乡村建设学院农场场长李世材为派员洽领繁殖鱼苗、鸡鸭等补助余款事致华西实验区农业组组长李焕章函

1949年8月29日，乡村建设学院农场场长李世材致函华西实验区农业组组长李焕章，已派员前往领取繁殖鱼苗、鸡鸭等补助余款，请照数拨给。

### 华西实验区总办事处为良种繁殖费领款办法等事致中央农业实验所北碚试验场函

1949年4月20日至7月15日，华西实验区总办事处致函中央农业实验所北碚试验场，试验场洽领农复会补助繁殖、种子费用，将依照四分之一弱比例发放，相关经费预算请试验场重新编制；前次所领款项已超过第一期补助经费，超支部分应自第二期拨款中扣除。

### 中央农业实验所北碚试验场为预支部分补助经费、拨发补助经费余款、结领补助经费、洽领补助费情形等事致华西实验区函

1949年4月15日至8月4日，中央农业实验所北碚试验场致函华西实验区，为应急需已向实验区会计室先行预支部分补助经费，特摘抄该项补助费预算随函附上，请转知实验区会计室以供洽取其余款项；请转嘱实验区会计室将补助经费余款拨发以供应用；已派员前来结领补助经费，并请续发补助款以利仓库建筑；中央农业实验所北碚试验场已于7月27日向实验区会计室洽领良种繁殖补助费美金3750元。

### 顾润民为报送中央农业实验所北碚试验场领款节略及数量表事致华西实验区总办事处函

1949年7月10日，顾润民致函华西实验区总办事处，根据中央农业实验所

北碚试验场各次领款实际情形编制节略一份、各次领款折合食米数量表一份，一并送报。附节略。

## 四川省农业改进所稻麦改良场合川分场为派员洽取农复会补助款项事致华西实验区函

1949年8月10日，四川省农业改进所稻麦改良场合川分场致函华西实验区，农复会补助合川分场款项即派员来实验区洽领。

## 华西实验区总办事处为巴璧合三县农业推进所补助费发放情形事致农复会第一组组长钱天鹤函

1949年7月11日，华西实验区总办事处致函农复会第一组组长钱天鹤，有关巴璧合三县农业推进所补助费分别洽办一事，相关办理情形随文附上。

## 农复会第一组组长钱天鹤为种子繁殖费发放、农复会对各补助款项收支状况及工作进行情形整理、防治牛瘟经费拨付等事致四川省第三区行政督察专员兼保安司令公署专员孙则让函

1949年6月16日至8月9日，农复会第一组组长钱天鹤致函四川省第三区行政督察专员兼保安司令公署专员孙则让，关于区属各良种繁殖推广承办机关种子繁殖费按照农复会已拨四分之一款额比例发付，请以适合农时情形尽先发付繁殖费款项，以利良种繁殖工作；四川省第三区行政督察专员兼保安司令公署负责转发巴璧合三县农复会补助款项，请将款项收支状况及有关工作进行情形编具中英文详细报告各一份，送交本会第一组及驻川代表办事处查存；有关防治牛瘟经费，除农复会直接拨付部分以外，其余部分从四川省第三区行政督察专员兼保安司令公署农业生产改良费中拨付。由亨德先生转交以上两笔款项于该项工作负责人。

## 农复会金阳镐为良种繁殖补助经费发放、推广良种繁殖等事致四川省第三区行政督察专员兼保安司令公署专员孙则让函

1949年6月21日至8月2日，农复会金阳镐致函四川省第三区行政督察专员兼保安司令公署专员孙则让，请第三区尽先发放各承办作物良种繁殖推广机关应领之经费，并将区属各合作机关办理农业增产工作情形编制总报告送至农复会第一组，关于推广良种繁殖一事，建议由承办机关特约农家繁殖。

## 华西实验区总办事处为回复牛瘟防治经费拨付事致顾润民函

1949年7月7日，华西实验区总办事处致函顾润民，目下牛瘟防治经费已由农复会拨交贵处。

### 农复会第一组组长钱天鹤为牛瘟防治经费拨付事致农复会重庆区办事处代表陈开泗函

1949年6月28日，农复会第一组组长钱天鹤致函农复会重庆区办事处代表陈开泗，亨德先生自成都来电称牛瘟防治工作已开始，催请农复会速予拨款。重庆区办事处尚有经费请先行支付。

### 私立乡村建设学院仓房设计图

### 北碚家畜保育工作站主任程绍明为猪牛瘟防疫计划10月份预算事呈华西实验区总办事处主任孙则让报告

1949年10月10日，北碚家畜保育工作站主任程绍明报告华西实验区总办事处主任孙则让，请签收10月份猪牛瘟防疫工作人员开支及杂项开支计划各一份。

### 华西实验区总办事处主任孙则让为查询农复会补助饲料费情形事致北碚家畜保育工作站主任程绍明函

1949年8月13日，华西实验区总办事处主任孙则让致函北碚家畜保育工作站主任程绍明，关于补助北碚家畜保育工作站饲料费一事，请将领款及动用经过详细申复，并来实验区会计室补办手续，以便日后向农复会总报销。

### 农复会第一组组长钱天鹤为北碚种猪繁殖计划经费拨付事致四川省第三区行政督察专员兼保安司令公署专员孙则让函

1949年7月30日，农复会第一组组长钱天鹤致函四川省第三区行政督察专员兼保安司令公署专员孙则让，关于北碚种猪繁殖计划款项拨付后并未收到一事，经从会计处查明款项确已拨付。附北碚种猪繁殖饲料费收支情况表一份。附回复关于北碚种猪繁殖饲料费本应由四川省第三区行政督察专员兼保安司令公署发，但程绍明领款均系向农复会重庆区办事处直接领取，而事后并未函知四川省第三区行政督察专员兼保安司令公署备查，故四川省第三区无案可查。附来函字误更正说明。

### 北碚家畜保育工作站主任程绍明为农复会拨发车站饲料费领取事致华西实验区主任孙则让函

1949年7月19日，北碚家畜保育工作站主任程绍明致函华西实验区主任孙则让，关于农复会拨发车站饲料费所余款项已经领取，但之前沈宗瀚在渝所拨付之款项并未领到。

### 华西实验区总办事处主任孙则让为本区防治牛瘟经费拨付事致瞿菊农函

1949年8月13日，华西实验区总办事处主任孙则让致函瞿菊农，农复会补助实验区防治牛瘟经费除该会拨付部分外,其余从实验区农业生产改良费中拨付;北碚家畜保育站主任程绍明为区购买家畜疫苗动用经费,不敷之数恳请设法筹备补足。

**华西实验区总办事处秘书室主任郭准堂为防治牛瘟经费拨付事致华西实验区总办事处主任孙则让函**

1949年8月15日,华西实验区总办事处秘书室主任郭准堂致函华西实验区总办事处主任孙则让,农复会第一组组长钱天鹤先生所嘱有关防治牛瘟经费本区拨付部分已经拨付,北碚家畜保育站主任程绍明为区购买家畜疫苗动用经费,不敷之数恳请设法弥补。

**瞿菊农为防治牛瘟经费拨付事致华西实验区农业组组长李焕章函**

1949年8月12日,瞿菊农致函华西实验区农业组组长李焕章,有关补助第三专员区防治牛瘟经费由该区拨付部分,查明该款可予拨付。附抄件。

**华西实验区总办事处主任孙则让为璧山县农推所补助经费及工作计划、请将三百美元移作本区各繁殖站良种繁殖开办费等事致农复会函**

1949年9月29日至11月3日,华西实验区总办事处主任孙则让致函农复会,璧山县农推所补助经费已领取,该所充实设备内容及小麦繁殖准备工作已函请查报;合川、巴县二农推所补助经费迄未具领;附拟就补助600美元工作计划一份;该区良种繁殖工作按已定计划推进,故请将300美元移作该区各繁殖站良种繁殖开办费,不足之数请另行补助。

**农复会主任委员蒋梦麟为县农推所补助良种繁殖工作经费及工作情形事致华西实验区总办事处函**

1949年10月20日,农复会主任委员蒋梦麟致函华西实验区总办事处,农复会核准补助巴县、璧山、北碚、合川等县农业推广所良种繁殖工作经费;因合川及巴县二地农业推广所人事不健全,故应另行指定机关办理此项事宜。

**华西实验区总办事处为合川农业推广所良种繁殖推广费合作办法取消、合川农业推广所补助经费已领请订立合约并寄送工作报告、良种繁殖办法仍照前议取消事致合川农业推广所函**

1949年9月29日至10月31日,华西实验区总办事处致函合川农业推广所,因今年良种繁殖播种时期已过须待明春办理,故将该项合作办法取消;现查合川农业推广所已在重庆实验区会计处具领美金300元,而合约手续尚未签订,故请遵照规定订立合约并寄送工作报告;合川农业推广所良种繁殖经费300美元未曾具领已经查明,但良种繁殖播种时期已过,仍须待明春办理,故仍按前议作罢。

### 华西实验区总办事处为复请向本区会计室洽领经费并签订合约事致北碚农业推广所函

1949年5月7日，华西实验区总办事处致函北碚农业推广所，北碚区良种繁殖推广费300美元请向重庆实验区会计室洽领。此项工作双方应以合约方式执行。

### 北碚农业推广所为良种繁殖推广费拨付事致华西实验区农业组组长李焕章函

1949年4月17日，北碚农业推广所致函华西实验区农业组组长李焕章，因春耕开始各项费用急待支付，故农复会批准拨付的良种繁殖推广费300美元请速下发，以便工作推进。

### 农复会第一组为良种繁殖推广费拨付使用事致华西实验区总办事处函

1949年9月20日，农复会第一组致函华西实验区总办事处，有关农复会补助巴县、合川及璧山三县农业良种繁殖推广经费办理一事，因播种时间已过，除繁殖小麦一项可于今秋进行外，其余留待明春办理；查璧山县农推所应领经费已领取，请将该所领款时期、充实设备内容及小麦繁殖准备工作等情形一并送报；至于合川、巴县二农推所未具领经费，可将该项合作办法取消，另由华西实验区总办事处拟定补助美金600元工作计划。

### 华西实验区总办事处为通知洽领合作繁殖推广良种补助费、巴县农推所良种繁殖推广费合作办法取消、巴县农推所补助经费已领请订立合约并寄送工作报告等事致巴县农业推广所函

1949年8月1日至10月16日，华西实验区总办事处致函巴县农推所，农复会补助农推所良种繁殖推广经费美金300元由实验区全部垫付，请速派员领取；因今年良种繁殖播种时期已过须待明春办理，故将该项合作办法取消；现查农推所已在重庆实验区会计处具领美金300元，而合约手续尚未签订，故请遵照规定订立合约并寄送工作报告。

### 华西实验区总办事处为璧山县农推所补助经费造具工作报告以便转报等事致璧山县农业推广所函

1949年9月29日，华西实验区总办事处致函璧山县农业推广所，有关璧山县农推所补助经费美金300元充实设备内容及小麦繁殖准备工作等情形，请造具工作报告一份，以便转报农复会。

### 合川县农业推广所为繁殖良种经费三百元美元并未具领事致华西实验区总办事处函

1949年10月21日，合川县农业推广所致函华西实验区总办事处，有关良种

繁殖推广费补助经费,自函告合作办法取消后工作即已停止,故并未具领该项补助。

### 华西实验区总办事处为合川县农推所确未具领三百美元事致合川县政府函

1949年11月5日,华西实验区总办事处致函合川县政府,经总办事处详查合川县农推所确系未领繁殖良种经费三百美元,已将错误原委径复。

### 合川县政府为该县农推所呈并未具领补助美金事致华西实验区总办事处函

1949年10月28日,合川县政府致函华西实验区总办事处,该县农业推广所称有关繁殖良种经费补助并未派人具领;此项经费何时被何人领去请总办事处查明复告。

### 华西实验区总办事处为农复会补助北碚农推所繁殖良种经费事给北碚办事处通知

1949年5月7日,华西实验区总办事处为转发农复会补助北碚农推所繁殖良种经费事给北碚办事处通知。

### 华西实验区总办事处为稻种推广事给巴县第四辅导区办事处通知

1949年3月11日至4月18日,华西实验区总办事处为稻种推广事给巴县第四辅导区办事处通知。附回复。

### 华西实验区总办事处为贷放良种洽领等事给巴县第五辅导区办事处通知

1949年4月20日至6月5日,华西实验区总办事处为贷放良种洽领、该区领运良种贻误及虚耗款项处理办法、报复领种旅费余款等事给巴县第五辅导区办事处通知。

### 巴县第五辅导区办事处为派员领取优良稻种等事呈华西实验区总办事处报告

1949年4月14日至6月10日,巴县第五辅导区办事处报告华西实验区总办事处,已决定派该区王绍虞辅导员前往领取优良稻种;运费旅费暂向县府借支,将来报请总处核示,附王绍虞辅导员报告及旅费清单各一份;总处所示运费、旅费在函电中并未明确提及,故该区因旅运费而向县府洽借;3月21日函电系3月27日收到,当中可能延迟送达。派员迟缓乃因向县府洽借旅运费手续所致,借谷到手后即从速处理;领种旅费余款已缴存该区办事处。附王绍虞辅导员原报告一份;该区派王绍虞辅导员赴北碚领运稻种曾向巴县县府借支旅运费,经呈报总处有案理应报销。

### 华西实验区总办事处为领运良种等事给巴县第五辅导区辅导员王绍虞通知

1949年5月11日至6月4日,华西实验区总办事处为该员领运良种贻误及虚耗款项处理办法、报复领种旅费余款事给巴县第五辅导区辅导员王绍虞通知。

### 华西实验区总办事处为加紧收购小麦工作事给张国保通知

1949年6月12日,华西实验区总办事处为加紧收购小麦工作提前汇报工作情形事给张国保通知。

### 西南军政委员会农林部为收购小麦良种经过情形事给华西实验区总办事处通知

1950年6月22日,西南军政委员会农林部为速赴江北县收购小麦良种经过情形事给华西实验区总办事处通知。

## 9-1-219

### 稻田养鱼法(残篇)

稻田养鱼法,共4大项。

### 华西实验区农业生产合作社养猪及贷款方法

华西实验区农业生产合作社养猪及贷款方法,共5项。

### 璧山田赋粮食管理处为收缴粮谷等事给河边征收处、大兴征收处、城东征收处、来凤征收处、正兴乡乡公所的训令

1945年7月5日至8月3日,璧山田赋粮食管理处为收缴粮谷、粮谷完清持据更正、补发粮谷完纳通知单等事给河边征收处、大兴征收处、城东征收处、来凤征收处、正兴乡乡公所的训令。附来凤征收处关于徐涛安赋额报告,附七塘乡关于杨浓荫参军豁免田赋征粮报告;附正兴乡乡公所关于叶宗芝赋额报告,附关于瞿寿轩报告、审讯笔录、传票等;附城西征收处关于胡辉南补缴征粮报告。

### 璧山田赋粮食管理处为补缴粮谷等事给梓潼乡刘树建、正兴乡王淑君、城南乡苏甫臣、河边乡第九保胡保生、城南乡第四保冉民初、城南乡第十保陈国志、转龙乡第五保刘庭辉等人通知

1945年7月16日,璧山田赋粮食管理处为补缴粮谷、罚谷、粮谷完清册据更正等事给梓潼乡刘树建、正兴乡王淑君、城南乡苏甫臣、河边乡第九保胡保生、城南乡第四保冉民初、城南乡第十保陈国志、转龙乡第五保刘庭辉等人通知。附苏甫臣田赋查勘记录,附胡保生更册报告,冉民初具结证明报告,陈国志关于王崇德赋额报告,刘庭辉切结证明报告。

### 中华平民教育促进会工作简述

中华平民教育促进会工作简述,分该会沿革、该会工作演进、经费来源三部分。

蒸制骨粉常识

华西实验区××县第××辅导区××乡第××社学区第××传习处基本教育进度表

陶一琴为推广小麦良种总结、报核等事致邱达夫函

1949年11月25日,陶一琴致函邱达夫,商讨有关推广小麦良种总结贷放清册及收付小麦一览表报核等事。

华西实验区总办事处为美烟肥料贷款填表送报事给璧山第四辅导区办事处通知

1949年4月13日,华西实验区总办事处为美烟肥料贷款填表送报事给璧山第四辅导区办事处通知。附美烟肥料贷款办法。

中国农民银行璧山办事处为请指导合作社办理申请核贷油饼事致华西实验区函

1949年4月9日,中国农民银行璧山办事处致函华西实验区,该处收购之油饼应及时贷放以应农需,请实验区指导各合作社办理申请以凭核贷油饼。附借款申请书。

华西实验区总办事处为美烟贷款事给璧山第四辅导区办事处转李良康代电

1949年5月11日,华西实验区总办事处为电告美烟贷款事给璧山第四辅导区办事处转李良康代电。附原代电。

江津第一辅导区张伯雍为美烟推广工作情形事呈农业组组长李焕章报告

1949年10月1日,江津第一辅导区张伯雍报告农业组组长李焕章,附送美烟推广计划及浅说各请检办。美烟推广种子周内贷出,否则恐失时效。附美烟留种植株记载表。

璧山第二辅导区办事处为报送各乡传习民教主任1月份至4月份薪金及各月办公费清册事致璧山县教育专门委员会函

1949年4月25日,璧山第二辅导区办事处致函璧山县教育专门委员会,据各乡转报传习民教主任1月份至4月份薪金及各月办公费清册现送报璧山县教育专门委员会存查。附第二区各乡薪津公费清册。

璧山第六辅导区办事处为报送各乡传习民教主任1月份至4月份薪金及各月办公费清册事致璧山县教育专门委员会函

1949年5月4日,璧山第六辅导区办事处致函璧山县教育专门委员会,送报该区各乡转报传习民教主任1月份至4月份薪金及各月办公费清册,请璧山县教育专门委员会存查。附第六区各乡薪津公费清册。

### 璧山第四辅导区办事处扩大区务会议记录

1948年8月28日，璧山第四辅导区办事处扩大区务会议记录。

### 璧山第二辅导区办事处第一次、第二次、第三次辅导会议会议记录

1948年8月27日至10月6日，璧山第二辅导区办事处第一次、第二次、第三次辅导会议会议记录各一份。

### 璧山第二辅导区办事处工作座谈会会议记录

1948年8月28日，璧山第二辅导区办事处工作座谈会会议记录。

### 华西实验区成立三周年目次

### 华西实验区合作社业务活动与有关部门工作配合图说明

### 璧山第五辅导区办事处为抄送工作座谈会会议记录事呈华西实验区总办事处报告

1948年11月11日，璧山第五辅导区办事处报告华西实验区总办事处，抄送该区工作座谈会会议记录。附会议记录。

## 9-1-220

### 华西实验区总办事处为颁发治蝗出力人员奖状事给铜梁第一辅导区办事处通知

1949年7月30日，华西实验区总办事处为颁发治蝗出力人员奖状事给铜梁第一辅导区办事处通知。附铜梁第一辅导区办事处关于嘉奖该区治蝗出力人员报告。

### 铜梁第一辅导区办事处为报送收蝗奖纱事呈华西实验区总办事处报告

1949年7月19日，铜梁第一辅导区办事处报告华西实验区总办事处，该区各乡镇治蝗工作已结束，现报送收蝗奖纱数目及动员人数表。

### 军事委员会军训部为送璧山县国民运动大会临时会议会议记录及大会修正简则等事致璧山县政府函

1941年6月14日，军事委员会军训部致函璧山县政府，分别检送璧山县国民运动大会临时会议会议记录及大会修正简则各一份。关于筹备会议于6月17日届时参加。附临时会议会议记录及大会组织简则。附筹备会议会议记录。

### 民众应用文下集

1949年10月，民众应用文下集（底稿），有社交书信、通告、启文、章程公约、

会议程序、会议记录、公函报告、日记纪要、商业议据、约据、估价单、契约等 15 部分。

## 民众应用文（导生传习用书）

1949年民众应用文，有便条、报账、日记账、书信、章程、会议程序、会议记录、日记、工作纪要、公约、启事、公函等14课。

## 华西实验区乡村妇女卫生训练班聘书

1949年7月7日，华西实验区给杨荏莆妇女训练班聘书。

## 《乡建院刊》第二卷第七期

1949年5月15日，《乡建院刊》第二卷第七期，共十二版。

## 丁家乡千家坵农业生产合作社1949年度业务计划

1949年4月1日至12月31日，丁家乡千家坵农业生产合作社1949年度业务计划。

## 丁家乡千家坵农业生产合作社会议决议录

1949年3月30日，丁家乡千家坵农业生产合作社会议决议录。

## 丁家乡千家坵农业生产合作社调查表

1949年7月20日，丁家乡千家坵农业生产合作社调查表。

## 璧山县政府为农业生产合作社登记事给丁家乡千家坵农业生产合作社指令

1949年8月6日，璧山县政府给丁家乡千家坵农业生产合作社指令，准予其登记。附登记证及章程各一份。

## 华西实验区总办事处为检送丁家乡千家坵农业生产合作社成立登记书表事致璧山县政府函

1949年8月3日，华西实验区总办事处致函璧山县政府，据璧山第六辅导区转送丁家乡千家坵农业生产合作社成立登记书表一份。

# 9-1-221

## 参加退押减租工作座谈会

1949年11月11日，参加退押减租工作座谈会会议记录。

## 寒衣初募小组开会记录

1949年11月2日，寒衣初募小组开会记录。

**华西实验区人事调整表**

1949年7月27日,华西实验区人事调整表。

**华西实验区璧山各辅导区民教主任相关事宜**

1949年7月21日至9月10日,华西实验区总办事处、璧山县政府、璧山县教育专门委员会、璧山各辅导区办事处、乡公所及社学区民教主任,就各区民教主任任免、调委、接充、辞职、到职接交、工作不力停薪留职或撤职、名册等事的往来公函、报告、训令、代电。附民教主任简历、委任状、接交清册。

## 9-1-222

**华西实验区总办事处与各辅导区办事处等为条戳印模及启用日期备查事的往来公文**

1949年2月22日至1950年4月25日,华西实验区总办事处与巴县、璧山、铜梁、綦江、江北等辅导区办事处、合作社物品供销处、北碚家畜保育工作站、梁滩河增水工程队,就条戳印模及启用日期备查事的往来公文。

**华西实验区总办事处、璧山第六辅导区办事处为公差旅费领用报销等事给八塘乡辅导员的通知、代电**

1949年10月8日至11月20日,华西实验区总办事处、璧山第六辅导区办事处,就公差旅费领用报销、工作人员职责、稻种统计报送、撰写工作文稿等事给八塘乡辅导员的通知、代电。

**璧山县政府与丁家乡乡公所为丁家乡乡公所户籍统计报送、查办等事的往来公文**

1949年2月9日至7月13日,璧山县政府、丁家乡乡公所,就丁家乡户籍统计报送、查办等事的往来公文。

**四川省第三区行政督察专员兼保安司令公署、璧山县政府等为璧山县民众组训事的往来公文**

1949年6月15日至11月8日,四川省第三区行政督察专员兼保安司令公署、璧山县政府、璧山县警察局、璧山县民众自卫总队部,就民众组训工作情形、注意事项、经费筹集、组训考核等事的往来公文。

**四川省第三区行政督察专员兼保安司令公署、璧山县政府等为璧山县警察中队整训事的往来公文**

1949年11月25日至11月27日,四川省第三区行政督察专员兼保安司令公署、璧山县政府、三教乡、鹿鸣乡,就警察中队整训事的往来公文。附四川省各县局警察中队整训办法、教育计划表、该部拟定分区调训警察中队补充办法。

**国防部抚恤处为赵树云事给璧山县政府代电**

1949年11月21日,国防部抚恤处为故兵赵树云隶属状况不明事给璧山县政府代电。附军官佐属士兵阵(死)亡请恤表。

## 9-1-223

**华西实验区总办事处、璧山县政府等为太和乡石燕子、观音岩、白砂岗、学堂堡及蒲元乡荣家冲等五农业社申请成立相关事宜的往来公文**

1949年4月4日至6月16日,华西实验区总办事处、璧山县政府与太和乡石燕子、观音岩、白砂岗、学堂堡及蒲元乡荣家冲等五农业社,就农业社申请成立及登记事的往来公文。附农业社会决议录、社员名册、业务计划、社章、申请登记书。

**华西实验区总办事处、璧山县政府为收回蒲元乡荣家冲机织社贷纱事的往来公文**

1949年10月20日至11月1日,华西实验区总办事处、璧山县政府,就收回蒲元乡荣家冲机织社贷纱事的往来公文。

**华西实验区总办事处、巴县县政府等为华西实验区各辅导区民教主任及社学区相关事宜的往来公文**

1949年3月13日至12月18日,华西实验区总办事处、巴县县政府、华西实验区教育组、璧山县教育专门委员会及巴县、璧山、北碚、铜梁、江津、綦江、江北等辅导区办事处,就各区民教主任薪津发放、人员增设、任免、人员登记、日记发还及社学区调整、增设等事的往来公文。

**华西实验区合作社物品供销处璧山分处、重庆第三被服厂为承制军布以纱结账事的往来公文**

1949年11月23日至1950年2月8日,华西实验区合作社物品供销处璧山分处、重庆第三被服厂为承制军布以纱结账事的往来公文。

**华西实验区总办事处为填报农地减租督导员及登记员履历表事致永川县政府函**

1949年11月2日,华西实验区总办事处致函永川县政府,请照附表填送农地减租督导员及登记员履历表。

**华西实验区总办事处、璧山县立简易师范学校为华西实验区电教队来校公映电影事的往来公文**

1949年10月24日至11月4日，华西实验区总办事处、璧山县立简易师范学校，就电教队来校公映电影事的往来公文。

**巴县第十一辅导区与跳石乡、石庙乡、仁流乡、南龙乡就洋芋种子、麦种贷款事的贷款借据**

1949年9月17日至11月18日，巴县第十一辅导区与跳石乡、石庙乡、仁流乡、南龙乡，就洋芋种子、麦种贷款事的贷款借据。

## 9-1-224

**华西实验区总办事处、华西实验区农业组为华西实验区农业组各项工作相关事宜的通知、报告、教材、报表**

1949年4月至10月，华西实验区总办事处、华西实验区农业组为华西实验区农业组成立农业推广繁殖站、良种繁殖推广、病虫防治、畜牧兽医、水利勘察、农业合作等事的通知、报告、办法、教材、报表。

**华西实验区农业组工作报告**

1949年10月，华西实验区农业组工作报告，分为秋收冬闲谈农业——农业组半年工作简报、农业组1949年10月份工作报告。

**华西实验区农业组合作计划及进行概况**

1949年，华西实验区农业组合作计划及进行概况。包括内容有稻麦良种推广、鸡鸭鱼苗繁殖、杂交种猪饲养、耕牛贷款增购、小型水利贷款修建、家畜及作物病虫防治、组织表征农家设置推广繁殖站等。

**华西实验区总办事处、华西实验区农业组为农业推广繁殖工作事的往来报告、通知、报表**

1949年4月至11月5日，华西实验区总办事处、华西实验区农业组为各辅导区农业推广繁殖工作事的往来报告、通知、报表。

**华西实验区总办事处、华西实验区农业组为蝗虫防治等事的往来报告、通知、报表**

1949年6月16日至7月，华西实验区总办事处、华西实验区农业组为蝗虫防治工作简报、工作计划、实施办法、传习教材、奖赏措施等事的往来报告、通知、报表。

### 华西实验区关于组织表征农家设置推广繁殖站的报告、报表

1949年，华西实验区农业组关于组织表征农家设置推广繁殖站的报告、报表。

### 华西实验区关于小型水利修建相关事宜的文件

1949年，华西实验区关于兴办小型水利办法、小型水利工程贷款推进办法及申请查勘小型水利工程须知。

### 华西实验区关于稻麦推广、病虫害防治等事的往来报告、通知、报表

1949年10月4日至11月2日，华西实验区关于稻麦推广、换种、收购、还贷、仓库管理、病虫防治、稻田养鱼等事的往来报告、通知、报表。

### 华西实验区关于耕牛贷款、牛瘟防治等事的往来报告、通知、报表

1949年10月18日，华西实验区关于耕牛贷款增添、牛瘟防治实施办法等事的往来报告、通知、报表。

### 华西实验区关于种猪饲养等事的往来报告、通知、报表

1949年10月7日，华西实验区关于种猪贷款、分配、饲养、猪舍修建等事的往来报告、通知、报表。

## 9—1—225

### 农复会第一组组长钱天鹤，重庆区代表陈开泗等为宣传资料、工作情况等事的往来公文

1949年3月22日至1949年11月18日，农复会第一组组长钱天鹤，重庆区代表陈开泗、平教会干事长晏阳初、代理干事长瞿菊农、干事长会计室主任顾润民，华西实验区总办事处主任孙则让、秘书室主任郭准堂，就寄发农复会宣传资料、农复会派员稽核实验区工作情况、农复会补助实验区工作实施计划、各辅导区农业推广繁殖站工作、梁滩河水利工程经费开支、作物良种繁殖、果实蝇防治、蝗虫防治工作计划及拨款补助等事的往来公文。

### 华西实验区合作社物品供销处璧山分处主任李国桢、丁家坳办事处王广兰等为仓库移交、公私物件遗失及剩余贷纱出售等事的往来公文

1949年11月30日至1950年1月10日，合作社物品供销处璧山分处主任李国桢，干事龙守尧，丁家坳办事处仓库移交人王广兰，接收人龙久松，就合作社物品供销处丁家坳办事处仓库移交、公私物件遗失及剩余贷纱出售等事的往来公文。

### 来凤乡供销处工役张忠铨为申请退保事呈璧山供销处报告

1950年11月18日,来凤乡供销处工役张忠铨报告璧山供销处,请准予退保。

### 华西实验区总办事处第一次座谈会决定事项

1949年8月23日,华西实验区总办事处第一次座谈会决定事项。

### 华西实验区关于稻田养鱼推广、小型贷款计划、牛瘟防治等事给璧山第三辅导区办事处的函、通知、附件

1949年6月12日,华西实验区总办事处为推广稻田养鱼、小型水利贷款计划、牛瘟疫苗注射等事给璧山第三辅导区办事处的函、通知、附件。

### 示范保国民学校参考资料二

### 华西实验区总办事处、璧山第二辅导区办事处等为佃户缴租、农地减租事的往来公文

1949年11月2日至11月20日,华西实验区总办事处、璧山第二辅导区办事处、璧山第六辅导区办事处、合川第一辅导区办事处,就呈送农社佃户社员缴租登记表、二五减租及换约情况、报送减租成果表等事的往来公文。附璧山、铜梁、合川三县减租成果表。

### 璧山第三辅导区办事处为区辅导会议召开、呈报导生姓名简历表、传习处概况表、修建堰塘工程贷款等事给各乡辅导员的通知

1949年6月21日,璧山第三辅导区办事处为区辅导会议召开、呈报社学区导生姓名简历表、传习处概况表、修建堰塘工程贷款等事给各乡辅导员的通知。

### 华西实验区总办事处主任孙则让、华西实验区农业组组长李焕章为鹅蛋柑繁殖推广等事的往来函

1950年3月7日至4月22日,华西实验区总办事处主任孙则让、华西实验区农业组组长李焕章、北碚农事试验场场长李士勋、乡建院农场,就鹅蛋柑繁殖推广情形、适宜推广日期及幼苗交货等事的往来函。

### 华西实验区总办事处主任孙则让、中国人民银行真武农场场长吴乾纪等为甜橙苗补助拨发等事的往来函

1950年3月16日至5月14日,华西实验区总办事处主任孙则让,中国人民银行真武农场场长吴乾纪、代理场长周明性、刘其智,就报请拨付繁殖甜橙苗补助及实验区经费困难暂缓拨发等事的往来函。

### 农地减租预备会议会议记录

1949年9月25日,某保农地减租预备会议会议记录一份。

## 9-1-226

**华西实验区合作社物品供销处璧山分处主任李国桢为供销处工作展开事呈川东璧山区专员公署报告**

1950年6月16日,华西实验区合作社物品供销处璧山分处主任李国桢报告川东璧山区专员公署,为重新开展供销处相关业务,请颁发登记证以利工作进行。附合作社工业生产调查表。

**华西实验区总办事处秘书室关于处理文书注意要点**

1949年5月13日,华西实验区总办事处秘书室关于处理文书注意要点。

**华西实验区总办事处关于工作人员薪津标准等事的函、通知(草稿)**

1949年4月,华西实验区总办事处关于该区工作人员薪津标准、公旅费支付办法等事的公函、通知(草稿)。

**华西实验区总办事处、璧山第五辅导区办事处为农业社仔猪贷款等事的往来报告、通知、报表**

1949年8月26日至1950年3月18日,华西实验区总办事处、璧山第五辅导区办事处,就大路乡、接龙乡、青木乡、六塘乡、蒲元乡、龙溪乡等地农业社仔猪贷款申请、核准、检发、领取等情形事的往来报告、通知、报表。

**华西实验区总办事处、璧山县政府等为佃户缴租、农地减租等事的往来函、报告、报表**

1949年11月21日至12月6日,华西实验区总办事处、璧山县政府、江津县政府、璧山第一辅导区办事处、巴县第一辅导区办事处、巴县第八辅导区办事处、江津第一辅导区办事处,就农地减租情形、呈报佃户缴租登记表成果表、农地减租换约非法撤佃等事的往来函、报告、报表。

**华西实验区总办事处为检送农业社申请书表事致中国农民银行璧山办事处函**

1949年7月4日至9月9日,华西实验区总办事处致函中国农民银行璧山办事处,检送李家槽等农业社、汪家湾等机织社申请成立登记书表,请准予登记在案。

**华西实验区总办事处、北碚行政管理处等为北碚合作农场仔猪贷款等事的函、报告、通知、代电、报表**

1949年5月9日至1950年8月20日,华西实验区总办事处、北碚行政管理处(原北碚行政管理局)、北碚辅导区办事处、中国人民银行重庆分行(原中国农民银行重庆分行)、璧山合作社物品供销处重庆接洽处,就北碚合作农场仔猪、耕牛、洋芋贷款申请、办理、拨发、洽领、分配、还贷及贷款损失、余款退还收回等事的函、报告、通知、代电、报表。

## 9-1-227

**借周转纱契约**

1949年9月27日至9月28日,璧山县城中镇、城南乡、城西乡、福禄乡等地机织社与华西实验区合作社物品供销处璧山分处的借周转纱契约。

**璧山专署(专区)梁滩河农业生产指导所繁殖与推广优良品种工作总结**

**扎草堆积绿肥问题**

**璧山区杨家祠农业生产指导所月报**

1950年3月,璧山区杨家祠农业生产指导所月报。

**璧山专区繁殖与推广优良品种苗木工作总结的报告**

1950年4月4日成文,1950年3月底前璧山专区繁殖与推广优良品种苗木工作总结的报告。附梁滩河水利工程进行情形。

**梁滩河农指所陶一琴为报送各项工作报告、总结事呈华西实验区总办事处主任孙则让报告**

1950年7月10日,梁滩河农指所陶一琴报告华西实验区总办事处主任孙则让,报送梁滩河农指所各项工作报告与总结,请核查。附桐苗浸种试验初步结果报告、推广小米桐苗情形检查报告、凤凰乡家畜方面6月份工作报告、收购良种水稻计划要点、凤凰乡1950年1月份至6月份农业生产情况总结、凤凰乡群众组织工作报告。

**合作供销处学习会、召集人会议、准备学习大会、检讨会、总结会等会议记录**

1950年1月24日至9月7日,合作供销处学习会第一次、第二次、第三次召集人会议,第一次、第二次准备学习大会,第一次、第二次检讨会,第一次总结会会议记录。

**开采煤矿矿区图**

**华西实验区编辑组编行《传习报》计划**

1949年9月1日,华西实验区编辑组编行《传习报》计划。附华西实验区民众生活语汇搜集办法。

## 9-1-228

**华西实验区总办事处、华西实验区合作社物品供销处（璧山分处）等为纱布业务的相关事宜的往来函、通知、代电、报表**

1949年5月12日至1950年9月27日，华西实验区总办事处、华西实验区合作社物品供销处（璧山分处）、四川省第三区行政督察专员兼保安司令公署（川东璧山区行政督察专员公署）、璧山各辅导区办事处、铜梁第一辅导区办事处、华西实验区合作组、中国人民银行璧山支行、合川县织布业职业工会，就布纱交换、收布换布、承制军布合约及办法、棉纱贷出、收回及纱布损失、移交等事的往来函、通知、代电、报表。附华西实验区机织生产合作社承制军布惩奖办法，辅导机织生产合作社加强军布生产方案，合作社物品供销处璧山分处军布生产小组设置办法，加强军布生产紧急措施八条，督导军布增产人员注意事项，西南区冬服筹制委员会与华西实验区合作社物品供销处璧山分处换布合约，华西实验区合作社物品供销处璧山分处与璧山各乡机织生产合作社换布合约，机织社社员承制军布契约，供销处璧山分处收换不合规格布匹扣除棉纱办法，华西实验区机织合作社承制军布配货周转纱办法，机织合作社收布送布办法，供销处璧山分处举办各机织生产合作社以布易纱业务暂行办法。

**华西实验区总办事处为购运食盐等事给华西实验区合作社物品供销处璧山分处通知**

1949年10月13日，华西实验区总办事处为购运食盐、布匹换牛事给华西实验区合作社物品供销处璧山分处通知。

**华西实验区总办事处为巴盐加税日期见示事给重庆川康盐务管理局通知**

1949年11月19日，华西实验区总办事处为电请将巴盐加税日期见示事给重庆川康盐务管理局通知。

**璧山第三辅导区办事处主任魏西河为商佃供销分处房屋事呈华西实验区总办事处主任孙则让报告**

1949年4月29日，璧山第三辅导区办事处主任魏西河报告华西实验区总办事处主任孙则让，为商佃供销分处所选地址原被军队占用新近迁走，听闻或有军队递补，故应尽快办理租凭。

**华西实验区总办事处为造报员工名册等事给璧山合作社供销处、合作整染厂、合作造纸厂通知**

1950年4月28日，华西实验区总办事处为造报员工名册及按月造报动态表事给璧山合作社供销处、合作整染厂、合作造纸厂通知。

### 华西实验区总办事处、西南革命人民大学等为华西实验区工作人员来西南革命人民大学学习等事的往来函、报告、通知

1950年3月27日至4月24日,华西实验区总办事处、西南革命人民大学、川东璧山区行政专员公署、华西实验区工作人员石秋瑛、阎毅敏、宁致青、高洁婷、卿骥、李正清、邱达夫、李本荣、但敬中、任抉农、余运夫、吴绍民、全懋霖、印铭贤、曾庆义,就介绍、保送实验区人员来西南革命人民大学参加学习、准予考试等事的往来函、报告、通知。

### 华西实验区总办事处为资遣职员证明事致铜梁县人民政府函

1950年4月28日,华西实验区总办事处致函铜梁县人民政府,据邱体常所函请,特来函证明其系该区资遣职员。附邱体常原报告。

### 华西实验区总办事处为准予辞职等事分别给穆安导、杨来风、唐有闻、郑礼之通知

1950年4月6日至4月26日,华西实验区总办事处分别为准予辞职、填发服务证、准予停薪留职、聘郑礼之为代理医师等事给穆安导、杨来风、唐有闻、郑礼之通知。附穆安导、杨来风、唐有闻原报告。

### 葛庭芳为请准予复职事呈华西实验区总办事处主任孙则让、秘书室主任郭准堂报告

1950年3月10日,葛庭芳报告华西实验区总办事处主任孙则让、秘书室主任郭准堂,拟请总处准予复职,以便继续参加实验区工作。

### 梁滩河增水工程工程队为报送本队员工名册事呈华西实验区总办事处秘书室报告

1950年4月6日,梁滩河增水工程工程队报告华西实验区总办事处秘书室,请查收该队员工名册。附名册。

### 华西实验区总办事处为派员寻觅邓作新等下落事致璧山县人民政府、璧山县第三区人民政府函

1950年4月3日,华西实验区总办事处致函璧山县人民政府、璧山县第三区人民政府,关于派员寻觅邓作新等下落一事,请指示协助。

## 9-1-229

### 平教会工作座谈会会议记录

1950年8月13日至8月14日,平教会工作座谈会会议记录,共有分组讨论与集合讨论、总结两部分。

**验收梁滩河增水工程会议记录**

1950年9月20日,验收梁滩河增水工程会议记录。

**杨炳琴为请查阅10月12日会商记录事致郭准堂函**

1950年10月16日,杨炳琴致函郭准堂,请查阅瞿、孙、顾、魏四位先生10月12日会商记录。

**私立乡村建设学院为在歇马乡增设农业生产指导所事致华西实验区总办事处函**

1950年9月28日,私立乡村建设学院致函华西实验区总办事处,为统一辅导歇马乡一带农业生产工作,故拟请准予在歇马乡增设农业生产指导所,并调陶一琴前来负责实际工作。

**华西实验区总办事处为瞿菊农乡建院十周年纪念会讲话情形事致八个农指所、北碚办事处、供销处重庆接洽处、纸厂、整染厂函**

1950年11月15日,华西实验区总办事处致函八个农指所、北碚办事处、供销处重庆接洽处、纸厂、整染厂略述瞿菊农乡建院十周年纪念会讲话情形。附瞿菊农原讲话。

**璧山机织生产合作事业概况报告**

**关于发展璧山合作事业的几点意见**

**华西实验区合作社物品供销处合作工作人员履历表**

**华西实验区合作社物品供销处员工名册**

**华西实验区总办事处主任孙则让、私立乡村建设学院代院长魏永清等为实验区工作人员聘任等事的往来函、报告、通知、代电**

1950年9月4日至9月30日,华西实验区总办事处主任孙则让、私立乡村建设学院代院长魏永清、华西实验区农业组、东北招聘团、璧山、涪陵等地农指所、华西实验区工作人员魏西河等,就实验区工作人员聘任、介绍应聘、发证、调派、留任、辞职、请假、登记、到职报表、薪金拨发、调整、诊病给药等事的往来函、报告、通知、代电。

**典型农业生产工作十个教点**

**华西实验区总办事处为催报员工名册等事给璧山合作物品供销处通知**

1950年6月2日,华西实验区总办事处为催报员工名册及人事动态月报表事给璧山合作物品供销处通知。附员工名册。

### 华西实验区总办事处、川东璧山区行政专员公署等为填报农林技术人员简历表事的往来报告、通知

1950年6月23日至9月9日，华西实验区总办事处、川东璧山区行政专员公署、各农林技术人员，就填报农林技术人员简历表名单事的往来报告、通知。附简历表。

### 平教会代理干事长瞿菊农为填报平教会各单位重要工作人员履历表事致华西实验区总办事处主任孙则让、秘书室主任郭准堂函

1950年9月7日，平教会代理干事长瞿菊农为填报平教会各单位重要工作人员履历表事致函华西实验区总办事处主任孙则让、秘书室主任郭准堂。

## 9-1-230

### 华西实验区总办事处主任孙则让、綦江第一辅导区民教主任代表等为綦江第一辅导区职员遣散薪资发放纠纷等事的往来函、报告和书信

1950年1月15日到7月5日，华西实验区总办事处主任孙则让、綦江第一辅导区民教主任代表、綦江第一辅导区主任程岳、綦江第一辅导区职员徐乃康等，就綦江第一区辅导区职员遣散薪资发放纠纷、往来办公旅费报销、文卷公物保管移交、办理撤销事宜费用清算等事的往来函、报告和书信。附綦江第一辅导区办结报告；办事处文卷清册；代管民教主任训练班购存公务清册；借用未还部分公物清册；办结费用支付报告表。

## 9-1-231

### 华西实验区总办事处张嘉麟为发放薪金一事给实验区其他办事机构负责人的函

1950年11月，张嘉麟给华西实验区其他办事机构负责人去函说明薪津根据重庆新华日报折算单位牌价发放及个别工作人员薪津给付办法。

### 华西实验区召开工作座谈会及座谈会记录四种

西南地区解放后，华西实验区1950年8月10日至15日，在歇马场乡建学院召集各工作单位负责人召开平教会工作座谈会，希冀在中央人民政府和西南各级政府领导下加强联系、改进工作、规划未来。附工作座谈会经过情形、华西实验区工作综合报告、分组讨论与集合讨论、座谈会总结四种记录。

### 华西实验区秘书室为全区经费使用事致会计室通知

华西实验区秘书室奉华西实验区总办事处主任孙则让谕通知会计室全区经费应统收统支,不得笼统提取。同时要求在三周内清理账款,否则按规问责。

### 华西实验区总办事处主任孙则让和会计室主任张嘉麟1950年8月5日致中华平民教育促进会请求拨款的申请书

### 华西实验区总办事处为工作汇报会事给实验区各机构的通知

1950年8月1日,华西实验区总办事处通知实验区各机构准备工作报告和工作计划参加8月10日在歇马乡乡建学院举行的工作汇报会。

### 华西实验区总办事处为因公差旅费事给会计室通知

1950年5月30日,华西实验区总办事处通知会计室经5月29日第11次区务会议决定因公差旅费一律按照每人每日1万元支报。

### 华西实验区总办事处奉川东璧山区行政专员公署公函等要求华西实验区各单位拟具工作汇报等事的通知

1950年5月30日,华西实验区总办事处奉川东璧山区行政专员公署公函和川东行署农林厅公函并根据华西实验区第十一次区务会议决定,要求华西实验区各单位就填写中国科学院发给各科研机构初步调查表一事根据各单位实际情况拟具工作汇报、工作计划并交由编辑组整理填报。

### 代事干事长瞿菊农同意华西实验区上报薪金意见

1950年5月12日,代理干事长瞿菊农同意华西实验区上报薪金意见,并在下次人事考核中调正,同时为照顾薪水较低同人出台加送折实单位分数办法四条。

### 中国人民银行璧山支行为请华西实验区在其决算期满前办理转账手续的公函

## 9-1-232

华西实验区铜梁第一辅导区虎峰乡治蝗组工作总结报告表及防治竹蝗奖纱登记表与地图

## 9-1-233

华西实验区铜梁县西泉乡治蝗工作总结报告表及防治竹蝗奖纱登记表

## 9–1–234

华西实验区铜梁县天锡乡治蝗工作总报告表及防治竹蝗奖纱登记表与地图

华西实验区铜梁县大庙乡竹蝗区域简图

华西实验区铜梁县西泉乡竹蝗分布简图

## 9–1–235

华西实验区铜梁县大庙乡治蝗工作总报告表及防治竹蝗奖纱登记表

## 9–1–236

华西实验区铜梁大庙乡竹蝗防治奖纱登记表

## 9–1–237

1943年编制璧山县城北乡农会会员名册

璧山县河边乡农会会员经济调查表

璧山县政府奉命撤销璧山县烟毒调验所

  1949年10月,璧山县政府根据四川省政府的命令裁撤璧山县烟毒调验所,该所遣散人员、移交公物、移交文卷,并将所负责业务移交璧山省立医院。

## 9–1–238

璧山县城西乡农会会员名册、会员借款细数表、农会借款申请书等

  璧山县城西乡农会会员名册;1945年11月城西乡农会纺织会会员借款细数表;1945年11月璧山县城西乡农会会员经济调查表;璧山县城西乡农会养猪会、第三组会员借款细数表;璧山县城西乡农会1945年度纺织、养猪业务计划书;农村副业贷款借款社团概况调查表、报告表;璧山县城西乡农会借款申请书;璧山县城西乡简易农仓职员印鉴;璧山县农业推广所致璧山中国农民银行办事处关于城西乡农会贷款一事的公函。

## 9-1-239

**中华平民教育促进会实验部调查表**

中华平民教育促进会实验部调查表调查时间为1946年12月间,调查地点为璧山县河边乡,调查内容为家庭基本情况。

**华西实验区璧山县城南乡玉皇庙机织生产合作社借纱借据、借纱申请书、社员借纱细数表、合作社职员印鉴表、合作社1949年度业务计划**

## 9-1-240

**中华平民教育促进会实验部土布调查表**

1947年9月,中华平民教育促进会实验部在璧山县城东乡进行土布调查。

**乡村建设学院1947年4月15日出版《乡建院刊》**

**华西实验区璧山县城东乡机织生产合作社章程及社员名单**

**华西实验区璧山县大兴乡农会会员名册**

**璧山县广普乡第二中心国民学校1947年10月现有职员领米名册**

## 9-1-241

**关于璧山县部分信用合作社成立、章程、社员名单等情况的文档**

1939年,璧山县打水沟信用合作社章程、图模及社员印鉴、社员大会决议录、变更登记表、社员名单、创立会议记录、调查表、年度业务计划书、登记申请、合作社借款申请书;1940年,璧山县盐井河信用合作社社员借款表、章程、借款申请书等部分信用合作社业务情况。

**璧山县上报大兴、七塘乡等农会农民福利社1946年度农民福利事业概况调查表**

1947年1月,四川省政府要求璧山县上报其所属大兴乡、七塘乡、丁家乡、依凤乡农会农民福利社1946年度农民福利事业概况调查,以及璧山县政府和四乡农会上报之情况。附四乡农会农民福利社1946年度农民福利事业概况调查表。

## 9-1-243

华西实验区璧山县正兴乡汪家槽坊,鹿鸣乡大桥、华严寺、魁塘、佛耳岩、柑子林,大兴乡关庙、曹家三重堂、花房子、蔡家祠堂、邹盐井桥、仙人脚、谢家坝、大鹏街大武庙、两座桥,太和乡石燕子、白沙岗、学堂堡,梓潼乡幺店子、老瓦场、曹氏宗祠、朱家坪、长寿桥、崔家场、文昌宫、农业生产合作社佃户社员缴租登记表;璧山县大兴乡农业生产合作社佃户社员减租成果表

## 9-1-244

**璧山县狮子乡社学区户口、经济调查**

1949年4月进行的璧山县狮子乡社学区户口、经济调查。

**北碚黄桷镇社会经济卫生、生育、户口调查**

1949年7月进行的北碚黄桷镇社会经济卫生、生育、户口调查。

**华西实验区璧山县中兴乡余家槽坊、朝元寺、万家坝子,正兴乡卫市寺、三官殿农业生产合作社佃户社员缴租登记表**

## 9-1-245

**中华平民教育促进会实验部土布调查事**

1947年9月,中华平民教育促进会实验部在璧山县城东乡进行土布调查。

**华西实验区璧山县城东乡第九保林家店机织生产合作社社员名单**

## 9-1-246

**华西实验区人口状况统计**

华西实验区北碚黄桷镇第十九保、第二十保、第二十一保、第二十二保现住和他往人口年龄表;北碚黄桷镇全乡男性女性婚姻状况总表;黄桷镇第二至第二十二保现住和他往人口婚姻状况表;黄桷镇男女人口信仰调查统计表;黄桷镇男女人口残疾调查统计表;黄桷镇各保信仰及残疾年龄分组表;黄桷镇现住人口教育程度调查表。

## 9-1-247

**华西实验区农地减租换约申报表等**

璧山县城北乡第一保、第三保、第四保、第五保、第六保、第七保、第八保、第九保、第十保、第十一保、第十二保,璧山县八塘乡第七保1949年度农地减租申报表;璧山县定林乡、马坊乡、健龙乡办理租约登记及换订租约成果半月报;璧山县定林乡、马坊乡、健龙乡1949年度办理租约登记及换订租约成果表。

**华西实验区合作社物品供销处璧山分处领用经费存根联**

## 9-1-248

**华西实验区黄桷镇人口状况统计**

统计区域为华西实验区黄桷镇,统计内容包括第二、第三、第四、第五、第六、第八保男女信仰和残疾统计;全镇男子受教育程度总表,各保男女受教育程度分表。

## 9-1-249

**华西实验区黄桷镇人口统计**

统计区域为华西实验区黄桷镇,统计内容包括55至64岁男女正、副业调查表;黄桷镇1至22保现住人口5至14岁男女正副业统计表等;黄桷镇男女正、副业汇总表等。

## 9-1-250

**华西实验区合作社创立会议记录、业务开展等相关档案**

1949年6月至9月间编制,璧山县第六辅导区临江乡第二社学区智灯寺农业生产合作社社员名册和1949年度业务计划书;璧山县正兴乡长石坝、庙塆、曹家坝、第七保、汪家漕坊、三官殿、白云寺、老水井、柑子林、第四保、卫市寺、文家堡农业生产合作社创立会议记录;璧山县龙凤乡古石桥、第二保金宝庙、石龙场、大才门、凤凰场、弥勒院农业生产合作社创立会议记录、社员名单、1949年度业务计划书、合作社调查表;璧山县中兴乡五显庙、韦家铺、朝元寺、余家槽、万家坝子、大字号、农业生产合作社创立会议记录;璧山县来凤乡学堂门、十三保农业生产合作社创立会议记录;璧山县鹿鸣乡第一保、第五保、第八保、第七保农业生产合作社创立会议记录;璧山县广普乡天申庙农业生产合作社创立会议记录、社员名单、1949年度业务计划书;巴县龙凤乡杜家坝农业生产合作社成立登记申请书、合作社创立会议记录、社员名单、调查表、1949年度业务计划书等。

**华西实验区各县辅导区主任为奖慰所属传习处优良导生一事呈华西实验区总办事处主任孙则让报告**

华西实验区各县辅导区主任为奖慰所属传习处优良导生一事报告华西实验区总办事处主任孙则让,孙则让批准所请,总办事处在传习报宣传并发给奖状,各区可在总办事处指导下自行制定奖慰办法。附璧山第六辅导区优良导生名单。

**华西实验区总办事处主任孙则让与合川第一辅导区主任马醒尘、巴县第六辅导区办事处主任王宗耀就训练导生所用教材一事的往来公文**

1949年7月间,合川第一辅导区主任、巴县第六辅导区办事处主任报告华西实验区总办事处主任孙则让准备在各辅导区开始培养导生建立传习处而所用教材不足,请实验区总办事处拨发,孙则让函复称教材在修订中待印出后再发。

**华西实验区生产合作社借纱、借款申请书**

1949年6月,璧山县马坊乡第七保高吉庙机织生产合作社向中国农民银行璧山办事处和华西实验区申请借纱以及以上两者的审批意见;1949年9月,璧山县中兴乡余家槽房、五显庙农业生产合作社购买仔猪借款申请书。附璧山县马坊乡高吉庙机织生产合作社借纱细数表及合作社社员印鉴。

**华西实验区农业生产合作社借款具结保证**

1949年9月,华西实验区正兴乡三官殿机织生产合作社、来凤乡××机织生产合作社主席、经理、监事主席向华西实验区总办事处具结保证发放原料贷纱毫无违规违法行为。

## 9–1–251

**中华平民教育促进会华西实验区库存表**

库存表反映自1949年3月26日至1949年12月27日,华西实验区现金存量变化。

## 9-1-252

### 华西实验区北碚黄桷镇社学区经济卫生、户口、生育调查表

该套调查表填写时间为1949年6月到7月间,共分经济卫生、户口、生育调查表3表。附新生儿27种主要疾病之32种主要病象调查表。

### 华西实验区璧山县狮子乡社学区生育概况调查表

1949年4月对狮子乡进行生育概况调查,并附新生儿27种主要疾病之32种主要病象调查表。

### 四川省第三区行政督察专员兼保安司令公署为实施农地减租告民众书

该告示的主要内容有减租办法的法律基础是西南军政长官公署公布的《农地减租实施纲要》,对减租办法举例说明,阐述了农地减租的意义,并要求各级乡镇和自治机关彻底执行。

### 华西实验区璧山县第六辅导区转龙乡第六社学区经济户口统计册

该套统计册于1949年9月编制,内容包括:第六社学区各年龄组男女人口数;各年龄组男女人口婚姻状况;各年龄组男女人口教育程度;6到12岁学龄儿童之就学与未就学人数比较表;13到45岁男女人口识字与不识字人数;13岁及以上现住和他往男女人口职业分配;社学区家庭人口数;识字与不识字家庭数;家庭儿童数;各组男女家长数等。

### 华西实验区璧山县狮子乡社学区调查表

1949年4月填写该表,户口与经济调查合表填写。

## 9-1-253

### 华西实验区北碚区黄桷镇社学区经济卫生、户口、生育调查表

本套调查表填写时间为1949年7月到8月间,共分经济卫生、户口、生育三表。附新生儿27种主要疾病之32种主要病象调查表。

## 9-1-254

### 华西实验区农业组工作纪要

华西实验区农业组工作纪要的主要内容为工作计划和办结事项记录,时间不连续。

### 华西实验区财产目录和增减表

1949年9月制表，华西实验区璧山县第二、第三、第四、第五、第六辅导区，铜梁第一辅导区财产目录和财产增减表。

### 华西实验区江北、綦江、合川县各辅导区工作进展表

1949年3月制表，工作分为六个预定时间段，主要内容包括认识环境、成立区办事处；分乡举行工作座谈会、划分社学区、甄选和训练民教主任；开始社学区概况调查、选拔导生并决定传习处书目及地址；训练导生，筹备传习处开学；开始基本教育传习，辅导传习处统计调查结果；筹备农业生产合作社，开展合作社业务活动；传习处放农忙假。

### 华西实验区合作社物品供销处来凤县办事处1949年7月30日至1949年12月31日棉纱试算表

### 华西实验区巴县含谷乡孔子岩农业生产合作社章程，璧山县临江乡中湾农业生产合作社章程

该章程分总则、社员及社长、组织、会议、业务、结算、解散及清算、附则8章，并附全体社员的签名盖章。该章程为格式章程，少部分内容根据具体情况填写。

### 原华西实验区农业组文卷保管清册

该清册分为号数、名称、卷数、件数、备忘五项，将1949年到1950年农业组发文情况造册备查。原华西实验区农业组组长李焕章移交，郭准堂为主管负责移交人。

### 华西实验区水稻良种来源、推广及用途状况表

该表成文时间不详，主要记录璧山辅导区和巴县辅导区水稻种植品种、领种数量、稻种来源和用途。

### 綦江县为拨米事致华西实验区綦江总办事处函

1949年4月28日，綦江县县长胡大斌函复华西实验区总办事处已为华西实验区綦江第一、第二辅导区分别拨付中熟米并已由两辅导区主任受领。

### 华西实验区江津第一辅导区出差人员工作日记表

1949年11月16日，江津第一辅导区出差人员上报11月9日至11月12日出差工作日记表，该表与旅费明细表、领款单同为报销凭证。附出差花费收据及证明3份。

### 江津高乐乡为收到示范推广药品致华西实验区农业组的函

1949年12月28日，江津高乐乡张伯雍函复华西实验区农业组收到示范推广杀虫药品。附药品清单。

## 巴县第八辅导区办事处汇转减租成果表、佃户社员撤减租登记表呈华西实验区总办事处报告

1949年11月12日，巴县第八辅导区办事处主任朱镜清向华西实验区总办事处报告该辅导区陶家、石板两乡减租成果和佃户社员减租、撤租成果。其他乡镇正在办理。附减租成果表7份；佃户社员减租成果表6份；农合社佃户社员撤租登记表14份。

## 华西实验区总办事处就调换八塘王家湾合作社伪银币事与璧山第六辅导区办事处的往来公文

华西实验区璧山第六辅导区办事处所辖八塘王家湾生产合作社为买仔猪贷有伪银币两元，华西实验区总办事处通知派人到总办事处调换。璧山第六辅导区说明两元伪银币用途，并将所剩一元缴回。

## 经济部中央农业实验所北碚试验场场长为调换农复会误送器械致华西实验区公函

1949年11月28日，经济部中央农业实验所北碚试验场场长李士勋致函华西实验区，请将误送农复会重庆办事处器械送返北碚试验场。

## 陶一琴为呈报农地减租成果表呈华西实验区总办事处主任孙则让呈文

1949年11月12日，华西实验区陶一琴呈文华西实验区总办事处主任孙则让呈报农地减租成果表六份函。附璧山县大兴乡、福禄乡、梓潼乡、太和乡、三教乡、丹凤乡全乡及社员减租成果表。

## 华西实验区璧山县临江乡中湾农业生产合作社成立登记证

1938年11月23日，徐中晟签发给璧山县临江乡中湾农业生产合作社成立登记证，内容包括社名、业务、已缴股金等十项。

## 华西实验区总办事处主任孙则让致信守成处长说明恢复璧山县合作指导室必要性

1949年3月2日，华西实验区总办事处主任孙则让致信守成处长说明璧山县合作事业日渐发达，有必要恢复璧山县合作指导室。

## 1949年华西实验区人事集卷

该部分为华西实验区1949年人事工作的集卷，多为书信往来，内容为决定聘用或拒绝某人工作申请。

## 甜橙果实蝇防治队第一区第五分队工作报告

1949年8月10日编写。该队工作区域为綦江河南岸西湖场直辖五保区域。该工作报告分为该乡甜橙概况及果实蝇为害情形、地方环境现状、工作经

过、果农反映及意见、工作上的困难、建议事项、将来计划、经费收支及物品领用、附件等九个部分。附华西实验区甜橙果实蝇防治队果园位置调查表4份、华西实验区璧山县第六辅导区七塘乡第七社学区养猪户数及数量统计表。

## 9-1-255

### 华西实验区北碚黄桷镇人口统计表

华西实验区北碚黄桷镇第一至第二十二保男女他往人口教育程度、职业（正、副业）、女子人口教育程度、全乡各年龄段人口数统计表。

## 9-1-256

### 华西实验区结账清单

1949年4月、5月，华西实验区合川第一、第二辅导区，綦江第一、第二辅导区，江北第一、第二辅导区，铜梁区，巴县第一、第二、第三、第四、第五、第六、第七、第八、第十一、第十二辅导区，璧山第一、第二、第三、第四、第五、第六辅导区，北碚区结账清单。

### 华西实验区工作人员相关统计表

华西实验区各级工作人员统计表、各辅导区乡镇与民教主任统计表、华西实验区各组工作人员毕业学校统计表、华西实验区各级工作人员薪给统计表、华西实验区各级工作人员之籍贯统计表、华西实验区各级工作人员之年龄统计表、华西实验区工作人员学历统计表。

### 华西实验区各辅导区薪给结账清单

华西实验区巴县第一、第二、第三、第四、第五、第六、第七、第八、第十一、第十二辅导区，璧山第一、第二、第三、第四、第五、第六辅导区，铜梁辅导区，綦江第一、第二辅导区，合川第一、第二辅导区，江北第一、第二辅导区，北碚辅导区薪给结账清单。

## 9-1-257

### 北碚黄桷镇社学区调查表

北碚黄桷镇社学区概况调查，共分生育、卫生和经济、户口三表，其中卫生和经济两项合表填写，综合各调查表显示调查时间从1949年7月10日至1949年9月4日。

## 9-1-258

**华西实验区农业组及各相关单位为1949年秋小麦良种推广相关事的往来公文**

1949年7月至11月期间,华西实验区农业组、华西实验区总办事处、农林部中央农业实验所北碚试验场、四川省农业改进所稻麦改良场合川分场、乡村建设学院农场、华西实验区各辅导区和繁殖推广站之间请求拨款购买小麦良种,拟播种小麦良种品种数量、面积和地区、往年播种情况、关于小麦良种纯度问题交涉,1949年已经领取小麦良种的数目和运费报销及推广情形,农业繁殖站成立经过等事的相关公文。附农林部中央农业实验所北碚试验场可供推广小麦良种数量详表、四川省农业改进所稻麦改良场合川分场可供推广小麦良种数量详表、华西实验区小麦良种示范办法、小麦繁殖站谈话纪要、部分辅导区和表证农家借到小麦良种和帆布口袋的借条、华西实验区农业组各良种繁殖站推广小麦登记表。

**璧山县各农业合作社成立备案相关登记**

1949年7月至9月期间成文,内容包括璧山县梓潼乡曹氏宗祠农业生产合作社、丹凤乡×××农业生产合作社、大兴乡农业社联合社办事处等成立备案、图模及职员印鉴纸;璧山县丹凤乡××机织合作社、七塘乡胡家老房子农业生产合作社、丹凤乡石板坵农业生产合作社、依凤乡河坝、土地堡农业生产合作社、七塘乡农业生产合作社、正兴乡××家庙农业生产合作社、正兴乡长石坝农业生产合作社、丹凤乡张家黄桷树农业生产合作社、梓潼乡崔家场农业生产合作社、大兴乡蔡家祠堂农业生产合作社、城西乡汪家塘机织合作社、大兴乡谢家坝农业生产合作社、大兴乡大鹏街文武庙农业生产合作社等的图模及职员印鉴纸;璧山县丹凤乡黄桷坡农业生产合作社关于该社图记一事呈璧山县中国农民银行办事处并附该社职员印鉴。

## 9-1-259

**华西实验区农业组重庆市郊菜园概况调查表**

1949年至1950年制表,地区包括重庆市第十四区第二保、第三保、第十保、第十一保、第十四保、第十五保、第十七保、第十八保、第十九保、第二十一保,内容包括甲别、姓名、小地名、土地所有性质、蔬菜种类、栽培面积、肥料种类、运销状况等。

## 9–1–260

### 华西实验区农业组重庆市郊蔬菜调查

调查地点主要集中在重庆巴县屏都乡、江北县大石乡、重庆市第十区。该调查表分蔬菜栽培及虫害情形、施肥概况、运销状况三项内容，调查时间从1949年1月始到1950年2月止，持续一年。

## 9–1–261

### 华西实验区工作丛刊之一《北碚黄桷镇社会调查工作纪实》

1950年2月印发华西实验区《北碚黄桷镇社会调查工作纪实》，由萧立、宋德铨编写，任宝祥校订。内容有调查工作队的组织、调查工作的纪实两部分，并附经费报告。

### 中华平民教育促进会工作简述

内容包括中华平民教育促进会历史沿革、工作演进，乡村建设学院、华西实验区、研究部简介和经费来源。

### 华西实验区5月份、6月份、7月份农业工作月报

该月报没有记录成文时间，主要内容有对于原定工作如农业指导所、繁殖家畜、兴修水利、增施肥料、防治病虫害、收购小麦良种、推广鱼苗、互助插秧、油桐繁殖、检查播种等方面的汇报，并对上述工作的成绩和缺点进行总结。附涪陵县凉塘乡十三保特种作物、水利、阶层人口及占有土地情况、土地及主要农作物产量调查统计四表，1950年收购小麦工作总结。

## 9–1–262

### 华西实验区有关经费问题的问答

案存档案内容不完整，没有成文时间，以问答方式记录平教会及华西实验区经费、贷款、行政开支情况。附整染厂贷款明细、丝业贷款明细、纸业贷款明细、华西实验区预算表、铜梁合作纸厂账目。

### 华西实验区会计室账簿、传票、表报、图记、文卷保管清册

1950年12月制华西实验区会计室账簿、传票、表报、图记、文卷保管清册。

### 华西实验区会计室账簿、传票、表报、文卷四柱移交清册

1949年12月制华西实验区会计室账簿、传票、表报、文卷四柱移交清册。

附华西实验区××(室、组)××(文卷、财产)四柱清册模板。

**华西实验区驻万县工作组财产增减表、财产目录表**

1950年3月6日至8月31日,华西实验区驻万县工作组财产增减表、财产目录表。

**孙则让关于家畜预算表处理办法及关于仔猪推广问题的批复**

华西实验区总办事处主任孙则让关于梁滩河农业指导所(年份不详)10月份家畜预算表处理办法及对田荆辉关于仔猪推广问题的批复。附10月份家畜饲养预算表。

**华西实验区整染厂杨如圭领取开办费用收条**

1950年1月10日,华西实验区整染厂杨如圭领取开办费用收条。

**华西实验区粟华光、杨显明就办理约克夏猪事宜给实验区总办事处秘书室主任郭准堂的报告、收条**

内容包括1950年2月10日运猪费用报销及给养猪特约农家的补助情况的报告,1949年8月20日接到运猪费用的收条和运费明细。附粟华光、杨显明于1949年8月20日上报中华平民教育促进会的旅费明细表。

**华西实验区会计室制各项报表保管清册**

1950年12月8日,华西实验区会计室制各项报表保管清册。

## 9-1-263

**华西实验区事务股杜杰三呈华西实验区总办事处秘书室主任郭准堂并转总办事处主任孙则让的报告**

1950年3月3日,杜杰三报告关于前璧山田管处归还的碛米因鼠耗作价变卖给工友伙食团事宜,庞永清赔偿熟米处理和工友所借熟米扣除情况的报告。

**华西实验区农业组李焕章请示函**

1950年12月7日,华西实验区农业组李焕章向新政府请示农业指导所人员安排、经费使用,乡建院预算安排,乡建院实习费用支出,华西实验区在乡建院工作人员旅费问题等。

**私立乡村建设学院农林专修科出外实习领用伙食津贴名册**

1950年11月制私立乡村建设学院农林专修科出外实习领用伙食津贴名册。

**华西实验区与乡建学院合作繁殖优良品种辅助款项统计草稿**

**华西实验区发展璧南区机织生产合作社意见**

该档案成文时间不详,记录华西实验区发展璧南区机织社的意见,分组织基础和机构、业务开展、资金筹集、监督指导四个方面。附川东璧山区供销合作总社章程(草稿),有限责任璧山××机织生产合作社章程(草稿)。

**璧山县城南乡蓝家湾、皂桷坡、刘家沟、玉皇庙、机织生产合作社及简易农仓职员印鉴**

**华西实验区巴县龙凤乡新桥农业生产合作社的相关书表**

华西实验区巴县龙凤乡新桥合作社章程、个人社员名册、成立登记申请书。1949年9月10日,巴县龙凤乡新桥合作社成立会议记录。1949年9月20日填写的巴县龙凤乡新桥合作社调查表。巴县龙凤乡新桥合作社1949年9月11日到12月31日业务计划书。

**中华平民教育促进会工作简述**

内容包括中华平民教育促进会历史沿革、工作演进,乡村建设学院、华西实验区、研究部简介和经费来源。

**华西实验区工作丛刊之一《北碚黄桷镇社会调查工作纪实》**

1950年2月印发华西实验区《北碚黄桷镇社会调查工作纪实》,由萧立、宋德铨编写,任宝祥校订。内容有调查工作队的组织、调查工作的纪实两部分,并附经费报告。

**璧山县农业推广所实物推广检查指导表一套**

由璧山县六塘乡、蒲元乡农会与第四推广办事处填写,分农户姓名、住址、农会组别、实物数量和名称等项,时间从1943年1月22日到1944年1月25日。

**华西实验区合作社簿记目次教材**

华西实验区为合作社编印的记账教材。分概论、记账实务、记账规则与习题,并附账表格式。

## 9-1-264

**璧山县积谷济谷清理保管使用委员会收条、报表**

璧山县积谷济谷清理保管使用委员会1950年7月29日收条一张;璧山县积谷济谷清理保管使用委员会第四区分会1950年7月制汇总调查统计表一张;璧山县积谷济谷清理保管使用委员会第四区分会1950年7月13日制六乡积谷

调查表一套。

**璧山县丁家乡历年积谷收支报表、报销册**

在任乡长李小鲁于1950年5月统计丁家乡1945、1946、1947、1948、1949年五年的积谷收支报表、报销册各一份。附前乡长移交存条一张、李小鲁任内积谷存条一张。

**璧山县各乡保校1944年上半年员额、经费、班级统计表**

案存璧山县城中乡、城南乡、城西乡、城北乡、狮子乡等34乡保校1944年上半年员额、经费、班级统计表。

**机织生产合作社第一次座谈会决定事项**

(年份不详)8月23、24日,机织生产合作社召开第一次座谈会,会议内容包括如何组织合作社、调查各乡国民学校教师资格、督促学龄儿童入学、璧山社会概况调查工作手册、辅导员与指导员督学职权划分及工作联系问题、辅导员下乡态度及工作目标等。

**蛆柑防治队第十分队药品收支清册**

**璧山第二辅导区农业社借稻种数量及推广亩数表(分别为三教乡、丹凤乡推广中农4号稻种数量及面积表)**

**华西实验区临时区务委员会第五次会议记录**

会议在华西实验区总办事处会议室召开,出席人有郭准堂、李鸿钧、孙则让等21人,主席孙则让。会议内容主要有在新政府领导下继续华西实验区工作,并就匪患损失进行报告,还讨论了人员薪资发放等事项。

**华西实验区临时区务委员会第一次会议记录**

会议在华西实验区总办事处会议室召开,李纪生、李鸿钧、任宝祥、孙则让、郭准堂等20人参加,主席孙则让,记录田荆辉。决议事项有经济建设、会计制度、水利工程、人事调整等。

**华西实验区总办事处给璧山第六辅导区关于该区工作人员因公出差报销旅费的通知**

1950年1月31日,华西实验区总办事处主任孙则让通知璧山第六辅导区,因解放后货币结算单位改变,该区工作人员因公差旅费支报适用新办法。附华西实验区工作人员出差旅费领用及报销规则。

**孙则让致华西实验区工作人员关于解放后实验区工作的信**

孙则让对解放后华西实验区各同志仍能在岗工作表示感谢,希望实验区工作人员在新政权下秉承实验区精神为人民服务。在国民党军队溃败之时是否对实验区各机构有骚扰及破坏程度希望进行报告。

**华西实验区临时区务委员会第二次会议记录**

会议在华西实验区总办事处会议室召开，出席人有郭准堂、朱泽芗、任宝祥等16人，主席郭准堂。讨论事项并形成决议内容有：各单位限期办理交代事宜、办事处同仁值班事宜、解放前遗留问题处理、前璧山田管处归还碛米处置方法、工作人员旅费问题等。

**华西实验区临时区务委员会第三次会议记录**

会议在华西实验区璧山办事处会议室召开，出席人有郭准堂、任宝祥、李焕章、孙则让、王启澍等共计16人，会议主席孙则让。报告事项涉及工作人员薪资情况、华西实验区工作人员总数、公款保值情况。讨论决议事项有：确定人员审查各单位业务及财务情况、工作人员请假事宜、工作人员津贴及旅费报销、2月份行政事业费预算、办事处工作人员数量等问题。

**周厚荣等三人调查助理员登记表**

**华西实验区璧山县第一辅导区财产目录**

**蔬菜病虫防治队土桥工作组呈华西实验区农业组组长并请转呈华西实验区总办事处主任孙则让关于药械器具的报告**

**蔬菜病虫防治队土桥组给华西实验区农业组关于蔬菜病虫防治情况的报告**

**华西实验区农业组致中央农业实验所驻渝办事处领取暂存药品函**

1949年12月9日，华西实验区农业组致中央农业实验所驻渝办事处领取暂存药品函。

**孙则让为蔬菜病虫害防治一事致川东区璧山专员公署函**

华西实验区总办事处主任孙则让请示川东区璧山专员公署，华西实验区派张承灌及乡村建设学院农学系同学共21人赴渝各处防治蔬菜病虫害，并请人民政府派员指导，或请各县区人民政府就地指导。附蔬菜病虫害防治五支队伍人员及工作地点名单，华西实验区农业组为领取药械函。

**王承灌致李焕章信及李焕章回信**

王承灌致信李焕章说明北碚大竹林一带蔬菜病虫害较少，请示待大竹林工作完毕后是否可支援磁器口或南岸其他蔬菜病虫害较重工作地区。李焕章函复待大竹林工作完成后可以赴磁器口支援并注意经费开销。

### 民教工作分区检讨会综合记录

该记录于1947年9月9日印发,综合记录于1947年9月2日朝阳、金刚、龙凤三乡镇在朝阳镇第一中心国民学校,1947年9月3日二岩、澄江两乡镇在澄江镇第一中心国民学校,白庙、文星、黄桷三乡镇在黄桷镇牛角庙分别召开区检讨会的情况。主席刘文精,指导人员有华西实验区代表田慰农等三人、北碚管理局刘文精等六人。上述八乡镇乡镇长、中心国民学校校长、民教部主任参会。内容为讨论民教工作。

### 华西实验区三周年纪念大会书刊展览资料纂集办法

办法主要内容为:华西实验区各单位根据自身工作业务的内容、特点和开展情况,编行《纪念特刊》;华西实验区各单位将已有或拟编的书刊统一分类编纂各类丛刊,暂拟分为工作说明丛刊、活动报道丛刊、工作简明报告丛刊、研辅教材丛刊、活页补充教材、乡建学术丛刊;编纂代表工作内容、进程、方法、结果的主要图表;搜集活动照片。后附各单位已编纂书目表及工作说明丛刊之《怎样做户口调查》。

### 璧山县接龙乡福里树农业生产合作社章程及社员名单

### 璧山县马坊乡长和钟农业生产合作社章程及社员名单

### 华西实验区病虫防治药械施用暂行办法

办法规定华西实验区病虫药械专供农民防治作物蔬菜病虫无偿使用,不得赠予和出让。用示范的方法推广,暂定巴县、江北蔬菜区域为示范区域并拟组织七到九个蔬菜杀虫队。

### 璧山专署梁滩河农业生产指导所组织巴县凤凰乡第一至第五保农民小组工作总结

内容包括:阐述农民小组是农业生产上领导推动的基本组织,巴县凤凰乡第一至第五保农民小组组员人数和成分统计,农民小组成立的步骤;就组成农业小组一事对农民进行宣传教育并重点介绍六种教育方式;农民参加农民小组的要求,选举农民小组长的条件和方式;对没有参加农民小组的农民进行安抚;农民小组成立后地主阶级和乡保的态度;农民小组在工作中的问题。

### 成立巴县凤凰乡第一至第五保农协会筹备会工作总结

内容包括:凤凰乡第一至第五保成立农协会的各项基本条件分析,提名候选人办法,先期宣传和准备工作,凤凰乡第一至第五保在5月20日到5月23日分别召开成立大会的地点、出席人数、来宾人数以及各会场准备情况,各保开会所选举委员人数、委员成分结果统计;各保开会内容及会上群众发言略记,筹备会成立后由主任委员召集各保筹备委员正副组长对大会进行总结并布置日后工作,最后该总结对整个筹备会召开过程和会议影响进行总结。

**巴县第八辅导区铜罐乡第二社学区工作人员9月工作日记**

## 9-1-265

**北碚黄桷镇社学区调查表**

北碚黄桷镇社学区概况调查,共分生育、卫生与经济、户口三表,其中卫生和经济两项合表填写。综合各调查表显示调查时间从1949年7月10日至1949年9月4日。

## 9-1-266

**铜梁合作纸厂产品制造程序**

1949年铜梁合作纸厂出品的打字纸、印书纸、黄表古纸、本色报纸制造程序示意图。

**华西实验区各宿舍调整及管理办法**

1950年6月10日,华西实验区发布各宿舍调整及管理办法共17条,对宿舍入住人员、入住变更、入住条件等问题做出明确规定。

**华西实验区秘书室为学习瞿菊农讲话致会计室主任张嘉麟等信函**

1950年11月15日,华西实验区秘书室转中华平民教育促进会要求,请张嘉麟主任及会计室全体人员学习瞿菊农代干事长在乡村建设学院十周年院庆纪念会中的讲词。附瞿菊农《乡建院十周年纪念会讲话》一份。

**华西实验区总办事处时事学习会成立会记录**

1950年11月13日,华西实验区总办事处在本处会议室召开时事学习会成立会议,郭准堂主任出席并作报告要求各单位组织学习会。会议最终决议八项,对学习会成立的人员分配、时间地点、讨论主题做了规定。

**华西实验区《北碚黄桷镇社会调查工作纪实》**

1950年2月,华西实验区社会调查室印发《北碚黄桷镇社会调查工作纪实》。工作纪实包括调查工作队的组织、调查工作的纪实、机关行会调查以及地方领袖访问三部分。纪实对黄桷镇的人口、经济、生育、卫生等社会各方面做了调查工作。附经费报告。

**华西实验区会计室工作人员考核资料项目**

华西实验区会计室各部门工作人员考核资料项目包括姓名、职务等10项。附四条对考核条件进行的详细解释及1950年4到9月会计室工作人员领取工资便条。

**华西实验区农业工作报告**

1950年4月、5月农业工作报告分为工作情况和总结两大部分,详细报告了关于该区和各专署典型区的农业情况,总结了农业工作的方法及经验。附涪陵专署典型区协助农民订立的生产计划、大竹专署典型区协助农民订立的互助公约2份;1950年4月、5月农业工作报告摘要正误表各一份,共35条;华区实验区良种小麦生长情形检查总结报告。

**华西实验区工作组收购小麦工作总结**

1950年4月12日至4月下旬,华西实验区派遣到璧山县、巴县等县收购小麦工作组的总结。包括前言、收购小麦数量、收购经费、收购经过及群众反映、工作总结五部分。提出了小麦收购中的数量、播种技术、推广、保管等具体问题。

**华西实验区总办事处与下属各组室文件书函往来清单**

1950年9月至12月,1951年1月至11月,华西实验区总办事处与下属秘书室、人事股、农业组、收发室、合作组、事务股等各部文件书函往来清单。附黎成山、王绍虞等工作人员的工资领取、扣回情况便条。

**华西实验区农业组蔬菜害虫防治、桐苗推广费预算表**

1950年2月,华西实验区农业组编拟蔬菜害虫防治、桐苗推广费预算表。蔬菜害虫防治预算包括日用费、舟车费、药械运费三项。桐苗推广费预算包括日用费、舟车费、苗木运输费三项。

**华西实验区农业组1950年3月份预算表**

1950年3月,华西实验区农业组拟定本月预算表,项目包括旅费、运费、包装费、推广材料费、小麦检查费、学生食米津贴、种猪饲料费七项。备注:1950年3月2日农业组编。

**华西实验区农业组1950年5月份预算表及追加预算表**

1950年5月,华西实验区农业组拟定本月预算表,预算包括小麦良种收购费、学院实习学生津贴、各种旅费、运费、各专区工作办公费、繁殖桐苗地租、种猪饲养费等十项。附用途说明十条。追加预算种猪饲料费,附注饲料费的说明。

## 华西实验区农业组1950年度预算表及各月份业务经费分配表

1950年,华西实验区农业组本年度预算表。预算包括繁殖费、收购良种费、推广费、肥料费、家畜费、病虫防治费、资料收集费、试验费、农业改良费等九项。附1950年华西实验区各月份业务经费分配表。

## 华西实验区农业组组长李焕章为拨给学生工作经费一事呈总办事处主任孙则让函

1950年11月9日,华西实验区农业组组长李焕章向总办事处主任孙则让报告,请为乡建院100名农业专修科学生前往虎溪河参加造林工作拨事业费用。附批复:先行垫付,追加预算,并根据签准办法核销。

## 华西实验区农业组造林业务经费预算表

1950年11月,华西实验区农业组拟定造林业务经费预算表,项目包括膳食费、器材搬运费、旅费等六项。

## 农林专修科第一次科务会议记录

1950年11月2日,农林专修科第一次科务会议通过决议九项。出席人汪正琯、徐韦如等七人。

## 中华平民教育促进会收入、支出传票及证明一张

1950年3月17日,中华平民教育促进会支出传票为合作供销处白布、棉纱等费用,收入传票为合作供销处白布费用。1950年2月25日,中华平民教育促进会支出传票为合作供销处大火损失费用,收入传票为合作供销处大火留存棉纱费用。附合作供销社处大火被焚损失证明。

## 璧山县广普乡美烟社贷放燃料收据

1949年8月6日,璧山县第四辅导区主任邱达夫致函广普乡美烟社,通知贷放给该社燃料五石七斗五升整。

## 璧山县马坊乡茶生产合作社等向中国农民银行借贷实物借据

1949年5月31日,璧山县马坊乡茶生产合作社向中国农民银行借贷油饼实物借据,马坊乡美烟生产合作社向中国农民银行借贷燃料实物借据;璧山县广普乡美烟生产合作社向中国农民银行借贷油饼、燃料实物借据。

## 铜梁合作纸厂为检送新纸机安装贷款借据的报告

1950年10月14日,铜梁合作纸厂厂长裴鸿光按华西实验区会字第253号通知,呈送新纸机安装贷款借据。附新纸机安装贷款正副借据各五份。

## 9-1-267

**农林部病虫药机械制造实验厂自制各种杀虫药剂用途用法说明**

1949年,农林部病虫药机械制造实验厂印制各种杀虫药剂用途用法说明。共6种药剂,详细说明了每种药剂的用途、用法、注意事项。

**万县五梁乡三保农户概况**

1950年10月,万县专署农业生产指导所调查五梁乡三保农户概况。调查分为地理概况、水利概况、人口概况、耕地分配、产量分配、副业收入、收入分配、耕牛与耕地、雇工概况、教育概况等13项。附数据表格15个。

**华西实验区涪陵县农业指导所防治菜虫总结**

1950年11月,涪陵县农业指导所防治菜虫总结,分为工作布置、农民反映、优点与缺点、总结四部分。附防治害虫统计表1份。

**大竹农业指导所为农业工作所需材料呈华西实验区总办事处主任孙则让报告**

1950年10月23日,大竹农业指导所主任刘家宜遵照10月16日农字第442号公函将所需农业工作材料呈报华西实验区。附有关工作的统计数字与工作总结。另附农业生产上的困难与农业区域方面的问题及今后的作法。

**梁滩河农业生产指导所协助巴县凤凰乡农协会举办农产品展览会工作总结**

1950年,璧山县专署梁滩河农业生产指导所协助指导巴县凤凰乡农协会举办秋季农产品展览大会工作总结,包括举办展览会的目的、筹备经过、一般情况、收获和经验教训五部分。

**璧山县政府为防治猪瘟给各乡镇公所的训令**

1949年11月8日,璧山县政府为防治猪瘟,要求各乡镇公所配合华西兽疫防治处猪瘟防治队推广工作特发训令。

**璧山县政府为敦促学生入学给转龙乡的训令**

1949年10月24日,璧山县政府为学区传习处开学在即,特令各乡保甲敦促学生入学。

**华西实验区工作丛刊之一《北碚黄桷镇社会调查工作纪实》**

1950年2月社会调查室印《北碚黄桷镇社会调查工作纪实》,工作纪实包括调查工作队的组织、调查工作的纪实、机关行会调查以及地方领袖访问三部分。纪实对黄桷镇的人口、经济、生育、卫生等社会各方面做了调查工作。附经费报告。

### 华西实验区璧山县正兴乡曹家坝农业生产合作社章程

1949年8月29日,华西实验区璧山县正兴乡曹家坝农业生产合作社章程共8章35条,对合作社宗旨、章程、社员组织、会议等做出明确规定。附全体社员签名盖章表。

### 璧山县马坊乡户口调查表

1944年5月9日,璧山县马坊乡户口调查表。调查内容包括出生年月、婚姻状况、教育程度等16项。

### 璧山县狮子乡社学区户口经济调查表

1949年4月13日,璧山县狮子乡社学区户口经济调查,内容包括人口基本情况和经济情况两项,详细调查了每户的地权、家畜、借贷等经济情况。

### 华西实验区库存表

1950年7月1日至1950年7月28日,华西实验区库存表,记录前日库存、当日共收、当日共付和当日库存的具体数据。

### 民众教育馆实施小丛书之六《合作指导》

1941年9月初版、1943年3月三版之教育部社会教育司主编之《合作指导》,共6章,70页。论述了合作的概说、机能等问题。

### 璧山县七塘乡农会会员名册、农会章程及农会职员履历表

1942年,璧山县七塘乡农会会员名册,内容包括姓名、性别、年龄、籍贯、分组等。璧山县七塘乡农会章程共7章43条,对农会性质、宗旨、经费等做出了明确规定。职员履历表内容包括是否党员、会员资格、经历等。

## 9-1-268

### 华西实验区北碚黄桷镇社学区经济卫生调查表、户口调查表及生育概况调查表

1949年7月10日,社学区经济卫生调查内容包括田土面积、家禽、年收入分配等。1949年7月10日,社学区户口调查,内容包括姓名、通常住所、籍贯、出生年月、婚姻、受教育程度、信仰等。1949年8月30日至31日,华西实验区进行社学区生育概况调查,内容包括生育概况、产后修养等。

## 9-1-269

**华西实验区北碚黄桷镇社学区生育概况调查表、经济卫生调查表及户口调查表**

1949年7月10日至17日,华西实验区北碚黄桷镇进行生育概况调查,内容包括生育概况、产后修养等。1949年7月10日,黄桷镇经济卫生调查,内容包括田土面积、家禽、年收入分配等。1949年7月10日,黄桷镇户口调查,内容包括姓名、通常住所、籍贯、出生年月、婚姻、教育程度、信仰等。

## 9-1-270

**华西实验区合作社物品供销处璧山分处提奖纱凭单**

1950年7月10日,华西实验区璧山物品供销处奖励社员棉纱提纱凭单。

**皂桷坡等合作社为收取棉纱短缺呈仓库报告及仓库回函**

1950年6月15日,皂桷坡、蓝家湾合作社因收取棉纱数量短缺特呈华西实验区合作社物品供销处仓库报告。附棉纱短支证明单一份。仓库回函查明棉纱短支属实,立即报主任核销。

**北碚棉纱收据**

(年份不详)7月24日,北碚收到璧山运送棉纱收据。

**物品供销处关于棉纱收取、售卖、库存事务便签**

**华西实验区合作社物品销售处提货单**

1950年11月13日,华西实验区合作社物品销售处提货送往丁家坳凭单。按存华西实验区总办事处提单、华西实验区合作社物品销售处璧山分处提奖纱凭单。

**华西实验区职员罗文楷等为催收璧南各合作社贷纱事呈华西实验区报告**

1950年12月25日,华西实验区职员罗文楷等为催收璧南各合作社贷纱事呈华西实验区报告。报告详述了催收贷纱过程中的问题并提出两点意见。附各单位为缓交货纱呈璧山县军事委员管理会申请四份、报告一份。

**璧山杨家祠农业生产所副主任宋德铨为培育桐苗租用土地租金一事呈华西实验区农业组报告**

1950年12月18日,璧山专署杨家祠农业生产所副主任宋德铨为桐苗推广租用农民土地下季应付小麦地租一事呈华西实验区农业组报告,以问询款项。附批复:准该所按目前小麦市价领款付给。

### 梁滩河农业指导所为申请工作经费呈璧山县军事委员管理会报告

1951年1月3日,梁滩河农业指导所为申请1月份工作经费,(包括办公费、猪饲料费等经费)呈璧山县军事委员管理会报告。

### 华西实验区财产移交清册

华西实验区财产移交清州,内容包括木器类、藤竹类、铜铁类等6项。

### 涪陵专署农业生产指导所呈璧山县接管委员会工作月报

1951年1月7日,涪陵专署农业生产指导所呈璧山县接管委员会本所工作报告。附涪陵专署农业指导所1950年12月工作月报一份。

### 职员陈俊为、何新吉、马梦梅为薪金分期归还一事呈璧山县军事代表报告

1951年1月11日至12日,陈俊为、何新吉、马梦梅因治病、生育借款,借款若全部从薪金扣除则生活困难,特申请分期归还借款呈璧山县军事代表报告。

### 向河农业指导所为书籍丢失一事呈华西实验区原编辑处信函

向河农业指导所因早已开具收据却未收到寄出书籍一事呈原编辑处,要求核销收据并清查书籍丢失原因。

### 涪陵农业指导所陈士忍、杨乘风为申请接管处工作职位呈璧山县军事委员管理会信函

### 职员韩德三致华西实验区秘书室主任郭准堂信函

职员韩德三因病短期不能返回实验区工作,请秘书室主任郭准堂办理停薪留职或离职证明并说明财务交接情况。

### 涪陵专署农业指导所呈璧山县接管委员会修复白水洞堰工程总结

涪陵专署农业指导所呈璧山县接管委员会修复白水洞堰工程总结。附涪陵荣桂乡第四保修复白水洞堰工程总结一份。

### 大竹专署农业生产指导所为呈送该所1950年12月份经费收支对照表及申请报销超支经费呈华西实验区函

### 华西实验区总办事处为租赁四桂堂租约到期致北泉公园经理处函

华西实验区总办事处为租赁四桂堂租约到期办理交接事宜致北泉公园经理处函。附华西实验区丛刊编纂处借存北泉四桂堂用具清单、北泉公园与孙伏园先生租赁合约。

### 华西实验区丛刊编纂组、丛刊编纂处移交清册

华西实验区丛刊编纂组、丛刊编纂处移交清册,内容包括文卷、书籍、家具等。附职员借用丛刊编纂处家具借据三张。

### 华西实验区总办事处主任孙则让、秘书室主任郭准堂为清查铜梁合作纸厂订购纸张交付民间印刷社印制数量差距问题与顾润民、民间社往来函

华西实验区总办事处主任孙则让、秘书室主任郭准堂为铜梁合作纸厂订购纸张交付民间印刷社印制,但两单位上报交付与收取数量相差颇大,为清查此事与平教会会计室主任顾润民及民间社往来函。

### 华西实验区总办事处为对各单位账薄实行稽核制度望总处派人至实验区会计室一事致平教会会计室主任顾润民函

### 华西实验区秘书室主任郭准堂为璧山县印刷纸价格致王剑铎函

华西实验区秘书室主任郭准堂为璧山县交付民间社印刷传票价格偏高致函王剑铎。

### 璧山县人民政府税务局为棉纱补贴申请查验致华西实验区总办事处函

1950年5月29日,华西实验区为催促璧山县税务局查验棉纱以便申请补贴一事致函税务局。6月5日,璧山县税务局为要求呈补贴棉纱查验申请书致函华西实验区总办事处。附验证申请书。附批复:出纳股速办,申请书仔细妥慎。

### 华西实验区会计室主任张嘉麟为保管铜梁纸厂纸张一事呈总办事处主任孙则让便函

华西实验区会计室主任张嘉麟为该室保管铜梁纸厂所存纸张呈总办事处孙主任便函。孙回复作为抵押贷款。

### 水利组丁兴华等为调整薪金基数呈华西实验区总办事处主任孙则让函

1950年3月18日,水利组丁兴华等三人为调整薪金基数呈孙则让函。3月24日,孙则让回函决议仍照原待遇办理。

### 华西实验区总办事处医务室领取药品清单

1950年11月2日,医务室从卫生组库房领取药品清单,共8种。

### 华西实验区总办事处主任孙则让为王启澍先生等三人授课薪金致乡村建设学院往来函

1950年3月8日,华西实验区总办事处主任孙则让为王启澍、李焕章、任宝祥三位授课薪金由乡村建设学院支出一事致函乡村建设学院。3月17日,乡村建设学院魏永清院长回函自4月份始由学院支付。附授课时间表。

### 华西实验区总办事处主任孙则让因米粮领取困难及票务往来一事与陈宗暄往来公文

1949年12月7日至1950年2月9日,华西实验区总办事处主任孙则让因米

粮领取困难及与粮店老板张光裕票务往来与膳食股陈宗暄往来公文。附西南补给区第二十八粮秣库粮秣签出通知单。

## 华西实验区新编辑组组长李纪生为解放前后旅费钱币汇兑问题呈华西实验区总办事处主任孙则让报告

1950年1月5日，新编辑组组长李纪生因解放前旅费未还，但解放后钱币汇兑比例悬殊公款必受损失一事呈总办事处主任孙则让报告。附批复：查明属实，着张嘉麟、郭准堂等调查当时比值拟定数字报会决议。

## 乡村建设学院院长晏阳初为请任宝祥先生兼课一事与华西实验区总办事处主任孙则让往来函

1949年12月27日，乡村建设学院院长晏阳初为请任宝祥先生到学院兼课致函华西实验区总办事处主任孙则让。1月11日，孙则让回函请院方支付旅费。

## 华西实验区区本部卫生组收到物品清单及北碚库房发出药械清单

1949年9月24日，北碚库房发出药械给卫生组，清单共列54种药品器械。1949年10月11日，华西实验区卫生组收到北碚库房发出的擦手巾、大毛巾、婴儿毯子、枕头等物品共12种。

## 北碚农事试验场场长李士勋为贷款兴修水塘呈华西实验区秘书室主任郭准堂函

1949年10月1日，北碚农事试验场场长李士勋为贷款兴修水塘及沟渠，并申请派水利队人员实地勘测致函华西实验区秘书室主任郭准堂。10月5日，郭准堂回函已通过贷款申请并请办理相关手续。

## 华西实验区秘书室主任郭准堂为北碚耕牛贷款等事宜致田慰农、顾润民辅导函

华西实验区秘书室主任郭准堂为落实北碚耕牛贷款及拨发各单位制造病虫害标本经费致函田慰农、顾润民，着快速办理相关手续。

## 华西实验区巴县第三辅导区主任胡英鉴为购买挽联一事呈华西实验区总办事处主任孙则让函

1949年8月12日，巴县第三辅导区主任胡英鉴为购买挽联呈华西实验区总办事处主任孙则让收据一张。附挽联收据一张。

## 华西实验区为中标办理手续一事呈璧山县政府自愿书

1949年6月30日，华西实验区为中标后三日内缴纳粮证手续呈璧山县政府自愿书。

### 华西实验区秘书室主任郭准堂为催促归还棉纱致各单位函

1949年5月28日至6月15日,华西实验区秘书室主任郭准堂为催促各单位归还棉纱致函徐中晟、喻纯堃、大明厂朱厂长等。附大明厂归还棉纱收据。

### 华西实验区总办事处主任孙则让为梁滩河急需申请借用棉纱致秘书室主任郭准堂函

华西实验区总办事处主任孙则让为梁滩河工程处未发经费急需借用棉纱以免工程中断一事函致秘书室主任郭准堂。

### 华西实验区总办事处主任孙则让为印制农业调查表一事致民间出版社王剑铎函

华西实验区总办事处主任孙则让为急需农业调查表请民间社先行印制,此项费用由李焕章组长赴渝办理一事致函民间出版社王剑铎。

### 华西实验区秘书室主任郭准堂为办理各项贷款业务呈中华平民教育促进会会计室主任顾润民函

华西实验区秘书室主任郭准堂为办理各项贷款业务具体办法已由孙则让批复,希着手尽快办理贷款事务致函中华平民教育促进会会计室主任顾润民。

### 中华平民教育促进会会计室主任顾润民为账目记录标准与华西实验区秘书室主任郭准堂往来函

1949年5月11日,中华平民教育促进会会计室主任顾润民为会计账目统一为银圆记录标准致函华西实验区秘书室主任郭准堂。郭准堂回函批复要求出纳室照办。

### 中华平民教育促进会会计室主任顾润民为农复会拨款项目收据与华西实验区秘书室主任郭准堂往来函

中华平民教育促进会会计室主任顾润民为农复会拨款项目需华西实验区本部开具收据以便办理后续事宜与华西实验区秘书室主任郭准堂往来函。附农复会拨款清单。

### 华西实验区秘书室主任郭准堂为拨付出版社印刷款一事致中华平民教育促进会会计室主任顾润民信函

华西实验区秘书室主任郭准堂为关于合作组各项表册业经出版社印制完成,函请尽快拨付出版社印刷款一事致函中华平民教育促进会会计室主任顾润民。

## 9-1-271

### 璧山县农业推广所与璧山县政府为该所呈报1940年至1943年年度各月工作月报及关于工作月报问题的往来公函

璧山县农业推广所呈璧山县政府1940年8月至10月工作月报、1942年2月至12月工作月报、1943年1月至5月、7月至9月工作月报，以及璧山县政府为璧山县农推所工作月报格式错误问题给县农推所的训令。附1943年2月、4月、5月、8月、9月璧县山农业推广所收支对照表。

### 璧山县农业推广所印制的标语

璧山县农推所1942年3月印制的璧山县植树节标语、1942年4月印制的璧山县农民工作竞赛标语、1942年5月印制的璧山县猪牛瘟疫预防标语、1942年7月印制的增加短期粮食生产标语、1942年9月印制的璧山县增加冬季食粮生产标语。

### 璧山县农业推广所为上交各月份工作人员分配表给璧山县政府的呈

1942年12月，璧山县农业推广所为上交各月份工作人员分配表呈文璧山县政府。附农业推广所各月份工作人员分配表。

## 9-1-272

### 学生考勤表

学生考勤表对学生日常迟到、早退、事假等进行考核记录。

### 学生请假条

1947年6月22日，学生朱家卓、黄家江、姜光源等请假出校呈训导处请假条。

### 华西实验区江津蛆柑防治总队编《农讯》第一期至第七期、大会特刊两期

### 华西实验区四川江津蛆柑防治队总队编辑室编《农讯》征稿简约

《农讯》征稿简约包括内容、形式、其他三项，对稿件的各个方面都做了详细规定。

### 华西实验区江津县甜橙果实蝇(蛆柑)初步防治示范计划

江津县甜橙果实蝇(蛆柑)初步防治示范计划共6项13条，针对果实蝇现状、危害等都做了详细防治计划。

### 华西实验区蔬菜虫害防治队磁器口区分队为账目报销呈农业组组长李焕章函

1950年2月25日，华西实验区蔬菜虫害防治队磁器口区分队为账目报销呈农业组组长李焕章账目报销明细表。

## 华西实验区农业组组长李焕章给参加蔬菜害虫防治工作组人员的几点意见

1950年2月15日，华西实验区农业组组长李焕章给正在参加蔬菜害虫防治工作组人员五点意见，对他们参加工作给予肯定并提出需要注意工作落实、经费运用等方面的问题。

## 华西实验区总办事处为制造新农具一事致四川大学农学院函

华西实验区总办事处为农村新式农具不足，致函四川大学农学院询问关于新农具的制造、订购问题。

## 璧山县专署杨家祠农业指导所为农业生产等事务申请拨款呈华西实验区总办事处报告

1950年5月26日，璧山县专署杨家祠农业指导所为农业生产、良种介绍与农具改良事申请拨款呈华西实验区总办事处报告。附由总办事处通知会计室具体实施的批复。

## 职员孟昭斌为淘汰部分养殖仔鸡一事呈华西实验区总办事处主任孙则让报告

职员孟昭斌为淘汰一部分所养仔鸡可节省饲料并有收益呈华西实验区总办事处主任孙则让报告。孙则让批复：准予按报告执行办理并具报。

## 私立乡村建设学院农场为送雏鸡至华西实验区养殖所呈华西实验区总办事处报告

1950年3月15日，私立乡村建设学院农场为送十只雏鸡至华西实验区养殖呈华西实验区总办事处报告。附批复：鸡已收交并带往杨家祠饲养。4月1日，得杨家祠农业指导所报告，雏鸡因病已死去八只。

## 西南军政委员会农林水利处为防治红蜘蛛下发通知

1950年5月17日，西南军政委员会农林水利处为防治小麦红蜘蛛下发通知，要求各单位积极配合推广红蜘蛛捕虫车。川东行政公署转发通知至华西实验区并要求上报将防治具体情形和典型事例。附麦叶蜂、红蜘蛛捕虫车制造示意图一张。

## 华西实验区派出考察队呈秘书室主任郭准堂考察报告及意见、各地区呈华西实验区考察报告

华西实验区为考察各辅导区的工作情况派出考察组赴各区考察后呈送报告给秘书室主任郭准堂。报告详细说明了各区农业发展的现状、推广工作的瓶颈及急需实验区贷款的项目。附视察报告五份，华西实验区薛觉民等阅读视察

报告后关于各区农业发展、农业推广等工作的意见，西南区各机关1950年工作报告表。

## 9-1-273

**华西实验区农业组蔬菜产区概况调查表**

1950年1月31日，华西实验区农业组蔬菜产区概况调查情况，内容包括蔬菜栽培及虫害情形、施肥状况、运销状况三项。

## 9-1-274

**璧山县来凤乡学堂门、来凤乡左道场等农业生产合作社佃户社员缴租登记表**

1949年，璧山县来凤乡学堂门、来凤乡左道场、中兴乡五显庙、中兴乡太字号、中兴乡韦家铺、丹凤乡柯家漕房、丹凤乡轿子岩、丹凤乡张家黄桷树、正兴乡简家庙、正兴乡长石坝、正兴乡会兴街、正兴乡曹家坝、正兴乡庙湾、丹凤乡月恒桥、丹凤乡黄桷坡、丹凤乡茅莱山等农业生产合作社佃户社员缴租登记表。

**璧山县青木乡农会为第二、三、四届改选及交接事宜与璧山县政府、璧山县农会往来公文**

璧山县青木乡农会于1943年7月3日举行第二届改选大会，1945年7月21日举行第三届改选大会，1947年7月16日举行第四届改选大会。青木乡农会改选后为农会改选会员名册、农会图记条戳，以及农会剩余经费、各类贷款数据表、移交财务清册等交接事宜与璧山县政府、璧山县农会往来公文。

**《论农业改进之方针》**

《论农业改进之方针》分为农业研究、农业推广、四大目标三部分，论述了我国农业发展亟待解决之问题，并提出解决这些问题关键在于两大政策及四大目标。

**青木乡农会为庆祝国庆重新公演话剧一事呈青木关各界庆祝三十五年国庆纪念大会筹备会函**

青木乡农会因演员生病推迟公演之话剧国庆时重新在中山堂演出呈青木关各界庆祝三十五年国庆纪念大会筹备会函，请各界人士观看。

**农会工作汇报计算表、损益计算表、资产负债表表样**

**璧山县农会为明确农业贷款用途给各乡农会的训令**

1946年7月23日，璧山县农会为各乡农会申请农业贷款用途及还款事给各乡农会的训令,明确规定农业贷款用于良种推广,畜疫、病虫害防治等农业推广业务,并令各乡不得拖延银行还款日期,影响农会信誉。

### 璧山县农会为下发1946年度第一次会员代表大会会议记录给各乡农会的训令

1946年2月13日,璧山县农会理事长姜荣基为下发本年度第一次会员代表大会会议记录及调查表给各乡农会训令,令各乡遵照会议决议办理相关事宜。附璧山县农会1946年度第一次会员代表大会会议记录。

### 青木乡农会为丢失印鉴一事呈中国农民银行璧山分理处函

青木乡农会为粗心遗失印鉴事致函中国农民银行璧山分理处函,申请更换新印鉴。

### 璧山县农业推广所为农业贷款利息事务致青木乡农会函

1945年7月24日,璧山县农业推广所为农业贷款利息计算及还款利息计算方法知照青木乡农会,要求对照还款收据重新计算。

### 璧山县政府为抄发螟害防治办法给青木乡农会的训令

1945年7月,璧山县政府为敦促各乡预防治理螟害抄发螟害防治办法给青木乡农会训令。附璧山县防治水稻螟害实施办法。

### 璧山县接龙乡农会为期满改选事致青木乡农会函

1945年7月13日,璧山县接龙乡农会期满改选,发函邀请青木乡农会职员届时参加改选大会并给出意见。

### 璧山县农业推广所为农业贷款未完全发放一事致青木乡农会函

1945年7月10日,璧山县农业推广所为农业贷款未能完全发放后,余额可上交银行并不计入利息计算一事致函青木乡农会。

### 璧山县政府为下发各级人民团体整理及改选办法给青木乡农会的训令

1945年7月,璧山县政府下发各级人民团体整理及改选办法,共六项。办法详细规定了各级人民团体改选的时间、改选大会参与团体、选举代表人数等。

### 青木乡农会组长张兴和为申请保护农产品呈青木乡农会函

1945年7月2日,青木乡农会组长张兴和因农田果实遭偷窃呈青木乡农会申请保护农产品。1945年7月,青木乡农会为此事呈璧山县警察总队申请保护。

### 璧山县农业推广所为办理业务及检送治螟防疫宣传单致青木乡农会函

1945年5月13日,璧山县农业推广所下发会务、贷款、防治、良种各项应办理业务共4款13条,并检送治螟防疫宣传单致函青木乡农会。附治螟防疫宣传单。

### 璧山县政府为大力宣传发动农民种植苎麻给青木乡农会的训令

1945年4月23日,璧山县政府为保证麻纺原料及纺织工厂效益,提出三点意见,要求各乡按现有组织大力宣传,发动农民种植苎麻。

### 璧山县政府为发动农民治理黑穗病给青木乡农会的训令

1945年4月,璧山县政府因黑穗病影响收成并容易在植物中传染,造成损失,令发动农民治理黑穗病。

### 青木乡各界慰劳本区从军青年筹备会议录

1945年4月18日,青木乡各界代表在社会服务处忠勇室召开慰劳本区从军青年筹备会议,会议共讨论问题14项,对慰问团出发时间、应用车辆等问题都做了详细讨论。

### 青木乡农会费用草稿

### 青木关儿童教育馆为儿童健康比赛奖品呈璧山县农会文

1945年4月1日,青木关民众教育馆为附设儿童教育馆举办儿童健康比赛,望璧山县农会赞助活动奖品呈文璧山县农会。

### 璧山县政府为安排纪念农民节中心工作给青木乡农会的训令

1945年3月30日,璧山县政府安排纪念农民节中心工作给青木乡农会训令,训令内容共五项,包括积极推行征粮献粮运动、倡导农业增产、充实农会组织等。

### 重庆市党部青木关区社会服务处等单位为邀请派员参加三八妇女节纪念大会致璧山县农会函

1945年3月7日,重庆市党部第二十六区□□、重庆市党部青木关区社会服务处、教育部附设青木关民众教育馆致函璧山县农会,邀请县农会派女同志参加三八妇女节纪念大会。

### 教育部附设青木关民众教育馆等单位为派员参加朱元懋先生讲座致青木乡农会函

1945年2月25日,教育部附设青木关民众教育馆、教育部附设青木关国民教育实验区为加深民众对选举之认识及民权运用,发函请青木乡农会届时参加朱元懋先生讲座。

## 9-1-275

**华西实验区农业组柑橘产区农业果园概况调查表**

1949年,华西实验区农业组对江津县高牙乡、永丰乡、先峰乡、青泊乡、贾嗣乡、仁沱乡、马鬃乡、五福乡、杜市乡、广兴乡、崇兴乡、高歇乡、黄泥乡、真武乡等进行农业、果园的调查。调查分为农业概况、果园概况两大部分,内容包括户主家庭概况、耕地面积、作物栽培概况、动物饲养概况、果园生产成本及收入、果实的贮藏、运销和加工、果树的栽培概况等。

## 9-1-276

**华西实验区农业组柑橘产区农业、果园概况调查表**

1949年,华西实验区农业组对江津县和平乡进行农业、果园的调查。调查分为农业概况、果园概况两大部分,内容包括户主家庭概况、耕地面积、作物栽培概况、动物饲养概况、果园生产成本及收入、果实的贮藏、运销和加工、果树的栽培概况等。

## 9-1-277

**华西实验区农业组柑橘产区农业、果园概况调查表**

1949年,华西实验区农业组对江津县和平乡、高牙乡、贾嗣乡、永丰乡、先峰乡、五福乡、杜市乡、广兴乡、贾嗣乡、青泊乡、崇兴乡、高歇乡、黄泥乡、真武乡、仁沱乡、顺江乡进行农业、果园的调查。调查分为农业概况、果园概况两大部分,内容包括户主家庭概况、耕地面积、作物栽培概况、动物饲养概况、果园生产成本及收入、果实的贮藏、运销和加工、果树的栽培概况等。

## 9-1-278

**拨入款项账目单**

1950年7月18日至8月16日拨入款账目单,项包括供销处日用部拨来款、全体人员制服费等账目数据。

**华西实验区合作社物品供销处员工福利委员会移交清册**

1950年12月14日,供销处员工福利委员会移交清册包括4类17种,内有各类账目、单据、会议记录、证章等。

### 华西实验区财务月报表及试算表

1949年12月31日,华西实验区12月月报表及试算表账目,包括辅导费、卫生费、民教费、教材编印费、农业费、旅运费、牛瘟防治费,共7类29项。华西实验区(年份不详)11月试算表账目,包括辅导费、卫生费、购置费、差旅费、训练费、民教费等共10类62项。

### 华西实验区下属各部门各区暂付款月报表

1949年8月,华西实验区下属编辑组、视察室、合作纸厂、家畜保育站、农民银行及北碚管理局、乡村建设学院、璧山县农业推广所暂付款报表数据。1949年7月,暂付款及预付款转账记录包括华西实验区辅导人员经费、铜梁合作纸厂贷款、社会调查室经费、卫生费、教材教具、农业费等11项。

### 华西实验区社会调查室事业费月预算表

1949年10月31日,社会调查室11月份事业费预算表,内容包括设备费、文具费、邮电费、旅费四项。

### 华西实验区教育组月预算表

1949年10月31日,教育组11月份预算表,内容包括传习处视导费、研究实验费、示范学校设计辅助费三项。11月7日,补充影音施教活动费。

### 华西实验区编辑组事业费月预算表及书本运费预算表

1949年11月,编辑组11月份事业费预算表,内容包括乡建工作通讯印行费、传习报编行费、传习画案印刷费,传习补充读物、农民读本教学指引印刷费等九项。1949年10月31日,编辑组分开应用文、传习连环画运费预算表内容包括包装费、装卸或过档费、汽车押送人员日用费、不通汽车各区运送费四项。

### 华西实验区卫生组月预算表

卫生组11月份预算表,内容包括辅助示范卫生所三所、妇婴卫生、乡村妇女卫生训练班、学校卫生、流行病实验所等七项。

### 华西实验区农业组月预算表

农业组11月份预算表内容包括小麦推广、水利勘察测量、水利设备、病虫害防治、种猪饲料、猪牛瘟防治等七项。

### 华西实验区贷款类、辅助类项目预算草样

华西实验区贷款类、辅助类项目预算共九项。

### 华西实验区农业生产合作社贷款月预算表

1949年11月,农业生产合作社11月份贷款预算表,内容包括合作贷款、其他生产贷款2类6项。

**华西实验区会计室便签**

便签记录小型水利、修车、电报、教材教具、任宝祥8月至9月薪金等支出项目。

**华西实验区各项费用数据表**

1949年9月1日至20日数据表,内容包括辅导费、民教费、卫生费、农业费、自耕农贷款、养料贷款六项。

**私立乡村建设学院1949年度工作总结**

1950年8月10日,私立乡村建设学院代理院长魏永清报告1949年度工作总结,内容包括一般行政、教务、学生生活、院务革新、目前待解决的问题五方面,共计26条。总结概述了学院1949年8月至1950年7月的情况。

**梁滩河队水利工程款项分期分配表**

1950年3月,梁滩河水利全部工程款项分四期分配,项目包括渠首工程、一号渡槽、二号渡槽、渠道、杂项工程、防水工程等十项。

**梁滩河水利队长谢成祥为梁滩河增水工程经费预算呈华西实验区总办事处主任孙则让函**

1950年3月20日,梁滩河增水工程队根据工程所需制定经费预算表呈华西实验区总办事处主任孙则让请求批准。附批复:可行,交会计室。附梁滩河增水工程预算书、工程经费动用时期表。

**中华平民教育促进会工作座谈会流程**

中华平民教育促进会在歇马场乡建学院召开工作座谈会。参加座谈会有孙则让、瞿菊农、张嘉麟、任宝祥、李焕章、郭准堂等40位代表。座谈会共有实际工作报告30篇。报告完毕后分5组讨论并提出问题。

**华西实验区预付金存据**

**华西实验区职员刘泽光因路费无着呈秘书室主任郭准堂报告**

1949年7月29日,职员刘泽光因回乡结婚路费无着呈请秘书室主任郭准堂允借用公款。附批复:因结婚准暂时挪借。

**华西实验区出纳股收据**

**华西实验区出差旅费预算表**

华西实验区职员袁璃心出差参观社会调查工作队旅费预算表。

### 华西实验区巴县第二辅导区为申请拨付购买种子经费一事呈农业组组长李焕章报告

华西实验区巴县第二辅导区繁殖站因购买谷种申请拨付经费呈农业组组长李焕章报告。

### 华西实验区蒲元乡职员、璧山县第五区职员因回乡费用问题呈总办事处主任孙则让报告

1949年6月13日,蒲元乡职员因母亲病重、弟弟出走致疯一事需回乡并预支薪金20元,璧山县第五区职员因回乡省亲需预支6月全月薪金一事呈总办事处主任孙则让、秘书室主任郭准堂报告。

### 华西实验区总办事处主任孙则让为组织成立联合办事处致璧山县各辅导区办事处,巴县第一、第二辅导区办事处函

华西实验区总办事处主任孙则让为适应组织成立联合办事处,希注意成立过程中要点及组织规划致函璧山县各辅导区办事处,巴县第一、第二辅导区办事处,要求各辅导区按照要点及规划办理。附组织农业生产合作社联合办事处注意要点,县农业生产合作社、乡(镇)联合办事处组织规划。

### 华西实验区总办事处主任孙则让为检发补充耕牛、养猪及水利贷款补充办法致巴县、璧山各辅导区办事处函

华西实验区总办事处主任孙则让为检发耕牛、养猪及水利贷款之补充办法致函巴县、璧山各辅导区办事处,令尽快查照办理。

### 华西实验区总办事处主任孙则让为检发合作社申请农业贷款注意事项、贷款申请书及填写说明致各县辅导区办事处函

华西实验区总办事处主任孙则让为检发农业生产合作社申请贷款注意事项,检发贷款申请书、表及填写说明致函各县辅导区,强调填写申请书要将华西实验区作为债权人之一。附检发各区接收人表、农业生产合作社申请贷款书表填写说明。

### 华西实验区总办事处主任孙则让为减免贷款手续一事致各乡辅导区办事处函

华西实验区总办事处主任孙则让为合作社贷款流程免交组织章程及社员名册以简化手续一事致函各乡辅导区办事处。

### 璧山县第一辅导区主任傅志纯为合作社贷款申请书表问题呈华西实验区总办事处主任孙则让函

1949年4月28日,璧山县第一辅导区主任傅志纯为请示业务计划及贷款种类等具体问题呈函华西实验区总办事处。5月7日,孙则让回函,一切贷款申请

事宜遵照中国农业银行规定办理,贷款种类查照申请贷款事项注意要点办理。

### 华西实验区总办事处主任孙则让为各合作社启用图记开办业务一事致璧山县各辅导区函

华西实验区总办事处主任孙则让为各合作社申请贷款书表已呈报,启用图记开办业务需等颁发成立登记证后方可一事致函璧山县各辅导区。

### 华西实验区总办事处主任孙则让为发养猪贷款补充规定意见致璧山县、巴县辅导区各办事处函

华西实验区总办事处主任孙则让为养猪贷款准备事项补充规定六点意见致函璧山县、巴县辅导区各办事处。

### 华西实验区农业合作社贷款座谈会记录

华西实验区在区本部会议室召开农业合作社贷款座谈会,出席人有郭准堂、李鸿钧、薛觉民、傅志纯等。此次座谈会做出决议17条。

### 华西实验区总办事处主任孙则让为仔猪贷款价格上涨一事致璧山县、巴县辅导区办事处函

华西实验区总办事处主任孙则让为仔猪贷款价格因物价上涨从原定3元一头调整为5元一头一事致函璧山县、巴县辅导区办事处。

### 华西实验区总办事处主任孙则让为黄谷市价调整一事致璧山县、巴县辅导区办事处函

华西实验区总办事处主任孙则让为黄谷市价调整,各辅导区贷款折价证明单需重新填写一事致函璧山县、巴县辅导区办事处。

### 华西实验区总办事处主任孙则让为贷款借据未上报一事致北碚辅导区办事处函

华西实验区总办事处主任孙则让为北碚辅导区贷款借据均未报送,下发借据及调查表致函北碚辅导区办事处。

## 9-1-279

### 华西实验区农业组柑橘产区农业、果园概况调查表

华西实验区农业组对江津县高牙乡、永丰乡、先峰乡、五福乡、杜市乡、广兴乡、贾嗣乡、青泊乡、崇兴乡、高歇乡、黄泥乡、真武乡、仁沱乡、顺江乡进行农业、果园的调查。调查分为农业概况、果园概况两大部分,内容包括户主家庭概况、耕地面积、作物栽培概况、动物饲养概况、果园生产成本及收入、果实的贮藏、运销和加工、果树的栽培概况等。

# 9-1-280

**四川省田赋粮食管理处储运处为粮食运费调整一事与璧山县储运处往来公文**

1947年3月至7月2日,四川田赋粮食管理处储运处根据物价及运输情况对运输价格进行统筹调整后与璧山县储运处关于运费及起卸力资问题往来公文。附调整运价表、1947年4月份至6月份起卸粮食临时雇用工人工资预算书。

**四川田赋粮食管理处储运处为军粮运送及申请军粮运费问题致璧山县田赋粮食管理处电**

1947年2月22日至4月8日,四川田赋粮食管理处储运处为军粮加工后就地包装并雇用工人送往军仓及军粮包装运送距离不符合起卸力资标准对军粮运费申请不予批准两事致电璧山县田赋粮食管理处。

**璧山县田赋粮食管理处为1946年10月至12月起卸力资拨付一事与四川田赋粮食管理处储运处往来公文**

1947年3月1日至11日,璧山县田赋粮食管理处为1946年10月至12月起卸力资请从10月份开始拨付致电储运处。储运处回函,以不合规定予以否决。

**璧山县田赋粮食管理处为1月份至3月份起卸力资拨付及军粮运送问题与四川省田赋粮食管理处储运处往来公文**

1947年2月8日,璧山县田赋粮食管理处为收集军粮并加工运送至军仓费用申请算入起卸力资一事呈文四川省田赋粮食管理处储运处。

1947年2月8日至3月17日,璧山县田赋粮食管理处为申请本年度1月份至3月份起卸力资按预案书拨付,并为1月份至3月份临时雇用工人运送军粮起卸力资事宜与四川省田赋粮食管理处储运处往来公文。附1947年1月份至3月份起卸粮食临时雇用工人工资预算书。

**四川田赋粮食管理处储运处为米厂粮食加工资费致璧山县田赋粮食管理处代电**

1947年1月27日,四川田赋粮食管理处储运处为运送粮食至米厂加工资费由璧山县田赋粮食管理处支报一事致璧山县田管处代电。

**璧山县田赋粮食管理处为运粮加工资费一事呈四川省田赋粮食管理处储运处电**

1947年1月6日,璧山县田赋粮食管理处为从外县运粮至本县加工起卸力资一事呈请四川省田赋粮食管理处储运处因物价高昂按照130元标准发放。

**璧山县田赋粮食管理处为调整起卸力资及军粮运送资费一事呈四川省田赋粮食管理处储运处**

1946年11月16日至1947年2月28日,璧山县田赋粮食管理处因运送距离遥远及物价高涨，申请调整起卸力资及军粮运送力资呈四川省田赋粮食管理处储运处代电。储运处复电：起卸力资按照配运粮食暂行办法计算，米厂起卸力资按照加工合约规定办理。如有变动，另行通知。

## 璧山县田赋粮食管理处为填具起卸力资报表一事呈四川省田赋粮食管理处储运处函

1946年11月16日，璧山县田赋粮食管理处为填具水陆运价及起卸力资报表呈文四川省田赋粮食管理处储运处。附璧山县田赋粮食管理处聚点仓库水陆运价一览表、璧山县田赋粮食管理处聚点仓库起卸里程及起卸力资表。

## 璧山县田赋粮食管理处为核定雇用工人工资一事呈四川省田赋粮食管理处储运处

1946年10月29日，璧山县田赋粮食管理处为核定本年度10月份至12月份起卸粮食雇用工人工资一事呈文四川省田赋粮食管理处储运处。附璧山县田赋粮食管理处1946年10月份至12月份每月起卸粮食临时雇用工人工资预算书。

## 四川省田赋粮食管理处储运处为检发水陆运价表及起卸力资表致各县田赋粮食管理处函

1946年11月，四川省田赋粮食管理处储运处为检发水陆运价表及起卸力资表致函各县田赋粮食管理处，并令遵照详填具报。

## 璧山县田赋粮食管理处为核定运价起卸力资给四川省田赋粮食管理处储运处的呈

1946年10月13日，璧山县田赋粮食管理处为核定原储运处案准运价起卸力资及里程呈文四川省田赋粮食管理处储运处。附造具前璧山县粮食储运处运费起卸费案准价目表。10月22日，四川省田赋粮食管理处储运处复电，符合实际情况，准予呈报。

## 四川省田赋粮食管理处储运处为呈报原储运处运价起卸力资标准致璧山县田赋粮食管理处代电

## 璧山田赋粮食管理处造具璧山县原粮食储运处运费起卸费奉准价目表

## 中兴乡等十乡乡长因补收上一年度食谷一事呈璧山县政府签呈

1947年4月7日，中兴乡、福禄乡、城西乡等十乡乡长为补收1946年教师补助食谷一事呈璧山县政府签呈。4月19日，璧山县政府为查询1946年教师补助食谷补收实际情况致函璧山县田赋粮食管理处，要求据实呈报。

### 璧山县田赋粮食管理处因来凤乡粮民周荣氏拒不缴纳教师补助谷粮一事给璧山县政府的呈

1946年11月26日，璧山县田赋粮食管理处呈文璧山县政府，来凤乡粮民周荣氏因曾参加过青年远征军而拒不缴纳教师补助谷粮。12月17日，璧山县政府回函，教师补助谷粮与田赋正额相同，周荣氏不予照准免纳教师补助谷粮。

### 璧山县田赋粮食管理处因来凤乡粮民张光荣缴纳教师补助数量失误给璧山县政府的呈

1946年11月25日，璧山县田赋粮食管理处呈文璧山县政府函，因来凤乡粮民张光荣缴纳教师补助谷粮数量计算失误，申请更正并拨还多交粮食。12月13日，璧山县政府回函，查明张光荣因征收处计算失误而多交谷粮，准予更正并拨还。

### 璧山县鹿鸣乡乡公所为教师补助食谷拨归该乡粮仓保管一事与璧山县政府、璧山县田赋粮食管理处往来公文

1946年12月4日至1947年2月12日，璧山县鹿鸣乡乡公所呈文璧山县政府、田赋粮食管理处，报请将所属区域教师食谷拨归该乡粮仓保管，并拟请按照地区平均配拨，以便于学校师生就近拨取并减少运输环节。璧山县政府回函按实际情况办理。

### 璧山县政府为催收上一年度教师补助粮谷致各乡镇公所、征收处训令

1946年9月23日、25日，璧山县政府因本年度田赋征收在即，着各乡镇公所、征收处催收上一年度教师补助粮谷并提出征收办理意见三点，要求各乡镇公所及征收处加紧办理。

### 璧山县政府为征收教师补助粮谷致璧山县田赋粮食管理处函

1946年8月30日，璧山县政府为本年度田赋征收在即，函请田赋粮食管理处将本学年教师补助粮谷一并征收。10月3日，璧山县田赋粮食管理处回函，县政府请拟定数额并换算为串票。

### 璧山县政府呈华西实验区会计室璧山县1946年8月至12月与1947年1月至7月应征教师补助食谷数额预算表

### 璧山县参议会为核准璧山县1946学年国民教师补助食米统筹原则一事致璧山县政府函

1946年7月15日，璧山县参议会经第一届第三次大会决议案准璧山县政府拟定关于1946学年国民教师补助食米统筹原则。7月19日，璧山县政府就此统筹原则呈四川省政府主席核准执行。附拟定璧山县1946年度国民教师生活补

助食米统筹原则。

**璧山县政府因1944年、1945年度国民教师补助食米都未收足一事与璧山县参议会、璧山县田赋粮食管理处、各县乡公所往来公文**

1946年5月28日至7月5日,璧山县政府为催促将1944年、1945年度国民教师补助食米收足以维系教师生活一事与璧山县参议会、璧山县田赋粮食管理处、各县乡公所往来公文,希尽快查照办理。

**璧山县参议会为决议1946年学年国民教师补助食米筹集办法一事与璧山县政府等往来公文**

1946年5月7日,璧山县参议会为第一届第六次会议通过1946年学年国民教师补助食米如何筹集决议致函璧山县政府。附提案2份。6月29日,璧山县政府回函查照审议办理。9月6日,璧山县政府致函田赋粮食管理处,1946年学年国民教师补助食米起募点为5角。

**璧山县青木乡乡公所为将幼稚园合并入中心学校一事与璧山县政府往来公文**

1946年8月19日至9月15日,青木乡乡公所因节省经费拟将幼稚园合入中心学校并增设班次一事呈文璧山县政府,请予核准。璧山县政府批复:交潘督学前往该校查明学校设备及报名招生状况呈复凭夺。

**璧山县田赋粮食管理处为太和乡业户缴纳教师补助食谷通知错误一事与璧山县政府往来函**

1946年6月27日,璧山县田赋粮食管理处查太和乡业户曾鲁生按照规定赋额应免于缴纳教师补助食谷事呈璧山县政府函,请更正通知错误。7月25日,璧山县政府回函,查明实情,并通知丹凤乡征收处更改错误。

**璧山县田赋粮食管理处为转饬丹凤征收处、马嘶征收处、广普征收处、河边征收处、丁家征收处、大路征收处、城西征收处、接龙征收处未完教师补助食谷花名册呈璧山县政府函**

**璧山县田赋粮食管理处马嘶征收处因食米征收数据不符呈璧山县政府、县田赋粮食管理处函**

1945年10月26日,璧山县田赋粮食管理处马嘶征收处因马嘶、三合两乡教师补助食米征收数据与县田赋粮食管理处记录数据不符,特呈璧山县政府、县田赋粮食管理处核实征收数据。

**华西实验区总办事处主任孙则让为农业贷款经费开支及用途一事致各农业指导所负责人函**

1950年11月15日至21日,华西实验区总办事处主任孙则让为贷款经费使用开支不一致,特下发审核办法、会计科目及表报格式各1份,致函各农业指导所负责人,希各指导所参照填送,并申明农业贷款经费增加后,贷款使用必须精简节约。

### 华西实验区总办事处为旅费报销一事致各组室、各农业指导所函

1950年10月11至12日,华西实验区总办事处因工作人员出差旅费报销未按规定执行一事致各组室、各农业指导所函,要求旅费核销均要符合规定手续才能办理。

### 华西实验区总办事处为职工米贴停发一事致各组室主任函

1950年9月11日,华西实验区总办事处通知各组室自该年7月份起停发职工米贴,华西实验区职工薪金米贴遵照政府办法办理。附中华平民教育促进会会计室顾润民主任转函西南军政委员会文教部通知。

### 华西实验区总办事处为制定财产目录及财产增减表格致有关各单位函

1950年9月6日,华西实验区总办事处为转饬中华平民教育促进会工作座谈会议决定,令区内各组室、北碚办事处、各农业指导所等单位尽快制定财产目录及财产增减表格以备核查。附财产目录及财产增减表格及说明。

### 华西实验区总办事处为调整职工薪金一事致万县、大竹、涪陵农业指导所函

1950年7月15日,华西实验区总办事处致函万县、大竹、涪陵农业指导所,职工薪金调整一事已获中华平民教育促进会瞿菊农代干事长同意,自7月份起实行。

### 华西实验区总办事处为调整赴渝旅费致各单位函

1950年7月14日,华西实验区总办事处致函各组室、各农业指导所、增水工程队、北碚办事处等单位,上调赴渝旅费日用费一事自7月12日开始实行。

### 华西实验区总办事处主任孙则让为提出贷款意见复裴鸿光、杨如圭、李国桢、薛觉民函

1950年7月6日,华西实验区总办事处主任孙则让为璧山县合作社物品供销处、铜梁合作纸厂、合作整染厂贷款一事提出意见回复其负责人裴鸿光、杨如圭、李国桢、薛觉民。附接洽处1950年6月7日贷款签呈。

### 华西实验区总办事处为通知不得对外借款等事宜致各单位函

1950年6月7日,华西实验区总办事处主任孙则让为通知所属事业机构一律不得对外借款或物资一事致函合作纸厂、合作整染厂、物品供销处、重庆接洽局。

### 华西实验区总办事处为调整因公出差旅费致各单位函

1950年5月26日,华西实验区总办事处致函各组室、各农业指导所、梁滩河

增水工程队、北碚办事处等单位,调整因公出差旅费日用费一事自6月1日开始实行。

**华西实验区总办事处因支借旅费一事致钱荣辉函**

1950年5月26日,华西实验区总办事处因钱荣辉支借旅费及修理费后未上交报销凭证以审核一事致函钱荣辉,希尽快办理。

**华西实验区总办事处主任孙则让为提取天府煤矿煤炭用途一事致卢子英函**

1950年3月22日,华西实验区总办事处主任孙则让因天府煤矿抄送中华平民教育促进会提取煤炭785吨账单,为此煤炭详细用途致函卢子英问询以便办理。

**卢子英为华西实验区委托民生公司运送种猪以煤炭作为运费一事与华西实验区总办事处主任孙则让的往来信函**

1950年4月2日,卢子英先生致函华西实验区总办事处主任孙则让,因民生公司为华西实验区运送种猪之运费仍未付,所以将煤炭作为运费暂留。4月6日,孙则让回函此次运送煤炭系中国农村复兴联合委员会委托,与华西实验区无涉。

**华西实验区总办事处主任孙则让为检送收支对照格式表致曹干事等负责人函**

1950年5月4日,华西实验区总办事处主任孙则让为检送收支对照表致曹干事等负责人,希照格式填写并按月上交费用及单据。

**中华平民教育促进会补助修建北碚种猪场收据**

**华西实验区总办事处主任孙则让为通知因公出差旅费报销新办法致华西实验区各组室、各辅导区主任函**

1950年1月31日,华西实验区总办事处主任孙则让因前出差旅费报销办法已不适用,通知因公出差旅费报销新办法致函华西实验区各组室、各辅导区主任。附华西实验区工作人员出差旅费领用及报销规则。

**华西实验区总办事处旅费报销品公告**

华西实验区总办事处为工作人员出差旅费报销领取棉纱一事发布公告,共提出领取办法四项。

**江北县第一辅导区礼嘉乡为核销旅费一事与华西实验区总办事处往来公文**

1949年8月20日,江北县第一辅导区礼嘉乡辅导员龚瑶廷为核销调职人员旅费呈华西实验区总办事处报告。9月14日,总办事处主任孙则让回函,要求补送领款单据及超支数额。

### 江北县第一辅导区主任张炽夫为大石乡、礼嘉乡离职人员旅费发放一事与华西实验区总办事处往来公文

1949年7月16日，江北县第一辅导区主任张炽夫为大石乡、礼嘉乡调职人员旅费发予代理人一事呈华西实验区总办事处报告。8月6日，总办事处主任孙则让回函调职人员少，旅费代理人领取一事难以实行。

### 江北县第一辅导区为房租费用超支一事与华西实验区总办事处往来公文

1949年5月28日，江北县第一辅导区因物价高昂，5月份房租超支银圆3角4分呈总办事处报告，希总办事处如数补发。6月15日，总办事处主任孙则让回函准予补发。

### 华西实验区总办事处主任孙则让为补充房租一事致江北县第一辅导区主任张炽夫通知

1949年7月6日，华西实验区总办事处主任孙则让通知江北县第一辅导区主任张炽夫，为六七月份房租不足，补充房租可在发薪时领取。

### 华西实验区总办事处主任孙则让为发放培修训练所房屋工人工资一事致江北县第一辅导区主任张炽夫通知

1949年6月8日，华西实验区总办事处主任孙则让因食米不足，培修训练所房屋工人工资折合银币下发一事通知江北县第一辅导区主任张炽夫。

### 北碚办事处主任田慰农为核销公费一事与华西实验区总办事处往来公文

1949年5月30日，北碚办事处主任田慰农为核销5月份公费报销单呈华西实验区总办事处函。附5月份公费报销清单。6月15日，孙则让批复超支部分先行垫付，要节省开支。

### 北碚办事处职员张光锦、李思成、鲁国中为调职退还薪金一事呈北碚办事处主任田慰农函

1949年5月17日，北碚办事处职员张光锦、李思成、鲁国中3人呈函北碚办事处主任田慰农，因调职所以退还已发放工资于北碚办事处。

### 龙溪乡因民教主任待遇一事呈华西实验区总办事处主任孙则让、江北县第一辅导区主任张炽夫签呈

1949年7月20日，龙溪乡因乡财政匮乏不支民教主任生活，为提高民教主任待遇呈华西实验区总办事处主任孙则让、江北县第一辅导区主任张炽夫民教主任代表签呈。8月，华西实验区总办事处主任孙则让复函，待检讨会议提出讨论，统筹安排。

### 人和乡因民教主任待遇一事呈华西实验区总办事处主任孙则让、江北县第一辅导区主任张炽夫签呈

1949年7月20日，人和乡因通货膨胀，薪金折价米粮后不足以支持民教主任生活，以按照市价发予民教主任薪金呈华西实验区总办事处主任孙则让、江北县第一辅导区主任张炽夫签呈。8月，华西实验区总办事处主任孙则让复函，待检讨会议提出讨论，统筹安排。

### 江北县第一辅导区为借粮一事呈华西实验区总办事处报告

1949年7月6日，江北县第一辅导区为华西实验区前日借走辅导区公粮一事呈华西实验区总办事处报告，希核查归还。7月16日，华西实验区总办事处主任孙则让复函立即查核归还。

### 江北县第一辅导区为报财产目录等报表呈华西实验区总办事处报告

1949年7月16日，江北县第一辅导区为已详实填报财产目录及财产增产表呈华西实验区总办事处核查。附批复：附件抽出一份交事务股登账，一份存会计室。

### 江北县第一辅导区主任张炽夫为上交领米收据与华西实验区总办事处往来公文

1949年6月8日，江北县第一辅导区主任张炽夫为上交3月份、4月份领米收据以清理手续呈华西实验区总办事处报告。6月23日，总办事处主任孙则让回函其余附件都已齐全，只有4月份职员萧静辉之收据缺失，希尽快补交。

### 江北县第一辅导区为补交收据一事呈华西实验区总办事处报告

1949年7月1日，江北县第一辅导区因上交收据漏交工役萧静辉4月份领米收据，现补交此收据呈华西实验区总办事处核查办理。

### 江北县第一辅导区职员为领取薪金一事呈华西实验区总办事处主任孙则让报告

1949年7月4日，江北县第一辅导区职员陈宗骧因调职请求本月薪金在璧山区本部领取呈华西实验区总办事处主任孙则让报告。7月14日，孙则让回函准予办理。

### 江北县第一辅导区为上交公物清单核销一事呈华西实验区总办事处报告

1949年4月9日，江北县第一辅导区为开办辅导区购置公物，因经费不足借用江北县府黄谷置办物品，现将核销清单呈华西实验区总办事处。附江北县第一辅导区办事处购置公物表。

### 华西实验区总办事处主任孙则让为检送开办费收支等事务与江北县第一辅导区往来公文

1949年6月3日，华西实验区总办事处主任孙则让为江北县第一辅导区检

送开办费收支详细情形、公物目录致江北县第一辅导区主任张炽夫以便核销。6月19日,江北县第一辅导区呈华西实验区总办事处报告,请派人查验开办费收支情形、造具收支对照表、公物目录、检同单据,并请拨款购还超支及所借黄谷。附收支对照表一份,单据、公务目录一本。

### 江北县第一辅导区主任张炽夫为报借谷情形拿回借条一事与华西实验区总办事处往来公文

1949年6月9日,江北县第一辅导区主任张炽夫为开办辅导区初期因物价飞涨资金不足,向江北县政府借谷情形,呈报告给华西实验区总办事处,希总办事处查明并将借条返回以便对照。6月23日,总办事处主任孙则让回函借条未存案。

### 华西实验区总办事处为归还食谷一事致江北县第一、第二辅导区函

1949年6月21日,华西实验区总办事处致函江北县第一、第二辅导区,为其开办初期经费不足借用江北县政府黄谷归还一事,希尽快计算所借数目并将开支单据送交核销。

### 江北县第一辅导区为查报借谷数量及办理食米报销一事与华西实验区总办事处往来公文

1949年6月26日,江北县第一辅导区为查报向江北县政府借谷数量及如何办理食米报销事务呈华西实验区总办事处报告。7月4日,华西实验区总办事处主任孙则让回函数量符合,即刻拨款或实物归还。

### 华西实验区总办事处主任孙则让为检送借谷核销单据给江北县第一、第二辅导区的通知

1949年6月30日,华西实验区总办事处主任孙则让因江北县第一辅导区借用江北县政府黄谷,通知江北一区、二区三日内检送详细清单及开支单据报总办事处以便核销。

### 江北县第一辅导区为填报领款单及旅费核销事与华西实验区总办事处往来公文

1949年6月26日,江北县第一辅导区为按照新规定填报领款单及旅费核销一事呈华西实验区总办事处报告。7月4日,华西实验区总办事处主任孙则让回函,5月份应领旅费待发7月份薪金时领取。

### 江北县第一辅导区为报请补发张真仁主任4月份应领薪金一事与华西实验区总办事处往来公文

1949年6月12日,江北县第一辅导区主任张炽夫为报请尽快补发张真仁主任4月份应领薪金以维持生活一事呈华西实验区总办事处报告。6月29日,华

西实验区总办事处主任孙则让回函已查清薪金折合银圆数,待下月薪金发放时一并补齐。

### 江北县第一辅导区主任张炽夫、第二辅导区主任晏昇东为述职报告呈华西实验区总办事处、秘书室报告

1949年4月4日,江北县第一辅导区主任张炽夫、第二辅导区主任晏昇东呈华西实验区总办事处、秘书室述职报告。报告分为五部分,详细说明了到达江北后开办辅导区的情况及资金不足问题。5月4日,总办事处主任孙则让回函四点要务查照办理。

### 江北县第一辅导区主任张炽夫为赴渝旅费核销一事与华西实验区总办事处往来公文

1949年5月27日,江北县第一辅导区主任张炽夫为检送赴渝旅费报告表及核销单据呈华西实验区总办事处报告。6月20日,总办事处主任孙则让回函检送报告表及单据不符规定,要求按照实施办法填写再予上交。

### 江北县第一辅导区为核销招收民教主任费用与华西实验区总办事处往来公文

1949年5月18日,江北县第一辅导区为招收民教主任考试选定人和场,伙食费实难支出,希总办事处如数核发。6月15日,总办事处主任孙则让回函准予核发。

### 江北县第一辅导区为民教主任薪金超发一事与华西实验区总办事处往来公文

1949年5月18日,江北县第一辅导区为该区民教主任52名,薪金超发2人呈总办事处报告,请总办事处予以扣除。6月15日,总办事处主任孙则让回函予以照办。

### 江北县第一辅导区为补发政府派员旅费一事与华西实验区总办事处往来公文

1949年5月17日,江北县第一辅导区为江北县政府派指导员、督学各1名赴该区工作,呈总办事处报告,请总办事处补发此二人5月份工作旅费。6月8日,总办事处主任孙则让回函待下月发薪金一并补齐。

### 江北县第一辅导区应发各类费用结算表

1949年5月,江北县第一辅导区应发各费结算表,内容包括办事处公费、办事处旅费、辅导员办公费等8项。

### 江北县第一辅导区为选拔民教主任及训练费用预算与华西实验区总办事处往来公文

1949年5月17日,江北县第一辅导区为该区甄选民教主任及训练费用预算呈总办事处报告。6月4日,总办事处主任孙则让回函待发薪金时折合银圆发

放。附江北县第一辅导区民教主任甄选及训练费用预算。

### 江北县第一辅导区为检送薪金收据、补发旅费一事与华西实验区总办事处往来公文

1949年4月30日,江北县第一辅导区为检送薪金收据、补发4月份旅费及书记薪金未发等事呈华西实验区总办事处报告。6月4日,总办事处主任孙则让回函各项事务需查照单据。

### 江北县第一辅导区为将米贴折价银圆发放一事与华西实验区总办事处往来公文

1949年4月30日,江北县第一辅导区为将3月份、4月份米贴折价为银圆下发一事呈华西实验区总办事处报告。6月4日,总办事处主任孙则让回函,既已发放米贴不能更改,自5月份起改为银圆下发。

### 江北县第一辅导区为申请下发收支对照表一事与华西实验区总办事处往来公文

1949年5月18日,江北县第一辅导区为按月办理报销事宜请下发收支对照表以便工作一事呈华西实验区总办事处报告。6月3日,总办事处主任孙则让回函,5月份之前未报销由总办事处代填,各项收据请盖印上交。

### 江北县第一辅导区为赴渝、璧山县旅费计算里程等呈华西实验区总办事处报告

1949年5月8日,江北县第一辅导区为该区赴渝、赴璧山县公路或航路里程、所需价格及折合食米列表呈华西实验区总办事处报告。

### 江北县第一辅导区为归还借用江北县政府黄谷一事呈华西实验区总办事处报告

1949年4月6日,江北县第一、第二辅导区主任张炽夫与二区主任晏昇东因经费不足借用县政府黄谷卖出资金发放于各辅导员,希尽快拨款归还。附分配表。4月25日,总办事处主任孙则让回函,各项事务需按月报销。

### 江北县第一辅导区主任张炽夫为开办辅导区各项问题呈华西实验区秘书室主任郭准堂信函

1949年4月6日,江北县第一辅导区主任张炽夫因开办辅导区初期各项事务如何详细办理问题共六项呈秘书室主任郭准堂信函。

### 江北县第一辅导区为补发书记薪金及房租与华西实验区总办事处往来公文

1949年4月10日,江北县第一辅导区为补发书记张真仁4月份薪金、房租呈华西实验区总办事处报告。4月25日,总办事处主任孙则让回函:张真仁书记薪金待拨款一到立即补发,房屋租金一事已纳入预算业已拨发。

## 9-1-281

璧山县临江乡智灯寺农业合作社向中国农民银行贷款的借据

璧山县1912年至1939年每年黄谷每老石平均价格表及璧山县1940年1月至1949年12月每月黄谷每老石平均价格表

璧山县临江乡1949年度各社学区民教主任取物簿

璧山县临江乡乡公所制1945年9月立通报簿

璧山县临江乡乡公所制1945年9月6日立会议记录

## 13-1-1

璧山县政府为办理第一期民教工作结束事项致转龙乡、七塘乡、临江乡乡公所函

1948年4月8日,璧山县政府因转龙乡第一、第二保,七塘乡第六保,临江乡第八、第九保国民学校民教主任辞职已经批准,给转龙乡第一、第二保保长,七塘乡第六保保长,临江乡第八、第九保保长训令,令办理该县第一期民教工作未完成事项。

璧山县七塘乡乡公所为任命伍梁材接任该乡民教主任一事呈璧山县政府

1948年1月12日至1948年4月5日,七塘乡乡公所因原民教主任彭燮阳辞职但民教工作不可停顿,请任命伍梁材接任该乡民教主任,并上交其证件材料一事呈文璧山县政府。

璧山县七塘乡第六保国民学校民教主任为申请辞职一事给璧山县政府的呈

1948年2月26日,璧山县七塘乡第六保国民学校民教主任伍朝翰为申请辞职并推荐刘永光接任民教主任一事呈文璧山县政府。

璧山县第五区督学邓作新为民教主任辞职、任免、到职等事呈璧山县政府签呈

狮子乡第七保国民学校民教主任戴文祥为呈报到职日期一事给璧山县政府的呈

1947年11月28日,狮子乡第七保国民学校民教主任戴文祥为奉令呈报到职日期一事呈文璧山县政府。

华西实验区璧山县第四办事处督学为申请减免优良导生杂款及劳役一事给璧山县政府的呈

1948年5月7日,华西实验区璧山县第四办事处督学因第一期民教工作已

经结束,各传习处导生表现优异,但一律无报酬,特为此申请减免优良导生出生地方杂款及劳役一事呈文璧山县政府。

## 13-1-2

**华西实验区研究辅导委员霍六丁为抄送工作办法致华西实验区秘书室主任郭准堂信函**

华西实验区研究辅导委员霍六丁为抄送工作办法致函华西实验区秘书室主任郭准堂。附商定四年级学生参加实验区工作办法。

**华西实验区巴县第七、第八辅导区主任为就职工作一事呈总办事处主任孙则让报告**

1949年2月24至25日,华西实验区巴县第七、第八辅导区主任朱晋桓、朱镜清分别为到区就职并派任辅导员赴乡开展工作一事呈总办事处主任孙则让报告。

**璧山县第五辅导区辅导员龙长惠为申请辞职一事与华西实验区总办事处主任孙则让、秘书室主任郭准堂往来函**

1949年2月17日至3月2日,璧山县第五辅导区辅导员龙长惠因个人原因不能胜任所以申请辞职一事呈华西实验区总办事处主任孙则让、秘书室主任郭准堂签呈告。孙则让回函另派员递补并不予发给薪金。

**华西实验区总办事处关于聘任夏拯涂为巴县第三辅导区书记,吴端本为巴县第五辅导区书记,蒋福民为璧山县第一辅导区书记,邱体常为璧山县第四辅导区书记,黄煦忠为璧山县第五辅导区书记,杜巴川、詹正信为北碚辅导区辅导员,任友农为巴县第二辅导区书记,李庆三为巴县第四辅导区书记,王代儒为巴县第七辅导区书记,周其书为巴县第八辅导区书记,青子韩为教育组出纳,毛龙书、刘梓材为北碚种猪推广繁殖站技工、干事,李家鉴为专门合作干事,龙绍昌为农业组干事的公文**

**华西实验区总办事处调职人员报告**

**华西实验区巴县第一辅导区主任喻纯塑为报何绍文擅自离职一事与总办事处主任孙则让往来公文**

1949年2月27日至3月2日,华西实验区巴县第一辅导区主任喻纯塑为报辅导员兼示范校长何绍文未经请假擅自离职,已严重影响工作一事呈总办事处主任孙则让报告。总办事处通知巴县第一辅导,经查明事实,予以撤职。

**璧山县丁家乡辅导员王德伟为申请调职一事呈华西实验区总办事处主任孙则让报告**

1949年3月2日,璧山县丁家乡辅导员王德伟因丁家乡工作环境复杂、推广工作困难且远离璧山县城,为此申请调职呈华西实验区总办事处主任孙则让报告。

**巴县青木乡第三国民学校校长李宁一为申请调职一事呈华西实验区总办事处主任孙则让签呈**

1949年2月25日,巴县青木乡第三国民学校校长李宁一因多从事农工事业经营,不适应民教工作,在实验区接收铜梁纸厂之际特申请调职到纸厂工作呈华西实验区总办事处主任孙则让签呈。孙则让回函:未有合适职务。

**梁滩河水利工程队为乡村建设学院同学实习事务呈华西实验区总办事处函**

1949年2月28日,梁滩河水利工程队为乡村建设学院水利系实习时间已商定及左文彬等三人已报到开始工作二项事务呈华西实验区总办事处主任孙则让函。

**聘用人员便签**

**华西实验区卫生组研究室主任王正仪为工作薪酬一事致海章、青云两人信件**

1949年2月26日、3月7日,王正仪为海章、青云两人放弃现职到实验区工作表示感谢,为工作薪酬、住房等事致海章、青云两人信件。

**修蓉泉被聘为华西实验区卫生工程师、李玉芝被聘为护士之聘书、简历、便签**

**华西实验区总办事处主任孙则让为选任书记、干事一事致巴县政府函**

1949年3月8日,华西实验区总办事处主任孙则让为回复巴县政府申请选任书记、干事协助办理乡建实验工作一事致巴县政府函,说明可自行遴选后将简历报处备查。

**华西实验区卫生组研究室主任王正仪为介绍梁荣先医师来华西实验区工作一事致谢运衡信件**

1949年3月8日,王正仪为感谢运衡先生介绍梁荣先医师来华西实验区工作致信谢运衡先生,并介绍了实验区乡村卫生实验所主要工作方向。

**璧山县第三辅导区办事处主任魏西河为选定办公地点一事给华西实验区总办事处主任孙则让的呈**

1949年3月1日,璧山县第三辅导区办事处主任魏西河为选定来凤驿图书馆作为办公地点一事呈文华西实验区总办事处主任孙则让核查。

### 华西实验区总办事处主任孙则让为聘任李焕章教授为农业组组长一事致李焕章、研究辅导委员霍六丁信函

1949年3月8日至10日，华西实验区总办事处主任孙则让为聘任李焕章教授为农业组组长已与晏阳初先生商定一事致信李焕章、研究辅导委员霍六丁。

### 华西实验区经济组合作干事王培树为辞职一事与总办事处主任孙则让往来函

1949年3月2日，华西实验区经济组合作干事王培树因自身疏于读书、自觉不能胜任工作，故申请辞职。9日，孙则让回函准予辞职。附王培树聘书、2月份借支清单。

### 璧山县第六辅导区主任何子清为推荐人员到实验区工作一事呈华西实验区总办事处主任孙则让函

1949年2月28日，璧山县第六辅导区主任何子清为李天锡、陈世准二人品学俱优推荐到实验区工作一事呈华西实验区总办事处主任孙则让报告。附李天锡、陈世准个人简历。

### 华西实验区总办事处主任孙则让关于区内第一、第三办事处，梁滩河水利工程队人事任免、推荐通知函

### 巴县第四辅导区主任李灿东为辅导员何质彬已到职工作一事呈华西实验区报告

1949年3月9日，巴县第四辅导区主任李灿东为辅导员何质彬已到职工作一事呈华西实验区报告。

### 华西实验区总办事处主任孙则让为争取裴鸿光工程师来区工作致马景森信函

华西实验区总办事处主任孙则让因工作性质吻合，希争取裴鸿光工程师来区铜梁纸厂指导工作，并申请将造纸机供铜梁纸厂运用致信马景森。

### 乡村建设学院院长晏阳初为学生实习一事与华西实验区总办事处主任孙则让往来函

1949年3月11日，乡村建设学院院长晏阳初为该院四年级学生至华西实验区实习一事致函孙则让。附参加实习工作者借谷名册一份。15日，孙则让回函；除三位同学因病未到外，其他同学均已报到。

### 巴县第十二区辅导干事田荆辉为述职一事呈华西实验区函

1949年3月8日，巴县第十二区辅导干事田荆辉为任内各项经费、临时经费、辅导员到职情形等事务呈华西实验区函。15日，孙则让回函说明各项事务办理方法及告知田荆辉一事一函原则。

### 华西实验区总办事处主任孙则让为解聘巴县第五区辅导员王成梁、璧山第三区辅导员耿道光与辅导区往来函

### 梁滩河水利工程队职员左文彬等为申请提高待遇一事呈华西实验区总办事处主任孙则让、秘书室主任郭准堂函

1949年3月13日,梁滩河水利工程队职员左文彬等四人因定为临时工资待遇,生活困难,且物价上涨,特申请提高待遇呈华西实验区总办事处主任孙则让、秘书室主任郭准堂函。16日,孙则让回函按照水利局一般工程人员待遇发放。

### 北碚农业实验场场长李士勋为告知赴渝办事情形呈华西实验区总办事处主任孙则让函

1949年3月15日,北碚农业试验场场长李士勋为告知赴渝面见顾润民主任以及因钱荒未领具钱款一事呈华西实验区总办事处主任孙则让函。

### 华西实验区总办事处关于聘任白汉池为事务股干事,熊全清为狮子乡护士,晏昇东为辅导员兼江北县第二辅导区主任,罗秀夫调职兼任城中镇辅导员,汪静为农业组干事,雷鸣改任为璧山二区辅导干事,吴绍民改任为璧山一区城南乡辅导员,胡显夫为巴县第十一区书记,黄开俊、安惠慈为该区护士,宋德铨为社会调查室辅导员,袁敬方为巴县辅导干事,李荣昌为巴县政府书记,曹学智为合作组干事,蓝廷珍为璧山县第四区辅导员,何兴元为璧山县第五区辅导员,丁佐才为璧山县第六区辅导员兼示范校长的公文

### 狮子乡卫生所办公费、旅费及经常费预算表

### 璧山县政府为合作指导员徐拱辰调职一事致华西实验区总办事处函

1949年3月20日,璧山县政府为将合作指导员徐拱辰调为县助理秘书一职,合作指导委员由杨以泉继任一事致函华西实验区总办事处。附杨以泉简历表。

### 巴县第七辅导区主任朱晋桓为报辅导员吴盛荣久未到职一事呈华西实验区总办事处主任孙则让函

1949年3月14日,巴县第七辅导区主任朱晋桓为报原聘辅导员吴盛荣因病久未到职、延误工作一事呈函华西实验区总办事处主任孙则让。18日,孙则让回函可解聘。

### 华西实验区解职样稿

### 华西实验区事务股干事阎乙芳聘任通知及辞职签呈

### 华西实验区总办事处为安排乡村建设学院实习同学工作地点致各辅导区公函样稿

### 巴县第十二辅导区干事田荆辉为报告该区辅导员未到职问题呈华西实验区总办事处主任孙则让函

1949年3月14日，巴县第十二辅导区干事田荆辉为本区辅导员欧阳瑞英来处协助工作以及招训民教主任等相关工作呈华西实验区总办事处主任孙则让签呈。21日，田荆辉报告该区辅导员欧阳瑞英、陈远林、汪康雅未到职开展工作应予解聘并应遵照规定索回原辅导员让章薪旅各费呈华西实验区总办事处主任孙则让签呈。田荆辉为此三名辅导员都有未到职原因并热心乡建工作呈华西实验区总办事处主任孙则让函希收回解聘通知。附欧阳瑞英辅导员陈情书。25日，孙则将此情况转函巴县第十二区主任闫毅敏。

### 璧山县第五区办事处主任张的山、第四区办事处主任邱达夫为乡村建设学院实习同学报到情形呈华西实验区总办事处主任孙则让、秘书室主任郭准堂报告

1949年3月28至30日，璧山县第五区办事处主任张的山、第四区办事处主任邱达夫为乡村建设学院实习同学到区报到、分派工作情形呈华西实验区总办事处主任孙则让、秘书室主任郭准堂报告。

### 巴县第十一区办事处书记胡显夫、璧山县第六区辅导员周术斌、巴县第十一区辅导干事彭校芝到职报告

### 华西实验区驻南区辅导员王绍虞为具报无意接任另外职务一事呈总办事处主任孙则让函

1949年3月21日，华西实验区驻南区辅导员王绍虞为具报无意接任另外职务一事呈总办事处主任孙则让函。

### 巴县第二区人和镇民教主任联谊会为报告该镇魏奇才辅导员之行为呈华西实验区干事长晏阳初签呈

1949年3月12日，巴县第二区人和镇民教主任联谊会为报告该镇魏奇才辅导员对待调查工作不严谨、克扣民教主任应领粮食、在各保安插亲信并任意调动辅导员等行为呈华西实验区干事长晏阳初签呈，希尽快严肃办理。27日，孙则让转函巴县第三区主任胡英鉴查实具报。

### 四川省建设厅厅长何北横为推荐曹学智到华西实验区工作一事致孙则让信函

1949年3月26日，四川省建设厅厅长何北横因曹学智为金陵大学毕业，品学兼优，特推荐其到华西实验区工作致孙则让信函。28日，孙则让回函已聘任为合作组干事。

华西实验区关于人事薪金、聘任便签

华西实验区聘陈椿年巴县第十一区辅导员的聘书及陈椿年因家人去世需回乡安葬亲人的辞职信

## 13-1-3

璧山县第六区民教主任简要统计表

华西实验区璧山县第六辅导区依凤乡、转龙乡、临江乡、七塘乡、八塘乡民教主任登记表

璧山县第六辅导区主任何子清为呈报该区民教主任履历表呈华西实验区总办事处主任孙则让报告

　　1948年5月16日,璧山县第六辅导区主任何子清为呈报该区民教主任姓名及履历表呈华西实验区总办事处主任孙则让报告,请核查存案。附璧山县第六辅导区各乡民教主任姓名履历册。

璧山县第五区民教主任简要统计表

华西实验区璧山县第五辅导区六塘乡、蒲元乡、临江乡、接龙乡、龙溪乡、青木乡、大路乡、河边乡民教主任登记表

璧山县第四区民教主任简要统计表

华西实验区璧山县第四辅导区健龙乡、马坊乡、广普乡、三合乡、丁家乡、定林乡民教主任登记表

璧山县第三区民教主任简要统计表

璧山县第三辅导区各乡民教主任姓名简历表、各乡社学区民教主任姓名简历表

璧山县第二区民教主任简要统计表

璧山县第二辅导区大兴乡、福禄乡、梓潼乡、太和乡、丹凤乡、三教乡民教主任登记表

璧山县各辅导区民教主任简要统计表

璧山县第一区民教主任简要统计表

璧山县第一辅导区城中乡、城东乡、城南乡、城西乡、城北乡、狮子乡民教主任登记表

## 璧山县教育专门委员会为呈报各社学区民教主任统计表呈华西实验区总办事处函

1949年8月，璧山县教育专门委员会为呈报各社学区民教主任统计表呈函华西实验区总办事处查核。附璧山县1949年度各区社学区数（截至8月5日统计表）。

## 13-1-4

## 江北县第一辅导区办事处主任张炽夫为报告该处书记登记表及到职日期呈华西实验区总办事处主任孙则让报告

1949年10月29日，江北县第一辅导区办事处主任张炽夫为报告该处程笠民书记登记表及到职日期呈华西实验区总办事处主任孙则让报告。附程笠民到职报告表。

**华西实验区工作人员到职报告表**

## 江北县第一辅导区办事处主任张炽夫为申请袁家兴留职一事呈华西实验区总办事处主任孙则让报告

1949年10月23日，江北县第一辅导区办事处主任张炽夫因华西实验区决议袁家兴调职鸳鸯乡，但袁家兴专业优秀且于大石乡工作已久，熟悉环境，申请将其留职大石乡呈华西实验区总办事处主任孙则让报告。11月1日，孙则让回函所请照准。

## 中华平民教育促进会干事长办公室为抄发华西实验区支薪人员名册致华西实验区总办事处函

1949年10月20日，中华平民教育促进会干事长办公室为抄发发华西实验区支薪人员名册致函华西实验区总办事处。28日，孙则让致函干事长办公室询问关于名册所列部分尚未列入正式人员名单的人员支薪问题处理办法。11月3日，干事长办公室回函告知处理办法。附在华西实验区领薪人员名单。

## 璧山县第五辅导区办事处主任张的山为申请张远定留职一事呈华西实验区总办事处主任孙则让报告

1949年11月2日，璧山县第五辅导区办事处主任张的山因华西实验区决议张远定调职河边乡，但张远定工作刻苦努力，有远大抱负，并对繁殖站情况熟悉，特申请此同志留职呈华西实验区总办事处主任孙则让报告。

### 璧山县第一辅导区主任傅志纯为辞职一事呈华西实验区总办事处主任孙则让报告

1949年10月28日,璧山县第一辅导区主任傅志纯为自身才疏学浅、辞职让贤一事呈华西实验区总办事处主任孙则让报告。11月2日,孙则让回函请辞不允,毋庸再议。

### 江津县第一辅导区主任徐韦如为报告江津工作人员到职分配情形及马鬃乡划归问题呈华西实验区总办事处主任孙则让报告

1949年11月1日,江津县第一辅导区主任徐韦如为报告江津工作人员都已到职并派往各乡镇工作,申请将马鬃乡辅导工作划归巴县第十二区,由驻马鬃乡辅导员兼办一事呈华西实验区总办事处主任孙则让报告。11月2日,孙则让回函划归一事不允办理。

### 巴县第二辅导区主任王秀斋为报辅导员韩秀全到职日期一事呈华西实验区总办事处主任孙则让报告

1949年10月27日,巴县第二辅导区主任王秀斋为报辅导员韩秀全于10月20日到职一事呈华西实验区总办事处主任孙则让报告。

### 华西实验区社会调查室主任任宝祥为聘用李玉书呈总办事处主任孙则让报告

1949年10月29日,华西实验区社会调查室主任任宝祥因急需专业人员书写调查报告,申请聘用李玉书呈总办事处主任孙则让签呈。附李玉书履历表。11月2日,孙则让回函准聘。

### 华西实验区关于聘任于淑安同志为妇婴保健所所长、彭克伦为巴县第五区界石乡辅导员的通知

### 巴县第十一辅导区主任苏彦翘为该区辅导员冯策勋、徐竭、陈忠栋离职薪金结算与华西实验区总办事处主任孙则让的往来公文

1949年9月13日至11月4日,巴县第十一辅导区主任苏彦翘为报该区辅导员冯策勋离职原因及薪金结算,并查明具报辅导员徐竭、陈忠栋离职原因,离职后薪金由冯策勋代领原因及经过,与华西实验区总办事处主任孙则让往来公文。

### 巴县第五辅导区主任蒋融为许昌涌辞职一事与华西实验区总办事处主任孙则让的往来公文

1949年10月31日,巴县第五辅导区主任蒋融因许昌涌辞职一事呈华西实验区总办事处主任孙则让报告,请派员递补。11月1日,綦江县第五辅导区办事处主任程岳为许昌涌调职但未到任一事前后经过呈华西实验区总办事处主

任孙则让报告。11月5日，孙则让回函：许同志辞职已准，聘彭克伦同志接任。附许昌涌辞职报告，请尽快派员接任许辅导员签呈。

### 华西实验区总办事处关于聘用萧立为社会调查室辅导员的公文

### 职员谢济民、张和鸣为调职一事呈华西实验区秘书室主任郭准堂签呈

1949年10月，职员谢济民因被调往人和乡工作，但因其妻将要生产不便远离，与张和鸣商议后自愿对调职位一事呈华西实验区秘书室主任郭准堂签呈。

### 合川县第一辅导区主任李毅为报庞一贵兼理两乡职务申请派员至十塘乡一事与华西实验区总办事处主任孙则让往来公文

1949年10月11日至11月9日，合川县第一辅导区主任李毅呈报庞一贵为沙溪乡辅导员，因十塘乡辅导员缺席则兼理两乡职务，申请多发旅费并尽快派员至十塘乡补缺一事呈华西实验区总办事处主任孙则让报告。孙则让回函已聘王举接任。附聘用王举通知。

### 北碚家畜保育工作站站长程绍明为问询孙主任批准签呈一事致华西实验区秘书室主任郭准堂函

1949年11月5日，北碚家畜保育工作站站长程绍明因前日经孙则让主任同意聘请杨世泽为技术助理员，致函郭准堂，请代为询问王启澍先生批准签呈放置何处。附聘用杨世泽通知。

### 华西实验区关于聘用贾奎位为卫生组医师的通知及薪资便签

### 江北县第二辅导区主任晏昇东为推荐沈诚到该区工作一事与华西实验区总办事处主任孙则让往来公文

1949年11月4日，江北县第二辅导区主任晏昇东为推荐乡建学院沈诚到该区复兴乡任辅导员工作一事呈华西实验区总办事处主任孙则让报告。11月9日，孙则让回函准予聘请。附晏昇东为推荐沈诚致郭准堂主任信函。

### 巴县第十一辅导区主任苏彦翘为请调苏人哲到仁流乡服务一事与华西实验区总办事处主任孙则让往来公文

1949年10月31日，巴县第十一辅导区主任苏彦翘因仁流乡辅导员离职，请调巴县第十二区辅导员苏人哲到仁流乡服务一事呈华西实验区总办事处主任孙则让报告。11月9日，孙则让回函已聘王光元接任。附聘用王光元为辅导员的通知。

### 华西实验区关于聘用牟航远为教育组影音施教队技术助理员、聘用朱聘夫为卫生组临时门诊部助理员的公文

### 私立乡村建设学院院长晏阳初为停支杨睦九薪金一事致华西实验区总办事处函

1949年11月7日,私立乡村建设学院院长晏阳初因聘用杨睦九为乡建学院助教一职,函请华西实验区总办事处停支杨睦九薪金。附杨睦九离职报告。

### 华西实验区总办事处主任孙则让为划分江津县第一辅导区为两辅导区一事致江津县政府函

1949年11月10日,华西实验区总办事处主任孙则让因江津县第一辅导区地域广阔,各乡辅导员往来不便,且食宿费用巨大,该区主任监督指挥殊为不便,决议将一区划分为一、二两个辅导区,致江津县政府函。附划分详情及人员分配名单。

### 华西实验区总办事处为调整辅导员一事致巴县第三区主任胡英鉴函

1949年11月10日,华西实验区总办事处为调调辅导员补缺人和乡、河边乡、马王乡一事致巴县第三区主任胡英鉴函。

### 华西实验区辅导委员王宗耀为返职日期呈总办事处主任孙则让报告

1949年11月3日,华西实验区辅导委员王宗耀为返职兼任巴县第六辅导区主任一事呈总办事处主任孙则让报告。

### 璧山县第五区督学邓作新为呈报密查五区办事处与民教主任是否行为不端一事呈华西实验区总办事处主任孙则让报告

1949年11月,璧山县第五区督学邓作新为奉令呈报密查五区办事处与民教主任没有打牌喝酒等不端行为,此事可能系农地减租中受害地主报复,特呈华西实验区总办事处主任孙则让查明。

### 江北县第二辅导区主任晏昇东为报该区辅导员陈志尚克扣薪金一事呈华西实验区总办事处主任孙则让报告

1949年11月9日,江北县第二辅导区主任晏昇东为该区离职民教主任陈夫父状告辅导员陈志尚克扣其薪金,经查明由于陈夫父本人触犯规定而被扣薪,特呈华西实验区总办事处主任孙则让报告。

### 江北县第二辅导区主任晏昇东为聘王硕生为龙王乡辅导员、改聘吴稚伯为静观乡辅导员与华西实验区总办事处主任孙则让往来公文

1949年11月16日至22日,江北县第二辅导区主任晏昇东为聘王硕生为龙王乡辅导员、改聘吴稚伯为静观乡辅导员呈华西实验区总办事处主任孙则让报告。孙则让回函因时局关系不再聘用人员,报告毋庸再议。

### 江北县第一辅导区主任张炽夫为选艾天亮接任辅导员一事呈华西实验区总办事处主任孙则让函

1949年11月20日，江北县第一辅导区主任张炽夫因鸳鸯乡辅导员陈柏林请长假，为选艾生亮接任辅导员一事呈华西实验区总办事处主任孙则让报告。

### 华西实验区卫生组组长谷韫玉为聘用郑玲才为医师、聘用宋辉卿为公共卫生护士的通知、便签

### 巴县第四辅导区主任李灿东为双河乡辅导员罗毅辞职一事与华西实验区总办事处主任孙则让往来公文

1949年11月16日，巴县第四辅导区主任李燦东为报双河乡辅导员罗毅辞职且在职期间多次离职一事呈华西实验区总办事处主任孙则让报告。11月23日，孙则让回函辞职予以照准。附罗毅呈孙则让主任辞职报告。

### 华西实验区薪给标准

### 《乡建工作通讯》增刊第二卷第一期

## 13-1-5

### 华西实验区为检发人事调整注意事项致璧山县第三办事处通知

1949年8月1日，华西实验区为该区人员调整，检发人事调整一览表及注意事项八点致璧山县第三办事处通知。

### 璧山县警察局为知照新调任局长到职日期致华西实验区璧山第三区办事处公函

1949年7月9日，璧山县警察局新调任局长为知照到职日期致函华西实验区璧山第三区办事处。

### 华西实验区关于聘用郭垒为璧山县第三区辅导员兼正兴乡第十一保示范国民学校校长的通知

### 华西实验区总办事处为填报工作人员登记表一事致璧山县第三区办事处通知

1949年3月12日，华西实验区总办事处为填报工作人员登记表一事致璧山县第三区办事处通知。

### 华西实验区总办事处为催交工作人员登记表一事致璧山县第三区办事处通知

1949年5月11日，华西实验区总办事处为催促璧山县第三区办事处尚有唐太理一人工作人员登记表未交一事下发通知给璧山县、第三区办事处。附唐太

理工作人员登记表。

### 璧山县第三辅导区主任魏西河为鹿鸣乡辅导员耿道光离职一事与华西实验区总办事处主任孙则让的往来公文

1949年3月9日，璧山县第三辅导区主任魏西河为鹿鸣乡辅导员耿道光离职已久、延误工作，鹿鸣乡事务暂派中兴乡辅导员马沛然、吴时叙代为处理，特呈文华西实验区总办事处主任孙则让，请发函令耿道光早日返职，并支予马沛然、吴时叙旅费。16日，孙则让回函通知耿道光予以解聘，职位暂由马吴二位接任。

### 华西实验区总办事处关于补派人员分赴各地给魏西河的通知

1949年3月24日，华西实验区总办事处主任孙则让为补派人员26日办事处出发分赴各该区报告，以及超过报告日期一周的人员给予解聘给璧三区主任魏西河通知。

### 华西实验区总办事处为余钟英改任綦江县第七辅导区干事、吴时叙改任铜梁县第一辅导区辅导员给璧三区主任魏西河的通知

### 华西实验区总办事处为补缺三位辅导员致璧山县第三区通知

1949年3月，华西实验区总办事处下发通知给璧山县第三区，为补缺该区三位辅导员，张和鸣、陈慕群、唐太理已出发，到职后情形呈函报备。4月23日，魏西河回函：此三员已到职，并参与民教主任讲习会。

### 华西实验区总办事处为派三位乡建学院同学致璧山县第三区通知

1949年4月，华西实验区总办事处要求为派三位乡建学院同学何奇镜、韩秀全、陈文俊到区工作，下发通知给璧山县第三区要求到职后情形呈函报备。

### 璧山县政府为龙凤乡乡民代表呈函未有辅导员驻乡一事与璧山县第四辅导区办事处往来公文

1949年6月4日，璧山县政府为龙凤乡乡民代表呈函县府，报告该乡田辅导员离职后迄今未有辅导员一事致华西实验区璧山县第四辅导区办事处函。璧山县第四区办事处回函：龙凤乡乡民代表会拒绝王禄昌为辅导员，民教事业现由高辅导员代理。

### 璧山县政府为督促各乡辅导员认明责任一事致璧山县第三区办事处函

1949年5月20日，璧山县政府为督促派驻各乡辅导员认明督学指导责任一事致璧山县第三区办事处函。

### 华西实验区人事聘用和调整通知

1949年6月至8月，华西实验区总办事处主任孙则让为调任黎芳鲛、何奇镜为北碚家畜保育工作站人员、聘用卢明祥为璧山县第三区辅导员、改任高西宾为璧山县第三区农业繁殖站人员、调任吴天锡为华西实验区农业组人员、唐太理兼任璧山县第三区正兴乡第十一保示范校校长、调任傅远铭至华西实验区农业组、余萃接任巴县第七区含谷乡辅导干事、赵志忠接任来凤乡辅导员给各单位的通知。

**华西实验区总办事处为工作人员请假需遵照请假规则填报请假单一事致璧山县第三辅导区通知**

1949年9月27日，华西实验区总办事处为工作人员请假需遵照请假规则五点填报请假单一事致璧山县第三辅导区通知。

**璧山县教育专门委员会为聘用各乡辅导员为《渝北日报》通讯员一事给璧山县第三区办事处的呈**

**璧山县第三辅导区各乡机织生产合作社名称、地点及理事主席姓名表**

**华西实验区总办事处为催促具报辅导员分配情形给璧山县第三区主任魏西河通知**

1949年3月3日，华西实验区总办事处为催促具报璧山县第三区辅导员分配情形致该区主任魏西河函。附璧山县第三区辅导员工作分配表。

**华西实验区社会调查室1949年10月工作报告**

## 13-1-6

**私立乡村建设学院院长晏阳初为学院乡村教育、社会、农学三系四年级学生转为正式待遇及水利系学生赴实验区参加工作事宜致华西实验区总办事处函**

1949年4月29日，私立乡村建设学院院长晏阳初为学院乡村教育、社会、农学三系四年级学生转为正式待遇及水利系四年级学生赴梁滩河灌溉工程处参加工作事宜致华西实验区总办事处函。附水利系参加工作学生名单。

**华西实验区工作人员到职报告表、报告**

**华西实验区关于聘用戚荣光为卫生组护士副主任、胡淞筠留任总办事处、聘用夏立群为农业组干事的通知**

**璧山县第五辅导区办事处主任张的山为报辅导员何兴元未经请假擅自离职一事与华西实验区总办事处主任孙则让往来公文**

1949年4月30日，璧山县第五辅导区办事处主任张的山为辅导员何兴元未经请假擅自离职延误工作一事呈华西实验区总办事处主任孙则让报告。5月3日,孙则让通知张的山,何兴远予以解聘。

### 江北县第二辅导区主任晏昇东为该区各乡辅导员兼任县政府督导员一事呈华西实验区总办事处主任孙则让函

1949年4月16日,江北县第二辅导区主任晏昇东为函知区本部江北县唐锦柏县长希各乡辅导员兼任县政府督导员一事呈华西实验区总办事处主任孙则让报告。5月4日,孙则让回函,兼任之事目前无此需要。

### 璧山县第五区接龙乡辅导员王孝社因其母生病申请停薪留职一事与华西实验区总办事处主任孙则让、第五区办事处主任张的山往来报告、通知

1949年5月1日,璧山县第五区接龙乡辅导员王孝社因其母生病需返家照料,未免耽误工作申请停薪留职一事呈华西实验区总办事处主任孙则让、第五区办事处主任张的山报告。5月4日,孙则让回函准予停薪留职。

### 华西实验区总办事处关于聘用侯哲光为綦江县第二区办事处书记的通知

### 璧山县第四辅导区主任邱达夫为申请补派广普乡辅导员一事与华西实验区总办事处主任孙则让往来公文

1949年4月30日,璧山县第四辅导区主任邱达夫为申请补派广普乡辅导员开展该乡机织、美烟合作社事业一事呈华西实验区总办事处主任孙则让报告。5月5日,孙则让回函派张志一接任。附张志一简历。

### 巴县第三辅导区主任胡英鉴为巴县三区人和镇魏奇才辅导员之行为与华西实验区总办事处主任孙则让往来公文

1949年4月27日,巴县第三辅导区主任胡英鉴为委派欧阳璋辅导员核查魏奇才辅导员对待调查工作不严谨等行为属实呈华西实验区总办事处主任孙则让报告。5月5日,孙则让回函此员罔顾区处通知,处理事情有误,请派县督导员以免再生谬误。附欧阳璋辅导员调查报告。

### 巴县第五辅导区办事处主任蒋融为催促陈忠栋辅导员到巴县第十一区任职一事呈华西实验区总办事处报告

### 关于聘用王建屏接任张伯雍遗缺任江北县第二辅导区试用辅导员的报告、通知

### 关于调请欧阳璋任华西实验区总办事处干事的报告、通知等

### 江北县第二辅导区主任晏昇东为该区静观、太平乡地域广大申请添派辅导员一人与华西实验区总办事处主任孙则让往来公文

1949年5月5日,江北县第二辅导区主任晏昇东为该区所辖静观、太平乡地域广大,管理不便,申请增派辅导员一人呈华西实验区总办事处主任孙则让

报告。5月11日，孙则让回函，选任乡建学院新毕业生林一民，如确定任职再行通知。

**关于熊全清护士辞职的公文**

1949年5月1日，熊全清因工作繁重、精力不济、应付不周呈华西实验区总办事处签呈，申请辞去护士一职。5月12日，总办事处通知同意其辞职。

**华西实验区研究辅导委员霍六丁为乡村建设学院水利系毕业同学赴梁滩河工程处工作事宜与华西实验区总办事处主任孙则让、秘书室主任郭准堂往来信函**

1949年5月6日，华西实验区研究辅导委员霍六丁为乡村建设学院水利系毕业同学该如何赴梁滩河工程处工作事宜致函华西实验区总办事处主任孙则让、秘书室主任郭准堂。5月11日，郭准堂回函梁滩河工程处与实验区不属同一机关，乡建学院可与工程处直接商洽，孙主任可出具介绍信。

**巴县第十二区辅导干事田荆辉因生病申请调职一事与华西实验区总办事处主任孙则让往来函**

1949年4月，巴县第十二区辅导干事田荆辉因胃病复发申请调回总处工作呈华西实验区总办事处主任孙则让签呈。5月12日，孙则让回函准予申请，选任适当人选接替。

**华西实验区总办事处关于准予北碚办事处杜巴川、常隆珍、萧瑞琼三人辞职，调任陈志尚为江北县第二区辅导员，调任王绍虞为巴县第十二区辅导员，聘用王丙槐为巴县第五区试用辅导员，何思珍接任涂声玉巴县第十二区书记职务的通知**

**华西实验区工作人员到职报告表**

**华西实验区总办事处关于聘用邸止菴为合作组干事、改任王丙槐为物品供销处璧山分处秘书、聘用刘芳品为卫生组助产室副主任、聘用孙效武为铜梁合作纸厂干事、聘用朱龄昆为整染纸厂技工、聘用全懋霖为卫生组干事、高洁亭接替田荆辉为巴县第十二区辅导干事的通知**

**铜梁合作纸厂王绍常为呈报工作情形及申请派一文书来厂工作呈华西实验区秘书室主任郭准堂函**

1949年5月14日，铜梁合作纸厂王绍常为呈报纸厂生产工作情形及申请派文书一员来厂工作呈华西实验区秘书室主任郭准堂函。

**巴县梁滩河工程处喻纯堃为辞去工程处兼职一事呈华西实验区总办事处主任孙则让、秘书室郭准堂主任信函**

1949年5月21日，巴县梁滩河工程处喻纯堃因兼理梁滩河水利工程处职位太过耗费精力致身体虚弱,申请辞去工程处兼职一事呈华西实验区总办事处主任孙则让签呈、秘书室郭准堂主任信函。

### 巴县第十一区办事处为陈忠栋辅导员到职日期呈华西实验区总办事处主任孙则让报告

1949年5月15日,巴县第十一区办事处为呈陈忠栋辅导员到职日期及已赴陈家乡工作呈华西实验区总办事处主任孙则让报告。

### 梁滩河水利工程处吴应琪、喻纯堃与华西实验区总办事处主任孙则让为商洽乡村建设学院水利系同学实习一事的信函

1949年5月14日,梁滩河工程处吴应琪致函华西实验区总办事处主任孙则让主任为乡村建设学院水利系同学至水利工程队实习一事因目前非常时期,工程持续与否尚未决定,可暂缓实习。孙则让回函学生实习费用由华西实验区负责,只请提供住宿,请商洽后回复。

### 华西实验区总办事处关于聘用王成鳌为合作组干事、聘用李正清为农业组干事的通知

### 中国农村复兴联合委员会重庆区代表陈开泗为推荐苏克钧至华西实验区工作致孙则让主任函

1949年4月15日,中国农村复兴联合委员会重庆区代表陈开泗为推荐苏克钧至华西实验区工作致函孙则让主任,希给予苏克钧锻炼机会。

### 巴县第十二辅导区主任阎毅敏为报告高洁亭、何思珍于5月19日到职一事呈华西实验区总办事处主任孙则让函

### 华西实验区卫生组组长谷韫玉为报荣辉司机、周益光司机事务便条

### 私立乡村建设学院关于水利系毕业同学17名赴梁滩河水利工程队实习一事与华西实验区总办事处、梁滩河水利工程队的往来函

### 华西实验区关于聘用□□为华西实验区辅导员、徐韦如为农业组干事的公文

### 华西实验区聘用辅导员名册

### 华西实验区总办事处关于处理□□赴北碚公干贻误时机空耗公款的公文

### 巴县第三辅导区主任胡英鉴为申请派员赴跳蹬乡示范保校工作一事呈华西实验区总办事处主任孙则让报告

1949年,巴县第三辅导区主任胡英鉴因跳蹬乡全体乡绅联名请求,特申请派员赴该区跳蹬乡示范保校工作一事呈华西实验区总办事处主任孙则让报告。

### 华西实验区总办事处主任孙则让为杨净屏接任欧阳璋职位的通知

## 13-1-7

### 人员推荐信

1949年1月22日至3月15日,中国农村复兴联合委员会驻重庆代表陈开泗先生介绍陈柏林、何烈熏,国立政治大学陈绍论先生介绍王举等三人,鲜特生先生介绍严虎林、李贵良,巴县第一区办事处主任喻纯堃介绍张光宗等二人,巴县县长杨思慈先生介绍赵正恭、闫光旭,邵明阳先生介绍刘涵真等二人,勉仁文学院陈亚三先生介绍王天才、何治文,四川大学农学院刘有德、龙瑞容、钟永镕、袁家兴自荐,乡村建设学院陈宗献、巴县第一区办事处主任喻纯堃介绍成由道,私立华西协和大学蓝天鹤先生介绍龙运业,立法院夏仲实先生介绍曹学智,彭公侯先生介绍秦宗儒、刘承烈,陈远林介绍陈慕群等二人,许雅丽女士介绍宋德铨;巴县县立高级农业职业学校卢开武先生介绍文国林等二人,何澄宇先生介绍廖寒风等三人,北江县第二区办事处辅导干事陈克介绍王孝社,怡益银号孙邶裹主任介绍穆安导等二人,四川省建设厅何北衡先生介绍陈柏林,乡村建设学院院长朱章赓先生介绍李华湘,綦江县第二区主任陈锡周先生介绍张熹等九人,四川省水利局李镇南介绍吴天锡等二人,金陵大学张光宗自荐,四川大学黄季陆先生介绍张君和等二人,徐祯祥介绍李鉴磐赴华西实验区工作推荐信。

### 推荐赴华西实验区工作人员简历

### 华西实验区职员李家鉴为支取10月份薪金一事呈总办事处主任孙则让函

1949年9月15日,华西实验区职员李家鉴因在外漂泊,祖母甚为想念,申请回家看望并支取10月份薪金一事呈总办事处主任孙则让函。附李家鉴祖母家书。

### 华西实验区工作人员请假单、请假条、请假签呈

## 13-1-8

### 璧山县教育专门委员会主席徐昌栋为民教主任增设、民教传习课本发放等事务致华西实验区璧山县第五区办事处通知

1948年9月16日至10月19日,璧山县教育专门委员会主席徐昌栋为民教主任增设、民教传习课本发放、检送民教工作日程表、暑期讲习读本、教师福利发放等事务致华西实验区璧山县第五区办事处通知。

### 璧山县第五辅导区各乡民教主任联席会议记录

### 华西实验区识字宣传所用标语

华西实验区××乡第×区各项统计报告表、××乡办理成人教育各项统计表、××乡第×区办理成人教育各项统计表之样表

**璧山县第五区所属各乡学区及民教主任姓名清册**

**七塘乡乡长为领取民教课本一事致璧山县第二区主任陶一琴信函**

  1948年1月20日,璧山县七塘乡伍乡长为领取民教课本,顺利推广民教工作一事致璧山县第二区主任陶一琴信函。1月22日,陶一琴回函民教课本可至依凤乡领取100本,希着力办理民教事业。

**领取国民传习课本收据**

**璧山县政府为规定各乡国民学校假期一事给璧山县第五区办事处的训令**

  1948年1月23日,璧山县政府为规定各乡国民学校民教部年假为1947年农历九月十九日至次年正月初六,各乡民教主任不得随意放假妨碍民教工作一事给璧山县第五区办事处训令。

**璧山县县长刘宗华为召开座谈会致璧山县第五区督学邓作新通知**

  1948年2月27日,璧山县县长刘宗华为定于本年3月3日在八塘乡召开第五区民教工作座谈会,通知璧山县第五区督学邓作新、指导员赵德勋,并转饬各乡乡长、乡民代表、各乡民教部主任准时参加。

**××乡传习处视导表、璧山县第×区××乡第×学区民教主任工作日报表、民教主任日报表填表说明**

**转龙乡教育概况统计表、转龙乡导生及传习处学生概况统计表**

**璧山县政府为检发各乡镇中心及保国民学校民教部主任薪金及米贴支给标准、推行民教工作提示要点给第五指导区的训令**

  1948年1月10至14日,璧山县政府为检发各乡镇中心及保国民学校民教部主任薪金及米贴支给标准、推行民教工作提示要点给第五指导区办事处、督学邓作新的训令。

**璧山县××乡镇民教工作视导团旬报表**

**璧山县转龙乡中心国民学校颁发国民传习本一览表**

**璧山县七塘乡中心国民学校民教部主任彭燮阳为报该乡选举民教会长会议记录一事呈八塘乡第五区办事处签呈**

  1947年12月29日,璧山县七塘乡中心国民学校民教部主任彭燮阳为报该乡选举民教会长会议记录呈八塘乡第五区办事处签呈备查。附七塘乡民教部

召开选举会会议记录。

**璧山县政府为派专员赴各乡检查国民教育及民教工作情形、统一规定各乡镇保民教工作结束办法给第五区督学邓作新的训令**

1948年3月至4月2日，璧山县政府为派专员赴各乡检查国民教育及民教工作情形、统一规定各乡镇保民教工作结束办法致第五区督学邓作新的训令。

**璧山县第五区各乡民教主任工作考核表**

**璧山县第五区督学邓作新下发关于第一期民教工作结束办法通知**

1948年4月8日，璧山县第五区督学邓作新下发关于第一期民教工作结束办法，共三点。

**璧山县第五区办事处1947年11月至1948年3月工作报告**

**璧山县第五区督学邓作新为第一期民教工作结束事呈璧山县县长签呈**

1948年4月22至23日，璧山县第五区督学邓作新为第一期民教工作结束后具体事项呈璧山县县长签呈。附璧山县第五区各乡各学区民教主任自1947年11月至1948年4月第一期传习工作考核表。

**璧山县政府为检发教育专门委员会会议记录给第五区督学邓作新的训令**

1948年4月8日至30日，璧山县政府为检发教育专门委员会第十八、第十九、第二十次会议记录给第五区督学邓作新的训令。附教育专门委员会第十八、第十九、第二十次会议记录。

**璧山县政府为嘉奖第一期民教工作成绩优异者给第五区办事处的训令**

1948年2月2日，璧山县政府为准予申请嘉奖第一期民教工作成绩优异者一事给第五区办事处训令。附璧山县第五区依凤乡辅导员胡祯祥的呈文。

**璧山县第五区办事处工作会议通知、会场标语、会议日程表、会议签到簿、会议记录**

**璧山县八塘乡第一学区导生袁荣碧奖状样稿**

**璧山县转龙乡、七塘乡、临江乡、依凤乡、八塘乡各学区优良导生一览表**

**璧山县七塘乡第四学区民教主任王贵元为申请缓交调查表一事呈璧山县第五区办事处签呈**

1948年5月20日，璧山县七塘乡第四学区民教主任王贵元为因遇恶犬被咬，无法行走，申请缓交学区失学成人及儿童调查表一事呈璧山县第五区办事处签呈。

璧山县临江乡、八塘乡各学区民教主任领发国民传习课本一览表、依凤乡各学区所领国民传习本及应退传习本一览表

**璧山县临江乡第四学区移交清册**

**璧山县七塘乡第八保民教部为报移交清册给璧山县政府的呈**

1948年5月30日，璧山县七塘乡第八保民教部为报移交清册呈文璧山县政府。附七塘乡第六学区民教部接收清册、七塘乡第六学区民教部移交清册。

## 13-1-9

**华西实验区人事调整的相关公文**

1949年6月10日至10月18日，华西实验区总办事处，璧山第一、第三、第四、第五、第六辅导区，巴县第一、第二、第三、第四、第五、第六、第七、第八、第十一、第十二辅导区，合川第二辅导区，北碚辅导区，铜梁第一辅导区，綦江第二辅导区，江津第一辅导区，江北第二辅导区，巴县县政府，梁滩河水利工程处，江津甜橙果实蝇防治总队，就民教主任到职、示范校校长停职、接充、核派、到职、辅导员聘任、辞职、解聘、接充、对调、缓调、调派、留职、返职、请假、到职、停薪、辅导区主任辞职、接充、聘任、调派、干事聘任、兼任、增设、书记派任、增设、接充等事的往来通知、报告、信函。附华西实验区工作人员到职报告表、华西实验区人事调整一览表、华西实验区各县辅导区人事审核备忘录、华西实验区人事近况、华西实验区工作人员聘书。

**华西实验区工作人员起薪日期的便条（1949年9月）**

**华西实验区各县辅导区工作人员解聘、任用缘由名单**

**华西实验区总办事处，巴县第二辅导区办事处关于填报工作人员职责一览表事的往来通知、报告**

1949年9月5日至9月27日，华西实验区总办事处、巴县第二辅导区办事处就填报工作人员职责一览表事的往来通知、报告。附巴县第二辅导区工作人员职责一览表。

## 13-1-10

**华西实验区工作人员聘书（1949年3月）**

**华西实验区工作人员到职报告表**

华西实验区总办事处关于聘用实验区工作人员、检发证章等事的通知、便条（1949年4月）

华西实验区聘用人员履历表

华西实验区合作社物品供销处璧山分处主管负责人印鉴纸

华西偏各机构关于民教主任选任、训练等相关事宜的往来公文

　　1949年4月2日至10月15日，华西实验区总办事处，璧山第一、第二、第五辅导区办事处，铜梁第一辅导区办事处，合川第一辅导区办事处，江北第一辅导区办事处，綦江第二辅导区办事处，就增设民教主任，呈报民教主任结业情形，民教主任缺额招聘办法，民教主任报考、甄选、训练，划分社学区等事的往来报告、通知。附綦江县政府甄选民教主任通告，民教主任训练班职员分配表、作息时间表、课程表，璧山第五辅导区民教主任训练班报告，璧山第二辅导区民教主任训练班工作实施概况。

## 13-1-11

华西实验区各种工作人员调职名单及调职信（包括华西实验区总办事处、璧山各辅导区、农业推广繁殖站）

华西实验区影音施教队范立斌等为呈请沿用之前职务一事呈华西实验区总办事处主任孙则让报告

　　华西实验区影音施教队范立斌等报告华西实验区总办事处主任孙则让，呈请沿用以前在学院时之职务名称，以便接洽而利工作。

华西实验区合作社物品供销处璧山分处人事登记簿

华西实验区璧山第三辅导区工作人员姓名册（包含民教主任、机织生产合作社负责人、农业社生产合作社）

华西实验区工作人员一览表（1949年5月印）

华西实验区所属各辅导区职员及工作地点一览表

华西实验区区本部职员表

华西实验区人事调整一览表（1949年7月27日）

私立乡村建设学院各系四年级参加实习工作同学名单

华西实验区合作社物品供销处璧山分处人事登记簿（1949年7月）

华西实验区来凤驿、丁家乡宜宾办事处人事登记表

璧山第三辅导区辅导员工作地区调整表（1949年4月制）

华西实验区合作社物品供销处璧山分处关于检送该处职员给假办法一事致各职员的通知

  1949年7月25日，华西实验区合作社物品供销处通知各职员，检送该处职员给假办法。

华西实验区合作社物品供销处工作人员分布表

## 13-1-12

华西实验区工作人员登记表

华西实验区各辅导区传习处概况一览表（1949年11月16日）

华西实验区示范校历期概况一览表（1949年11月16日）

第三专员区各县局面积及人口数统计表、入学失学儿童数统计表、受教失学成人数统计表、学校名称数统计表、学校数班级教师学生数统计表（1949年11月2日）

华西实验区各辅导区1949年1月份至10月份民教主任异动表（1949年11月2日）

华西实验区关于辅导员、民教主任工作之第一、第二次座谈会决定事项（8月23日至24日）

## 13-1-13

华西实验区工作人员领取或预支薪俸、伙食费名册、收据

璧山县1949年9月份至10月份民教主任薪津核发数量表（1949年11月）

璧山县各辅导区1948年9月至10月民教主任已领薪金、公旅、奖金、食米报销清册

  1949年8月至10月成文，报销清册包括璧山县第一区城中镇、城东乡、城南乡、城西乡、城北乡、狮子乡，璧山县第二区大兴乡、福禄乡、丹凤乡、梓潼乡、太和乡、三教乡，璧山县第三区中兴乡、鹿鸣乡、来凤乡、正兴乡、龙凤乡，璧山第四区丁家乡、马坊乡、定林乡、广普乡、三合乡、健龙乡，璧山县第五区青木乡、蒲元

乡、接龙乡、河边乡、大路乡、龙溪乡、六塘乡,璧山县第六区七塘乡、八塘乡、临江乡、转龙乡、依凤乡。

璧山县八塘乡各学区民教主任1947年至1948年领米名册及领米收据(1947年1月至1948年12月)

璧山县临江乡各学区民教主任1947年至1948年领米名册及领米收据(1947年11月至1948年9月)

璧山县七塘乡各学区民教主任1947年至1948年现有职员领米名册(1947年11月至1948年8月)

璧山县七塘乡1948年下学期民教概况表(1948年10月至12月)

华西实验区1949年1月至6月民教主任名册

华西实验区1949年7月至12月民教主任名册

璧山县政府,华西实验区总办事处,璧山第六辅导区办事处、辅导员、民教主任为办理农地减租事宜的往来公文

　　1949年11月17日至11月24日,内容涉及农业合作社办理农地统租分佃办法、办理农地租约更换办法及实施情形、嘉奖办理换约工作积极者。附璧山第六辅导区农地减租报告表。

璧山县政府,璧山县教育专门委员会,璧山县第五辅导区办事处、第五区督学为发放民教主任食米的往来公文

　　1948年1月26日至9月29日成文,内容涉及呈送领米名册、提高食米代金、订立食米核发办法、缓发食米等事宜。附核发民教主任食米第一、第二、第六项办法。

璧山县第三区中兴乡民教主任薪金报销清册(1950年1月)

璧山县中兴乡民教主任请领薪金名册(1949年12月至1950年1月)

璧山县依凤乡各学区民教主任1947年至1948年领米名册及领米收据(1947年11月至1949年1月)

璧山县七塘乡民教部主任1947年至1948年现有职员领米名册(1948年9月至1949年1月)

璧山县来凤乡各保调查助理员报到簿(1946年12月6日)

璧山县来凤乡民教主任登记表

璧山县第三辅导区鹿鸣乡、龙凤乡、中兴乡民教主任登记表（1949年3月）

华西实验区总办事处、巴县第三辅导区办事处为填报民教工作各项表报一事的往来公文

  1949年2月23日至4月4日成文，内容为华西实验区督促巴县第三辅导区办事处填报民教主任登记表、传习处概况表、示范国民学校概况表，以及该辅导区填报情形。

璧山县第一至第六辅导区民教主任清册

璧山第五区各乡各学区民教主任1948年度2月份工作考核表、应扣薪金米津清册

河边乡各保助理调查员简历表（1946年12月）

璧山县教育专门委员会民教主任名册

璧山县第三辅导区来凤乡、龙凤乡国民教育视导记载表

民教主任名册（1948年11月至1949年3月）

## 13-1-14

巴璧实验区（华西实验区）各类工作人员聘书存根（1946年11月至1950年3月）

## 13-1-15

华西实验区薪资收据名册（1949年7月至9月）

华西实验区璧山县第一至第六辅导区各乡各学区传习处概况表

  其中包括璧山县城西乡、城北乡、狮子乡、城东乡、城中镇、八塘乡、依凤乡、转龙乡、马坊乡、临江乡、七塘乡、丁家乡、三合乡、广普乡、梓潼乡、三教乡、太和乡、大兴乡、丹凤乡、城南乡、青木乡、河边乡、六塘乡、接龙乡、龙溪乡、健龙乡、定林乡、蒲元乡、福禄乡。

璧山县第五辅导区办事处为补呈社学区传习处概况表一事呈华西实验区总办事处报告

  1949年5月17日，第五辅导区办事处报告华西实验区总办事处，补呈龙溪乡第二社学区传习处概况表1份。

## 13-1-16

华西实验区工作人员登记表

华西实验区聘书

华西实验区人事调整一览表（1949年7月27日）

华西实验区工作人员履历

**中国农村复兴联合委员会驻川办事处、中央合作金库四川省分库、国立四川大学、国立政治大学、国立重庆大学等单位为毕业生、教师、职员等前往华西实验区工作一事的往来公文**

　　1948年12月2日至11月3日成文，中国农村复兴联合委员会驻川办事处、中央合作金库四川省分库、国立四川大学、国立政治大学、国立重庆大学、四川省农业推广所、江北县县政府、璧山县立职业学校等机构推荐毕业生、教师、职员等前往华西实验区工作，以及各职员到职或迟到详情。附工作人员履历。

**华西实验区总办事处、綦江县第二辅导区办事处为人事变更事宜的往来公文**

　　1949年9月7日至9月14日成文，内容涉及该辅导区辅导员之解聘及另聘问题。

## 13-1-17

**华西实验区总办事处、卫生组、编辑组，私立乡村建设学院，璧山第一、第二辅导区办事处，巴县第一、第六、第七辅导区办事处，璧山县依凤乡乡公所及各工作人员为有关人事管理事宜的往来公文**

　　1948年12月30日至1949年2月26日成文，内容关于华西实验区总办事处、编辑组、卫生组，私立乡村建设学院，璧山辅导区办事处，巴县辅导区办事处等机构及各工作人员为各该工作人员工作调换、聘用、实习、解聘、留任等问题，以及因病请假等事宜的往来通知、报告。附华西实验区工作人员聘书、名单、调职表、简历表。

**华西实验区总办事处为新聘职员分配工作一事致巴县第一、第二辅导区办事处、璧山县第一至第五辅导区办事处通知**

　　1949年1月17日，华西实验区总办事处通知巴县第一、第二辅导区办事处，璧山县第一至第五辅导区办事处，指派新聘员工分至各辅导区工作之详情。附璧山第一区分派职员姓名薪额清单。

**华西实验区总办事处、巴县第一辅导区办事处、辅导员兼示范国民学校校长三人为拨发经费开支事宜的往来公文**

1949年1月6日至1月17日成文,内容关于辅导员兼国民学校校长之公粮补发问题,以及垫付各教员膳食费问题。

## 13-1-18

华西实验区总办事处关于人员聘用、调任及薪俸的文件

华西实验区合作社物品供销处璧山分处主管负责人印鉴统计(1949年7月6日)

华西实验区合作社物品供销处为人事管理事宜同各工作人员的往来公文

1949年5月31日至11月20日成文,内容涉及物品供销处工作人员因病或因事请假、调任他区、代理工作及因工作懈怠而被解雇等事宜。

## 13-1-19

**华西实验区合作组物品供销处为工作管理事宜同该区工作人员的往来公文**

1949年9月7日至9月23日成文,内容涉及该处工作人员王文林遗失证书一案,仓库棉纱缺失一案,工作人员曹国礼、李香山因工作懈怠予以解雇一案。附调查仓库差数报告表。

**华西实验区总办事处主任孙则让为通知发薪情形致合作社物品供销处主任李国桢函**

华西实验区总办事处主任孙则让致函合作社物品供销处主任李国桢,知照因农复会停止在川业务,经济来源受影响,通知李国桢等五位薪津改由合作供销处拨给。

**华西实验区总办事处为民教主任姓名册登记一事致巴县第十一事辅导区办事处通知**

1949年6月17日,华西实验区总办事处通知巴县第十一辅导区办事处,知照该区所呈之民教主任清册准予备查。

**璧山县第二区各乡社学区范围及民教主任姓名表**

**巴县第六辅导区办事处为呈报新增民教主任暨到职日期清册一事呈华西实验区总办事处报告**

1949年6月9日,巴县第六辅导区办事处报告华西实验区总办事处,呈送该

区新增民教主任暨到职日期清册。附巴县第六辅导区各乡新增民教主任履历暨到职日期清册。

**华西实验区总办事处、巴县第五辅导区办事处为社学区及民教主任管理事宜的往来通知、报告**

1949年8月27日至9月5日成文,内容关于巴县第五辅导区办事处所社之社学区及民教主任数不符规定,应予以裁撤。附璧山第五区各乡民教主任报告册。

**巴县第七辅导区办事处、巴县第三辅导区办事处、璧山县第三辅导区办事处为呈报民教主任录用情形呈华西实验区总办事处报告**

1949年3月1日至5月4日成文,巴县第七辅导区办事处、巴县第三辅导区办事处、璧山县第三辅导区办事处、分别为呈报该区民教主任报考、训练及结业情形,并呈送民教主任名册及受训结业成绩册、报告华西实验区总办事处。附璧山第三辅导区各乡甄选合格民教主任姓名简历册。

**巴县第二辅导区办事处、璧山第一辅导区办事处为呈送民教主任简历册、姓名册等呈华西实验区总办事处报告**

1949年6月6日至6月9日成文,巴县第二辅导区、璧山县第一辅导区办事处呈华西实验区总办事处报告,分别呈报各区民教主任简历册、社学区范围、民教主任姓名册。附璧山县第一辅导区社学区范围及民教主任姓名册。

**华西实验区总办事处为社学区及民教主任管理事宜与璧山县第二辅导区办事处的往来通知、报告**

1949年6月10日至6月23日成文,内容为华西实验区总办事处审核该辅导区办事处所呈之社学区范围及民教主任姓名表,并准予备查。

## 13-1-20

**华西实验区总办事处,璧山县教育专门委员会,璧山县第一、第三、第四、第五、第六辅导区办事处,巴县第十二辅导区办事处,綦江县第二辅导区办事处,铜梁县第一辅导区办事处等为民教主任任免事宜的往来通知、报告**

1949年4月至10月成文,内容关于各辅导区呈报该区民教主任增设及任免详情,其中包括民教主任到职、辞职、撤职等情形,并呈送各民教主任简历表。华西实验区总办事处或准予备查,或知照该区致函教育专门委员会办理。附各民教主任简历、青木乡辅导员王德伟为民教主任辞职一事呈巴县第五辅导区办事处报告、河边乡辅导员甘在华为民教主任撤职一事呈华西实验区总办事处报告。

## 璧山县政府为举办各界庆祝国父诞辰纪念及社教运动周大会事宜致华西实验区总办事处代电

1949年11月10日,璧山县政府致华西实验区总办事处代电,知照因举办各界庆祝国父诞辰纪念及社教运动周大会,拟请由华西实验区总办事处在民众教育馆放映电影,以助社会教育。

## 华西实验区总办事处、璧山第四辅导区办事处、巴县第二辅导区办事处为新增社学区及民教主任一事的往来通知、报告

1949年5月8日至6月25日成文,内容关于璧山第四辅导区增设社学区三个、增加民教主任三人,巴县第二辅导区增设社学区四个、民教主任四人。

## 华西实验区总办事处为统计社学区及民教主任数量一事致璧山县第五辅导区办事处通知

1949年8月8日,华西实验区总办事处通知璧山县第五辅导区办事处,知照该区填报所属社学区及民教主任数量,以便查对。

## 华西实验区总办事处为核对社学区数及民教主任姓名表一事致璧山县教育专门委员会函

1949年8月4日,华西实验区总办事处致函璧山县教育专门委员会,请该会上报璧山各辅导区所辖各乡社学区数及民教主任姓名表,以便核查。

## 璧山县第四辅导区办事处为呈送民教主任名册一事呈华西实验区总办事处报告

1949年4月22日,璧山县第四辅导区办事处报告华西实验区总办事处,呈送该区现有及新增民教主任名册,以及补选民教主任情形。

## 璧山县第三辅导区办事处为该区各乡增设社学区一事与华西实验区总办事处的往来公文

1949年4月29日至5月12日成文,内容为璧山县第三辅导区办事处报告新增社学区之详细情形,以及华西实验区总办事处通知该辅导区呈送璧山县教育专门委员会之核办结果报告。附璧山第三区各乡镇社学区原有及新增民教主任姓名表。

## 璧山县政府为新增民教主任发薪事宜致华西实验区总办事处函

1948年12月,璧山县政府致函华西实验区总办事处,知照新增民教主任除食米由县府发放外,薪俸部分由华西实验区支给。

## 华西实验区总办事处关于聘用重庆市立造纸印刷职业学校毕业生一事的通知稿

**中兴乡辅导员马沛然为呈报民教主任到职日期一事呈华西实验区总办事处报告**

1948年12月10日,中兴乡辅导员马沛然报告华西实验区总办事处,呈报该乡民教主任到职日期。

## 13-1-21

1949年5月中华平民教育促进会薪金开支表

1949年5月份上半月华西实验区本部薪资清单

中华平民教育委员促进会华西实验区总处卫生组薪资收据表单

华西实验区薪金开支表

1949年6月份上半月西实验区总办事处薪资收据表

1949年6月份华西实验区总区薪资收据表

1949年6月份华西实验区北碚办事处薪津收据表

1949年6月份华西实验区璧山四区薪资收据表

1949年6月中华平民教育促进会制成银圆折合棉纱支给标准表

1949年6月份华西实验区薪资统计表

1949年5月份华西实验区新增人员薪资表

1949年5月份华西实验区家畜保育工作站薪资表

1949年华西实验区梁滩河工程收据表

1949年6月份华西实验区璧山第一、第二、第三、第四、第五、第六辅导区薪资收据表

华西实验区追加1949年3月份至4月份薪津表

1949年5月华西实验区总处及各区工友工资表

华西实验区1949年5月下半月薪津表

## 13-1-22

1949年5月印华西实验区工作人员一览表

## 13-1-23

**1949年7月华西实验区聘书(关于聘请辅导员、指导员、文教干事、农林干事、调查助理员、辅导区主任等)存根**

## 13-1-24

**巴县第二次乡建工作座谈会特种待办问题笔录**

1949年6月11日,巴县办事处印发第二次乡建工作座谈会特种待办问题笔录。待办事宜包括印发传习处农民读本,调查各社学区户口经济,派遣巴县第二、三区辅导干事,探究巴县学术团体中的问题,聘请热爱教育的人士为社学区董事,制定防疫工作计划,规定各社学区名称,罢免巴县第十一区消极怠工人员等。

**华西实验区工作人员人事任免的相关文件**

1949年6月至7月,华西实验区璧山、巴县、綦江、北碚办事处就本县局聘请各区辅导员、代理辅导员、干事、繁殖站技工、家畜保育工作站技工、办事处主任、办事处书记以及批准该区部分人员请求辞职、罢免消极怠工的工作人员等事宜报告华西实验区总办事处主任孙则让。总办事处对以上各区职务人员进行调动安排,并停发免职人员薪金公旅费。附民教主任签呈,魏奇才报告,唐元祐履历片一张,两份华西实验区工作人员到职报告表,卢明祥履历片一张,贾绪海、吴维中履历片,卢明祥到职报告表、傅作楣到职报告表,示范国民学校停办名单,华西实验区人事调整一览表等。

## 13-1-25

**北碚管理局就该区相关事宜致华西实验区总办事处公文**

北碚管理局为天旱成灾,需种植洋芋,购买耕牛,请求贷款及本区辅导员更换等事宜致华西实验区总办事处的呈、报告。附北碚管理局各乡镇合作农场供销处拟洋芋种折价种植亩数,汪绍文、刘德荫简历表。

**李杰忱关于来凤乡、丁家办事处布匹存储或加工事宜的签呈**

**华西实验区合作社物品供销处为人事管理等相关事宜与总办事处的往来公文**

华西实验区合作社物品供销处为发放物品供销处职员证章、服务证、职员证,职员借调,工作人员停职、留职停薪、户口转移,遣散职员等事宜与华西实验区总办事处往来公文。

华西实验区区本部，华西实验区合作社物品供销处，华西实验区璧山县、巴县、綦江县、江北县、北碚管理局、私立乡村建设学院人事任免、调派、辞职、离职等的往来公文

华西实验区区本部，华西实验区合作社物品供销处，华西实验区璧山县、巴县、綦江县、江北县、北碚管理局、私立乡村建设学院就各部、各区区主任、书记、辅导员、民教主任、民教干事人事调换、任免、辞职、离职等事宜分别致信总办事处孙则让主任、秘书室郭准堂主任。孙则让、郭准堂主任分别通知、回信各项人事调动、职员罢免、批准请假等事项。

## 13-1-26

### 华西实验区工作人员人事任免的相关文件

1949年8月，华西实验区璧山、巴县、綦江、江北、铜梁、北碚办事处，乡村建设学院，华西实验区农业组、卫生组繁殖组等各区、各部门为聘请书记、主任、辅导员、代理辅导员、干事、专门干事、办事处主任、办事处书记、示范学校校长、卫生组护士、助产士、农业组服务人员以及批准部分人员，请求调换工作、辞职，解聘、罢免消极怠工的工作人员，处分工作不力人员，呈请新任职员到职日期表，报告解聘职员停职停薪、留职停薪等事宜致华西实验区总办事处主任孙则让、秘书室主任郭准堂。总办事处对以上各区职务人员进行调动安排，并停发免职人员薪金、公旅费报告、发放新任人员到职表、聘书通知。附董德厚履历简表、华西实验区工作人员到职报告表、梁淑端到职报告表、巴县第二辅导区调职工作人员报到日期表、陈光智到职报告表、杨居仁到职报告表、梁正国到职报告表、张真仁履历表、程人钦履历表、孟昭斌到职报告表、华西实验区人事调整一览表、汪绍文到职报告表、刘德荫到职报告表、卢荣先到职报告表。

### 关于璧山县第一辅导区辅导员钟正权相关事宜

璧山县第一辅导区主任傅志纯因钟正权辅导员赊欠粮款及伙食费，请求华西实验区总办事处以扣除其薪款抵押赊欠费用。钟正权为到巴县就职，办理相关私人手续，致函华西实验区总办事处。

### 1947年10月重庆市立造纸印刷科职业学校校长唐光敏为提前录用本校毕业学生致巴璧实验区办事处函

### 璧山县八塘乡第六社学区民各类统计表

璧山县八塘乡第六社学区民教主任印笃清填报的本社学区第十一及十二保户口经济调查各类统计表、各年龄组男女人口统计表、各年龄组男女人口之

婚姻状况统计表、各年龄组男女人口之教育程度统计表、学龄儿童就学与未就学人数统计表、识字人口与不识字人口统计表。

1949年8月华西实验区总办事处主任孙则让发给璧山、巴县、北碚、合川、江北、铜梁各区被调人员人事调整一览表及注意事项通知

## 13-1-27

1949年2月华西实验区聘书（关于聘请辅导员、助理员）存根

## 13-1-28

1947年1月至12月巴璧（华西）实验区璧山第五办事处各乡民教主任领取薪金、办公费、补助金清单存根

## 13-1-30

1947年1月巴璧实验区璧山县河边乡各保国民学校民教部主任履历表、各保国民学校校董会保荐各保国民学校民教部主任履历表、各保国民学校校董聘书存根

华西实验区璧山县第五区各乡各学区民教主任1948年度2月份工作考核表、1948年2月份应扣薪米津清册、璧山县第五区所辖各乡各学区民教主任到职日期一览表

## 13-1-31

**华西实验区工作人员人事任免的相关文件**

1949年8月15日至10月28日，华西实验区总办事处与巴一区、巴三区、巴四区、巴六区、巴七区、巴八区、巴十一区、巴十二区、璧一区、璧三区、璧六区、綦一区、綦二区、江北一区、江北二区、合川一区，江津一区、铜梁一区及北碚管理局、巴县县政府、江津县政府等县局负责人往来函、报告、通知、签呈数份，内容包括华西实验区农业组、合作组、编辑组、卫生组及各县局所辖区辅导区主任、辅导委员、驻乡辅导员、繁殖站负责人、示范校校长、医生、护士、梁滩河工程工作人员、合作登记员、实习生、书记员等相关工作人员因病因事请求辞职、请求停薪留职、请求调回原籍、请求留用、请长假、请复职、推荐、调整、任免、薪金补

贴发放以及呈报离职、到职日期等。附孙则让同意巴十二区主任请辞批条一张，孙则让拟委派辅导员何烈勋担任巴十二区繁殖站负责人便签一份，孙则让关于巴十二区主任职位空缺后人事部署批条一份，杨思慈为请留用蒋融担任原职致郭准堂信函一份，孙则让同意巴十一区人事对调，孙则让对綦一区、綦二区人事调动事宜意见一份，孙则让拟聘程辉全为辅导员批条一份，农业组孙振洋履历表一份，农复会委员沈宗瀚为邀请孙振洋参加华西实验区病虫害防治工作信函一份，孙则让拟聘孙作朋为江津一区辅导干事便签一份，卫生组谷韫玉拟聘用章桂英为本组护士便签一份，孙则让拟聘何民中为合作组干事便签一份，孙则让拟聘请任宝祥为社会调查室主任便签一份，韦雨垓为请调至綦江一区工作事呈郭准堂信函一封，巴县县府补助合作人员姓名表一份，巴县县府增设合作人员补助薪金预算表一份，颜子健履历表一份，工作人员到职报告表数份。

**华西实验区总办事处江津县政府为在该县开办第一辅导区事宜的往来函**

1949年9月24日至10月9日，华西实验区总办事处与江津县政府往来函，内容包括江津县第一辅导区的开办、区域划定、人事调动等相关事宜。

## 13-1-32

**铜梁县板桥镇合作社理事、社员名册**

## 13-1-33

**璧山县教育专门委员会为知照璧山县各乡镇兴学补助费核发办法致璧山第五区办事处通知**

1948年6月，璧山县教育专门委员会致函璧山第五区办事处，知照璧山县各乡镇兴学补助费核发办法，希遵照办理。附办法一份。

**璧山县第五区办事处，璧山县教育专门委员会，依凤乡、临江乡、七塘乡、转龙乡等乡公所为在各乡组设基本教育建设委员会事宜的往来公文**

1948年5月2日至7月14日，璧山县第五区办事处，璧山县教育专门委员会，依凤乡、临江乡、七塘乡、转龙乡等乡公所往来公文数份，内容主要涉及各乡组设基本教育建设委员会人事选举及组设情形。附临江乡、七塘乡、转龙乡基本教育建设委员会委员名单，璧五区办事处为知照该区各乡镇基本教育建设委员会已成立完竣事致璧山县基本教育建设委员会条戳，璧五区各乡镇基本教育建设委员会委员一览表。

璧山县教育专门委员会、璧五区办事处、七塘乡辅导处主任及七塘乡基本教育建设委员会为该乡中心校请发补助费事宜的往来公文

　　1948年7月11日至10月9日,璧山县教育专门委员会、璧五区办事处、七塘乡辅导处主任及七塘乡基本教育建设委员会往来公文,内容主要涉及七塘乡中心校请发新建校舍及购置设备补助费。附璧山县七塘乡基本教育建设委员会募捐名册、募捐款项分配表及校舍整修价格核定表。

璧山县教育专门委员会、璧五区办事处、八塘乡乡公所为该乡基本教育建设委员会委员请辞一事的往来公文

## 13-1-34

璧山县教育专门委员会、璧五区办事处、八塘乡乡公所、八塘乡基本教育建设委员会委员请辞

　　1948年9月1日与9月3日,璧山县教育专门委员会、璧五区办事处、八塘乡乡公所往来函、通知,内容主要涉及八塘乡基本教育建设委员会委员请辞相关事宜。

璧山县各乡(镇)等民教部1947年11月份、12月份现有职员领米名册

　　璧山县城中镇、城东镇、城北乡、城西乡、正兴乡、县府第三科、狮子乡、城南乡、城北乡、大兴乡、福禄乡、中兴乡、三教乡、丹凤乡、鹿鸣乡、梓潼乡、太和乡、丁家乡、来凤乡、健龙乡、龙凤乡、广普乡、定林乡、马坊乡、三合乡、转龙乡、接龙乡、青木乡、大路乡、六塘乡、河边乡、蒲元乡、龙溪乡、临江乡、依凤乡、七塘乡、八塘乡等各乡民教部1947年11月份、12月份现有职员领米名册。

华西实验区合作实务人员训练班行政组学员名册

华西实验区技术工作人员名册

## 13-1-35

璧山县城南乡各保国民学校民教主任履历表及各校教师一览表

## 13-1-36

华西实验区合作社物品供销处璧山分处为知照暂停换布事致本处各同仁通知

　　华西实验区合作社物品供销处璧山分处通知函本处各同仁,因库存棉纱短

缺暂停换纱，但各同仁仍需在岗。

## 华西实验区合作社物品供销处璧山分处为知照职员请假暂行办法事给本处各同仁的通知

1949年7月23日，华西实验区合作社物品供销处璧山分处为知照本处职员请假办法，希查照办理，给本处各同仁通知。附职员请假办法，本处人员、验布员考核奖惩办法，考核表。

## 华西实验区合作社物品供销处璧山分处为本处人事调动事宜分别致重庆接洽处以及薛定理、黄敬生、薛稳固三人函

1949年5月14日，华西实验区合作社物品供销处璧山分处分别致函重庆接洽处与薛定理、黄敬生、薛稳固三人，知照拟调三人前往重庆接洽处工作。附本处职员工作条例，李国桢因公由总务股职员代理处理业务便签。

## 华西实验区总办事处为造报员工名册及按月造报动态表事宜致华西实验区合作社物品供销处璧山分处函

1950年4月28日，华西实验区总办事处致函华西实验区合作社物品供销处璧山分处，通知其造报员工名册及按月造报动态表。附员工名册样表。

## 华西实验区合作社物品供销处璧山分处与验布员王镇和为该员请假及逾限停职事宜的往来公文

1950年7月，华西实验区合作社物品供销处璧山分处与本处验布员王镇和往来公文，内容主要涉及该员因事请假及逾限停职相关事宜。附王镇和致李国桢主任请假条一张，王镇和请辞签呈一份，李国桢对王镇和处理意见批条一张。

## 关于华西实验区合作社物品供销处璧山分处为请原本处工作人员返处工作事宜

1949年12月7日，华西实验区合作社物品供销处璧山分处致函原本处同仁，因本处业务恢复需要希各同仁返处工作。附各同仁名单，本处邀请各同仁返处函模板，致各同仁信件邮戳数份。

## 华西实验区合作社物品供销处璧山分处主任李国桢关于通知各同仁召开大会、不假不到处理意见、来凤办事处卢思庄调动、参加接管大会及接管期间员工管理办法便签数份

## 关于华西实验区合作社物品供销处璧山分处为本处原职员出具证明书事宜

华西实验区合作社物品供销处璧山分处分别致函袁模山、王子久、王丙槐等人，证明该员原确在本处履职。

华西实验区总办事处为知照调查接收杀虫药品器械数量事宜致巴县第六辅导区办事处通知

1949年9月21日,华西实验区总办事处致巴县第六辅导区办事处通知,请清查该区接收杀虫药品器械数量。

**1949年9月3日,李焕章因张伯雍工作报告不实拟予解聘该员批条**

关于龙绍昌赴各区开展病虫害防治相关情况的文件

1949年8月18日至8月22日,江北一区、江北二区、巴三区、巴五区、巴四区、巴六区、巴七区、巴八区等各区办事处主任分别呈华西实验区总办事处报告,呈报龙绍昌干事在该区开展调查情形,内容包括调查时间、移交药品种类、数量及调查区域等。附龙绍昌于各区调查日程表,龙绍昌自呈调查工作报告。

## 13-1-37

璧山县河边乡各保校董会组织一览表、校董会保荐保校校长一览表及财产保管委员会组织一览表

## 13-1-38

璧山县城南乡各保保国民学校1947年度校长、教师、校董履历表

璧山县城南乡各保校董会组织一览表

## 13-1-39

华西实验区薪资表预算、收据表

华西实验区公旅费收据表

## 13-1-40

华西实验区公旅费收据清单

华西实验区璧山各区(1月至6月)费用清单

华西实验区薪资预算、收据清单

农业组工作人员田荆辉为呈自己被调派事及帮人代领薪资事呈华西实验区秘书室及总处主任孙则让报告

　　1949年7月20日，农业组工作人员田荆辉呈函华西实验区秘书室及总处主任孙则让，报告被调派前往江津参加病虫害防治工作，并拟帮同仁代领津贴，请转会计室核发。附该区调派江津同仁名单。

华西实验区增加薪资预算表

华西实验区支付请款表

## 13-1-41

农业合作社办理农地统租分佃办法

璧山县参议会为民教人员食米核发事宜致璧山县政府函

　　1949年5月9日，璧山县参议会致函璧山县政府，知照该府所呈之核发民教人员食米统计表、领米名册、核发食米单经该会讨论后，准予筹集支付。

璧山县政府为民教主任奖惩事宜给第一、第三、第四区督学的训令

　　1948年3月30日至4月20日成文，璧山县政府给第一区、第三区、第四区督学训令，知照各该区所呈之各乡镇民教主任工作考核奖惩表经县教育专门委员会决议通过后发还，并转知各乡镇民教主任。附璧山县第一区各乡镇民教主任工作考核奖惩表、第二区各乡镇民教主任2月份工作考核表、第三区各乡镇民教主任成绩考核表、第四区各乡镇民教主任成绩考核表。

璧山县第一、第三、第五区督学为呈送各乡镇民教主任工作考核表一事呈璧山县政府报告

　　1948年3月31日至4月23日成文，璧山县第一、第三、第五社学区督学报告璧山县政府，呈送该区各民教主任工作考核表，并呈报考核之详情。附璧山县第五区各乡各学区民教主任1948年度2月份工作考核表，扣食米薪津清册，各乡各学区民教主任第一期传习工作考核表，第五区乡镇民教工作座谈会记录，1948年1月份、2月份三区民教主任工作成绩考核表，邱达夫关于民教主任考核及补发食米之信函，1947年11月、12月三区民教主任工作奖惩表。

璧山县第四区民教主任经教育专门委员会考核结果

璧山县第二区各乡镇民教主任工作成绩考核表（1948年4月）

璧山县第三区各乡镇民教主任成绩考核表

璧山县第四区民教主任考核去留表（1948年4月）

四川省第三行政督察区专员公署关于第一期各乡传习处教学结业时间及测验的通知（1948年3月20日）

璧山县第三辅导区关于民教主任考核的通知（1月12日）

璧山县第二区各乡民教主任1947年12月份至1948年1月份工作惩奖表

## 13-1-42

平教会华西实验区总办事处及各辅导区办事处职员名册

璧山第三辅导区办事处为报传习处概况呈华西实验区总办事处报告

  1949年7月5日，璧山县第三辅导区办事处报告华西实验区总办事处，呈报该区各乡社学区传习处概况表。附璧山县第三辅导区各乡社学区传习处概况表。

华西实验区总办事处工作人员为领取身份证一事致各工作人员通知

  1949年9月26日，华西实验区总办事处通知各工作人员，知照领取身份证手续业经办妥，请各员呈送相片以便县府用印。

华西实验区区本部补领1949年4月份新增人员薪津表

华西实验区追加1949年3月份薪津预算表

华西实验区巴县第十一辅导区办事处各级工作人员姓名清册

华西实验区薪津开支表（1949年3月至5月）

## 13-1-43

华西实验区总办事处关于调集训练机织生产合作社实务人才一事致璧山县第一至第五辅导区办事处、北碚辅导区办事处、璧山县各机织生产合作社、北碚各机织生产合作社通知

  1949年4月1日，华西实验区总办事处通知璧山县第一至第五辅导区办事处、北碚辅导区办事处、璧山县各机织生产合作社、北碚各机织生产合作社，知照调集各机织生产合作社理事主席、经理及会计等受训事宜之详情，并检发机织生产合作社实务人员调训办法及调训须知。附华西实验区机织生产合作社实务人员调训办法、调训须知，理事主席及经理（或监事主席）训练科目表，合作

实务人员训练经费表,合作实务人员训练班教务会议记录。

### 华西实验区总办事处关于召开机织生产合作实务人才训练班一事同各机织生产合作社经理的往来函

1949年4月12日至4月21日成文,华西实验区总办事处致函各机织生产合作社经理,函请各该员参加合作实务人才训练班。各机织生产合作社呈报不能参加之理由。

### 华西实验区总办事处为调训日期延后一事致各机织生产合作社通知

1949年4月20日,华西实验区总办事处通知各机织生产合作社,知照各社会计人员调集训练日期因准备不足而予以延后。

### 华西实验区总办事处致合作训练班讲师聘书

1949年4月19日,华西实验区总办事处致机织生产合作社会计人员训练班讲师聘书。

### 华西实验区总办事处为通知调训日期及准备讲义一事致各讲师函

1949年4月19日,华西实验区总办事处致函调训训练班各讲师,知照调训开始日期,并请发给讲义,以便付印。

### 华西实验区总办事处、璧山县广普乡机织生产合作社、河边乡马鞍山机织生产合作社为派员参加调训班一事的往来公文

1949年4月7日至5月28日成文,内容关于各机织生产合作社派员参加训练班或呈请缓期参加。

### 华西实验区总办事处为合作社实务人员调训班租用房屋一事与联合勤务总司令部第二十八粮秣库、璧山县参议会的往来公文

1949年3月8日至5月23日,内容关于华西实验区总办事处为召开合作社实务人员调训班而需要租用联合勤务总司令部第二十八粮秣库及璧山县参议会会议厅。该粮秣库允予租用,后因需要函请归还。

### 华西实验区总办事处为派员担任合作实务人员训练班门卫一事与保安司令部的往来公文

1949年5月2日成文,内容为华西实验区总办事处因召开合作实务训练班,需要保安司令部派兵两名前往训练班宿舍负门卫责任。

### 华西实验区总办事处为检发调训机织合作社会计不及格学员名单致璧山县第一至第四辅导区办事处通知

1949年7月4日,华西实验区总办事处通知璧山县第一至第四辅导区办事

处,检发调训机织合作社会计不及格学员名单。附璧山县第一至第四辅导区调训机织社会计不及格学员名单。

## 华西实验区总办事处为检发机织合作社会计人员训练结业证书及训练成绩致璧山县第一至第五辅导区办事处、北碚辅导区办事处通知

1949年7月14日,华西实验区总办事处通知璧山县第一至第五辅导区办事处、北碚辅导区办事处,检发机织合作社受训成绩及格之会计人员结业证书及训练成绩。附璧山第一至第五辅导区机织社会计训练班成绩及格学员名单、北碚辅导区机织社会计训练班成绩及格学员名单。

## 华西实验区合作实务人员训练班会计组学员名册(1949年5月1日、5月21日)

## 华西实验区总办事处为工作人员停薪留职一事致该工作人员通知

1949年9月9日,华西实验区总办事处通知詹子资,知照该员因假满未续假而予以停薪留职。

## 华西实验区农业组组长李焕章为该组业务代理事宜呈总办事处报告

1949年6月28日,华西实验区农业组组长李焕章报告总办事处主任孙则让,呈报因开展甜橙果实蝇防治工作,组内业务需托人代理以及代理详情。

## 华西实验区总办事处、璧山县第四辅导区办事处、江北县第二辅导区办事处为人事调动的往来函

1949年7月1日至7月8日成文,内容关于派员接管璧山第四辅导区繁殖站,派员办理璧山县第四辅导区美烟业务,调江北第二辅导区工作人员参加治蝗工作。

## 华西实验区农业组为聘用工作人员一事与总办事处的往来公文

1949年5月27日,华西实验区农业组报告总办事处,呈请聘用徐韦如为该组工作人员。总办事处回复准予聘用。

## 华西实验区总办事处农业组组长李焕章为调员回总处工作一事与该工作人员的往来函

1949年5月26日至5月27日成文,内容关于农业组调辅导员傅远铭回总处工作,专门从事甜橙育苗研究。此外,傅远铭推荐二人赴华西实验区工作。

## 华西实验区技术工作人员名册

## 华西实验区合作实务人员训练班结业证书及存根

## 13-1-44

**华西实验区总办事处为人事管理事宜与巴县县政府巴县第一、第四、第五、第七、第十一、第十二辅导区办事处,璧山县第一、第三、第四、第六辅导区办事处,合川县第一、第二辅导区办事处,綦江县第二辅导区办事处,铜梁县第一辅导区办事处,北碚辅导区办事处,江北县第二辅导区办事处及各机构工作人员的往来公文**

1949年2月26日至8月11日,内容关于华西实验区总办事处及各辅导区办事处关于人事任免、工作分派及薪俸问题的往来公文,其中包括总办事处秘书室、卫生组、编辑组干事、辅导区办事处主任、辅导干事、辅导员、书记、督学、合作组及合作纸厂干事、示范国民学校校长、卫生技术员、护士等职务的到职、调任、辞职、停职、充任、解聘等详情,并附各工作人员到职报告,各职员简历及聘书,公文移交清单,璧山县第三辅导区辅导员工作地区调整表。

**江北县第二辅导区办事处主任晏昇东为呈报该区筹备情形及召开乡联会情形给华西实验区总办事处的呈**

1949年4月2日,江北县第二辅导区办事处主任晏昇东呈文华西实验区总办事处,呈报该区筹备工作情况,以及即将召开之乡联会各乡事宜。

**华西实验区总办事处,綦江县第一、第二辅导区办事处为该处工作开展事宜的往来公文**

1949年4月2日至4月12日成文,内容涉及辅导员及书记任命、辅导区域划分、近期工作情况、经费报销等事宜。

**华西实验区总办事处、铜梁县第一辅导区办事处为该辅导区管理事务的往来通知、报告**

1949年4月3日成文,内容涉及铜梁第一辅导区办事处书记委任及薪俸计算问题、国民学校裁撤及增设教员问题、该社辅导员及督学薪津问题等。

**江北县第二辅导区办事处为呈报该区成立情形呈华西实验区总办事处报告**

1949年4月16日,江北县第二辅导区办事处报告华西实验区总办事处,呈报该区成立详情,并检呈成立会闭幕后所摄照片一张。

**华西实验区总办事处为检送辅导员及示范校长姓名表一事致璧山县教育专门委员会函**

1949年4月成文,内容为华西实验区总办事处检送各乡辅导员及示范校校长名册致函璧山县教育专门委员会。

巴县第十二辅导区办事处为呈报该区工作人员姓名册及呈请破格录用民教主任等事宜与华西实验区总办事处的往来公文

1949年4月18日至4月28日成文,内容关于该辅导区办事处呈送工作人员清册,以及因环境特殊,呈请破格录用民教主任。

## 13-1-45

璧山县民教主任个别谈话记录表

华西实验区工作人员登记表

华西实验区合作社物品供销处璧山分处工作人员责任保证书及保证须知（1949年6月5日至11月8日）

## 13-1-46

华西实验区工作人员登记表（包括个人信息、学历、经历、家属）

## 13-1-47

华西实验区工作人员登记表（包括个人信息、学历、经历、家属）

## 13-1-48

华西实验区工作人员登记表（包括个人信息、学历、经历、家属）

## 13-1-49

华西实验区工作人员登记表（包括个人信息、学历、经历、家属）

## 13-1-50

华西实验区工作人员登记表二（包括个人信息、学历、经历、家属等）

## 13-1-51

甜橙果实蝇防治队防治区域图

受害果实之识别

甜橙果实蝇防治队人员名册

华西实验区总办事处与巴县、綦江、铜梁、北碚、江北、合川等地辅导区办事处为民教主任人事问题的往来公文

　　1949年1月16日至11月18日，华西实验区总办事处与巴县、綦江、铜梁、北碚、江北、合川等地辅导区办事处，就民教主任招考、训练、考选、取录、分派、充任、任免、调整、增设、对调、登记、薪金、到职日期，填报民教主任清册、动态表，聘任民教主任训练班专题讲习，民教主任暑期调训等事的往来函、通知、报告。附民教主任清册、民教主任履历表若干份。

## 13-1-52

1949年3月份至5月份华西实验区各辅导区薪津开支表

1949年3月份至5月份华西实验区各辅导区薪津开支表及公旅等费开支清单

## 13-1-53

社会部陪都育幼院支出传票

梁滩河工程队队员名册

## 13-1-54

1949年10月份平教会华西实验区薪资预算表

1949年7月份平教会华西实验区薪资收据、预算清单

1949年7月份平教会华西实验区公旅费收据清单

# 后记

2012年9月至12月,四川大学中国西南文献中心与重庆市璧山区档案馆合作进行民国档案数字化工作时,了解到其馆藏中有中华平民教育促进会华西实验区档案。在翻看这批档案内容和了解学界研究情况后发现这批档案十分珍贵。华西实验区档案是晏阳初先生领导的中华平民教育促进会在中国大陆进行的最后的乡村建设实验,且华西实验区总办事处就设在当时璧山县仁爱街。由于这批档案一直未被学界利用,华西实验区史实一直未被世人所熟知,华西实验区研究是民国乡村建设研究领域的一块空白。

四川大学中国西南文献中心完成华西实验区档案数字化处理后,为了让学界更为方便地共享华西实验区档案的史料价值,决定首先编写和出版华西实验区档案编目提要,为华西实验区档案查阅利用提供索引。"编目提要"与档案管理工作中"文件级目录"不同,并非将每份能够表达独立意思的档案都制作一条提要,而是在编著过程中将一些主要意思相近、主题内容相关的若干份档案合并为一条提要,每条提要的字数不甚相同,在编写过程中按照凡例进行表述。

2013年3月春季学期开始,在陈廷湘教授指导下,我开始组织硕士研究生进行试编,一直到时年9月完成全部编著和修改。在这6个月中,我与王丽敏、闫茹、刘云昊、周忆霖四位在读硕士研究生共历春夏二季、朝夕相处,他们对历史学的热爱,对工作的负责精神,以及吃苦耐劳的品格使我甚为感动,在此向他们致敬。

西南师范大学出版社得知璧山藏有华西实验区档案的有关信息后,敏锐地认识到其出版价值,积极与璧山档案馆和我们沟通,2015年以华西实验区档案为基础成功申报国家出版基金。此后,我们有幸与西南师范大学出版社华西实验区档案丛书编辑团队进行深度合作。在合作过程中,我们分别站在学术和出版的角度对稿件展开无数次的讨论,拟订合理可行的处理方案。这些无不体现一种专业、负责的精神,在此向西南师范大学出版社编辑团队致敬。

为保持华西实验区档案编目提要与华西实验区档案选编内容对应,华西实验区编目提要在编辑出版过程中又与华西实验区档案原件再次进行了校核。

四川大学中国西南文献中心课题组成员在以往学术研究过程中有感于历史档案文件级著录繁细不便、有失概括,案卷级著录极为概括或有内容遗落,特试创编写华西实验区档案编目提要,以成此书,交由学界及广大读者批评指正,以便探讨改进。

吕毅

2018年12月13日